가장 쉬운 리눅스 시스템 관리 책

McGraw-Hill Education Korea

Linux Administration: A Beginners Guide, 6th Edition.

Linux Administration: A Beginners Guide, 6th Edition.

Korean Language Edition Copyright © 2014 by McGraw-Hill Education Korea, Ltd.
All rights reserved. No part of this publication may be reproduced or distributed in any
form or by any means, or stored in a database or retrieval system, without prior written
permission of the publisher.

1 2 3 4 5 6 7 8 9 10   BJ Public 2014

Original: Linux Administration: A Beginners Guide, 6th Edition. © 2012
By Wale Soyinka
ISBN 978-0-07-176758-3

This book is exclusively distributed by BJ Public.

When ordering this title, please use ISBN 978-89-94774-65-7

Printed in Korea

책값은 뒤표지에 있습니다.

가장 쉬운

리눅스
시스템 관리
책 6판

쉽게 배우는
리눅스 관리의 필수 기술

웨일 소잉카 지음
이종우, 정영신 옮김

 Mc Graw Hill Education BJPUBLIC

헌정사

오픈 소스 기술과 이념에 기여한 모든 이들에게 이 책을 바칩니다.
여러분이 없었으면 저는 이 책을 쓰지 못했을 겁니다.

웨일 소잉카(Wale Soyinka)

시스템 및 네트워크 엔지니어링 컨설턴트로 활동하고 있으며 많은 리눅스 관리자 교육용 자료를 만들었다. 또한 이 책의 이전 버전인 『Linux Administration: A Beginner's Guide』의 5판의 저자이며 『Wireless Network Administration: A Beginner's Guide』와 프로젝트 실험 매뉴얼인 『Microsoft Windows 2000 Managing Network Environments (Prentice Hall)』의 저자이기도 하다. 그는 현재 여러 오픈 소스 프로젝트에 참여하고 있다. 특히 그가 좋아하는 프로젝트는 caffe*nix(www.caffenix.com)다. caffenix는 아마도 오픈 소스 기술과 문화를 소개하는 데 힘쓰는 세계 최초의 상점일 것이다.

데이비드 레인(David Lane)

Washington, DC에 살고 있는 기반 기술 아키텍트이자 IT 관리자다. 1990년대 초부터 오픈 소스 소프트웨어와 관련된 일을 해왔으며 개발 초기 단계의 슬랙웨어 배포판을 통해 리눅스를 사람들에게 소개했었다. 그는 곧이어 레드햇 3을 발견하고 성공 가도를 달려왔다. 데이비드는 대부분의 리눅스 쪽 사람들과는 달리 프로그래밍의 배경지식은 없었으나 IT 분야에 종사하게 되었고 정부기관부터 사기업까지 다양한 리눅스 솔루션을 구현하였다. 그리고 여가 시간에는 Linux Journal 등에 오픈 소스 관련 글들을 기고하였다. 또한 지역의 아마추어 라디오 운영자 및 진행자로 활동하였다. 주기적으로 리눅스와 아마추어 라디오 사용자 그룹에서 오픈 소스와 아마추어 라디오 사이의 협력에 관해 발표도 하였다.

감사의 글

내 감사의 글은 꽤 길면서 철학적이다. 여기엔 나를 믿어준 사람들과 지금까지의 내 삶에 다양한 면모들을 발견하고 경험할 수 있게 해준 모든 사람들이 포함된다. 또 직접적으로나 간접적으로 나와 인연을 맺었던 모든 사람들, 단 한 번이라도 대화를 나눴던 사람들, 눈을 마주쳤던 사람들, 그리고 나에게 다가왔던 혹은 떠나갔던 사람들까지 모두 포함된다. 누군지 본인들은 잘 알고 있을 것이다. 여러분 모두 나의 삶에 영향을 주었고 내 삶을 보다 풍성하게 해주었다. 나는 여러분들로 인해 존재한다. 여러분 모두에게 감사의 인사를 전한다.

역자 소개

이종우

대학에서 컴퓨터공학을 전공한 후, 한글과컴퓨터에서 리눅스 데스크톱과 아시아눅스용 응용프로그램을, SK컴즈에서 맥과 리눅스용 응용프로그램을 개발하였다. 애플을 무척 좋아하며 현재 주된 관심분야 역시 맥과 아이폰 앱 개발이다.

정영신

동덕여자대학교 컴퓨터학과에서 학사를 마친 후 한글과컴퓨터 리눅스 개발실에서 한컴 리눅스 아시아눅스 로컬라이제이션 업무를 담당했다. 현재는 프리랜서로 전향하여 IT 관련 번역 및 마켓 리서치를 전문으로 하고 있다.

리눅스 커널은 꽤 오랫동안 2.6 버전을 고수하였다. 그러던 중 2011년 리눅스 탄생 20주년 기념을 계기로 3.0 버전을 정식 배포하기 시작했다. 현재는 버전업을 거듭하면서 3.13 버전을 배포하고 있다.

이 책은 이러한 리눅스 버전업에 맞춰 많은 부분 새롭게 쓰여졌다. 이전 판에 비해 커널뿐만 아니라 systemd와 같은 핵심 서비스 데몬과 가상화 기술, Btrfs, GlusterFS 등 최신 파일 시스템 등의 새로운 기술에 대한 내용을 담고 있다. 또한 레드햇 계열 배포판뿐만 아니라 데비안 계열인 우분투 배포판도 다루고 있어 우분투를 사용하고 있는 관리자들에겐 희소식이다.

이 책은 최신 버전 커널로 시스템을 업데이트하고자 하는 시스템 관리자나 리눅스 입문서를 통해 기본 개념을 익히고 실제로 시스템을 관리하고자 하는 초보 관리자나 학생들에게 많은 도움이 될 것이다. 이 책을 번역하면서 나 역시 많은 도움을 받았다.

이번에도 함께 해준 공역자 정영신 양과 또 한 번 번역 기회를 주신 비제이퍼블릭의 김범준 실장님과 편집을 도와주신 조유경 씨에게 감사의 인사를 전한다. 그리고 마지막으로 이 책을 구입해 주신 모든 분들께 감사의 인사를 드린다.

– 이종우

이 책은 실무에서 바로 참조 가능하도록 한 저자의 섬세하고도 체계적인 챕터 구성이 돋보이는 지침서다. 이에 역자는 리눅스 시스템 관리와 관련이 있는 내용 그 이상으로 저자의 표현 방식과 사상을 충분히 전달하려고 했다. 리눅스와 관련된 지식뿐만 아니라 저자의 노련한 시스템 관리 방식과 현장 경험을 더불어 느껴보기를 바라는 마음에서다. 캠퍼스이든, 파견 나간 곳이든, 독자 여러분이 마주하고 있는 리눅스 월드에 직관적인 맵과 나침반이 되어 줄 것이라 확신하며, 마지막으로 공역자인 감각적인 개발자 이종우 씨에게도 감사의 인사를 전한다.

– 정영신

1991년 10월 5일, 뉴스그룹 comp.os.minix에 다음과 같은 메시지가 올라왔다.

> 여러분 중 혹시 디바이스 드라이버를 직접 만들던 인간적인 minix-1.1 시절을 그리워하시는 분이 있나요? 혹시 스스로 필요한 것을 수정해가며 시도해볼 수 있는 운영체제를 다뤄보고 싶어서 미칠 것만 같은데, 해볼만한 프로젝트가 없나요? 이제는 모든 것을 minix가 알아서 다 처리해주니 좌절감을 느끼고 있나요? 프로그램이 쓸만하도록 만지작거리며 밤새는 올빼미 생활을 더 이상 하지 않고 있나요? 그렇다면 이 글은 당신을 위한 글일 수도 있겠네요.

리누스(Linus)는 첫 번째 리눅스를 전세계에 소개했다. 그는 자신도 감히 예상치 못한 세상에서 가장 인기 있고 영향력 있는 운영체제를 퍼뜨린 것이다. 그보다 20년이 훨씬 넘게 지난 현재, 리눅스를 기반으로 모든 산업들이 성장하고 있다. 이미 독자들도 다양한 형태로 리눅스를 사용해봤거나 그 혜택을 입었을 것이다.

이 책의 대상 독자

책 제목 첫 부분에 "가장 쉬운"이라는 표현이 있는데, 이는 꽤 적절한 표현이다. 하지만 보다 정확히 말하자면 이 책은 "리눅스 관리자 가이드 입문서"다. 왜냐하면 처음 책을 쓸 때, 선택한 독자의 기준 때문이다.

하지만 우리의 독자는 마이크로소프트의 윈도우 서버 계열에 친숙한, 아니 훨씬 더 파워 유저 수준이거나 그보다 낮을 것이라고 생각했다. 또한 윈도우로 구성된 중소 규모의 환경에서 사용되는 용어에 익숙할 것이라 가정했다. 만약 여러분이 대규모 또는 액티브 디렉터리와 같은 높은 수준의 윈도우 기술을 한 번이라도 경험해봤다면 이 책이 상당히 도움이 될 것이지만 그러한 경험이 꼭 필요한 것은 아니다.

우리는 이처럼 몇 가지 기준을 만들었다. 왜냐하면 수동적이고 생각이 없는 사람들을 위해서는 책을 쓰고 싶지 않았기 때문이다. 원리나 이유에 대한 설명 없이 따라 하는 법만을 알려주는 책들은 이미 충분히 많다. 이 책은 그러한 취급을 받고 싶지 않다. 더 나아가서 윈도우 파워 유저들에게 있어 기본 지식이라 믿는 수준의 정보를 전달하기 위해 이 책을 쓰고 싶지는 않다. 많은 사람들이 이미 그러한 정보를 전달하기 위한 노력해왔기에 중복 작업을 할 이유가 전혀 없다.

게다가 윈도우 사용 경험이 있다면 이 책에서 소개된 주제에 대한 다양한 정보를 얻는 데 흥미가 있을 것이라고 생각했다. 그래서 이 책 전반에 걸쳐 좀 더 심도 있는 주제에 대해서는 부족하긴 하지만 30~35쪽 정도를 할애했다. 결국 이러한 이유로 각 장마다 여러 가지 방법으로 참고 내용들을 포함시켜두었다. 아무리 전문가라 할지라도 분명히 배워야 할 새로운 내용들이 있기 마련이다. 꼭 참고하길 바란다.

경험이 많은 리눅스 시스템 관리자 역시 이 책에서 얻을 수 있는 내용이 많은 이유는, 이 책은 숙련된 경험자들이 중요한 포인트가 아니라고 생각할 수 있는 다양한 주제를 쉽고 빠르게 참조할 수 있도록 정보를 제공해주기 때문이다. 시스템 관리자들 나름대로의 시스템 관리 방법에 있어 좋아하는 것 또는 싫어하는 것도 분명하다는 것을 알고 있다. 예를 들어 백업 작업은 시스템 관리자들이 싫어하는 것 중에 하난데, 이 책에서 백업이란 주제를 겨우 반 페이지로 다루고 있다는 것을 보면 알 수 있다. (사실 농담이다. 백업이란 별도의 장이 구성되어 있다.)

이 책의 내용

이 책은 모두 6부로 구성되어 있다.

1부: 소프트웨어 설치와 관리

1부에는 세 개의 장이 있다(1장은 "리눅스 배포판의 기술적 요약" 2장은 "서버 형태로 리눅스 설치", 3장은 "소프트웨어 관리"). 각각의 장을 통해 리눅스가 어떤 것인지, 몇 가지 핵심 영역에서 윈도우와 어떻게 다른지, 그리고 페도라와 우분투 리눅스 배포판을 서버로 설치하는 방법을 확실하게 터득할 수 있을 것이다. 그리고 바이너리 패키지나 소스 코드를 통해 소프트웨어를 설치하는 방법과 표준 소프트웨어 관리 작업에 대해서 설명하는 것으로 1부는 마무리된다.

원칙적으로는, 1부의 정보들은 기존에 여러분이 가지고 있는 윈도우 지식과 더불어 리눅스의 원리에 대해서 병행하여 생각할 수 있게 해주기에 충분하다. 일부 서버 및 소프트웨어 설치 작업에 관해서는 이 책의 다른 부분을 참고할 수 있도록 도와준다.

2부: 단일 호스트 관리

2부에서는 독자적인 시스템(네트워크상에 다른 시스템을 필요로 하거나 특정 서비스 제공하지 않는 시스템)을 관리할 때 필요한 기능들을 다룬다. 언뜻 보기엔 별로 쓸모 있어 보이지 않을 수 있지만, 향후 다양한 개념들을 알아가기 위한 기초가 되며 네트워크 기반의 서비스를 이해할 때 많은 도움이 될 것이다.

2부는 총 7개의 장으로 구성된다. 4장 "사용자와 그룹 관리"는 리눅스 플랫폼에서 사용자 및 그룹이란 개념뿐만 아니라 사용자 및 그룹 추가/삭제와 같은 매일매일 행해지는 관리 작업에 밑바탕이 되는 기본적인 내용들을 다룬다. 또한 4장은 리눅스 권한 모델과 다수 사용자 운영 방식에 대한 기본적인 개념도 소개한다. 5장에서는 "커맨드라인"이란 제목으로 리눅스 커맨드라인에서 작동하는 기본적인 명령어들을 다루기 때문에 GUI 환경 없이도 편리하게 작업할 수 있게 될 것이다. 비록 그래픽 환경의 데스크톱의 시스템을 관리하는 것이 가능하다 할지라도, 커맨드라인 인터페이스(CLI)와 GUI 환경에 모두 적응할 때 비로소 여러분에게 강력한 힘이 주어지는 것이다. (윈도우 환경에서도 마찬가지다. 믿기 어려운가? 프롬프트 창을 열어서 netsh 명령을 실행해보고 이 명령어가 GUI 환경에서 하는 일을 직접 시도해보길 바란다.)

CLI에 익숙해지면 그 다음 6장을 이해할 수 있다. 6장은 "부팅과 종료"다. 이 장에서는 시스템 부팅과 종료 과정에 대해서만 다루고 있다. 적절하게 서비스를 실행하고 또 적절히 종료하는 방법에 대해서 아주 자세하게 설명할 것이다. 직접 새로운 서비스를 추가 실행하는 방법에 대해서 배울 텐데, 이것은 이 책의 후반부에서 아주 유용하게 쓰일 것이다.

7장 "파일 시스템"에서는 파일 시스템의 기본적인 내용을 다루는데, 파일 시스템의 구성, 생성 방법, 그리고 가장 중요한 관리에 대한 것이다. 관리 운영에 기초적인 내용은 8장에서도 계속된다. "핵심 시스템 서비스"란 제목으로 xinetd, upstart, rsyslog, cron, systemd 등과 같은 기본 명령어 도구들을 다룬다. xinetd 명령어는 윈도우의 svchost와 같은 것이다. rsyslog 명령어로 통합 프레임워크상의 모든 응용프로그램에 대한 로그를 관리한다. 이 명령어는 이벤트 뷰어의 좀 더 확장된 버전으로 생각하면 된다.

리눅스 커널 내부와 /proc와 /sys를 통해 커널 설정을 다루는 내용을 포함한 9장 "리눅스 커널"과 10장 "가상 파일 시스템"이 2부의 마지막이다. 리눅스 환경에서 사용자만의 커널을 설정하고 컴파일하여 설치하는 과정을 구체적으로 다루었다. 이러한 능력이 리눅스가 얼마나 상세하게 시스템을 운영할 수 있는지 알게 해주는 부분이다. 10장에서 알 수 있듯이, /proc 및 /sys 파일 시스템을 통해 커널의 설정 및 런타임 변수들을 확인하고 수정할 수 있는 기능은 관리자로 하여금 거의 무제한으로 변경할 수 있는 권한을 준다는 것을 알 수 있다. 이 기능은 잘 사용한다면 마이크로소프트 윈도우 세상에서는 볼 수 없는 훨씬 쉽고 나은 방법인 것이다.

3부: 네트워크와 보안

3부에서는 보안과 네트워크 세상으로의 여행이 시작된다. 인터넷에서 보안의 중요성과 Sarbanes Oxley 법과 HIPAA(Health Insurance Portability and Accountability Act) 규정 준수 여부의 중요성이 커짐에 따라 높은 수준의 보안을 요구하는 상황에서 리눅스의 사용이 급격히 증가하고 있다. 따라서 우리는 보안 주제를 네트워크 서비스를 소개하는 것보다 앞서 소개하기로 결정했다. 그래서 일부 중요한 보안 실행 방법들을 실습해봄으로써 우리가 실행하는 네트워크 서비스를 공격으로부터 보호할 수 있도록 해줄 것이다.

3부는 시스템 관리자의 관점에서 필요한 TCP/IP의 개괄적인 내용을 다룬 11장 "시스템 관리자를 위한 TCP/IP"로 시작한다. 이 장에서는 패킷을 인식하여 다시 읽어내는 tcpdump와 같은 문제 해결 도구들을 사용하는 방법에 대해서 아주 자세한 정보를 제공할 뿐만 아니라 TCP 연결 방법에 대한 단계적인 분석도 진행할 것이다. 이러한 명령어 도구들을 통해 여러분은 효과적으로 네크워크 문제들을 해결할 수 있다.

12장 "네트워크 설정"에서는 기본적인 네트워크 설정(IPv4/IPv6)에 대한 부분을 집중적으로 다루면서 관리 이슈를 다시 한번 짚어본다. 여기에는 IP 주소를 설정하고, 라우팅 항목 등과 같은 내용을 살펴본다. 13장 "리눅스 방화벽(Netfilter)"에서는 기본 내용을 더욱 확장하여 높은 수준의 네트워킹 개념에 대해서 깊숙이 알아볼 것이며 리눅스 기반의 방화벽과 라우터를 생성하는 방법을 보여줄 것이다.

14장 "시스템 보안"과 15장 "네트워크 보안"에서는 시스템 및 네트워크 보안에 대해서 상세하게 논의해볼 예정이다. 리눅스만의 보안 이슈와 더불어 일반적인 보안에 관한 유용한 팁과 요령들을 알아봄으로써 자신의 시스템을 보다 잘 설정하여 공격으로부터 보호할 수 있도록 한다.

4부: 인터넷 서비스

이 책의 나머지 부분은 크게 두 가지로 나눠볼 수 있다. 인터넷과 인트라넷 서비스다. 비슷해 보이지만 분명히 다른 점이 있다. InTER(net)과 InTRA(net)로 보면 보다 더 정확해 보인다. 우리는 인터넷 서비스를 정의할 때, 인터넷에 직접적으로 노출된 리눅스 시스템상에서 실행되는 것이라 한다. 예를 들어 웹과 DNS(Domain Name System: 도메인 네임 시스템)와 같은 서비스다.

이 부분은 16장 "DNS"에서 시작된다. 이 장에서는 DNS 서버를 설치, 환경설정 및 관리할 때 필요한 정보들을 다룬다. 실제 DNS 서버를 실행시키는 자세한 내용들과 기본적으로 DNS 서버가 어떻게 작동하는지에 대한 원론적인 내용과 몇 가지 문제 해결에 대한 팁과 트릭, 그리고 여러 가지 명령어 도구들을 제공할 것이다.

DNS 다음으로는 17장 "FTP"를 알아볼 것이다. 여기에서는 파일 전송 프로토콜(File Transfer Protocol, FTP)에 관한 내용, 즉 설치하고 관리하는 방법을 살펴본다. DNS 서버와 마찬가지로, FTP 동작 원리 그리고 FTP의 변천사도 알아본다.

18장 "아파치 웹 서버"에서는 요즘 가장 인기 있게 사용되고 있는 리눅스를 알아본다. 유명한 아파치 소프트웨어로 실행되는 웹 서버를 말한다. 이 장에서는 아파치 웹 서버를 설치하고, 설정하며 또한 관리하는 유요한 정보들을 다룰 것이다

19장 "SMTP"과 20장 "POP과 IMAP"에서는 SMTP(Simple Mail Transfer Protocol), POP(Post Office Protocol), IMAP(Internet Message Access Protocol)에 대한 설치 및 환경설정 과정을 살펴봄으로써 이메일을 깊이 있게 살펴볼 것이다. 이 세 가지 이메일 프로토콜을 설정하는 데 필요한 정보들을 알아보고 이들이 서로 어떻게 상호작용하는지를 보여줄 것이다. 리눅스를 다루는 서적들 가운데에서 이 책이 가진 다른 점이라면 기존의 전통적인 Sendmail 서버 대신 Postfix SMTP 서버를 다루는 것이다. Postfix의 보다 나은 보안 기록 기능으로 조금 더 융통성 있는 서버가 되기 때문이다. 4부의 마지막은 21장 "Secure Shell(SSH)"이다. SSH 서비스를 설정하고 관리하는 노하우는 각 서버의 기본 기능과 상관없이 대부분 서버 환경에서 유용할 것이다.

5부: 인트라넷 서비스

인트라넷 서비스란 내부 사용자 및 내부의 필요를 위해 방화벽 뒤에 존재하며 실행되는 것들을 말한다. 이러한 환경에서도 리눅스는 사용할 수 있는 기능이 다양하다. 5부는 22장 "네트워크 파일 시스템"으로 시작된다. NFS는 20년이 넘도록 사용되고 있고 사용자들의 요구에 상당히 부응하는 형태로 진화되고 발전하고 있다. 이 장에서는 리눅스의 NFS 서버 기능을 다루고, 클라이언트 및 서버 환경을 설정하는 방법 그리고 문제 해결 방법까지 알아본다.

23장 "삼바"는 삼바 서비스와 더불어 디스크와 자원을 공유하는 방법을 소개한다. 삼바를 사용하면 관리자는 디스크 및 프린트 기능을 공유할 수 있고 윈도우(리눅스도 역시) 사용자 인증을 특정 클라이언트 소프트웨어가 설치되어 있는 않은 상태에서도 제공한다. 이로 인해 리눅스는 효율적인 서버일 수밖에 없고, 유닉스/리눅스 시스템과 윈도우 시스템 사이에서 자원을 지원하고 공유할 수 있게 되는 것이다. 24장의 "분산 파일 시스템" 부분이 약간 애매한 이유가 DFS는 인터넷/인트라넷형 서비스 모두에서 사용되거나 실행될 수 있기 때문이다. 특히 DFS 솔루션은 오늘날의 클라우드에 집중된 분위기에서 매우 중요하고 의미가 있다. 많은 DFS 구현 중에서 GlusterFS를 선정했다. 그 이유는 환경설정이 쉽고 여러 배포판에서 호환 가능하기 때문이다.

25장 "네트워크 정보 서비스"에서는 NIS에 대해서 설명하려 한다. 일반적으로 NFS 서버와 함께 배포되어 사용되고 있으며 네트워크상에 존재하는 모든 사용자에 중앙집중식 네이밍 서비스를 제공한다. 이 장에서는 특히 대규모 네트워크에서 NIS 확장성 문제에 대해 집중 조명해보고 대규모 사용자 환경에서 NIS 작업을 어떻게 할 수 있는지에 대해서 알아본다.

26장 "LDAP"에서는 디렉터리 서비스에 대해 다시 논의해본다. LDAP(Lightweight Directory Access Protocol)에 대한 내용과 관리자가 여러 다른 종류의 운영체제에서 중앙집중화된 사용자 데이터베이스(디렉터리)를 제공하고 수많은 사용자를 관리할 때 이 표준 서비스를 어떻게 사용하는지에 대해서 알아본다.

27장 "인쇄"에서는 리눅스의 인쇄 시스템에 대해 알아볼 것이다. 인쇄 시스템은 삼바와 결합되어 관리자가 윈도우 데스크톱에서 끊김이 없는 인쇄를 할 수 있도록 지원한다. 이것은 리눅스, 윈도우, Mac OS X 사용자들이 단일 서버를 공유하여 중앙집중화된 인쇄 작업을 할 수 있는 강력한 방법이다. 28장 "DHCP"에서는 리눅스 시스템에서 흔히 사용되는 동적 호스트 설정 프로토콜(DHCP) 서버에 대해 다룬다. 이 장에서는 강력한 기능과 접근 제어 옵션을 제공하는 ISC DHCP 서버를 구성하는 법에 대해 논의한다.

29장은 "가상화"를 다룬다. 가상화는 어디든 존재하고 일반화되었다. 이것은 서비스와 하드웨어를 통합하고 더 적은 수의 전용 기계를 필요로 한다. 이 장에서는 기본적인 가상화 개념과 리눅스에서의 유명한 가상화 기술에 대해서 다룰 것이다. 또한 커널 기반 가상 머신(KVM)에 대해 예제와 함께 자세히 다룰 것이다.

마지막 30장은 "백업"이다. 백업은 시스템 관리에 있어 가장 중요한 사안 중 하나임에 틀림없다. 리눅스 기반의 시스템은 용이하고 테이프 드라이브나 기타 다른 미디어로 꾸준히 사용되고 있는 백업을 제공하는 여러 가지 방법을 지원하고 있다. 이 장에서는 그 중 일부 방법들을 알아보고 예약 백업의 어떤 부분에서 활용되는지 설명할 것이다. 백업 동작 원리뿐만 아니라 백업 설계와 백업 시스템 최적화에 대해서 논의보고자 한다.

6부: 부록

이 책의 마무리는 몇 가지 유용한 참고 자료로 하려 한다. A 부록에서는 플래시/USB 장치에 리눅스 설치 프로그램 만들기란 주제로 광학 디스크가 아닌 USB, 플래시 드라이브, SD 카드 등과 같은 미디어를 설치용 미디어로 만드는 일반적인 방법을 설명한다. 유명한 OpenSUSE 리눅스 배포판을 이용하여 이 작업을 해본 뒤 부록 B에서 OpenSUSE 리눅스 배포판 설치하는 방법을 설명하고자 한다. 이를 통해 OpenSUSE를 빠르게 설치해보는 연습도 해본다.

업데이트와 피드백

필자는 언제나 오류가 없는 책을 발행하길 바라지만 그래도 www.labmanual.org에 정오표를 올려두었다. 오류를 발견하면 이 사이트에 작성해주길 바란다. 기타 지적사항이나 피드백도 환영한다. 아쉽게도 모든 질문에 답변을 할 수 있을 만큼 시간이 많지 않기에 혹시라도 특정 문제에 대한 도움이 필요하다면 온라인상의 수많은 리눅스 커뮤니티를 통해 해당 정보를 찾아보는 것을 추천한다. 하지만 이 책에 관한 의견이라면 언제든지 독자의 생각을 듣고 싶다. feedback@labmanual.org 주소로 의견을 전달해주길 바란다.

1부. 소프트웨어 설치와 관리   1

1부. 소프트웨어 설치와 관리

CHAPTER I

리눅스 배포판의 기술적 요약

리눅스는 요즘 대세다. 유명 인쇄물이나 디지털 매체에서 리눅스(또는 오픈 소스 소프트웨어)를 언급하지 않는 날이 없을 정도다. 몇 년 전만해도 해커들의 장난감에 지나지 않았던 것이 이제는 엄청나게 성장하여 그 안정성과 성능, 확장성에 있어 익히 알려졌다.

리눅스의 확산에 대해 여전히 의구심이 든다면 포춘이 선정한 500대 기업, 중소 기업, 신생 기술 업체, 정부, 연구기관, 엔터테인먼트 산업군에서 채용 시 리눅스 기술을 **얼마나 요구하는지** 확인 해보면 될 것이다. 고급 기술을 가진 리눅스 시스템 관리자와 엔지니어를 선호한다.

리눅스는 다양한 오픈 소스 프로젝트(KDE, GNOME, Unity, LibreOffice, Android, Apache, Samba, Mozilla 등)의 혁신을 바탕으로 개인용 데스크톱, 노트북, 태블릿 및 모바일 시장을 잠식하고 있다. 이 장에서는 리눅스(오픈 소스)와 윈도우 서버(리눅스를 대신해서 사용하고자 고민 중인 플랫폼일 가능성이 크다)에서 사용하는 핵심 서버 기술들을 몇 가지 살펴볼 것이다. 하지만 세부적인 기술을 살펴보기 전에 간단하게 리눅스와 프리 소스 및 오픈 소스(FOSS)의 근간을 이루는 개념과 사고들을 살펴볼 것이다.

리눅스: 운영체제

일반적으로 사람들은 리눅스를 개발자 도구, 편집기, 그래픽 사용자 환경, 네트워크 도구 등의 소프트웨어 모음으로 알고 있다. 보다 공식적으로 정확히 말하자면 이러한 소프트웨어를 일반적으로 **배포판**이라고 한다. 이 배포판은 소프트웨어 모음으로써 리눅스를 유용하게 만들어준다.

따라서 이러한 배포판을 사용자가 리눅스에서 필요한 모든 것을 담은 무엇이라 생각한다면 과연 리눅스가 정확한 표현일까? 리눅스 자체는 운영체제 핵심에 불과하다. 즉 커널이다. 커널은 운영되는 서비스의 최고 사령관 개념으로 작동하는 프로그램이다. 메모리의 요구사항을 관리하고,

디스크에 접근하거나 네트워크 연결을 관리한다. 커널 작업 목록으로도 한 장에서 별도로 다루기에 충분하며 사실 커널 내부의 기능을 다루는 서적들이 여러 권 출판되었다.

커널은 사소한 프로그램이 아니다. 수많은 리눅스 배포판 모두에 리눅스 이름을 붙일 수 있게 해주는 것이다. 모든 배포판들이 근본적으로 동일한 커널을 사용하기 때문에, 모든 리눅스 배포판들의 기본적인 수행방식에 있어서는 똑같다.

많이 들어본 리눅스 배포판으로는 레드햇 엔터프라이즈 리눅스(RHEL), 페도라(Fedora), 데비안(Debian), 맨드레이크(Mandrake), 우분투(Ubuntu), 쿠분투(Kubuntu), 오픈수세(OpenSUSE), CentOS, 젠투(Gentoo) 등이 있다. 이들은 대중의 많은 관심을 받고 있는 것들이다.

리눅스 배포판은 크게 두 가지 종류로 분류할 수 있다. 첫 번째는 순수 상업용 배포판이고, 두 번째는 비상업용 배포판 또는 스핀(spin)이다. 상업용은 일반적으로 비용을 지불해야 사용할 수 있고 보통 장기간의 배포 생명 주기를 가진 것이 특징이다. 상업용으로 인기 있는 배포판으로는 RHEL과 SUSE Linux Enterprise(SLE)가 있다.

반면에 비상업용 배포판은 무료다. 이러한 비상업용 배포판들은 오픈 소스 소프트웨어 운동의 기본 정신을 유지하려는 노력의 소산들이다. 이들은 대부분 커뮤니티에 의해서 지원되고 유지된다. 커뮤니티에는 사용자와 개발자들로 구성되는데, 커뮤니티의 지원은 상업용에서 얻는 것보다 훨씬 많다.

비상업용 배포판 중에서는 상업용 개발사의 지원과 후원을 받는 경우도 있다. 상업용 제품을 제공하는 회사들이 무료 배포판의 기득권을 이용하기 위해서다. 즉 일부 회사들은 상업용으로 배포하기 전에 테스트하는 용도로 무료 배포판을 이용하기도 한다. 비상업용 리눅스 배포판으로는 페도라, OpenSUSE, 우분투, 리눅스 민트, 젠투, 데비안 등이 있다. 젠투와 같은 배포판은 페도라, OpenSUSE와 달리 그리 유명하지 않다. 하지만 젠투 리눅스 사용자들의 열렬한 커뮤니티에 의해 활발하게 사용되고 있다.

상업용 리눅스에 있어 흥미로운 점은 대부분의 프로그램들을 독자적으로 개발해서 해당 리눅스 배포판에 탑재되는 것은 아니라는 점이다. 다른 사람들에 의해 만들어져 라이선스가 있는 프로그램들이고 다만 소스 코드와 함께 재배포가 허용된 것뿐이다. 대체로 이러한 프로그램들은 다른 유닉스 계열에서도 사용 가능하고 또 어떤 것은 윈도우 시스템에서도 사용 가능하다. 제작자들은 간단하게 그러한 프로그램들을 편리한 결합 형태의 패키지로 묶어서 설치하기 쉽도록 제공한다. 게다가 기존의 소프트웨어를 번들 형태로 지원하면서 일부 제작자들은 기능을 추가한 도구들을 개발하여 해당 배포판을 보다 쉽게 관리할 수 있게 해줄 뿐만 아니라 하드웨어와의 높은 호환성을 제공하려고 한다. 그러나 그렇게 탑재된 소프트웨어는 일반적으로 외부에서 개발된다. 일부 상업용 배포판에서는 특정 규제사항을 만족시키기 위해 FOSS 커뮤니티에서는 신경 쓰지 않지만 일부 학회나 기업에서 관여하는 보안 요구사항들을 반영하려고 노력한다.

■ 오픈 소스 소프트웨어와 GNU

1980년 초기에 리차드 매튜 스톨만(Richard Matthew Stallman)은 소프트웨어 산업 내에서의 한 움직임을 일으키기 시작했다. 그는 현재도 그렇지만 소프트웨어는 자유로워야 한다고 주창했다. 자유라는 영어 단어인 free는 금액의 의미도 있지만 여기에서 말하고자 하는 바는 아니다. 즉 자유라는 개념이다. 이것이 의미하는 것은 소프트웨어 자체뿐만 아니라 소스 코드 전체를 함께 제공되어야 한다는 것이다. 자유 소프트웨어의 의미를 보다 정확하게 정의 내리고자 스톨만은 다음과 같은 명언을 남겼다.

> "자유 소프트웨어"란 금액이 아닌 자유 차원의 문제다. 이 개념을 이해하려면 무료 맥주가 아닌 언론의 자유를 곰곰이 생각해봐야 한다.

스톨만의 이러한 정책기조는 어떤 면에서 모순이 존재한다. 그것은 전통적인 컴퓨팅 방식으로의 회귀인데, 즉 소프트웨어가 소형 컴퓨터를 사용하는 사람들끼리 자유롭게 공유되거나 혹은 메인 프레임이나 소형 컴퓨터 제조사 하드웨어에 탑재되어 제공되는 것을 말한다. IBM이 응용프로그램 소프트웨어 판매에 대한 고려가 이루어졌던 1960년대 후반까지는 없던 일이었다. 1950년대 그리고 1960년대 거의 대부분의 시기에 IBM은 소프트웨어를 하드웨어를 파는 데 약간의 도움을 주는 도구로 생각했다.

스톨만의 "공개"로의 회귀는 1980년대 초기의 패키지로 묶인 소프트웨어를 판매하던 분위기 속에서 강렬하게 시작됐다. 하지만 그가 생각하는 오픈 소스 소프트웨어의 개념이란 Bell 연구소의 유닉스 초기 모델의 연장선이었다. 초기 유닉스 시스템에는 전체 소스 코드가 포함되어 있었다. 1970년 후반부에 들어서면서, 소스 코드는 유닉스 배포판에서 으레 삭제되었고 AT&T(현재는 SBC)에 엄청난 액수의 금액을 지불해야만 소스 코드를 얻을 수 있게 되었다. BSD(Berkeley Software Distribution)는 공개 버전도 지원했지만 상업용 버전인 BSDi의 커널이 AT&T와는 전혀 상관이 없음을 증명하기까지 수많은 소송에 대응해야 했다.

▼ 커널의 차이

리눅스 배포판을 만드는 회사들은 어디든 자사 커널의 우수성을 강조하려 한다. 어떻게 이러한 주장을 할 수 있을까? 바로 각 회사마다 그들만의 패치셋을 유지하기 때문이다. 대부분의 회사들은 커널의 대부분을 동일하게 유지하기 위해서 www.kernel.org의 리눅스 커널 패치를 적용한다. 하지만 제조사들은 일일이 www.kernel.org에 등록되는 모든 커널 버전을 확인하지 않는다. 대신 초기 커널에 자신들만의 패치를 적용하고 QA(품질 보증) 프로세스를 통해 커널을 운영하는 것으로 제품화한다. 이 러한 과정은 회사마다 자신들의 커널이 완성되어 가고 있음을 확신하며 운영체제 기반에서 실행되는 오픈 소스에 대한 기존 문제들을 어느 정도 완화시킬 수 있게 되는 것이다.

예외가 있다면 보안에 대한 문제다. 특정 리눅스 커널 버전에 보안 문제가 생기면 제조사들은 그 문제를 고치기 위해 즉각적으로 패치를 적용한다. 그렇게 수정된 커널은 빠른 시간 안에 완성되기 때문에 (보통 24시간 이내) 해당 커널을 설치한 시스템 관리자들은 안심할 수 있게 된다. 다행히도 커널 자체에 대한 작업을 다시 하지 않아도 된다.

그럼 각 제조사마다 이처럼 고유의 패치 구성을 가지고 있다면 정확하게 패치가 무엇일까? 제조사마다 그 답은 다를 수 있다. 타겟팅하는 시장에 따라서 말이다. 예를 들어 레드햇의 경우 주로 응용프로그램 서버에 대하여 대규모 시스템 환경에서 요구되는 신뢰성과 수준 높은 효율성을 제공하는 데 집중한다. 반면에 페도라 팀은 레드햇과는 달리, 보다 빠르게 새로운 기술들을 시도해보는 것에 더 많은 관심을 가지고 있으며 데스크톱용 혹은 멀티미디어 위주의 리눅스 시스템과는 차별화하여 다른 접근을 하려고 한다.

각 배포판을 구분하게 되는 것은 결국 부가적인 도구의 포함 여부다. 어떤 배포판이 더 나은지에 대한 질문은 마치 코카콜라와 펩시 중 어떤 콜라가 나은지에 대한 질문과 같다. 거의 모든 콜라는 기본적으로 똑같은 재료를 사용한다. 즉 탄산수, 카페인, 액상과당은 기본적으로 모두 들어가기 때문에 갈증이 해소되고 약간의 카페인 및 당 효과를 볼 수 있는 것이다. 결국은 요구사항에 따른 선택인 것이다. 사용자가 상업용 지원을 받고 싶은지, 응용프로그램 구축 업체가 전자를 더 추천했는지, 해당 소프트웨어 패키지 업데이트 구조가 사용자 관리환경 성향에 있어 후자보다 더 적합한지 생각해보라. 이렇게 사용자의 요구사항들을 정리해보면 잘 맞는 리눅스를 찾을 수 있을 것이다.

소스 코드를 공개하는 이유는 간단하다. 소프트웨어 사용자는 자신이 필요한 기능을 소프트웨어 개발자가 지원해줄지 말지를 기다릴 필요가 없다. 또한 사용자는 버그가 수정되기를 기다릴 필요가 전혀 없다. 더 중요한 건 일반적으로 다른 프로그래머들이 철저하게 검토하여 개발된 코드가 아무도 모르게 작성된 코드보다 훨씬 뛰어나다는 것이다. 오픈 소스의 가장 큰 혜택 중 하나는 바로 사용자 자신들에게서부터 나온다는 점이다. 새로운 기능을 원하는가? 그렇다면 사용자들은 직접 원본 프로그램에 그 기능을 추가하고 소스 코드에 반영하여 다른 모든 사람들도 그 혜택을 누릴 수 있게 하는 것이다.

이러한 생각의 연장선으로 유닉스 계열 시스템을 대중에게 공유하고 라이선스 제약을 풀자는 주장이 생겨난 것이다. 물론 운영체제를 만들기 전에는 이를 구축할 도구 또한 필요하다. 그래서 탄생한 것이 GNU 프로젝트다.

참고
GNU란, GNU는 UNIX가 아니라는 뜻이다. 재귀적인 약어 형태로 해커들 사이에서의 유머로 통한다. 왜 이 부분이 재미있다는 건지 이해되지 않는다고 걱정하지 말길 바란다. 아직 우리는 주류이기 때문이다.

■ GNU 공용 라이선스란?

GNU 프로젝트에서 만들어진 중요한 것은 **GNU 공용 라이선스**(GPL)다. 이 라이선스는 해당 소프트웨어가 완벽하게 공개이며 그 누구도 이러한 자유를 없앨 수 없음을 분명하게 명시한다. 소프트웨어는 사용할 수 있고 이득을 얻기 위해 되팔 수 있지만 이러한 재판매가 이뤄질 경우, 판매자는 반드시 변경된 부분을 포함한 모든 소스 코드를 공개해야 한다. 왜냐하면 재판매된 패키지도 역시 GPL 정책을 따르게 되어 있기에 자유롭게 배포될 수 있고 제3자가 이익을 얻기 위해 다시 판매할 수 있다. 가장 중요한 법적 조항은 다음과 같다. 프로그래머는 자신이 제작한 소프트웨어로 인해 발생한 어떠한 손해에도 법적 책임이 없다는 것이다.

GPL은 단지 오프 소스 소프트웨어 개발자들이 사용하는 라이선스는 아니라는 점을 주목할 필요가 있다(물론 의견이 분분한 사안이다). BSD와 아파치와 같은 다른 종류의 라이선스에도 비슷한 조항이 있지만 재배포에 있어서는 다른 점이 있다. 예를 들어 BSD 라이선스는 코드 수정을 허용하지만 수정된 부분의 코드는 제공하지 않고 수정사항을 반영하여 배포할 수 있다(GPL은 수정된 코드도 반드시 함께 배포되어야 한다). 이외 다른 오픈 소스 라이선스에 대해서 자세히 알고 싶다면 www.opensource.org를 참고하라.

> #### ▼ 역사적 보충 설명
>
> 아주 오래 전에 레드햇은 기존의 무상으로 제공됐던 제품인 레드햇 리눅스의 상업용 버전을 판매하기 시작했다. 이 상업용 제품은 레드햇 엔터프라이즈 리눅스(RHEL) 시리즈로 인기를 얻기 시작했다. 그 원인은 RHEL의 기반이 GPL에 있고, 레드햇의 무상 버전을 유지보수하는 데 관심이 있던 사용자들은 직접 그 일을 할 수 있게 되었기 때문이다. 더불어 커뮤니티의 활동 차원에서 레드햇은 페도라 프로젝트를 시작했다. 이 프로젝트는 RHEL 팀이 새로운 소프트웨어를 RHEL에 적용하기 전 테스트 베드로 사용되고 있다. 페도라는 자유롭게 배포가 가능하며 http://fedoraproject.org에서 다운로드할 수 있다.

■ 상위 구성요소와 하위 구성요소

상위 구성요소와 하위 구성요소에 대한 이해를 돕기 위해 비유를 하나 들어보겠다. 여러분이 좋아하는 토핑으로 가득 찬 피자를 상상해보자.

이 피자는 동네 피자가게에서 만들어질 것이다. 치즈, 야채, 밀가루(피자 도우), 허브, 고기와 같은 여러 가지 재료들이 맛있는 피자를 만드는 데 사용될 것이다. 이 피자가게에서는 재료들을 직접 준비하거나 다른 곳에서 사오기도 할 것이다. 그래서 이러한 재료들을 모아 피자를 완성한다.

일단 가장 일반적인 피자 재료들을 떠올려보자. 치즈. 이 치즈는 다른 피자 가게에서도 사용할 수 있도록 치즈 회사에서 만든 것이다. 이 치즈 회사는 상당히 영향력이 있어서 자신들의 제품이 어떤 음식과 함께 어울려야 하는지에 대한 강력한 의견을 가지고 있다(와인, 크래커, 빵, 야채 등). 반면에 피자가게 주인은 다른 음식 재료들에 대해서 별 관심이 없다. 오직 맛있는 피자를 만드는 것에만 관심이 있다. 이로 인해 치즈 회사와 피자 가게 주인은 서로의 각기 다른 생각과 목표로 인해 부딪힐 수 있다. 또 반대로 어떤 경우에는 서로 아주 훌륭하게 협력할 수도 있다. 결국엔 (그들도 모르는 사이에) 피자가게 주인과 치즈 회사는 같은 부분에 관심을 갖고 있는 것이다. 즉 그들이 할 수 있는 한 최고의 제품을 생산해내는 것이다.

이 비유에서 피자가게는 리눅스 제조사들 혹은 프로젝트(페도라, 데비안, RHEL, OpenSUSE 등)를 의미한다. 치즈 회사는 피자에서 가장 중요한 치즈와 같은 중요한 프로그램과 도구들(BASH, GIMP, GNOME, KDE, Nmap, GCC)을 개발하는 소프트웨어 제작자이며 이들을 함께 묶어서 완성된 배포판(피자)을 만들어낸다. 리눅스 배포판 제작사들은 오픈 소스 생태계에서 **하위 구성요소**이며 나머지 다른 소프트웨어 프로젝트들은 **상위 구성요소**다.

▼ 표준(Standards)

리눅스를 반대하는 일반적인 의견으로는 너무 많은 배포판들이 산재해 있다는 것이다. 그리고 배포판이 많을수록 분열이나 분산이 발생하기 때문에 이로 인해 서로 호환성을 갖추지 못한 서로 다른 버전의 리눅스들을 만들어낼 것이라는 것이다.

이는 의심의 여지 없이 FUD(Fear, Uncertainty, Doubt)를 이용한 완벽한 넌센스다. 이러한 의견들은 보통 커널과 배포판에 대한 오해로부터 시작된다.

리눅스가 주류가 되어가기 시작하면서 리눅스 커뮤니티는 수많은 리눅스 생태계에서 어떠한 것이 어떻게 작용해야 하는 것인지에 대한 공식적인 방법과 표준화 프로세스가 필요하다고 판단했다. 그렇게 해서 두 가지의 주요 표준이 적극적으로 활용되고 있다.

FHS(File Hierarchy Standard: 파일 계층 구조 표준)는 리눅스의 디렉터리 구성을 표준화하기 위한 시도다. 개발자들이 어려움 없이 다양한 배포판에 자신의 응용프로그램을 동작시킬 수 있도록 한다. 이 책의 내용 또한 이 표준에 따라 대표적인 리눅스 배포판들에서 완벽하게 호환된다.

LSB(Linux Standard Base: 리눅스 표준 규격안)는 라이브러리와 도구를 어떠한 것을 사용해야 하는지에 대해 명시하고 있다.

LSB와 FHS를 준수하는 리눅스 장치라고 가정했을 때, 개발자는 자신의 응용프로그램이 해당 규정을 따르는 리눅스 배포판에서 제대로 동작하는 것을 보장한다. 대표적인 리눅스 배포 회사들은 이러한 기준을 따른다. 이것은 모든 데스크톱 배포판이 어떠한 개발자라도 신뢰할 수 있도록 일정 수준의 일반성을 지원한다는 것을 보장한다.

시스템 관리자의 관점에서는 이러한 표준은 상당히 흥미롭긴 하지만 리눅스 환경을 다루는 데 있어서는 그리 중요한 부분은 아니다. 그러나 이 두 가지 표준을 배운다고 해서 나쁠 건 없다. FHS에 대해서 더 알아보려면 www.pathname.com/fhs 사이트를 참조하고, LSB에 관한 내용은 www.linuxbase.org 사이트를 참조하길 바란다.

오픈 소스 소프트웨어의 장점

GPL이 실리주의 측면에서는 그리 좋지 않은 아이디어인 것처럼 보인다면 급증하는 성공적인 오픈 소스 소프트웨어 프로젝트들을 생각해보라. 그 프로젝트들은 시스템이 아주 잘 동작하고 있음을 보여주고 있다. 이러한 성공은 두 개의 원인으로부터 비롯된다. 첫째, 앞서 말했듯이 코드상의 오류들은 많은 사람들의 눈에 의해 보다 쉽게 감지되고 빠르게 수정된다. 둘째, GPL 시스템하에서는 프로그래머들이 소송에 대한 두려움 없이 마음껏 코드를 배포할 수 있다. 이러한 보호 없이는 사람들은 아마도 그들의 코드가 공개적으로 사용되는 데 불편할지도 모른다.

> **참고** 자유 소프트웨어의 개념은 누구나 자신의 작업물을 무료로 왜 배포해야 하는지에 대한 질문을 일으키게 한다. 믿기 어렵겠지만 일부 사람들은 이타적인 이유로 무상으로 배포하기도 하며 또 그렇게 하는 것을 선호하기도 한다.

대부분의 프로젝트는 처음부터 모든 기능들을 갖춘 세련된 작품으로 시작하지 않는다. 보통은 프로그래머를 괴롭히는 특정한 문제를 해결하고자 빠르게 대처하면서 프로젝트를 시작한다. 임시방편으로 문제를 해결한 코드는 팔 가치가 없는 것이다. 하지만 이러한 코드를 공유하고 비슷한 문제와 필요성을 가지고 있는 제3자에 의해 지속적으로 개선되면 아주 유용한 도구가 된다.

또 다른 사용자들이 자신이 원하는 기능을 추가하여 프로그램은 지속적으로 개선된다. 따라서 프로젝트는 단체의 노력의 결과물로서 진화되고 마침내 완벽한 기능을 갖추게 된다. 이렇게 완성된 프로그램은 아마도 수백, 수천여 명의 공헌으로 이루어진 것으로 여기저기에서 그들의 노력을 더한 것이다. 사실 원작자의 코드의 역할은 미미하게 보일 수 있다.

관대한 라이선스 정책을 가진 소프트웨어의 또 다른 성공요인이 있다. 상업용 소프트웨어를 개발하는 프로젝트 매니저라면 알 수 있을 것이다. 바로 실제 소프트웨어 개발 비용이 개발 단계에서 들지 않는다는 것이다. 그 비용은 판매하고, 마케팅 활동, 지원, 문서화, 패키지화, 그리고 소프트웨어를 탑재하는 순간에 발생되는 것이다. 한 프로그래머가 사소하지만 잘못된 프로그램의 문제를 수정하기 위해 주말 근무를 하고 있다면 그 프로그래머는 관심도, 시간도, 돈도 보다 이득이 있는 제품의 문제를 해결하기 위해 아낄 것이다.

리누스 토발즈가 1991년에 리눅스를 출시했을 때, GPL을 따랐다. 이러한 공개 헌장을 단 결과로 리눅스는 엄청나게 많은 공헌자들과 분석자들을 갖게 되었다. 이러한 참여로 리눅스는 보다 강해지고 기능면에 있어 뛰어나게 된 것이다. V.2.2.0. 커널부터 리누스의 공헌도는 전체 코드 기준으로 봤을 때 약 2% 미만 정도밖에 되지 않았다.

왜냐하면 리눅스는 자유이기 때문에(어떠한 제약도 없는), 누구든지 리눅스 커널과 기타 지원 프로그램들을 가져와서 다시 패키지화하여 재판매할 수 있다. 많은 사람들과 회사들이 단순히 이러한 작업만으로도 돈을 벌고 있다는 것이다! 각각의 패키지마다 커널의 코드 전체를 함께 배포하는 한, GPL의 정책을 따르는 한, 이 모든 것이 다 적법하다. 물론 GPL하에 있는 패키지들은 이익을 추구하는 다른 이름으로 재판매될 수 있다는 것 또한 의미한다.

결국 패키지를 보다 가치 있게 차별화하는 것은 부가 기능, 지원체계, 문서화에 달려있다. IBM 역시 이에 동의하여 1930년부터 1970년까지 IBM의 수익을 올리는 방법이 되었다. 1990년 후반부에서 2000년 초기에는 다시 IBM 글로벌 서비스로 다시 돈을 벌었다. 제품 자체로는 돈이 되지 못하지만 제품과 함께 서비스라면 수익 모델이 되는 것이다.

오픈 소스 소프트웨어 단점

여기에서는 자세하고 균형적이며 선입견을 배제하여 오픈 소스 소프트웨어의 장점과 비교해보려고 한다.

아쉽게도 지금으로서는 어떠한 단점도 제시하기 어렵다. 아직까진 찾을 수 없다.

윈도우와 리눅스의 차이점

여러분도 알 수 있듯이 마이크로소프트 윈도우와 리눅스 운영체제의 차이점을 지금 수준에서 논의하긴 어렵다. 이 책 전반에 걸쳐 주제별로 이 두 시스템의 차이를 보게 될 것이다. 어떤 부분에서는 명확히 비교한 내용이 없을 수도 있는데 그것은 뚜렷한 차이가 없기 때문일 것이다.

하지만 정밀한 공격에 앞서 이 두 시스템 간의 기본적인 아키텍처의 차이에 대해 알아보도록 하자.

▣ 단일 사용자, 다중 사용자, 네트워크 사용자

윈도우는 본래 마이크로소프트 공동 창업자인 빌게이츠가 주창한 "1대의 컴퓨터, 1개의 책상, 1명의 사용자"라는 비전에 따라 설계된 것이다. 이를 논의하기 위해 우리는 이러한 철학을 "단일 사용자"라고 해두자. 이러한 설계로 두 명의 사용자가 마이크로소프트 워드(예를 들어)를 동시에, 그리고 같은 장치에서 병행 실행을 하는 것은 불가능하다. 윈도우를 구매해서 터미널 서버로 알려진 것을 실행하려면 엄청난 컴퓨팅 능력이 필요하고 라이선스 비용이 발생하게 된다. 물론 리눅스에선 코드 문제는 없을 것이고 어떠한 하드웨어에도 충분히 잘 호환될 것이다.

리눅스는 그 정신을 유닉스에서 차용한 것이다. 유닉스는 본래 Bell 연구소에서 1970년대 초반에 개발되었는데, PDP-7이라는 컴퓨터에 존재하던 것이었다. 이 컴퓨터는 회사 전체 부서에서 공유하는 데 필요한 컴퓨터였다. 따라서 **다수의 사용자**가 동시에 중앙장치에 접속할 수 있도록 설계되어야 했던 것이다. 여러 사람들이 문서를 편집하고 프로그램을 컴파일하고 또한 정확하게 똑같은 시간에 다른 작업을 할 수 있었다. 중앙장치에 있던 운영체제는 "공유" 작업을 상세하게 관리하였기 때문에 각 사용자는 개별 시스템을 사용하는 것 같았다. 다수 사용자의 전통은 오늘날의 여러 다른 UNIX 버전에서도 계속되고 있다. 또한 1990년대 초반에 리눅스의 탄생 이래로, 리눅스도 다중 사용자 환경을 지원한다.

> **참고** 대부분의 사람들은 "멀티태스킹"이란 용어가 윈도우 95가 나오면서 시작된 것이라 생각한다. 하지만 이러한 기능은 1969년에 이미 UNIX는 가지고 있었다! 리눅스에 포함된 이러한 개념이 수많은 시간 동안 발전하고 그 능력을 스스로 입증해 보여왔음을 믿어도 좋다.

오늘날 가장 일반적인 다중 사용자 환경 설정은 서버를 지원하는 것인데, 서버란 많은 고객들이 사용할 수 있도록 규모가 큰 프로그램을 실행하는 전용 시스템을 말한다. 부서에 각 사람마다 데스크톱상에 개별적인 소형 워크스테이션을 가질 수 있고 이것으로 매일매일 작업을 충분하게 처리할 수 있다. 만일 누군가는 훨씬 더 뛰어난 프로세싱 능력이나 메모리가 필요한 작업을 해야 한다면 그 사람은 서버에서 직접 그 작업을 수행할 수 있다.

"하지만 저기요! 윈도우로는 하나의 컴퓨터로 처리함으로써 힘든 작업들을 없애주는걸요!"라고 반문할 수 있을 것이다. "SQL 서버만 봐도 그래요!" 흠, 반만 맞다. 리눅스와 윈도우는 네트워크를 통해 데이터베이스와 같은 서비스를 제공할 역량이 충분이 있다. 이러한 환경의 사용자를 우리는 네트워크 사용자라고 하는데 사실 그들은 서버에 실제 로그인한 것은 아니기 때문이다. 대신 서버에 요청을 보내는 것이다. 이 서버는 작업을 수행하면서 결과를 요청한 사용자에게 네트워크를 통해 전송한다. 여기서 알 수 있는 것은 응용프로그램은 반드시 서버/클라이언트와 같은 역할을 수행하도록 개발되어야 한다는 것이다. 리눅스의 경우 프로그램을 재설계할 필요 없이 사용자는 서버상에서 시스템 관리자가 허용한 프로그램이라면 모두 실행할 수 있다. 대부분의 사용자는 의미 있는 혜택을 얻기 위해 장치에 있는 임의의 프로그램을 실행할 수 있는지를 알고 싶어한다.

모놀리식 커널과 마이크로 커널

두 가지 형태의 커널이 운영체제에서 사용된다. 첫 번째 형태는 **모놀리식** 커널로 사용자 응용프로그램이 필요로 하는 모든 서비스를 제공한다. 두 번째 형태는 **마이크로** 커널이다. 그 범위에 있어 모놀리식 커널에 비해 훨씬 소규모라서 운영체제를 구현할 때 필요한 가장 기본이면서 핵심적인 서비스만을 제공한다.

대부분 리눅스는 모놀리식 커널 구조를 가져가며, 하드웨어 및 시스템 호출을 다루는 모든 것을 제어한다. 반면에 윈도우는 마이크로 커널 디자인을 적용했다. 윈도우 커널은 최소한의 서비스를 제공하고 프로세스 관리, 입출력(I/O) 관리, 기타 여러 서비스를 제공하는 주요 서비스들과 상호작용하는 식이다. 하지만 여전히 이 두 가지 방법 중 어떤 것이 더 나은 것인지에 대해서는 증명된 바는 없다.

GUI와 커널의 분리

매킨토시 컨셉트를 따라서 윈도우 개발자들은 GUI를 운영체제의 핵심으로 통합시켰다. 운영체제가 없는 GUI, GUI가 없는 운영체제는 없는 것이다. 이러한 결합 형태의 장점은 사용자 인터페이스 환경이 시스템에서 표현됨에 있어 일관성이 있다는 것이다.

마이크로소프트는 응용프로그램의 외형에 있어 애플처럼 지극히 제한적인 규칙을 적용하진 않았지만 대부분의 개발자들은 응용프로그램마다 기본적인 느낌과 모습을 가져가려는 경향이 있었다. 하지만 이러한 부분이 위험한 이유는 비디오 카드 드라이버는 전형적인 x86 시스템에서 "Ring 0"이라는 것에 실행되는 것이 가능하기 때문이다. Ring 0은 보호 메커니즘이다. 특정 권한이 있는 프로세스만이 이 단계에서 실행할 수 있고 일반 사용자 프로세스는 Ring 3 단계에서 실행된다. 비디오 카드가 Ring 0에서 실행될 수 있기 때문에 잘못 동작하게 될 경우(실제로 그렇다), 시스템 전체를 마비시키기도 한다.

반면에 리눅스(일반적인 유닉스와 마찬가지로)는 두 가지의 요소, 즉 사용자 인터페이스와 운영체제를 분리해왔다. X 윈도우 시스템 인터페이스는 사용자 레벨의 응용프로그램처럼 실행되며 더 안정적이다. 만약 그래픽 사용자 환경(윈도우와 리눅스 환경에서 모두 복잡하다)에서 실패하더라도 리눅스는 함께 멈추지 않는다. GUI 프로세스는 간단하게 정리되고, 터미널 윈도우를 대신 만나게 될 것이다. X 윈도우 시스템이 윈도우 GUI와 또 다른 부분은 바로 완벽한 사용자 인터페이스가 아니라는 점이다. 기본적으로 화면에서 보여야 할 내용들만 인터페이스를 구성하도록 한다.

X 윈도우 시스템의 가장 뛰어난 기능 중 하나는 네트워크를 통해 윈도우 또는 다른 워크스테이션 화면을 공유할 수 있는 것이다. 그렇기 때문에 A라는 호스트에 등록된 사용자가 B라는 호스트에도 접속이 가능하다. 두 명의 사용자가 같은 장치에 접속할 수 있고 동시에 마이크로소프트 워드와 같은 리눅스 프로그램도(오픈오피스 또는 LibreOffice) 실행이 가능하다.

X 윈도우 시스템의 부가 기능인 창 관리자로 유용한 환경을 구성할 수 있다. 리눅스 배포판들은 몇 가지 종류의 창 관리자를 지원하는데 가장 강력하고 인기 있는 것은 GNOME과 KDE 환경(둘 다 유닉스 계열 시스템에서도 사용 가능하다)이다. 이 두 환경은 어렵지 않다. 심지어 윈

도우 사용자들에게도 무난한 환경을 제공해준다. 속도를 고려한다면 FVWM(F Virtual Window Manager), LXDE(Lightweight X11 Desktop Environment), 또는 Xfce 창 관리자를 검토해보면 좋다. 이들은 KDE나 GNOME처럼 화려한 모습을 갖추고 있진 않지만 가볍기에 그 속도 또한 빠르다.

그럼 이제 윈도우와 리눅스 이 둘 중 어떤 것이 나을까? 그리고 왜 더 좋을까? 사실 하고자 하는 것에 달린 문제다. 윈도우가 제공하는 통합 환경이 편리하고 리눅스보다 덜 복잡하긴 하지만 X 윈도우 시스템의 기능, 즉 네트워크상의 사용자들에게 윈도우 화면이나 다른 사람의 작업 환경을 표시하는 응용프로그램을 허용하지 않기 때문이다. 윈도우 GUI는 일관되지만 간단하게 종료할 수는 없다. 반면에 X 윈도우 시스템은 서버에서 사용할 필요가 없다.

참고

최신 서버 버전(Windows Server 8 이상)을 보게 되면, 마이크로소프트도 GUI와 기본 운영체제를 분리시켜 가고 있다. 사용자는 "Server Core"라는 모드에서 서버를 설치하고 사용할 수 있다. Windows Server 8 Server Core는 GUI 없이도 실행된다. 이 상태에서 커맨드라인으로 또는 일반적인 시스템을 통해 원격으로 GUI의 모든 기능을 활용하면서 서버를 관리할 수 있다.

이웃 네트워크

서버상에서 또는 사용자 간에 디스크를 공유하는 윈도우 사용자를 위한 전통적인 메커니즘은 이웃 네트워크를 통해 공유하는 것이다. 일반적인 시나리오는 사용자가 공유를 설정하여 그 공유에 대하여 드라이브 문자를 지정하는 것이다. 그렇게 되면 클라이언트와 서버의 구분이 명확해진다. 문제점이 있다면 데이터를 공유함에 있어 사용자가 할 일이 많다는 것이다. 즉 어떤 서버에 어떤 데이터가 있는지 알고 있어야 한다는 것이 유일한 문제점이다.

유닉스에서 차용된 윈도우의 새로운 기능으로 **마운팅**(mounting)이 있다. 윈도우 용어로는 이것을 **리파스 포인트**(reparse points)라고 한다. 이 기능으로 CD-ROM 드라이브를 사용자의 C 드라이브에 있는 디렉터리이고 마운트할 수 있다. 리눅스나 유닉스에서는 이러한 마운트 기능이(광학 장치, 네트워크 공유 등과 같은) 다소 생소하겠지만 리눅스에 적응하다 보면 이러한 설계 방식의 장점을 이해하고 감사하게 될 것이다. 윈도우에서 마운트 기능을 사용하려면 네트워크 공유마다 드라이브 문자를 매핑해야 한다.

리눅스는 사실 마운트하는 개념을 지원하도록 설계되었으며 따라서 파일 시스템의 타입과 상관없이 각기 다른 프로토콜과 방법을 사용하여 마운트 기능을 지원한다. 예를 들어 가장 유명한 네트워크 파일 시스템(NFS) 프로토콜로 원격 공유 / 폴더 공유를 마운트할 수 있고 로컬에서 보여지기도 한다. 사실 리눅스 자동 마운트 기능은 동적으로 각기 다른 파일 시스템을 필요에 따라 마운트하거나 마운트 해제할 수 있다.

리눅스에서 파티션을 마운트하는 일반적인 예로는 마운트된 홈 디렉터리를 들 수 있다. 사용자의 홈 디렉터리는 서버에 위치하여 클라이언트 시스템은 자동적으로 부팅 시점에서 디렉터리를 마운트할 수 있다. 그래서 /home 디렉터리(하위 목록 포함)는 클라이언트상에 존재하는 듯하지만 사실 서버의 /home/username 디렉터리를 사용하는 것이다.

리눅스 NFS나 기타 다른 네트워크 파일 시스템의 경우, 사용자는 서버 이름이나 디렉터리 경로를 알 필요가 없고 이것은 얼마나 큰 행복인지 모른다. 왜냐하면 어떤 서버가 연결되어 있는지, 서버 환경설정을 언제 수정해야 하는지 몰라도 되기 때문이다. 리눅스에서는 서버 이름을 변경할 수 있으며 사전고지 또는 사용자에게 미리 숙지시킬 필요 없이 클라이언트 시스템의 정보들을 관리할 수 있다. 서버 배치를 다시 한 부분에 대해 사용자 교육을 해야만 하는 담당자라면 이러한 놀라운 혜택과 편리함에 감사하게 될 것이다.

인쇄 작업 역시 많은 면에 있어 비슷하게 기능을 한다. 리눅스에서는 프린터가 실제 호스트 이름과는 상관 없는 별도의 이름을 갖는다(프린터에 TCP/IP 통신이 불가능할 때 특히 더 중요하다). 클라이언트는 관리 권한이 없이는 변경할 수 없는 프린트 서버 이름을 지정하고 그 설정 또한 조용히 변경될 수 없다. 프린트 서버는 필요에 따라 모든 인쇄 작업을 반복 요청할 수 있다. 리눅스가 제공하는 통합 인터페이스는 사용자 네트워크 환경에 구성된 복잡한 프린터들을 개선시켜 줄 것이다. 더불어 여러 위치에 프린트 드라이버를 여러 번 설치할 필요가 없음을 의미하기도 한다.

레지스트리와 텍스트 파일

윈도우 레지스트리, 즉 윈도우의 궁극적인 환경설정 데이터베이스를 생각해보면 수없이 많은 엔트리들이 존재하는데, 그 중에서 완벽하게 문서화된 것은 별로 없다.

"뭐라고? 레지스트리가 엉망이라고?"〈미친 듯이 웃으며..〉"아.. 네.. 어제 백업된 내용에서 복구하려고 하는데 엑셀이 말을 안 듣고, 기술 지원 담당자는(전화 한 통화에 65달러를 받는) 다시 설치하라고만 하네요….."

다시 말하자면 윈도우 레지스트리 시스템은 관리하기 상당히 어렵다. 이론적으로는 그 발상이 나쁘지 않지만 관리에 어려움을 겪는 대부분의 사람들은 한두 번쯤은 상처를 입고 패전해봤을 것이다.

리눅스는 레지스트리가 없다. 이것은 축복일 수도 있고 저주일 수도 있다. 축복인 이유는 환경설정 파일들이 일련의 텍스트 파일 형태로 보존되기 때문이다(윈도우의 .ini 파일로 생각하면 된다). 이러한 방식은 regedit과 같은 도구를 활용하는 대신 텍스트 편집기만으로도 설정 파일을 편집할 수 있게 해준다. 많은 경우, 환경설정 파일에 주석을 달아서 6개월 뒤에도 왜 그러한 수정을 했는지 알 수 있다. 리눅스 플랫폼에서 사용되는 대부분의 소프트웨어들은 환경설정 파일을 /etc 디렉터리나 혹은 그 하위 디렉터리에 저장한다. 이러한 방식은 FOSS 환경에서 많이 사용된다.

그렇다면 저주인 이유는 무엇일까? 바로 환경설정 파일을 작성하는 표준화된 작성 기준이 없다는 것이다. 각 응용프로그램마다 저만의 포맷을 가지고 있다. 상당히 많은 응용프로그램들이 이러한 문제를 완화시키고자 GUI 기반의 환경설정 도구에 번들 되어 나오고 있다. 그래서 쉽게 기본 설정을 할 수 있고 조금 더 복잡한 설정이 필요할 경우엔 직접 설정 파일을 편집할 수도 있다.

현실적으로, 텍스트 파일로 환경설정 정보를 관리하는 것이 보통은 효율적이라고 판단되고 있다. 일단 설정되고 나면 변경할 일이 거의 없고 설령 수정하게 되더라도 텍스트 파일을 확인하는 것은 어렵지 않다. 더욱 도움이 되는 것은 동일한 환경설정을 참조하는 스크립트를 작성하거나 그 동작을 그에 맞춰 수정할 때 매우 간편하다는 것이다. 특히 수많은 서버들을 대상으로 자동화된 서버 관리 운영이 중요한 대규모 시스템 환경에서 더욱 유용하다.

도메인과 액티브 디렉터리

윈도우에 익숙한 사용자라면 윈도우 NT의 도메인 컨트롤러(Domain Controller) 모델에 대해서 알 수도 있을 것이다. 이 순간 이마를 찌푸렸다면 1차 도메인 컨트롤러(Primary Domain Controllers, PDC), 백업 도메인 컨트롤러(BDC), 그리고 이들 간의 동기화를 관리해야 하는 고통으로 괴로워할지도 모르겠다.

전세계 도처에 있는 시스템 관리자들의 불평으로 마이크로소프트는 윈도우 NT 모델을 포기하고 대신 액티브 디렉터리(AD)라는 것을 만들었다. AD의 탄생 배경은 별 것 없다. 사용자 로그인, 그룹 정보, 또는 전화번호와 같은 어떠한 종류의 관리 데이터라면 저장할 수 있는 공간을 제공하고자 했다. 또한 도메인 인증 및 승인을 관리할 수 있는 중앙집중화된 공간을 제공하려는 것이다. 도메인 동기화 모델은 훨씬 더 신뢰성이 있는 DNS 형태의 계층 구조 모델로 바뀌어갔다. NTLM(NT LAN Manager) 또한 Kerberos가 더 선호되는 바람에 밀려났지만 AD는 여전히 NTLM과의 호환을 지원한다.

dcpromo를 실행하는 것은 즐거운 오후 시간을 보낼 수 없겠지만 AD가 어떻게 동작하는지는 쉽게 이해하는 데 도움이 된다.

이와 별개로 리눅스는 인증/승인 절차를 까다롭게 관리하지 않고 또한 윈도우가 AD로 관리하는 방식인 데이터 저장 모델을 사용하지 않는다. 대신에 응용프로그램들을 수정하지 않고도 작동하도록 다양한 유형의 저장소와 인증 기법을 가능하게 하는 추상 모델을 사용한다. 이것은 PAM(Plugged Authentication Modules)이라는 기반 구조와 이름 분석 라이브러리를 통해 이루어진다. 이때 이 라이브러리는 사용자 및 그룹 정보를 응용프로그램을 위해 찾아주는 표준화된 방법을 제공한다. 또한 다양한 기법을 활용하여 사용자 및 그룹 정보를 저장하는 유연한 방법도 제공한다.

리눅스가 낯선 관리자들에게는 이러한 추상 모델이 어려울 수도 있다. 하지만 인증을 위해서는 평범한 파일부터 NFS, LDAP, Kerberos에 이르기까지 뭐든 사용할 수 있다는 점을 생각해보길 바란다. 이것이 의미하는 것은 사용자에게 가장 적합한 시스템을 사용할 수 있다는 것이다. 예를 들어 NIS를 사용하는 UNIX 환경에서라면 리눅스 시스템을 그 환경에 맞게 적용하면 된다. 반면에 AD 환경이라면 도메인 인증을 위해 삼바나 LDAP과 함께 PAM을 사용할 수 있다. Kerberos는 어떠한가? 당연히 가능하다. 외부의 어떤 인증 시스템과도 연결되지 않도록 하기만 하면 된다. 게다가 다수의 인증 시스템을 결합시키고자 할 때에는 리눅스는 OpenLDAP과 같은 다양한 도구를 쉽게 활용하여 디렉터리 정보를 한 곳에 집중하여 관리할 수 있다.

요약

1장에서는 리눅스가 무엇인지 또 리눅스가 아닌 것은 무엇인지에 대한 개괄적인 내용을 다뤘다. 더 나아가 도움이 될만한 리눅스와 오픈 소스 소프트웨어를 형성하는 규칙, 아이디어, 개념들에 대해서 논의했다. 후반부에서는 리눅스와 마이크로소프트 윈도우 서버의 핵심 기술들을 중심으로 주요 차이점들을 그리고 비슷한 점들을 살펴보았다. 이보다 훨씬 많은 기술들과 실질적인 사용 예제들을 향후 만나보게 될 것이다.

현재 리눅스의 깊이 있는 기능들을 너무 알고 싶고 테스트해보고 싶다면 소스 코드를 확인해보길 바란다. www.kernel.org에서 소스 코드를 볼 수 있다. 그것은 전부 오픈 소스다!

CHAPTER 2

서버 형태로
리눅스 설치

놀라울 만큼 향상된 설치 프로그램이 리눅스 성공에 어느 정도 기여했다. 몇 년 전만해도 다소 까다로웠던 설치 과정이 이제는 대부분 사소하리만큼 쉬워졌다. 심지어 소프트웨어를 설치하는 방법이 다양해져서 더 이상 광학 장치(CD/DVD-ROM)만을 선택하지 않아도 된다(하지만 여전히 가장 흔한 방식이다). 네트워크를 통한 설치 방법 또한 새로운 설치 방법 중 하나로 수많은 호스트에 리눅스를 설치할 때 큰 도움을 준다. 인기 있는 설치 방법으로는 live CD를 이용한 설치다. 이것은 실제 직접 설치하기 전에 먼저 해당 소프트웨어를 체험해볼 수 있는 기회를 제공해주는 설치 방법이다.

리눅스가 설치된 기본 환경은 대부분 서버로 사용될 수 있을 만큼 준비되어 있다. 따라서 설치하는 부분과 원하는 작업을 수행하기 위해 필요한 적합한 소프트웨어로 설정하는 부분만 있을 뿐이다. 적절한 환경은 서버가 한두 가지에 작업에 집중하는 데 영향을 미친다. 그 외에 다른 필요 없는 서비스들은 메모리를 차지하고 성능도 저하시키기 때문에 피하는 것이 좋다. 2장에서는 리눅스 설치 과정에 대해서 논의할 텐데 서버로서의 설치와 그와 관련된 기능들을 살펴볼 것이다.

하드웨어와 환경의 고려사항

어떠한 운영체제든 설치 프로세스를 시작하기 전에 먼저 어떠한 하드웨어 환경이 적합할 것인지를 결정해야 한다. 상업용 벤더들을 하드웨어 호환성 목록(HCL)을 웹을 통해 배포한다. 예를 들어 레드햇의 HCL은 http://hardware.redhat.com(페도라의 HCL은 레드햇과 거의 유사하다)에서, OpenSUSE는 http://en.opensuse.org/Hardware, Ubuntu의 HCL은 https://wiki.ubuntu.com/HardwareSupport에서 확인할 수 있다. 또한 리눅스의 일반적인 HCL 목록은 www.tldp.org/HOWTO/Hardware-HOWTO에서 확인 가능하다.

이러한 사이트는 특정 하드웨어를 고려할 때에 제일 먼저 확인해볼 수 있는 좋은 참고자료다. 하지만 매일같이 전세계에서 새롭게 개발되는 리눅스 드라이버들을 오픈 소스 커뮤니티의 개발 속도를 앞의 사이트들이 전부 다 바로 확인하지 못한다는 점을 명심해야 한다. 일반적으로 가장 유명한 인텔 기반 또는 AMD 기반 환경의 하드웨어들에서는 큰 문제 없이 잘 돌아간다.

모든 운영체제에 적용되는 공통적인 규칙은 최첨단의 하드웨어와 소프트웨어는 피하라는 것이다. 좋아 보일 수는 있지만 사실 이보다 조금 이전 버전의 하드웨어들이 경험한 시행착오의 프로세스를 겪어보지 못한 것이다. 서버에 있어서 성능이 우수한 최신 비디오 카드와 사운드 카드와 같은 훌륭한 장난감이 그렇게 필요하지 않기 때문에 이 부분이 큰 문제가 되진 않는다. 결국은 우리의 주 목표는 안정적이고 고가용성의 서버를 사용자들에게 제공하는 데에 있는 것이다.

서버 설계

당연히 서버급 시스템에서는 세 가지의 중요한 특징을 보여주어야 한다. 즉 안정성, 가용성, 서버의 성능이다. 이 세 가지 요소는 더 좋은 하드웨어일수록 더 좋아진다. 아쉬운 일이다. 관리자가 기존에 보유하고 있는 하드웨어를 살짝 튜닝하여 그 성능을 원하는 수준까지 끌어내야 하는데 서버의 3대 영역에서 가장 뛰어난 시스템을 갖추기 위해선 엄청난 돈을 지불해야 한다는 것이 참 안타까울 뿐이다. 그러나 리눅스에서는 시스템 튜닝이 어렵지 않다. 오히려 더 쉽고 그 효과는 매우 훌륭하다.

서버 설정을 다룰 때 결정되어야 하는 아주 중요한 설계 방향은 기술적인 부분이 아니라 관리적 측면이다. 즉 서버는 일반적인 사용자들이 보기에는 **어려운** 서버 환경을 만들어야 한다. 다시 말해서 멀티미디어 도구, 사운드 카드, 또 보기 좋은 웹 브라우저(모든 경우에 말이다)들이 전혀 필요하지 않다는 것이다. 사실 쉽게 서버를 사용할 수 있다는 것은 원칙적으로 철저하게 차단되어야 한다.

서버 환경을 설계할 때 고려해야 하는 또 다른 부분은 적절한 외부 환경이다. 시스템 관리자라면 잠금 장치나 열쇠로 분리된 별도의 공간에서 서버를 물리적으로 안전하게 유지할 수 있어야 한다. 관리 권한이 없는 사람이 서버에 접근할 수 있는 건 오로지 네트워크를 통한 접속뿐이다. 서버실 자체도 통풍이 잘 되고 열기가 관리되어야 한다. 물리적 환경이 제대로 갖추어 있지 않으면 사고 나기 십상이다. 시스템이 과열되거나 문제 해결을 잘 한다면 떠들썩대는 관리자만으로도 악성 소프트웨어만큼이나 서버 안정성에 큰 위험을 줄 수 있다.

일단 서버가 안전한 공간에 설치되어 있다면 그 다음으로는 백업 전원을 설치하는 것이 중요하다. 백업 전원은 다음과 같은 두 가지의 기능을 해준다.

- 전원이 나갔을 때 시스템 작동을 유지시켜줌으로 그 동안의 데이터 손상이나 손실을 막을 수 있고 안전하게 시스템을 종료시킬 수 있다.

- 합선이나 누전과 같은 전기 사고로 인한 시스템 손상을 막아준다.

서버의 성능을 개선시키기 위한 몇 가지 특별한 것을 다음과 같이 소개한다.

- GUI가 핵심 운영체제와 분리되어 있다는 점을 활용하라. 그리고 컴퓨터에 앉아서 응용프로그램을 실행해야 하는 것이 아니라면 X 윈도우 시스템(리눅스 GUI)으로 작업을 시작하는 것을 피하라. 기타 다른 응용프로그램처럼 X 윈도우 시스템은 메모리와 CPU를 차지하기 때문에 이 귀중한 자원들을 보다더 필요한 서버 프로세스에 대신 활용하라.

- 어떠한 기능을 서버가 수행할지 정의하라. 그리고 관련이 없는 기능들을 모두 정지시키면 된다. 사용하지 않는 기능들은 메모리와 CPU를 소모할 뿐만 아니라 보안 영역에서 처리해야 하는 또 다른 골칫거리이기 때문이다.

- 다른 운영체제와 같지 않게 리눅스는 커널 내에서 관리자가 원하는 기능을 선택할 수 있다(이 부분은 10장에서 배우게 된다). 기본적인 커널 자체가 잘 튜닝되어 있어서 성능 문제에 크게 걱정하지 않아도 된다. 하지만 기능을 바꾸거나 커널을 업그레이드해야 하는 경우, 까다롭게 선택해야 한다. 기능을 추가하기 전에 정말 그것이 필요한지를 확인해야만 성능을 조금 더 개선시키는 데 도움이 된다.

참고

시스템 자원을 효과적으로 활용하기 위한 유일한 방법은 커널을 재컴파일하는 것이라는 얘기를 많이 들어봤을 것이다. 하지만 이것은 더 이상 현실적이지 않다. 커널을 재컴파일해야 하는 또 다른 이유는 업그레이드를 해야 하거나 새로운 장치에 대한 지원을 추가한다거나 아니면 더 이상 필요하지 않은 구성요소들을 삭제해야 하기 때문일 것이다.

▨ Uptime

실수하지 않고 서버를 잘 관리할 수 있도록 지금까지 한 모든 이야기들은 오래 전 UNIX의 철학으로부터 비롯된 것들이다. **서버의 가동 시간이 길면 좋다. 더욱 길면 더 좋다.**

유닉스 또는 리눅스의 uptime 명령어는 마지막 부팅 이후의 시스템 작동 시간, 현재 서버에 접속한 사용자의 수, 시스템 부하 정도에 대한 정보를 제공한다. 마지막 두 정보는 일별 시스템의 상황 및 장기 계획을 세울 때 매우 유용한 정보들이다(예를 들어 서버의 부하 정도가 심각하고 지속적으로 높아지고 있다면 더 빠르고 크고 좋은 서버를 구입할 시점이라는 것이다).

하지만 가장 중요한 수치는 부팅 이후의 서버 작동 시간이다. 작동 시간이 길다면 그 서버는 적절한 관리 및 유지보수를 받고 있다는 것을 의미하고 더불어 실제적인 관점에선 시스템이 안정적이라는 것을 말해준다. 여러분은 종종 마치 자동차 마니아가 자신의 차의 마력을 자랑하듯, UNIX 시스템 관리자들이 그들이 관리하는 시스템의 작동 시간의 수준을 자랑하는 것을 들었을 것이다. 이것은 또 시스템 관리자가 시스템 환경에 변화가 발생할 경우(운영체제 종류에 상관없이) 시스템에 반영되기 위해 재부팅해야만 하는 일들을 귀찮아하는 이유가 되기도 한다. 지금 당장은 신경 쓰지 않겠지만 6개월만 지나도 곧 불필요하게 시스템을 리부팅하는 다른 관리자들에게 언성을 높일지도 모른다. 이런 일들에 대해 진정한 관리자가 아닌 이들에게 굳이 설명할 필요는 없다. 왜냐하면 그들은 그저 여러분을 이상하게 여길 테니… 다만 자신의 시스템의 uptime 수준이 그들의 것보다 훨씬 낮다는 것을 느끼게 될 것이다.

설치 방법

LAN(Local area networks) 및 인터넷 연결 모두 그 연결 상태와 속도가 향상되면서 광학 장치 (CD-ROM, DVD-ROM 등)를 통한 설치보다는 네트워크를 통한 설치 작업을 수행하는 것이 점점 인기 있는 설치 방법으로 자리잡고 있다.

특정 리눅스 배포판과 기존의 네트워크 기반 환경에 따라서 다음과 같은 몇 가지 프로토콜을 통해 네트워크를 활용한 설치를 계획할 수 있다.

- **FTP(파일 전송 프로토콜):** 가장 오래된 네트워크 설치 수단 중 하나

- **HTTP(하이퍼텍스트 전송 프로토콜):** 웹 서버에 의해 설치 트리 생성

- **NFS(네트워크 파일 시스템):** NFS 서버에서 배포 트리 공유/추출

- **SMB(서버 메시지 블록):** 이 방법은 앞의 세 가지 방법에 비해 상대적으로 덜 유명하다. 그리고 지원하지 않는 리눅스 배포판도 있다. 설치 트리는 삼바 서버를 통하거나 윈도우 박스에서 공유될 수 있다.

또 다른 일반적인 설치 방법으로는 벤더가 배포한 광학 장치로 설치하는 것이다. 모든 상업용 리눅스 벤더들은 그들의 배포판들을 설치 매체에 그들의 리눅스 브랜드를 입혀 제공한다. 주로 CD/DVD-ROM 이미지 형태로 만들고 FTP 또는/그리고 HTTP 사이트에서 다운로드 받을 수 있도록 제공한다. ISO 형태로 지원되지 않는 리눅스 배포판은 보통은 그들만의 사이트마다 저장소(repository) 트리 내에 존재하는 설치 가능한 최소한의 OS 형태로 지원된다.

요즘 들어 인기를 얻고 있는 설치 방법으로는 라이브 형태의 리눅스 환경을 구축하는 것이다. 이러한 환경은 라이브 USB나 라이브 CD/DVD를 통해 가능하다. 이 방법은 특별한 장점이 몇 가지 있다. 사용자가 실제 시스템의 하드 드라이브에 리눅스를 설치하기 전 미리 체험할 수 있다는 것이다. 또한 리눅스를 설치하려는 시스템의 기타 하드웨어 및 주변기기들이 어떻게 작동하는가에 대한 대략적인 파악이 가능하다. 라이브 형태의 배포판은 보통 최소한의 OS 형태로 제공되기 때문에 엄밀히 말하자면 이것으로 체험해본다 해서 쉽게 결론을 내릴 수는 없다. 그 이유는 사용자의 상황에 따라 다를 수도 있겠지만 여기저기 손을 대다 보면 하드웨어 작동에 약간의 문제를 겪게 될 수 있기 때문이다.

이 장에서는 DVD 이미지를 사용해서 서버 클래스 설치를 해볼 것이다. 물론 광학 매체를 통해 설치를 한번 해보면 바로 네트워크를 통한 설치도 쉽게 해볼 수 있을 것이다. 자동 설치와 관련 해서 짚고 넘어갈 것은 서버 형태의 설치는 자동과는 좀 거리가 멀다. 왜냐하면 서버마다 고유의 수행업무가 있어서 각기 다른 환경설정을 가져가기 때문이다. 예를 들어 네트워크를 통해 로깅 정보를 받아서 처리하는 작업을 수행하는 서버는 로그 정보를 전혀 관리하지 않는 파일 서버에 비해서 보다 큰 로그 디렉터리를 위한 파티션이 별도로 필요할 것이다. (대규모의 중복 서버로 구성된 서버 팜은 예외이지만 이 역시 설치 시 세밀한 주의가 필요한 미미한 차이들이 분명 존재 한다.)

페도라 설치

여기에서는 단일 시스템에 64비트의 페도라 16 버전을 설치할 것이다. 서버 운영에 있어 관련된 도구 및 서브 시스템들을 설치하면서 설치 과정을 다소 자유롭게 접근해볼 것이다. 뒷장에서는 서브 시스템의 용도와 필요한 서브 시스템을 결정하는 데 도움을 줄 것이다.

> **참고** 꼭 페도라 16 버전이 아니어도 괜찮다. 버전이 상이하더라도 기본적으로 설치 과정은 거의 비슷하다. 심지어 페도라가 아니어도 괜찮다. 대부분의 설치 환경이 다양한 배포판에서도 적용되기 때문이다. 다만 일부 배포판 의 설치 마법사가 다른 것에 비해 조금 더 괜찮을 수는 있다.

■ 설치 사전 요구사항

첫째, 설치할 페도라 ISO를 내려 받는다. 페도라 프로젝트 웹사이트에는 전세계 곳곳에서 제공 되는 미러 목록이 있다. 가장 가까운 지역의 미러링 사이트를 선택하면 된다. 공식 미러 목록은 http://mirrors.fedoraproject.org/publiclist에서 확인할 수 있다.

이번 설치에서 사용된 DVD 이미지는 다음 URL에서 다운로드 받았다.

http://ftp.kaist.ac.kr/fedora/releases/16/Fedora/x86_64/iso/Fedora-16-x86_64-DVD.iso

미러에서 해당 이미지를 받을 수 있는데 URL은 다음과 같다.

http://mirrors.fedoraproject.org/publiclist/Fedora/16/x86_64/

> **참고** 리눅스 배포판은 아키텍처에 따라 패키징된다. 아키텍처 종류에 따라 ISO 이미지 이름이 다른 것을 볼 수 있 다. 예를 들어 x86, x86_64 등과 같은 아키텍처는, x86은 펜티엄 계열로 i386, i586, i686, AMD 애슬론, AthlonXP, Duron, AthlonMP, Sempron 등이 있다. PPC 계열은 PowerPC 계열을 의미하는데, G3, g4, G5, IBM pSeries 등이 있다. X86_64계열에는 64비트 플랫폼인 Athlon, Opteron, Phenom, EM64T, Intel Core i3, i5, i7, i9 등이 해당된다.

파일을 내려 받았으면 그 다음으로 ISO 이미지를 적당한 매체에 굽는다. 우리는 빈 DVD를 사용해볼 것이다. 자신이 즐겨 쓰는 CD/DVD 버닝 프로그램을 이용하라. 다운로드 받은 파일은 DVD 매체에 바로 구울 수 있다. 대부분의 CD/DVD 버닝 프로그램은 CD나 DVD를 생성할 수 있는 옵션이 있다. 따라서 다운로드한 파일을 일반 파일처럼 굽는다면 DVD-ROM 루트에 하나의 파일로 저장되는데, 이것은 우리가 원하는 형태가 아니다. 광학 매체를 통한 설치 시, 설치하려는 시스템에는 DVD-ROM이 있어야 한다. 또는 플래시 형태의 매체, 즉 USB나 SD 카드와 같은 외장 하드 디스크를 통해 설치하려면 시스템은 이러한 하드웨어를 통해 부팅이 가능해야 한다.

플래시 형태의 매체에 리눅스 인스톨러를 생성하는 법은 부록 B에서 다루게 된다.

> **참고** 일부 리눅스 배포판 설치 이미지들은 여러 장의 CD-ROM 이미지나 하나의 DVD 이미지로 구성될 수 있다. 적절한 하드웨어와 함께 이미지도 골라야 한다면 DVD 이미지를 선택하는 것이 좋다. 설치 시 CD를 바꿔가며 설치하는 것을 피할 필요가 있다. 왜냐하면 여러 장에 있는 설치 시 필요한 모든 파일들이 하나의 DVD에 다 있기 때문이다. 또한 여러 장의 CD 중 손상된 CD가 있을 수도 있기 때문이다(즉 4장의 CD 중 손상 CD가 있을 확률이 손상된 DVD를 고를 확률보다 훨씬 높다는 것이다).

▩ 설치

자, 이제 본격적으로 설치를 시작해보자.

DVD-ROM으로 부팅을 시작한다. BIOS에서 이 설정을 미리 해두었다. 최신 하드웨어일 경우, UEFI에서 원하는 매체로 부팅 설정을 해야 한다. 설치를 시작을 환영하는 스플래시(splash) 화면이 나타날 것이다.

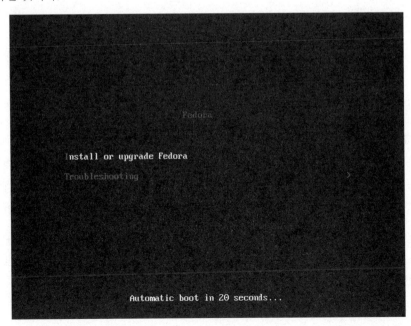

1. 아무 키도 누르지 않으면 카운트다운을 시작하여 화면에 보이는 [Install Or Upgrade Fedora]가 자동 선택되어 설치 과정이 시작된다. 엔터 키를 누르면 바로 설치를 진행할 수 있다.

2. CD Found 화면이 나오면 엔터 키를 눌러서 설치 매체를 테스트하고 검증한다. 이 테스트는 잘 못된 설치 매체 때문에 인스톨러가 중단되어 설치 과정을 재시작하는 것을 미연에 방지하기 위한 것이다. 테스트를 시작하기 위해서 Media Check 화면에서 엔터 키를 누른다.

3. 매체 검사가 끝나면 매체 검증이 완료되었다는 화면을 보게 된다. 이때 다음 설치 과정을 진행하도록 키보드로 [OK]를 선택하면 된다.

4. 다음 화면 이동을 위해 [Next]를 클릭한다.

5. 설치할 때 사용할 언어를 선택한다. 그리고 [Next]를 클릭하라.

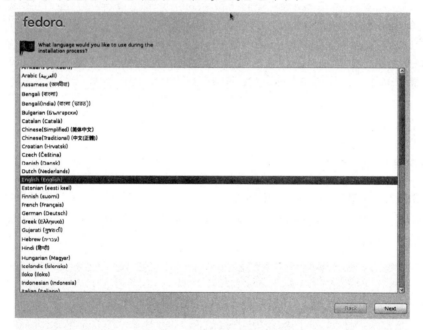

6. 키보드 종류를 선택한다. 예제에서는 U.S. English 키보드를 선택했다. [Next]를 클릭하자.

디스크 설정

이 부분은 리눅스를 처음 사용해보는 사용자에게는 다소 생소할 수 있다. 그 이유는 리눅스에서는 조금은 다른 이름을 쓰기 때문인데 전혀 걱정할 것은 없다. 조금만 생각을 바꾸면 된다. 그리고 리눅스나 윈도우든 아니면 맥 OS든 간에 **파티션은 파티션일 뿐**이라는 것을 명심해야 한다.

1. 그림 2-1에서 볼 수 있듯이 설치가 이루어질 장치를 선택하도록 되어 있다. 예제에서는 하드 디스크와 같은 일반적인 저장소 장치에 설치를 수행할 것이기 때문에 [Basic Storage Devices]를 선택하고 [Next]를 클릭할 것이다.

● **그림 2-1.** 장치 선택하기

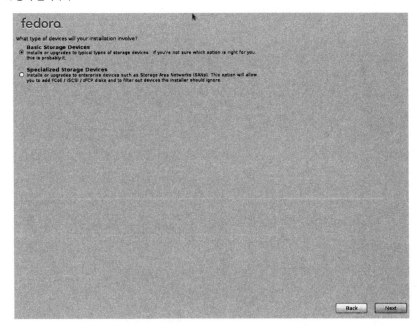

2. 만일 새로운 디스크나 읽기가 가능한 파티션이 전혀 없는 디스크에 설치를 하려고 한다면 기존의 데이터로 인한 경고 메시지를 보게 될 텐데 이때에는 [Yes]를 선택하고 데이터를 삭제한다.

> **참고**
> 인스톨러가 시스템에 장착된 하나 이상의 블록이나 디스크 장치(SATA, IDE, SCSI, 플래시 드라이브, 메모리 카드 등)를 감지하면 설치 과정에서 사용 가능한 블록 장치를 포함시킬 건지 아니면 제외시킬 건지에 대해 선택할 수 있는 화면이 나타난다.

네트워크 환경설정

다음 설치 과정은 네트워크 환경설정이다. 시스템에 맞게 설정하거나 네트워크와 관련된 설정사항을 변경할 수 있다(그림 2-2).

네트워크 환경설정 단계에서는 시스템의 호스트명을 지정할 수 있는 옵션이 있다(기본 이름은 localhost.localdomain이다). 이 이름은 OS가 설치되면 쉽게 변경할 수 있다. 지금으로써는 기본값을 그대로 사용하자.

● **그림 2-2.** 네트워크 환경설정

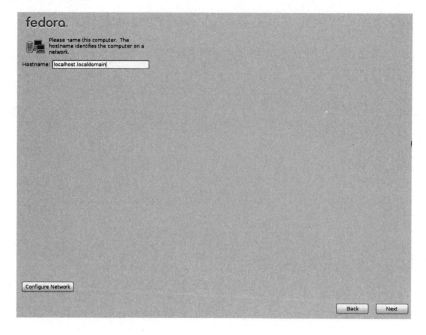

그 다음으로는 시스템상에서의 네트워크 인터페이스와 관련된 아주 중요한 설정을 해야 한다.

1. 그림 2-2에서 [Configure Network]라는 버튼을 클릭한다. 그러면 다음과 같은(또는 비슷한) 네트워크 연결 대화상자가 나타난다.

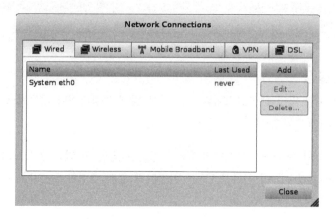

2. [Wired] 탭을 열면 이더넷 카드 목록을 볼 수 있다. 첫 번째 이더넷 인터페이스는 System eth0(System em1 또는 System p1p1)인데 DHCP를 사용하도록 자동으로 설정될 것이다. 따라서 여기서는 수정할 것이 없다. [Close] 버튼을 클릭한다.

여러 가지 네트워크 연결 방법(Wired, Wireless, Mobile Broadband, VPN, DSL)들이 네트워크 연결 대화상자에 보인다. 시스템에 감지된 네트워크 인터페이스 하드웨어 목록이 각 연결 방법에 따라 각각 나타나게 된다.

리눅스 배포판과 특정 하드웨어에 대한 설정에 따라 다를 수 있지만 리눅스의 이더넷 장치들은 일반적으로 eth0, eth1, em1, em2, p1p1, p1p2 등과 같은 이름을 가진다. 각 인터페이스마다 DHCP를 사용하거나 아니면 직접 IP 주소를 설정할 수 있다. 직접 설정하려면 IP 주소, 넷마스크 등과 같은 필요한 정보를 미리 알고 있어야 한다.

또한 자신의 새로운 시스템에 IP 설정 정보를 제공하는 네트워크상에 DHCP 서버가 없다 해도 걱정하지 않아도 된다. 이더넷 인터페이스는 설정이 안 된 상태로 남게 될 것이다. 네트워크를 통해 연결 가능하고 작동 중인 DHCP 서버만 있다면 시스템의 호스트명은 DHCP를 통해 자동 설정이 된다.

3. 그림 2-2를 다시 확인하자. [Next]를 클릭한다.

시간대 설정

시간대(time zone)를 설정할 차례다. 컴퓨터가 물리적으로 위치한 시간대를 선택하면 된다.

1. 시스템 하드웨어 시계가 UTC 방식으로 되어 있다면 [System Clock Uses UTC] 체크박스를 선택한다. 그러면 정확한 해당 지역 시간을 표시해줄 것이다.

2. 지역 목록에서 자신의 시간대에 가장 가까운 도시를 선택하라. 또는 지도에서 원하는 도시(노란 점으로 표시된)를 선택하여 시간대를 설정하면 된다.

3. 설정이 완료되었으면 [Next] 버튼을 클릭한다.

루트 패스워드 설정

수퍼유저(superuser)라고 하는 루트 사용자 계정에 대한 비밀번호를 설정해야 한다. 루트 사용자는 시스템에 접근할 수 있는 권한이 가장 높은 계정으로 시스템 전체를 제어할 수 있다. 이 계정은 윈도우 시스템에서의 관리자(Administrator) 계정과 같은 것이다. 따라서 패스워드를 잘 설정해서 이 계정을 안전하게 지키는 것이 정말 중요하다. 사전에 나온 단어나 이름들을 사용하지 않아야 한다. 왜냐하면 쉽게 추측되어 크래킹 당하기 일쑤다.

1. Root Password 텍스트상자에 강력한 비밀번호를 입력한다.

2. Confirm 상자에 재입력한다.

3. [Next]를 클릭한다.

저장장치 설정 (디스크 파티션 설정)

파티션 설정하는 법을 다루기에 앞서, 우리는 설치 시 사용할 파티션을 설정하는 방법과 파일 시스템 레이아웃에 대해 간단하게 알아볼 것이다. 인스톨러는 디스크 파티션을 자동으로 나누도록 하는 옵션을 제공해주고 하지만 기본 구성을 따라가지는 않고 서버에 딱 맞는 설정을 할 것이다. 윈도우에서의 파티션 개념 또한 여기서 간단하게 살펴본다.

- **/**: 루트 파티션은 슬래시(/)로 표시한다. 모든 디렉터리는 부모 디렉터리인 루트 디렉터리 아래로 생성된다(마운트된다). 이것은 윈도우의 시스템 드라이브(C:\)와 같다.

- **/boot**: 이 파티션은 부트 과정에서 필요한 대부분의 것이 들어있다. 커널이 사용자 프로그램을 시작하기 전에 사용되는 데이터가 저장되는 곳이다. 윈도우에서는 시스템 파티션이 있다(부트 파티션은 아니다.)

- **/usr**: 프로그램 파일이라면 모두 이 디렉터리에 저장된다(윈도우의 C:\Program Files와 비슷하다).

- **/home**: 모든 사용자의 홈 디렉터리가 위치하는 곳이다(서버가 모든 사용자의 디렉터리를 보관한다는 가정하에). 홈 디렉터리가 있음으로 해서 사용자가 서버의 디스크 공간을 모두 사용하는 것을 방지할 수 있고 로그 파일처럼 중요한 파일들을 아무 위치에 버려두지 못하게 한다. 윈도우 XP/200x 버전에서는 C:\Documents and Settings\와 같고, 최신 버전에서는 C:\Users\에 해당한다.

- **/var**: 일반적으로 시스템 또는 이벤트 로그를 저장하는 곳이다. 로그 파일들은 빠른 속도로 쌓이고 특히 외부 사용자들의 사용 기록이 남는 것이 원인이기도 한데, 따라서 별도의 파티션을 구분하여 로그 기록을 저장하는 것이 중요하다. 그럼으로써 디스크 전체를 차지할 정도로 로그 엔트리들을 만들어내는 서비스 거부(denial-of-service) 공격을 그 누구도 하지 못하게 방지할 수 있다. 윈도우 시스템에서는 C:\WINDOWS\system32\config\ 디렉터리에 저장된다.

- **/tmp**: 임시 파일들이 저장되는 공간이다. 이 디렉터리는 어떤 사용자라도 사용할 수 있도록 설계되었다(윈도우의 C:\Temp 디렉터리와 비슷하다). 따라서 임시 사용자가 이 디렉터리를 악용하거나 전체 디스크에 영향을 끼치지 못하도록 해야 하기 때문에, 별도의 파티션을 설정하도록 한다.

- **Swap**: 여기에는 가상 메모리 파일이 저장된다. 이것은 사용자 접근이 가능한 파일 시스템이 아니다. 리눅스(기타 UNIX형 시스템도 마찬가지로)는 윈도우처럼 일반 디스크 파일에 가상 메모리를 가지고 있을 수 있지만, Swap 파일들을 별도의 파티션에 저장한다면 훨씬 성능이 향상되는 것을 쉽게 알 수 있다. Swap 파일들을 시스템의 물리적인 메모리의 두 배 크기로 설정할 것이고, 이것은 윈도우의 paging 파일과 같다.

각각의 파티션은 부팅 시 마운트된다. 마운트 과정을 통해 파티션의 내용들을 시스템상에서 별도의 디렉터리인 것처럼 나뉜다. 예를 들어 루트 디렉터리(/)는 가장 첫 번째 루트 파티션에 있을 것이고, 그 하위 디렉터리인 /usr은 루트 디렉터리 하부에 위치할 것이다. 하지만 내용은 아직 없다. 별도의 파티션이 /usr 디렉터리에 마운트될 수 있는데, 새로 마운트된 파티션의 내용들을 볼 수 있게 된다. 마운트가 이루어질 때, 모든 파티션이 분리된 드라이브가 아닌 하나의 통합된 디렉터리 트리 형태로 나타난다. 따라서 설치 소프트웨어는 파티션들을 각각 구별하여 인식하지 않는다. 다만 어떤 디렉터리에 어떠한 파일이 있는지 관리할 뿐이다. 결과적으로 마운트된 파티션들이 파일이 저장된 디렉터리 트리와는 별개의 것으로 인식되는 한 설치 과정에서의 파일들을 마운트된 모든 파티션으로 자동으로 분산시킨다.

운영체제를 설치하는 동안 사용되는 디스크 파티션 도구를 통해 쉽게 파티션을 생성할 수 있고 마운트될 디렉터리와 연결시켜준다. 각 파티션 엔트리에서 다음과 같은 정보를 볼 수 있다.

- **Device**: 리눅스는 각 파티션을 독립된 장치와 연결한다. 설치 목적에 따라서 IDE 디스크상의 각 장치는 /dev/sdXY로 시작한다. X가 만일 a이면 첫 번째 연결(chain)의 IDE Master, b이면 첫 번째 연결의 IDE Slave, c이면 두 번째 연결의 IDE Master, d이면 두 번째 연결의 IDE Slave를 의미한다. Y는 디스크의 파티션 번호가 매겨진다. 예를 들어 /dev/sda1이면 첫 번째 연결, 첫 번째 디스크의 첫 번째 파티션을 뜻한다. SCSI 또한 같은 방식으로 각 파티션마다 /dev/sdXY 형태로 시작한다. X에는 고유한 물리적 드라이브 문자가 표시된다(a는 SCSI ID 1, b는 SCSI ID 2를 나타내는 방식이다). Y는 파티션 번호다. 따라서 만일 /dev/sdb4는 ID 2인 SCSI 디스크의 네 번째 파티션을 뜻하는 것이다. 이러한 부분들이 윈도우보다 다소 복잡할 수 있지만 각 파티션의 위치는 아주 명확하다. 윈도우의 E 드라이브는 물리적 디스크 어느 부분에 해당하는 것일까에 대한 추측을 더 이상 할 필요가 없다.

- **Mount point**: 파티션을 마운트하는 위치

- **Type**: 파티션 종류 (ext2, ext3, ext4, swap, vfat)

- **Format**: 파티션 포맷 여부

- **Size (MB)**: 파티션 크기 (메가바이트)

- **Start**: 하드 드라이브에서 파티션이 시작하는 실린더

- **End**: 하드 드라이브에서 파티션이 끝나는 실린더

간소한 진행을 위해 앞서 설명한 디스크 파티션에 관한 내용 중 일부만을 사용해볼 것이다. 또한 빈 공간을 마련해두고(파티션을 나누지 않은 공간) 7장에서 활용해볼 것이다. 이제 본격적으로 하드 디스크를 다음과 같이 나눠보도록 하자.

BIOS Boot
/boot
/
SWAP
/home
/tmp
Free Space/Unpartitioned Area

참고
/boot 파티션은 LVM(Logical Volume Management) 파티션 타입에서는 지원되지 않는다. 페도라 부트로더는 LVM 타입의 파티션을 읽을 수가 없다. 현재까지는 그렇지만 가까운 미래에 곧 지원될 것이다. LVM에 대해서는 7장에 자세하게 나와 있다.

필자가 설치하려고 하는 샘플 시스템에는 100GB 하드 디스크가 있다. 각 파티션/볼륨마다 크기를 다음과 같이 설정하려고 한다. 자신의 시스템 환경에 맞게 적절히 조절해도 좋다.

마운트 포인트/파티션	크기
BIOS Boot	2MB
/boot	500MB
/	~20GB
SWAP	~4GB
/home	~50GB
/tmp	~5952MB (~6GB)
Free Space	~20GB

> **참고** 이 장에서는 디스크 파티션을 설정할 때 일반적이지만 오랫동안 논란의 여지가 있는 방식을 적용했다. 여러분이 만일 최신 버전의 디스크 및 파일 시스템 기술(B-tree 파일 시스템, GPT 파티션 라벨 등)이 활용되는 보다 최신의 방법을 선호한다면 부록 A를 참고하라. OpenSUSE 설치 과정에서 확인할 수 있다.

자, 이제 리눅스 파티션에 대한 기반 지식을 습득했으니, 설치 과정으로 다시 돌아가자.

1. 현재 화면에는 설치 옵션 타입이 표시되어 있을 것이다. [Create Custom Layout] 옵션을 선택하여 [Next]를 클릭한다.

2. 그럼 Disk Setup 화면이 나타난다.

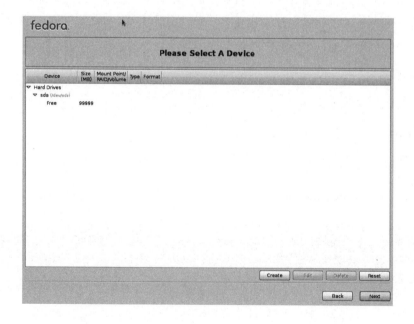

3. [Create]를 클릭하면 Create Storage 대화상자가 나타난다. [Standard Partition]을 선택하고 [Create] 버튼을 클릭한다.

4. Add Partition 대화상자가 나타나면 다음 정보를 각각 필드에 맞게 입력한다.

Mount Point	기본값 선택
File System Type	BIOS Boot
Allowable Drives	기본값 선택
Size (MB)	2 (~ 2MB)
Additional Size Options	Fixed size

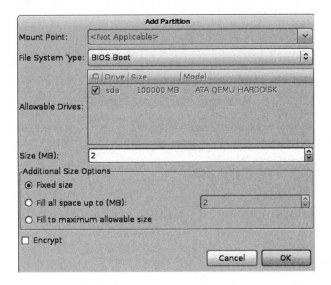

5. 입력을 다 했으면 [OK]를 클릭한다.

6. [Create] 버튼을 클릭하면 Create Storage 대화상자가 나타나는데, 다시 [Standard Partition]을 선택한 뒤 [Create] 버튼을 클릭한다.

7. 그러면 Add Partition 대화상자가 나타나는데 아래 정보를 각 필드에 맞게 입력한다.

Mount Point	/boot
File System Type	ext4
Allowable Drives	기본값 선택
Size (MB)	500
Additional Size Options	Fixed size

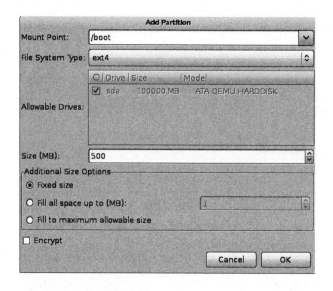

8. 정보 입력이 끝나면 [OK]를 클릭한다.

참고 페도라 인스톨러는 파일 시스템을 암호화할 수 있다. 하지만 이 예제에서는 이 기능을 사용하지 않을 것이다.

9. LVM 타입의 파티션에 / (root), /home, /tmp, swap 파티션을 생성해야 하는데, 우선 부모 물리적 볼륨을 생성해야 한다. [Create] 버튼을 클릭하면 Create Storage 대화상자가 나타난다.

10. LVM 물리적 볼륨을 선택하고 [Create]을 클릭하여 Add Partition 대화상자를 연다. 다음의 정보를 입력하여 물리적 볼륨을 생성한다.

Mount Point	입력하지 않는다
File System Type	Physical volume (LVM)
Allowable Drives	기본값 선택
Size (MB)	8000 (약 80GB)
Additional Size Options	Fixed size

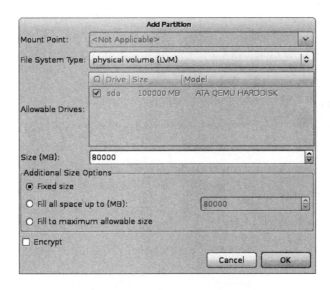

11. 입력이 끝나면 [OK]를 클릭한다.

12. 메인 디스크 개요 화면으로 돌아가자. [Create] 버튼을 다시 클릭해서 Create Storage 대화상자를 연다. LVM 볼륨 그룹 옵션을 선택하고 다시 [Create] 버튼을 클릭한다.

13. Make LVM Volume Group 대화상자에서 이미 기본값들이 세팅되어 있기 때문에 [Add]를 클릭한다.

14. Make Logical Volume 대화상자가 나타나면 아래 정보를 각 필드에 맞게 입력한다.

Mount Point	/
File System Type	ext4
Allowable Drives	LogVol00
Size (MB)	20000 (약 20GB)

완료된 대화상자는 다음과 같아야 한다.

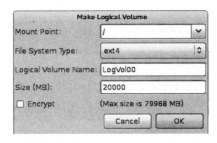

15. [OK]를 클릭하자.

16. Make LVM Volume Group 대화상자에서 [Add] 버튼을 다시 클릭하자. Make Logical Volume 대화상자가 나타나면 다음의 정보를 입력한다.

Mount Point	입력하지 않는다
File System Type	Swap
Allowable Drives	LogVol01
Size (MB)	4000 (대략 실제 메모리의 2배)
Additional Size Options	Fixed size

완료된 대화상자는 다음과 같아야 한다.

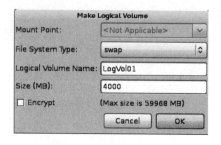

17. 위와 같이 비슷하게 완성이 되면 [OK]를 클릭한다.

18. Make LVM Volume Group 대화상자에서 다시 [Add]를 클릭한다. Make Logical Volume 대화상자가 나타나면 다음의 정보를 입력한다.

Mount Point	/home
File System Type	ext4
Allowable Drives	LogVol02
Size (MB)	50000 (약 50GB)

19. 다 입력했으면 [OK]를 클릭한다.

20. Make LVM Volume Group 대화상자에서 다시 [Add]를 클릭한 후, Make Logical Volume 대화상자에 다음의 정보를 입력한다.

Mount Point	/tmp
File System Type	ext4
Allowable Drives	LogVol03
Size (MB)	5952 (남은 디스크 공간)

21. 입력이 됐으면 [OK]를 클릭한다.

22. 최종적으로 Make LVM Volume Group 대화상자는 다음의 그림과 같을 것이다.

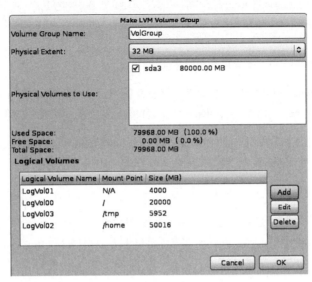

23. 이 대화상자를 마치려면 [OK]를 클릭한다.

24. 그럼 다시 메인 디스크 개요 화면으로 이동한다. 현재까지 잘 따라왔다면 다음과 같은 화면을 볼 수 있을 것이다.

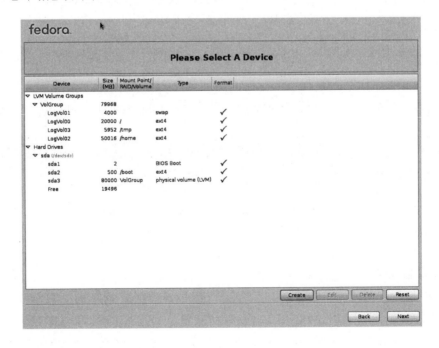

참고 파티션으로 구분하지 않은 빈 공간이 보일 것이다. 이 공간은 의도적으로 파티션을 나누지 않은 것인데, 뒷부분에서 이러한 빈 공간을 만들어내려고 운영체제 전체를 재설치하는 것 없이 이 공간을 활용해보게 될 것이다.

25. [Next]를 클릭하여 디스크 파티션 설정을 끝낸다.

26. Format Warning 화면이 보일 텐데, 포맷이 필요한 기존 장치들에 대한 내용이다. 포맷을 하게 되면 데이터는 모두 삭제된다. [OK] 버튼을 클릭하여 포맷을 진행하도록 한다.

27. 변경사항이 실제로 적용되기 전에 Writing Partitioning Options to Disk라는 대화상자가 나타난다. 변경사항이 적용되도록 [Write Changes to Disk] 버튼을 클릭한다.

부트로더 설정

부트 관리자는 운영체제의 실행 과정을 실질적으로 시작하는 것을 관리한다. GRUB는 인기 있는 리눅스 **부팅 관리자** 중 하나다. 윈도우 사용자라면 NT 로더(NTLDR)를 사용해봤을 것이다. 이것은 부팅할 때 메뉴를 보여준다.

부트로더 설정 화면에는 몇 가지 옵션이 보인다(그림 2-3). 첫 번째 옵션으로 부트로더를 설치할 수 있고 함께 보이는 [Change Device] 버튼을 클릭하면 부트로더를 설치할 장치를 지정할 수 있다. 여기 예제에서는 /dev/sda의 MBR(Master Boot Record)에 설치되어 있다. 시스템 부팅 시에 시스템이 가장 디스크에서 읽어내는 부분이 바로 MBR이다. 이것은 내장된 하드웨어에 대한 테스트가 완료되면 소프트웨어가 제어권을 가져오는 지점이다.

두 번째 옵션으로는 부트로더의 비밀번호를 설정하는 것이다. 이 기능은 예제에서 사용하지 않는다.

군이 설정을 변경할 필요가 없다면 기본값으로 되어 있는 설정을 확인하고 [Next]를 클릭하라.

참고 부트 로더 메뉴를 설정하는 것은 배포판마다 조금씩 다르다. 어떤 배포판은 자동으로 복구 모드를 옵션 목록에 추가하고 또 어떤 배포판은 메모리 테스트 기능을 메뉴에 자동 추가한다.

다시 얘기하자면, 설치 단계에서 제공되는 기본값은 보통은 아무 문제 없다. 따라서 기본값을 승인하고 다음 단계로 이동해도 좋다.

패키지 그룹 선택

이 단계에서는 시스템에 설치할 패키지(응용프로그램)를 선택할 수 있다. 페도라는 이러한 패키지들을 몇 개의 상위 등급의 카테고리로 구분하는데, 데스크톱, 소프트웨어 개발, 오피스 및 생산성 등으로 구분한다. 각 카테고리는 해당 카테고리에 해당하는 각각의 소프트웨어 패키지들을 보관한다.

● **그림 2-3**. 부트로더 설정 화면

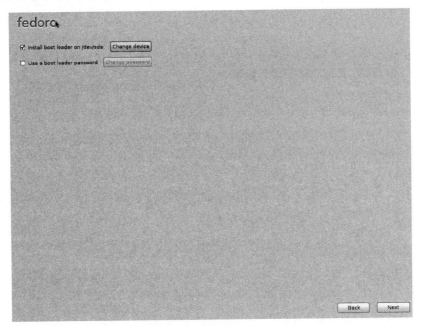

이러한 구분으로 설치할 패키지를 쉽게 고를 수 있고, 그 패키지를 자세히 들여다 볼 필요가 없다.

페도라에서는 상위 패키지 그룹들을 확인할 수 있는데 이로써 원하는 패키지를 간편하게 선택할 수 있다.

1. 화면 상단에 [Graphical Desktop] 옵션이 선택되어 있는지 확인한다.

2. [Customize Now] 옵션을 선택하고 [Next]를 클릭한다.

다음 화면에서는 설치할 소프트웨어 패키지를 커스터마이즈할 수 있다. 즉 최소 설치를 진행하거나 아니면 설치가 이루어질 장치에 패키지 전체를 설치할 수도 있다.

주의 지금 우리가 구성하려고 하는 서버 규모의 시스템에서는 전체/모두 설치 옵션은 사실 그리 좋은 선택은 아니다.

잘 알려진 GNOME 데스크톱 환경에서는 이미 선택되어 있을 것이다. 패키지 그룹이 기본적으로 선택되어 있을 것이기 때문에, 우리는 KDE(K 데스크톱 환경) 패키지 그룹을 설치해볼 것이다. 이러한 추가 옵션으로 리눅스의 또 다른 데스크톱 환경을 예제로 확인해볼 수 있다. 오랫동안 오픈 소스 마니아들 사이에선 어떤 데스크톱 환경이 더 좋은가에 대한 논쟁이 있었다. 하지만 여전히 선택은 자신에게 달려 있다.

1. KDE Software Compilation 패키지 그룹을 우측 화면에서 선택하고 기타 기본값들은 모두 허용한다. 그러면 다음과 같은 화면처럼 보일 것이다.

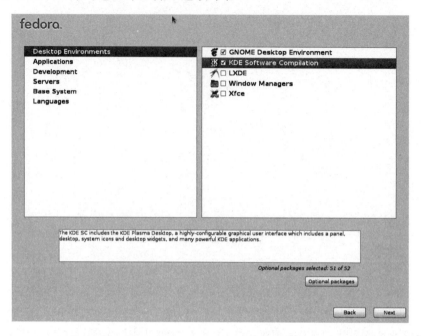

> **참고** 인스톨러를 통해 다음 단계부터 실질적인 설치가 이루어진다(소프트웨어 의존성, 운영체제를 디스크에 쓰기 등). 이 시점에서 약간의 두려움이 생긴다면 현재 단계에서는 어떤 데이터의 손실 없이(자존심을 약간 상처를 입겠지만…) 설치를 중단할 수 있다. 인스톨러를 종료하려면 Ctrl+alt+Del 키를 누르거나 전원 키를 눌러서 시스템을 리셋하기만 하면 된다.

2. 설치를 시작하기 위해 [Next]를 클릭한다.

3. 설치가 시작되면 인스톨러는 설치 진행상황을 표시해준다. 이때 설치하려는 운영체제를 조금 더 이해하기 위해서 릴리즈 노트를 들여다 보면 도움이 될 것이다.

4. 설치가 완료되면, [Reboot] 버튼을 클릭한다. 그럼 시스템이 재부팅된다.

▨ 초기 시스템 설정

재부팅되면, 간단하고 빠른 초기 설정 작업을 진행할 것이다. 이때 소프트웨어 라이선스에 대한 내용을 보게 되고 사용자를 시스템에 등록하고 기타 여러 옵션을 설정하게 된다.

1. 설치를 환영하는 메시지를 보고 나면 [Forward]를 클릭한다.

2. 그러면 라이선스 정보 화면이 나오는데, 여기에서 다른 상업용 소프트웨어 라이선스 내용과는

달리 페도라 라이선스에 대한 내용을 읽고 이해하는 데에는 단 몇 초면 충분하다.

사용자 생성

초기 시스템 설정하는 단계에서는 시스템에 접속하는 관리자가 아닌 일반 사용자 계정을 생성할 수 있다. 사용자 계정을 생성하여 권한이 없는 계정을 사용해보는 것은 시스템 관리를 위한 좋은 연습이 될 수 있다. 4장에서 직접 사용자 계정을 추가하는 방법을 배울 것이기 때문에, 지금은 비관리자 권한의 일반 사용자 계정을 초기 시스템 설정 단계에서 생성해보도록 하자.

[Add To Administrators Group] 박스를 선택하고 다음의 정보를 Create User 화면 항목에 입력한 다음 [Forward]를 클릭하자.

Full Name	master
Username	master
Password	72erty7!2
Confirm Password	72erty7!2

날짜 및 시간 설정

시스템에 현재 날짜와 시간을 정확하게 설정하는 단계다. NTP(Network Time Protocol) 서버에 의해 시간이 동기화되도록 설정할 수 있다.

1. Date and Time 화면에서 보이는 날짜와 시간이 현재 날짜와 시간과 맞는지 확인한다. 그 외에 설정에 대한 기본값을 그대로 둔다.

2. 다됐으면 [Forward]를 클릭한다.

하드웨어 정보

이 부분은 선택사항이다. 현재 하드웨어 설정 정보를 Fedora 프로젝트 관리자에게 제출할 수 있는데, 여기에는 어떠한 개인정보도 수록되지 않는다. 또한 익명을 정보가 제공된다.

1. 기본적으로 선택된 사항들을 허용하고 [Finish]를 클릭한다.

2. 하드웨어 정보를 공유할 것인지에 대한 부분을 재확인하는 대화상자가 나타나는데, 필요에 따라 선택한다.

로그인

자, 이제 시스템 설정이 끝나고 사용할 준비가 완료되었다. Fedora 로그인 화면이 다음 그림과 비슷하게 보인다면 앞에서 사용자 정보를 설정한 **master** 사용자 이름과 패스워드인 **72erty7!2**를 입력하라.

우분투 서버 설치

우분투 서버 설치 방법을 간단하게 살펴보려고 한다.

우선 우분투 서버용(12.04 LTS, 64비트) ISO 이미지를 다운로드 받는다. 다음 예제에서 사용된 우분투 ISO 이미지는 다음 URL에서 다운로드 받은 것이다.

www.ubuntu.com/start-download?distro=server&bits=64&release=latest

CD-ROM을 이용해서 설치할 것이기 때문에, 다운로드 받은 CD 이미지를 CD에 먼저 굽는다. 하지만 이러한 이미지들을 USB나 SD 카드 또는 외장 하드와 같은 플래시 매체를 통해서도 사용할 수 있다. 부록 B를 보면 리눅스 인스톨러를 플래시 매체에 생성하는 방법이 있다.

페도라 이미지를 구울 때의 주의점과 규칙들이 동일하게 적용된다. 따라서 ISO 이미지를 광학 매체에 굽고 나면 부팅이 가능한 서버 배포판 준비가 완료된 것이다. 페도라 인스톨러나 우분투 데스크톱 인스톨러와는 다르게 우분투 서버 인스톨러는 텍스트 형태라서 잘 꾸며지진 않은 모습이다. 다음과 같은 단계에 따라 설치를 진행해보도록 하자.

설치하기

1. 우분투 서버 설치 매체를 시스템의 드라이브와 연결한다.

2. 시스템 BIOS 또는 UEFI에서 부팅을 광학 드라이브로 하도록 설정되어 있어야 한다.

3. 현재 시스템이 켜져 있다면 재부팅을 하도록 한다.

4. 시스템이 설치 매체로 부팅되고 나면 가장 먼저 언어를 선택하게 된다. 엔터를 입력하여 사용할 언어를 선택한다. 영어를 선택한 경우에는 다음과 같은 화면이 나타날 것이다.

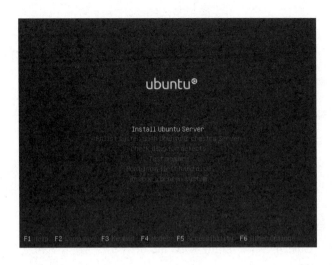

5. 방향키로 [Install Ubuntu Server] 옵션을 선택하고 엔터를 누른다.

6. Select A Language 화면에서 사용할 언어를 선택한다.

7. 다음 화면에서는 국가를 지정하는데 앞서 언어를 선택한 부분을 반영하여 자동적으로 지정할만한 국가를 추천해준다. 만약 다른 국가라면 원하는 국가를 선택하고 엔터를 누른다.

8. 키보드 레이아웃을 설정하는 단계다. 예제에서는 [No]를 선택하고 키보드 레이아웃을 직접 설정할 것이다.

9. 키보드 화면이 나오면 [English(US)]를 선택하고 엔터를 누른다.

10. 키보드 레이아웃 화면에서 다시 [English(US)]를 선택하고 엔터를 누른다.

네트워크 설정

Configure the Network 설정 부분이다. 호스트명에는 **ubuntu-server**를 입력하고 엔터를 누른다.

사용자 및 패스워드 설정

1. 소프트웨어 설치가 완료되면 Set Up User and Password 화면이 보일 것이다. Full Name 항목에는 **master admin**을 입력하고 엔터를 누른다.

2. Username For Your Account 항목에는 **master**를 입력하고 엔터를 누른다.

3. yyang이라는 사용자의 패스워드를 **72erty7!2**로 설정한다. 패스워드를 한 번 더 입력하여 확인한다. 그런 다음 엔터를 누른다.

4. 다음으로는 홈 디렉터리를 암호화 것인지에 대해 묻는데, [No]를 선택하고 엔터를 누른다.

> **참고** 프록시 서버 정보를 입력하라는 단계도 있을 것이다. 그럴 때에는 일단 무시하고 다음으로 진행하도록 한다.

시간대 설정

우분투 인스톨러는 Configure the Clock 화면을 통해 정확한 시간대를 선택하라고 할 것이다.

- 추천한 시간대가 맞으면 [Yes]를 클릭 후, 엔터를 누른다.

- 맞지 않다면 [No]를 클릭한 후 엔터를 누르고 시간대 목록에서 알맞은 시간대를 선택하고 엔터를 누른다.

참고 일부 플랫폼에서는 시간대 설정하는 부분이 사용자 계정 설정 단계 앞뒤에서 발생할 수도 있다.

디스크 파티션 설정

방향키를 이용하여 [Guided - Use Entire Disk and Set Up LVM] 옵션을 선택하고 엔터를 누른다. 화면은 다음과 같다.

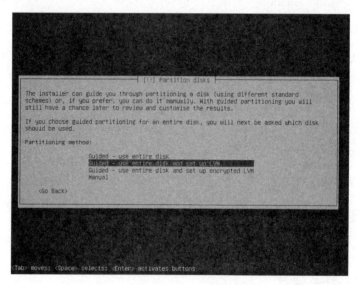

1. 그 다음 화면에서 디스크 파티션을 선택하도록 하는 내용이 나타나면, 기본값을 그대로 두고 엔터를 누른다.

2. 그렇지 않고 디스크를 변경하고 LVM을 설정하는 화면이라면 [Yes]를 클릭하고 엔터를 누른다. 기존 파티션 또는 볼륨이 설정된 디스크에 운영체제를 새로 설치하는 것이라면 나타나는 화면은 다를 수 있다. 그럴 경우엔 설치를 계속하기 위해서 기존의 파티션 또는 볼륨 구조를 모두 삭제하는 것을 승인해야 한다.

참고디스크 파티션 설정 시에 시스템의 실제 파티션 구조를 커스터마이즈할 수 있다. 용도에 따라서 파일 시스템을 각기 다르게 설정할 수 있다(/var, /home 등). 페도라 설치 시 각기 다른 파티션을 구성하는 컨셉트와 동일하다고 볼 수 있다. 이 부분을 다 얘기하자면 너무 복잡하기 때문에 예제에서는 다루지 않을 것이다. 다만 기본 파티션 및 LVM 레이아웃을 그대로 사용한다. 그렇게 되면 /book, /, swap 이렇게 세 가지의 파일 시스템으로만 구성이 될 것이다.

3. 그 다음은 기본 파티션 구조에 대하여 볼륨 그룹의 양을 지정해야 한다. 이것 역시 기본값을 사용하고 [Continue]를 클릭하고 엔터를 누른다.

4. 디스크 파티션 및 LVM 레이아웃 결과가 다음 화면에서 나타난다. 최종적으로 변경사항을 확인을 하게 될 것이고 그러면 [Yes]를 클릭한 후 엔터를 누르면 된다.

5. 이제 소프트웨어 설치가 시작된다.

기타 작업

1. 시스템 업그레이드를 어떻게 관리할 것인지 설정하는 화면이 나온다. [No Automatic Updates] 옵션을 선택하고 엔터를 누른다.

2. 다음 화면에서는 기본값을 사용하는 것으로 설치를 진행했기 때문에, 기본적인 시스템 소프트웨어가 설치될 것이라는 안내가 나온다. 그럼 엔터를 누르고 다음 작업을 진행하면 된다.

참고UTC 설정 화면이 나타나게 되면 [Yes]를 클릭하고 시스템 시간을 UTC에 맞게 설정할 후 엔터를 누른다.

3. GRUB 부트로더를 마스터 부트 레코드에 설치할 것인지 묻는 화면이 나타나면 [Yes]를 클릭하고 엔터를 누른다.

4. Installation Complete 화면이 나타나면서 설치 매체를 제거하라는 메시지가 나오면 엔터를 누르고 다음을 진행한다.

5. 인스톨러는 설치 과정을 완수하고 시스템을 재부팅할 것이다. 부팅 후, 로그인 화면이 나오고 (그림 2-4) 앞서 설정한 사용자명과 패스워드로 접속이 가능하다. 사용자명은 master, 패스워드는 72erty7!2다.

● **그림 2-4.** 리눅스 로그인 프롬프트 화면

참고
부록 A에서 OpenSUSE 설치 방법을 확인할 수 있다.

요약

자, 이제 모든 설치 과정이 끝났다. 만약 설치 과정에서 문제가 있었다면 페도라 웹 사이트에 가서 여러 가지 매뉴얼과 설치 팁들을 확인하는 것도 좋은 방법이다(http://fedoraproject.org).

릴리즈 노트 또한 특정 설치 문제를 해결할 수 있는 좋은 방법이다. 이 장에서는 주로 페도라 시스템의 설치에 대해서 다루었지만(우분투도 간단하게 살펴보았다), 일반적으로 대부분의 리눅스 설치 방식은 비슷하다. 설치 단계도 거의 비슷하고, 이 부분은 뒷장에서 보다 자세하게 공부하게 될 것이다(하드 디스크 이름 설정하는 방법, 파티션 나누기, 볼륨 관리, 네트워크 설정, 소프트웨어 관리 등).

CHAPTER 3

소프트웨어 관리

시스템 관리자는 다양한 방법으로 소프트웨어나 응용프로그램을 다루게 된다. 어떤 관리자는 잘 작동만 하면 "고장 난 것이 아니면 고칠 이유가 없다"라는 원칙을 고집하는 경우도 있다. 이러한 원칙은 장단점이 있는데, 장점이라면 시스템이 보다 안정적이면서 예측 가능한 동작을 한다는 것이다. 시스템 설정이 급격하게 변경되는 일이 없기 때문에 어제나 지난주나 지난달이 거의 똑같이 동작하게 된다. 단점은 설치된 응용프로그램들에 대해 알려진 버그 수정 및 보안 수정사항들을 적용하지 않아 자칫하면 손실을 입게 될 수 있다는 점이다.

어떤 관리자는 완전히 반대의 원칙을 적용한다. 가장 최신 버전의 소프트웨어만을 고집하는 것이다. 이러한 원칙 역시 장단점이 있다. 시스템에서 발견된 보안 결점이 바로 수정되기 때문에 항상 최상의 보안 상태로 유지할 수 있다는 장점이 있다. 그러나 치명적인 단점도 있다. 새로운 소프트웨어는 검증 기간이 짧아서 예상치 못한 동작을 일으킬 수도 있다.

어떠한 원칙을 갖고 있든 간에 소프트웨어를 최신 버전으로 업데이트하고 유지보수하고 새로운 소프트웨어를 설치하는 것과 같은 작업에 시스템 관리의 대부분의 시간을 사용하게 될 것이다.

리눅스 시스템에 소프트웨어를 설치하는 몇 가지 방법이 있다. 리눅스 배포판과 관리자의 기술력에 따라 또는 기타 여러 요인에 따라 선호하는 방식은 달라질 것이다.

리눅스 시스템에서 기술적인 관점의 소프트웨어 관리는 다음 방법들을 통해 이루어진다.

- **RPM:** 레드햇 패키지 관리자(Red Hat Package Manager)는 레드햇 기반의 시스템에서 소프트웨어 관리의 기본이 된다. 즉 페도라, RHEL, CentOS 등이 이에 해당한다.

- **DPMS:** 데비안 패키지 관리 시스템(Debian Package Management System)은 데비안 기반의 시스템에서 사용하는 소프트웨어 관리 방식이다. 여기에 해당하는 배포판은 우분투, 쿠분투, 데비안 등이 있다.

- **소스 코드**: 리눅스를 진정으로 사랑하는 마니아들이 선호하는 방법이다. 표준 GNU 컴파일 방법이나 특정 소프트웨어 설치 방법을 통해 직접 컴파일하고 소프트웨어를 설치하는 방법이다.

레드햇 패키지 관리자

RPM으로 소프트웨어 패키지 즉 컴파일된 소프트웨어를 쉽게 설치하고 제거할 수 있다. 하나의 RPM 파일은 소프트웨어가 제대로 동작하는 데 필요한 파일 모두를 포함하고 있는 하나의 패키지다. 즉 설정 파일, 바이너리, 소프트웨어 설치에 필요한 스크립트와 같은 파일 및 기타 메타데이터의 모음이다. RPM은 그래픽 인터페이스를 제공하기 때문에 매우 사용하기 쉽다. 여러 리눅스 배포판과 다양한 개발사들이 소프트웨어를 배포하고 패키지화하는 데 있어 이 도구를 사용한다. 사실 이 책에 나오는 거의 모든 소프트웨어들은 RPM 형식으로 제공된다. 이후의 여러 장에서 소프트웨어를 직접 컴파일하는 과정을 거치는 이유는 RPM 형식으로 제공되지 않을 경우에 시스템에 맞게 소프트웨어를 커스터마이즈하는 것을 경험해볼 수 있기 때문이다.

> **참고**
>
> 현재는 RPM 파일에 미리 컴파일된 바이너리를 포함하고 있다고 가정하고 있다. 그러나 오픈 소스 소프트웨어의 원칙 안에서는 상업용이든 비상업용이든 리눅스 배포판에 GNU 바이너리와 소스 코드를 함께 제공하도록 되어 있다(기본적으로 이를 지키지 않고 있다면 만일 누군가 요구하게 될 경우 반드시 제공할 의무가 있다). 몇몇 리눅스 벤더들은 이러한 방침을 고수하기도 한다. 따라서 RPM 형식으로 바이너리에 대한 소스 코드도 함께 제공해야 한다. 예를 들어 페도라와 OpenSUSE는 RPM 형식으로 소스 코드와 바이너리를 지원하고 있고 점차 소스 코드를 다운로드 받아서 직접 컴파일하는 것이 일반화되고 있다.

RPM 도구는 RPM을 설치하고 제거하는 작업을 수행한다. 또한 설치되어 있는 RPM 정보, 설치된 위치, 설치 시기 등과 같은 패키지와 관련된 일반적인 정보들을 관리한다.

일반적으로 RPM 형식의 소프트웨어는 새로 컴파일해야 하는 소프트웨어보다 설치 및 관리에 있어 덜 수고스럽다. 그러나 RPM을 사용하면 RPM에 설정된 기본 파라미터들을 사용해야 한다. 대부분의 경우 이러한 기본값들은 적절하긴 하나 소프트웨어들을 하나하나 세심하게 관리하거나 RPM에서는 불가능한 기능들이 필요하다면 소스 코드를 직접 컴파일함으로써 소프트웨어 구성요소 및 옵션들은 어떤 것이 있고 또 그런 것들이 서로 어떻게 동작하는지 알 수 있게 될 것이다.

간단한 패키지 하나를 설치해보고자 한다면 RPM 형식이 제격이다. RPM 패키지는 다음과 같이 사용하고 있는 배포판의 기본 저장소가 아닌 곳에서도 찾아볼 수 있다.

- http://rpm.pbone.net
- http://mirrors.kernels.org
- http://freshrpms.net

RPM을 보다 더 자세하게 알고 싶다면 RPM 웹사이트인 www.rpm.org을 방문하면 된다. 페도라, CenOS, OpenSUSE, 맨드레이크 외에도 수없이 많은 레드햇 파생 버전 및 모든 레드햇 버전들이 RPM 형식을 사용한다. 자신이 사용하고 있는 배포판이 RPM을 지원하는지 확인하려면 배포판을 제작한 제조사를 확인하라.

다음은 RPM의 주요 기능이다.

- 소프트웨어 질의, 인증, 업데이트, 설치, 제거

- 패키지와 관련된 정보를 저장하는 데이터베이스 관리

- RPM 형식으로 소프트웨어 패키지화하기

표 3-1에는 자주 사용되는 RPM 옵션이 있으니 참고하도록 한다.

● 표 3-1. 일반적인 RPM 옵션

커맨드라인 옵션	설명
--install	새로운 패키지 생성하기.
--upgrade	기존에 설치된 패키지를 상위 버전으로 업그레이드하거나 설치하기.
--erase	패키지 제거 및 삭제하기.
--query	설치된(또는 설치되지 않은) 패키지들에 대한 속성값을 불러오거나 검색하기.
-force	RPM 설치 시 안전 검사 단계를 무시하고 강제로 설치하도록 하는 옵션이다. 이것은 억지로 끼워 맞추듯 설치하는 것이기 때문에 이 옵션을 사용할 땐 조심해야 한다. 일반적으로 이를 사용하는 경우는 사용자가 의도적으로 특정 옵션으로 설치하는 경우다. 이때는 RPM의 안전 장치도 이를 허용해준다.
-h	설치 진행상황을 알려주도록 해시 마크를 표시한다. -v 옵션과 함께 사용하면 자세하고 정리된 내용을 볼 수 있다.
--percent	설치 진행률을 알 수 있다. Perl 스크립트와 같은 다른 프로그램에서 RPM을 실행하여 설치 상황을 알고 싶을 때 편리하다.
-nodeps	RPM 설치 시 의존성 문제가 생길 때, 즉 관련된 파일이 누락되어 오류가 발생하면 의존성 확인을 하지 않고 설치를 계속 진행하도록 하는 옵션이다.
-q	RPM 시스템의 정보를 검색한다.
--test	실제 설치를 진행하기 전, 성공적인 설치가 가능한지를 검사해주는 옵션이다. 문제가 있을 것 같다면 그 내용을 보여준다.
-v	RPM 또는 파일을 검증한다.

-v	RPM 동작 상황을 자세하게 표시한다.

▼ 본격적으로 시작하기

2장에서는 운영체제 설치 과정을 살펴보았다. 이제부터는 작업 중인 시스템에 로그인하여 3장의 내용뿐만 아니라 이후의 장에서 배우게 될 내용들을 실행해보게 될 것이다. 대부분의 실습은 직접 명령어를 사용하여 예제를 실행하도록 할 것이다. 단순해 보이지만 쉘 프롬프트의 콘솔에 직접 명령어를 입력하는 것이다. 이것은 마이크로소프트 윈도우의 DOS 프롬프트와 유사하지만 훨씬 더 강력한 기능을 자랑한다.

쉘상에서 여러 가지 방법으로 명령어를 실행할 수 있다. 하나는 창 형태의 GUI 터미널을 통한 것이고, 또 하나는 시스템 콘솔을 통해서다. 창 형태의 콘솔은 터미널 에뮬레이터(또는 가상 터미널)라고도 하며 다양한 종류가 있다.

데스크톱(GNOME, KDE, Xfce 등)에 로그인하면 바탕화면에서 오른쪽 마우스를 클릭하여 [Launch Terminal] 메뉴를 선택한다. 그럼 가상 터미널을 화면에 올릴 수 있다. 이러한 메뉴가 보이지 않는다면 [Run Command] 메뉴를 실행한다. (또는 ALT+F2 키를 누르면 Run Application 대화상자가 열린다). Run 대화상자가 나타난 후, 실행명령 입력상자에 터미널 에뮬레이터 이름을 입력한다. 리눅스 시스템상에서 가장 인기 있고 검증된(내기하면 무조건 이긴다!) 터미널 에뮬레이터는 바로 유서 깊은 **xterm**이다. GNOME 데스크톱 환경에서는 **gnome-terminal**이 기본값으로 설정되어 있고 KDE 환경에서는 konsole이 기본이다.

참고

시스템에 소프트웨어를 설치하고 제거하는 것은 관리와 권한이 필요한 작업이다. 이것은 다음 절의 명령어 대부분이 권한이 상승된 상태에서 실행된다는 것을 알게 될 것이다. 배포판에 따라 권한이 상승되는 방법은 다양하지만 기본적인 방식과 도구는 비슷하다. 반면에 소프트웨어 데이터베이스를 검색하는 것은 특권이 필요한 기능은 아니다.

▦ RPM을 통한 소프트웨어 관리

여기에서는 레드햇 계열의 리눅스 배포판, 즉 페도라, RHEL, CentOS, OpenSUSE와 같은 시스템에서 소프트웨어를 검색(querying)하고 설치/제거하며 또 검증하는 기능을 자세하게 다룰 것이다. 내용을 보다 확실하게 하기 위하여 실제 예제를 활용해볼 것이다.

RPM 정보 검색하기

모든 관계가 시작될 때 서로를 알아가려고 하는 것이 가장 좋은 방법 중 하나다. 상대방의 이름, 사는 곳, 생일, 혹은 취향 등과 같은 정보들이다. RPM도 마찬가지다. 비슷한 방법으로 소프트웨어(인터넷, 배포판 설치 CD/DVD, 또는 기타 업체를 통해)를 가지고 있다면 시스템에 적용하기 전에 그것이 어떤 것인지 알아야 할 것이다. 리눅스/유닉스 환경에서 계속 작업하다 보면 소프트웨어 이름들이 상당히 직관적이기 때문에 이름만 보아도 어떤 패키지인지 알 수 있다. 예를 들어 초보자에게는 gcc-5.1.1.rpm이라는 파일(GNU 컴파일러 모음(GCC) 패키지)이 눈에 들어오진 않겠지만 한번 시스템에 적응하면 직관력이 생기고 금방 이해하게 된다. 또한 RPM으로 패키지 생성 날짜, 크기, 의존성 등과 같은 정보를 쉽게 검색할 수 있다.

이제 RPM으로 작업을 시작해보자. 시스템에 로그인한 뒤 터미널을 실행한다.

■ **모든 패키지 검색하기**

rpm 명령어로 시스템에 설치된 모든 패키지를 확인해보자. 쉘 프롬프트에 다음과 같이 입력한다.

```
[root@fedora-server ~]# rpm --query --all
```

그러면 상당히 긴 소프트웨어 목록이 나올 것이다.

> **참고**
>
> 대부분의 리눅스 명령어처럼 rpm 명령어 또한 긴 형태의 옵션과 단축형의 옵션이 있다. 예를 들어 --query 옵션의 단축형은 -q이고, -all의 단축형은 -a다. 이 책에서는 대부분 단축형을 사용하고 긴 형태의 옵션은 단축형을 설명할 때만 종종 사용할 것이다.

■ **특정 패키지의 상세 정보 확인하기**

앞서 출력한 패키지 목록에서 하나를 선택해보자. bash 프로그램이 보이는가? rpm 명령어로 시스템에 실제로 설치되어 있는지 확인해보자.

```
[root@fedora-server ~]# rpm --query bash
bash-4.2.*
```

이 결과로 두 번째 줄과 비슷한 것이 나타날 것이다. 즉 bash 패키지가 설치되어 있다는 것이다. 4.2라는 숫자도 보인다. 이것은 bash의 버전을 나타낸다.

> **참고**
>
> 여러 가지 종류의 리눅스 배포판에서 소프트웨어 패키지를 다루게 되면, 패키지 버전이 예제에서 사용된 것과는 다를 수 있다. 시스템 업데이트 및 리눅스 배포판 버전에 따라 패키지 버전이 상이할 수 있다.
>
> 일부 예제에서 패키지 버전 번호를 아예 표시하지 않은 이유이기도 하다. 예를 들어 bash-9.8.4.2.rpm이란 전체 패키지명 대신 bash-9.8.*과 같이 쓰는 것을 말한다.

왜냐하면 패키지를 나타내는 주요 명칭은 거의 똑같기 때문이다. OpenSUSE, 페도라, 맨드레이크, CentOS, RHEL, 우분투의 bash 모두 bash라는 명칭을 사용한다.

그렇다면 bash는 무엇일까? 그리고 어떤 기능하는 것일까? 이를 확인하려면 다음과 같이 입력해본다.

```
[root@fedora-server ~]# rpm -qi bash
Name        : bash
Version     : 4.2.*
Architecture : x86_64
Install Date : Sun 20 Mar 2015 11:26:40 PM EDT
Group       : System Environment/Shells
....<이하 생략>....
Packager    : Fedora Project
Vendor      : Fedora Project
URL         : http://www.gnu.org/software/bash
Summary     : The GNU Bourne Again shell
Description :
The GNU Bourne Again shell (Bash) is a shell or command language
 interpreter that is compatible with the Bourne shell (sh). Bash
 incorporates useful features from the Korn shell (ksh)
 and the C shell (csh).
 Most sh scripts can be run by bash without modification.
```

이 결과는 많은 정보를 보여주고 있다. 패키지 버전, 릴리즈 정보, 상세 설명, 패키지 개발자 등 다양하다.

눈에 띄는 것이 많다. 어떤 정보를 보여주는지 더 살펴보자. 다음과 같이 명령어를 입력하여 bash 패키지에 포함되는 파일들을 알아보자.

```
[root@fedora-server ~]# rpm -ql bash
```

설정 파일 목록을 보려면 다음과 같이 입력한다.

```
[root@fedora-server ~]# rpm -qc bash
/etc/skel/.bash_logout
/etc/skel/.bash_profile
/etc/skel/.bashrc
```

rpm 검색 기능은 확장성이 매우 높다. RPM 패키지는 tags에 저장된 수많은 정보를 가지고 있으며 이는 패키지의 메타데이터로 구성된다. 이러한 태그를 이용하여 특정 정보를 찾을 수 있다. 예를 들어 bash 패키지가 설치된 날짜를 알고 싶다면 다음과 같이 명령어를 입력하자.

```
[root@fedora-server ~]# rpm -q --qf "[ %{INSTALLTIME:date} \n]" bash
Wed 19 Jan 2015 01:14:13 PM EST
```

참고
bash는 대부분의 리눅스 배포판에서 볼 수 있고 OS 설치 시 자동으로 설치되기 때문에 bash 생성 날짜가 OS를 설치한 날과 거의 비슷하다.

Bash 응용프로그램이 어떠한 패키지 그룹에 속해 있는지 알아보려면 다음과 같이 명령을 실행한다.

```
[root@fedora-server ~]# rpm -q --qf "[ %{GROUP} \n]" bash
System Environment/Shells
```

또한 한번에 여러 패키지를 검색할 수 있고 여러 태그 정보 또한 그러하다. 예를 들어 xterm 패키지 이름과 그룹을 표시하려면 다음과 같이 입력하면 된다.

```
[root@fedora-server ~]# rpm -q --qf "[%{NAME} - %{GROUP} - %{SUMMARY} \n]" bash xterm
bash - System Environment/Shells - The GNU Bourne Again shell
xterm - User Interface/X - Terminal emulator for the X Window System
```

bash 패키지와 의존관계에 있는 패키지를 알아보기 위한 명령어는 다음과 같다.

```
[root@fedora-server ~]# rpm -q --whatrequires bash
```

팁 여기서 사용된 RPM 질의들은 시스템에 실제 설치된 소프트웨어에 대해서만 이루어졌다. 그렇기 때문에 자신이 설치하려고 하는 소프트웨어나 인터넷 혹은 다른 배포판 CD/DVD에서 가져온 소프트웨어에도 비슷한 질의를 수행해볼 수 있다. 또한 아직 설치되지 않은 패키지에 대해서도 비슷하게 실행해볼 수 있는데 이를 위해 -p 옵션을 명령어 끝에 추가하면 된다. 예를 들어 joe-9.1.6.noarch.rpm이라는 패키지를 현재 작업 디렉터리에 막 내려 받았다면 이 패키지의 정보를 더 알아보기 위한 질의를 하고 싶을 것이다. 그럴 때 다음과 같이 해보면 된다.

```
rpm -qip joe-9.1.6.noarch.rpm
```

RPM으로 소프트웨어 설치하기

이제 다음 단계로 나아갈 준비가 되었다. RPM으로 소프트웨어를 설치하는 과정을 살펴볼 차례다. 이 과정을 통해 RPM에 좀 더 가까이 다가갈 수 있을 것이다. 이 단계는 자신의 시스템에 소프트웨어 패키지를 설치해보는 것이다. 즉 소프트웨어를 자신의 시스템 속으로 가져가는 것이다.

다음 과정에 따라 간단한 텍스트 기반의 웹 브라우저, 즉 "lynx"라고 하는 응용프로그램을 시스템에 설치해볼 것이다. 우선 lynx의 RPM 패키지 설치 파일이 있어야 한다. CD/DVD, 인터넷 등 곳곳에서 이 파일을 구할 수 있다. 예제에서는 배포판 설치에 사용된 DVD에 내장되어 있던 파일을 사용할 것이다.

단, CD/DVD는 시스템이 이 파일에 접근하기 전에 이미 마운트되어 있어야 한다. DVD를 마운트하려면 드라이브에 해당 DVD를 삽입하고 콘솔을 띄운다. 그럼 약간의 시간 후에 DVD 아이콘이 데스크톱상에 나타나게 될 것이다.

RPM 파일은 DVD/CD 장치 마운트 포인트 하위에 있는 Packages라는 디렉터리에 저장되어 있다. 즉 만일 페도라 DVD를 /media/dvd 디렉터리에 마운트하였으면 Packages 경로는 /media/dvd/Packages/가 되는 것이다.

RPM 설치 과정을 하나씩 살펴보도록 하자.

1. 가상 터미널을 실행한다.

2. 배포판 설치 CD 또는 DVD가 /media/dvd에 마운트되어 있다는 것을 가정하고, 일반적으로 RPM 패키지가 있는 Packages 디렉터리로 현재 작업 디렉터리를 변경한다.

```
[root@fedora-server ~]# cd /media/dvd/Packages/
```

3. 우선 이 디렉터리에 자신이 원하는 파일이 있는지를 확인해야 한다. ls 명령어를 사용해서 lyn으로 시작하는 파일을 모두 찾아 표시할 것이다.

```
[root@fedora-server Packages]# ls lyn*
lynx-2.*.rpm
```

4. 원하는 파일이 있음을 확인했다. 그럼 이제는 이 패키지를 테스트로 설치해보자. 시스템에는 실제 설치 작업이 이루어지지 않고 패키지가 설치되는 과정을 진행하기만 한다. 따라서 패키지 설치에 필요한 모든 것(의존성 파일)이 다 준비되어 있는지를 확인하기에 좋다. 다음과 같이 입력하자.

```
[root@fedora-server Packages]# rpm --install --verbose --hash --test lynx-*
warning: lynx-2.*.rpm: Header V3 RSA/SHA256 Signature, key ID 97a1071f: NOKEY
Preparing... ################################# [100%]
```

아무 문제 없어 보인다. 위와 같이 Signature에 대한 경고 메시지가 보이면 현재로썬 무시하고 넘어가도 좋다.

5. 실제 설치를 시작한다.

```
[root@fedora-server Packages]# rpm -ivh lynx-*
Preparing... ################################# [100%]
1:lynx     ################################# [100%]
```

6. 시스템에 패키지가 잘 설치되었는지 확인해보자.

```
[root@fedora-server Packages]# rpm -q lynx
lynx-2.*
```

이와 같이 출력되면 lynx라는 응용프로그램이 시스템에 설치되어 있다는 것을 나타낸다.

여기서 lynx는 어떤 프로그램일까 궁금할 것이다. 이것은 텍스트 기반의 웹 브라우저다. 쉘 프롬프트에 lynx라고 입력해보자. 그럼 이 프로그램이 실행된다. 종료하려면 Q를 누르자. 이때 우측 하단 끝부분에서 정말 프로그램을 종료할 것인지 확인하는 메시지가 뜰 텐데, 엔터 키를 누르면 확인이 되어 프로그램이 종료된다.

RPM으로 패키지를 설치하는 것은 매우 쉽다. 하지만 가끔씩 의존성 문제로 설치하기에 곤란해지는 경우가 많은데, 이번 예제의 경우 lynx 패키지를 성공적으로 설치하기 위해서 시스템에 기본적으로 bash 패키지가 반드시 사전에 설치되어 있어야 한다.

> **팁** 1장에서 내려 받은 운영체제 이미지 파일의 내용을 확인하려면 ISO 파일을 마운트하면 된다. 페도라의 경우 Fedora-16-x86_64-DVD.iso란 DVD 이미지를 /media/iso 디렉터리에 마운트한다. 다음과 같이 입력해보자.
>
> ```
> # mount Fedora-16-x86_64-DVD.iso /media/iso/
> ```

RPM이 의존성을 어떻게 해결하는지 살펴보기 위해 좀더 복잡한 패키지를 설치해보자. 현재 작업 디렉터리가 DVD 장치의 Packages 디렉터리인지 확인한 후, 설치를 진행해보자.

1. 다음과 같이 입력하여 gcc 패키지를 설치한다.

```
[root@fedora-server Packages]# rpm -ivh gcc-4.*
error: Failed dependencies:
    binutils >= 2.* is needed by gcc-4.*
    cloog-ppl >= 0.* is needed by gcc-4.*
    cpp = 4.* is needed by gcc-4.*
    glibc-devel >= 2.* is needed by gcc-4.*
    libmpc.so.2()(64bit) is needed by gcc-4.*
```

출력된 내용들이 뭔가 문제가 있어 보인다. 자세히 보면, gcc-4.* 패키지는 binutils, cloog-ppl, cpp, glibc-devel, libmpc라는 다른 패키지를 의존한다고(필요하다고) 표시해주고 있다.

2. 다행히도 DVD를 통해 배포판에 있는 모든 패키지 파일에 접근할 수 있기 때문에 필요한 패키지를 쉽게 추가할 수 있다.

```
[root@fedora-server Packages]# rpm -ivh gcc-4.* binutils-2.* \
cloog-ppl-* cpp-* glibc-devel-* libmpc-*
error: Failed dependencies:
        libgomp = 4.* is needed by gcc-*
        libppl.so.*()(64bit) is needed by cloog-ppl-*
        libppl_c.*()(64bit) is needed by cloog-ppl-*
        glibc-headers is needed by glibc-devel-*
```

```
glibc-headers = 2.* is needed by glibc-devel-*
```

생각했던 것만큼 쉽지 않게 됐다. gcc를 설치하기 위해 필요한 의존 파일들이 점점 많아지고 있다. 이 결과에 따르면, glibc-devel* 패키지는 glibc-headers*라는 패키지를 필요로 하고, cloog-ppl-* 패키지는 libppl*이란 패키지가 필요하다고 하는 등, 의존성 오류가 발생한다.

3. 설치 목록에 최신 의존성 파일들을 추가하자.

```
[root@fedora-server Packages]# rpm -ivh gcc-4.* binutils-2.* \
cloog-ppl-* cpp-* glibc-devel-* libmpc-* ppl-* glibc-headers-*
error: Failed dependencies:
        kernel-headers is needed by glibc-headers-*
        kernel-headers >= * is needed by glibc-headers-2*
```

의존성 문제를 해결하려는데 쉽사리 해결되지 않고 있다. 출력 결과에서 kernel-headers* 패키지가 필요하다는 내용이 보인다. 우리는 이 부분 역시 해결해야 한다.

4. 어느 정도 의존성 문제가 하나씩 해결되어가고 끝이 보이는 듯하다. 최종적으로 필요한 패키지를 추가하여야 한다.

```
[root@fedora-server Packages]# rpm -ivh gcc-4.* binutils-2.* \
cloog-ppl-* cpp-* glibc-devel-* libmpc-* ppl-* \
 glibc-headers-* kernel-headers-*
Preparing...              ##################### [100%]
   1:libmpc               ##################### [  9%]
   2:cpp                  ##################### [ 18%]
   3:kernel-headers       ##################### [ 27%]
   4:glibc-headers        ##################### [ 36%]
   5:glibc-devel          ##################### [ 45%]
   6:ppl-pwl              ##################### [ 55%]
   7:ppl                  ##################### [ 64%]
   8:cloog-ppl            ##################### [ 73%]

   9:binutils             ##################### [ 91%]
  10:gcc                  ##################### [100%]
```

설치 과정이 다소 까다로웠지만 소프트웨어를 직접 설치해보았다.

> 👉 **팁** 여러 개의 RPM을 동시에 설치하기 위해서 예제와 같이 입력하면 되는데, 이를 RPM 트랜잭션이라고 한다.

RPM으로 패키지를 설치할 때 자주 사용되는 옵션이 있다. 바로 -U(업그레이드) 옵션이다. 이미 설치되어 있는 패키지를 최신 버전으로 업그레이드하고 싶을 때 사용하는 것이다. 이 옵션으로 손쉽게 기존 패키지를 최신 버전으로의 업그레이드가 가능하다. 또 이 옵션이 좋은 이유는 기존 패키지의 설정 환경을 그대로 유지해준다는 것이다.

예를 들어서 시스템에 설치된 lynx-9-7.rpm을 lynx-9-9.rpm으로 업그레이드를 하고 싶다면 rpm -Uvh lynx-9-9.rpm을 입력하면 된다. -U 옵션은 업그레이드뿐만 아니라 일반적인 패키지 설치 시에도 사용할 수 있다.

RPM으로 소프트웨어 제거하기

자신의 파트너와 기대한 만큼 관계가 잘 이루어지지 않으면 그 관계를 청산할 시기가 온 것이다. 어떤 식으로도 파트너가 잘 동작하지 않으면 시스템에서 깨끗하게 삭제하면 되는 것이다.

RPM의 훌륭한 면모 중 하나가 바로 삭제하는 기능이다. 또한 이러한 탁월함이 리눅스 시스템에서 소프트웨어 관리자로서의 핵심적인 마케팅 포인트로 활용되곤 한다. 왜냐하면 시스템에 설치된 각 패키지에 대한 정보들이 데이터베이스에 저장되어 관리되기 때문에 RPM으로 해당 데이터베이스를 검색하여 설치된 패키지 정보와 위치를 쉽게 알아낼 수 있다.

> **참고**
>
> 이때 주의할 점이 있다. 윈도우의 설치/제거 도구와 마찬가지로 RPM의 이러한 기능들은 소프트웨어 패키지 제작자에 달려 있다고 볼 수 있다. 예를 들어 소프트웨어 응용프로그램이 잘못 패키지화되고 제거 스크립트가 올바르게 작성되지 않으면 시스템에서 패키지를 제거할 때 패키지 잔여물들이 남아있게 될 수도 있다. 이것이 바로 믿을만한 출처를 통해 소프트웨어를 다운로드 받아야 하는 가장 큰 이유이기도 하다.

RPM으로 소프트웨어를 삭제하는 것은 매우 쉽고 한번에 끝낼 수 있다. 예제에서 설치한 lynx 패키지를 삭제하기 위해서는 -e 옵션만 있으면 된다.

```
[root@fedora-server Packages]# rpm -e lynx
```

삭제가 진행될 때 아무 문제가 없으면 별도의 경고 메시지 나타나진 않을 것이다. 만약 삭제 과정을 자세하게 보여주도록 하고 싶다면 -vvv 옵션을 명령어와 함께 사용하면 된다.

RPM이 유용한 이유 중 하나는 바로 삭제 시 다른 패키지와 의존성이 있는 패키지들은 삭제하지 않는다는 것이다. 예를 들어서 kernel-headers라는 패키지(앞에서 이 패키지는 gcc 패키지와 의존 관계에 있음을 확인했다)를 삭제하려고 하면 다음과 같은 내용을 보게 될 것이다.

```
[root@fedora-server Packages]# rpm -e kernel-headers
error: Failed dependencies:
        kernel-headers is needed by (installed) glibc-headers-2*
        kernel-headers >= 2.* is needed by (installed) glibc-headers-2.*
```

glibc-header* 패키지도 또한 kernel-headers 패키지를 필요로 한다. 기본적으로 RPM은 소프트웨어 안정성을 유지하는 데 최선을 다하지만 사용자가 원한다면 강제로 지울 수 있는 옵션을 제공한다. 예를 들어 kernel-headers라는 패키지를 강제로 삭제하고 싶을 땐 --nodeps 옵션을 삭제 명령어와 함께 사용하여 제거할 수 있다.

```
[root@fedora-server Packages]# rpm --nodeps -e kernel-headers
```

RPM의 기타 기능

RPM으로 패키지를 설치하고 삭제하는 것 외에도 다양한 일들을 할 수 있다. 여기에서 우리가 알아볼 것이 바로 그런 기능들이다.

■ 패키지 검증

RPM이 제공하는 유용한 기능들 중 하나는 패키지를 검증하는 것이다. RPM은 데이터베이스에 저장된 패키지 정보를 확인한다. 그리고는 시스템에 설치된 바이너리와 파일의 정보를 비교해 본다.

요즘은 인터넷을 통한 해킹의 실제 사례들이 많은데 검증 테스트를 통해 다른 누군가가 자신의 시스템에 설치된 소프트웨어를 변조하였는지 확인할 수 있다. 예를 들어 bash 패키지가 온전하게 설치되어 있는지 확인하려면 다음과 같이 입력한다.

```
[root@fedora-server ~]# rpm -V bash
```

출력 결과가 없다면 정상적이라는 뜻이다.

특정 패키지가 파일 시스템에 설치한 파일들을 검증할 수도 있다. 예를 들어 /bin/ls 명령어가 정상적인지 확인하려면, 다음과 같이 입력한다.

```
[root@fedora-server ~]# rpm -Vf /bin/ls
```

출력 결과가 없다면 성공이다.

그러나 뭔가 이상하다고 느끼면 즉 /bin/ls 명령어가 정상적이지 않은 위조된 것이라면 다음과 유사한 결과를 보게 될 것이다.

```
[root@fedora-server ~]# rpm -Vf /bin/ls
SM5....T /bin/ls
```

문제가 있다면 반드시 RPM은 어떤 테스트가 실패였는지를 알려줄 것이다. 테스트는 MD5 체크섬 테스트, 파일 크기, 및 수정 시간을 활용할 수 있다. 시스템에 있는 잘못된 부분들을 찾아내는 데 있어 RPM이 동맹자의 역할을 제대로 해주고 있다.

표 3-2에서는 오류 코드의 종류와 그 내용을 보여주고 있다.

시스템에 설치된 모든 패키지를 검증하려면 다음 명령어를 사용하면 된다.

```
[root@fedora-server ~]# rpm -Va
```

● **표 3-2.** RPM 검증 오류 코드

코드	설명
S	파일 크기가 일치하지 않음
M	모드가 일치하지 않음(권한 및 파일 형식 포함)
5	MD5 sum이 일치하지 않음
D	장치의 주/부 번호가 맞지 않음
L	readLink 경로가 맞지 않음
U	사용자 소유 정보가 다름
G	그룹 소유권이 다름
T	수정된 시간(mtime)이 일치하지 않음

이 명령으로 시스템에 설치된 모든 패키지에 대한 검증이 가능하다. 파일이 어마어마하게 많기 때문에 검증이 완료되기까지는 약간의 시간이 걸릴 것이다.

■ 패키지 유효성

RPM의 또 다른 기능으로는 패키지에 대하여 디지털 서명을 하는 것이다. 이것은 사용자의 패키지가 신뢰성이 있는 제3자에 의해 패키지화되었고 또한 해당 패키지의 일정 부분이 조작되지 않았음을 사용자로 하여금 확인시켜주는 일종의 인증 메커니즘을 제공한다.

가끔씩은 신뢰할 수 있는 디지털 서명이라는 것을 수동으로 시스템에 인증해주어야 할 경우가 있다. 이는 앞서 패키지 설치 시에 몇 가지 경고 메시지(이런 메시지: "warning: lynx-2.*.rpm: Header V3 RSA/SHA256 Signature, key ID 069c8460: NOKEY")를 마주칠 수밖에 없던 이유다. 이러한 메시지를 피하기 위해서는 페도라의 디지털 키를 자신의 시스템 키 링(key ring)에 가져오면 된다.

```
[root@fedora-server ~]# rpm --import /etc/pki/rpm-gpg/RPM-GPG-KEY-fedora
```

이뿐만 아니라 다른 제조사의 키를 가져와야 할 수도 있다. 자신이 가진 로컬 키가 위조품이 아님을 확실히 하려면 제조사 웹 사이트에서 직접 해당 키를 다운로드 받는 것이 좋다. 다음과 같이 직접 페도라 프로젝트 홈페이지에서 직접 키를 가져올 수 있다. 명령어 입력 시 아래 <version> 부분은 현재 테스트 중인 페도라의 버전을 입력해야 한다. 예를 들어 16, 17, 18 등이다.

```
[root@fedora-server ~]# rpm --import \
http://download.fedora.redhat.com/pub/fedora/linux/releases/<version>/Fedora/
x86_64/os/RPM-GPG-KEY-fedora
```

■ Yum

Yum은 리눅스 시스템에서 소프트웨어 관리 시 많이 사용되는 패키징 및 업데이트 도구 중 하나다. 기본적으로 이것은 RPM을 확장하는 래퍼(Wrapper) 프로그램이다. 오랜 기간 사용되긴 했지만 리눅스 공급자들이 상업용 배포판에 더욱 주력하면서 보다 광범위하고 두드러지게 사용되고 있다. Yum은 RPM 기반의 시스템에서 패키지 관리에 대한 기존의 전통적인 접근방식에 변화를 주고 확장하기까지 했다. 오픈 소스 소프트웨어의 저장소를 제공하는 몇몇 유명한 대규모 사이트들은 Yum을 위한 공간으로 개조되어가고 있기도 하다.

Yum 프로젝트 웹 페이지에 다음과 같은 내용이 있다.

> "Yum은 RPM 시스템을 위한 자동 업데이트 및 패키지 설치 및 제거를 담당하는 도구로서, 자동적으로 의존성을 계산하고 패키지 설치를 위해서 어떤 준비가 필요한지를 파악해낸다. RPM으로 개별 업데이트를 관리할 필요가 없어 여러 대의 장치를 유지 및 관리하는 것이 매우 용이하다."

아주 겸손한 설명이다. Yum은 매우 뛰어난 기능을 지녔고 여러 리눅스 배포판들은 Yum의 그러한 기능들에 상당히 많은 의존을 하고 있다.

Yum의 사용은 아주 간단하다. 단 한 개의 설정 파일만 있으면 된다(/etc/yum.conf). 그 외 필요한 파일들은 이미 /etc/yum.repos.d/ 디렉터리에 저장되어 있고 이 디렉터리는 Yum을 사용할 수 있는 소프트웨어 저장소를 가리킨다. 다행인 것은 최근에는 리눅스 배포판들이 Yum의 설치뿐만 아니라 미리 설정도 된 상태로 제공한다. 페도라도 마찬가지다.

페도라에서 Yum을 사용해서(또는 레드햇 계열의 배포판에서도) gcc와 같은 패키지를 설치하려면, 커맨드라인에 다음과 같이 입력하면 된다.

```
[root@fedora-server ~]# yum install gcc
```

Yum은 자동으로 패키지의 의존성을 검사하고 패키지 설치를 진행할 것이다. (처음 Yum을 실행하는 것이라면 로컬 캐시가 생성될 것이다.) Yum은 사용자에 따라 다를 수 있겠지만 귀찮은 일도 대신 수행해주기도 한다. 또한 검색 기능이 있어 정확한 패키지 이름을 기억 못해도 찾아낼 수 있다. 예를 들어 패키지명에 "headers"가 포함된 파일을 모두 찾고 싶을 때, 다음과 같이 Yum 옵션을 사용한다.

```
[root@fedora-server ~]# yum search headers
```

아마도 긴 검색 결과물을 보게 될 것이다. 쭉 훑어 본 후, 찾고자 한 패키지를 선택하면 된다.

참고기본적으로 Yum은 인터넷 어딘가에 있는 저장소에 접근하려고 한다. 그렇기 때문에 시스템은 항상 인터넷과 연결되어 있어야 한다. 아니면 사용자는 직접 로컬 파일 시스템에 로컬 소프트웨어 저장소를 구축하여 사용할 수 있다. 또는 LAN을 통해서도 가능하다. Yum은 사용할 수 있기만 하면 된다. 리눅스 배포판이 들어있는 DVD나 CD의 내용을 파일 시스템 어디든 복사해둔 뒤에 createrepo 명령을 복사된 디렉터리 위치에서 실행하기만 하면 된다.

▨ GUI용 RPM 패키지 관리자

조금 더 편리한 방식을 추구하는 사람들을 위해서 GUI 환경을 제공하는 몇 가지 패키지 관리자를 소개하려고 한다. 레드햇 기반의 배포판에서 GUI 이면에 존재하는 상당수의 잡일을 도맡아 하는 것은 바로 RPM이다. GUI 도구로 사용자는 커맨드라인에 사용될 인자들을 다 기억할 필요가 없이 여러 가지 일들을 손쉽게 해낼 수 있다. 여러 배포판에서 제공하는 인기 있는 도구 또는 데스크톱 환경을 다음에 나열하였다.

페도라

[Application] 메뉴의 [System Tools] → [Add/Remove Software]를 선택하여 페도라의 GUI 패키지 관리차를 실행하거나 커맨드라인에 직접 명령어를 입력하여 실행할 수 있다.

```
[root@fedora-server ~]# gpk-application
```

OpenSUSE와 SLE

OpenSUSE라든지 SLE(SUSE Linux Enterprise)에서는 시스템 관리의 대부분이 YaST라고 부르는 도구를 통해 이루어지는데, 또 다른 설치 도구라는 뜻(Yet Another Setup Tool)이다. YaST 도구는 모듈로 구성되어 있는데, 그래픽 화면으로 패키지 설치 및 삭제를 수행하기 위해서는 **sw_single**이라고 하는 모듈이 있어야 한다. OpenSUSE 배포판을 운영체제로 쓰는 시스템의 커맨드라인에서 직접 이 모듈을 실행할 수 있다.

```
opensuse-server:~ # yast2 sw_single
```

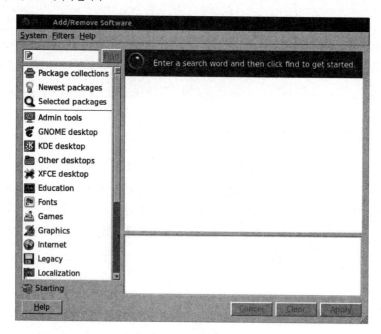

데비안 패키지 관리자 시스템

데비안 패키지 관리자 시스템(DPMS)은 데비안 계열의 시스템에서 소프트웨어를 관리하는 근간이 된다. 일반적인 소프트웨어 관리자 시스템과 마찬가지로, DPMS도 역시 용이한 설치 및 삭제 방법을 제공한다. 데비안 패키지는 .deb 확장자로 끝난다.

DPMS의 핵심은 dpkg(Debian Package) 응용프로그램인데, 시스템의 백엔드 단에서 실행되는 것으로 커맨드라인 도구라든지 GUI 도구들은 이 응용프로그램과 상호작용하도록 되어 있다. 데비안에서 패키지는 ".deb 파일"이라고 불려지곤 하는데(dot deb으로 발음한다) dpkg 응용프로그램이 이 .deb 파일을 직접 관리한다. 이외에도 다양한 래퍼 도구들이 개발되어 dpkg 응용프로그램과 직접적이든 간접적으로든 상호작용한다.

▨ APT

APT는 우수한 성능의 고급 도구 모음이다. dpkg 응용프로그램과 직접 상호작용을 하는 래퍼 도구다. 이것은 apt-get이나 apt-cache와 같은 도구가 참조하는 프로그래밍 함수들을 모은 라이브러리다. 이를 통해 데비안 계열 시스템에서 소프트웨어를 조작할 수 있다. 사용자 영역의 응용프로그램들은 APT에 의존하여 개발되기도 한다. (여기서 **사용자 영역**이라는 것은 커널 영역의 프로그램이 아니라는 것을 의미한다.)

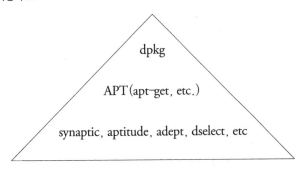

Synaptic, aptitude, dselect와 같은 응용프로그램이 앞에서 설명한 사용자 영역의 프로그램이다. 사용자 영역의 도구들은 일반적으로 커맨드라인의 도구에 비하면 훨씬 사용자에게 편리함을 준다. APT는 다른 운영체제로도 이식되었다.

APT와 dpkg의 주요 차이점은 APT는 직접 .deb 패키지를 다루지 않고, 설정 파일에 지정된 위치(저장소)를 통해 소프트웨어를 관리한다는 점이다. 이 설정 파일은 sources.list라고 하며 APT 유틸리티들은 이 파일을 통해 사용 중인 패키지 배포 시스템의 아카이브(또는 저장소)를 시스템에 설치한다.

DPMS의 구성요소(dpkg, APT, GUI 도구 등)라면 데비안 계열 시스템에서 직접적으로 소프트웨어를 관리하는 데 사용될 수 있다는 점을 염두에 두어야 한다. 어떤 도구를 사용할지는 전적으로 사용자에 보다 더 친숙하고 익숙한 도구를 선택하면 된다.

그림 3-2에 DPMS 삼각형 구조가 있다. 삼각형의 정점에 있는 도구(dpkg)들은 대부분 사용하기 어렵지만 그 기능은 매우 강력하다. 그 다음은 APT와 같은 도구로 사용이 편리하다. 마지막으로 사용자 영역에서 사용되는 익숙한 도구들을 볼 수 있다.

우분투에서 소프트웨어 관리

앞서 설명했듯이, 우분투와 같은 데비안 계열의 배포판에서 소프트웨어를 관리한다는 것은 DPMS를 사용하는 것을 의미하고 그 외 수반되는 모든 응용프로그램들을(APT, dpkg 등) 활용하는 것을 말한다. 이제 우리는 실제 기본적인 소프트웨어 관리 작업을 실습해보고자 한다.

▨ 정보 질의

우분투 서버에서 현재 설치된 소프트웨어 목록을 확인하려면 다음과 같이 입력한다.

```
master@ubuntu-server:~$ dpkg -l
```

bash 패키지에 대한 기본 정보를 얻기 위해서는, 다음과 같이 입력한다.

```
master@ubuntu-server:~$ dpkg -l bash
```

또한 bash 패키지 정보를 보다 자세하게 확인하고 싶다면, 다음과 같이 입력한다.

```
master@ubuntu-server:~$ dpkg --print-avail bash
```

또한 bash 패키지와 관련된 파일 목록을 보려면, 다음과 같이 입력한다.

```
master@ubuntu-server:~$ dpkg-query -L bash
```

이 질의들은 모두 dpkg의 기능들이다. 즉 특정 패키지 정보를 확인하고 싶다면 DPMS를 사용하면 되는 것이다. 이번에는 설치된 bash 패키지의 크기를 알아보자.

```
master@ubuntu-server:~$ dpkg-query -W \
--showformat='${Package} ${Installed-Size} \n' bash
```

▧ 소프트웨어 설치

우분투에서는 다양한 방법으로 소프트웨어를 설치할 수 있다. dpkg로 .deb 파일을 직접 설치할 수 있고 또는 apt-get을 사용해서 인터넷이나 로컬에서 접근이 가능한 CD/DVD ROM 또는 파일 시스템 등을 통해 우분투 저장소에 있는 모든 소프트웨어를 내려 받아서 설치할 수 있다.

참고

시스템에서 소프트웨어를 설치하고 삭제하는 것은 관리적인 측면이기 때문에, 반드시 특권이 필요한 부분이다. 그렇기 때문에 예제를 실습하는 도중에 수퍼유저 권한을 요구하는 명령어들을 보게 될 것이다. 이를 대비하여 sudo라는 명령어를 살펴볼 것이다. sudo 명령어는 특권을 가진 사용자로 다른 명령어를 실행할 수 있게 해주는 것이다. 하지만 소프트웨어 데이터베이스를 질의하는 것 자체는 권한이 필요한 명령은 아니다.

dpkg를 사용하여 lynx_2.9.8-2ubuntu4_amd64.deb라는 .deb 패키지를 설치하려면 다음과 같이 입력하라.

```
master@ubuntu-server:~$ sudo dpkg —install lynx_2.9.8-2ubuntu4_amd64.deb
```

apt-get을 사용하면 좀 더 쉽게 소프트웨어를 설치할 수 있다. 보다 쉬운 이유는 APT가 의존성까지 확인해주기 때문이다. 한 가지 주의해야 할 점은 sources.list 파일(/etc/apt/sources.list)에 설정된 저장소는 인터넷이든 로컬에서든 반드시 접근이 가능해야 한다는 것이다. 소프트웨어를 설치할 때, APT의 또 다른 장점으로는 설치하려는 소프트웨어 이름 전체를 다 기억할 필요가 없다는 것이다. 즉 정확한 버전까지 다 기억하지 않아도 된다. 또한 설치 전에 따로 필요한 소프트웨어의 설치 파일을 다운로드할 필요도 없다. apt-get 옵션들 중 자주 사용되는 것을 표 3-3에 모아보았다.

apt-get으로 lynx라는 패키지를 설치하려고 한다. 다음과 같이 입력해보자.

```
master@ubuntu-server:~$ sudo apt-get install lynx
```

▦ 소프트웨어 제거

예제의 lynx와 같은 소프트웨어를 삭제할 때에도 dpkg를 이용하면 매우 간단하다.

```
master@ubuntu-server:~$ sudo dpkg --remove lynx
```

● 표 3-3. 자주 사용하는 apt-get 옵션

명령어	설명
update	패키지의 새로운 목록을 갱신
upgrade	업그레이드 수행
install	새 패키지 설치
remove	패키지 제거
autoremove	사용하지 않는 모든 패키지에 대한 자동 삭제
purge	패키지 및 관련 설정 파일 삭제
dist-upgrade	배포판 업그레이드
check	의존성 관계 검증

apt-get을 이용한 또 다른 작업은 바로 remove 옵션으로 소프트웨어를 제거하는 것이다. 예제의 lynx 패키지를 제거하기 위해서 다음과 같이 입력할 수 있다.

```
master@ubuntu-server:~$ sudo apt-get remove lynx
```

APT로 소프트웨어를 삭제할 때 잘 쓰지 않는 방법이긴 하지만 한 가지 소개하자면 바로 install switch라는 것을 사용하는 방법이다. 즉 삭제하려는 패키지명 뒤에 "-" 기호만 붙이면 된다. 이것은 동시에 특정 소프트웨어를 설치하면서 또 다른 패키지를 삭제하고자 할 때 유용하게 쓰일 수 있다.

이미 시스템에 설치되어 있는 lynx 패키지를 제거하고 동시에 curl이라고 하는 패키지를 설치해보자.

```
master@ubuntu-server:~$ sudo apt-get install curl lynx-
```

APT는 소프트웨어뿐만 아니라 관련한 모든 설정 파일들까지 함께 삭제해준다. 그렇기 때문에 사용자는 기존에 설정된 파일들을 모두 없앤 초기화된 상태에서 새롭게 시작할 수 있다. lynx 응용프로그램을 시스템에서 완전히 삭제하기 위해서 다음과 같이 입력해보자.

```
master@ubuntu-server:~$ sudo apt-get --purge remove lynx
```

데비안 계열 시스템(우분투)전용 GUI 패키지 관리자

우분투와 같은 데비안 계열 배포판에서 지원하는 GUI 소프트웨어 관리자 도구는 여러 가지가
있다. 데스크톱 형태의 시스템에서는 GUI 도구들이 기본적으로 지원된다. 우분투에서 가장 인
기 있는 GUI 도구로는 **synaptic**(그림 3-3 참고)과 **adept**가 있다. 이뿐만 아니라 몇 가지 유용
한 도구를 제공하는데 정확히 말하면 GUI는 아니지만 비슷한 사용 환경을 제공한다. 이러한 도
구들은 콘솔 기반이거나 텍스트 기반이면서 메뉴 방식을 제공한다. **aptitude**(그림 3-4 참고) 및
dselect가 있다.

● **그림 3-3**. Synaptic 패키지 관리자

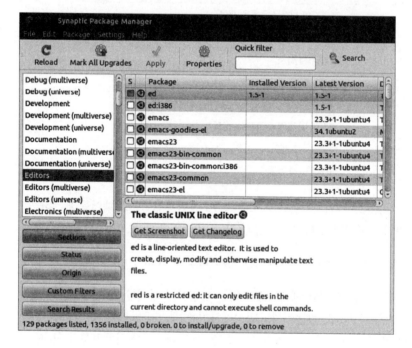

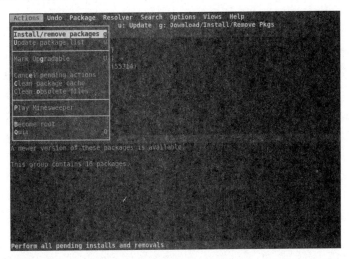

GNU 소프트웨어 컴파일과 설치

오픈 소스 소프트웨어의 주된 장점 중 하나는 소스 코드를 볼 수 있다는 점이다. 만일 개발자가 프로그램 개발을 중단한다 해도, 방법을 아는 사람이라면 누구나 그 작업을 이어갈 수 있다. 문제가 발생하면 스스로 고칠 수 있다는 것이다. 이것은 무엇을 의미할까? 바로 상업용 개발자의 은혜를 구해야만 하는 입장이 아니라 스스로 모든 상황을 통제할 수 있는 위치에 있다는 것이다. 그러나 소스 코드를 소유한 것만으로는 안 된다. 그 소스 코드를 컴파일할 수 있어야 하는데, 그렇지 못하다면 그저 수많은 텍스트로 이루어진 파일 뭉치만 갖고 있는 꼴이 된다.

이 책에서 등장하는 각각의 소프트웨어들은 RPM이나 .deb 형태로 쉽게 찾을 수 있지만 직접 소스 코드를 컴파일하여 소프트웨어가 완성되는 전 과정을 하나 하나 짚어보고자 한다. 컴파일 능력만 갖추면 컴파일 옵션을 활용하여 RPM 형태만으로는 할 수 없는 일들을 할 수 있게 된다. 이뿐만이 아니다. RPM 형태는 Intel 686과 같은 특정 아키텍처에 맞게 컴파일이 이루어지는데, 사실 Giga-exTeraCore-class CPU와 같은 직접 관련이 있는 대상에 적합한 컴파일이 이루어져야만 보다 나은 성능을 얻을 수 있다.

이 절에서는 쓸모 없어 보이는 GNU 소프트웨어인 hello 패키지를 컴파일하는 과정을 살펴볼 것이다. 단순히 컴파일 과정을 살펴보기엔 적합하다. 대부분의 GNU 소프트웨어는 컴파일 및 설치 방법에 있어 표준을 따르며 hello 패키지 역시 이러한 표준을 기반으로 다뤄질 것이기 때문에 좋은 예제가 될 것이다.

▨ 패키지 풀기

다시 관계를 생각해보자. 이전 관계는 만족스럽지 못한 결과로 끝이 나긴 했지만, 다른 관계에 대해서는 노력해볼 생각이 있다. 아마도 실제 주변의 다양한 요인에 의해 뜻하는 대로 잘 되지 않는 경우가 다수일 것이다. 즉 엄청난 양의 옵션과 복잡한 질의 문법으로 인한 RPM 사용이 그 예가 될 것이다. 그렇기 때문에 옛 것을 버리고 새 것을 취해야 하는 것 같다. 이러한 관점에서는 행운인 것이다. 소스 코드를 직접 다룰 수 있다는 것은 다양한 제어 권한들이 제공되기 때문인데, 소프트웨어에 대한 통제 권한과 그 형태도 결정지을 수 있는 행운인 것이다.

소스 코드로 제공되는 소프트웨어는 주로 **타르볼**(tarball) 파일 형태로 제공된다. 즉 하나의 큰 파일로 통합하여 압축시킨 형태다. 이런 경우 주로 사용되는 도구는 tar와 gzip이다. tar는 여러 파일들을 하나의 대용량 파일로 응집시켜주는 역할을 하고 gzip은 압축 기능을 담당한다.

> **참고**
>
> 일반적으로 타르볼을 만들어 저장할 단일 디렉터리를 지정한다. 그 이유는 시스템 관리자가 각 패키지의 타르볼을 활용하려는 때를 대비하여 그것을 안전한 장소에 관리하기 위함이다. 또한 시스템에 설치된 패키지 정보를 알 수 있어 관리자에게 편리한 기능이 된다. 보통 소프트웨어는 /usr/local에 설치되므로 타르볼의 지정 디렉터리는 /usr/local/src가 적절하다.

자, 이제 hello 패키지를 설치해보자. 한 단계씩 살펴볼 텐데 가장 처음 할 일은 소스 코드의 복사본을 내려 받는 것이다.

이 책의 예제에서 사용된 hello 프로그램의 최신 버전은 www.gnu.org/software/hello 또는 http://ftp.gnu.org/gnu/hello/hello-2.7.tar.gz에서 다운로드하면 된다. 이 책에서는 2.7 버전의 hello(hello-2.7.tar.gz)를 사용한다. 다운로드한 파일을 /usr/local/src 디렉터리에 저장한다.

> **참고**
>
> FTP나 HTTP를 이용하여 인터넷에서 파일을 내려 받을 때 가장 빠른 방법은 wget이라고 하는 커맨드라인 유틸리티를 사용하는 것이다. 쉘 프롬프트에서 hello 프로그램을 내려 받을 때 다음과 같이 입력한다.
>
> ```
> wget -P /usr/local/src http://ftp.gnu.org/gnu/hello/hello-2.7.tar.Gz.
> ```
>
> /usr/local/src 디렉터리에 해당 파일이 자동으로 저장되어 있음을 확인할 수 있다.

파일을 받았으면 그 다음은 압축을 해제할 차례다. 압축을 해제할 때, 타르볼의 파일을 저장하기 위한 새로운 디렉터리가 생성된다. hello 타르볼(hello-2.7.tar.gz)은 hello-2.7과 같은 하위 디렉터리를 생성한다. 이러한 방식으로 소스 파일을 저장할 디렉터리명을 지정하면 여러 프로그램을 동시에 빌드할 때, 빌드된 프로그램들의 충돌을 방지할 수 있다.

이제 현재 작업 디렉터리를 /usr/local/src 디렉터리로 변경한다.

```
[root@server ~]# cd /usr/local/src
```

그런 다음 tar 명령어로 hello 파일들에 대한 압축 해제를 실행한다.

```
[root@server src]# tar -xvzf hello-2.7.tar.gz
hello-2.7/
hello-2.7/contrib/
hello-2.7/contrib/Makefile.am
....<이하 생략>....
hello-2.7/tests/ChangeLog
hello-2.7/tests/Makefile.in
hello-2.7/ChangeLog.O
```

z라는 인자는 타르볼을 해제하기 전에 gzip을 호출하며 이 인자를 통해 파일의 압축을 해제한다. v 인자는 tar 명령어가 실행되는 과정에서 타르볼에서 해제되는 파일명을 보여준다. 이로써 소스 파일들이 저장되는 디렉터리명을 알 수 있게 된다.

> **참고** .tar.bz2 확장자를 가진 파일도 자주 보게 될 것이다. 이것은 점점 그 인지도와 활용도가 높아지고 있는 Bzip2라는 압축 알고리즘인데, GNU tar 명령어와 y 또는 j 옵션과 함께 사용하면 해당 파일에 대한 압축 해제도 가능하다.

Hello-2.7이라고 하는 새로운 디렉터리가 생성되었을 것이다. 이 디렉터리로 이동하여 저장된 파일 목록을 표시해보자.

```
[root@server src]# cd hello-2.7 ; ls
```

> **참고** 리눅스의 gzip을 마이크로소프트 윈도우의 WinZip 프로그램과 혼동해서는 안 된다. 이 두 프로그램은 상호 호환이 되지만 서로 다른 압축 방식을 사용한다. 리눅스의 gzip은 Winzip으로 압축된 파일도 처리할 수 있고 WinZip 프로그램도 타르볼을 처리할 수 있다.

■ 문서 찾기

이제 소스 코드와 바이너리 파일 모두 갖게 되었다. 지금부터는 문서에 대해서 알아볼 것이다. 특정 프로그램의 문서를 찾으려면 우선 해당 프로그램의 최상위 디렉터리를 확인해보는 것이 좋다. 소스 코드가 있는 디렉터리로 들어갔으면 문서 파일을 눈여겨보라.

> **참고** 소스 코드에 수반되는 문서를 꼭 확인하라! 컴파일 방법 및 주의사항 등을 기술한 문서이기 때문에 조금 더 수월한 컴파일을 할 수 있을 것이다.

그렇다면 문서라고 하는 파일들은 어떤 것일까? 일반적으로 **README**와 **INSTALL**이라는 이름으로 되어 있다면 문서 파일이다. 개발자들을 주로 docs라는 디렉터리에 문서들을 모아두곤 한다.

README 파일의 내용은 주로 패키지에 대한 정보, 부가 문서 정보(설치에 관한 정보 등), 패키지 제작자 정보 등이다. INSTALL 파일은 컴파일 및 설치하는 방법을 기술한 문서다. 항상 문서 이름이 동일한 것은 아닌데, 패키지마다 특색이 있어 이름이 상이할 경우가 많다. 따라서 해당 디렉터리에 있는 파일 목록을 살펴보고 문서를 직접 찾아보는 것이 좋다. 일부 패키지들을 대소문자 구분 없이 문서명을 쓰기도 한다. Readme, README, ReadME 등 다양하다(여기서 주의해야 할 것은 리눅스는 대소문자를 구분한다). 또한 버전을 구분하기도 하는데 README.1ST 또는 README.NOW 같은 것이다.

현재 /usr/local/src/hello-2.7 디렉터리에 있다면 다음 명령어로 불러올 수도 있다.

```
[root@server hello-2.7]# less INSTALL
```

Q를 누르면 문서 읽기가 종료된다.

> **팁** less 명령어 외에도 more라는 명령어로도 원하는 파일을 찾을 수 있다. (사실 more가 less보다 더 오래 전부터 사용되던 것이다.)

▨ 패키지 설정하기

관계를 보다 오래 지속하기 위해서 이제는 관계에 대한 지침과 기대를 동시에 구축할 필요가 있다.

대부분의 패키지들은 자동 설정 스크립트라는 것을 가지고 있다. 따로 언급하지 않아도 이 스크립트를 사용하는 것이 안전하다.

이러한 스크립트들은 대부분 **configure** 또는 **config**라는 이름을 사용하는데, 추가로 인자를 사용할 수 있다. 그래서 여러 가지 옵션을 적용하여 configure 스크립트를 실행하다 보면 흥미로운 현상이 보이는데, 즉 프로그램 모듈 단위로 설정이 된다는 것이다. 일부 기능을 활성화나 비활성화하거나 컴파일 시 특정값을 설정할 수 있다. 이러한 설정은 configure 스크립트를 통해 이뤄진다.

해당 패키지에 어떤 configure 옵션이 있는지 확인하려면 다음과 같이 실행한다.

```
[root@server hello-2.7]# ./configure --help
```

help라는 명령어 앞에 두 개의 하이픈이 보이는가?

혼히 사용하는 옵션으로 --prefix라는 것이 있다. 이 옵션으로 패키지를 설치할 기본 디렉터리를 설정한다. 기본적으로 대부분의 패키지 설치는 /usr/local에 된다. 패키지를 구성하고 있는 요소들 역시 /usr/local에 함께 기본 설치될 것이다.

기본 옵션을 그대로 사용하려면 다음과 같이 입력한다.

```
[root@server hello-2.7]# ./configure
checking for a BSD-compatible install... /usr/bin/install -c
checking whether build environment is sane... yes
checking for a thread-safe mkdir -p... /bin/mkdir -p
checking for gawk... gawk
checking whether make sets $(MAKE)... yes
checking for gcc... gcc
...<이하 생략>...
config.status: creating po/POTFILES
config.status: creating po/Makefile
```

설정하고자 하는 모든 옵션을 실행하면 configure 스크립트는 이내 makefile을 생성할 것이다. 이 파일은 컴파일 단계에서 기반이 되는 중요한 파일이다. configure 스크립트 실행에 오류가 있으면 makefile이 만들어지지 않는다. 반드시 conifigure 명령은 오류 없이 완수되어야 한다.

■ 패키지 컴파일하기

이번 단계는 관계에서 딱히 비유할 수 있는 부분이 없다. 하지만 다음과 같이 생각하면 오히려 쉬울 것이다. 현재는 초기 단계이기 때문에 사랑에 푹 빠진 나머지 모든 것이 너무 빠르게 지나가는 것만 같고 말로 다 표현할 수 없는 시기인 것이다.

이제, make를 실행하기만 하면 그 관계로의 진입이 시작된다.

```
[root@server hello-2.7]# make
```

앞에서 생성된 makefile들을 make 도구가 모두 읽어 들인다. 이 파일들의 컴파일 대상, 컴파일 순서 등을 알려주기 때문이다. 엄청난 양의 소스 파일들이 존재하기 때문에 makefile이 여기서 결정적인 역할을 하게 되는 것이다. 시스템의 성능에 따라, 즉 메모리 가용 정도와 시스템의 자원이 할당된 정도에 따라 컴파일하는 속도는 각기 다를 수 있다.

make 명령이 실행되고 나면 make 명령이 불러들이는 명령어들이 표시되고 관련된 인자들을 모두 표시해준다. 이렇게 표시되는 내용들은 컴파일러 및 컴파일 시 적용되는 인자들로 인한 것이다. 이 모든 동작이 자동으로 되지만 그럼에도 상당히 지겨운 일이다.

컴파일이 순조롭게 진행되고 있다면 오류 메시지는 보이지 않을 것이다. 만약 오류 메시지가 보인다면 그 내용을 쉽게 알 수 있다. 상당히 직관적으로 오류를 알려준다. 일반적으로 이런 오류들은 프로그램 자체의 문제를 나타내기보다는 시스템상의 문제들을 반환하는 것이다. 보통은 파일 권한 오류거나 파일이나 라이브러리를 찾을 수 없을 때 나타나는 문제들이다.

컴파일 과정에서 나타난 오류로 당황하지 말고 침착하게 오류 내용을 살펴보길 바란다. 그 형태가 다소 이상해 보일지라도 평이한 영어로 표시되어 있어 사용자는 쉽게 고칠 수 있을 것이다. 하지만 여전히 파악이 안 되는 오류라면 해당 패키지의 문서를 찾아서 직접 문의할 수 있는 이메일 주소나 문의처를 통해 해결하는 방법도 있다. 대부분의 개발자들이 적극적으로 도움을 주기 때문에 예의를 갖춰 문의하면 금방 피드백이 올 것이다(쉽게 말해서 소프트웨어가 별로라는 말부터 시작하지 말라는 것이다).

▨ 패키지 설치하기

거의 완료되었다. 자신의 파트너를 찾고 알아가고 컴파일까지 했다면, 이제는 진정한 동반자가되어야 할 시간이다.

컴파일 때와는 다르게 설치 과정은 비교적 간단하다. 컴파일을 완료하고 나면 다음 명령을 실행하는 것만 남았다.

```
[root@server hello-2.7]# make install
```

이제 앞에서 configure 스크립트 실행 시 --prefix라는 인자를 통해 설정된 위치에 설치가 이뤄진다.

이 명령어는 makefile에 포함된 설치 스크립트를 실행할 것이다.

make 명령어 실행 시 연결되는 각 명령어들이 표시되기 때문에 텍스트가 빠르게 지나가는 것을볼 수 있다. 걱정하지 마라. 지극히 정상이다. 오류 메시지만 없다면 패키지는 정상적으로 설치될 것이다.

오류 메시지가 뜨면, 앞에서도 말했듯이 권한 문제일 가능성이 크다. 설치하려고 했던 파일을 다시 들여다 보고 권한 상태를 재점검해야 하는데, 이때 chmod, chown, chgrp와 같은 명령어에대해서 알고 있어야 할 것이다.

> **팁** 기존에 설치된 소프트웨어가 시스템 전반에서 사용되는 것이라면 make install 명령이 실행되기 위해서는 수퍼유저(루트 사용자) 권한이 반드시 필요하다. 그렇기 때문에 설치 과정 전에 루트 권한을 소유했는지를 확인하도록 설치 안내를 해준다. 반면에 일반 사용자로 자신만의 공간에서 사용하고자 소프트웨어를 컴파일하여 설치하는 경우에는(--prefix=/home/user_name으로 설치 공간을 해당 사용자의 공간으로 지정했을 경우), 루트 사용자 권한이 필요 없다.

▨ 소프트웨어 테스트하기

시스템 관리자가 하는 흔한 실수 중 하나는 설정 및 컴파일 단계를 거치고 나서 설치가 완료된 후, 소프트웨어가 잘 설치되었는지 테스트하는 과정을 생략하는 것이다. 특히 일반 사용자가 사용하기 위해 설치한 소프트웨어라면 올바르게 실행되는지 확인할 필요가 있다.

우리 예제에서는 hello 명령어가 권한이 올바르게 설정되고 프로그램을 사용하는 데 아무런 문제가 없음을 확인해보려 한다. su 명령으로 사용자 계정을 전환해서 모든 사용자가 접근이 가능한지를 테스트해볼 수 있다.

hello 프로그램의 기본 설치 디렉터리(/usr/local)를 그대로 사용한다고 가정하고, 프로그램 실행을 위해 전체 경로를 입력한다.

```
[root@server hello-2.7]# /usr/local/bin/hello
Hello, world!
```

비로소 일반 사용자(예를 들어, yyang)도 사용 가능한 새롭게 설치된 hello 프로그램을 실행하였다.

모든 단계를 완수하였다.

▨ 임시파일 삭제하기

패키지를 시스템에 설치하고 나서 설치 과정에서 발생한 임시 파일들을 삭제하는(Cleanup) 작업이 필요하다. 소스 코드 타르볼을 갖고 있기 때문에 소스 코드를 컴파일한 디렉터리 전체를 삭제해도 무방하다. Hello 프로그램의 경우 /usr/local/src/hello-2.7 디렉터리에 해당한다.

삭제하고자 하는 디렉터리보다 한 단계 상위의 디렉터리에서 해당 디렉터리 전체를 삭제하면 된다. 여기서는 /usr/local/src 디렉터리가 삭제를 실행할 위치다.

```
[root@server hello-2.7]# cd /usr/local/src/
```

rm 명령은 삭제하는 명령어로 다음과 같이 쓴다.

```
[root@server src]# rm -rf hello-2.7
```

rm은 -rf라는 인자와 함께 쓸 경우 매우 조심해야 한다. 어떠한 경고도 없이 해당 디렉터리와 하위 디렉터리까지 모두 삭제하기 때문이다. 이 명령은 매우 강력한 기능을 하기 때문에 루트 사용자가 사용할 때 주의해야 한다. 일단 실행하고 나면 삭제가 진행되기 때문에 항상 조심해야 한다.

> **주의** 삭제하고자 하는 대상을 확실히 알고 주의해야 한다. 리눅스에서는 커맨드라인에서 명령이 실행되고 나면 복구가 매우 어려워진다는 것을 명심해야 한다.

소스 코드를 빌드할 때 흔히 발생하는 문제

GNU hello 프로그램이 그다지 유용해 보이지 않을 수 있다. 한 가지 가치가 있는 것이라면 시스템의 컴파일러를 테스트하는 데 활용할 수 있다는 것이다. 컴파일러는 업그레이드를 하고 나서, 단순한 프로그램을 컴파일함으로써 컴파일러의 무결성 테스트가 자연스레 되는 것이다.

이뿐만 아니라 소스 코드를 빌드할 때 발생하는 몇 가지 문제점들과 그 해결책들을 살펴보자.

▨ 라이브러리 문제

흔히 마주치는 문제로는 프로그램이 libsomething.so와 같은 파일을 찾지 못해서 종료되어 버리는 것이다. 그 파일이 바로 **라이브러리**다. 리눅스 라이브러리는 윈도우의 DLL(Dynamic Link Libraries)과 비슷한 것으로 리눅스 시스템 곳곳에서 볼 수 있는데 주로 /usr/lib/, /usr/lib64, /usr/local/lib/에 저장된다. 만일 /usr/local 디렉터리가 아닌 다른 위치에 소프트웨어 패키지를 설치했다면 시스템을 재설정해서 새로운 라이브러리의 위치를 쉘이 알 수 있도록 해야 한다.

> **참고**
> 리눅스 라이브러리는 파일 시스템 어느 위치에나 저장할 수 있다. 그렇기 때문에 NFS를 사용하여 디렉터리를 (여기에서는 소프트웨어를) 공유하고자 할 때 매우 유용하다. 이러한 설계로 인해 접근 권한만 있다면 네트워크상의 사용자 또는 클라이언트가 소프트웨어나 시스템 라이브러리를 실행하고 사용할 수 있다.

리눅스 시스템에서 라이브러리를 설정하는 방법은 두 가지다. 하나는 /etc/ld.so.conf라는 파일을 통해 설정하는 것인데 새로운 라이브러리의 경로를 추가하기만 하면 된다. 또 다른 하나는 /etc/ld.so.conf.d/ 디렉터리에 해당 응용프로그램에 대한 맞춤 설정 파일을 저장하는 것이다. 이 두 가지 방법 어느 것으로든 설정을 완료하고 나면 ldconfig -m 명령을 실행하여 새로운 설정을 적용시킨다.

또한 LD_LIBRARY_PATH 환경 변수를 사용해서 라이브러리 디렉터리 목록을 지정하여 원하는 라이브러리를 찾을 수도 있다. 보다 자세한 사항은 ldconfig나 ld.so의 man 페이지를 참고하도록 한다.

▨ Configure 스크립트가 없는 경우

만일 패키지를 다운로드하여 cd 명령으로 해당 디렉터리로 이동한 후 ./configure를 실행할 텐데 "No such file or directory"라는 오류 메시지가 뜨게 되면 매우 당황할 것이다. 그런 경우 앞서 언급했지만 README와 INSTALL 파일을 꼭 확인해보길 바란다. 소프트웨어 개발자들은 최소한 이 두 파일 만큼은 제공해주는 친절함이 충분히 있기 때문이다.

참고 누구나 참고 파일을 확인하는 것을 건너뛰고 바로 컴파일을 하고 싶기 마련인데, 몇 시간 뒤면 그 필요성을 깨닫고 다시 파일들을 확인하게 된다. 즉 imake와 같은 덜 익숙한 것을 먼저 실행하고 그 다음 make를 실행해야 하는 경우, 이러한 내용은 참고 문서를 확인할 때에만 알 수 있는 것이기 때문에 항상 문서를 확인하고 소프트웨어를 컴파일하는 습관을 가지길 바란다.

■ 소스 코드가 잘못된 경우

때로는 제대로 설치 과정을 진행했는데도 문제가 생기는 경우다. 이때는 소스 코드 자체가 잘못된 경우이다. 이러한 사실이나 원인은 오직 그 소프트웨어의 제작자나 일부 다른 개발자들만이 안다. 이미 우리는 컴파일 과정에서 문제를 해결하는 데 많은 시간을 소모해서 좌절한 상태에 놓였을 수도 있다. 가끔씩 소프트웨어 개발자들을 그렇게 중요한 사실들을 놓치고 문서에 기록하지 않는 경우도 있다. 이럴 때에는 설치하려는 소프트웨어에 대하여 자신이 사용하는 배포판에 맞게 컴파일된 바이너리 파일이 있는지 확인해볼 필요가 있다.

요약

이 장에서는 유명한 RPM와 DPMS의 일반적인 기능을 살펴보았다. RPM과 .deb 패키지를 다양하게 사용해보았다. 예제 패키지들을 통해 질의하고 설치와 삭제를 함으로써 다양한 옵션을 활용할 수 있었다.

오직 커맨드라인만을 이용해서 소프트웨어 관리 방법도 배웠고 유명한 리눅스 배포판에서 볼 수 있는 몇 가지 GUI 도구에 대해서도 논의했다. GUI 도구는 윈도우 제어판의 프로그램 제거/변경 프로그램과 유사하다. 또한 Yum이라는 리눅스에서 잘 사용되는 소프트웨어 관리자 시스템도 가볍게 공부했다.

예제로 오픈 소스 프로그램도 내려 받아서 소스 코드 형태의 소프트웨어를 설정 · 컴파일 · 빌드하는 단계까지 모두 적용하며 하나하나 확인할 수 있었다.

추가적으로 기계와 사람과의 관계 형성에 대한 팁들을 배웠다.

2부. 단일 호스트 관리

CHAPTER 4

사용자와 그룹 관리

리눅스나 유닉스는 다중 사용자 환경의 운영체제로 설계되었다. 사실 다중 사용자 운영체제는 사용자가 없으면 무의미하다. 하지만 사용자가 많다면 이러한 사용자들을 관리할 수 있는 방법이 필요할 것이다. 이것이 리눅스를 공부할 때 이 장을 꼭 배워야 하는 이유다.

시스템에서 관리자가 사용자 계정을 설정할 때에는 어떤 사용자가 어떤 권한을 갖고 어디까지 접근할 수 있는지를 결정해야 한다. 시스템에 접근하려는 사용자가 할 수 있는 기능들은 해당 사용자 계정이 살아있고 적절한 권한이 어떻게 부여되었는지에 따라 다를 것이다.

각 사용자마다 관련된 정보들은 마치 몇 개의 캐리어를 가지고 있는 것과 같은데 파일, 프로세스, 자원 및 다양한 정보들을 포함한다. 시스템 관리자는 다중 사용자 시스템을 관리할 경우 사용자(사용자와 관련된 정보 뭉치 모두)뿐만 아니라 그룹이 어떻게 정의되고 있는지 알고 있어야 한다. 그리고 이들이 어떻게 서로 상호작용하며 시스템 자원에 어떠한 영향을 주는지에 대해서도 이해해야 한다.

이번 장에서 바로 하나의 호스트상에서 사용자를 관리하는 방법을 알아보고자 한다. 사용자 정보가 실제로 있는 데이터베이스 파일을 직접 살펴보고 또한 이러한 파일들을 자동으로 처리할 수 있는 유용한 시스템 도구도 다뤄보게 될 것이다.

사용자의 구성요소

리눅스에서 파일과 프로그램에는 모두 **소유자**가 있어야 한다. 각각의 사용자는 **사용자 ID(UID)**라는 고유의 식별자를 가지며 또 이러한 사용자는 반드시 특정 **그룹**에 소속되어야 한다. 이 그룹은 사용자들이 모인 집단으로 시스템 관리자가 그 그룹을 정의한다. 사용자는 여러 개의 그룹에 속할 수 있고 그룹 또한 **그룹 ID(GID)**라는 식별자로 구분된다.

파일과 프로그램의 접근성은 바로 이러한 UID와 GID에 따라 달라진다. 어떤 사용자가 프로그램을 실행하면 해당 사용자의 권한과 권리가 프로그램에게 주어지게 된다. (예외가 있는데 SetUID와 SetGID 프로그램이 이에 해당한다. 이 부분은 후반부에서 알아볼 것이다.)

각 사용자를 정의하는 권한을 두 가지로 나눌 수 있는데, 바로 **일반 사용자**와 **루트 사용자**다. 일반 사용자는 자신이 소유하거나 실행 권한이 주어질 때에만 접근이라는 것을 할 수 있다. 접근을 할 수 있다는 것은 해당 사용자가 해당 파일 그룹의 소속이든지 아니면 그 파일 자체가 모든 사용자를 허용하는 경우다. 루트 사용자는 시스템의 모든 파일과 프로그램에 대한 소유권이 없어도 모두 접근할 수 있다. 루트 사용자를 또 **수퍼유저**라고 하기도 한다.

윈도우 환경에 익숙한 사용자라면 윈도우의 사용자 관리 방법과 리눅스가 다루는 사용자 관리 방법을 비교해볼 수 있을 것이다. 예를 들면 리눅스의 UID는 윈도우의 SID(Security Identifier)와 유사하지만 리눅스의 보안 설계 방식이 훨씬 더 단순하다는 것을 깨닫게 될 것이다. 리눅스 모델에서는 루트 사용자가 아니면 그냥 일반 사용자인 것이다. 이 두 가지뿐이다. 윈도우 환경에서 일반 사용자는 관리자 접근이 가능하기도 하는데 리눅스의 일반 사용자는 루트 권한을 쉽게 가질 수 없다. 이러한 접근방식이 흔히 사용되지는 않지만, 윈도우와 마찬가지로 리눅스에서도 ACL이라는 것을 통해서 보다 완벽한 접근 제어 또한 가능하다. 어떠한 시스템이 더 낫다고 할 수 있을까? 이것은 자신의 선호도나 이 질문을 받은 대상자의 선호도에 달려 있을 것이다.

■ 사용자 정보 저장

만일 윈도우 서버 환경에서 사용자를 관리하는 방식에 길들여져 있다면 액티브 디렉터리(AD)를 잘 알고 있을 것이다. 이것은 사용자와 그룹 데이터베이스의 핵심 정보부터 세세한 내용까지 관리한다. 여기서 핵심 정보라는 것은 사용자, 그룹, 기타 개체의 SID를 말한다. AD 방식은 편리하긴 하지만 사용자 정보를 참조하기 위해서는 LDAP, Kerberos, 기타 시스템 호출을 통해서만 가능하기 때문에 관리 도구가 점점 까다로워질 수도 있다.

이와 반대로 리눅스는 전통적인 유닉스 방식을 따라 모든 사용자 정보를 텍스트 형태로 저장한다. 이로써 단순히 텍스트 편집기 하나만으로 다른 도움 없이 사용자 정보를 업데이트하거나 관리할 수 있다는 점에서 아주 유용한 것이다. 대대수의 경우에 대규모의 사이트에서는 이러한 텍스트 파일을 더 선호한다. 자체 사용자 관리 도구를 사용할 때 텍스트 형태의 장점을 이용해서 계정을 생성하고, 연락처, 웹 페이지 등에 자동적으로 추가할 수 있기 때문이다.

하지만 처음으로 유닉스 방식의 사용자 및 그룹 관리 작업을 할때는 리눅스 배포판마다 지원하는 기본 사용자 관리 도구로 시작하는 것이 좋을 것이다. 다음 단계에서 "사용자 관리 도구" 절에서 이러한 도구들을 보게 될 것이다. 지금은 리눅스의 사용자 및 그룹 정보를 저장하는 텍스트 파일 구조에 관해서 알아보도록 하자.

▨ /etc/passwd 파일

/etc/passwd 파일에는 사용자 로그인 계정, 암호화된 비밀번호, UID, 기본 GID, 이름(GECOS 라고도 함), 홈 디렉터리, 그리고 로그인 쉘이 저장된다. 파일의 각 행은 사용자에 관련한 정보를 표시하고 있는데, 각 정보들은 여러 가지 기본 항목으로 구성되고 콜론으로 구분한다. Passwd 파일의 일부를 그림 4-1에서 확인할 수 있다.

/etc/passwd 파일의 항목들을 하나하나 살펴보도록 하자.

사용자 이름

이 항목은 로그인 항목 또는 계정 항목으로 생각하면 된다. 시스템에 존재하는 사용자의 이름을 여기에 저장하는 것이다. 사용자 이름은 중복될 수 없다. 사이트마다 여러 가지 사용자의 로그인명을 생성하기 위한 방법을 쓰는데, 가장 흔한 방식은 사용자 이름의 첫 글자를 성 앞에 붙이는 것이다. 왜냐하면 하나의 조직에서 똑같은 이름과 성을 쓰는 사용자가 중복되는 경우가 많지 않기 때문이다. 예를 들면 이름이 "Ying"이고 성이 "Yang"이라면 사용자 이름은 "yyang"이 되는 것이다. 이 외에 다른 방식을 써도 상관없다.

● **그림 4-1.** /etc/passwd 파일 항목

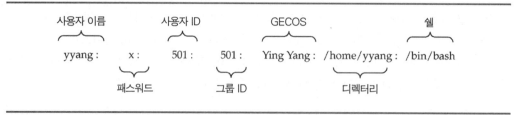

패스워드

패스워드 항목에는 암호화된 사용자의 패스워드가 저장된다. 최신 리눅스 시스템에서는 이 항목에 x라는 문자가 있는데 그것은 시스템에 쉐도우 패스워드가 사용되고 있음을 나타낸다(곧 자세하게 설명할 것이다). 모든 일반 사용자 또는 시스템상의 모든 사용자 계정은 패스워드가 반드시 있어야 한다. 이것은 보안상으로 아주 중요한 것이고 단순한 패스워드를 쓰는 것은 그 시스템을 취약하게 만드는 것이다.

패스워드 파일의 기본 개념이 지금까지도 많은 부분에서 의존하고 있다는 점이 매우 흥미롭다. 그 의도는 매우 간단했다. 패스워드를 숨기기 위해서 파일에 패스워드를 저장하여 그 파일을 안전하게 보호하는 것 대신, AT&T사가 개발한(그리고 미국의 국가안보국에서 승인한) DES(Data Encription Standard)라는 알고리즘을 이용하여 패스워드 자체를 암호화하고 암호화된 값들은 볼 수 있게 하는 것이다. 이 방법이 안전했던 이유는 암호화 알고리즘을 해독하는 것이 매우 어렵기 때문이다. 일반적으로 사람들은 패스워드에 영어 단어를 많이 사용한다. 공격자들은 이러한 습성을 이용하여 무차별 사전 공격을 감행했다. 대용량 사전의 내용을 탐색하는 자동화 시스템을 만들어 공격한 것이다. 그렇게 DES를 해킹하기 위한 많은 노력이 있었으나 공개 알고리즘이라는 특성으로 많은 사람들의 연구를 통해 더욱 내구성이 다져진 알고리즘을 깨기란 매우 어려운 일일 수밖에 없다.

사용자가 로그인 프롬프트에 패스워드를 입력하면 바로 암호화가 이루어진다. 암호화된 값은 패스워드 항목에 암호화되어 저장된 사용자의 패스워드와 대조가 이루어지는데 이 두 개의 값이 일치하면 사용자는 시스템에 로그인을 할 수 있다. 암호화 알고리즘은 매우 간단해서 암호화되는 시간은 매우 짧다. 하지만 사전 공격을 하려고 몇 만 개를 암호화하는 데에는 상당히 오랜 시간이 걸리게 된다.

변수가 생겼다. 무어의 법칙, 즉 18개월마다 프로세서 속도가 두 배로 증가한다는 이론이 현실화되면서 문제가 발생했다. 집에서 사용하는 컴퓨터조차도 엄청나게 빨라지고 그 기능이 강력해져서 무차별한 사전 공격을 몇 주 또는 몇 개월 안에 해낼 수 있게 된 것이다. 사전은 점점 자세해지고 소프트웨어는 지능화되었다. 패스워드 방식에 대한 고민이 다시 시작되었다. 패스워드 암호화하는 알고리즘을 개선하는 것이 첫 번째 해결책이었다. 일부 리눅스 배포판들은 FreeBSD 운영체제 방식을 적용하여 MD5라는 기법을 도입하였다. 이 기법은 쉐도우 패스워드와 함께 쓰일 때 패스워드를 해독하기 어렵게 하여 그 복잡성이 더 커진다(당연히 사용자는 복잡한 패스워드를 사용해야 한다).

참고

패스워드를 잘 만드는 건 다소 귀찮은 일이긴 하다. 자신의 시스템을 사용하는 사용자는 다음과 같은 질문을 할 것이다. "어떻게 하면 패스워드를 잘 만들 수 있을까요?" 대답은 이렇다. "사람이 쓰는 언어는 피하세요. 대신 글자를 섞으면서 숫자와 기호들을 사용해서 아무 의미 없는 패스워드를 만들면 됩니다." 그러나 만약 기억하기 어렵다면 사람들은 어딘가에 적어두고 쉽게 찾아볼 수 있는 곳에 방치하게 되어 패스워드가 쓸모 없게 될 것이다. 따라서 기억하기 좋은 것이어야 함을 명심하길 바란다. 한 가지 좋은 방법으로는 좋아하는 문장이나 글에 있는 단어의 앞 글자만을 사용하는 것이다. 즉 "coffee is VERY GOOD for you and me"라는 문장이 있으면 패스워드는 "ciVG4yam"이 될 것이다. 이렇게 만든 패스워드 자체는 기억하기 어렵겠지만 이러한 문장은 외우기 쉬운 것이다.

사용자 ID(UID)

이 항목에는 사용자에 대한 식별자인 고유 번호를 저장하여 운영체제라든지 기타 응용프로그램이 사용자를 식별하여 접근 권한을 허용할 때 참조할 수 있도록 한다. 사용자 이름 항목을 숫자로 표시한 것이라고 생각하면 된다. 따라서 UID도 각 사용자에 대한 고유한 것이나, 단 UID 0

은 루트 사용자(관리자)이며 시스템의 모든 것을 다 실행할 수 있는 권한이 있다. 그래서 UID 0은 아무에게나 부여하는 것은 바람직하지 못하다. 여기서 리눅스가 마이크로소프트의 윈도우 방식과는 다름을 알 수 있다. 윈도우 모델에서는 사용자 누구나 관리 권한을 가질 수 있다.

리눅스 배포판마다 각기 다른 UID 번호 부여 방식을 사용한다. 예를 들면 페도라와 레드햇 엔터프라이즈 리눅스(RHEL)는 UID 99를 "nobody"라는 사용자에 대해 미리 지정하며 OpenSUSE와 우분투 리눅스는 UID 65534를 "nobody"에 부여한다.

그룹 ID(GID)

/etc/passwd 파일에서 UID 다음 항목은 그룹 ID다. 이것 역시 사용자가 소속되어 있는 대표 그룹에 대한 번호를 부여한 것으로 사용자 접근 권한을 결정하는 데 중요한 역할을 한다. 이때 사용자는 여러 그룹에 소속이 가능하다(이 부분에 대해서는 "/etc/group 파일" 절에서 확인할 것이다).

GECOS

이 항목은 사용자에 대한 여러 가지 정보를 입력하는 곳이다. 즉 사용자 상세 정보, 성과 이름, 전화번호 등이다. 필수 항목은 아니기 때문에 비어있는 경우도 있다. 여러 개의 정보를 입력하는 방법은 콤마를 이용하여 쭉 나열하면 되겠다.

> **참고**
> GECOS는 General Electric Comprehensive Operating System(최근에는 GCOS라고 한다)의 약어로 컴퓨터가 탄생하기 시작한 때부터 사용되고 있다.

■ 디렉터리

이 항목은 사용자의 홈 디렉터리를 나타내지만 다른 디렉터리여도 상관없다. 시스템에 로그인하는 사용자마다 고유의 설정 파일을 저장할 공간이 필요하다. 이 디렉터리에는 설정 파일뿐만 아니라 문서, 음악, 그림 파일과 같은 사용자의 개인 데이터를 저장한다.

홈 디렉터리를 통해 다른 사용자의 작업 환경이나 설정과 별개로 사용자만의 작업 환경을 구성할 수 있다. 여러 사용자가 동시에 같은 시스템에 로그인한다 해도 각 사용자만의 홈 디렉터리 환경을 가질 수 있다.

▼ 시작 스크립트

리눅스에서 시작 스크립트는 사용자 데이터베이스에 저장되는 정보는 아니다. 하지만 사용자 환경을 결정짓는 데 중요한 역할을 하는 것은 분명하다. 특히 이 스크립트는 사용자의 홈 디렉터리에 저장되기 때문에 /etc/passwd 파일의 디렉터리(홈 디렉터리) 항목에 대해서 논할 때 이 부분을 다룰 수밖에 없다.

리눅스나 유닉스 계열은 처음부터 다중 사용자를 고려하여 설계되었다. 사용자마다 자신만의 설정 파일을 갖게 되기 때문에 시스템을 자신만의 환경으로 구성하도록 되어 있다. 이러한 구성은 쉘 스크립트를 사용하거나 제어 파일을 실행하는 등으로 할 수 있다. 이러한 파일에는 로그인이 이루어질 때 시작되는 쉘이 실행하게 될 일련의 명령어들이 나열되어 있다. Bash 쉘의 경우, .bashrc 파일이 이에 해당된다. (파일명 앞에 마침표가 있다. 이렇게 파일명 앞에 마침표로 시작하는 파일을 "닷 파일"(dot file)이라고 부르는데 디렉터리에는 저장되어 있으나 목록에는 표시되지 않는 숨김 파일이라고 이해하면 된다.) 쉘 스크립트는 MS 윈도우의 배치 파일과 같다고 생각하면 된다. (쉘 스크립트가 훨씬 더 많은 기능을 수행할 수 있다), 특히 .bashrc 스크립트는 윈도우의 autoexec.bat 파일과 매우 비슷하다.

여러 리눅스 소프트웨어 패키지들이 특수한 용도나 원하는 환경에 맞게 구성할 수 있도록 각 사용자의 홈 디렉터리에 마침표로 시작하는 파일이나 디렉터리를 통해 다양한 옵션들을 수용한다. 예를 들면 .mozilla와 .kde와 같은 것이다. 다음은 사용자의 홈 디렉터리마다 공통적으로 들어있는 숨김 파일들이다.

- .bashrc/.profile: BASH 설정 파일
- .tcshrc/.login: tcsh 설정 파일
- .xinitrc: X 윈도우 시스템으로 로그인 시 호출되는 기본 스크립트를 대체한다.
- .Xdefaults: X 윈도우 시스템 응용프로그램을 위해 마련된 기본값들을 포함하고 있는 파일이다.

사용자 계정을 생성할 때, 해당 사용자만의 기본적인 숨김 파일(닷 파일)들 또한 생성된다. 별도의 수고 없이 매우 편리하게 자동으로 생성되어 사용자가 시스템을 사용할 수 있도록 지원한다. 이 장 후반부에서 사용자 관리 도구들이 바로 이러한 자동 생성의 기능을 해주며 기본 숨김 파일들은 /etc/skel 디렉터리에 저장된다.

대부분의 시스템은 일관성을 유지하기 위해 홈 디렉터리의 위치를 /home에 두며 해당 사용자의 로그인 이름을 각 사용자의 홈 디렉터리 이름이 쓰인다. 즉 로그인 이름이 "yyang"이며 홈 디렉터리는 /home/yyang이 된다. 예외가 있다면 시스템 계정인 경우인데 루트 사용자 계정이거나 시스템 서비스로 사용되는 계정일 것이다. 슈퍼유저(루트)의 홈 디렉터리는 일반적으로 /root 디렉터리다(하지만 다수의 유닉스 계열 시스템에서 홈 디렉터리는 일반적으로 /다). 시스템 서비스란 예를 들면 특정 작업 디렉터리를 필요로 하는 서비스로 웹 서버처럼 /var/www/ 디렉터리에 웹 페이지를 저장하는 경우다.

리눅스에서 /home 디렉터리 하위에 사용자의 홈 디렉터리를 위치시키는 방식은 매우 인위적인 것이지만 조직적으로 구성해준다. 시스템은 사실 홈 디렉터리가 어디에 위치해 있는지 궁금해 하지 않는다. 단지 패스워드 파일에 지정된 사용자 디렉터리의 위치만을 궁금해할 뿐이다.

쉘

사용자가 시스템에 접속하면 생산적인 작업이 가능한 환경을 기대하기 마련이다. 리눅스에서 사용자가 처음 만나는 프로그램이 바로 **쉘**이다. 이미 윈도우 환경에 익숙해 있다면 윈도우의 command.com, 프로그램 관리자(Program Manager), 또는 탐색기(웹 브라우저인 인터넷 익스플로러와 혼동하지 말길!)와 비슷한 것으로 생각해도 좋다. 리눅스를 비롯한 유닉스 계열의 쉘은 대부분 텍스트 기반이다. 가장 인기 있는 기본 쉘은 Bourne Again Shell(BASH)이다. 이외에도 다양한 쉘이 있어 사용자가 선택할 수 있다. 그 목록은 /etc/shells 파일에서 확인할 수 있다. 어떤 쉘을 선택해야 하는지에 대한 고민은 마치 마시고 싶은 맥주를 고를 때와 비슷하다. 자신이 선호하는 쉘을 모든 사람이 다 좋아할 수는 없는데 여전히 많은 사람들이 선택에 있어 소극적이다.

또한 흥미로운 것은 /etc/shells에 있는 쉘만을 써야 하는 것이 아니기 때문이다. 정확하게 말하자면 패스워드 항목에는 사용자를 위해 우선 실행되어야 하는 프로그램을 나열하지만 반드시 써야 하는 쉘의 목록을 정해두진 않는다는 것이다. 그러나 대부분의 사용자들이 리눅스에서 가장 처음 실행되는 프로그램으로서 BASH와 같은 쉘을 선호한다.

▨ /etc/shadow 파일

이 파일은 사용자 계정에 대한 암호화된 패스워드를 저장한다. /etc/shadow 파일에는 암호화된 패스워드를 저장할 뿐만 아니라 패스워드 설정 기간이나 유효성 정보 또한 들어있다. /etc/passwd 파일에 있는 각각의 암호화되어 있는 패스워드를 구분하기 위해 shadow 파일을 사용하기 시작했다. 또 이 파일이 필요한 이유는 개인용 컴퓨터의 성능이 날이 갈수록 좋아지면서 암호화되어 있는 패스워드를 해킹하는 것도 점점 쉬워지기 때문이다. 기본적인 개념은 /etc/passwd 파일에 암호화된 패스워드를 저장해두지 않고 모든 사용자들이 읽을 수 있게 한다. 대신 /etc/shadow 파일에 패스워드를 저장하여 루트 사용자나 특별한 권한이 있는 프로그램에 의해서만 읽을 수 있도록 하는 것이다. 예를 들면 로그인 프로그램 같은 것이다.

그러면 /etc/passwd 파일 자체를 루트 권한에 의해서만 읽기가 가능하도록 하면 되지 않은가라고 질문할 수 있을 것이다. 그렇게 간단한 문제가 아니다. 오랜 기간 패스워드 파일을 공개해왔기 때문에 많은 시스템 소프트웨어들이 그에 맞춰 진화해왔다. 따라서 기존 방식을 바꿀 경우 일부 소프트웨어들이 작동하지 않을 수 있게 된다.

/etc/passwd 파일처럼 /etc/shadow 파일에도 사용자 정보가 저장된다. 다양한 기본 항목들로 구성되며 각 항목은 콜론 기호로 구분한다.

- 로그인 이름

- 암호화된 패스워드

- 1970년 1월 1일을 기준으로 최근에 패스워드를 변경한 날까지의 기간 (일)

- 패스워드를 변경한 후에 다시 변경이 가능한 날까지 남은 기간 (일)

- 변경해야만 하는 패스워드 유효 기간 (일)

- 패스워드가 만료되기 전 사용자에게 미리 경고하는 기간 (일)

- 계정 정지 기간이 도래하기 전 패스워드를 변경할 수 있는 남은 기간 (일)

- 1970년 1월 1일 기준, 계정이 정지된 날까지의 기간 (일)

- 예약 항목

/etc/shadow 파일의 예시를 다음에서 확인하자. 사용자 계정은 **mmel**이다.

```
mmel:$1$HEWdPIJ.$qX/RbB.TPGcyerAVDlF4g.:12830:0:99999:7:::
```

> ## ▼ 유닉스 시간: 1970년 1월 1일
>
> 1970년 1월 1일, UTC 기준 0시는 유닉스 시스템의 시작점 또는 기원이 되는 시점이다. 이 특성 시점을 유닉스 시간(UNIX Epoch)이라고 한다. 이 시점을 기준으로 여러 곳에서 이 시간을 초 단위로 측정하고 있다. 즉 1970년 1월 1일 00:00:00 이후 흐른 시간을 초 단위로 계산한 것이다.
>
> 흥미로운 유닉스 시간으로는 1000000000인 시점은 2001년 9월 9일 1:46:40 AM(UTC 기준)이었다. 또 다른 재미있는 시간은 1234567890인데 2009년 2월 13 11:31:30 PM(UTC)이다.
>
> 여러 웹 사이트에서 유닉스 시간을 계산하여 제공하지만 다음의 명령어를 쉘 프롬프트에 입력하면 더 빠르게 확인할 수 있다.
>
> ```
> # date +%s
> ```

▨ /etc/group 파일

/etc/group 파일에는 그룹 목록이 있으면 한 줄에 한 그룹이 표시된다. 각 그룹은 네 개의 기본 항목으로 구성되는데 /etc/passwd와 /etc/shadow 파일처럼 콜론으로 구분한다. 시스템에 접속한 사용자는 적어도 한 개 이상의 그룹에 속하며 사용자가 한 개의 그룹에 속해 있다면 그 그룹은 해당 사용자의 기본 그룹이다. 그룹을 추가하려면 /etc/passwd 파일을 열어서 기본 그룹 ID(GID)에 추가하면 된다.

GID는 /etc/group 파일에 있는 해당 그룹명과 해당 그룹원들과 매칭되는 것으로 고유한 것이어야 한다.

또한 /etc/passwd 파일처럼 그룹 파일도 읽기 가능한 파일이기 때문에 응용프로그램이 사용자와 그룹의 관계를 판단할 수 있다. 다음은 /etc/group에 있는 항목이다.

- **Group name:** 그룹 이름

- **Group Password:** 선택사항이지만 소속되지 않은 사용자를 가입시킬 때 설정하여 사용할 수 있다.

- **Group ID(GID):** 그룹 이름에 대응하는 그룹 번호

- **Group members:** 콤마로 그룹원을 구분하는 그룹원 목록

/etc/group 파일 예시를 보도록 하자.

```
bin:x:1:root,bin,daemon
```

이 한 줄에는 이 그룹이 bin 그룹이라는 것을 보여준다. GID는 1이고, 그룹원은 root, bin, daemon이다.

사용자 관리 도구

쉽게 알아볼 수 있는 텍스트 형태의 패스워드 데이터베이스 파일의 장점 중 하나는 누구든지 쉽게 맞춤형 관리 도구를 만들 수 있다는 것이다. 수많은 시스템 관리자들이 소속된 조직의 기반에 맞추어 사용자 관리 도구를 통합하기 위해 이러한 작업을 이미 수행하고 있다. 예를 들면 회사 직통번호, 이메일 디렉터리, LDAP 서버, 웹 페이지 등과 같은 정보를 업데이트함으로써 새로운 사용자를 생성하는 프로세스를 시작할 수 있다. 모든 관리자가 맞춤 형태의 관리 도구를 원하진 않기 때문에 리눅스는 사용자를 배려한 여러 가지 관리 도구를 제공하고 있다.

여기에서는 사용자 관리 도구에 대해서 자세히 알아볼 텐데 커맨드라인을 통해서도 실행해보고 GUI가 지원되는 형태로도 확인해볼 것이다. 두 가지 형태 모두 장점이 많기 때문에 알아두는 것이 바람직하다.

▨ 커맨드라인으로 사용자 관리

여러 가지의 커맨드라인 도구로 GUI 도구에서도 할 수 있는 다양한 일들을 할 수 있는데, 원하는 것을 하나 선택하면 된다. 가장 많이 쓰이는 것으로는 useradd, userdel, usermod, groupadd, groupdel, groupmod다. 사용자 관리를 커맨드라인 도구를 이용하여 하게 될 때 가장 큰 장점은 빠른 속도를 보장하는 것 외에도 스크립트처럼 자동으로 수행되는 다른 기능들을

잘 활용할 수 있다는 것이다.

useradd

이 도구의 이름처럼 시스템에 사용자를 등록하는 도구다. GUI 도구와는 다르게 useradd는 대
화형 프롬프트 형태를 지원하지 않는다. 대신 여러 인자를 커맨드라인에 활용할 수 있다.

다음은 useradd와 함께 사용하는 옵션과 입력 방법이다.

```
입력 방법: useradd [options] LOGIN
옵션:
-b, --base-dir BASE_DIR
-c, --comment COMMENT
-d, --home-dir HOME_DIR
-D, --defaults
-e, --expiredate EXPIRE_DATE
-f, --inactive INACTIVE
-g, --gid GROUP
-G, --groups GROUPS
-k, --skel SKEL_DIR
-K, --key KEY=VALUE
-l, --no-log-init
-m, --create-home
-M, --no-create-home
-N, --no-user-group
-o, --non-unique
-p, --password PASSWORD
-r, --system
-s, --shell SHELL
-u, --uid UID
-U, --user-group
```

대부분의 옵션 사용은 선택적인데, 사실 useradd는 애초에 기본적으로 함께 사용해야 할 옵션
을 사전에 설정해둔다. 유일하게 반드시 사용해야 하는 인자가 있는데 바로 LOGIN 인자 혹은 상
황에 맞는 사용자 이름이다. 앞에 쭉 나열된 옵션을 모른다고 해서 당황하지 말길. 알고 나면 사
용하기 매우 쉽고 각 옵션에 대한 설명을 표 4-1에서 확인할 수 있다.

● 표 4-1. Useradd 명령어 옵션

옵션	설명
-c, --comment	GECOS 항목에 사용자 이름을 설정한다. 커맨드라인 인자와 함께 쓸 때처럼 공백 문자가 포함되면 텍스트를 따옴표 안에 입력해야 한다. 즉 Ying Yang이라는 사용자에게 사용자 이름을 부여하려면 다음과 같이 작성하면 된다. -c "Ying Yang"
-d, --home-dir	기본적으로 사용자의 홈 디렉터리는 /home/user_name이다. 새로운 사용자가 생성되면 그에 따라서 사용자의 홈 디렉터리도 함께 생성된다. 따라서 기본 설정을 다른 위치로 지정하려고 할 땐 이 옵션을 이용하면 된다.
-e, --expiredate	특정 일자 이후에 계정을 만료하는 옵션이다. 기본적으로 계정은 사라지지 않는다. 일자를 지정할 땐, YYYY MM DD 형태로 하면 된다. 예를 들면, -e 2017 10 28로 하면 된다. 이 의미는 2017년 10월 28일에 이 계정이 만료된다는 것이다.
-f, --inactive	이 옵션은 패스워드 만료 이후의 계정 유효 일수를 지정한다. 0은 만료 즉시 계정이 비활성화됨을 나타낸다. -1은 이 옵션을 사용하지 않음을 뜻한다. (예를 들어 -f 3은 패스워드가 만료된 후 3일 동안 계정이 유효함을 나타낸다.) 기본값은 -1이다.
-g, -gid	이 옵션으로는 password 파일에서 사용자의 기본 그룹을 지정할 수 있다. 그룹의 이름이나 그룹 번호를 사용해도 되지만 그룹 이름을 사용할 경우, /etc/group 파일에 해당 그룹이 반드시 있어야 한다.
-G, --groups	새로운 사용자의 추가 그룹을 설정하는 옵션이다. 콤마를 통해 여러 그룹 명을 입력하면 되는데, 예를 들어 project와 admin 그룹에 사용자를 추가하려면 -G project, admin으로 입력하면 된다.
-m, --create-home [-k skel -dir]	기본적으로 시스템은 사용자의 홈 디렉터리를 자동 생성한다. 하지만 이 명령은 보다 직관적이고 명확하게 사용자의 홈 디렉터리를 지정 및 생성한다. 디렉터리를 생성하는 일환으로 기본 설정 파일을 복사하여 홈 디렉터리에 복사하게 된다. 이 파일들은 /etc/skel이라는 디렉터리에서 가져오게 되어 있다. 이러한 설정을 두 번째 괄호에 있는 옵션을 통해 변경 가능하다. (옵션 앞에는 -m이 반드시 위치해야 한다.) 예를 들어 /etc/adminskel 디렉터리로 변경할 땐, -m -k /etc/adminskel로 입력한다.
-M	-m과 -M은 다르다. 이 옵션은 사용자의 홈 디렉터리를 만들지 않으려고 할 때 사용한다.
-n	레드햇 시스템은 사용자를 추가하는 과정에서 새로운 사용자의 로그인 정보와 동일한 새로운 그룹을 생성한다. 이러한 기능을 비활성화하려면 이 옵션을 사용한다.
-s shell	사용자가 시스템에 로그인할 때 실행하는 첫 번째 프로그램이 바로 사용자 로그인 쉘이다. X 윈도우 시스템 로그인 화면에서 로그인하지 않는다면 주로 커맨드라인 환경이다. 기본적으로 bash(Bourne Again Shell, /bin/bash)다. 일부 사용자들은 Turbo C 쉘을 선호하기도 한다(/bin/tcsh).
-u, --uid	프로그램이 자동으로 다음 유효한 UID를 검색하고 사용하는 것이 기본값이다. 어떤 이유에서든 사용자의 UID를 특정값으로 바꾸고 싶을 때 이 옵션을 사용하라. UID는 고유한 값이어야 한다.
LOGIN 또는 username	이 옵션은 옵션이 아니다. 즉 반드시 써야 한다. 사용자의 로그인 이름을 반드시 지정해야만 한다.

usermod

usermod 명령은 시스템의 기존 사용자 정보를 변경할 때 사용한다. useradd 명령을 사용하는 방식과 거의 유사하며 다음에 기본적인 사용 방법을 나열하였다.

```
입력 방법: usermod [options] LOGIN
옵션:
-c, --comment COMMENT GECOS        항목에 새로운 값 설정
-d, --home HOME_DIR                사용자 계정에 새로운 홈 디렉터리 설정
-e, --expiredate EXPIRE_DATE       EXPIRE_DATE로 계정 만료 일자 설정
-f, --inactive INACTIVE            계정 만료 후 비밀번호 비활성화 설정
-g, --gid GROUP                    GROUP를 기본 그룹으로 사용하도록 설정
-G, --groups GROUPS                추가된 GROUPS 목록
-a, --append                       추가된 GROUPS에 사용자를 추가
-l, --login NEW_LOGIN              로그인명 변경
-L, --lock                         사용자 계정 잠금
-m, --move-home                    홈 디렉터리의 콘텐츠 이동
-o, --non-unique                   UID 중복 허용
-p, --password PASSWORD            PASSWORD로 비밀번호 변경
-s, --shell SHELL                  새로운 로그인 쉘 환경 설정
-u, --uid UID                      새로운 UID 설정
-U, --unlock                       사용자 계정 잠금 해제
```

이 명령을 이용해서 지정한 각 옵션은 사용자 정보를 수정하는 특정 인자다. 이 목록에서 전부는 아니지만 몇 가지 useradd의 옵션과 동일한 인자들을 볼 수 있는데 -l 옵션은 예외다.

-l 옵션은 사용자 로그인 이름을 변경한다. 이 옵션과 -u는 조심스럽게 다뤄져야 하는데 사용자의 로그인 정보 또는 UID를 변경할 때에는 해당 사용자는 로그인 상태이거나 기타 프로세스를 실행 중이어서도 안 된다. 로그인 상태이거나 프로세스가 실행 중일 경우에 해당 사용자 정보를 변경하게 될 경우 예측하지 못한 결과를 야기시킬 수 있기 때문에 명심해야 한다.

userdel

userdel 명령은 useradd와 완전히 반대 개념이다. 즉 기존 사용자 정보를 삭제하는 명령이다. 목적이 뚜렷한 이 명령어는 두 가지의 옵션과 함께 사용된다.

```
입력 방법: userdel [options] LOGIN
옵션
-f, --force      현재 사용자의 소유가 아닌 파일이라도 삭제 가능
-r, --remove     홈 디렉터리는 메일 스풀까지 삭제
```

groupadd

그룹과 관련된 명령은 사용자 명령과 비슷하다. 하지만 개별 사용자에 대한 것이 아닌 /etc/group 파일에 있는 그룹들을 대상으로 하는 명령어다. 그룹 정보를 변경할 때 사용자 정보도 함

께 자동으로 변경되는 것은 아니라는 점을 주의하라. 예를 들면 GID가 100인 그룹을 삭제하려고 하는데 특정 사용자의 기본 그룹이 100이라면 해당 사용자의 기본 그룹이 더 이상 존재하지 않는다는 사실이 바로 적용되지 않는다.

groupadd 명령은 /etc/group 파일에 그룹을 추가하는 명령어로 해당 커맨드라인 옵션은 다음과 같다.

> 입력 방법: group [options] GROUP

표 4-2는 groupadd 명령의 주요 옵션을 설명한다.

● **표 4-2**. groupadd 명령어와 함께 사용하는 옵션

옵션	설명
`-g gid`	GID를 설정하는 옵션이다. -o 옵션이 사용되지 않았다면 이 값은 반드시 고유해야 한다. 기본값으로는 자동적으로 1000 이상의 값에서 선택하여 설정한다.
`-r, --system`	기본적으로 페도라, RHEL, CentOS와 같은 배포판들은 GID는 999보다 큰 값으로 검색한다. -r 옵션은 groupadd 명령이 그룹을 추가할 때 해당 GID를 999보다 작은 숫자를 지정하도록 한다.
`-f, --force`	강제적인 기능이 있는 옵션이다. 기존에 있는 그룹을 다시 추가할 경우, 오류 없이 해당 명령어를 종료하는 것이다. 즉 이 명령으로 그룹에 대체되거나 새롭게 추가되지 않으며 페도라와 RHEL에서만 사용되는 옵션이다.
GROUP	이 옵션은 필수 항목이다. 추가하려는 그룹의 이름을 지정한다.

groupdel

userdel보다 목적이 더 확실한 groupdel 명령어는 /etc/group 파일에 있는 기존 그룹을 삭제한다. 이 명령어는 단 하나의 목적뿐이기에 사용 방법은 다음과 같다.

> 입력 방법: groupdel group

group 위치에서 삭제할 그룹 이름을 입력한다.

groupmod

groupmod 명령을 사용해서 기존의 그룹 정보를 변경할 수 있다. 사용하는 방법과 옵션은 다음과 같다.

> 입력 방법: groupmod [options] GROUP
> 옵션:
> -g, --gid GID   GID로 그룹 ID를 변경
> -n, --new-name NEW_GROUP   NEW_GROUP으로 이름 변경
> -o, --non-unique   GID 중복 허용
> -p, --password PASSWORD   PASSWORD로 비밀번호 변경

-g 옵션으로 GID를 변경하고 -n 옵션으로는 그룹의 이름을 새롭게 지정한다. 입력 방법 끝에 있는 GROUP 인자에는 반드시 대상이 되는 그룹 이름을 입력해야 한다.

▨ GUI 도구로 사용자 관리

GUI 도구를 사용할 때 가장 좋은 점은 바로 쉽다는 것이다. 단순히 클릭만 하면 되기 때문이다. 리눅스 배포판 대부분은 각기 저만의 GUI 사용자 관리자를 지원한다. 페도라, CentOS, RHEL 배포판은 system-config-user라는 유틸리티를 지원하며 OpenSUSE/SEL 리눅스는 YaST 모듈을 사용하여 yast2 users와 함께 실행된다. 우분투는 **User Account**라는 도구를 사용하는데, 이것은 gnome-control-center 시스템 애플릿과 함께 번들 형태로 제공된다. 이 도구들 모두 시스템의 사용 추가, 수정, 관리의 모든 기능을 지원한다. GUI 인터페이스는 무난하게 작동하지만 이러한 편리한 GUI 환경을 피하고 싶다면 직접 사용자 관리를 위해 여러 가지 사항들이 준비되어 있어야 한다. 대부분의 경우 GNOME 및 KDE 데스크톱 환경에서는 [System] → [Administration] 메뉴로 가면 GUI 사용자 관리자 도구를 찾아볼 수 있다. 커맨드라인에서도 이 프로그램을 실행할 수 있는데, 페도라의 GUI 사용자 관리자를 불러오려면 다음과 같이 입력한다.

> [root@localhost ~]# **system-config-users**

그러면 그림 4-2와 비슷한 형태의 창이 열릴 것이다.

● **그림 4-2**. 페도라 사용자 관리자 도구

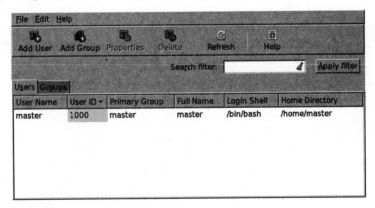

- **그림 4-3**. OpenSUSE 사용자 및 그룹 관리 도구

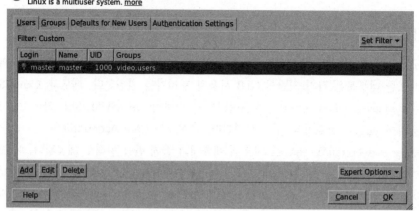

OpenSUSE 또는 SLE에서는 YaST 모듈로 사용자 관리를 할 수 있는데 다음과 같이 입력하면 실행된다(그림 4-3 확인).

```
opensuse-server:~ # yast2 users
```

우분투의 경우 사용자 관리자(그림 4-4)를 실행할 때 다음과 같이 입력하라.

```
master@ubuntu-server:~$gnome-control-center user-accounts
```

- **그림 4-4**. 우분투 사용자 설정 도구

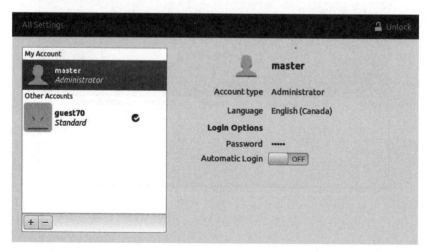

사용자와 접근 권한

리눅스는 사용자와 그룹에 대하여 시스템의 파일, 프로그램 및 기타 자원에 접근 권한을 설정하는 데 해당 자원의 유효한 권한을 모두 확인한다. 일반적인 권한 방식은 단순하다. 네 가지의 접근 타입 또는 규칙이 있다.

- **(r):** 읽기 권한

- **(w):** 쓰기 권한

- **(x):** 실행 권한

- **(–):** 권한 없음

더불어 이들 모두 다음과 같은 사용자 계층에 동일하게 적용된다.

- **Owner:** 파일 또는 프로그램 소유자

- **Group:** 파일 또는 프로그램 소유 그룹

- **Everyone:** 모든 사용자

이 방식이 제공하는 각각의 요소들을 결합하여 다양한 권한 종류를 설정할 수 있다. 하지만 리눅스에서는 이 외에도 권한을 허용하는 메커니즘이 필요한데 그 이유는 리눅스의 모든 응용프로그램이 사용자 입장에서 반드시 실행되어야 하기 때문이다. 이 부분은 SetUID 및 SetGID 프로그램을 다룰 때 알아볼 것이다.

■ SetUID와 SetGID 프로그램

일반적으로 프로그램이 사용자에 의해 실행되면 해당 사용자의 모든 권한을 상속받는다(권한이 없는 것조차도). 예를 들어 한 사용자가 /var/log/message 파일에 대해 읽기 권한이 없으면 해당 사용자가 실행한 프로그램이나 응용프로그램도 읽기 권한이 없다. 다만 해당 프로그램 파일(**바이너리** 파일) 소유자인 경우 해당 사용자의 권한은 지금 말한 권한과는 차이가 있을 수 있다. 1s 프로그램(디렉터리 목록을 나열하는 명령)을 예로 들어보자. 루트 사용자가 소유한 프로그램이다. 이 프로그램에 대한 권한은 시스템의 모든 사용자들이 해당 프로그램을 실행할 수 있도록 설정되어 있다. 따라서 yyang이라는 사용자가 1s를 실행하면 1s는 루트가 아닌 yyang이라는 사용자의 권한에 종속되게 된다.

하지만 예외도 있다. 프로그램에 **SetUID**라는 비트를 설정할 설정할 수 있는데(sticky bit라고 한다), 현재 프로그램을 실행 중인 사용자가 아니라 해당 프로그램의 소유자가 가진 권한으로도 프로그램을 실행할 수 있게 해준다. 1s를 다시 생각해보자. SetUID 비트를 1s에 설정하고 루트가 소유한 파일을 가진다는 것은 yyang이라는 사용자가 ls를 실행하면 해당 사용자의 권한이 아닌 루트 사용자의 권한으로 ls가 실행된다는 것이다. SetGID 비트도 같은 방식으로 작동한다. 단, 파일 소유자를 적용하는 것이 아닌 파일 그룹을 설정하는 것이다.

SetUID 비트 또는 SetGID 비트를 활성화하려면 chmod 명령어를 사용해야 한다. SetUID 프로그램을 설정하려면 자신이 설정하고자 하는 권한을 4와 함께 앞에 붙인다. SetGID의 경우에는 2와 함께 권한을 붙인다.

예를 들어서 /bin/ls에 SetUID를 적용하려면(사실 좋은 생각은 아니다) 다음과 같이 입력한다.

```
[root@server ~]# chmod 4755 /bin/ls
```

다음과 같이 응용해볼 수 있는데 사용자의 sticky bit를 추가한다.

```
[root@server ~]# chmod u+s /bin/ls
```

명령을 취소하고 원래 상태로 되돌리려면,

```
[root@server ~]# chmod 755 /bin/ls
```

사용자의 sticky bit를 삭제하려면 다음과 같이 입력할 수 있다.

```
[root@server ~]# chmod u-g /bin/ls
```

/bin/ls에 SetGID 프로그램을 설정하려면(이것 역시 좋은 생각은 아니긴 하다) 다음과 같이 입력한다.

```
[root@server ~]# chmod g+s /bin/ls
```

/bin/ls의 SetGID 속성을 제거하려면 다음과 같이 입력하면 된다.

```
[root@server ~]# chmod g-s /bin/ls
```

PAM

PAM(Pluggable Authentication Modules)이란 리눅스/유닉스 시스템에서 중앙집중적인 인증 메커니즘을 지원하는 것이다. 게다가 시스템의 기본적인 인증 기법을 제공하여 이것을 사용하면 응용프로그램 개발자뿐만 아니라 시스템 관리자들이 인증을 유연성 있게 관리할 수 있도록 도와준다.

전통적으로 시스템 자원에 대한 접근을 관리하는 프로그램들은 내장된 메커니즘에 의해 사용자 인증 과정을 수행한다. 이러한 방식은 오랫동안 이루어졌지만 이러한 접근 방식은 확장성이 부족하고 매우 복잡하다. 그렇기 때문인지 이러한 인증 메커니즘을 끌어내기 위한 수많은 해킹 시도가 있었다.

솔라리스의 방식을 따라서 리눅스 사용자들은 그들만의 PAM을 구현하는 방식을 찾았다.

PAM의 기본 원리는 응용프로그램이 password 파일을 읽어 오는 대신 PAM이 직접 인증을 수행하도록 하는 것이다. PAM은 시스템 관리자가 원하는 인증 메커니즘이 무엇이든 상관하지 않는다. 여러 사이트에서 선택 받는 인증 메커니즘은 아직도 password 파일이다. 왜 그럴까? 우리가 원하는 것을 해주기 때문이다. 대부분의 사용자는 password 파일이 필요한 것이 무엇인지 이미 알고 있다. 그리고 원하는 작업을 수행하는 데 있어 이미 그 기능이 검증되었기 때문일 것이다.

지금 우리는 페도라 배포판에서 PAM의 사용에 대해서 알아보고 있다. 다른 배포판을 사용 중이라면 파일의 위치가 모두 다 들어맞지는 않겠지만 기본적인 설정 파일과 그 용도 및 내용은 동일하게 제공될 것이다.

■ PAM 동작 원리

PAM은 윈도우 환경의 DLL(Dynamic Link Library)과 같은 것이다. 즉 라이브러리다. 프로그램이 어떤 사용자에 대한 인증을 수행하려면 PAM 라이브러리에 있는 함수를 호출한다. PAM은 해당 함수의 라이브러리를 제공하여 응용프로그램이 특정 사용자를 인증하도록 요청할 수 있게 된다.

함수를 호출하면 PAM은 해당 응용프로그램에 대한 설정 파일을 확인한다. 만약 설정 파일이 없다면 기본 설정 파일을 가져온다. 설정 파일이란 라이브러리에게 사용자를 인증하기 위해서 확인해야 할 것이 무엇인지를 알려주는 것이다. 이것에 기초하여 적합한 모듈이 호출된다. 페도라, RHEL, CentOS 사용자들은 이러한 모듈을 /lib64/security 디렉터리(32비트 플랫폼에서는 /lib/security 디렉터리)에서 확인할 수 있다.

이 모듈은 여러 가지를 확인하는 작업을 수행한다. /etc/passwd 파일이나 /etc/shadow 파일을 확인한다. 또는 보다 복잡한 확인 작업을 수행하기도 하는데 예를 들면 LDAP 서버에 접속하는 것이다.

확인 작업을 마치고 인증 여부를 결정하게 되면 "인증됨/인증되지 않음"의 메시지를 자신을 호출한 응용프로그램에 전송한다.

간단한 확인 작업이라 했는데 상당히 그 과정이 많아 보일 수 있는데 만일 그렇다고 느낀다면 잘 따라오고 있는 것이다. 여기에 나오는 각 모듈은 크기가 작고 작업 수행 시간이 매우 빠르다. 사용자의 입장에서 PAM을 사용하는 응용프로그램과 그렇지 않은 응용프로그램의 성능 차이가 확연하지는 않다. 하지만 시스템 관리자나 개발자 입장에서는 PAM 사용 여부에 따라 유연성의 차이는 매우 놀라울 뿐만 아니라 PAM을 단연코 사용하게 된다.

▧ PAM 파일과 위치

페도라 타입의 시스템에서 PAM은 설정 파일을 특정 위치에 저장한다. 이 파일의 위치와 그 내용은 표 4-3에서 확인할 수 있다.

표 4-3에 있는 파일 위치를 보게 되면 PAM이 왜 그렇게도 다양한 파일을 수없이 필요로 하는가를 궁금해할 수도 있다. "응용프로그램마다 하나의 설정 파일이 필요한 걸까? 미칠 노릇이네!" 사실 그럴 일이 아니다. PAM이 그렇게 하는 이유는 모든 응용프로그램이 동등한 상태로 생성되지 않기 때문이다. 예를 들면 POP 메일 서버는 Dovecot 메일 서버를 사용하는데 사이트의 사용자 모두에게 메일을 불러올 수 있도록 할지도 모른다. 하지만 로그인 프로그램은 해당 콘솔에 특정 사용자만이 로그인하는 것을 허용할 것이다. 이것을 위해서 PAM은 로그인 프로그램의 설정 파일과는 또 다른 POP 메일에 대한 설정 파일을 필요로 하게 되는 것이다.

● 표 4-3. 중요한 PAM 디렉터리

파일 위치	정의
/lib64/security 또는 /lib/security(32비트)	실제 PAM 라이브러리라 동적으로 인증 모듈을 호출하여 실행한다.
/etc/security	/lib64/security의 있는 모듈에 대한 설정 파일
/etc/pam.d	PAM을 사용하는 각 응용프로그램에 대한 설정 파일 PAM을 사용하는 응용프로그램이 설정 파일이 없다면 기본값으로 설정된 설정 파일을 자동으로 사용한다.

▧ PAM 설정하기

여기에서 우리가 다룰 설정 파일은 /etc/pam.d 디렉터리에 있다. /etc/security 디렉터리에 있는 특정 모듈에 적용되는 설정 파일을 변경하려면 모듈과 함께 있는 문서를 확인해야 한다. (PAM은 단순히 프레임워크라는 사실을 명심하라. 모듈은 누구나 만들어낼 수 있다.)

PAM 설정 파일의 본연의 특성은 흥미롭다. 바로 "Stackable"이라는 특징이다. 즉 순차적으로 쌓아 올린다는 개념인데 인증 과정에서 설정 파일에 있는 내용들이 한 줄 단위로 검증을 받게 된다 (예외가 있긴 하다). 각 줄마다 일부 인증 작업을 수행하고 또 인증 성공 또는 실패에 대한 값을 반환하는 모듈을 구체화한다. 또한 이러한 결과들은 PAM을 호출하는 응용프로그램에 전달된다.

"실패"라는 의미는 프로그램이 작동하지 않는다는 뜻이 아니다. 다만 사용자의 작업 수행 여부를 결정하기 위해 프로세스가 실행될 때, 반환되는 값이 "불가"라는 것이다. PAM은 "성공"과 "실패"라는 단어를 써서 이러한 사용자의 인증 결과값을 나타내고 이 값은 PAM을 호출한 응용프로그램에까지 전달된다.

/etc/pam.d/ 디렉터리에 있는 각각의 PAM 설정 파일은 다음과 같은 형태로 구성되어 있다.

```
module_type   control_flag  module_path   arguments
```

module_type은 네 가지 형식의 모듈을 대표하는데, auth, account, session, password다.

주석은 # 기호를 붙인 후 남길 수 있다. 표 4-4에 모듈 타입과 그 기능에 대해 나열하였다.

● **표 4-4**. PAM 모듈 타입

모듈 타입	기능
auth	응용프로그램이 사용자에게 비밀번호를 입력하도록 안내하고 사용자와 해당 사용자의 그룹에 대한 권한을 인증한다.
account	인증하는 기능이 아니며 현재 시간, 사용자의 위치와 같은 다른 요소들의 접근 권한을 결정한다. 예를 들어서 루트 사용자의 로그인은 콘솔을 통해서만 가능하다는 식으로 결정하는 것이다.
session	혹시라도 사용자의 로그인 전후에 수행해야 할 작업이 있다는 그 내용을 지정한다.
password	비밀번호를 기준에 맞게 변경하도록 하는 모듈을 지정한다.

control_flag로 특정 인증 모듈의 성공과 실패를 다루는 방법을 정할 수 있다. 흔히 사용되는 제어 플래그들은 표 4-5에서 확인할 수 있다.

module_path로는 인증 작업을 수행하는 모듈이 있는 실제 디렉터리 경로를 지정한다. 모듈은 주로 /lib64/security(또는 lib/security) 디렉터리에 저장되어 있다.

마지막으로 arguments에 어떠한 값을 사용하는지 알아보자. 여기에는 인증 모듈에 전달되는 인자들이 온다. 비록 이 인자들이 각 모듈마다 별도로 있는 것은 아니지만 몇 가지 일반적인 옵션들은 모든 모듈에 적용된다. 표 4-6에 arguments에 해당하는 값들이 있다.

● **표 4-5**. PAM 제어 플래그

제어 플래그	설명
required	이 값을 입력하면 해당 모듈은 개별 사용자에 대한 인증을 반드시 진행해야 한다. 만약 인증이 안 될 경우, 그 결과에 대한 값이 "실패"로 반드시 되돌아와야 한다.
requisite	이 값은 required와 비슷하지만 이 플래그가 인증을 실패할 경우 설정 파일에서 이 값 다음으로 나오는 모듈들은 호출되지 않는다. 그리고 실패한 결과값은 즉각 응용프로그램으로 전달된다. 따라서 로그인 시도가 승인되기 전에 몇 가지 조건들을 "true" 상태가 되도록 할 수 있다(예를 들면 사용자는 반드시 로컬 네트워크상에 있어야 하며 인터넷을 통해 로그인할 수 없다).

sufficient	sufficient 모듈이 "성공"값을 반환하고 설정 파일에서 required와 sufficient 제어 플래그가 필요하지 않다면 PAM은 해당 응용프로그램에 "성공"값을 반환한다.
optional	이 플래그는 PAM으로 하여금 다른 모듈을 지속적으로 확인하도록 한다. 확인 작업이 실패하게 되더라도 계속 진행하게 한다. 다시 말해서, 이 모듈의 결과는 무시된다는 것이다. 예를 들어 특정 모듈이 실패하더라도 사용자가 로그인하는 것을 허용할 때 이 플래그를 사용하면 되는 것이다.
include	이 플래그는 인자(argument)에 지정된 또 다른 설정 파일의 내용이나 지침을 포함시키기 위해 사용한다. 즉 서로 다른 PAM 설정 파일의 내용을 연결하고 구성하는 방식으로 사용된다.

● 표 4-6. PAM 설정 인자

인자(Argument)	설명
debug	시스템 로그에 디버깅 정보를 남긴다.
no_warn	응용프로그램에 경고 메시지를 제공하지 않는다.
use_first_pass	비밀번호를 두 번 확인하지 않는다. 대신 auth 모듈에서 입력한 비밀번호를 사용자 인증 과정 시에도 재사용해야 한다. (이 옵션은 auth 및 password 모듈에 해당하는 옵션이다.)
try_first_pass	이 옵션은 use_first_pass 옵션과 비슷하다. 그 이유는 사용자는 두 번 비밀번호를 입력할 필요가 없기 때문이다. 하지만 기존의 비밀번호가 인증되지 않을 경우 사용자는 비밀번호를 다시 입력하도록 되어 있다.
use_mapped_pass	이 인자는 이전 모듈에서 입력된 텍스트 인증 토큰을 입력 받도록 하는데 이 값으로 암호화 또는 암호화가 해제된 키 값을 생성한다. 그 이유는 모듈에 대한 인증 토큰값을 안전하게 저장하거나 불러오기 위함이다.
expose_account	이 값은 모듈로 하여금 계정 정보를 중요하다고 판단하지 않게 한다. 시스템 관리자에 의해 임의로 설정한 것이라 여겨진다.
nullok	이 인자는 호출된 PAM 모듈이 null값의 비밀번호를 입력하는 것을 허용한다.

PAM 설정 파일의 예

/etc/pam.d/login에 있는 PAM 설정 파일의 예를 보도록 하자.

```
#%PAM-1.0
auth        required        pam_securetty.so
auth        required        pam_stack.so service=system-auth
auth        required        pam_nologin.so
account     required        pam_stack.so service=system-auth
password    required        pam_stack.so service=system-auth
# pam_selinux.so close should be the first session rule
session     required        pam_selinux.so close
session     required        pam_stack.so service=system-auth
session     optional        pam_console.so
# pam_selinux.so open should be the last session rule
session     required        session required pam_selinux.so multiple open
```

hash 기호(#)로 시작하는 첫 번째 줄이 보일 것이다. 이것은 주석이다. 따라서 다음 두 번째 줄부터 확인하도록 한다.

```
auth    required    pam_securetty.so
```

module_type이 auth이므로 PAM은 비밀번호를 요구한다. Control_flag값은 required이므로 반드시 값이 있어야 하기 때문에 로그인이 성공 또는 실패에 대한 결과가 반환되어야 한다. 모듈인 pam_securitty.so는 /etc/securetty 파일에 기재된 터미널에서만 루트 계정의 로그인이 이루어지는지를 확인한다. 이 줄에서 인자는 없다.

```
auth    required    pam_stack.so service=system-auth
```

auth로 시작하는 앞의 내용과 마찬가지로 세 번째 줄 내용도 역시 auth로 시작하고 PAM은 비밀번호가 필요하다. 인증이 실패하면 호출 응용프로그램에 그 결과값이 반드시 전달될 것이다. pam_stack.so 모듈은 내부 스택으로부터 특정 서비스를 가져오거나 아니면 정의된 스택으로부터 다른 서비스를 호출할 것이다. service=system-auth 인자가 보인다. 따라서 pam_stack.so 모듈은 system-auth 서비스(이것은 /etc/pam.d 디렉터리상의 또 다른 PAM 설정이다)를 정의한 스택을 실행하도록 한다.

```
auth    required    pam_nologin.so
```

네 번째 줄을 보자. pam_nologin.so 모듈은 /etc/nologin 파일을 확인한다. 파일이 있으면 루트 계정만 로그인이 가능하고 다른 계정에 대해서는 오류 메시지가 반환 될 것이다. 파일이 존재하지 않으면 항상 성공값을 전달할 것이다.

```
account    required    pam_stack.so service=system-auth
```

다섯 번째 줄에서는 module_type이 account인 것을 볼 수 있는데, 그렇기 때문에 pam_stack.so 모듈은 다르게 동작하게 된다. 사용자의 로그인 가능 여부를 먼저 확인할 것이다(비밀번호 만료 여부 등). 모든 확인 인자값에 문제가 없으면 성공을 반환한다.

/etc/pam.d/login 파일(/etc/pam.d 디렉터리에 있는 다른 설정 파일과 마찬가지로)의 나머지 내용들도 각 줄마다 동일 개념이 적용되어 실행될 것이다.

특정 PAM 모듈이 하는 작업과 모듈이 사용하는 인자들에 대해 더 알고 싶다면 해당 모듈의 man 페이지를 참고하기 바란다. 예를 들어 pam_selinux.so 모듈 정보를 알고자 한다면 다음과 같이 커맨드라인에 입력하라.

```
[root@server ~]# man pam_selinux
```

▣ "Other" 파일

이미 언급했다시피 PAM은 응용프로그램마다의 그에 상응하는 설정 파일을 찾지 못하는 경우 공통 설정 파일을 사용하는데, 이러한 일반적인 설정 파일을 /etc/pam.d/other이라고 부른다. 기본적으로 "other" 설정 파일은 로그인 인증 시도에 대해 즉각적으로 거부하도록 일괄적으로 설정되어 있기 때문에 이러한 설정 내용을 잘 알고 활용해야 할 것이다.

▣ 로그인이 안 되는 경우

걱정할 필요 없다. PAM 설정 파일에서 전반적인 설정이 잘못되는 것은 누구에게나 있을 수 있다. 그저 배워가는 과정이라 생각하길 바란다. 가장 첫 번째로 해야 할 것은 당황하지 않는 것이다. 리눅스에서 볼 수 있는 대부분의 설정 오류들처럼 7장에서 배우게 될 단일 사용자 모드로 부팅해서 잘못된 설정 파일을 수정할 수 있다.

로그인 설정 파일에 문제가 있는 것이라면 그리고 로그인이 가능하도록 만들어야 하는데 다음은 이미 검증된 안전한 설정으로 다음의 내용을 붙여 넣도록 한다.

```
auth       required      pam_unix.so
account    required      pam_unix.so
password   required      pam_unix.so
session    required      pam_unix.so
```

이 설정은 비밀번호를 인증하기 위해서 /etc/passwd 파일이나 /etc/shadow 파일을 확인하라는 기본적인 작업을 수행하게 한다. 이제 변경하고자 했던 것을 처음부터 다시 적용해볼 수 있다!

참고 | pam_unix.so 모듈은 이러한 기본적인 동작을 구현하는 것으로 표준 리눅스/유닉스 인증 모듈이다. 이 모듈의 man 페이지를 보게 되면 계정 정보 및 인증 과정을 설정하고 불러오는 시스템 라이브러리에서 표준 호출값을 사용한다. 일반적으로 /etc/passwd 파일에서 해당 정보를 가져오며 shadow가 활성화된 경우에는 /etc/shadow 파일에서도 가져온다.

▣ PAM 디버깅

기타 여러 리눅스 서비스와 마찬가지로 PAM 역시 시스템 로그 파일을 아주 잘 활용한다(8장에서 보다 자세하게 살펴볼 부분이다). 만약 원하는 대로 시스템이 잘 작동하지 않을 경우, 로그 파일의 맨 마지막 부분부터 살펴서 PAM이 어떤 일을 했는지를 확인하도록 한다. 그 내용이 반드시 있을 것이다. 그럼 확인한 정보를 가지고 설정을 변경하여 문제를 해결할 수 있을 것이다. 주 시스템의 감시를 위한 로그 파일은 /var/log/messages 파일이다.

주요 명령어

이 장에서 살펴본 다양한 유틸리티들이 어떻게 상호작용하는가를 확인하려면 실제로 동작하는 과정을 보여주는 것뿐이다. 여기에서는 사용자 및 그룹에 대한 생성, 수정, 삭제 과정을 단계별로 접근해볼 것이다. 아직 한 번도 사용하지 않은 명령어들을 다루게 될 것이지만 이들 또한 매우 유용하고 시스템의 사용자들을 관리할 때 관련이 있는 것들이기에 그 기능을 살펴보고 사용도 해볼 것이다.

■ useradd로 사용자 추가

페도라 서버를 기준으로 useradd와 passwd 명령어를 이용하여 새로운 사용자 계정을 추가하고 비밀번호를 설정하는 작업을 할 것이다.

1. "Ying Yang"이라는 이름의 새로운 사용자 계정을 설정한다. 로그인 이름은 yyang이며 다음과 같이 입력한다.

   ```
   [root@server ~]# useradd -c "Ying Yang" yyang
   ```

   이 명령을 실행하면 yyang이라는 사용자 계정이 생성하게 된다. 이 사용자는 기본적인 페도라가 지원하는 속성값들을 갖게 된다. /etc/passwd 파일에 그 정보들이 있다.

   ```
   yyang:x:1001:1001:Ying Yang:/home/yyang:/bin/bash
   ```

   해당되는 정보를 보게 되면 페도라(및 RHEL)의 기본 속성값들을 파악할 수 있다.

   - UID 번호는 GID 번호와 같다. 기본값은 1000이다.
   - 새로운 사용자에 대한 기본 쉘 환경은 bash다(/bin/bash).
   - 해당 사용자의 홈 디렉터리는 자동적으로 생성되었다(/home/yyang).

2. Passwd 명령어를 사용하여 yyang 사용자의 비밀번호를 설정한다. 비밀번호값은 19ang19이며 두 번 입력하도록 되어 있다.

   ```
   [root@server ~]# passwd yyang
   Changing password for user yyang.
   New password:
   Retype new password:
   passwd: all authentication tokens updated successfully.
   ```

3. 다른 계정도 생성해보자. 로그인 이름은 mmellow이며 실명은 "Mel Mellow"다. 하지만 이번에는 페도라가 제공하는 기본값을 변경하여 사용자의 이름을 그룹 이름과 동일하게 생성한다(그럼 이 사용자는 일반적인 user 그룹에 속하게 될 것이다).

   ```
   [root@server ~]# useradd -c "Mel Mellow" -n mmellow
   ```

4. id 명령어를 입력해서 mmellow 사용자의 속성을 확인해보자.

```
[root@server ~]# id mmellow
```

5. 다시 passwd 명령을 입력하여 mmellow 사용자의 비밀번호를 설정한다. 비밀번호는 **2owl!78**이다.

```
[root@server ~]# passwd mmellow
```

6. 마지막으로 세 번째 사용자 계정을 생성하자. 이번에는 사용자의 기본 쉘 환경을 tcsh로 지정할 것이며 해당 사용자의 기본 그룹은 "games"라는 그룹이 되도록 할 것이다. 사용자 계정 이름은 bogususer다.

```
[root@server ~]# useradd -s /bin/tcsh -g games bogususer
```

7. bogususer 사용자의 /etc/passwd 파일 내용을 확인해보자.

```
[root@server ~]# grep bogususer /etc/passwd
bogususer:x:1003:20::/home/bogususer:/bin/tcsh
```

이 한 줄을 통해 다음과 같은 정보를 알 수 있다.

- UID는 1003이다.
- GID는 20이다.
- bogususer의 홈 디렉터리는 /home 디렉터리 아래에 생성되었다.
- 기본 쉘 환경은 /bin/tcsh임을 알 수 있다.

▨ groupadd로 그룹 추가

다음으로 일반 그룹과 시스템 그룹을 생성해보자.

1. 그룹명이 research인 그룹을 생성한다.

```
[root@server ~]# groupadd research
```

2. /etc/group 파일에서 research 그룹의 내용을 확인해보자.

```
[root@server ~]# grep research /etc/group
research:x:1002:
```

출력 결과를 보면 research 그룹 ID가 1002임을 알 수 있다.

3. sales라는 그룹도 생성해보자.

```
[root@server ~]# groupadd sales
```

4. 다음으로 bogus라는 그룹을 생성하고 시스템 그룹으로 지정한다(그럼 GID는 999보다 작은 숫

자여야 할 것이다).

```
[root@server ~]# groupadd -r bogus
```

5. /etc/group 파일에서 bogus 그룹 정보를 확인하자.

```
[root@server ~]# grep bogus /etc/group
bogus:x:989:
```

bogus 그룹 아이디는 999보다 작은 989임을 알 수 있다.

■ usermod로 사용자 속성 변경

usermod 명령어를 사용하여 사용자 및 그룹 ID 정보를 수정할 것이다.

1. bogususer 사용자의 UID는 1600으로 변경한다.

```
[root@server ~]# usermod -u 1600 bogususer
```

2. id 명령어를 이용하여 변경된 내용을 확인할 수 있다.

```
[root@server ~]# id bogususer
uid=1600(bogususer) gid=20(games) groups=20(games)
```

결과는 예상대로 해당 사용자의 UID가 1600으로 새롭게 변경되었다.

3. usermod 명령어를 사용해서 bogususer 계정의 초기 GID를 bogus 그룹 ID(GID=989)로 변경할 것이다. 또한 계정 만료일을 2017년 12월 12일로 설정하려고 한다.

```
[root@server ~]# usermod -g 989 -e 2017-12-12 bogususer
```

4. id 명령어로 변경사항을 확인하자.

```
[root@server ~]# id bogususer
uid=1600(bogususer) gid=989(bogus) groups=989(bogus)
```

5. chage 명령어를 써서 사용자의 새로운 계정 만료 날짜 정보를 업데이트하자.

```
[root@server ~]# chage -l bogususer
Last password change                                    : Jan 23, 2014
Password expires                                        : never
Password inactive                                       : never
Account expires                                         : Dec 12, 2017
Minimum number of days between password change          : 0
Maximum number of days between password change          : 99999
Number of days of warning before password expires       : 7
```

■ groupmod로 그룹 속성 변경

이제 groupmod 명령어를 활용해보자.

1. groupmod 명령어로 bogus 그룹의 이름을 bogusgroup으로 바꿔보자.

    ```
    [root@server ~]# groupmod -n bogusgroup bogus
    ```

2. groupmod 명령어를 다시 써서 bogusgroup으로 그룹명이 바뀐 해당 그룹의 GID 또한 1600으로
    부여하자.

    ```
    [root@server ~]# groupmod -g 1600 bogusgroup
    ```

3. /etc/group 파일에서 bogusgroup의 최종 변경사항을 확인해보자.

    ```
    [root@server ~]# grep bogusgroup /etc/group
    bogusgroup:x:1600:
    ```

■ userdel과 groupdel로 사용자 및 그룹 삭제

userdel 및 groupdel 명령어를 사용하면 사용자와 그룹을 각각 삭제할 수 있다.

1. 먼저 userdel로 bogususer를 삭제해보자.

    ```
    [root@server ~]# userdel -r bogususer
    ```

2. groupdel로는 bogusgroup을 삭제한다.

    ```
    [root@server ~]# groupdel bogusgroup
    ```

    /etc/group 파일에서 bogusgroup 정보가 삭제되었음을 확인한다.

> **참고**
> userdel 명령어와 함께 삭제하려는 사용자의 로그인명을 커맨드라인에 입력하여 실행하면(예: userdel
> bogususer), /etc/passwd 및 /etc/shadow 파일에 있는 해당 사용자에 대한 정보가 모두 삭제되고 그뿐만
> 아니라 etc/group 파일을 참조하는 내용까지도 삭제된다. 그러나 -r 옵션을 추가해서 쓰게 되면(예: userdel
> -r bogususer), 사용자의 홈 디렉터리에 있는 사용자 소유의 모든 파일을 한 번에 삭제할 수 있다.

요약

이번 장에서는 리눅스에서 사용자 및 그룹을 관리하는 방법에 대해서 다뤄보았다. 지금까지 본 대부분의 내용들은 유닉스 계열의 시스템에서도 적용되는 것들이다. 따라서 리눅스/유닉스 계열의 서로 다른 시스템일지라도 사용자 관리를 보다 수월하게 수행할 수 있을 것이다.

다음은 이번 장에서 다룬 주요 내용들이니 참고하길 바란다.

- 사용자는 고유한 UID를 갖는다.

- 그룹은 고유한 GID를 갖는다.

- /etc/passwd 파일에서는 UID와 username을 대응시킨다.

- 리눅스는 여러 가지 방법으로 암호화된 비밀번호를 사용한다.

- 리눅스는 사용자 관리에 유용한 관리 도구를 지원한다.

- 사용자 데이터베이스를 관리할 도구를 작성하고 싶다면 파일 형식을 먼저 알아야 한.

- PAM(Pluggable Authentication Modules)은 리눅스의 기본 기능으로 여러 개의 인증 메커니즘을 다룰 수 있는 방법이다.

마이크로소프트 윈도우 환경에 익숙한 시스템 관리자들에게는 많은 차이를 느낄 뿐만 아니라 어쩌면 까다롭게 느껴질 수 있는 부분이기도 하다. 하지만 걱정하지 마라. 리눅스/유닉스 보안 모델은 꽤 직관적이기 때문에 금새 그 작동 방식에 익숙해질 것이다.

사용자 관리 도구를 전용으로 개발하고 싶다면 Perl 스크립트 언어를 다룬 책들을 먼저 숙지해야 한다. /etc/passwd 파일과 같이 표 형태의 데이터를 다루는 데 있어 가장 적합한 언어이기 때문이다. 서점에서 Perl 프로그래밍 책을 몇 페이지 보다 보면 곧 흥미를 느끼게 될 것이다.

CHAPTER 5

커맨드라인

커맨드라인은 그 강력함과 제어 기능, 유연성으로 리눅스/유닉스 사용자들에게 매우 매력적이고 훌륭한 도구다. 하지만 이면도 존재한다. 리눅스를 처음 사용해보는 사람들에게 커맨드라인은 극도의 짜증과 좌절감을 동시에 안겨주는 도구이기도 하다. 또한 일반적인 리눅스/유닉스 사용자들은 아주 정교하게 잘 짜인 명령어 실행 결과를 마주하게 되면 많이 놀라기도 한다. 하지만 이러한 강력한 결과는 비용이 많이 들기 마련이다. 그 이유는 일반 사용자들에게는 리눅스/유닉스가 보여주는 환경이 직관성이 많이 떨어지기 때문일 것이다. 이러한 이유로 리눅스/유닉스 도구, 함수, 유틸리티 또한 GUI 환경을 제공하게 된 것이다.

하지만 조금 더 리눅스 환경에 익숙한 사용자들은 역시 GUI로는 다양한 옵션들을 모두 사용하기 어렵다는 것을 이내 알게 된다. 일반적으로 다양한 옵션을 GUI에 표현하는 것은 커맨드라인을 활용하는 것만큼이나 복잡해진다. GUI 설계 자체가 굉장히 간단한 기능들로만 구성되도록 한 것이기 때문에 경험이 많은 사용자들을 결국 다양한 기능을 포괄하는 커맨드라인으로 되돌아온다.

리눅스 커맨드라인 인터페이스를 살펴보기에 앞서 우리는 모든 내용을 다루진 않을 것이라는 점과, 깊이 없이 다 훑어보는 대신 시스템 관리자로서 일일 작업에서 가장 중요하게 사용되는 유용한 도구들을 심도 있게 공부할 것이라는 점을 명심하길 바란다.

> **참고**
> 이번 장에서는 관리자 권한이 없는 사용자(일반)로 시스템에 로그인한 상태라는 가정에서 출발한다. 또한 X 윈도우 시스템이 실행 중인 상태다. GNOME 데스크톱 환경을 사용 중일 경우, 명령어를 입력할 가상 터미널을 먼저 띄운다. 가상 터미널 응용프로그램을 실행하고 나면 동시에 ALT+F2 키를 입력하여 Run Application 대화상자를 불러온다. 이 상자가 나타나면 터미널 에뮬레이터(예: xterm, grnome-terminal, console) 이름을 Run text box에 입력하고 엔터 키를 누른다. 시스템에 설치된 터미널 에뮬레이터를 찾기 위해 [Applications]라는 메뉴를 확인해도 된다. 이번 장에서 나오는 모든 명령어들을 가상 터미널 윈도우에 직접 입력할 것이다.

BASH 소개

4장에서 사용자의 비밀번호 파일 정보에 있는 내용들을 배웠는데, 그 중 하나인 사용자가 로그인한 후 처음 만나게 되는 프로그램, 사용자 로그인 쉘이다. 이 쉘은 윈도우 프로그램 관리자와 비교할 수 있는데 리눅스의 경우 시스템 관리자는 사용할 쉘 프로그램을 선택해야 하는 다른 점이 있다.

쉘에 대한 공식적인 정의는 "입력된 명령어를 실행하는 명령 언어 해석기"다. 일반적으로는 시스템과의 소통을 이뤄주는 인터페이스 프로그램이다. BASH(Bourne Again Shell)는 특히 몇 개의 내장형 명령어를 가지고 있는 커맨드라인 전용 인터페이스 환경이다. 즉 프로그램을 실행하거나 해당 프로그램을 제어하는 일을 한다(작업 제어). 언뜻 보기엔 간단해 보이지만 막상 시작하고 나면 BASH는 강력한 도구라는 것을 알게 될 것이다.

다양한 쉘 종류가 있고 또 그들은 비슷한 기능들을 지닌다. 하지만 그러한 기능들을 구현하는 방법은 각기 다르다. 비유컨대 다양한 쉘이 있는 것은 마치 여러 종류의 웹 브라우저와 같다. 하지만 그들의 기본적인 기능은 동일하다. 즉 웹의 콘텐츠를 표시해주는 기능이다. 이와 같이 어떤 상황에서나 누구든지 자신이 사용하는 쉘이 가장 좋다고 말할 수 있지만 그것은 결국 개인의 취향에 불과하다.

우리는 이제 BASH가 가진 기본적인 내장형 명령어들을 알아볼 것이다. BASH 하나만 다뤄도 한 권의 책을 이룰 만큼 그 양이 엄청나지만 시스템 관리자가 주로 사용하는 명령어들만 살펴보기로 하자. 하지만 시스템 관리자라면 반드시 BASH 전체 기능과 그 내용들을 공부하길 바란다. BASH에 익숙해지면 다른 종류의 쉘 환경에 금방 적응하고 이해하기 쉬워질 것이다. 다시 말해서 쉘들은 대부분 비슷비슷하다는 것이다. 많은 사용자들을 관리하는 대규모의 시스템을 운영해야 한다면 여러 가지 다양한 쉘을 많이 다뤄보면 유용할 것이다.

■ 작업 제어

BASH 환경에서 작업할 때 동일한 프롬프트에서 여러 개의 프로그램을 동시에 실행할 수 있다. 각 프로그램을 하나의 **작업**으로 인식한다. 이러한 작업을 시작하면 터미널을 가져온다. 요즘은 터미널을 장치를 부팅할 때 보이는 직관적인 텍스트 인터페이스이거나 BASH가 실행되는 X 윈도우 시스템에서 생성된 창 형태일 수 있다. (X 윈도우 시스템의 터미널 인터페이스를 **pseudo-tty** 또는 **pty**라고 부른다.) 하나의 작업이 터미널에 대한 제어권을 갖게 될 경우 제어 코드를 만들어내기 때문에 텍스트 기반의 인터페이스(예를 들면 Pine e-mail 리더기와 같은)들이 훨씬 더 적합한 환경이다. 프로그램을 종료하면 모든 제어권을 다시 BASH로 되돌려 보내고 사용자에게 프롬프트를 다시 보여준다.

하지만 프로그램이 전부 터미널 제어와 같은 일을 필요로 하지 않는다. X 윈도우 시스템의 사용자에게 나타나는 프로그램을 포함해서 일부 실행 중인 프로그램들은 티미널 제어권을 버리고 대신 BASH가 직접 사용자 프롬프트를 표시하도록 허용하기도 한다.

다음 예제를 보면 yyang이라는 사용자가 시스템에 로그인하여 Firefox 웹 브라우저를 쉘이나 커맨드라인을 통해서 실행한다. 더불어 이 프로그램(Firefox)은 터미널 제어권을 포기하는 조건을 달았다(& 기호를 프로그램 이름 다음에 붙이면 이러한 조건이 만들어진다).

```
[yyang@server ~]$ firefox &
```

엔터 키를 누르자마자 BASH가 직접 프롬프트를 띄울 것이다. 이것을 우리는 작업을 **백그라운딩**한다고 말한다.

또 다른 경우, 프로그램이 이미 실행 중이고 터미널 제어를 하고 있다면 터미널 창에서 CTRL+Z 키를 눌러 제어권을 취소할 수 있다. 그럼 실행 중인 작업 또는 프로그램이 멈추고 BASH가 그 제어권을 회수하여 새로운 명령어를 입력할 수 있게 된다. 언제든지 다음과 같이 명령어를 입력하기만 하면 BASH가 추적하고 있는 작업의 수가 얼마나 되는지 확인할 수 있다.

```
[yyang@server ~]$ jobs
[1]+  Running                 firefox &
```

표시된 작업은 두 가지 중 하나의 상태일 것이다. 즉 실행 중이거나 중단된 상태이다. 이 예제 결과를 보면 Firefox 프로그램은 실행 상태다. 또한 해당 작업 번호는 [1]임을 알 수 있다.

다시 작업을 우선순위를 앞으로 가져오려면, 다시 말해서 터미널에 대한 제어권을 되돌려주려면 fg 명령어를 사용하라.

```
[yyang@server ~]$ fg number
```

여기서 number는 작업 번호를 말하며 그 번호를 입력하여 우선순위를 앞으로 가져온다. 예를 들어 실행 중인 Firefox 프로그램을 (작업 번호는 1) 앞 단에 위치하기 위해서 다음과 같이 입력한다.

```
[yyang@server ~]$ fg 1
firefox
```

작업을 중단하면(즉 중단 상태) 백그라운드에서 다시 실행시킬 수 있다. 그렇게 되면 터미널 제어권을 찾아오고 작업을 다시 실행시킬 수 있다. 또는 중단된 작업을 앞 단에서 실행시킬 수 있는데 그렇게 되면 터미널에 대한 제어권을 다시 프로그램에 넘겨주는 것이다.

실행 중인 작업의 우선순위를 뒤로 보내려면(백그라운딩) 다음과 같이 입력한다.

```
[yyang@server ~]$ bg number
```

여기도 마찬가지로 number는 백그라운드에 위치해둘 작업 번호를 말한다.

참고

어떤 프로세스든 백그라운드로 전환할 수 있다. 터미널 입력 및 출력을 요구하는 응용프로그램들은 만약 관리자가 그들을 백그라운드로 전환할 경우 중단 상태를 표시한다. 예를 들어 top & 명령을 입력하여 백그라운드에 있는 top 도구를 실행할 수 있는데 그리고 나서 jobs 명령어를 통해 해당 작업의 상태를 확인해보라.

▧ 환경 변수

쉘의 모든 인스턴스마다 그리고 실행 중인 모든 프로세스들은 각기 고유한 "환경"을 가지고 있는데 이러한 환경은 고유한 모습, 느낌, 또 어떤 경우엔 역동적인 설정을 말한다. 이들은 환경 변수라는 것을 통해 이루어지는데, 몇몇 환경 변수들은 쉘에 있어 큰 의미를 가진다. 그렇지만 이러한 이유로 사용자 취향에 맞게 설정하는 일을 막지는 못한다. 환경 변수를 사용함으로써 대부분의 쉘 스크립트가 재미있는 작업들을 수행하고 사용자가 입력한 결과뿐만 아니라 프로그램의 작업 결과를 기억할 수 있다. 만일 윈도우 200x/XP/Vista/7 플랫폼의 환경 변수라는 개념을 이해하고 있다면 이미 알고 있는 내용의 상당 부분이 리눅스에서도 통할 것이다. 차이가 있다면 설정하는 방법, 표시되는 방법, 삭제하는 방법에 있다.

환경 변수 출력하기

환경 변수를 모두 보려면 printenv 명령어를 입력하면 된다.

```
[yyang@server ~]$ printenv
HOSTNAME=server.localdomain
TERM=xterm
SHELL=/bin/bash
HISTSIZE=1000
...<이하 생략>...
```

특정 환경 변수만 보려면 printenv 명령어 뒤에 해당 변수의 이름을 지정한다. 다음은 TERM이라는 환경 변수를 보기 위한 명령이다.

```
[yyang@server ~]$ printenv TERM
xterm
```

환경 변수 설정하기

환경 변수를 설정할 땐 다음과 같이 하면 된다.

```
[yyang@server ~]$ variable=value
```

여기에서 *variable*은 환경 변수의 이름을 넣으면 되고 *value*에는 해당 변수에 지정할 값을 입력한다. 예를 들어 Foo라는 환경 변수에 BAR라는 값을 설정하려면 다음과 같이 입력한다.

```
[yyang@server ~]$ FOO=BAR
```

이렇게 환경 변수를 설정할 때마다 환경 변수들은 실행 중인 쉘에 로컬 상태로 존재하게 된다. 환경 변수의 값을 실행하려는 다른 프로세스에 전달하고 싶을 땐 export라는 내장형 명령어를 이용하라. export를 쓰는 방법은 다음과 같다.

```
[yyang@server ~]$ export variable
```

*variable*은 변수명이고 예제는 Foo라는 변수를 실제로 적용해보면 다음과 같다.

```
[yyang@server ~]$ export FOO
```

 각 단계를 결합하여 export 명령을 적용해보면 다음과 같다.

```
[yyang@server ~]$ export FOO=BAR
```

설정하려는 환경 변수의 값에 공백이 있다면 쌍따옴표를 써야 한다. 앞의 예제에서 Foo 변수에 "Welcome to the BAR of Foo"라는 값을 설정하는 예제를 살펴보자.

```
[yyang@server ~]$ export FOO="Welcome to the BAR of FOO."
```

이제는 Foo에 설정된 값을 printenv 명령어로 확인해보자.

```
[yyang@server ~]$ printenv FOO
Welcome to the BAR of FOO.
```

환경 변수 설정 해제하기

환경 변수에 설정된 값을 제거하기 위해서 unset이라는 명령어를 사용할 것이다. 다음은 이 명령어의 사용법이다.

```
[yyang@server ~]$ unset variable
```

*variable*에는 삭제하려는 변수 이름을 넣으면 된다. 예를 들어 변수 Foo를 삭제하려면 다음과 같이 하면 된다.

```
[yyang@server ~]$ unset FOO
```

참고
지금 우리는 BASH 환경이라고 가정한 상태다. 하지만 여러 다른 쉘을 선택하여 사용할 수 있는데 BASH를 대체할 만한 가장 유명한 C 쉘(csh)이 있고 그 형제격인 Tenex/Turbo/Trusted C 쉘(tcsh)도 있다. 이들은 환경 변수를 갖고 설정하는 방식이 매우 다르다. 여기에서 BASH를 사용하는 이유는 대부분의 리눅스 배포판에서 모든 새로운 사용자 계정에 기본 쉘로 지정되어 있기 때문이다.

■ 파이프

파이프란 하나의 프로그램에서 나온 출력을 전송할 수 있고 또 동시에 그 결과를 또 다른 프로그램에 입력하는 메커니즘이다. 개개의 프로그램들은 서로 연결됨으로써 더 강력한 도구로 거듭나기도 한다.

grep 프로그램을 사용해서 파이프가 어떻게 쓰이는지 확인해보도록 하자. 일련의 입력 내용이 주어질 때, grep 유틸리티는 제공된 인자가 있는 라인과 비교하여 일치하는 라인만 출력한다. 앞서 살펴본 모든 환경 변수를 출력하는 printenv의 내용을 다시 상기해보자. 출력되는 내용이 상당히 길 것이다. 예를 들어 "TERM"이란 문자열을 포함하는 환경 변수를 모두 찾고 싶다면 다음과 같이 해야 할 것이다.

```
[yyang@server ~]$ printenv | grep TERM
TERM=xterm
```

| 기호는 파이프 기호이며 printenv 명령어와 grep 명령어 사이에 위치하고 있다.

윈도우 환경에서 명령어 쉘에서도 파이프 기능을 사용한다. 리눅스와 기본적인 차이는 리눅스 파이프가 쓰인 모든 명령어들은 동시에 실행되지만 윈도우는 각 프로그램들이 순차적으로 실행되고 임시 파일(temporary file)을 사용해서 중간 결과들을 임시 저장해둔다.

■ 리다이렉션

리다이렉션을 통하여 프로그램의 출력을 가져올 수 있고 또 그 내용을 파일에 자동 전송할 수 있다. (리눅스/유닉스 환경에서는 모든 것이 다 파일 개념인 것을 기억하라!) 쉘은 프로그램 자체보다는 프로그램의 프로세스를 제어하기 때문에 작업을 수행하기 위한 표준 메커니즘을 제공한다. 쉘이 리다이렉션을 제어하도록 하면 개별 프로그램 리다이렉션을 관리하는 것에 비해 좀 더 명확하고 쉬운 부분이 있다.

리다이렉션은 세 가지 기능을 제공하는데, 파일에 출력하기, 파일에 붙이기, 파일에 입력 내용을 보내는 것이다.

프로그램의 출력물을 파일에 모아두기 위해서 커맨드 라인의 끝을 〉기호와 출력이 이루어질 파일의 이름을 입력한다. 기존 파일을 불러와서 추가적인 데이터를 연이어 붙이고자 할 땐, 〉〉 기호를 파일명과 함께 사용한다. 예를 들어보자. 다음에는 /tmp/directory_listing이라는 파일에 한 디렉터리에 들어있는 내용을 출력하려는 예제다.

```
[yyang@server ~]$ ls > /tmp/directory_listing
```

디렉터리를 나열하는 이 예제에서 이번에는 "Directory Listing"이라는 문자열을 /tmp/directory_listing 파일의 끝에 붙여보자.

```
[yyang@server ~]$ echo "Directory Listing" >> /tmp/directory_listing
```

세 번째 단계인 파일을 입력 대상으로 활용해보자. 〈 기호와 파일명을 사용하면 되는데 예를 들어서 /etc/passed 파일을 grep 프로그램에 적용해보려 할 땐 다음과 같이 입력한다.

```
[yyang@server ~]$ grep "root" < /etc/passwd
root:x:0:0:root:/root:/bin/bash
operator:x:11:0:operator:/root:/sbin/nologin
```

커맨드라인의 단축 기능

대다수 인기 있는 리눅스/유닉스 쉘에는 수많은 단축 기능을 가지고 있다. 윈도우를 사용하던 사용자들은 쉘의 단축 기능을 사용해보면 그 기능에 상당히 놀랄 것이다. 이 절에서는 가장 일반적인 BASH의 단축 기능을 설명한다.

▓ 파일명 확장

유닉스 기반 환경에서 BASH와 같은 쉘이나 커맨드라인에서 사용되는 와일드카드 등은 응용프로그램에 하나의 인자로 전달되기 전에 확장성을 가진다. 이것은 DOS 기반의 도구들을 위한 기본 운영 방식과 매우 다른 점으로 이들은 자신들만의 와일드카드 확장을 수행해야 할 때가 많다. 한편으론 유닉스의 방법은 와일드카드를 사용할 때 신중해야 하는 의미도 지닌다. BASH에서 와일드카드 기호들은 command.com 또는 윈도우의 cmd.exe의 기호들과 동일하다.

* 기호는 모든 파일을 의미하고, ? 기호는 한 개의 문자나 기호를 의미한다. 어떤 목적에서든 이러한 기호들을 또 하나의 인자로서 사용하고 싶다면 백슬래시 기호(\)를 사용하여 이들을 이스케이프할 수 있다. 그럼 이들은 와일드카드 기호로 인식되지 않고 *과 ? 문자 그 자체로 쉘을 해석하게 된다.

> **참고** 대부분의 리눅스 문서들은 와일드카드를 정규 표현식으로 인식한다. 이 두 가지는 확실하게 구분되어야 하는데, 정규 표현식은 와일드카드 자체에 비하면 엄청난 영향력이 있다. 리눅스가 제공하는 쉘 모두 정규 표현식을 제공한다. 쉘의 man 페이지를 참고해서 이 부분을 좀 더 알아보길 바란다(예: man bash, man csh, man tcsh로 입력하면 된다).

▣ 환경 변수를 인자로 활용하기

BASH 환경에서는 커맨드라인상에 환경 변수를 인자로 사용할 수 있다. (비록 윈도우 명령어 창에서도 이 기능을 사용할 수 있지만 일반적인 작업이 아니기 때문에 자주 잊혀지는 내용이다.) 예를 들면 $Foo이라는 인자를 만들면 "$Foo"라는 문자열 대신 Foo 환경 변수의 값을 전송하게 된다.

▣ 다중 명령

BASH에서는 여러 명령어를 한 줄에 입력하여 실행할 수 있다. 각 명령어는 세미콜론(;)으로 구분한다. 다음에서 cat과 ls라는 명령어를 두 번에 걸쳐 실행하는 것을 볼 수 있다.

```
[yyang@server ~]$ ls -l
[yyang@server ~]$ cat /etc/passwd
```

다음과 같이 한 줄로 표현할 수 있다.

```
[yyang@server ~]$ ls -l ; cat /etc/passwd
```

쉘 역시 프로그래밍 언어이기 때문에 첫 번째 명령어의 실행이 성공하는 한 연속적으로 입력된 명령어들을 실행할 수 있다. 이것은 && 기호를 사용해서 할 수 있는데, 예를 들어 ls 명령어로 홈 디렉터리에 존재하지 않는 파일 내용을 화면에 출력하고 date 명령을 바로 실행하려고 하면 다음과 같이 입력할 수 있다.

```
[yyang@server ~]$ ls does-not-exist.txt && date
ls: cannot access does-not-exist.txt: No such file or directory
```

여기에서 ls 명령어를 실행하려고 하나 실패할 것이다. 왜냐하면 해당 파일이 존재하지 않기 때문이고, 그 내용은 오류 메시지에서 확인된다. 따라서 date 명령은 실행되지 않을 것이다. 하지만 명령의 순서를 바꿔보자 date 명령어는 실행되고 여전히 ls 명령은 실패할 것이다.

```
[yyang@server ~]$ date && ls does-not-exist.txt
Sun Jan 30 18:06:37 PDT 2092
ls: cannot access does-not-exist.txt: No such file or directory
```

▣ ` 기호

어떤 프로그램의 출력 결과를 다른 프로그램의 인자로 사용할 수 있다. 이상하게 들리는가? 그렇다면 이제 적응해보도록 하자. 이것은 유닉스의 모든 쉘이 가진 유용하고 혁신적인 기능이기 때문이다.

` 기호(backtick)로 둘러싸인 텍스트는 실행해야 하는 명령어로 인식된다. ` 기호로 둘러싸인 명령은 그 결과값을 다른 명령어의 인자 형태로 전달한다. 이러한 방법을 이 책뿐만 아니라 다양한 시스템 스크립트에서 자주 사용한다. 예를 들어 파일에 저장된 number라는 값(프로세스 ID가 number다)을 kill 명령어의 인자로 전달할 수 있는데, 주로 named라는 DNS 서버를 중단할 때 활용한다. named가 시작하면 자신의 프로세스 ID(PID) 번호를 /var/run/named/named.pid 파일에 기록한다. 따라서 named 프로세스를 죽이는(killing) 일반적이지만 매우 괴상한 방법이라는 것은 cat 명령어로 /var/run/named/named.pid 파일에 저장된 해당 번호를 확인하고 해당 값에 대하여 kill 명령을 실행하는 것이다. 다음에 예제가 있다.

```
[root@server ~]$ cat /var/run/named/named.pid
253
[root@server ~]$ kill 253
```

이 방법으로 named 프로세스를 중단할 때의 문제는 자동으로 잘 되지 않는다는 것이다. 즉 이 방법은 /var/run/named/named.pid 파일을 읽을 수 있다는 사실에 기초하고 있다. 또 다른 문제는 크게 우려할 부분은 아니지만 귀찮다는 것이다. DNS 서버를 멈추기 위해서 두 단계를 거쳐야 하기 때문이다.

하지만 ` 기호를 사용하면 이 두 번에 걸친 단계를 하나로 통합할 수 있고 다소 자동화할 수 있게 된다. ` 기호를 써서 다음과 같이 실행해보자.

```
[root@server ~]$ kill `cat /var/run/named/named.pid`
```

BASH가 이 명령어를 인지하면 우선 cat /var/run/named/named.pid를 실행하고 그 결과를 저장한다. 그런 다음 kill 명령을 실행하여 저장된 값을 전달할 것이다. 우리 입장에서는 하나의 단계만으로 이 작업을 잘 수행했다.

> **참고**
> 지금까지 이번 장에서 우리는 BASH가 가진 기본적인 기능들만을 살펴보았다(또는 BASH 내장형 기능). 향후 남은 부분에선 BASH 이외에 일반적인 명령어들도 공부하게 될 것이다.

문서화 도구

리눅스는 문서에 대한 접근성을 높여주는 아주 유용한 도구가 있는데 바로 man과 info다. 이들은 비슷한 내용을 상당히 많이 가지고 있지만 대부분의 응용프로그램들이 점점 man이 아닌 info 형태로 문서를 구축하고 있다. info 형식은 웹처럼 하이퍼링크 기능을 지원하지만 HTML 포맷으로 작성되는 것은 아니라는 점에서 man보다 우수하다고 평가되고 있다.

반면에 man 형식은 몇 십 년 동안 사용되어 왔다. 수천 개의 리눅스 유틸리티/프로그램에서

man(manual) 페이지를 문서 도구로 사용했다. 게다가 대부분의 유닉스 계열의 운영체제(솔라리스와 같은)에서 man 형식을 많이 사용하기 때문에 응용프로그램 대부분이 man 형식으로 문서를 지원한다.

man과 info 문서 시스템 모두 주변에서 오랫동안 쓰여온 것들이다. 그렇기 때문에 이 두 형식 모두 익숙하게 사용할 수 있어야 하겠다.

참고
많은 리눅스 배포판에서는 /usr/doc 또는 /usr/share/doc 디렉터리에 문서를 저장한다.

▒ man 명령어

man 페이지는 온라인에서(로컬 시스템상에서) 얻을 수 있는 문서로서 해당 도구에 대한 사용법과 그에 상응하는 설정 파일에 대한 정보를 가지고 있다. man 명령어를 사용하는 방법은 다음과 같다.

    [yyang@server ~]$ **man program_name**

여기서 **program_name**은 man 페이지를 확인할 프로그램의 이름을 나타낸다. 예를 들어 이전에 사용했던 ls 유틸리티의 man 페이지를 보려면 다음과 같이 입력한다.

    [yyang@server ~]$ **man ls**

리눅스 및 리눅스와 관련된 정보(뉴스그룹과 같은)를 읽다 보면 괄호 안에 있는 숫자가 명령어 뒤에 따라오는 것을 보게 된다. 예를 들면 ls (1)과 같은 형태다. 이 숫자가 의미하는 것은 man 페이지 중 해당 내용의 위치다(표 5-1 참고). man 페이지의 각 섹션에선 다양한 주제들을 기술하고 있는데 C 프로그래밍 언어에서 쓰이는 명령어와 함수를 비롯해서 커맨드라인 명령어까지 (printf와 같은) 다양하다.

만일 man 페이지의 특정 부분을 찾고 싶다면 man 명령어를 입력할 때 첫 번째 인자로 해당 번호를 입력하고 사용하려는 명령어를 그 다음에 입력하면 된다. 예를 들어 printf의 C 프로그래머 정보를 알고 싶다면 다음과 같이 해볼 수 있다.

    [yyang@server ~]$ **man 3 printf**

간단한 커맨드라인에 대한 정보(사용자 도구)를 알고 싶다면 다음과 같이 입력한다.

    [yyang@server ~]$ **man 1 printf**

Man 페이지 섹션	내용
1	기본 명령어, 실행 가능한 프로그램 또는 쉘 명령어
1p	POSIX 버전의 기본 명령어이며 소문자 "p"는 POSIX를 의미함
2	리눅스 커널 시스템 호출값 (커널에서 제공하는 함수)
3	C 라이브러리 호출
4	장치 드라이버 정보
5	설정 파일
6	게임
7	패키지
8	시스템 도구

man 명령어를 사용할 때 섹션 번호를 지정하지 않으면 기본적으로 가장 마지막 섹션 번호가 출력된다. 때로는 이 문서를 활용하는 데 어려움이 있을 수 있기 때문에 여러 가지 대안도 존재한다.

> **팁**
>
> man 명령어의 쉬운 옵션 중 하나인 -f는 man 페이지의 모든 내용을 요약한 내용을 검색하여 보여주는데 특히 사용자가 지정한 명령어에 해당하는 페이지를 섹션 번호와 함께 보여준다.
>
> ```
> [yyang@server ~]$ man    -f printf
> printf (3p)              - print formatted output
> printf (1)              - format and print data
> printf (3)              - formatted output conversion
> printf (1p)              - write formatted output
> ```

▨ texinfo 시스템

또 다른 형태의 문서로는 texinfo가 있다. GNU 표준에 따라 만들어진 이 도구는 하이퍼링크가 지원되는 WWW 형식과 유사한 문서화 시스템이다. 문서끼리 하이퍼링크를 통해 연결할 수 있기 때문에 texinfo로 man 페이지에 비해 훨씬 더 쉽게 읽고, 사용하며 그리고 검색할 수 있다.

특정 도구나 응용프로그램에서 texinfo 문서를 읽으려면 info와 함께 해당 도구 및 응용프로그램의 이름을 인자로 지정하여 호출한다. 예를 들어 wget 프로그램을 읽고 싶다면 다음과 같을 것이다.

```
[yyang@server ~]$ info wget
```

일반적으로 사용자는 info를 사용하기에 앞서 man 페이지가 존재하는지 먼저 확인할 것이다 (왜냐하면 아직까진 texinfo보다 man 페이지 형태로 문서들이 지원되고 있기 때문이다). 하지만 간혹 가다 몇몇 man 페이지에는 texinfo 문서가 훨씬 더 검증된 내용이기 때문에 이를 꼭 확인하라고 권장하는 경우가 있다.

파일에 관하여

리눅스에서 파일을 관리한다는 것은 윈도우 200x/XP/Vista/7과 같은 플랫폼에서 파일을 관리한다는 것과 다르다. 또한 윈도우 95/98 기준으로는 완전히 다르다. 여기에서 우리는 리눅스에서 기본적인 파일 관리 도구와 그 관리 개념들에 대해서 알아볼 것이다. 우선 일반적인 용도의 명령어들을 몇 가지 정해서 소개하고 그 다음 하나 하나 자세하게 살펴보도록 하자.

리눅스에선(유닉스도 마찬가지로) 대부분 모든 것이 다 파일로 통한다. 근본적으로 파일은 프로그래머의 작업을 간소화해준다. 장치 드라이버를 직접 다루지 않아도 특정 파일(응용프로그램을 위한 평범한 파일처럼 보이는)을 연결 다리로서 활용하는 것이다. 이제부터 파일 종류에 따라 각기 다른 파일 형식을 살펴보겠다.

▨ 일반 파일

일반 파일이라 함은 말 그대로 일반 파일이다. 이것은 데이터라든지 실행 가능한 정보들을 가진다. 운영체제는 이러한 종류의 파일에 대해 어떠한 추측도 하지 않는다.

▨ 디렉터리

디렉터리 파일은 일반 파일들을 모아 둔 특별한 개체다. 디렉터리 파일들은 다른 파일들 또는 다른 디렉터리들의 위치를 표시한다(이것은 윈도우 환경의 폴더와 비슷한 개념이다). 일반적으로 디렉터리를 탐색하기 위해 기존 응용프로그램을 사용하는 대신 사용자가 직접 파일을 열어서 읽어야 하는 것이 아니라면 디렉터리에 포함된 내용은 일반적인 업무에서 그다지 중요하진 않다. (이것은 마치 윈도우 환경에서 디렉터리를 탐색하려고 cmd.exe를 사용하거나 findfirst/findnext와 같은 시스템 호출을 사용하는 대신 직접 DOS 파일의 할당 테이블을 읽어오는 것과 같다.)

▨ 하드 링크

리눅스 파일 시스템의 각각의 파일마다 i-node를 가진다. 이것은 파일의 속성과 디스크상에서의 파일 위치를 추적한다. 만일 두 개의 파일명을 가지고 있는 파일을 참조하려면 하드 링크를 생성할 수 있다. 하드 링크란 원본 파일과 동일한 i-node를 공유하여 마치 원본 파일처럼 동작하고 보이도록 한다. 생성된 모든 하드 링크와 더불어 참조 횟수는 증가한다. 하드 링크를 삭제하면 참조 횟수도 더불어 감소한다. 참조 횟수가 0이 될 경우 파일은 디스크에 있을 것이다.

참고 하드 링크는 서로 다른 파일 시스템(또는 파티션)상에서 두 개의 파일로 존재하지 못한다. 그 이유는 하드 링크가 i-node로 원본 파일을 참조하고 파일의 i-node는 자신이 생성된 파일 시스템 위치에서 고유한 값이기 때문이다.

▨ 심볼릭 링크

하드 링크는 자신의 i-node로 파일을 참조하지만 **심볼릭 링크**는 이름으로 다른 파일을 참조한다. 심볼릭 링크(줄임말로 심링크라 한다)는 다른 네트워크에 존재하는 파일일지라도 파일 시스템의 위치한 파일을 참조할 수 있다.

▨ 블록 장치

모든 장치 드라이버에는 파일 시스템을 통해 접근할 수 있기 때문에 **블록 장치** 형태의 파일들이 디스크와 같은 장치와 상호작용하는 데 있어 필요하다. 블록 장치 파일은 세 가지의 고유 특징이 있다.

- 주 번호(major number)가 있다.

- 부 번호(minor number)가 있다.

ls -l 명령어를 실행하면 출력 결과 첫 번째 글자인 b가 보이고 이 부분은 권한 정보를 의미한다. 다음의 예제를 확인해보자.

```
[yyang@server ~]$ ls -l /dev/sda
brw-rw----. 1 root disk 8, 0 Feb 3 19:03 /dev/sda
```

b로써 파일 권한 정보를 확인할 수 있고, 8은 주 번호이며, 0은 부 번호다.

블록 장치 파일의 주 번호로는 장치 드라이버를 알 수 있다. 이 파일에 접근이 가능할 경우 부 번호가 인자 형태로 장치 드라이버에 전달되어 어떤 장치에 접근하고 있는지를 알려준다. 예를 들어 두 개의 시리얼 포트가 있다. 이들은 동일한 장치 드라이버를 공유하고 따라서 동일한 주 번호를 가진다. 하지만 각각의 시리얼 포트는 개별 부 번호를 갖게 될 것이다.

▨ 문자 장치

블록 장치와 유사하게 **문자 장치** 역시 특별한 파일 종류로 파일 시스템을 통해 장치에 접근할 수 있도록 해준다. 블록 장치와 눈에 띄게 다른 점은 블록 장치는 거대한 블록에 존재하는 실제 장치와 직접 통신하지만 문자 장치는 한 번에 한 문자씩 처리한다. (하드 디스크는 블록 장치인 반면 모뎀은 문자 장치다.) 문자 장치 권한은 a c로 시작하며 이 파일도 주 번호와 부 번호가 있다.

```
[yyang@server ~]$ ls -l /dev/ttyS0
crw-rw----. 1 root dialout 4, 64 Feb 3 19:03 /dev/ttyS0
```

■ 네임드 파이프

네임드 파이프란 특이한 파일 형식으로 쌍방향 통신이 가능하다. mknod 명령어를 사용해서 네임드 파이프를 생성할 수 있고 하나의 프로세스는 읽기용으로 이 파일을 열고, 또 다른 프로세스는 쓰기용으로 이 파일을 열 수 있다. 따라서 이들이 서로 통신이 가능한 것이다. 주로 프로그램이 커맨드라인 파이프로부터 입력을 받는 것을 거부하지만 다른 프로그램은 데이터를 받아야 하는 경우에 이 기능을 활용할 수 있다. 또한 임시 파일을 위한 디스크 공간을 별도로 만들지 않아도 된다.

네임드 파일의 권한은 p로 시작한다. 예를 들어 mypipe이라고 하는 네임드 파이프가 현재 작업 디렉터리(PWD)에 있다면 그 네임드 파이프의 내용이 다음과 같이 보일 것이다.

```
[yyang@server ~]$ ls -l mypipe
prw-rw-r--. 1 yyang yyang 0 Feb 3 21:40 mypipe
```

■ 파일 목록 보기: ls

우리는 필요상 지금까지 ls에 대한 어떠한 설명 없이 사용하였다. 이제 이 명령어에 대해서 알아보고 함께 사용할 수 있는 옵션도 자세하게 알아보자.

ls 명령은 디렉터리에 속한 모든 파일 목록을 표시해준다. 그리고 50여 개의 옵션들이 있는데 그 중 가장 많이 사용하는 것들을 추려서 표 5-2에 요약해두었다. 이들을 마음껏 조합하여 사용할 수 있다.

디렉터리에 있는 파일들을 자세하게 보고 싶을 땐 다음과 같이 입력한다.

```
[yyang@server ~]$ ls -la
```

문자 A로 시작하는 숨김 파일이 아닌 나머지 파일 목록을 가져오려면 다음과 같다.

```
[yyang@server ~]$ ls A*
```

그러나 이 조건에 해당하는 파일이 현재 작업 디렉터리에 없다면 ls 명령은 그런 파일이 없다는 메시지를 띄어줄 것이다.

> **참고** 리눅스/유닉스는 대소문자를 구분한다. 예를 들어 Thefile.txt라는 이름의 파일과 Thefile.txt는 완전히 다른 파일이다.

ls 옵션	설명
-1	자세히 보기 옵션으로 디렉터리에 있는 파일들의 이름뿐만 아니라 파일 크기, 작성일 자, 권한, 소유자, 그룹 정보까지 표시한다.
-a	모든 파일 보기. 디렉터리에 있는 파일과 숨김 파일 모두를 보고 싶을 때 사용한다. 표시된 파일 중 .(마침표) 기호로 시작하는 것이 숨김 파일이다.
-t	최근 수정한 시간 순서로 파일을 표시한다.
-r	파일 목록의 순서를 역으로 바꾸기.
-1	하나의 열로 목록을 표시한다. (파일 이름만 표시)
-R	디렉터리에 있는 파일 뿐만 아니라 하위 디렉터리까지 모두 표시한다.

▒ 소유권 변경하기: chown

chown 명령은 파일의 소유권을 다른 사용자로 변경할 때 사용한다. 루트 사용자만이 이 명령을 사용할 수 있다(일반 사용자는 다른 사용자에게 파일 소유권을 이관하거나 가져올 수 없다). 명령어 사용법은 다음과 같다.

```
[root@server ~]# chown [-R] username filename
```

Username은 소유권을 부여할 사용자의 로그인 이름이다. filename은 대상이 되는 파일 이름이다. 파일뿐만 아니라 디렉터리도 가능하다.

-R 옵션은 지정된 파일 이름이 디렉터리인 경우 사용할 수 있다. 이것은 디렉터리에 포함된 하위 파일뿐만 아니라 하위 디렉터리에 새로운 소유권을 적용한다.

참고

chown 명령은 이뿐만 아니라 다른 방식으로도 활용할 수 있는데 그룹의 이름을 파일에 적용하는 것이다.

```
chown username.groupname filename.
```

▒ 그룹 변경하기: chgrp

chgrp 커맨드라인 유틸리티로 파일의 그룹 정보를 변경할 수 있다. chown과 비슷한데 다음을 확인해보자.

```
[root@server ~]# chgrp [-R] groupname filename
```

groupname은 filename의 소유권을 부여하고 싶은 그룹의 이름을 입력한다.

-R 옵션은 지정된 파일 이름이 디렉터리인 경우 사용할 수 있다. chown과 함께 사용할 때와 같

이 디렉터리 트리 전체, 즉 해당 디렉터리뿐만 아니라 하위 파일 및 모든 디렉터리에 새로운 소유권을 적용한다.

■ 파일 모드 변경하기: chmod

리눅스 파일 시스템의 디렉터리와 파일에는 권한과 다 연결되어 있다. 기본적으로 권한은 파일을 소유한 사용자, 해당 파일이 속한 그룹, 파일에 접근하려는 모든 대상(소유자, 그룹 및 기타)에 대해서 설정이 이루어진다.

파일이나 디렉터리 목록을 표시하면 그 첫 번째 열에서 권한 정보를 확인할 수 있다. 권한은 네 가지로 구성되어 있다. 첫 번째 부분은 권한 표시의 첫 번째 글자다. 보통 파일은 −(하이픈) 기호 값을 갖지 않는다. 만약 해당 파일이 특별한 속성을 가지고 있다면 글자가 표시되어 있을 것이다. 두 개의 관심 대상이 되는 속성이 있는데 바로 디렉터리(d)와 심볼릭 링크(1)다.

권한을 이루는 두 번째, 세 번째, 네 번째 부분은 세 개의 문자 조합으로 이루어진다. 세 개의 문자 중 맨 처음 글자는 파일 소유자의 권한을 말하고 그 다음은 그룹 권한, 그리고 마지막 글자는 모든 세상 사람들의 권한을 보여준다. 유닉스에서 "모든 세상 사람들(world)"이란 그룹과는 상관없이 시스템의 모든 사용자를 의미한다.

다음은 권한 정보를 표시하는 글자와 그 내용 및 값을 나타내고 있다. 이들을 결합할 때에는 각각의 값을 더하면 된다. chmod 명령어는 이렇게 권한값을 설정할 때 사용하는 것이다.

문자	권한	값
r	읽기	4
w	쓰기	2
x	실행	1

숫자를 이용한 명령 모드를 사용하는 방식은 **8진수**(octal) 권한이라고 한다. 왜냐하면 앞의 값들이 0에서 7 사이에 포진되어 있기 때문이다. 파일의 권한을 변경하기 위해서 적용하려는 권한의 숫자값을 더하거나 빼는 것을 통해 간단한 파일 모드를 변경할 수 있다.

예를 들어 사용자(소유자)가 foo라는 파일의 모든 권한(RWX)을 가지고 있다면 다음과 같이 쓸 수 있다.

```
[yyang@server ~]$ chmod 700 foo
```

즉 8진수 모드를 사용할 때 주의해야 할 점은 기존에 설정된 어떤 권한인들 이를 통해 모두 **대체**될 수 있다는 점이다. 만일 SetUID 비트가 설정된 /usr/local 디렉터리에 있는 한 파일에 chmod −R 700 /usr/local로 명령을 실행하게 되면 더 이상 해당 파일에는 SetUID 프로그램이 존재하지 않게 된다.

만일 특정 비트를 변경하고자 한다면 chmod의 심볼릭 링크를 반드시 사용해야 한다. 이 방식을
사용하면 훨씬 기억하기 쉽고 권한값을 더하거나 뺀다든지 또는 덮어쓰는 등의 작업을 쉽게 할
수 있다.

chmod의 심볼릭 링크로 소유자, 그룹, 또는 기타 사용자의 비트를 설정할 수 있다. 이뿐만 아니
라 모든 비트에 대해서도 설정이 가능하다. 예를 들어서 foobar.sh라는 파일을 변경해서 소유자
가 실행할 수 있는 권한을 주려면 다음과 같이 입력한다.

    [yyang@server ~]$ **chmod u+x foobar.sh**

그룹 비트도 변경하고 싶다면 다음과 같이 하면 된다.

    [yyang@server ~]$ **chmod ug+x foobar.sh**

기타 사용자에 대한 권한도 다르게 지정하고 싶은가? 그렇다면 쉼표를 입력한 뒤 권한 기호를
입력하면 된다. 예를 들어서 foobar.sh 파일을 사용자와 그룹에 대해서 실행 권한을 부여하고 기
타 사용자에게는 읽기, 쓰기, 실행에 대한 모든 권한을 제거하려면 다음과 할 수 있을 것이다.

    [yyang@server ~]$ **chmod ug+x,o-rwx foobar.sh**

권한값을 더하고 빼는 것이 싫다면 =, +, - 기호를 활용하는 방법도 있다. 이로써 특정 비트
를 설정하고 뺄 수 있다. 앞의 예제에서 + 기호를 써서 사용자 그룹에 실행 권한을 설정했다.
만약 **오직** 실행 권한만을 원한다면 +와 함께 = 기호를 쓴다. 여기에서는 a라는 문자를 사용할
수 있는데 **모든** 항목에 적용한다는 뜻이다.

다음은 가장 많이 사용하는 세 가지 권한 모드를 조합한 것이다. -wx와 같은 기타 조합도 사용하
지만 표에는 주로 사용하는 것들만을 모아두었다.

문자	권한	값
---	권한이 없음	0
r--	읽기만 가능	4
rw-	읽기, 쓰기	6
rwx	읽기, 쓰기, 실행	7
r-x	읽기, 실행	5
--x	실행만 가능	1

각 파일마다 세 개의 문자나 기호로 조합을 이룬 세 개가 하나의 권한 정보를 갖는다. 첫 번째
조합은 파일을 소유한 사용자의 권한 정보이고, 두 번째 조합은 해당 그룹, 마지막 조합은 모든

사용자를 위한 것이다. 표 5-3에 이러한 권한 정보의 몇 가지 예를 설명하고 있다.

● 표 5-3. 파일 권한

권한	숫자값	설명
-rw-------	600	소유자에게만 읽기와 쓰기 권한이 있다.
-rw-r--r--	644	소유자는 읽기와 쓰기 권한이 있고, 그룹과 모든 사용자에게는 읽기 권한만 있다.
-rw-rw-rw-	666	소유자, 그룹, 모든 사용자에게 읽기와 쓰기 권한이 부여됐다. 이것은 추천하지 않는다. 이러한 권한 모드는 누구나 파일에 접근해서 수정할 수 있다는 것을 말하기 때문이다.
-rwx------	700	소유자에게 모든 권한이 있다. 소유자가 실행하려는 프로그램이나 기타 실행 가능한 파일 및 디렉터리에 적합한 권한 모드다.
-rwxr-xr-x	755	소유자에게 모든 권한이 있다. 나머지 그룹과 모든 사용자는 읽기와 실행 권한 부여되었다.
-rwxrwxrwx	777	소유자, 그룹, 모든 사용자가 전체 권한을 가지고 있다. 666 권한 모드와 마찬가지로 이 조합은 사용하지 않는 것이 좋다.
-rwx--x--x	711	소유자는 읽기, 쓰기, 실행 권한까지 모두 있다. 그룹과 모든 사용자는 실행 권한만 주었다. 다른 사용자가 프로그램을 실행하되 복사는 하지 못하게 할 때 유용하다.
drwx------	700	mkdir 명령으로 생성된 디렉터리다. 디렉터리를 소유한 사용자만이 읽기, 쓰기, 실행이 가능하다. 여기서 디렉터리는 그 특성상 반드시 실행 권한이 설정되어야 하는 점을 주의하라.
drwxr-xr-x	755	디렉터리는 소유자에 의해서만 변경이 가능하고 나머지 사용자는 해당 디렉터리의 내용을 읽을 수만 있다.
drwx--x--x	711	이 조합은 모든 사용자가 디렉터리를 단순 보기만 가능하게 하는 것이다. ls 명령으로 이 디렉터리의 내용까지 확인할 수 없다. 디렉터리에 있는 파일명을 아는 사람만이 그 파일을 읽을 수 있다.

파일 관리와 조작

이 부분은 파일과 디렉터리를 관리하기 위한 기본적인 커맨드라인 도구를 다룬다. 커맨드라인 인터페이스를 사용해봤다면 어렵진 않을 것이다. 오래된 기능들은 여전하고, 새로운 기능들도 몇 가지 있다.

▨ 파일 복사: cp

cp 명령은 파일을 복사할 때 사용한다. 이 명령은 상당히 많은 옵션을 지원하는데 그 자세한 내용은 man 페이지에서 확인하기 바란다. 기본적으로 이 명령은 잘 실행되며 오류가 발생할 때만 메시지를 표시한다. 다음은 cp와 함께 자주 사용하는 옵션이다.

옵션	설명
-f	강제 복사하기. 복사를 확인하는 메시지 없이 무조건 복사한다.
-i	복사 실행을 사용자에게 확인하는 옵션이다.
-R, -r	하위 파일 및 디렉터리를 전체를 포함한 디렉터리를 복사하는 옵션이다.

우선 touch 명령으로 foo.txt.라는 빈 파일을 yyang 사용자의 홈 디렉터리에 생성하자.

```
[yyang@server ~]$ touch foo.txt
```

그런 다음 cp 명령어를 입력하여 foo.txt 파일을 foo.txt.html 파일에 붙여 넣자.

```
[yyang@server ~]$ cp foo.txt foo.txt.html
```

만일 현재 디렉터리에서 .html로 끝나는 모든 파일을 /tmp 디렉터리로 복사하고 싶다면 다음과 같이 입력할 수 있다.

```
[yyang@server ~]$ cp *.html /tmp
```

-i 옵션을 사용하여 .html로 끝나는 모든 파일을 다시 /tmp로 복사해보자.

```
[yyang@server ~]$ cp -i *.html /tmp
cp: overwrite `/tmp/foo.txt.html'?
```

cp 명령어에 -i 옵션을 사용하여 동일한 이름을 가진 파일을 덮어쓰기 전에 사용자에게 물어보도록 하였다. 복사를 계속 진행하여 목적지에 파일을 덮어쓰려면 다음과 같이 yes나 y를 입력한다.

```
[yyang@server ~]$ cp -i *.html /tmp
cp: overwrite `/tmp/foo.txt.html'? yes
```

■ 파일 이동: mv

mv 명령은 파일의 위치를 변경할 때 사용한다. 이것은 파티션 및 파일 시스템 간에도 파일 이동이 가능하다. 파일의 파티션 위치를 바꿀 때에는 복사 기능이 추가되기 때문이 시간이 다소 걸린다. 하지만 동일 파일 시스템 내에서 파일 이동은 거의 동시에 완료된다. 다음은 mv와 함께 쓰는 주요 옵션이다.

옵션	설명
-f	강제 이동하기.
-i	이동하기 전에 사용자에게 실행을 확인하는 옵션

/tmp에 있는 foo.txt.html 파일을 현재 작업 디렉터리로 그 위치를 바꿔보자.

    [yyang@server ~]$ **mv /tmp/foo.txt.html   .**

.(마침표) 기호는 오탈자가 아니다. 이것은 현재 디렉터리를 말하는 것이다.

시스템에서 파일 및 폴더를 이동할 때 mv 명령어는 새이름을 지정하는 데 사용할 수 있다.

foo.txt.html 파일의 이름을 foo.txt.htm으로 바꿔보자.

    [yyang@server ~]$ **mv foo.txt.html foo.txt.htm**

▓ 파일 링크: ln

ln 명령어로는 하드 링크와 소프트 링크를 만들 수 있다(이 장의 "파일에 관하여" 부분에서 이 내용을 확인할 수 있다). ln은 다음과 같이 쓸 수 있다.

    [yyang@server ~]$ **ln *original_file*   *new_file***

ln 명령은 많은 옵션을 가지고 있지만 잘 사용되지는 않는다. 가장 잘 쓰는 것은 -s로 하드 링크 대신 심볼릭 링크를 만들 수 있다.

link-to-foo.txt라는 심볼릭 링크를 생성해서 foo.txt 원본 파일을 가리키도록 설정하자.

    [yyang@server ~]$ **ln -s foo.txt link-to-foo.txt**

▓ 파일 찾기: find

find 명령어로는 여러 가지 검색 조건을 활용하여 원하는 파일을 찾을 수 있다. 지금까지 알아본 도구들처럼 find 역시 상당한 옵션들을 지원하지만 man 페이지에서 그 내용을 확인해보길 바란다. 다음에는 일반적으로 find 명령어가 사용되는 방식이다.

    [yyang@server ~]$ **find *start_directory [options]***

*Start_directory*는 검색이 시작되는 기준 디렉터리다.

현재 디렉터리에서("." 디렉터리) 최근 7일간 한 번도 사용하지 않은 파일 전체를 검색하려면 다음과 같이 입력하면 된다.

    [yyang@server ~]$ **find . -atime 7**

그 다음은 현재 디렉터리에서 core라는 이름을 가진 파일을 찾아서 모두 삭제해보려고 한다(find

명령이 실행되고 나서 바로 rm이 삭제 작업을 수행한다).

    [yyang@server ~]$ **find . -name core -exec rm {} \;**

참고 앞에서 find와 함께 사용한 -exec 옵션은 기억하기 조금은 어려운 옵션이라서 xargs 방법을 다음과 같이 써보자.

    [yyang@server ~]$ **find . -name 'core' | xargs rm**

PWD에 있는 .txt로 끝나는 모든 파일(즉 파일 확장자가 .txt인 파일을 말한다)을 찾되 그 크기가 100K 이하인 것만 찾도록 한다.

    [yyang@server ~]$ **find . -name '*.txt' -size -100k**

.txt 확장자를 가진 파일 중 100K 이상의 크기를 가진 파일만을 PWD에서 찾으려면 다음과 같이 입력하면 된다.

    [yyang@server ~]$ **find . -name '*.txt' -size 100k**

▦ 파일 압축: gzip

유닉스 초기 배포판에서는 compress라고 하는 파일 압축 도구가 있었다. 하지만 그 알고리즘은 돈을 수없이 벌기 원했던 어떤 사람에 의해 특허로 등록되었다. 돈을 많이 지불해야 했기 때문에 특허가 없는 gzip과 같은 무료 알고리즘을 찾게 되었다. 사실 gzip이 compress에 비해 훨씬 좋은 압축률을 제공하고 있다. 또 다른 이점으로는 compress 명령을 사용해서 압축된 파일들도 gzip으로 압축을 해제할 수 있다는 것이다.

참고 파일명 확장자를 보면 gzip으로 끝나는 것은 압축 파일로 구분할 수 있다. 이러한 파일들은 보통 .gz(compress로 압축된 파일은 .z로 끝난다)로 끝난다.

gzip으로 파일을 압축하면 원본 파일은 제거되고 압축 파일만 남게 된다.

PWD에 있는 foo.txt.htm이란 파일을 압축하려면 다음과 같이 한다.

    [yyang@server ~]$ **gzip foo.txt.htm**

또한 압축 해제도 해보자. 역시 gzip을 사용하지마 -d 옵션을 붙인다.

    [yyang@server ~]$ **gzip -d foo.txt.htm.gz**

PWD의 .htm으로 끝나는 파일 모두 압축하려면 다음과 같이 할 수 있을 것이다.

```
[yyang@server ~]$ gzip -9 *.htm
```

▨ bzip2

bzip2 도구는 gzip과 다른 압축 알고리즘을 사용하여 gzip으로 압축한 파일보다 더 작은 크기의 파일로 만들 수 있다. 하지만 gzip과 사용법은 비슷하다. 따라서 bzip2의 압축률이 좋다는 것을 말한다.

bzip2로 압축한 파일은 보통 .bz 확장자로 끝난다. 더 자세한 정보는 bzip2의 man 페이지를 확인하라.

▨ 디렉터리 만들기: mkdir

리눅스의 mkdir 명령어는 유닉스나 MS-DOS의 mkdir와 같은 것이다. 이 명령어와 함께 자주 사용하는 옵션은 -p 옵션이다. 이것은 존재하지 않는다 하더라도 부모 디렉터리를 강제 생성하도록 한다. 예를 들어 /tmp/bigdir/subdir/mydir이라는 디렉터리를 생성하려는데 /tmp 디렉터리만 있다면 -p 옵션을 써서 bigdir, subdir, mydir를 강제 생성할 수 있다.

mydir이라는 하나의 디렉터리를 생성하려면 다음과 같이 입력한다.

```
[yyang@server ~]$ mkdir mydir
```

bigdir/subdir/finaldir와 같은 디렉터리 트리를 PWD에 생성하자.

```
[yyang@server ~]$ mkdir  -p bigdir/subdir/finaldir
```

▨ 디렉터리 제거하기: rmdir

rmdir 명령어는 DOS 버전의 그것과 매우 비슷해서 사용하는 데 어려움이 없을 것이다. 이것은 디렉터리를 삭제하는 명령어다. -p 옵션도 여기에 적용되는데, 부모 디렉터리까지 모두 삭제하는 것이다.

mydir이라는 디렉터리를 제거하려면 다음과 같이 입력한다.

```
[yyang@server ~]$ rmdir mydir
```

앞에서 생성한 bigdir부터 finaldir까지 모두 삭제하고 싶다면 다음과 같이 실행한다.

```
[yyang@server ~]$ rmdir -p bigdir/subdir/finaldir
```

참고 rm 명령어와 -r 옵션을 함께 사용해도 디렉터리를 삭제할 수 있다.

■ 현재 작업 중인 디렉터리 표시하기: pwd

보통 로그인 중인 시스템에서 터미널이나 쉘 프롬프트에서 작업 중이다가 현재 파일 시스템의 계층 구조 또는 디렉터리 트리상에서 위치를 놓칠 때가 많다. 그런 경우 pwd 명령어를 활용한다. 이것은 단순히 현재 작업 디렉터리를 보여주는 작업을 수행한다. 자, 다음과 같이 입력해보자.

```
[yyang@server ~]$ pwd
/home/yyang
```

■ 테이프 아카이브: tar

PKZip 프로그램을 이미 알고 있다면 압축 도구는 단순히 파일 크기를 줄이는 것뿐만 아니라 파일을 압축된 아카이브 형태로 만든다는 것을 이해할 것이다. 리눅스에서는 이러한 프로세스가 두 단계로 구성되고 있다. 즉 gzip과 tar다.

tar 명령은 여러 개의 파일을 하나의 파일로 묶는다. 압축 도구와는 별개의 프로그램이기 때문에 어떤 압축 도구를 사용할지 선택할 수 있으며 또는 압축이 필요한지도 판단할 수 있다. 또한 tar는 장치를 읽고 쓸 수 있어서 테이프 장치에 백업하는 데도 좋은 도구다.

참고 테이프 아카이브 또는 tar라는 말에서 테이프라는 단어가 표현되고 있더라도 아카이브를 생성할 때 꼭 테이프에서만으로 한정되는 것은 아니다. 사실 테이프 장치로부터 tar를 많이 사용하지 않는다(백업과 같은 작업을 수행할 때). 애초에 tar 프로그램을 만들었을 때, 디스크 공간이 제한되어 있고 테이프가 아카이브를 두기에 가장 적합했기 때문이다. 일반적으로 tar의 -f 옵션은 전통적인 유닉스 파일 대신 테이프 장치 파일을 지정할 때 사용한다. 하지만 명심할 것은 tar를 장치에 직접 사용할 수 있다는 것이다.

tar는 다음과 같이 사용한다.

```
[yyang@server ~]$ tar option filename
```

tar 명령어와 사용하는 몇 가지 옵션을 다음에 표기하였다.

옵션	설명
-c	새로운 아카이브를 생성한다.
-t	아카이브의 내용을 확인한다.
-x	아카이브의 내용을 추출한다.
-f	아카이브가 위치한 곳에 파일 또는 장치의 이름을 지정한다.

-v	작업 진행 시 자세한 작업 진행 내용을 표시한다.
-j	`bzip2` 도구를 사용해서 아카이브를 필터링한다.
-z	`gzip` 도구로 아카이브를 필터링한다.

tar의 사용 예제를 살펴보기 위해서 먼저 junk라는 폴더를 PWD에 만들자. 이 폴더에는 1, 2, 3, 4라는 빈 파일이 있다.

```
[yyang@server ~]$ mkdir junk ; touch junk/{1,2,3,4}
```

이제 junk 폴더에 있는 파일을 포함하여 junk.tar라는 아카이브를 생성해보자.

```
[yyang@server ~]$ tar -cf junk.tar junk
```

2junk.tar라는 또 다른 아카이브를 생성하되 이 아카이브에는 junk 폴더의 모든 내용이 다 포함되고 -v 옵션으로 작업이 어떻게 수행되는지를 자세하게 보려고 한다.

```
[yyang@server ~]$ tar -vcf 2junk.tar junk
junk/
junk/4
junk/3
junk/1
junk/2
```

> **참고** 앞의 예제에서 생성된 아카이브들은 압축된 것이 아니다. 다만 여러 개의 파일과 디렉터리가 단일 파일로 결합된 것뿐이다.

junk 폴더에 있는 파일들을 포함하면서 gzip으로 압축된 3junk.tar.gz라는 아카이브를 만들기 위해서, 그리고 이러한 작업이 어떻게 수행되는지를 확인하기 위해서 다음과 같은 명령어 구문을 만들어볼 수 있다.

```
[yyang@server ~]$ tar -cvzf 3junk.tar.gz junk
```

자, 이제는 gzip과 tar 명령어로 생성된 아카이브의 내용을 다시 풀어보도록 하자. 또한 그 작업 과정을 자세히 보도록 한다.

```
[yyang@server ~]$ tar -xvzf 3junk.tar.gz
```

> **참고** tar 명령어는 리눅스/유닉스 유틸리티들 가운데 특히 옵션의 순서에 대해 주의해야 하는 명령어로 앞의 명령 구문을 tar -xvfz 3junk.tar.gz라고 실행했다면 제대로 작동하지 않았을 것이다. 그 이유는 -f 옵션 뒤에 바로 파일 이름이 나오지 않았기 때문이다.

혹시 원한다면 물리적 장치에 대해 tar를 실행할 수 있다. 시스템 간에 다량의 파일을 이동해야 할 때, 또는 어떤 이유에서인지 장치에 파일 시스템을 생성하기 어려울 때, 이 기능은 매우 유용하다. (혹은 때때로 이 방식이 더 재미있기도 하다.)

자신의 시스템에 플로피 디스크 드라이브가 있다고 가정하고 첫 번째 플로피 장치에 아카이브를 생성하려면 다음과 같이 입력한다.

```
[yyang@server ~]$ tar -cvzf /dev/fd0 junk
```

> 참고 **tar -cvzf /dev/fd0** 구문은 해당 디스크에 있는 내용을 모두 삭제하고 원하는 작업을 수행한다.

디스크의 아카이브를 꺼내는 명령은 다음과 같다.

```
[yyang@server ~]$ tar -xvzf /dev/fd0
```

▒ 파일 이어 붙이기: cat

cat 프로그램의 기능은 아주 간단하다. 파일을 출력하는 일이다. 이것을 활용하여 조금 더 창의적인 작업들을 수행할 수는 있지만 대부분의 경우 텍스트 파일을 출력하는 일에만 사용한다. 마치 DOS의 type과 같은 프로그램이다. 커맨드라인에서 여러 개의 파일 이름이 지정될 수 있기 때문에 해당 파일들을 연결하여 하나의 크고 연속적인 파일로 만들 수 있다. tar와 다른 점은 결과 파일에 파일 구분이 없어진다는 것이다.

/etc/passwd 파일을 출력해보자.

```
[yyang@server ~]$ cat /etc/passwd
```

이번엔 /etc/passwd 파일과 /etc/group 파일을 출력하자.

```
[yyang@server ~]$ cat /etc/passwd /etc/group
```

또한 /etc/passwd 파일과 /etc/group 파일을 연결하여 해당 결과를 users-and-group.txt 파일로 보내자.

```
[yyang@server ~]$ cat /etc/passwd /etc/group > users-and-groups.txt
```

마지막으로 /etc/hosts의 내용을 users-and-groups.txt 파일에 붙여 넣는다.

```
[yyang@server ~]$ cat /etc/hosts >> users-and-groups.txt
```

참고 cat 명령을 실행할 때 결과를 역순으로 출력하려면 tac 명령어를 사용하면 된다.

▣ 한 화면씩 파일 내용 표시하기: more

more 명령은 DOS의 more 명령어와 똑같은 기능을 수행한다. 즉 입력된 내용을 한 화면씩 출력한다. 입력 내용은 stdin 또는 기타 커맨드라인 인자를 통해 발생한다. 기타 커맨드라인 인자에 대해서는 잘 사용하지 않기 때문에 man 페이지를 확인하도록 한다.

/etc/passwd 파일을 한 번에 한 화면씩 출력하는 작업을 실행해보자.

```
[yyang@server ~]$ more /etc/passwd
```

ls 명령으로 생성된 파일 및 디렉터리 목록을 한 화면씩 확인하는 것도 해보자.

```
[yyang@server ~]$ ls | more
```

▣ 디스크 사용량 보기: du

시스템 관리자라면 디스크 공간이 어디에 쓰였고 누가 사용했는지를 알아야 하는 경우가 많은데 특히 그런 경우는 디스크 용량이 부족하게 될 때이다. du 명령어로 디렉터리 단위로 디스크 사용량을 확인할 수 있다.

다음은 du 명령어와 함께 사용하는 옵션들이다.

옵션	설명
-c	실행이 완료될 때 총 합계를 표시한다.
-h	사람이 읽을 수 있는 형태로 크기를 출력한다.
-k	블록 크기 형식이 아닌 킬로바이트 단위로 크기를 출력한다. (리눅스에서는 1블록이 1K와 같은 단위다. 하지만 모든 유닉스에서 블록 단위를 사용하는 것은 아니다.)
-s	요약해주는 옵션. 각 인자의 합계를 출력한다.

PWD에서 모든 파일 및 디렉터리가 차지하는 디스크 공간의 크기의 총계를 표시하되 사람이 읽을 수 있는 형식이어야 한다면 다음과 같이 입력한다.

```
[yyang@server ~]$ du -sh .
26.2M
```

이 장의 앞부분에서 파이프 기능을 사용할 수 있다. 즉 du 명령어와 기타 유틸리티(sort나 head와 같은)들을 묶어서 시스템과 관련된 재미있는 통계 정보들을 수집하는 것이다. sort 명령어는 텍스트 내용을 알파벳이나 숫자순으로 정렬해준다. head는 지정된 텍스트의 특정 라인의 내용을 표준 입력(화면)으로 출력하거나 표시해 준다.

예를 들어보자. du, sort, head를 조합하여 /home/yyang 디렉터리를 기준으로 공간을 차지하고 있는 파일이나 디렉터리 중 가장 큰 것 12개만 출력하고자 할 때에는 다음과 같이 구문을 만들어 볼 수 있다.

```
[yyang@server ~]$ du -a /home/yyang | sort -n -r | head -n 12
```

▨ 파일이 위치한 경로 보기: which

which 명령어는 커맨드라인에서 지정한 파일 이름을 찾기 위해 경로 전체를 검색한다. 파일을 찾으면 이 명령어의 결과에는 해당 파일의 실제 경로를 알려준다.

다음과 같이 입력하게 되면 rm 명령어의 바이너리 파일의 위치를 알려준다.

```
[yyang@server ~]$ which rm
/bin/rm
```

find와 흡사한 명령어라고 생각할 수 있다 이와 다른 점은 which는 경로만을 검색하기 때문에 보다 빠르다는 것이다. 물론 find에 비하면 기능적으로 제약이 많다. 하지만 프로그램 경로를 찾기 위한 것이면 find보다는 which를 사용하는 것이 훨씬 바르고 나은 선택이다.

▨ 명령어 위치 찾기: whereis

Whereis 도구로는 프로그램의 이름을 검색하여 해당 이름과 절대 디렉터리, 소스 파일(있는 경우에만), man 페이지를 출력한다.

grep에 대하여 프로그램, 소스, man 페이지의 위치를 알기 위해서는 다음과 같이 입력한다.

```
[yyang@server ~]$ whereis grep
grep:
/bin/grep
/usr/share/man/man1/grep.1.gz
/usr/share/man/man1p/grep.1p.gz
```

▨ 디스크 여유 공간 보기: df

df 프로그램은 사용 가능한 디스크 공간의 크기를 파티션 별로 보여준다(또는 볼륨 단위). 이러한 정보를 얻기 위해서는 드라이브/파티션이 반드시 마운트되어 있어야 한다. NFS 정보 또한 이러한 방식으로 수집할 수 있다. df와 함께 사용하는 몇 가지 인자들을 소개한다. 기타 잘 쓰이지 않는 것들은 man 페이지에서 확인하면 된다.

옵션	설명
-h	블록이 아닌 사람이 있을 수 있는 숫자 단위로 디스크 여유 공간을 보여준다.
-1	로컬에서 마운트된 파일 시스템만 출력한다. 네트워크상에서 마운트된 파일 시스템은 제외된다.

로컬에서 마운트된 모든 드라이브의 여유 공간을 확인해보자.

> [yyang@server ~]$ **df -l**

현재 작업 디렉터리가 있는 파일 시스템의 여유 공간을 사람이 읽을 수 있는 형태로 출력해보자.

> [yyang@server ~]$ **df -h .**

/tmp가 위치한 파일 시스템의 여유 공간을 사람이 읽을 수 있는 형태로 출력해보자.

> [yyang@server ~]$ **df -h /tmp**

▦ 디스크 동기화: sync

최신 운영체제들이 그러하듯이 리눅스 역시 효율성을 높이기 위한 디스크 캐시(disk cache)를 운영한다. 단점이 있다면 디스크에 쓰는 모든 내용이 디스크에 바로 이루어지지 않는다는 것이다.

디스크 캐시를 강제로 디스크에 쓰기 위해서 sync 명령어가 필요하다. sync는 디스크에 캐시를 쓰도록 이미 예약된 것을 발견하면 커널이 즉시 캐시를 쓰도록 지시한다. 이 명령어는 별도의 인자를 갖지 않는다. sync를 실행하여 캐시를 만들어보자.

> yyang@server ~]$ **sync**

> **참고** sync 명령을 직접 실행할 일은 별로 없다. 왜냐하면 리눅스 커널 및 기타 구성요소들이 작업을 잘 수행하기 때문이다. 또한 시스템을 정상적으로 종료하거나 재부팅할 경우 모든 파일 시스템은 적절하게 마운트가 해제되고 데이터는 디스크와 sync되어 있을 것이다.

사용자와 홈 디렉터리 이동

여기에서는 지금까지 살펴본 주제와 유틸리티들을 활용하는 방법을 증명해 보일 것이다. 리눅스의 고급 기능들로 인해 단순한 명령어들을 조합하여 아주 수준 높은 작업을 수행할 수 있을 것이다.

시스템을 관리하다 보면 가끔 사용자 및 해당 사용자의 파일을 시스템상에서 이동해야만 하는 경우를 만나게 된다. 이번에 배울 내용들이 바로 사용자의 홈 디렉터리를 이동하는 과정이다. 즉 project5라는 사용자를 자신의 홈 디렉터리인 /home/projec5로부터 /export/home/project5로 옮길 것이다. 또한 해당 사용자의 파일과 디렉터리의 권한을 적절히 설정하여 사용자의 접근 권한도 관리할 것이다.

이전의 실습에서는 yyang과 같은 일반 사용자를 대상으로 한 것이지만 이번에는 슈퍼유저 권한을 실습을 수행할 것이다.

1. su 명령어를 입력하여 현재 로그인 중인 사용자를 수퍼유저(루트)로 임시 권한 설정을 한다. 이 경우 루트 계정 비밀번호를 입력해야 한다. 그런 다음 가상 터미널을 실행한다.

```
[yyang@server ~]$ su -
Password:
```

2. 이 프로젝트에서 사용할 사용자를 추가한다. 사용자 이름은 project5다.

```
[root@server ~]# useradd project5
```

3. grep명령어로 /etc/passwd 파일에 생성한 해당 사용자 정보를 확인한다.

```
[root@server ~]# grep project5 /etc/passwd
project5:x:1002:1002::/home/project5:/bin/bash
```

4. ls 명령어를 입력하여 해당 사용자의 홈 디렉터리 목록을 출력한다.

```
[root@server ~]# ls -al /home/project5
total 28
drwx------. 4 project5 project5 4096  Feb  7 14:13  .
drwxr-xr-x. 7 root     root     4096 Feb  7 14:13  ..
-rw-r--r--. 1 project5 project5   18  Jun 22  2020  .bash_logout
-rw-r--r--. 1 project5 project5  176  Jun 22  2020  .bash_profile
-rw-r--r--. 1 project5 project5  124  Jun 22  2020  .bashrc
drwxr-xr-x. 2 project5 project5 4096 Sep 29 00:15  .gnome2
drwxr-xr-x. 4 project5 project5 4096 Jan 19 13:13  .mozilla
```

5. 사용자가 차지하고 있는 디스크 공간을 확인한다.

```
[root@server ~]# du -sh /home/project5
32K /home/project5
```

6. su 명령어를 입력하여 현재 루트 권한에서 임시로 일반 사용자인 project5 사용자 권한을 변경해보자.

```
[root@server ~]# su - project5
```

```
[project5@server ~]$
```

7. project5 계정으로 전환한 현재 디렉터리를 확인해보자.

```
[project5@server ~]$ pwd
/home/project5
```

8. project 5 사용자 계정 상태에서 몇 개의 빈 파일을 만들어보자.

```
[project5@server ~]$ touch a b c d e
```

9. project5 사용자 계정에서 다시 루트 계정으로 전환한다.

```
[project5@server ~]$ exit
```

10. /export 디렉터리를 생성하여 사용자의 홈 디렉터리 위치를 바꿔보자.

```
[root@server ~]# mkdir -p /export
```

11. 이제 tar 명령어를 이용하여 proejct5의 현재 홈 디렉터리(/home/project5)를 아카이브로 만들어서 압축한 뒤에 새로운 위치에 압축을 풀고 아카이브를 해제하자.

```
[root@server ~]# tar czf - /home/project5 | (cd /export ; tar -xvzf -)
```

> 참고
> 여기서 사용하는 -(대시) 기호는 tar 명령의 결과를 표준 출력(stdout)으로 먼저 보낸 뒤 또 그 입력을 표준 입력(stdin)에서 입력 받을 수 있게 해준다.

12. ls 명령어를 입력하여 새로운 홈 디렉터리가 /export 디렉터리 하위에 잘 생성됐는지 확인하자.

```
[root@server ~]# ls -R /export/home/
/export/home/:
project5
/export/home/project5:
a b c d e
```

13. project5 사용자는 자신의 홈 디렉터리에 있는 파일과 디렉터리에 대해 소유권을 가질 수 있도록 다음과 같이 입력하자.

```
[root@server ~]# chown -R project5.project5 /export/home/project5/
```

14. 이제는 project5의 홈 디렉터리를 삭제해보자.

```
[root@server ~]# rm -rf /home/project5
```

15. 거의 끝나간다. 이번에도 다시 project5 사용자 계정으로 전환해보자.

```
[root@server ~]# su - project5
su: warning: cannot change directory to /home/project5: No such file or directory
-bash-4.1$
```

한 가지만 더 하자. /home/project5(사용자의 홈 디렉터리) 디렉터리를 삭제했다. 이 사용자
의 홈 디렉터리 경로는 /etc/passwd 파일(4장 참고)로 지정되는데 우리가 앞에서 사용자의
홈 디렉터리를 삭제했기 때문이다. 그래서 su 명령은 오류 메시지를 띄우는 것이다.

16. project5 사용자 계정에서 나오자.

```
-bash-4.1$ exit
```

17. usermod 명령어를 입력하여 project5 사용자의 새로운 홈 디렉터리가 지정된 /etc/passwd 파일
을 업데이트하자.

```
[root@server ~]# usermod -d /export/home/project5 project5
```

참고 SELinux를 사용하는 시스템에서는 새로운 홈 디렉터리가 없기 때문에 오류 메시지를 띄울 수도 있다. 이런 경
우 현재로써는 무시하고 지나가도록 한다.

18. su 명령어를 다시 입력해서 project5 계정으로 다시 전화해보자.

```
[root@server ~]# su - project5
[project5@server ~]$
```

19. project5 계정으로 로그인한 후 pwd 명령어를 사용해서 현재 작업 디렉터리가 어디인지 확인해
보자.

```
[project5@server ~]$ pwd
/export/home/project5
```

결과를 보니 홈 디렉터리 변경이 잘 되었다.

20. project5 계정에서 나와 다시 루트 계정으로 돌아가자. 그리고 project5라고 하는 사용자를 시스
템에서 완전히 삭제한다.

```
[project5@server ~]$ exit
logout
[root@server ~]# userdel -r project5
```

■ 프로세스 목록 보기: ps

ps 명령어는 시스템의 전체 프로세스 정보를 보여준다. 프로세스의 상태, 크기, 이름, 소유자,
CPU 시간, 실제 시간 등 다양한 정보를 볼 수 있다. 표 5-4에 ps와 함께 자주 사용하는 옵션을

설명해두었다.

ps 명령어와 함께 사용하는 가장 흔한 옵션들을 조합한 것으로 auxww라는 것이 있다. 이들은 터미널 제어 여부와 상관 없이 모든 프로세스를 표시해주고 이뿐만 아니라 각 프로세스의 소유자, 그리고 모든 프로세스들의 커맨드라인 인자들까지 보여 준다. ps auxww를 실행할 때 나오는 출력 결과를 일부만 확인해보자.

```
[yyang@server ~]$ ps auxww | head
USER     PID  %CPU %MEM    VSZ   RSS  TTY    STAT  START  TIME   COMMAND
root       1  0.0  0.3  19468  1528  ?      Ss    10:06  0:02   /bin/systemd
root       2  0.0  0.0      0     0  ?      S     10:06  0:00   [kthreadd]
root       3  0.0  0.0      0     0  ?      S     10:06  0:00   [ksoftirqd/0]
root       4  0.0  0.0      0     0  ?      S     10:06  0:00   [migration/0]
root       5  0.0  0.0      0     0  ?      S     10:06  0:00   [watchdog/0]
........ 이하 생략 .......
yyang   1838  0.0  0.3 108476  1864  pts/1  Ss    10:35  0:00   -bash
yyang   2365  0.0  0.2 108128  1084  pts/1  R+    14:47  0:00   ps auxww
```

첫 번째 열은 출력되는 내용의 각 항목이며 표 5-5에서 그것이 무엇을 말하는지 확인할 수 있다.

● 표 5-4. ps 옵션

옵션	설명
-a	현재 사용자의 프로세스뿐만 아니라 제어 터미널을 가진 모든 프로세스를 보여준다.
-r	수행 중인 프로세스만 표시한다. (뒷부분에서 프로세스 상태를 참고)
-x	제어 터미널이 없는 프로세스만 표시한다.
-u	프로세스 소유자 정보를 보여준다.
-f	부모/자식 프로세스 관계를 표시한다.
-l	자세히 보기.
-w	프로세스의 커맨드라인 인자를 표시한다. (줄의 절반까지만)
-ww	프로세스의 커맨드라인 인자를 표시한다. (길이와 상관 없이 전체 출력)

● 표 5-5. ps 출력 항목

ps 출력 결과 항목	설명
USER	프로세스 소유자
PID	프로세스 고유 번호
%CPU	프로세스가 차지하고 있는 CPU 비율 다중 프로세스를 사용하는 시스템일 경우 이 값은 100%를 넘을 수 있다.
%MEM	프로세스가 차지하고 있는 메모리 점유율
VSZ	프로세스가 사용하는 가상 메모리의 양

RSS	프로세스가 차지하고 있는 실제 (상주하는) 메모리의 양
TTY	프로세스의 제어 터미널. 값이 ?일 경우 프로세스는 제어 터미널과 연결되어 있지 않음을 의미한다.
STAT	프로세스 상태. 다음은 프로세스 상태의 종류다. **S:** 프로세스가 유휴 상태로 실행 준비가 되어 있는 프로세스(즉 멀티태스킹되어 있고 CPU가 다른 것에 사용되고 있을 때)는 유휴(sleep) 상태라고 한다. **R:** 프로세스가 CPU를 사용 중인 상태 **D:** 인터럽트할 수 없는 유휴 상태 (I/O인 경우가 많다) **T:** 디버거가 프로세스를 추적하는 과정에 있거나 프로세스 자체가 중단된 상태 **Z:** 프로세스가 좀비(zombie)상태임을 말하는데 1) 부모 프로세스가 wait 시스템 호출을 통해 자식 프로세스의 종료 상태를 알지 못한 상황이거나 2) 부모 프로세스가 비정상적으로 종료되어 완전히 종료되기까지 init 프로세스(8장 참고)가 자식 프로세스를 종료할 수 없는 상태를 의미한다. 보통 좀비 상태인 프로세스가 보이면 해당 프로그램은 품질이 높지 않다는 것을 보여주는 것이다. 또한 STAT 항목은 다음과 같은 상태 정보 값을 가진다. **W:** 메모리에 유효한 페이지가 없음 (모두 스왑이 됨) **〈:** 최고 우선순위를 가진 프로세스 **N:** 최저 운선순위를 가진 프로세스 **L:** 메모리상에 있는 페이지가 잠겨있음 (보통 실시간 기능이 작동할 때 필요하다)
START	프로세스가 시작한 날짜
TIME	프로세스가 CPU를 점유한 시간
COMMAND	프로세스 이름과 커맨드라인 인자 정보

▣ 대화형 방식의 프로세스 목록 보기: top

top 명령어는 ps 명령어와 비슷하지만 대화형 방식이라는 특성이 있다. 프로세스가 어떤 상태인지를 확인하는 관점이 아니라 top은 2~3초(조정이 가능함)마다 프로세스 목록을 업데이트하여 보여준다. 이 목록을 보면서 프로세스의 우선순위를 조정하거나 중지(kill)할 수 있다. 그림 5-1에 top 실행 화면이 있다.

top 프로그램은 CPU를 소모한다는 치명적인 단점이 있다. 프로세스가 많이 돌아가는 시스템에서 이 프로그램을 사용할 경우 시스템 관리에 어려움을 줄 수도 있다. 사용자들이 top 명령어를 입력해서 프로세스를 확인하려고 할 때 겨우 몇몇 사람들만 확인할 수 있고 전반적인 시스템은 점점 느려지는 현상을 볼 수 있다.

기본적으로 top은 내장되어 있어서 누구나 사용할 수 있다. 사용자 환경에 따라서 루트 권한만이 이 명령을 실행할 수 있도록 제한하는 것이 현명한 방법일 것이다. 이를 위해 루트 계정만이 이 명령어를 사용하도록 다음과 같이 적용해보자.

```
[root@server ~]# chmod 0700 `which top`
```

이 명령을 실행하고 나면 일반 사용자가 top 유틸리티를 실행할 경우 다음과 같은 오류 메시지를 보게 될 것이다.

```
[yyang@server ~]$ top
bash: /usr/bin/top: Permission denied
```

● **그림 5-1**. top 출력 화면

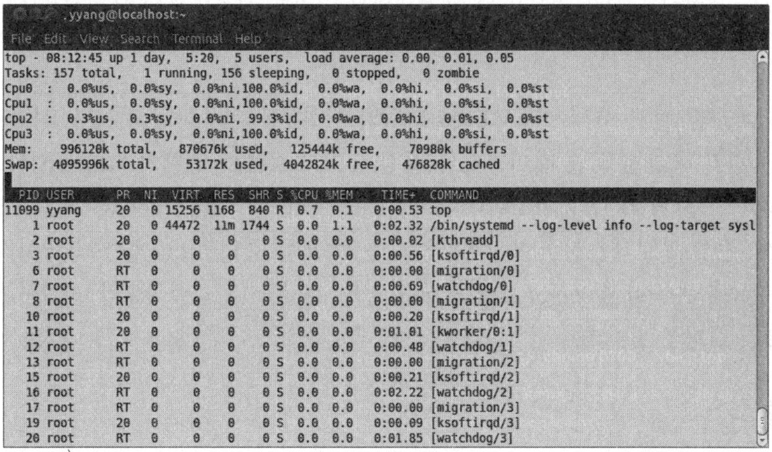

만일 자신이 관대한 시스템 관리자여서 일반 사용자에게도 top 실행 권한을 허용하고 싶다면 다시 top 사용 제한을 다음과 같이 풀 수 있다.

```
[root@server ~]# chmod 0755 `which top`
```

▓ 프로세스에 시그널 보내기: kill

이 프로그램의 이름과는 달리 실제 프로세스를 종료하는 작업을 하지 않는다. 이 프로그램이 하는 일은 실행 중인 프로세스에 시그널을 보내는 것이다. 기본적으로 운영체제는 프로세스마다 수신되는 시그널을 처리하기 위한 **시그널 처리기**(signal handler)를 제공한다. 시스템 관리자의 관점에서 가장 흔하게 사용되는 처리기는 9번과 15번으로 각각 kill과 terminate에 해당한다.

Kill을 호출하면 인자가 한 개 이상 꼭 필요한데 ps 명령어로부터 구할 수 있는 프로세스 식별번호다. PID만을 인자로 전달하면 kill은 15번 시그널을 보낸다. 일부 프로그램들이 이 시그널을 받아서 정상적으로 마칠 수 있도록 몇 가지의 작업을 수행하게 된다. 또 다른 프로그램들은 실행을 중지해버리기도 한다. 어떤 상황이든 프로세스 중단을 보장해주지는 못한다.

시그널

kill과 함께 사용하는 옵션으로는 -n이 있다. N에 시그널 번호를 입력하는 것이다. 시스템 관리자라면 9번(kill)과 1번(hang up)에 가장 관심이 쏠릴 것이다.

9번 kill 시그널은 프로세스를 중지시키는 것으로 중지를 확인하는 매너 없이 곧바로 실행해버린다. 이 일이 실패하는 경우는 해당 프로세스가 시스템 호출의 한 가운데 위치해 있을 때다(예: 파일을 열라는 요청이 들어온 경우). 그런 경우에는 시스템 호출로부터 복귀한 뒤에 프로세스가 중지된다.

Hang-up 시그널인 1번은 유닉스의 VT100 터미널 시절부터 사용하던 것이다. 사용자의 터미널 연결이 세션 중간 끊기게 되면 터미널에서 실행 중인 프로세스 전체가 hang-up 시그널을 받게 된다(SIGHUP 또는 HUP이라고도 한다). 이것은 프로세스가 완전하게 종료할 수 있는 기회를 주거나 백그라운드 프로세스인 경우 시그널을 무시하도록 한다. 요즘에는 HUP이라는 것을 사용하는데 이를 통해 특정 응용프로그램 서버에 설정 파일을 다시 읽어오라고 지시한다(이 부분은 뒷부분에서 살펴볼 것이다).

보안 문제

프로세스를 종료한다는 것은 매우 강력한 작업이기 때문에 보안에 대한 사전 주의가 아주 중요하다. 사용자는 프로세스를 중지할 수 있는 권한이 있어야만 그 작업을 실행할 수 있다. 루트 사용자가 아니라면 자신의 소유가 아닌 다른 프로세스를 중지하려고 시도하게 되면 오류 메시지를 받게 된다. 루트 사용자는 이러한 제한사항이 없다. 루트 사용자는 시스템에 있는 모든 프로세스에 시그널을 보낼 수 있기도 하다. 따라서 루트 사용자 역시 kill 명령어 사용을 신중하게 해야 한다는 것을 의미하기도 한다.

kill 사용 예

 다음 예제는 임의의 상황이다. PID는 임의 번호이기 때문에 실제 PID 번호와는 다를 수 있다.

PID가 205989인 프로세스를 종료시켜보자.

```
[root@server ~]# kill 205989
```

593999번 프로세스를 확실하게 종료하고 싶다면 다음과 같이 입력한다.

```
[root@server ~]# kill -9 593999
```

HUP 시그널을 init 프로그램에 전송해보자(이 프로그램의 PID는 항상 1이다).

```
[root@server ~]# kill -SIGHUP 1
```

다음의 명령은 앞과 같은 작업을 수행할 것이다.

```
[root@server ~]# kill -1 1
```

 참고 모든 시그널 정보를 보고 싶다면 kill -l 명령을 실행한다.

기타 도구

다음 소개될 도구는 어느 특정 영역에 해당되는 것은 아니지만 매일같이 이뤄지는 시스템 관리 작업에 중요하게 사용되는 것들이다.

■ 시스템 이름 보기: uname

uname 프로그램으로는 여러 상황에서 도움이 될만한 시스템 정보를 보여준다. 원격으로 수십대의 시스템에 로그인하여 시스템을 관리하는 중에 현재 위치를 잊어버리는 경우를 종종 보게 된다. 이 도구로는 스크립트 작성할 때에도 유용한데 그 이유는 시스템 정보에 맞게 스크립트 경로를 쉽게 수정할 수 있기 때문이다.

다음에는 uname과 함께 사용하는 커맨드라인 인자들이 있다.

옵션	설명
-m	하드웨어 종류를 보여준다. (CPU 사양 등)
-n	호스트명을 알려준다.
-r	운영체제의 릴리즈 이름을 보여준다.
-s	운영체제의 이름을 출력한다.
-v	운영체제 버전을 출력한다.
-a	위의 내용을 한 번에 출력한다.

운영체제의 이름과 릴리즈 정보를 확인하려면 다음과 같이 입력하면 될 것이다.

```
[yyang@server ~]$ uname -s -r
```

-s 옵션은 중복적이라고 생각할 수 있지만(결국 이것이 리눅스라는 것을 우린 알고 있다), 이 옵션은 유닉스 운영체제에서 유용하게 사용된다. 예를 들어서 SGI(Silicon Graphic, Inc.)의 워크스테이션 터미널에서 uname -s를 입력하면 IRIX라는 정보를 줄 것이다. 그리고 Sun 워크스테이션에서는 SunOS라는 정보를 보여줄 것이다. OS에 따라 다르게 동작하는 스크립트를 작성하는 사람들에게는 -s 옵션을 통해 이러한 정보를 확인할 수 있는 좋은 방법이 된다.

참고
배포판마다 달라지는 정보를 보여주는 또 다른 명령어가 있다. 바로 lsb_release 명령어다. 특히 LSB 유형의 정보를 보여주는데 배포판의 이름, 코드명, 릴리즈, 버전 정보 등이 해당된다. Lsb_release 명령어와 함께 잘 쓰는 옵션은 -a다. lsb_release -a라고 입력한다.

▣ 로그인한 사용자 보기: who

다중 사용자를 가지고 있는 시스템에서는 사용자들이 로컬이나 네트워크를 통해 동시에 로그인하는 경우가 많다. 시스템 관리자는 이럴 때 누가 로그인하는지 알아야 하는데, 이러한 정보를 주는 것뿐만 아니라 기타 유용한 통계 정보까지 보여주는 것이 바로 who 명령어다.

```
[yyang@server ~]$ who
yyang      pts/0        2017-02-07 10:10 (192.168.2.12)
yyang      pts/1        2017-02-07 10:35 (10.1.122.1)
```

▣ who의 변형: w

w 명령어는 who 명령을 실행할 때와 똑같은 정보도 보여주면서 그보다 더 많은 내용을 담고 있다. 이 명령어가 보여주는 자세한 내용은 누가 로그인했는지, 어떤 터미널을 사용하고 있는지, 어디에서 로그인했는지, 로그인한 시간이 얼마나 되는지, 시스템을 사용하지 않은 채 얼마나 있었는지, 또는 CPU 사용량과 같은 것이다. 다음에서 볼 수 있듯이 출력 결과의 첫 번째 줄은 uptime을 실행할 때와 동일한 정보를 출력한다.

```
[yyang@server ~]$ w
19:38:10 up 9:31, 3 users, load average: 0.08, 0.08, 0.09
USER TTY FROM LOGIN@ IDLE JCPU PCPU WHAT
yyang pts/0 192.168.2.12 10:10 13:48 0.45s 0.45s -bash
yyang pts/1 10.1.122.1 10:35 0.00s 0.74s 0.01s w
```

▣ 사용자 전환하기: su

이 명령은 이미 앞에서 사용한 것이다. 사용자와 사용자의 홈 디렉터리를 옮길 때 사용했다. 사용자로 시스템에 로그인하게 되면 다른 사용자 이름(루트 사용자와 같은)으로 바꾸기 위해서 로그아웃하고 다시 들어갈 필요가 없다. 대신 su를 이용해서 사용자 전환을 하는 것이다. 이 명령어는 몇 개의 인자를 가지고 있다.

아무 인자 없이 su를 실행하면 루트 사용자로 전환하는 것으로 인식하고 루트 비밀번호를 요구하는 메시지를 보게 될 것이다. 루트 비밀번호를 잘 입력해서 로그인하게 되면 루트 쉘을 보게 된다. 이미 루트 사용자이고 다른 ID로 전환하고 싶다면 비밀번호를 입력하지 않아도 된다.

예를 들어 yyang이라는 사용자로 로그인한 후, 루트 사용자로 전환하고 싶은 경우 다음과 같을 것이다.

```
[yyang@server ~]$ su
```

그럼 루트 비밀번호를 입력하라고 나온다.

루트로 로그인하여 yyang 사용자로 전환하고 싶다면 다음과 같다.

```
[root@server ~]$ su yyang
```

이 경우 비밀번호를 입력하지 않아도 된다.

-(하이픈) 기호는 su의 인자로 id를 바꿔서 해당 id의 로그인 스크립트를 실행해주는 것이다. 예를 들어 루트로 로그인하고 yyang 사용자로 전환할 때 이 사용자의 로그인 및 쉘 설정과 함께 모두 전환된다.

```
[root@server ~]# su - yyang
```

> **팁**
> sudo 명령어는 su 명령의 확장된 개념으로 우분투와 같은 데비안 계열에서 다른 사용자로 명령을 실행할 수 있게 해준다. 설정이 잘 되어 있으면 sudo 명령어로 su보다 훨씬 더 정교한 제어를 할 수 있다.

편집기

편집기는 일반 도구에 비해 그 부피가 가장 크지만 가장 활용도가 높은 도구이기도 하다. 편집기 없이는 텍스트 파일을 변경하는 작업은 아주 힘들어질 것이다. 리눅스 배포판 종류와 상관없이 몇 가지 편집기가 있을 것이다. 반드시 편집기에 익숙해져야 한다.

> **참고**
> 각각의 리눅스 배포판마다 선호하는 편집기가 있어서 현재 사용하고 있는 배포판에 자신이 원하는 편집기가 없다면 설치해서 사용하면 된다.

▨ vi

vi 편집기는 UNIX 계열 시스템에서 1970년 이후부터 사용된 것으로 화면을 보면 그 오래됨을 짐작할 수 있을 것이다. 이것은 명령어 모드와 데이터 입력 모드가 분리되어 사용하는 마지막 편집기 중 하나다. 따라서 대부분의 새로운 리눅스 사용자들에겐 다소 불편할 수 있지만 vi 편집기를 등한시하기보다는 친해지기 위해 시간을 투자하길 바란다. 편리한 GUI 환경을 사용하지 못하는 피치 못할 상황이 올 경우에도 모든 리눅스/유닉스 시스템 환경에서라면 vi 편집기는 기본적으로 찾아서 사용할 수 있다.

대부분의 리눅스 배포판에는 vi 편집기가 있는데 그 버전은 vim(VI improved)이다. vim은 vi의 기본적인 장점들을 포함하면서 최신 환경에 맞는 아주 유용한 기능들을 가지고 있다(X 윈도우가 실행 중이라면 그래픽 인터페이스도 포함된다).

vi를 실행하려면 다음과 같이 입력하면 된다.

```
[yyang@server ~]$ vi
```

vim 편집기는 초보자도 쉽게 시작할 수 있도록 온라인 매뉴얼을 제공한다. 온라인 매뉴얼을 보려면 다음과 같이 입력하면 된다.

```
[yyang@server ~]$ vimtutor
```

vi를 더 자세하게 보기 위한 쉬운 방법으로는 vi를 실행하고 :help를 입력하는 것이다. 만약 vi 편집기를 사용하다가 어려움을 만나게 되면 ESC 키를 여러 번 누르고 :q!를 입력하면 변경된 내용을 저장하지 않고 강제로 vi를 종료할 수 있다. 저장해야 한다면 :wq를 입력하라.

▨ emacs

emacs는 그 자체만으로 운영체제가 될 수 있는지에 대한 의견이 분분했다. 왜냐하면 엄청난 규모를 자랑하고 기능이 매우 풍부하면서 확장성도 좋을 뿐만 아니라 프로그램도 가능한 여러 면에서 훌륭하기 때문이다. 만약 GUI 환경에 익숙하다면 리눅스에서 emacs를 사용하는 것이 더 편하고 즐거운 작업 환경이 될 수 있다. emacs는 표면적으로 인터페이스가 마치 노트패드와 같다. 그러나 내부적으로는 GNU 개발 환경, 메일 클라이언트, 뉴스 클라이언트, 웹 브라우저 등에 대한 인터페이스다. 또는 믿거나 말거나 개인 심리 치료사인듯한 느낌을 준다.

emacs를 시작하려면 간단하게 다음과 같이 입력하면 된다.

```
[yyang@server ~]$ emacs
```

emacs를 실행하면 ESC+X를 입력해서 개인 심리치료사를 만날 수 있다. 그럼 doctor를 입력하라. CTRL+H를 입력하면 emacs 도움말을 볼 수 있다.

▨ joe

joe는 단순한 텍스트 편집기다. 노트패드와 비슷하게 작동하지만 화면을 통해 도움말을 제공한다. 초기 워드스타(WordStar) 명령어 도구를 기억하는 사람이라면 CTRL+K 명령어와 관련된 모든 뇌세포들이 joe 편집기에 되살아날 것이다.

joe를 실행하려면 다음과 같이 입력한다.

```
[yyang@server ~]$ joe
```

▨ pico

pico 프로그램은 단순함을 추구하는 또 하나의 편집기다. 일반적으로 Pine 메일 읽기 시스템과 함께 사용하는 것이지만 pico는 또한 독립적인 편집기이도 하다. joe와 같이 노트패드와 비슷하게 작동하지만 자신만의 입력 키 조합을 가지고 있다. 고맙게도 사용할 수 있는 키 조합이 화면 아래쪽에 항상 표시된다.

pico를 실행하려면 다음과 같이 입력한다.

```
[yyang@server ~]$ pico
```

> **참고** pico 프로그램은 항상 단어 랩(word wrap)을 자동 수행한다. 예를 들어 환경설정 파일을 수정하기 위해서 이 프로그램을 사용하고 있다면 한 줄에 표시되어야 하는 내용이 두 줄에 걸쳐 나오지 않도록 주의해야 한다.

요약

이 장에서는 리눅스의 커맨드라인 인터페이스인 BASH와 다양한 커맨드라인 도구들, 그리고 몇 가지 편집기까지 알아보았다. 이 책을 계속 보다 보면 이번 장을 몇 번이고 참고하게 될 것이다. 따라서 커맨드라인과 꼭 친숙해지길 바란다. 처음엔 다소 귀찮을 수 있지만, 특히 아주 사소한 작업을 수행하는 것도 GUI에 익숙한 사용자라면 더 그렇다. 하지만 커맨드라인만 보길 권장한다. 그러다 보면 GUI보다 훨씬 더 빠르게 작업을 수행하는 자신을 발견하게 될 것이다.

분명하게도 이번 장에서 커맨드라인 도구 전체를 다루진 못했다. 따라서 커맨드라인 도구만을 설명한 책을 한번쯤은 보길 추천한다. 더불어 쉘 스크립팅이나 프로그래밍을 기술한 다양한 책들이 여러 가지 수준으로 나와 있다. 무엇이 맞든 간에 쉘 스크립팅이나 프로그래밍 책은 시스템 관리자가 아니더라도 매우 유용한 기술을 습득할 수 있게 해준다.

무엇보다 R.T.F.M하라(Read The Fine Manual: 매뉴얼 문서를 정독하라).

CHAPTER 6

부팅과 종료

오늘날 운영체제들이 점점 복잡해짐에 따라 컴퓨터를 시작하고 종료하는 과정 역시 복잡해지고 있다. 도스 기반 시스템에서 마이크로소프트의 윈도우 기반 시스템으로 전환을 했던 이들은 이런 변화를 직접적으로 경험했을 것이다. 컴퓨터를 시작하고 종료할 때 운영체제뿐만 아니라 주요 서비스와 프로세스들 또한 함께 시작되고 종료된다. 리눅스도 이와 마찬가지로 부팅할 때 시작해야 할 많은 서비스(꽤 중요하거나 혹은 그렇지 않은 것들을 포함해서)들을 가지고 있다.

이 장에서는 GRUB과 LILO(Linux Loader)를 통해 리눅스 운영체제의 부팅 과정에 대해 살펴볼 것이다. 그리고 나서 리눅스 환경의 시작과 종료 절차에 대해 알아볼 것이다. 또한 스크립트의 수정뿐만 아니라 자동화 스크립트도 함께 살펴볼 것이다. 그리고 마지막으로 부팅 과정과 종료 과정에 나타나는 그 외 몇 가지들을 다루게 될 것이다.

> **참고** 이 장의 실습 내용을 사용 중인 시스템에 적용할 때는 주의해야 한다. 구동 스크립트와 종료 스크립트를 수정하고 단순히 재부팅하는 것만으로도 복구 불능 상태가 될 수 있다는 것을 명심해야 한다. 되도록이면 실사용 시스템을 변경하지 말자. 그래도 해야 된다면, 먼저 변경하고자 하는 모든 파일을 백업하고 복구할 수 있도록 부트 디스크를 준비해야 한다.

부트로더

일반적인 PC 하드웨어에서 사용하는 운영체제는 **부트로더**라는 것이 필요하다. 지금까지 PC에 윈도우만을 설치하여 사용했다면, 부트로더를 직접적으로 접할 기회가 없었을 것이다. 부트로더는 컴퓨터가 시작될 때 수행되는 최초의 소프트웨어이며 운영체제에 시스템 전반을 제어하게끔 하는 역할을 한다. 일반적으로 부트로더는 마스터 부트 레코드(MBR)에 위치에 있으며, 이를 통해 운영체제를 실행시킨다. 리눅스 배포판에서는 부트로더로 주로 GRUB을 선택하고 드물게 LILO를 선택하는 경우도 있다. 이 장에서는 최신 리눅스 배포판에서 주로 사용되고, LILO 보다 많은 기능을 가진 GRUB에 초점을 맞출 것이다. GRUB은 현재 GRUB Legacy와 GRUB 2, 두 가지 버전을 가지고 있다. LILO는 역사적인 이유 때문에 간략하게나마 언급하겠다. LILO와 GRUB 모두 다른 운영체제로 부팅하도록 설정할 수 있다.

> **참고** 여러분은 현재 설치된 GRUB이 알파 버전으로 알려진 pre-1.0이거나 2.0 릴리즈(버전 0.98, 0.99, 1.98, 1.99 등)라는 것을 눈치챘을 것이다. 하지만 주요 상용 리눅스 업체들이 현재 이 버전을 사용한다는 것을 감안한다면 알파 버전이라고 해도 불안해할 필요는 없다. GRUB Legacy는 GRUB의 예전 안정화 버전이고, GRUB Legacy를 대체할 최신 버전이 GRUB 2다.

▨ GRUB Legacy

최신 리눅스 배포판들은 설치 과정 중에 GRUB을 기본 부트로더로 사용한다. 페도라, 레드햇 엔터프라이즈 리눅스(RHEL), OpenSUSE, 데비안, 맨드레이크, CentOS, 우분투 등 많은 배포판들이 이를 채용하고 있다. GRUB은 멀티부트 규격에 호환성을 목표로 개발되며 많은 기능들을 제공한다.

GRUB의 부팅 과정은 단계적으로 이루어진다. 각 단계별로 특별한 GRUB 이미지 파일이 관리되고 이전 단계의 이미지는 다음 단계에 사용된다. 앞의 두 단계는 필수적이고, 그 이후는 일부 시스템 설정에 따라 사용된다.

> **주의** 이 절의 예제들과 정보는 GRUB 구 버전이 설치된 시스템에 적용해야 한다. GRUB 0.99 버전과 그 이전 버전이 이에 해당한다.
>
> RPM 기반 배포판에서는 다음과 같은 명령으로 GRUB 버전을 확인할 수 있다.
>
> ```
> rpm -qa | grep -i grub.
> ```
>
> 데비안 기반 시스템에서는 다음과 같은 명령으로 GRUB 버전을 확인할 수 있다.
>
> ```
> dpkg -l | grep -i grub.
> ```
>
> 만약 GRUB2나 최신 버전(버전 1.98, 1.99 그 이후)이 설치되어 있다면, 먼저 GRUB Legacy로 다운그레이드한 후에 실습을 따라 할 수 있을 것이다.

Stage 1

이 단계의 이미지 파일은 필수적이며, 최초에 GRUB을 시작하기 위해 필요하다. 주로 디스크의 MBR이나 파티션의 부트섹터에 위치한다. 이 단계에서 사용하는 파일의 이름은 **stage1**이다. 이 이미지는 직접 Stage 1.5와 Stage 2도 직접적으로 불러들인다.

Stage 2

Stage 2 이미지는 실제로 두 가지 형태의 이미지로 이루어져 있다. 중간 단계 이미지(옵션)와 실제 **stage2** 이미지 파일이다. 이 옵션 이미지는 Stage 1.5로 불린다. Stage 1.5 이미지는 Stage 1과 Stage 2의 연결 고리 역할을 한다. Stage 1.5 이미지는 특정한 파일 시스템의 구조를 이해한다. Stage 1.5 이미지의 이름은 x_stage_1_5와 같은 형태로 만들어진다. x에는 e2fs, ReiserFS, FAT, JFS, MINIX, XFS 등 다양한 파일 시스템이 올 수 있다. 예를 들어 FAT 파일 시스템을 사용하는 OS를 불러와야 하는 Stage 1.5 이미지의 이름은 fat_ stage1_5가 될 것이다. Stage 1.5 이미지는 GRUB이 여러 파일 시스템에 접근할 수 있도록 허용한다. 그리고 Stage 1.5 이미지는 Stage 2 이미지를 그 파일 시스템 내에서 파일로 찾을 수 있도록 도와준다.

stage2 이미지는 GRUB의 핵심부로, OS를 부팅하는 커널을 불러들이는 실제 코드를 포함하고 있다. 또한 부팅 메뉴를 표시해주고, GRUB 명령을 수행할 수 있는 GRUB 쉘을 포함하고 있다. GRUB 쉘은 대화식이며 GRUB을 유연하게 해준다. 예를 들어 쉘에서는 GRUB 부팅 메뉴에 현재 표시되지 않는 부팅 항목을 사용하거나 다른 매체로부터 OS를 부팅할 수 있다.

Stage 2 이미지의 또 다른 형태는 **stage2_eltorito** 이미지, **nbgrub** 이미지, **pxegrub** 이미지다. stage2_eltorito 이미지는 CD-ROM용 부팅 이미지다. nbgrub과 pxegrub 이미지는 둘 다 네트워크를 통해 시스템을 부팅하는 네트워크 타입 부팅 이미지다. BOOTP, DHCP, PXE, Etherboot 와 같은 프로토콜을 사용하여 부팅된다. 대부분의 리눅스 배포판들이 /boot/grub 디렉터리를 통해 GRUB 이미지를 확인할 수 있을 것이다.

GRUB 규칙

GRUB은 자체적으로 하드 디스크 드라이브, 플로피 드라이브, CD-ROM 등의 장치를 참조하기 위한 방법을 가지고 있다. 장치명은 "()"(괄호)로 쌓여져야 하고 장치 번호는 1이 아닌 0부터 시작한다. 그러므로 GRUB은 주 IDE 컨트롤러의 마스터 IDE 하드 드라이브를 "(hd0)"으로 참조한다. hd는 "하드 디스크"를 의미하고, 숫자 0은 주 IDE 마스터를 의미한다.

> **참고** GRUB은 IDE 장치인지, SATA 장치인지, 혹은 SCSI 장치인지 구별하지 않는다.

같은 맥락으로, GRUB은 네 번째 하드 디스크의 네 번째 파티션을 "(hd3,3)"으로 참조한다. 플로피 디스크 전체는 "(fd0)"으로 참조한다. fd는 "플로피 디스크"를 의미한다.

GRUB 설치

대다수 리눅스 배포판들이 초기 운영체제 설치 과정에서 사용자에게 부트로더를 설치하고 설정할 수 있는 선택권을 준다. 따라서 일반적인 시스템을 사용한다면 따로 GRUB을 설치할 필요는 없을 것이다.

그러나 사고나 설계상의 이유로 부트로더가 없는 경우 수동으로 설치해야 하는 상황이 있을 수도 있다. 뜻하지 않게 부트섹터를 덮어쓰거나 다른 OS가 GRUB을 지워버리는 경우가 발생할수 있다. 또한 사용자가 다른 OS와 듀얼 부팅을 위해 별도로 설정할 수도 있을 것이다.

이 절에서는 시스템에 GRUB을 설치(혹은 재설치)하는 과정을 다룰 것이다. 설치하는 방법은여러 가지가 있다. 실행 중인 OS에서 할 수 있는 가장 쉬운 방법은 grub-install 유틸리티를사용하거나 GRUB의 커맨드라인 인터페이스를 사용하는 것이다. 이 인터페이스를 얻는 방법은 GRUB 부팅 플로피나 CD를 사용하거나 GRUB 소프트웨어가 설치된 시스템에서 가져오는 것이다.

> **참고**
> GRUB은 오직 한 번만 설치된다. 모든 변경 내역은 텍스트 파일에 저장되며, 매번 MBR이나 파티션 부트섹터에 쓰일 필요는 없다.

MBR 백업

다음 실습을 진행하기 전에 현재의 정상적인 상태를 백업하는 게 좋을 것이다. 손쉬운 방법은 dd 명령어를 사용하는 것이다. 하드 디스크의 MBR은 디스크의 첫 512바이트에 위치하기 때문에, 단순히 다음과 같이 명령어를 입력하여 512바이트를 파일(또는 플로피 디스크)에 복사하면된다.

```
opensuse-server:~ # dd if=/dev/sda of=/tmp/COPY_OF_MBR bs=512 count=1
1+0 records in
1+0 records out
512 bytes (512 B) copied, 0.0261237 s, 19.6 kB/
```

이 명령은 /tmp 디렉터리 아래에 COPY_OF_MBR이라는 파일을 만들어 MBR을 저장할 것이다.

GRUB 쉘에서 GRUB Legacy 설치하기

이제 안전책이 마련되었으니, 계속해서 GRUB을 살펴볼 수 있다. 이 절에서는 실행 중인 리눅스운영체제에서 GRUB 명령 쉘을 가지고 GRUB을 설치하는 법을 배울 것이다. 현재 LILO나 NT로더(NTLDR)와 같은 다른 형태의 부트로더가 설치되어 있는데 GRUB으로 교체하길 원한다면다음과 같은 절차를 진행하게 될 것이다.

1. grub 명령어로 GRUB 쉘을 실행한다.

```
opensuse-server:~ # grub
Probing devices to guess BIOS drives. This may take a long time.
GNU GRUB version 0.97 (640K lower / 3072K upper memory)
[ Minimal BASH-like line editing is supported. For the first word, TAB
...............<이하 생략>.........
```

2. GRUB의 루트 장치를 표시한다.

```
grub> root
root
(fd0): Filesystem type unknown, partition type 0x0
```

GRUB은 사용자가 지정하지 않는 한 기본적으로 첫 번째 플로피 디스크 드라이브(fd0)를 루트 장치로 보여줄 것이다.

3. GRUB의 루트 장치를 하드 디스크의 부트 디렉터리를 가진 파티션으로 지정한다.

```
grub> root (hd0,0)
root (hd0,0)
Filesystem type is ext2fs, partition type 0x83
```

> **참고**
>
> 부트 디렉터리는 루트(/) 디렉터리와 동일한 파티션이 아닐 수도 있다. 테스트 시스템에 OS를 설치하는 동안 /boot 디렉터리는 /dev/sda1 파티션에 저장되었기 때문에 GRUB(hd0,0) 장치를 사용하는 것이다.

4. 루트 장치에 **stage1** 이미지가 있는지 확인한다.

```
grub> find /grub/stage1
find /grub/stage1
   (hd0,0)
```

이 결과는 stage1 이미지 파일이 (hd0,0) 장치에 위치해 있다는 것을 의미한다.

5. 마지막으로 GRUB 부트로더를 하드 디스크의 MBR에 직접 설치한다.

```
grub> setup (hd0)
setup (hd0)
   Checking if "/boot/grub/stage1" exists... no
   Checking if "/grub/stage1" exists... yes
   Checking if "/grub/stage2" exists... yes
   Checking if "/grub/e2fs_stage1_5" exists... yes
   Running "embed /grub/e2fs_stage1_5 (hd0)"... 26 sectors are embedded.
succeeded
   Running "install /grub/stage1 (hd0) (hd0)1+26 p (hd0,0)/grub/stage2
/grub/grub.conf"... succeeded
Done.
```

6. GRUB 쉘을 종료한다.

```
grub> quit
```

설치 과정이 모두 끝났다. 하지만 단순히 MBR에 GRUB을 재설치한 것뿐이기에, 시스템을 재부팅하여 모든 것이 제대로 동작하는지 확인해야 한다.

GRUB Legacy USB 부팅 디스크

수동으로 부팅 가능한 GRUB USB 디스크를 만들 수 있다. 이것은 USB 디스크를 사용하여 시스템을 부팅할 수 있도록 한다. 그리고 MBR에 GRUB을 설치한다. 이는 특히 GRUB Legacy가 설치된 다른 시스템에 접근할 수 있지만 현재 시스템에 설치된 부트로더가 없는 경우에 유용하다.

일반적으로 GRUB USB 부팅 디스크를 사용하는 경우는 시스템이 부팅되지 않거나, 손상되거나, 또는 원치 않는 부트로더를 가지고 있는 경우다. 그리고 시스템이 하드 디스크로 부팅되지 않기 때문에 부팅 가능한 다른 매체가 필요한 경우다. 이때 GRUB USB 디스크, CD, 플로피 디스크 등을 사용할 수 있다.

원하는 매체를 통해 GRUB 쉘에 접근하면 MBR에 GRUB을 설치할 수 있고 그러고 나서 OS를 부팅할 수 있다.

먼저 필요한 것은 GRUB Legacy 이미지를 위치시키는 것이다. 페도라/RHEL/CentOS는 기본적으로 /usr/share/grub/x86_64-redhat/ 디렉터리에 이미지가 위치한다. 해당 배포판의 32비트 아키텍처에서는 /usr/share/grub/i386-redhat/ 디렉터리 아래에 이미지가 저장된다.

다음 실습을 OpenSUSE가 수행 중인 테스트 서버에서 실행할 것이다. OpenSUSE는 /usr/lib/grub/ 디렉터리에 이미지 파일을 저장한다. 그리고 우분투 기반 시스템에서는 /usr/lib/grub/i386-pc/ 에 이미지 파일을 저장한다.

dd 명령어를 사용하여 stage1과 stage2 이미지를 시스템에 연결된 USB 드라이브에 저장한다.

USB 드라이브(/dev/sdb)의 모든 내용물을 버릴 준비를 하고 다음 절차를 진행할 수 있다.

1. GRUB 이미지가 저장된 디렉터리로 이동한다.

    ```
    opensuse-server:~ # cd /usr/lib/grub/
    ```

2. USB 드라이브의 첫 512바이트에 stage1 파일을 쓴다.

    ```
    opensuse-server:/usr/lib/grub # dd if=stage1 of=/dev/sdb bs=512 count=1
    1+0 records in
    1+0 records out
    512 bytes (512 B) copied, 0.0105546 s, 48.5 kB/s
    ```

3. 첫 번째 이미지의 바로 뒤에 stage2 이미지를 쓴다.

```
opensuse-server:/usr/lib/grub # dd if=stage2 of=/dev/sdb bs=512 seek=1
239+1 records in
239+1 records out
122776 bytes (123 kB) copied, 0.0194901 s, 6.3 MB/s
```

☞ 팁 2, 3단계를 cat 명령어로 한 번에 실행할 수 있다. 사용법은 다음과 같다.

```
opensuse-server:/usr/lib/grub # cat stage1 stage2 > /dev/sdb
```

이제 GRUB USB 드라이브가 준비되었다. USB로 부팅 가능한 어떤 시스템에서든지 이 디스크로 부팅할 수 있다. 일단 부팅하고 나서는 GRUB 부트로더의 복사본을 설치할 수 있다. 이는 다음 절에서 살펴볼 것이다.

USB 디스크를 사용하여 MBR에 GRUB Legacy 설치하기

앞서 만든 GRUB 디스크를 시스템의 USB 포트에 삽입한다. 시스템을 재부팅하고 USB 부팅 매체를 선택한다(BIOS 설정이 필요할 수도 있다).

그러고 나면 시스템은 GRUB 디스크로 부팅되고 grub> 프롬프트가 나타날 것이다.

GRUB용 루트 장치로 부트 파티션(또는 /boot 디렉터리를 가지고 있는 파티션)을 설정한다. 우리가 테스트 중인 시스템에서는 /dev/sda1 (hd0,0) 파티션에 /boot 디렉터리가 존재한다. 다음 명령을 실행해보자.

```
grub> root (hd0,0)
```

이제 setup 명령을 사용하여 GRUB을 MBR에 쓸 수 있다.

```
grub> setup (hd0)
```

이제 GRUB 드라이브 없이 시스템을 재부팅할 수 있다.

이 방식은 다른 부팅 관리자에 의해 덮어 쓰여진 GRUB을 다시 MBR에 쓰여지도록 하는 좋은 방법이다.

GRUB Legacy 설정

이제 선택한 파티션이나 MBR에 GRUB이 설치되었기 때문에, 텍스트 파일(/boot/grub/menu.1st)을 편집하여 부트로더의 설정을 변경할 수 있다.

이 파일을 편집하고 나면 설정에 추가한 새로운 커널을 선택해서 부팅할 수 있다. 설정 파일은 다음과 같다. (행 번호 1~16은 가독성을 위해 추가했다.)

```
1) # grub.conf generated by anaconda
2) # Note that you do not have to rerun grub after making changes to this file
3) # NOTICE:  You have a /boot partition.  This means that
4) #                   all kernel and initrd paths are relative to /boot/, eg.
5) #                   root (hd0,0)
6) #                   kernel /vmlinuz-version ro root=/dev/mapper/VolGroup-LogVol00
7) #                   initrd /initrd-[generic-]version.img
8) # boot=/dev/sda
9) default=0
10) timeout=5
11) splashimage=(hd0,0)/grub/splash.xpm.gz
12) hiddenmenu
13) title openSUSE 12.1 (3.6.*.x86_64)
14)    root (hd0,0)
15)    kernel /vmlinuz-3.6.*.x86_64 ro root=/dev/sda3  quiet
....<이하 생략>.....
16) initrd /initramfs-3.6.*.x86_64.img
```

예제 설정 파일의 각 항목이 의미하는 바는 다음과 같다.

- 1~8행: 파운드 기호(#)로 시작하는 행은 주석으로 무시된다.

- 9행, **default**: 이 지시자는 GRUB이 자동적으로 부팅할 항목을 지정한다. 번호는 0부터 시작하며, 이전 샘플 파일은 오직 한 항목, openSUSE 12.1 (3.6.*.x86_64)만을 가지고 있다.

- 10행, **timeout**: 이것은 GRUB이 자동적으로 5초 후에 기본 항목을 부팅할 것이라는 것을 의미한다. 타임아웃되기 전에 키보드의 키를 아무거나 누르면 이를 중단시킬 수 있다.

- 11행, **splashimage**: 이 행은 부팅 메뉴에 표시되는 이미지 파일의 이름과 위치를 명시한다. 이것은 선택사항이며 GRUB 명세에 알맞은 커스텀 이미지가 올 수 있다. splashimage 지시자는 좀 더 화려한 부팅 메뉴인 gfxmenu 지시자와 유사하다.

- 12행, **hiddenmenu:** 이 항목은 일반적인 GRUB 메뉴를 숨긴다. 이 역시 선택사항이다.

- 13행, **title**: 이것은 뒤이어 올 항목에 대한 간단한 제목 및 설명을 표시하는 데 사용한다. 이 필드는 GRUB에서 새 부팅 항목의 시작을 나타낸다.

- 14행, **root**: 앞선 목록을 통해 GRUB이 장치 이름 규칙을 사용하고 있다는 것을 알고 있을 것이다. 예를 들어 일반적인 리눅스의 /dev/sda1 경로 대신에 (hd0,0)와 같이 말이다.

- 15행, **kernel**: 커널 이미지의 경로를 명시하기 위해 사용한다. 첫 번째 인자는 볼륨 또는 파티션 내의 커널 이미지 경로다(이 예제에서는 /dev/sda3). 나머지 다른 인자들은 커널에 부팅 매개변수로 전달된다. 예제의 부팅 매개변수는 지정된 논리 볼륨을 활성화시키는 rd.lvm.lv 변수다. 다른 예로 quiet 매개변수는 시스템 부팅 시의 장황한 로그 메시지의 대다수를 비활성화하는 역할을 한다.

경로명은 /boot 디렉터리에 상대적이다. 예를 들어 /boot/vmlinuz-3.6.*.x86_64라고 커널 경로를 명시하는 대신에 /vmlinuz-3.6.*.x86_64라고 상대 경로를 설정 파일에 기록한다.

- 16행, **initrd**: initrd 옵션은 /lib/modules의 모듈이 아닌 이미지로부터 커널 모듈을 읽어 들이도록 허용한다. 설정 옵션에 대한 더 많은 정보가 필요하다면 `info` 명령을 통해 GRUB 정보 페이지를 참조하도록 한다.

▼ initrd(Initial RAM Disk)

initrd 옵션에 대해 좀 더 궁금해 할지도 모르겠다. 이는 모듈이나 드라이버를 미리 읽어 들이는 데 사용된다. 초기 RAM 디스크는 특수한 장치이자 RAM의 추상화된 형태다. 실제 커널이 시작되기 전에 부트로더에 의해 초기화된다.

다른 모듈을 불러오기 위해 해당 파일 시스템에 접근을 허용하는 모듈이 필요한 경우, 이를 initrd가 해결할 수 있다. 예를 들어 사용자의 부트 파티션이 커널에 내장된 드라이버는 없고 디스크에 해당 모듈이 존재하는 이상한 파일 시스템(B-트리 파일 시스템 [Btrfs], ReiserFS 등)으로 포맷되었을 때다.

이것은 전통적인 "닭이 먼저냐 달걀이 먼저냐"라는 문제다. 즉 파일 시스템 모듈을 가지고 있지 않기 때문에 파일 시스템에 접근할 수 없다.

GRUB Legacy에서는 이에 대한 해결책으로 나머지 모듈들을 가져오기 위해 필요한 로딩 가능한 모듈을 가진 이미지를 커널에 제공하는 것이다. 이 이미지는 RAM에 위치하여 실행된다. 따라서 디스크 파일 시스템에 직접적으로 접근할 필요가 없는 것이다.

GRUB Legacy에 새 커널 추가하기

이 절에서는 OpenSUSE 리눅스의 GRUB 설정 파일에 새 부팅 항목을 추가하는 법을 배울 것이다. 만약 새 커널을 직접 컴파일하고 설치한다면, 그 커널을 테스트하고 사용하기 위해서 이 방법이 필요할 것이다. 반면 리눅스 커널을 RPM(레드햇 패키지 관리자)을 사용하여 설치하거나 업그레이드한다면 이것은 대부분 자동으로 수행될 것이다.

새로 설치할 리눅스 커널이 시스템에 존재하지 않기 때문에, GRUB 설정 파일에 가상의 항목을 추가할 것이다. 새 항목은 전혀 유용하지 않으며, 단지 실례를 보여주기 위해 추가했을 뿐이다.

여기서 해야 할 내용을 요약하자면, 현재 사용 중인 커널의 복사본을 duplicate-kernel이라는 이름으로, initrd 이미지는 duplicate-initrd 라는 이름으로 복사한다. 두 파일을 /boot 디렉터리에 저장하고 나서 **The Duplicate Kernel**이라는 이름으로 새로운 항목을 추가한다.

이 부팅 항목 외에도 부팅 메뉴의 전경/배경색을 변경하는 또 다른 항목을 생성할 것이다.

이제 시작해보자.

1. 현재 작업 디렉터리를 /boot로 변경한다.

   ```
   opensuse-server:~ # cd /boot
   ```

2. 커널의 사본을 duplicate-kernel라는 이름으로 만든다.

   ```
   opensuse-server:/boot # cp vmlinuz duplicate-kernel
   ```

3. initrd 이미지의 사본을 duplicate-initrd라는 이름으로 만든다.

   ```
   opensuse-server:/boot # cp initrd duplicate-initramfs.img
   ```

4. /boot/grub/menu.1st 파일에 새 가상 커널을 생성한다. 사용하기 편한 텍스트 편집기를 사용하여 파일의 끝에 다음의 내용을 추가한다.

   ```
   1) title The Duplicate Kernel
   2)       color yellow/black
   3)       root (hd0,0)
   4)       kernel /duplicate-kernel ro root=/dev/sda3
   5)       initrd /duplicate-initramfs.img
   ```

   > **참고**
   > 3행의 root값은 menu.1st 파일에 이미 존재하는 항목의 값을 가져온 것이다. 이 예제에서는 루트 파일 시스템에 위치한 파티션을 명시했다. 또한 일부 배포판에서는 UUID(범용 고유 식별자)로 루트 장치를 식별한다. 예를 들어 다음과 같이 인식된 커널 항목을 가질 수 있다.
   >
   > ```
   > kernel /vmlinuz-3.6.*.x86_64 ro root=UUID=7db5-4c27 rhgb quiet
   > ```

5. 메뉴의 전경/배경색을 변경할 또 다른 항목을 생성한다. 이 항목을 선택하면 메뉴 색상이 노란색과 검정색으로 바뀔 것이다. 이전 단계에서 만든 항목에 이어 다음 문장을 입력한다.

   ```
   title The change color entry
           color yellow/black
   ```

6. 만약 필요하다면 menu.1st 파일을 편집하여 timeout 변수의 값을 증가시킨다. 현재 값이 0이면 다음과 같이 5로 변경한다.

   ```
   timeout=5
   ```

7. 파일 맨 위에 gfxmenu 또는 splashimage 항목이 존재한다면, 주석 처리한다. 스플래시 이미지가 있으면 전경색과 배경색이 제대로 보이지 않을 것이다. 주석 처리된 스플래시 이미지 항목은 이와 같을 것이다.

   ```
   # gfxmenu (hd0,0)/message
   ```

   또는

```
# splashimage=(hd0,0)/grub/splash.xpm.gz
```

8. 마지막으로 새 항목이 부팅 메뉴에 표시되도록 hiddenmenu 항목 또한 주석 처리한다. 다음과 같이 주석 처리한다.

```
# hiddenmenu
```

9. 변경 내역을 파일에 저장하고 시스템을 재부팅한다.

최종 /boot/grub/menu.1st 파일은 다음과 같을 것이다(일부 주석 처리한 부분은 제외함).

```
opensuse-server:~ # cat  /boot/grub/menu.1st
# grub.conf generated by anaconda
default=0
timeout=5
# gfxmenu (hd0,0)/message
# splashimage=(hd0,0)/grub/splash.xpm.gz
# hiddenmenu
title openSUSE 12.1 (3.6.*.x86_64)
    root (hd0,0)
    kernel /vmlinuz-3.6.*.x86_64 ro root=/dev/sda3 rhgb quiet
    initrd /initramfs-3.6.*.x86_64.img
title The Duplicate Kernel
    color yellow/black
    root (hd0,0)
    kernel /duplicate-kernel ro  root=/dev/sda3
    initrd /duplicate-initramfs.img
title The change color entry
    color yellow/black
```

시스템이 재부팅되면, 초기 grub 화면에서 다음과 같은 단계로 변경 내용을 확인할 수 있다.

1. GRUB 메뉴가 나타나면 [The Change Color Entry]를 선택하고 엔터를 누른다. 메뉴의 색이 menu.1st 파일에 지정한 대로 변경되어야 한다.

2. 마지막으로 새 커널 항목으로 부팅 가능한지 확인한다. [The Duplicate Kernel] 항목을 선택하고 엔터를 누른다.

▓ GRUB 2

GRUB 2는 GRUB Legacy의 후속 버전이다. 일부 리눅스 배포판에서는 여전히 GRUB legacy를 사용하고 있지만, 주요 배포판들은 GRUB 2를 적용하고 있다. 데비안과 우분투, 쿠분투 등 데비안 계열 배포판들은 GRUB 2를 사용하고 일부 RPM 기반 시스템들은 여전히 GRUB Legacy를 사용한다. 하지만 결국 모든 배포판들이 GRUB 2나 더 나은 무언가로 옮겨가게 될 것이다.

표 6-1에 GRUB 2의 주요 기능과 GRUB Legacy와의 차이점을 나열하였다.

● **표 6-1. GRUB 기능**

GRUB 2 기능	설명
설정 파일	GRUB Legacy의 설정 파일은 menu.1st이고, GRUB 2의 주 설정 파일은 grub.cfg(/boot/grub/grub.cfg)다. grub.cfg의 내용은 자동적으로 생성되기 때문에 직접 편집해서는 안 된다. GRUB 메뉴의 설정을 위해 여러 파일들이 사용된다. 그리고 그 중 일부 파일들은 다음과 같이 /etc/grub.d 디렉터리 아래에 저장된다. ● **00_header:** 그래픽 모드, 기본 선택사항, 타임아웃 등, 일반적인 GRUB 변수의 기본값들을 설정한다. ● **10_linux:** 루트 장치에 존재하는 모든 커널을 찾도록 도와준다. 발견한 모든 커널에 대해 GRUB 항목을 자동적으로 생성해준다. ● **30_os-prober:** 시스템에 설치된 다른 운영체제를 자동으로 탐색한다. 특히 이중 부팅 시스템에 유용하다(예를 들어 리눅스와 함께 설치된 윈도우). ● **40_custom:** 사용자가 직접 메뉴 항목과 지시자를 편집하고 저장할 수 있는 곳
파티션 번호	GRUB2 장치명의 파티션 번호는 장치명의 번호와 달리 0이 아닌 1부터 시작한다. 예를 들어 (hd0, 1)는 첫 번째 드라이브의 첫 번째 파티션을 가리킨다.
파일 시스템	GRUB 2는 기본적으로 GRUB Legacy보다 더욱 많은 파일들을 지원한다.
이미지 파일	GRUB 2는 Stage1, Stage1.5, Stage2 파일을 더 이상 사용하지 않는다. Stage* 파일들이 제공했던 대부분의 기능은 core.img 파일로 옮겨졌다. 이 파일은 커널 이미지와 모듈로부터 동적으로 생성된다.

팁

GRUB 2를 사용 중인 시스템에서 자동적으로 생성된 특정 메뉴 항목을 원치 않는다면, 그 항목을 생성한 /etc/grub.d 디렉터리의 해당 스크립트를 지우거나 비활성화해야 한다. 예를 들어 부팅 메뉴에서 MS 윈도우 같은 다른 운영체제의 항목들을 보고 싶지 않다면 /etc/grub.d/30_os-prober를 삭제하거나 다음 명령으로 실행 권한을 제거해야 한다.

```
chmod -x /etc/grub.d/30_os-prober
```

▨ LILO

LILO는 각 파티션에 설치된 여러 운영체제 중 하나를 선택하여 부팅 할 수 있도록 도와주는 부팅 관리자다(PC 기반의 시스템에서는 부트 파티션 **전체**가 1024실린더 내에 존재해야 한다). LILO로 멀티 부팅을 하는 것뿐만 아니라 다양한 커널 설정 또는 버전을 선택하여 부팅할 수 있다. 이는 특히 커널을 업그레이드하기 전에 미리 적용해볼 때 편리하다.

LILO 설정 파일은 그리 복잡하지 않다. 설정 파일(/etc/lilo.conf)은 어느 파티션이 부팅 가능한지, 리눅스 파티션이면 어떤 커널을 불러올지를 명시한다. /sbin/lilo 프로그램을 실행하면, 파티션의 정보를 가져오고 설정 파일에 명시된 옵션에 따라 필요한 코드를 부트 섹터에 재기록한다.

부팅 시에 프롬프트(lilo:)가 표시되고 사용자는 운영체제를 선택하게 된다(일반적으로 타임 아웃이 되면 기본값이 선택된다). LILO는 선택된 파티션으로부터 필요한 코드와 커널을 불러오고, 제어권을 넘긴다.

LILO는 "2단계 부트로더"로 알려져 있다. 1단계는 LILO 자신을 메모리로 불러오고 lilo: 프롬프트나 부팅 메뉴를 표시한다. 사용자가 부팅할 OS를 선택하고 엔터를 누르면, LILO는 2단계에 진입하고 리눅스 OS로 부팅한다.

앞 장에서 언급했던 것처럼, LILO는 대다수의 최신 배포판에서 선호하지 않는다. 일부 배포판들은 LILO를 선택할 기회조차 주지 않는다.

> **팁** 윈도우 부팅 과정에 익숙하다면, LILO를 OS 로더(NTLDR)로 생각할 수 있다. 마찬가지로 LILO의 설정 파일, /etc/lilo.conf는 BOOT.INI와 비슷하다(일반적으로 숨겨져 있다).

▨ 부팅 과정

이 절에서는 여러분이 이미 다른 운영체제의 부팅 과정에 익숙해져 있고 하드웨어의 부팅 사이클을 알고 있다고 가정하겠다. 이 절은 운영체제의 부팅 과정을 다루게 될 것이다. 리눅스 부트로더 GRUB으로 시작할 것이다.

커널 로딩

GRUB이 시작되고 사용자가 부팅할 운영체제로 리눅스를 선택하면, 제일 먼저 커널을 불러온다. 이 시점에는 메모리에 어떤 운영체제도 존재하지 않고, PC는 모든 메모리에 접근할 방법이 없다(잘못된 설계로 인해). 따라서 커널을 RAM의 첫 1메가바이트 내에 완전히 불러와야 한다. 이 때문에 커널은 압축된다. 커널의 앞부분은 CPU를 보호 모드로 만들고(메모리 제약을 없애기 위해) 커널의 나머지 부분을 압축 해제하는 코드를 포함하고 있다.

커널 실행

커널이 메모리에 로드되면 실행을 시작한다. 한 가지 기억해야 할 점은 커널도 결국은 실행할 필요가 있는 프로그램(비록 매우 정교하고 똑똑하긴 하지만)일 뿐이라는 것이다.

커널은 오직 내부에 구현된 기능만을 알고 있기에 이 시점에 모듈로 컴파일된 커널 일부는 아무런 쓸모가 없다. 커널은 최소한으로 가상 메모리 하위시스템과 루트 파일 시스템(일반적으로 ext3, ext4, Brfs 파일 시스템)을 구축할 코드를 가지고 있어야 한다. 일단 커널이 시작되면, 초기화할 장치 드라이버를 결정하기 위해 하드웨어를 탐색한다. 이때 커널은 루트 파일 시스템을 마운트할 수 있다(윈도우에서 C 드라이브를 인식하고 접근하는 과정도 유사하다). 커널은 루트 파일 시스템을 마운트하고 바로 다음 절에 소개될 init이라는 프로그램을 시작한다.

init 프로세스

전통적인 System V(SysV) 방식의 리눅스 배포판에서는 init 프로세스가 커널 외에 시작된 첫 번째 프로세스다. 따라서 init의 프로세스 ID는 항상 1이다. init은 /etc/inittab이라는 설정 파일을 읽고 시작해야 할 **실행 레벨**(runlevel)을 확인한다. 특히 실행 레벨은 시스템의 행동을 지시한다. 0부터 6 사이의 정수로 정의된 각 레벨은 각기 특정한 목적을 지니고 있다. initdefault로 지정된 실행 레벨이 존재하면 그 선택된 것을 따르고, 지정된 것이 없다면 사용자에게 실행 레벨 값을 선택하도록 요청하다.

일부 최신 배포판들에서는 SysV init이 제공하던 예전 기능들을 systemd라는 새 구동 관리자가 제공하게 되었다. systemd에서는 타깃(target)이라는 것을 실행 레벨 대신 사용한다. 8장에서 systemd에 관한 자세한 내용을 다룰 것이다. 표 6-2에서 SysV의 실행 레벨과 systemd의 타깃의 차이점을 보여줄 것이다.

● **표 6-2.** 실행 레벨과 타깃

SysV init 실행 레벨	systemd 타깃	설명
0	poweroff.target	시스템 종료
1	rescue.target	단일 사용자 모드 진입
2	runlevel2.target	다중 사용자 모드, 네트워크 파일 시스템(NFS) 제외
3	multi-user.target	다중 사용자 모드 (정상 모드)
4	runlevel4.target	사용되지 않음
5	graphical.target	실행 레벨 3과 동일, 다만 텍스트 기반이 아닌 그래픽 환경의 X 윈도우 로그인 사용
6	reboot.target	시스템 재부팅

init은 실행 레벨에 진입할 때 /etc/-inittab 파일에 지시된 스크립트를 실행한다. 시스템 부팅 시 기본 실행 레벨은 /etc/inittab 파일의 -initdefault 항목에 의해 결정된다. 예를 들어 다음과 같다.

```
id:3:initdefault:
```

이는 시스템 부팅 시에 실행 레벨 3을 사용할 것이라는 것을 뜻한다. 반면 다음 항목은

```
id:5:initdefault:
```

그래픽 환경의 로그인 화면과 X 윈도우 시스템을 사용하는 실행 레벨 5로 시작할 것이라는 것을 뜻한다.

rc 스크립트

앞 절에서 우리는 실행 레벨이 변경될 때 /etc/inittab 파일이 수행할 스크립트를 지정한다는 것을 언급했다. 이 스크립트들은 실행 레벨에 해당하는 서비스들을 시작하거나 중단하는 역할을 한다.

관리해야 할 서비스가 많기 때문에 rc(resource control) 스크립트가 필요하다. SysV 기반 배포판에서 주 스크립트(/etc/rc.d/rc)는 각 실행 레벨을 위해 적절한 스크립트를 올바른 순서로 호출하는 역할을 한다. 스크립트류는 굉장히 제어하기 힘들기 때문에 좀 더 정교한 시스템에서는 다음과 같은 방식을 사용한다.

각 실행 레벨마다 /etc/rc.d 디렉터리 내에 하위 디렉터리가 존재한다. 각 실행 레벨 디렉터리는 rcX.d 이름 체계를 따른다. 여기서 X는 실행 레벨 번호다. 예를 들어 실행 레벨 3의 모든 스크립트는 /etc/rc.d/rc3.d에 존재한다.

실행 레벨 디렉터리에 /etc/rc.d/init.d 디렉터리의 스크립트를 가리키는 심볼릭 링크가 만들어진다. 그 심볼릭 링크는 /etc/rc.d/init.d 디렉터리의 스크립트명을 그대로 사용하지 않고 서비스를 시작하는 스크립트는 S, 종료하는 스크립트는 K로 시작하는 이름을 가진다. 이 두 문자 모두 대문자를 사용해야 구동 스크립트에서 정상적으로 인식할 수 있다. 대다수의 경우 이들 스크립트의 실행 순서는 중요하다(예를 들어 네트워크 인터페이스 설정에 의존하는 서비스들은 네트워크 인터페이스를 활성화하기 전에는 시작할 수 없다). 따라서 순서를 부여하기 위해 S 또는 K 뒤에 두 자리 숫자를 붙인다. 작은 수가 큰 수보다 먼저 실행된다. 예를 들어 /etc/rc.d/rc3.d/S10network는 /etc/rc.d/rc3.d/S55sshd보다 먼저 실행된다(S10network는 네트워크를 설정하고, S55sshd는 SSH(Securea Shell) 서버를 시작한다). /etc/rc.d/init의 스크립트들은 실제 프로세스의 실행과 종료를 수행한다. /etc/rc.d/rc는 특정 실행 레벨 디렉터리의 스크립트들을 번호 순서대로 차례차례 호출한다. 먼저 K로 시작하는 스크립트를 실행하고 S로 시작하는 스크립트를 실행한다. K로 시작하는 스크립트에는 stop 인자를 전달하고 S로 시작하는 스크립트에는 start 인자를 전달한다. 그럼 이제 테스트 서버의 /etc/rc.d/rc3.d 디렉터리를 자세히 살펴보도록 하자.

```
opensuse-server:~ # ls -l /etc/rc.d/rc3.d/
lrwxrwxrwx 1 root root 7 Nov 6 12:15 K01cron -> ../cron
lrwxrwxrwx 1 root root 7 Nov 6 12:15 K01sshd -> ../sshd
```

```
lrwxrwxrwx 1 root root 10 Nov 2 13:14 K02postfix -> ../postfix
lrwxrwxrwx 1 root root 7 Nov 6 12:15 S08sshd -> ../sshd
lrwxrwxrwx 1 root root 10 Nov 2 13:15 S10postfix -> ../postfix
lrwxrwxrwx 1 root root 7 Nov 6 12:15 S11cron -> ../cron
...<이하 생략>...
```

이 출력 결과에서 K01cron이라는 파일을 볼 수 있다(첫 번째 행). K01cron 파일이 실행되거나 호출될 때, 실제 수행되는 명령은 다음과 같다.

```
#/etc/rc.d/cron stop
```

또한 S08sshd 파일이 호출될 때는 다음과 같은 명령이 수행된다.

```
# /etc/rc.d/sshd start
```

▨ rc 스크립트 작성

리눅스 시스템을 관리하는 과정에서 종종 시작/종료 스크립트를 수정해야 할 필요가 생긴다. 스크립트를 수정하는 방식은 두 가지가 있다.

변경 내용이 적고 부팅할 때만 영향을 미친다면 단순히 /etc/rc.d/rc.local 또는 /etc/rc.local 스크립트를 수정하면 된다. 이 스크립트는 모든 시작 스크립트가 실행된 후, 부팅 과정의 맨 마지막에 실행된다.

반면, 추가할 내용이 더 복잡하고 프로세스를 명시적으로 종료해야 한다면 /etc/rc.d/ 또는 /etc/rc* 디렉터리에 스크립트를 추가해야 한다. 이 스크립트는 start와 stop 인자를 적절히 처리할 수 있어야 한다.

물론, rc.local 스크립트를 편집하는 첫 번째 방식이 더 쉽다. 이 스크립트를 변경하려면 편집기에서 파일을 열고 마지막에 실행할 명령을 추가하기만 하면 된다. 이는 한두 줄을 변경할 때 좋은 방법이다.

앞서 말했듯이, 더 복잡하고 명쾌한 방법이 필요하다면 스크립트를 분리하여 두 번째 방식처럼 사용할 수 있다. rc 스크립트를 작성하는 과정은 그리 어렵지 않다. 예제를 사용하여 스크립트를 어떻게 작성하는지 각 단계별로 살펴보기로 하자. 이 예제를 샘플로 필요한 내용을 덧붙여 사용할 수 있을 것이다.

SysV 방식의 시작 스크립트를 사용하고 매 시간 휴식을 취하라는 메시지를 표시하는 프로그램을 실행하길 원한다고 가정해보자. 또한 이 프로그램을 시작할 스크립트는 다음과 같은 내용을 포함할 것이다.

- 스크립트의 목적을 주석으로 기록 (1년 뒤에도 잊기 않도록)

- 프로그램을 시작하기 전에 실제로 존재하는지 검증

- start와 stop 인자를 허용하고 필요한 기능을 수행

 참고 첫 번째 행을 제외하고 파운드 기호(#)로 시작하는 행은 주석이고 실제 수행되지 않는다.

이 내용을 포함한 스크립트를 작성해보도록 하자.

carpald.sh 스크립트 작성

먼저 우리가 원하는 기능을 수행할 스크립트를 만들 것이다. 이 스크립트가 단순해 보이긴 하지만 원하는 기능은 제대로 수행할 것이다. 스크립트가 수행할 내용이 주석으로 포함되어 있다.

1. 텍스트 편집기를 실행해서 다음의 내용을 입력한다.

   ```
   #!/bin/sh
   #
   #Description: This simple script will send a mail to any e-mail address
   #specified in ADDR variable every hour, reminding the user to take a
   #break from the computer to avoid the carpal tunnel syndrome. The script
   #has such little intelligence that it will always send an e-mail as long
   #as the system is up and running - even when the user is fast asleep!!
   #So don't forget to disable it after the fact.
   #Author: w.s.
   #
   ADDR=root@localhost
   while true
   do
           sleep 1h
           echo "Get up and take a break NOW !!" | \
           mail -s "Carpal Tunnel Warning" $ADDR

   done
   ```

2. 앞의 스크립트를 carpald.sh로 저장한다.

3. 다음은 스크립트에 실행 권한을 준다.

   ```
   opensuse-server:~ # chmod 755 carpald
   ```

4. 구동 스크립트가 이 스크립트 파일을 찾을 수 있도록 /usr/local/sbin/로 이동시킨다.

   ```
   opensuse-server:~ # mv carpald.sh /usr/local/sbin/
   ```

구동 스크립트 생성

이제 시스템이 시작하고 종료될 때 수행되는 실제 구동 스크립트를 만들 것이다. 파일명은 carpald가 될 것이며 chkconfig를 활성화할 것이다. 각 실행 레벨에서 프로그램 시작과 종료를 제어하는 데 chkconfig 유틸리티를 사용할 것이다. 이 도구는 꽤 유용하고 시간을 줄여준다.

1. 텍스트 편집기를 실행해서 다음의 내용을 입력한다.

```
#!/bin/sh
#Carpal          Start/Stop the Carpal Notice Daemon
#
#chkconfig:      35 99 01
# description: Carpald is a program which wakes up every 1 hour and
#              tells us that we need to take a break from the keyboard
#              or we'll lose all functionality of our wrists and never
#              be able to type again as long as we live.
# Source function library.
. /lib/lsb/init-functions
[ -f /usr/local/sbin/carpald.sh ] || exit 0
# See how we were called.
case "$1" in
start)
 echo "Starting carpald: "
 /usr/local/sbin/carpald.sh &
 echo "done"
 touch /var/lock/subsys/carpald
;;
stop)
 echo -n "Stopping carpald services: "
 echo "done"
 killall -q -9 carpald &
 rm -f /var/lock/subsys/carpald
;;
status)
 status carpald
;;
restart|reload)
 $0 stop
 $0 start
;;
*)
 echo "Usage: carpald start|stop|status|restart|reload"
 exit 1
 esac
exit 0
```

이 구동 스크립트에서 몇 가지 언급할 것은 다음과 같다.

- 첫 행이 #!/bin/sh로 시작하는데 이것은 /bin/bash에 대한 심볼릭 링크다. 다른 유닉스 시스템에서는 해당되지 않는다.

- chkconfig: 35 99 01 행은 chkconfig 유틸리티에서 꽤 중요한 부분이다. 숫자 35는 chkconfig가 기본으로 실행 레벨 3과 5에서 프로그램을 시작하고 종료하는 항목을 만들어야 한다는 것을 의미한다. 즉 /etc/rc.d/rc3.d와 /etc/rc.d/rc5.d 디렉터리에 실행 항목을 생성한다는 것이다.

- 99와 01은 chkconfig가 해당 프로그램의 시작 우선순위를 99로 종료 우선순위를 01로 설정해야 한다는 것을 의미한다. 즉 시작은 늦게, 종료는 일찍 끝낸다.

2. 앞의 스크립트를 carpald로 저장한다.

3. 파일에 실행 권한을 준다.

    ```
    opensuse-server:~ # chmod 755 carpald
    ```

4. 구동 스크립트가 저장된 디렉터리로 스크립트를 이동한다.

    ```
    opensuse-server:~ # mv carpald /etc/rc.d/
    ```

5. 이제 chkconfig로 이 새 스크립트를 등록한다.

    ```
    opensuse-server:~ # chkconfig --add carpald
    ```

    이 명령은 자동으로 다음의 심볼릭 링크들을 만들어준다.

    ```
    lrwxrwxrwx 1 root root 10 Nov 26 16:24 K01carpald -> ../carpald
    lrwxrwxrwx 1 root root 10 Nov 26 16:24 S01carpald -> ../carpald
    lrwxrwxrwx 1 root root 10 Nov 26 16:24 K01carpald -> ../carpald
    lrwxrwxrwx 1 root root 10 Nov 26 16:24 S01carpald -> ../carpald
    ```

    (K(kill)와 S(star) 문자의 중요성과 의미는 앞서 설명했었다.)

이는 오히려 더 복잡해 보이지만, 일단 rc 스크립트를 설정해두면 다시 설정할 필요는 없어진다. 더 중요한 것은 이 스크립트는 시작과 종료 시에 자동으로 실행되고 관리된다는 것이다. 잠깐의 수고로 우리는 손목 터널 증후군을 피할 수 있게 되었다.

1. service 명령을 사용하여 carpald.sh 프로그램의 상태를 확인할 수 있다.

    ```
    opensuse-server:~ # service carpald status
    ```

2. 시스템 구동 시에 정말로 올바르게 시작될지 확인하기 위해서 carpald 프로그램을 수동으로 시작한다.

    ```
    opensuse-server:~ # service carpald start
    ```

서버의 이메일 시스템이 실행 중이라면 한 시간 후에 **carpald.sh** 스크립트가 보낸 메일을 받아볼 수 있을 것이다. 다음과 같이 `mail` 프로그램을 사용하여 메시지를 확인할 수 있다.

```
opensuse-server:~ # mail
Heirloom mailx version 14.5 7/5/10.  Type ? for help.
"/var/mail/root": 1 message 1 new
>N  1 root    Sat Nov 26 18:55   19/589   "Carpal Tunnel Warning"
&
```

& 프롬프트에 **q**를 입력하면 `mail` 프로그램은 종료된다.

3. 이제 프로그램을 종료한다.

```
opensuse-server:~ # service carpald stop
```

서비스 활성화와 비활성화

때때로 부팅할 때 일부 서비스를 시작할 필요가 없다는 것을 발견하는 경우가 있을 것이다. 특히 서버 시스템을 설정하는 경우에 불필요한 서비스를 실행하고 싶지 않을 때가 있다.

이전 절에서도 설명했듯이, 단순히 특정 실행 레벨 디렉터리의 심볼릭 링크 이름을 변경하는 것만으로 서비스를 실행되지 않도록 할 수 있다. S로 시작하는 경우를 K로 시작하는 것처럼 말이다. 일단 커맨드라인에서 작업하는 게 익숙하다면 이것이 서비스를 활성화하거나 비활성화하는 쉬운 방법이라는 것을 알게 될 것이다.

또한 서비스/프로그램의 구동 실행 레벨은 chkconfig 유틸리티를 사용하여 관리할 수 있다. carpald.sh 프로그램의 모든 실행 레벨을 보려면 다음 명령을 입력하면 된다.

```
opensuse-server:~ # chkconfig --list carpald
carpald            0:off  1:off  2:off  3:on  4:off  5:on  6:off
```

carpald.sh 프로그램을 실행 레벨 2에서 자동으로 실행되도록 하려면 다음과 같이 입력한다.

```
opensuse-server:~ # chkconfig --level 2 carpald on
```

carpald.sh 프로그램의 실행 레벨을 다시 확인해보면, 실행 레벨 2의 필드가 2:off에서 2:on으로 변경된 것을 볼 수 있을 것이다.

```
opensuse-server:~ # chkconfig --list carpald
carpald            0:off 1:off  2:on  3:off  4:off  5:off  6:off
```

어느 실행 레벨에서 구동할 것인지 관리하는 GUI 도구 또한 존재한다. 페도라와 다른 레드햇 계열 시스템(RHEL과 CentOS 포함)에서는 그림 6-1과 같은 system-config-services 유틸리티가 존재한다. 다음과 같이 프로그램을 실행해보자.

> [root@fedora-server ~]# **system-config-services**

OpenSUSE에도 동일한 기능을 하는 GUI 프로그램(그림 6-2)이 있다. 다음과 같이 실행할 수 있다.

> opensuse-server:~ # **yast2 runlevel**

● **그림 6-1**. 페도라의 서비스 설정 도구

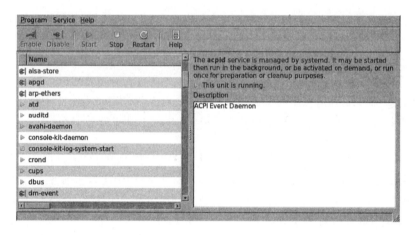

우분투 시스템에서 인기 있는 서비스 관리 GUI 도구는 bum(Boot-Up Manager) 응용프로그램이다(그림 6-3 참조). 이 프로그램은 다음과 같이 실행할 수 있다.

> yyang@ubuntu-server:~$ **sudo bum**

참고

bum 응용프로그램이 기본적으로 설치되어 있지 않다면, sudo apt-get install bum 명령을 입력하여 쉽게 설치할 수 있다.

이 작업을 수행하기에는 GUI 도구가 편하지만, 서버에 원격으로 접속하여 서비스를 관리하는 경우에 그 도구들을 사용할 수 없는 경우도 생길 것이다.

● **그림 6-2**. OpenSUSE의 시스템 서비스(실행 레벨) 편집기

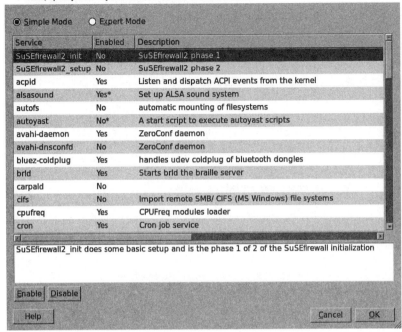

● **그림 6-3**. 우분투의 부팅 관리자

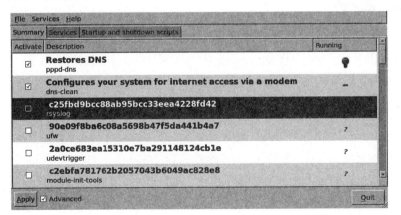

▦ 서비스 비활성화

서비스를 완전히 비활성화하기 위해서는 최소한 서비스의 이름은 알고 있어야 한다. chkconfig 도구를 사용하여 모든 실행 레벨에서 구동을 막기 위해 그 이름을 사용하여 제거할 수 있다.

예를 들어 실행 레벨에 등록된 `carpald.sh` 프로그램을 비활성화하기 위해서는 다음과 같이 입력한다.

```
opensuse-server:~ # chkconfig carpald off
```

`carpald.sh` 프로그램을 다시 확인해보면 모든 실행 레벨에서 꺼져 있음을 알 수 있다.

```
opensuse-server:~ # chkconfig --list carpald
carpald           0:off  1:off  2:off  3:off  4:off  5:off  6:off
```

`carpald.sh` 프로그램을 chkconfig 유틸리티에서 영구히 제거하기 위해서는 다음과 같이 삭제 옵션을 사용하면 된다.

```
opensuse-server:~ # chkconfig --del carpald
```

이제 carpald.sh 스크립트는 그 역할을 다했다. 나중에 이메일 알림이 오지 않도록 시스템에서 완전히 삭제하도록 하자.

```
opensuse-server:~ # rm -f /usr/local/sbin/carpald.sh
```

지금까지 리눅스에서 서비스를 구동하고 종료하는 법을 배웠다. 이제 잠시 동안 밖에 나가 휴식을 갖도록 하자.

시스템 복구

대다수 리눅스 관리자들은 리눅스 서버를 종료하는 것을 좋아하지 않는다. 리눅스 관리자의 자부심 중 하나인 시스템 구동 시간(uptime)을 망치기 때문이다. 따라서 리눅스를 재부팅하는 경우는 대개 부득이한 이유 때문이다. 아마도 무언가 문제가 생겼거나 커널을 업그레이드하는 경우일 것이다.

다행히 리눅스는 재부팅하는 동안에도 자기 복구 능력이 뛰어나다. 시스템이 정상적으로 부팅되지 않는 경우는 극히 드물다. 하지만 전혀 발생하지 않는다는 것은 아니다. 이 절에서는 이 내용에 대해 다룰 것이다.

▧ fsck!

하드 디스크의 자료를 손상되지 않게 유지하는 것은 매우 중요한 기능이다. 이 기능은 실행 레벨 스크립트와 /etc/fstab 파일에 의해 일부 제어된다. fsck(File System Check) 도구는 /.autofsck 파일 존재 여부 또는 /etc/fstab 파일에 명시된 경우에 필요에 의해 자동적으로 부팅할 때 실행된다. fsck 프로그램의 목적은 윈도우의 디스크 검사와 유사하다. 부팅 과정을 계속 진행하기 전에 파일 시스템의 손상된 영역을 확인하고 복구하는 것이다. 이러한 중요성 때문에 fsck는 일반적으로 부팅 절차의 초반에 시작된다.

정상적으로 종료되었다면, /.autofsck 파일은 삭제되었을 것이고 fsck는 /etc/fstab 파일에 명시(6번째 필드 참고)된 대로 실행될 것이다. 그러나 어떤 이유에서든 강제 종료(리셋 버튼을 누른다거나)를 했다면 fsck는 /etc/fstab 파일에 나열된 모든 디스크들을 검사하게 된다(시스템 관리자들은 이 과정에 대해 불평할 것이다).

fsck가 실행되더라도 걱정하지 마라. 아무런 문제도 발생하지 않을 것이다. 하지만 만약 어떤 문제가 발생하면 fsck는 그 문제에 대한 정보를 표시하고 복구하길 원하는지 관리자에게 물을 것이다. 일반적으로 "yes"라고 답하는 것이 옳을 것이다.

거의 모든 최신 리눅스 배포판들은 "저널링 파일 시스템"을 사용한다. 이는 불안전한 종료나 소프트웨어 오류 등의 이유로 발생한 파일 시스템의 문제를 더 쉽고 빠르게 복구해준다. 저널링 기능을 제공하는 파일 시스템으로는 ext4, Btrfs, ext3, ReiserFS, JFS, XFS 등이 있다.

저장 장치의 파티션 혹은 볼륨이 저널링 가능한 파일 시스템으로 포맷되었다면, 시스템 리셋에서 더 빠르고 쉽게 복구되는 것을 확인할 수 있을 것이다. 저널링 파일 시스템의 한 가지 단점은 저널을 유지하기 위한 오버헤드다. 이 오버헤드는 저널링이 구현된 방법에 따라 다르다.

▨ 단일 사용자(복구) 모드로 부팅

윈도우에서 "복구 모드"는 유닉스의 단일 사용자 모드의 부팅에서 빌려온 개념이다. 리눅스에서 단일 사용자 모드로 부팅하는 경우는 부팅에 영향을 미치는 구동 스크립트에 문제가 생겼을 때 이 문제를 수정하기 위해서다. 그리고 나서 시스템을 다중 사용자 모드로 재부팅한다.

만약 GRUB Legacy 부트로더를 사용 중이면 다음과 같은 단계를 거친다.

1. GRUB 메뉴에서 부팅할 항목을 선택한다. 메뉴에는 최근에 설치된 커널 버전이나 기본 항목이 선택되어 있을 것이다. 항목을 선택한 후 E 키를 누른다.

2. 다양한 지시자(/boot/grub/menu.1st 파일에서 가져온 것들)가 포함된 하위 메뉴를 보게 될 것이다.

3. kernel로 이름 붙여진 항목을 선택하고 E 키를 다시 누른다. 이 줄의 끝에 한 칸을 띄우고 single(또는 s)을 입력한다.

4. 엔터를 눌러 GRUB 부팅 메뉴로 돌아간다. 그리고 B 키를 누르면 단일 사용자 모드로 부팅한다.

5. 단일 사용자 모드로 부팅하면, 리눅스 커널은 init 프로그램을 시작하기 전까지는 정상적으로 부팅한다. 그리고 실행 레벨 1로 간 후 멈출 것이다(실행 레벨에 대한 자세한 내용은 이전 절을 참조하길 바란다). 시스템 설정에 따라 루트 비밀번호를 물어보거나 쉘 프롬프트가 표시될 것이

다. 만약 루트 비밀번호를 물어본다면 비밀번호를 입력하고 엔터를 누르면 셸 프롬프트가 표시될 것이다.

6. 이 모드에서는 정상적으로 시작하는 대부분의 서비스들이 실행 상태가 아니다. 네트워크 설정도 마찬가지다. 따라서 IP 주소, 게이트웨이, 넷마스크 등 네트워크 관련 설정 파일의 변경이 필요하다면 변경할 수 있다. 또한 자동으로 검사하거나 복구할 수 없는 파티션에 fsck를 실행하기 좋은 때다(fsck 프로그램은 잘못된 파티션을 알려줄 것이다).

> **팁** 대다수 배포판의 단일 사용자 모드에서는 루트 파티션만을 자동으로 마운트할 것이다. 다른 파티션에 접근하고 싶으면 직접 mount 명령어를 사용하여 마운트해야 한다. /etc/fstab 파일을 통해 마운트할 수 있는 모든 파티션을 볼 수 있다.

7. 필요한 내용을 적용했으면, CTRL+D를 누른다. 단일 사용자 모드가 종료되고 부팅 과정이 계속된다. 또한 reboot 명령으로 시스템을 재시작해도 된다.

요약

이 장에서는 일반적인 리눅스 시스템의 시작과 종료에 관한 다양한 내용을 살펴보았다. 전지전능하신 부트로더를 시작으로, 특히 GRUB을 다루었다. GRUB은 주요 리눅스 배포판들에서 사용하는 인기 있는 부트로더다. 다음으로 리눅스에서 시스템과 서비스를 시작하고 종료하는 일반적인 방법과 각 실행 레벨에서 어떻게 서비스를 시작하고 종료하는지에 관해서도 배웠다. 그리고 간단한 셸 프로그램을 만들어서 손목 터널 증후군을 피할 수 있도록 도움을 줬다. 마지막으로 특정 실행 레벨에서 자동적으로 프로그램을 실행하기 위해 시스템을 설정하는 법을 배웠다.

CHAPTER 7

파일 시스템

파일 시스템은 저장 장치의 자료를 구성하는 기능을 제공한다. 특히 디스크의 섹터와 실린더의 추상 계층을 제공한다. 이 장에서는 리눅스에서 지원하는 추상 계층의 구성과 관리에 대해 논의할 것이다. 또한 리눅스의 기본 파일 시스템인 ext 파일 시스템 계열을 살펴볼 것이다.

이 장에서는 디스크 관리의 많은 부분을 다루게 될 것이다. 파티션과 볼륨 생성을 포함하여 파일 시스템 설정, 부팅 시에 자동으로 마운트하기, 그리고 시스템 크래시 발생 후 처리 등에 대해서 다룰 것이다. 또한 LVM(논리 볼륨 관리)의 개념에 대해서도 알아볼 것이다.

> **참고** 이 장을 학습하기 전에 리눅스 환경에서 파일, 디렉터리, 퍼미션, 소유권 등에 익숙해져야 한다. 아직 5장을 읽지 않았다면 먼저 읽고 난 후에 이 장을 진행하는 게 좋을 것이다.

파일 시스템의 구성

먼저 파일 시스템의 개념을 명확히 이해하기 위해 리눅스의 파일 시스템 구조를 살펴본다.

▒ 아이노드

많은 리눅스/유닉스 파일 시스템에서 가장 기본이 되는 구조는 아이노드(i-Node)다. 아이노드는 다른 아이노드 또는 데이터 블록을 가리키는 제어 구조체다.

아이노드의 제어 정보는 파일 소유자, 퍼미션, 파일 크기, 최근 접근 시간, 생성 시간, 그룹 ID 등 다양한 내용을 포함한다. 하지만 아이노드는 파일의 이름은 갖고 있지 않다.

5장에서 언급했듯이, 디렉터리는 그 자체가 특별한 파일 개체다. 각각의 디렉터리가 아이노드를 가지고 있고 그 아이노드는 디렉터리 내의 파일들에 대한 정보(파일명과 아이노드)를 가진 데이터 블록을 가리킨다. 그림 7-1은 ext2 파일 시스템의 아이노드와 데이터 블록의 구성을 설명하고 있다.

● **그림 7-1.** ext2 파일 시스템의 아이노드와 데이터 블록

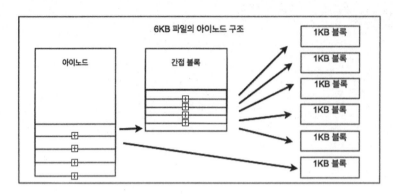

그림 7-1에서 볼 수 있는 것처럼, 아이노드는 파일명을 포함하지 않기 때문에 많은 데이터 블록을 가리킬 수 있도록 **간접적** 접근 방식을 제공한다. 오직 한 아이노드만이 전체 파일을 대표한다. 모든 아이노드가 파일명을 포함하고 있다면 많은 공간을 낭비하게 될 것이다. 예를 들어 1,079,304개의 아이노드를 가진 6GB 디스크가 있다. 각 아이노드가 파일명을 저장하기 위해 256바이트를 사용한다고 가정하면 전체 33MB 가량을 파일명 저장을 위해 낭비하는 것이다.

각 간접 블록은 필요하다면 다른 간접 블록을 가리킬 수 있다. 리눅스 파일 시스템에서 세 단계의 간접 접근 방식을 사용하면 매우 큰 파일을 저장할 수 있다.

▓ 블록

ext2 파일 시스템의 데이터는 블록 안에 구성된다. 블록은 비트열 또는 바이트이며, 저장 장치에서 가장 작은 주소 지정 가능한 단위다. 블록 크기에 따라 파일의 일부만 포함하거나 파일 전체를 포함한다. 결국 블록들은 블록 그룹 내에 포함된다. 무엇보다도 블록 그룹은 실제 데이터 블록의 흐름인 슈퍼블록의 사본, 블록 그룹 디스크립터 테이블, 블록 비트맵, 아이노드 테이블을 포함하고 있다. 그림 7-2는 ext2 파일 시스템의 자료 구조를 나타낸 것이다.

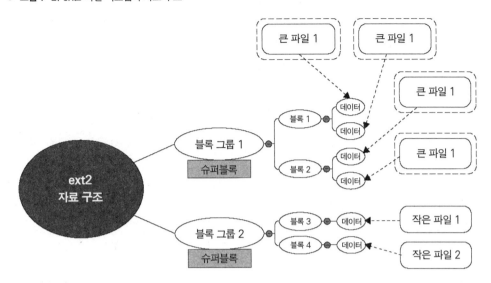

● **그림 7-2.** ext2 파일 시스템의 자료 구조

▨ 슈퍼블록

디스크에서 맨 처음으로 읽어오는 부분은 **슈퍼블록**이다. 이 작은 자료 구조는 디스크의 중요 정보들을 알려준다. 디스크의 구조, 사용 가능한 공간, 첫 번째 아이노드의 위치 등의 정보를 가지고 있다. 즉 디스크는 슈퍼블록 없이는 아무 쓸모도 없다.

슈퍼블록처럼 중요한 정보는 백업해두어야 한다. 첫 번째 슈퍼블록이 손상되었을 경우를 대비해 그 사본을 디스크 이곳저곳에 저장한다. 리눅스의 ext2 파일 시스템에서 슈퍼블록은 각 블록 그룹 뒤에 위치한다. 블록 그룹은 아이노드와 데이터를 포함하며, 한 그룹은 8192개의 블록으로 구성된다. 따라서 첫 번째 슈퍼블록 사본은 8193번째이고, 두 번째 사본은 16,385번째다. 현명하게도 대다수 리눅스 파일 시스템의 설계자들은 슈퍼블록을 파일 시스템에 중복으로 저장하도록 설계했다.

▨ ext3

세 번째 확장 파일 시스템(ext3)은 주요 리눅스 배포판에서 사용하는 또 다른 인기 있는 파일 시스템이다. ext3는 두 번째 확장 파일 시스템(ext2)을 토대로 확장된 파일 시스템이다.

ext3의 기본이 된 ext2 파일 시스템은 만들어진 지 18년이 넘었다. 이는 곧 시스템 관리자에게 두 가지 의미를 시사한다. 먼저, 첫 번째로 ext3는 굉장히 견고하다는 것이다. 오랜 기간 리눅스 환경에서 테스트되고 최적화된 하위 시스템이다.

두 번째는 ext2가 만들어질 당시에 실험적 고려 대상이던 다른 파일 시스템들이 안정화되어 리눅스에서 사용 가능해졌다는 것이다. ext2의 대체용으로 ext3뿐만 아니라 ReiserFS와 XFS가 있다.

둘 다 성능과 안정성을 개선하였지만 그보다 중요한 특징은 데이터를 디스크에 저장하는 새로운 방식을 도입했다는 것이다. 이 새로운 방식이 **저널링**이다. 전통적인 파일 시스템(ext2와 같은)은 디렉터리 구조를 검색하고, 데이터가 저장될 디스크의 위치를 찾아 데이터를 저장한다(리눅스는 디렉터리 갱신을 포함하여 전 과정에서 캐시를 사용할 수 있다. 따라서 사용자에게 처리 과정을 더 빠르게 보여줄 수 있다). 거의 모든 최신 리눅스 배포판들이 기본적으로 저널링 파일 시스템을 사용한다. 페도라(또는 RHEL 계열 배포판), OpenSUSE, 우분투 등이 이를 사용하고 있다.

저널링 파일 시스템을 사용하지 않아 생길 수 있는 문제점은, 예상치 못한 크래시에 파일 시스템 검사기 혹은 fsck 프로그램을 잘못된 참조(예를 들어 아이노드가 다른 곳을 가리킨다거나, 유효하지 않은 아이노드 또는 데이터 블록이 발생한 경우)가 발생했는지 확인하기 위해 디스크의 모든 파일을 검사해야 한다는 것이다. 디스크의 용량은 커지고 가격은 저렴해짐으로써 대용량 디스크에서 fsck를 수행할 가능성이 커지고 있다. 따라서 오랜 수행 시간으로 사용자에게 불편을 초래하게 된다.

저널링 파일 시스템은 디스크에 실제 변경 내용을 저장하기 전에 먼저 변경 로그(저널) 항목을 생성한다. 이 트랜잭션이 완료된 후에 파일 시스템은 실제 데이터를 변경한다. 이것은 즉 파일 시스템의 변경 내용이 모두 적용되거나 아무것도 적용되지 않는 두 가지 상태만을 가지게 된다.

저널링 파일 시스템을 사용하는 한 가지 이점은 데이터 무결성을 보장하고 문제를 피할 수 없는 상황에서도 쉽게 빠르게 복구할 수 있는 가능성을 높여준다는 것이다. 문제를 피할 수 없는 예로 시스템 크래시가 있다. 이런 상황에서도 fsck를 실행할 필요가 없을 것이다. 1TB(테라바이트, 10^12바이트) 디스크에서 fsck 없이 시스템을 복구할 수 있다면 얼마나 빠를 것인지 생각해봐라(만약 대용량 디스크에서 fsck를 실행해본 적이 없다면, 윈도우에서 디스크 검사(chkdsk)를 실행했던 기억을 되살려보자). 또 다른 장점은 시스템 재부팅이 간단하고, 디스크 단편화를 줄여주며, 입출력(I/O) 연산을 가속화(저널링 방식에 따라)시켜준다는 것이다.

▦ ext4

ext4는 이미 알고 있듯이 ext3의 후속 버전이며 향상된 확장 시스템이다. ext4는 대다수 최신 리눅스 배포판의 기본 파일 시스템으로 탑재되었다. 또한 ext3에 대한 하위 호환성을 제공하고 ext4 파일 시스템으로 마이그레이션이나 업그레이드가 쉽게 만들었다.

ext4 파일 시스템은 ext3보다 여러 개선사항과 기능을 제공한다. 이에 대해서 이어서 다룰 것이다.

익스텐트

ext4 파일 시스템은 ext3와 달리 간접 블록 매핑 방식을 사용하지 않는다. 대신에 **익스텐트**(extent)라는 개념을 사용한다.

익스텐트는 저장 장치의 연속적인 물리 블록을 나타내는 방식이다. 익스텐트는 연속된 데이터 파일의 범위에 대한 정보를 제공한다. 그래서 자신이 속한 파일을 가리키기 위해 마커를 이동하는 블록 대신에, 특정 파일에 속한 다음 블록을 가리키는 익스텐트를 사용한다.

온라인 조각모음

데이터의 잦은 이동과 크기 변화는 시간이 지날수록 디스크 **조각모음**을 필요로 하게 된다. 조각모음은 저장 장치 내부의 기계 부품들을 필요 이상으로 혹사시켜 결국 손상을 일으킬 수 있다. 일반적으로 파일 단편화를 되돌리는 과정은 오프라인 상태인 파일 시스템을 조각모음하는 것이다. 여기서 "오프라인"이란 파일에 접근하거나 사용할 가능성이 없는 경우에 조각모음을 수행한다는 것이다. ext4는 개별 파일이나 파일 시스템 전체에 온라인 조각모음을 제공한다.

대용량 파일 시스템과 파일

이전의 ext3 파일 시스템은 최대 16TB의 파일 시스템과 2TB의 파일을 지원한다. 반면 ext4는 최대 1EB(엑사바이트, 10^18바이트) 파일 시스템과 16TB의 파일을 지원한다.

▨ Btrfs

B트리 파일 시스템(Btrfs)은 현 리눅스 파일 시스템이 가지고 있는 기업 확장성 문제를 해결하기 위해 만들어진 차세대 리눅스 파일 시스템이다. (Btrfs는 "Butter FS"로 발음한다.) 이는 사실상 ext4를 대체할 파일 시스템으로 기대된다.

Btrfs는 이미 다른 리눅스 배포판에서 사용하고 테스트할 수 있다. 또한 ext4에서 지원하는 기능뿐만 아니라 다음과 같이 추가적인 기능을 제공한다.

- 동적 아이노드 할당

- 온라인 파일 시스템 검사 (fsck-ing)

- 미러링과 스트리핑과 같은 내장 RAID 기능

- 온라인 조각모음

- 스냅샷 지원

- 하위 볼륨 지원

- 온라인 상태의 블록 장치 추가/제거

- 자체 압축 기능

- 데이터 중복 제거를 통한 저장 공간 활용성 증대

▨ 파일 시스템의 선택

그럼 이제 어떤 파일 시스템을 사용해야 하는지 궁금할 것이다. 최근에는 저널링 기능을 가진 파일 시스템을 선호하는 추세다. 하지만 저널링은 그만큼 오버헤드를 가져온다.

또 다른 고려사항은 특수 작업이나 사용에 관한 성능 이점을 제공하는 파일 시스템을 사용할 것인가다.

자신의 환경에 맞는 파일 시스템을 선택하기 위해서는 직접 분석하고 벤치마크를 수행하거나 유사한 환경에서 파일 시스템을 사용하는 다른 이들의 경험을 듣고 배울 필요가 있다.

물론 리눅스의 다른 것과 마찬가지로 전적으로 본인의 선택에 달려있다. 많은 파일 시스템을 경험해보고 응용 프로그램이나 작업의 성능이 어떤지 확인해보는 것이 최선의 방법이다.

마지막으로, 다양한 서버 설치본에서 기본 파일 시스템으로 선택된 것들 중 적당한 것을 찾아보고 시스템에 그대로 적용해보면 될 것이다.

파일 시스템 관리

파일 시스템을 관리하는 방법은 간단하다. 단, 네트워크 서버, 디스크, 백업, 크기 요구사항 등의 사항을 이미 암기하고 있고 변경되지 않는다면 매우 간단하다. 하지만 모든 것이 쉽지만은 않다.

일단 파일 시스템이 생성, 배포되고 백업 스케줄에 등록되면 대부분 스스로 잘 작동하게 된다. 하지만 관리를 힘들게 하는 경우는 디스크를 직접 관리하지 않는 사용자들이나 기술적인 문제뿐만 아니라 여러 조건하에서 어떤 디스크를 공유할 것인가 등을 명령하는 거추장스러운 관리 정책들 때문이다.

불행히도 이러한 관리 정책을 쉽게 다룰 수 있는 해결책은 없다. 따라서 이 절에서는 기술적인 문제에 대해서만 다루게 된다. 즉 파티션을 마운트하는 과정이나 /etc/fstab 파일을 다루는 법, fsck 프로그램으로 파일 시스템을 복구하는 방법 등을 살펴본다.

▨ 디스크 마운트와 마운트 해제

리눅스의 장점은 유연성과 파일의 위치를 일관되게 관리해준다는 것이다. 파티션은 마운트되어야 비로서 그 내용물에 접근할 수 있다. 실제로 마운트된 파티션의 파일 시스템은 해당 시스템의 또 다른 하위 디렉터리로 나타난다. 사용 중인 여러 파일 시스템들은 단지 매우 큰 하나의 디렉터리 트리로 보이게 된다. 이러한 특징은 관리자에게 도움이 된다. 특히 새로운 파티션에 기존 물리적 파티션에 저장된 데이터를 재배치하는 경우에 시스템 사용자는 그 사실을 알 필요 없이 동일한 디렉터리로 사용할 수 있다.

파일 시스템의 시작은 루트 디렉터리다. 이 파티션은 /로 표시하고 **슬래시**라고 불리운다. 부팅할 때 마운트되며 커널과 핵심 디렉터리들을 포함하고 있다. 리눅스 커널이 저장된 물리적 파티션을 /boot와 같이 별도의 파일 시스템으로도 관리할 수 있다. 또한 루트 파일 시스템(/)은 단일 사용자 모드로 부팅하기 위해 커널과 그 외 필요한 유틸리티와 설정 파일들을 저장하고 있어야 한다.

부팅 스크립트가 시작되면 추가적인 파일 시스템들이 마운트되고 루트 파일 시스템에 추가된다. 마운트 과정은 마운트할 파티션의 디렉터리 트리를 하나의 하위 디렉터리에 더하는 것이다. 예를 들어 /dev/sda2가 루트 파티션이고 파일이 하나도 없는 /usr 디렉터리를 포함하고 있다. /dev/sda3 파티션은 /usr 디렉터리에 필요한 모든 파일을 가지고 있어서 /dev/sda3를 /usr 디렉터리에 마운트한다. 사용자들은 이제 단순히 /usr 디렉터리로 이동해서 그 파티션의 모든 파일을 볼 수 있다. 사용자들은 /usr이 실제로 별도의 파티션인지 알 필요가 없다.

> **참고** 이 장과 다른 장들에서 무심코 이러이러한 디렉터리에 파티션이 마운트되었다 말했었다. 그러나 실제론 그 파티션의 파일 시스템이 마운트되는 것이다. 단지 일상적인 단어의 편리성 때문에 두 가지 의미를 혼용해서 사용하였다.

새 디렉터리가 마운트되면 마운트된 디렉터리의 이전 내용은 마운트 과정 중에 모두 감춰버린다. 따라서 앞의 예제에서 /dev/sda3가 마운트되기 전의 /usr에 파일이 있었다면 그 파일들은 더 이상 보이지 않게 된다(물론 지워지는 것은 아니다. /dev/sda3가 마운트 해제되면 /usr의 파일들은 다시 보이게 된다).

mount 명령어 사용

mount 명령어도 다른 커맨드라인 명령들처럼 과다하게 많은 옵션을 가지고 있다. 대부분의 옵션은 거의 사용되지 않는다. 이 옵션들의 자세한 정보는 mount의 man 페이지를 통해 확인할 수 있다. 여기서는 주로 사용하는 몇 가지 명령어들만을 살펴볼 것이다.

mount 명령의 구조는 다음과 같다.

```
mount [options] device directory
```

*options*에 사용할 수 있는 명령들은 표 7-1에 나와있다. 또한 mount -o 플래그로 사용할 수 있는 옵션은 표 7-2에 나와있다.

그리고 mount 명령에 아무런 옵션 없이 수행하면 현재 마운트된 모든 파일 시스템을 보여준다.

```
[root@fedora-server ~]# mount
/dev/mapper/VolGroup-LogVol00 on / type ext4 (rw)
proc on /proc type proc (rw)
```

```
...<이하 생략>...
/dev/sda1 on /boot type ext4 (rw)
/dev/mapper/VolGroup-LogVol02 on /home type ext4 (rw)
/dev/mapper/VolGroup-LogVol03 on /tmp type ext4 (rw)
none on /proc/sys/fs/binfmt_misc type binfmt_misc (rw)
```

/bogus-directory 디렉터리가 존재한다고 가정하면, 다음 mount 명령은 /bogus-directory 디렉터리에 /dev/sda3 파티션을 읽기 전용 시스템으로 마운트할 것이다.

```
[root@fedora-server ~]# mount -o ro /dev/sda3 /bogus-directory
```

● 표 7-1. mount 명령의 주요 옵션

옵션	설명
-a	/etc/fstab에 나열된 모든 파일 시스템을 마운트한다(/etc/fstab은 이 절의 후반부에 살펴본다).
-t fstype	마운트할 파일 시스템의 종류를 지정한다. 리눅스는 ext2/ext3/ext4/Btrfs 표준 외에도 FAT(File Allocation Table), VFAT(Virtual File Allocation Table), NTFS, ReiserFS 등의 다양한 파일 시스템을 마운트할 수 있다. mount 명령은 대개 스스로 파일 시스템 종류를 감지한다.
remount	remount 옵션은 이미 마운트된 파일 시스템을 다시 마운트할 때 사용한다. 주로 파일 시스템 mount 플래그가 변경되었을 때 사용한다. 예를 들어 읽기 전용으로 마운트된 파일 시스템을 쓰기 가능한 파일 시스템으로 변경할 때 마운트 해제 없이 계속 사용할 수 있다.
-o options	mount 과정 중에 옵션을 적용할 때 사용한다. 이 옵션들은 파일 시스템 종류에 따라 사용되는 것들이다(네트워크 파일 시스템 마운트를 위한 옵션은 로컬 파일 시스템에 적용되지 않는다). 주로 사용하는 옵션은 표 7-2에 나열되어 있다.

● 표 7-2. mount -o 인자와 사용 가능한 옵션

옵션 (로컬 디스크인 경우)	설명
ro	읽기 전용으로 파티션을 마운트한다.
rw	읽기/쓰기 가능한 파티션으로 마운트한다. (기본값)
exec	바이너리 실행을 허용한다. (기본값)
noatime	아이노드의 접근 시간을 변경하지 못하게 한다. 접근 시간이 중요치 않은 파티션에서 성능을 향상시킬 수 있다.
noauto	-a 옵션을 사용한 경우에는 파티션을 자동으로 마운트하지 않는다(/etc/fstab 파일에만 적용 가능).
nosuid	파티션에서 SetUID 프로그램 비트를 설정할 수 없도록 한다.
sb=n	블록 n을 슈퍼블록으로 사용하게끔 한다. 시스템이 손상된 경우 유용하다.

파일 시스템 마운트 해제

파일 시스템을 마운트 해제하기 위해서는 umount(unmount가 아닌) 명령어를 사용한다. 사용법은 다음과 같다.

```
umount [-f] directory
```

여기서 *directory*는 마운트 해제할 디렉터리다. 다음은 실사용 예다.

```
[root@fedora-server ~]# umount /bogus-directory
```

이는 /bogus-directory 디렉터리에 마운트된 파티션을 해제한다.

파일 시스템이 사용 중인 경우

umount를 사용하는 데는 문제점이 하나 있다. 파일 시스템이 사용 중이면(파일 시스템의 내용을 접근 중이거나 파일을 열고 있을 때) 그 파일 시스템을 마운트 해제할 수 없다. 이를 해결하기 위해서는 다음과 같은 방법을 사용할 수 있다.

- 프로세스가 파일을 열고 있는지 확인하기 위해 lsof 또는 fuser 프로그램을 사용할 수 있다. 그러고 나서 그 프로세스를 종료시키거나 프로세스 소유자에게 종료하도록 요청한다(fuser의 종료(-k) 인자에 대해서는 fuser의 man 페이지를 확인하면 된다). 프로세스를 종료하기로 했다면 그 결과에 대해서도 제대로 이해하고 있어야 한다. 즉 잘 알지 못하는 프로세스를 죽이기 전에는 추가적인 관리가 필요하다. 그 프로세스가 시스템에 중요한 프로세스라면 우리의 작업 또한 동일한 보안성을 갖게 된다.

- umount 명령에 -f 옵션을 사용하면 강제로 마운트 해제할 수 있다. 특히 더 이상 유효하지 않은 네트워크 파일 시스템(NFS)을 해제할 때 유용하다.

- 마운트 해제를 늦게 하려면 -l 옵션을 사용하면 된다. 이 옵션은 다른 옵션이 실패하더라도 거의 항상 제대로 동작한다. 이것은 즉시 파일 시스템 계층에서 해당 파일 시스템을 제거하고, 그 파일 시스템에 대한 사용이 멈추면 바로 이 파일 시스템의 모든 참조를 제거한다.

- 좀 더 안전하고 적절한 방법은 단일 사용자 모드로 부팅한 다음 파일 시스템을 마운트 해제하는 것이다. 물론 실제로 사용 중인 시스템에 항상 이 방법을 사용할 수는 없을 것이다.

/etc/fstab 파일

앞서 언급했듯이 /etc/fstab는 mount 명령이 사용할 수 있는 설정 파일이다. 이 파일은 시스템에 설치된 모든 파티션 목록을 가지고 있다. 이 목록은 부팅 과정 중에 읽혀져서 지정된 옵션에 따라 자동으로 해당 항목을 마운트한다.

다음은 /etc/fstab 파일의 형식이다.

```
/dev/device    /dir/to/mount    fstype    Parameters    fs_freq    fs_passno
```

다음은 /etc/fstab의 샘플 파일이다.

```
1)  /dev/mapper/VolGroup-LogVol00     /          ext4    defaults      1  1
2)  UUID=40b3-894d-21d6ff2601fc       /boot      ext4    defaults      1  2
3)  /dev/mapper/VolGroup-LogVol02     /home      ext4    defaults      1  2
4)  /dev/mapper/VolGroup-LogVol03     /tmp       ext4    defaults      1  2
5)  /dev/mapper/VolGroup-LogVol01     swap       swap    defaults      0  0
6)  tmpfs                   /dev/shm             tmpfs   defaults      0  0
7)  devpts                  /dev/pts             devpts  gid=5,mode=620 0  0
8)  sysfs                   /sys
9)  proc                    /proc
10) /dev/sr0          /media/cdrom auto    user,noauto,exec           0  0
```

/etc/fstab 파일의 각 항목에 대해 살펴보자. 행 번호는 가독성을 위해 필자가 임의로 추가한 것이다.

1행 /etc/fstab 예제 파일의 첫 번째 항목은 루트 볼륨에 관한 것이다. 첫 번째 열, /dev/mapper/VolGroup-LogVol00 논리 볼륨은 시스템에 저장된 장치를 나타낸다(볼륨에 관한 자세한 내용은 이후의 "볼륨 관리" 절에서 다루게 될 것이다). 두 번째 열, / 디렉터리는 마운트 위치를 나타낸다. 세 번째 열, ext4는 파일 시스템 종류를 나타낸다. 네 번째 열, defaults는 마운트할 파일 시스템의 옵션을 나타낸다. 다섯 번째 필드는 dump 유틸리티(백업 도구)가 어떤 파일 시스템을 백업할지 결정하기 위한 값이다. 마지막 여섯 번째 필드는 fsck 프로그램이 파일 시스템에 검사가 필요한지 그리고 검사할 순서를 확인하기 위한 값이다.

2행 이 예제의 다음 항목은 /boot 마운트 포인트다. 이 항목의 첫 번째 필드는 UUID로 표시된 장치명이다.

나머지 다른 필드들은 이전 루트 마운트 포인트에서 설명했던 것과 동일한 의미를 가진다. 이 예제의 /boot 마운트 포인트는 일반적인 /dev/⟨path-to-device⟩ 표기와는 다르다는 것을 느꼈을 것이다. UUID는 어떤 상황하에서도 정확하고 유일한 식별 수단으로 장치를 인식할 수 있다. 특히 새로운 디스크를 추가하거나 기존 디스크를 제거하거나 교체하는 경우, 드라이브 컨트롤러를 변경하는 상황에서 유용하다.

일부 리눅스 배포판은 /etc/fstab 파일에서 물리적 장치를 식별하기 위해 라벨을 대신 사용한다. 라벨의 사용은 마운트되는 파일 시스템의 실제 장치를 숨겨준다. 라벨을 사용하면 장치는 LABEL=/boot과 같은 문장으로 치환된다. 초기 설치 과정에서 파티션 프로그램은 자동으로 파티션에 라벨을 붙여준다. 시스템은 부팅할 때 파티션 테이블을 검사해서 이러한 라벨들을 찾는다. 이는 특히 SCSI(Small Computer System Interface) 디스크를 사용할 때 유용하다. 일반적으로 SCSI는 SCSI ID를 가지고 있다. 라벨을 사용하면 SCSI ID 변경하거나 디스크를 옮기는 경우에도 시스템은 바뀐 장치를 여전히 마운트할 수 있다. 예를 들어 /dev/sda10에서 /dev/sdb10

로 변경하더라도 마운트 가능하다("디스크와 파티션 명명법"을 참조하기 바란다).

라벨은 플래시 드라이브나 USB 하드 드라이브 등과 같이 일시적으로 사용하는 외부 매체에도 유용하다.

> 팁　blkid 유틸리티는 시스템에 부착된 저장 장치의 여러 속성들을 표시해준다. 볼륨의 UUID도 그 속성 중 하나이다. 예를 들어 blkid를 아무런 옵션 없이 실행하면 각 블록 장치의 UUID를 포함한 다양한 정보 출력한다.
>
> ```
> [root@fedora-server ~]# blkid
> /dev/sda1: UUID="bde91afe-2367-40b3-894d-21d6ff2601fc" TYPE="ext4"
> /dev/sda2: UUID="CiZkq3-TbMH-p23f-VKwY-1TKT-U*" TYPE="LVM2_member"
> /dev/mapper/VolGroup-LogVol01: UUID="08ce4261-8f1d-4d01-818b-f*"
> TYPE="swap"
> /dev/mapper/VolGroup-LogVol00: UUID="412a796b-cb69-4aa3-af02-4*"
> TYPE="ext4"
> ```

3, 4행 그 다음 두 항목은 /home와 /tmp 마운트 포인트다. 이 둘은 실제 물리적 항목 또는 장치를 참조한다. 각각 VolGroup-LogVol02와 VolGroup-LogVol03 논리 볼륨을 참조한다. 3행과 4행의 나머지 필드는 앞서 살펴본 바와 같이 동일한 방식으로 해석된다.

5행 이 항목은 가상 메모리가 위치한 시스템 스왑 파티션이다. 리눅스에서 가상 메모리는 루트 파티션과 분리된 파티션을 사용한다(리눅스에서 일반 파일도 스왑용으로 사용할 수 있다). 스왑 파티션이 일반 파티션과 다른 방식으로 규칙을 따르기 때문에 스왑 영역을 별도의 파티션으로 분리하는 것이 성능 향상에 도움을 준다. 또한 이 파티션은 부팅 시에 백업하거나 fsck로 검사할 필요가 없기 때문에 마지막 두 필드는 0으로 지정한다(스왑 파티션은 일반 디스크 파일로 유지할 수 있다. 추가적인 정보는 mkswap의 man 페이지를 참조하기 바란다).

6행 다음은 가상 메모리(VM) 파일 시스템으로 알려진 tmpfs 파일 시스템이다. 이것은 시스템 RAM과 스왑 영역 둘 다 사용한다. 또한 기본 블록 장치상에 존재하지 않고 VM상에 존재하기 때문에 일반적인 블록 장치가 아니다. 그리고 파일을 저장하기 위해 VM 시스템에 페이지를 요청하기 위해 사용한다. 첫 번째 필드 tmpfs는 일반 유닉스/리눅스 장치 파일과는 관련이 없음을 보여준다. 두 번째 항목은 마운트 포인트가 /dev/shm라는 것을 나타낸다. 세 번째는 파일 시스템 종류가 tmpfs라는 것을, 네 번째 필드는 이 파일이 기본 옵션으로 마운트된다는 것을 의미한다. 다섯 번째와 여섯 번째 필드는 이전 항목의 필드와 동일한 의미를 가진다. 이 임시 파일 시스템은 ext2나 ext3 파일 시스템을 갖지 않기 때문에 백업할 필요도 검사할 필요도 없다.

8행 다음 항목은 sysFS 파일 시스템이다. 이것은 리눅스 커널 2.6에서 새로 생긴 필수 항목이다. 이것 역시 tmpfs나 proc 파일 시스템처럼 임시적이며 특수 파일 시스템이다. 이것은 시스템과 장치 상태 정보를 위한 메모리 내의 저장소를 제공한다. 또한 시스템 장치 트리를 구조적 형태로 보여준다. 이는 제어판을 대신해서 장치를 파일과 디렉터리 목록 형태로 보여주는 윈도우 장치 관리자와 비슷하다.

9행 다음 주목할 항목은 proc 형태의 파일 시스템이다. 이 파일 시스템에서 시스템 프로세스(줄여서 proc)에 관한 정보를 동적으로 관리한다. 첫 번째 필드의 proc은 tmpfs 파일 시스템 항목의 그것과 같은 의미다. proc 파일 시스템은 여타의 다른 파일 시스템들처럼 보이게 해서 커널 매개변수에 관한 인터페이스를 제공하는 특수한 파일 시스템이다. 즉 사람이 대부분 읽을 수 있는 형태로 커널에 제공한다. 그것들이 디스크에 존재하는 것처럼 보이지만 실제로는 존재하지 않는다. 단순히 커널에 있는 무언가를 나타내는 것이다. 대표적인 것이 /dev/kcore 파일이다. 이 파일은 시스템 메모리를 파일로 추상화한 것이다. proc 파일 시스템이 낯선 사람들은 종종 이 크고 불필요한 파일을 삭제해서 시스템이 오작동하게 되는 실수를 저지른다. 확신이 없다면 /proc 디렉터리의 파일들은 그대로 두는 편이 안전할 것이다(10장에서 /proc에 대해 자세히 다룰 것이다).

10행 fstab 파일의 마지막은 이동식 디스크를 위한 항목이다. 이 예제에서 장치 필드는 광학 장치(CD/DVD ROM 드라이브)를 나타내는 /dev/sr0 디바이스 파일을 가리킨다. 마운트 위치는 /media/cdrom이고, 시스템에 광학 매체(CD/DVD)를 삽입하고 마운트하면 /media/cdrom 디렉터리를 통해 그 내용물에 접근할 수 있다. 세 번째 필드의 auto는 시스템이 자동적으로 해당 장치 종류에 대한 탐지하여 적당한 파일 시스템을 찾도록 한다. 대개 CD/DVD-ROM의 경우에는 iso9660이나 UDF(Universal Disk Format) 파일 시스템이다. 네 번째 필드는 마운트 옵션을 나타낸다.

> **참고**
>
> /etc/fstab 파일에 설정된 파티션을 마운트할 때는 마운트할 디렉터리만을 지정하여 mount 명령을 실행할 수 있다. mount 명령은 /etc/fstab 파일에서 지정한 디렉터리를 찾아서 파일에 설정된 내용 그대로 mount 명령에 사용한다. 예를 들어 앞의 /etc/fstab 파일에 설정된 CD-ROM을 마운트하기 위해서 다음과 같이 간단한 형태로 수행할 수 있다.
>
> ```
> [root@fedora-server ~]# mount /media/cdrom/
> ```

▒ fsck 사용

fsck(File System Check의 약자)는 손상된 파일 시스템을 진단하고 복구하는 데 사용한다. 시스템이 내부 버퍼의 내용을 모두 디스크로 전달하지 못한 채 크래시가 발생한 경우에 파일 시스템 복구가 필요하다(fsck라는 이름은 시스템에 크래시가 발생한 후 시스템 관리자가 종종 소리 지르는 무언가와 유사하고 게다가 이를 그 복구 과정에 사용한다는 것은 놀라운 우연의 일치다).

시스템은 대개 부팅 시에 검사가 필요하다고 생각되면 자동으로 fsck 프로그램을 실행한다(윈도우의 디스크 검사와 동일한 방식이다). 즉 정상적으로 마운트 해제되지 않은 파일 시스템이 발견되면 이 유틸리티를 실행한다. 또한 파일 시스템 검사는 /etc/fstab에 지정된 내용에 따라 실행된다.

리눅스는 수행 중에 발생하는 문제를 복구하기 위해 많은 노력을 한다. 대부분은 자동적으로 스스로 해결한다. 리눅스 파일 시스템 또한 그러한 태생으로 대부분의 상황을 자동으로 처리하지만 그럼에도 불구하고 다음과 같은 메시지를 표시하기도 한다.

```
*** An error occurred during the file system check.
*** Dropping you to a shell; the system will reboot
*** when you leave the shell.
```

이러한 경우에는 사용자가 직접 fsck를 실행해야 한다.

정상적으로 동작하지 않는 파일 시스템을 발견하면(로그 메시지는 비정상 여부를 확인할 수 있는 좋은 방법이다), 실행 중인 시스템에 fsck를 실행하기를 원할 것이다. 하지만 이러한 경우에는 작업을 계속하기 위해서 파일 시스템을 마운트 해제해야 한다. 그리고 작업이 완료되면 파일 시스템을 다시 마운트해야 한다.

fsck는 실제로 ext3 복구 프로그램이 아니다. 단지 래퍼(wrapper)일 뿐이다. fsck 레퍼는 복구가 필요한 파일 시스템 종류를 확인하고 적절한 복구 프로그램을 실행시킨다. 이때 fsck로 전달된 인자를 함께 전달한다. ext2의 실제 복구 프로그램 이름은 fsck.ext2다. 마찬가지로 ext3 파일 시스템의 복구 프로그램은 fsck.ext3이고 ext4는 fsck.ext4다. 그리고 VFAT 파일 시스템은 fsck.vfat, ReiserFS 파일 시스템은 fsck.reiserfs다. 따라서 ext4로 포맷된 파일 시스템에서 크래시가 발생하면 다른 프로그램에서 지동으로 호출되도록 하는 것보다 직접 fsck.ext4을 실행하는 편이 나을 것이다.

/home 디렉터리에 마운트된 /dev/mapper/VolGroup-LogVol02 파일 시스템에 fsck를 실행하려면 다음과 같은 과정을 거쳐야 한다.

먼저, 파일 시스템을 마운트 해제한다.

```
[root@fedora-server ~]# umount /home
```

현재 /home 파일 시스템을 어떠한 프로세스도 사용하지 않는다고 가정하고 진행한다.

우리는 이미 이 파일 시스템이 ext4 타입이라는 것을 알고 있기 때문에, fsck.ext4 유틸리티를 직접 실행하거나 단순히 fsck 유틸리티를 실행할 수 있다.

```
[root@fedora-server ~]# fsck /dev/mapper/VolGroup-LogVol02
fsck from util-linux-ng 2.18
e2fsck 1.* (17-May-2020)
```

```
/dev/mapper/VolGroup-LogVol02: clean, 246/3203072 files,
257426/12804096 blocks
```

출력 결과는 이 파일 시스템이 clean 상태라는 것을 나타낸다. 강제로 파일 시스템을 검사하고 모든 질문에 yes를 답하도록 실행하기 위해서는 다음과 같이 입력해야 한다.

```
[root@fedora-server ~]# fsck.ext4 -f -y /dev/mapper/VolGroup-LogVol02
```

오류가 발생하면 어떻게 해야 하나?

먼저 진정하고, fsck가 직접 고칠 수 없는 문제는 아주 드물다. 만일 fsck가 사용자의 대답을 기다리면 대부분의 경우는 기본값을 수행하는 걸로 충분하다. 아주 드물게 e2fsck을 한 번 실행하는 것만으로 문제를 해결할 수 없는 경우가 있다.

드문 경우지만 두 번 실행하면 더 이상 오류가 나타나지 **않아야 한다.** 그래도 만약 문제가 발견되면 하드웨어 오류일 가능성이 크다. 확실히 할 것은 전원과 연결 케이블이 이상 없는지 확인해야 한다. SCSI 시스템을 사용 중인 사용자는 올바른 터미네이터(terminator)를 사용 중인지, 케이블이 너무 길지 않은지 또는 SCSI ID가 충돌하지 않는지 케이블 상태가 좋은지 등을 점검해야 한다(특히 SCSI 장비는 케이블의 질에 민감하다).

그리고 다른 모든 방법으로도 안 되고 fsck도 문제를 해결하지 못한다면 이것은 무언가 잘못됐다는 힌트를 주는 것이다. 그럼 인터넷 검색을 이용하여 동일한 문제가 발생한 사람이 있는지 어떻게 해결했는지 살펴봐야 한다.

lost+found 디렉터리

아주 드물긴 하지만 때론 fsck가 원래 파일로 다시 합칠 수 없는 파일 조각을 찾는 경우가 있다. 이러한 경우에 그 파일 조각들은 해당 파티션의 lost+found 디렉터리에 저장된다. 이 디렉터리는 파티션이 마운트된 곳에 위치한다. 즉 /dev/mapper/VolGroup-LogVol02가 /home 디렉터리에 마운트되어 있다면 lost+found 위치는 /home/lost+found가 된다.

lost+found 디렉터리에는 파일 조각, 디렉터리, 특수 파일 등 어느 것이라도 들어갈 수 있다. 일반 파일이 그곳에 저장되면 파일 소유자와 연결할 수 있고 그 파일을 볼 수도 있다.

만일 lost+found에 디렉터리가 있다면, lost+found 안에서 재구성하는 것보다 최근 백업으로부터 복원하는 것이 나을 것이다.

거의 희박하지만 어떤 경우에는 lost+found 때문에 혼란에 빠질 수도 있다.

디스크 추가

PC 하드웨어용 리눅스에서 디스크를 추가하는 과정은 비교적 쉽다. 기존 디스크와 동일한 종류의 디스크를 추가한다고 가정하자(예를 들어 이미 SATA 드라이브가 장착된 시스템에 SATA 디스크를 추가하거나 SCSI 드라이브가 장착된 시스템에 SCSI 디스크를 추가하는 경우처럼). 시스템은 부팅 시에 자동으로 새 디스크를 인식할 것이다. 이제 남은 것은 파티션을 나누는 것과 파일 시스템을 생성하는 것이다.

만약 새로운 종류의 디스크를 추가한다면(IDE(Integrated Drive Electronics) 드라이브만 설치된 시스템에 SCSI 디스크를 추가하는 것처럼), 커널이 새 하드웨어를 지원하는지 여부를 확인해야 한다. 이것은 커널에 직접 빌드하거나 로딩 가능한 모듈(드라이버) 형태로 제공할 수 있다. 대다수 리눅스 배포판 커널은 주요 디스크 컨트롤러를 지원한다. 하지만 가끔씩 독특한 칩셋을 가진 메인보드에서 커널과 하드웨어 조합이 말썽을 부리기도 한다.

일단 디스크를 장착한 후에는 시스템을 부팅하기만 하면 된다. 시스템이 새 디스크를 인식할 수 있는지 확실하지 않다면 다음과 같이 dmesg 명령을 실행해서 드라이버가 로드되고 디스크를 찾았는지 확인할 수 있다.

```
[root@fedora-server ~]# dmesg | egrep -i "hd|sd|disk"
```

▣ 파티션 개요

좀 더 명확히 하기 위해 파티션이 무엇인지 어떻게 동작하는 알아볼 필요가 있다. 일반적으로 디스크는 사용하기 전에 파티션되어야 한다. 파티션은 디스크를 여러 부분으로 나누고 그 각각을 완전한 디스크로 작동하게 만드는 것이다. 파티션이 데이터로 가득 차더라도 자동으로 다른 파티션으로 넘어갈 수는 없다.

디스크를 파티션하기 위한 방법은 다양하다. 디스크 전체를 단일 파티션으로 OS를 설치하거나 여러 OS들을 여러 파티션에 나눠 설치할 수 있다(듀얼 부팅 또는 멀티 부팅). 그리고 작업 영역에 따라 구분하여 각기 다른 용도로 파티션을 나눠 사용할 수 있다.

특히 마지막 예는 다중 사용자 시스템에 관한 것이다. 사용자들의 홈 디렉터리 내용물이 OS의 중요 기능을 망치지 않도록 막기 위한 것이다.

▣ 디스크와 파티션 명명법

최근 리눅스 배포판들은 호스트 컨트롤러뿐만 아니라 다양한 저장 장치를 커널에서 지원하기 위해 libATA 라이브러리를 사용한다. 리눅스에서는 각각의 디스크가 장치 이름을 가진다. 장치 파일들은 /dev 디렉터리에 저장된다. 하드 디스크는 sdX라는 이름으로 시작한다. X는 물리적 블록 장치를 나타내는 a부터 z까지 범위의 문자다. 예를 들어 두 개의 하드 디스크를 가진 시스템에서 첫 번째 하드 디스크는 /dev/sda, 두 번째 하드 디스크는 /dev/sdb가 된다. 파티션이 만들어지면 그에 해당하는 장치 파일 또한 만들어진다. 그 장치 파일의 이름은 /dev/sdXY의 형태다. X는 장치 문자이고, Y는 파티션 번호다. 그래서 /dev/sda 디스크의 첫 번째 파티션은 /dev/sda1이고, 두 번째 파티션은 /dev/sda2다. 또한 세 번째 디스크의 두 번째 파티션은 /dev/sdc2다. SCSI 디스크 역시 동일한 규칙으로 만들어진다.

일부 표준 장치들은 시스템 설치 중에 자동으로 장치 파일이 생성되고 다른 일부 장치들은 시스템에 연결될 때 생성된다.

참고 IbATA 시스템이 생기기 이전에, 하드 디스크를 위한 IDE 장치 명명법은 달랐다. IDE 드라이브 장치명은 SCSI 또는 SATA와 같은 인터페이스의 하드 디스크와는 매우 달랐다. IDE 드라이브의 장치 명명법은 /dev/hdX 와 같이 사용했다. 이는 sd 대신에 hd로 시작하는 이름을 가진다. 예를 들어 IDE 인터페이스만 지원하는 시스템에 하나의 하드 디스크와 하나의 CD-ROM이 있다면 둘 다 동일한 IDE 명명법을 따른다. 하드 디스크는 /dev/hda가 되고, CD-ROM은 /dev/hdb가 된다. 이러한 정보는 오래된 시스템에만 유효한 것이다.

볼륨 관리

앞서 얘기했듯이 우리는 "파티션"과 "볼륨"이라는 용어를 혼용해서 사용해왔다. 정확히 동일한 것은 아니지만 개념은 비슷하다. **볼륨 관리**는 디스크와 파티션을 다루는 새로운 방법이다. 디스크나 저장 장치를 파티션의 경계로 보는 대신에 모든 것을 볼륨으로 바라보게 된다(이해가 잘 안되더라도 걱정하지 마라. 그저 복잡한 개념일 뿐이다. 지금부터 좀 더 자세히 살펴보도록 하겠다).

리눅스에서 파티션을 다루는 이 새로운 접근법은 **논리적 볼륨 관리**(Logical Volume Management, LVM)라고 부른다. 파티션이 가진 장점은 그대로 유지하면서 제약 및 한계는 없애버렸다. 그 장점은 다음과 같다.

- 디스크 파티션의 유연성이 좋다.

- 볼륨의 크기를 온라인 상태에서 쉽게 조절할 수 있다.

- 저장 장치 풀에 새 디스크를 추가하는 것으로 손쉽게 저장 공간을 늘릴 수 있다.

- 스냅샷을 사용할 수 있다.

다음은 볼륨 관리에 관련된 주요 용어들이다.

- **물리적 볼륨(PV):** 일반적으로 물리적인 하드 디스크나 하드웨어 RAID(Redundant Array of Inexpensive Disks) 또는 소프트웨어 RAID 장치와 같은 물리적 저장 장치를 말한다. 물리적 볼륨에

는 오직 하나의 저장 장치만이 존재할 수 있다.

- **볼륨 그룹(VG):** 볼륨 그룹은 하나 이상의 물리적 볼륨과 논리적 볼륨을 하나의 관리 개체로 묶는 데 사용한다. 볼륨 그룹은 물리적 볼륨으로부터 생성된다. 간단히 말해 볼륨 그룹은 물리적 볼륨의 집합이다. 하지만 볼륨 그룹은 가상 디스크와 유사하게 마운트할 수 없다.

- **논리적 볼륨(LV):** LVM에서 가장 이해하기 어려운 개념이 바로 이것일 것이다. LVM이 아닌 시스템에서는 논리적 볼륨은 디스크 파티션과 동일하기 때문이다. 논리적 볼륨은 표준 블록 장치로 표현된다. 논리적 볼륨에 파일 시스템을 설치하면, 논리적 볼륨이 마운트되고 필요하다면 fsck를 수행한다. 논리적 볼륨은 볼륨 그룹에 가용 공간으로부터 생성된다. 또한 논리적 볼륨은 그 볼륨의 실제 물리적 볼륨과 독립된 하나의 연속된 파티션으로 보인다.

- **익스텐트(extents):** 익스텐트는 두 가지 종류가 있다. 물리적 익스텐트와 논리적 익스텐트다. 물리적 익스텐트는 물리적 볼륨을 데이터 단위로 나눈 것이다. 그리고 논리적 익스텐트는 논리적 볼륨을 데이터 단위로 나눈 것이다.

▨ 파티션과 논리적 볼륨 생성

시스템 설치 과정 중에 파티션을 생성하기 위해 "예쁜" GUI 프로그램을 사용했을 것이다. 리눅스 배포판에 따라 그 GUI 프로그램은 모습이 천차만별일 것이다. 주로 파티션 작업을 수행하고 통일된 외형과 느낌을 가진 프로그램으로 parted와 fdisk 유틸리티가 있다. 비록 fdisk가 작고 뭔가 이상해 보이지만 신뢰할 만한 커맨드라인 파티션 도구다. 반면 parted는 사용자에게 더 친숙하고 더 많은 기능이 내장된 프로그램이다. 사실 많은 GUI용 파티션 프로그램들이 parted를 내부적으로 사용하고 있다. 게다가 문제가 생긴 시스템을 해결해야 하는 경우 parted나 fdisk와 같은 기본 도구들에 친숙해져야 한다. 또 다른 강력한 파티션 관리 유틸리티로는 sfdisk와 cfdisk가 있다.

우리는 2장에서 OS를 설치하는 과정 중에 파티션되지 않은 공간을 조금 남겨두라고 했던 것을 기억할 것이다. 이 공간을 논리적 볼륨을 만들고 LVM 개념을 설명하기 위해 사용할 것이다.

특별히 /var 디렉터리의 내용을 저장하는 논리적 볼륨을 만들 것이다. OS 설치 중에 /var 볼륨을 따로 만들지 않았기 때문에 /var 디렉터리의 내용은 루트(/) 볼륨에 저장되어 있다. 일반적으로 /var 디렉터리는 로그 파일처럼 주기적으로 변경되는 파일을 저장하고 있기 때문에 별도의 파일 시스템으로 두는 것이 좋은 방법이다.

논리적 볼륨을 생성하는 과정은 다음과 같다.

1. LVM 시스템이 사용할 파티션을 초기화한다(lvm 형태의 파티션을 생성한다).

2. 하드 디스크 파티션으로부터 물리적 볼륨을 생성한다.

3. 물리적 볼륨을 볼륨 그룹에 할당한다.

4. 마지막으로, 볼륨 그룹 안에 논리적 볼륨을 생성하고 포맷한 후에 논리적 볼륨의 마운트 위치를 지정한다.

다음 그림은 LVM에서 디스크, 물리적 볼륨, 논리적 볼륨, 볼륨 그룹 간의 관계를 나타낸 것이다.

● **그림 7-3**. LVM 구조

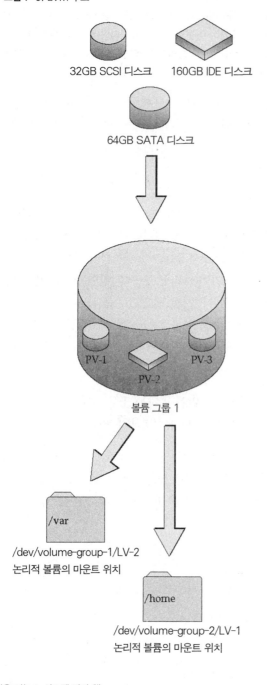

32GB SCSI 디스크   160GB IDE 디스크

64GB SATA 디스크

PV-1   PV-2   PV-3

볼륨 그룹 1

/var

/dev/volume-group-1/LV-2
논리적 볼륨의 마운트 위치

/home

/dev/volume-group-2/LV-1
논리적 볼륨의 마운트 위치

A단계

세 개의 하드 디스크로 구성된 저장 장치 풀(pool)을 준비한다.

B단계

저장 장치 풀에서 디스크를 볼륨 그룹에 할당하여 볼륨 그룹을 만든다. 물리적 익스텐트(PE)는 각각 32MB로 가정한다.

SCSI 디스크 = PV-1 = 32GB = 1000PE
IDE 디스크 = PV-2 = 160GB = 5000PE
SATA 디스크 = PV-3 = 64GB = 2000PE

따라서 볼륨 그룹에는 총 8,000개의 PE(256GB)가 있다.

C단계

볼륨 그룹의 가용 공간을 사용하여 논리적 볼륨을 만든다.

1. LV-1이라는 LV를 만들고 포맷한다. 그리고 /home 디렉터리에 마운트한다. 3,125개의 논리적 익스텐트(100GB)가 만들어진다.

2. LV-2라는 LV를 만들고 포맷한다. 그리고 /var 디렉터리에 마운트한다. 62개의 논리적 익스텐트(2GB)가 만들어진다.

LVM 명령어	설명
lvcreate	볼륨 그룹의 물리 익스텐트 가용풀로부터 논리 익스텐트를 할당하여 볼륨 그룹에 새 논리적 볼륨을 생성한다.
lvdisplay	논리적 볼륨의 읽기/쓰기 상태, 크기, 스냅샷 정보 등의 속성을 표시한다.
pvcreate	LVM 시스템에서 사용하는 물리적 볼륨을 초기화한다.
pvdisplay	물리적 볼륨의 크기, PE 크기 등의 속성을 표시한다.
vgcreate	pvcreate 명령으로 만들어진 블록 장치로 새 볼륨 그룹을 생성한다.
vgextend	크기를 확장할 볼륨 그룹에 하나 이상의 물리적 볼륨을 추가한다.
vgdisplay	볼륨 그룹의 속성을 표시한다.

> **주의** 파티션을 만드는 과정은 기존 디스크의 데이터를 삭제하는 행위다. 따라서 파티션 작업을 하기 전에 그 작업 결과에 대해 반드시 파악하고 있어야 한다.

앞으로 살펴볼 내용은 다음과 같다.

- 파티션 생성

- 물리적 볼륨 생성

- 볼륨 그룹에 물리적 볼륨 할당

- 논리적 볼륨 생성

처음부터 끝까지 이 모든 과정은 꽤 지루할 것이다. 실제로는 간단한 과정이지만 추가적으로 몇 단계를 더 살펴볼 것이다.

이 과정에서 사용할 유틸리티는 표 7-3에 나열되어 있다.

파티션 생성

메인 디스크의 파티션되지 않은 공간(/dev/sda)에 파티션을 생성할 것이다.

1. 현 파티션 정보를 확인하기 위해 parted 유틸리티에 장치명을 인자로 전달한다.

```
[root@fedora-server ~]# parted /dev/sda
GNU Parted
Using /dev/sda
Welcome to GNU Parted! Type 'help' to view a list of commands.
(parted)
```

parted 프롬프트(parted)가 나타날 것이다.

2. 파티션 테이블을 parted 쉘에 다시 표시한다. 파티션 테이블을 출력하기 하기 위해서는 print를 프롬프트에 입력한다.

```
(parted) print
Model: ATA HARDDISK (scsi)
Disk /dev/sda: 105GB
Sector size (logical/physical): 512B/512B
Partition Table: gpt
Number  Start    End      Size     File system  Name   Flags
1       1049kB   3146kB   2097kB                        bios_grub
2       3146kB   527MB    524MB    ext4         ext4   boot
3       527MB    84.4GB   83.9GB                        lvm
```

이 출력 결과로 알 수 있는 사실들은 다음과 같다.

- 디스크 전체 크기는 약 105GB다.

- 이 파티션 테이블은 GUID 파티션(gpt)이다. 현재 세 개의 파티션이 존재한다(1, 2, 3번, 각각 /dev/sda1, /dev/ sda2, /dev/sda3).

- 2번 파티션(/dev/sda2)은 boot 플래그가 지정되어 있다. 이는 부팅 가능한 파티션을 의미한다.

- OS 설치 과정의 파티션 작업으로부터 2번 파티션(/dev/sda2)에는 /boot 파일 시스템이 저장되어 있고, 3번 파티션(/dev/sda3)에는 그 외 나머지가 저장되어 있다는 것을 유추할 수 있다(자세한 것은 df 명령의 결과를 확인해보길 바란다).

- 1번 파티션(/dev/sda1)은 bios_grub 형태이고, 3번 파티션(/dev/sda3)은 lvm 형태다.

- 마지막 파티션(/dev/sda3)은 84.4GB 경계에서 끝난다. 따라서 84.4GB 영역부터 디스크 끝까지의 (105GB) 공간을 새 파티션을 만드는 데 사용할 수 있다.

3. 새 파티션을 만들기 위해 프롬프트에 mkpart를 입력한다.

```
(parted) mkpart
```

참고
parted 프롬프트에서 사용할 수 있는 다른 명령들이 궁금하다면 help를 입력하여 도움말을 확인하면 된다.

4. 새 파티션에 이름을 붙이지 않을 것이기에 Partition name 프롬프트에 아무것도 입력하지 않고 엔터를 누른다.

```
Partition name?  []?
```

5. File system type 프롬프트 역시 기본값을 사용하기 위해 엔터를 누른다.

```
File system type? [ext2]?
```

6. 지금부터는 파티션 크기를 지정할 차례. 크기의 단위는 킬로바이트, 메가바이트, 기가바이트 등을 사용할 수 있다. 먼저 시작값을 선택한다. 마지막 파티션이 84.4GB 경계에서 끝났으므로 그 바로 뒤인 84.5GB를 지정한다. 84.5GB를 입력하고 엔터를 누른다.

```
Start? 84.5GB
```

7. 다음은 파티션의 종료값을 지정한다. 전체 디스크 크기가 105GB이기 때문에 새 파티션의 끝을 105GB로 지정하여 많은 공간을 모두 사용한다. 이는 새 파티션 크기가 105GB – 84.5GB, 즉 약 20GB가 되는 것을 의미한다. 105GB를 입력하고 엔터를 누른다.

```
End? 105GB
```

8. 이제 새로운 파티션을 lvm 형태로 지정할 것이다. 이를 위해 set 명령을 사용한다. 다음과 같이 4번 파티션에 lvm 플래그를 활성화시켜준다.

```
(parted) set 4 lvm on
```

> **팁**
> parted의 다양한 서브 명령과 옵션에 대해 배우고 싶다면 parted 프롬프트에 help <sub-command>를 입력하면 된다. 예를 들어 set 명령의 옵션과 사용법을 확인하려면 다음과 같이 입력하면 된다.
>
> ```
> (parted) help set
> ```

9. 변경사항을 확인하기 위해 파티션 테이블을 다시 표시한다.

```
(parted) print
Model: ATA HARDDISK (scsi)
Disk /dev/sda: 105GB
Sector size (logical/physical): 512B/512B
Partition Table: gpt
Number  Start    End     Size     File system  Name  Flags
1       1049kB   3146kB  2097kB                       bios_grub
2       3146kB   527MB   524MB    ext4         ext4  boot
3       527MB    84.4GB  83.9GB                       lvm
4       84.4GB   105GB   20.4GB                       lvm
```

10. parted 프롬프트에 quit를 입력하고 엔터를 눌러 모든 작업을 마친다.

```
(parted) quit
```

그러면 기본 커맨드 쉘로 돌아가게 될 것이다(여기서는 bash로).

아주 드문 경우지만, 커널이 새 파티션을 인식하기 위해 시스템을 재부팅하거나 새로 파티션된 장치를 재장착
해야 할지도 모른다.

물리적 볼륨 생성

다음 절차에 따라 물리적 볼륨을 생성할 것이다.

1. 먼저, 시스템에 슈퍼유저로 로그인되어 있는지 확인한다.

2. 현재 물리적 볼륨이 시스템에 정의되어 있는지 확인하기 위해 다음과 같이 입력한다.

   ```
   [root@fedora-server ~]# pvdisplay
   --- Physical volume ---
   PV Name        /dev/sda3
   VG Name        VolGroup
   PV Size        78.12 GiB / not usable 32.00 MiB
   ...<이하 생략>...
   ```

   물리적 볼륨명 필드(PV Name)에 주목하자.

3. 이전 절("파티션 생성")에서 생성한 파티션을 물리적 볼륨으로 초기화하기 위해 pvcreate 명
   령을 사용한다.

   ```
   [root@fedora-server ~]# pvcreate /dev/sda4
   Physical volume "/dev/sda4" successfully created
   ```

4. pvdisplay 명령을 사용하여 변경된 내용을 확인한다.

   ```
   [root@fedora-server ~]# pvdisplay
   --- Physical volume ---
   PV Name        /dev/sda3
   VG Name        VolGroup
   ...<이하 생략>...
   "/dev/sda4" is a new physical volume of "19.04 GiB"
   --- NEW Physical volume ---
   PV Name        /dev/sda4
   VG Name
   PV Size        19.04 GiB
   ...<이하 생략>...
   ```

볼륨 그룹에 물리적 볼륨 할당

이제 볼륨 그룹(VG)에 앞서 만든 물리적 볼륨을 할당할 것이다.

1. 먼저 vgdisplay 명령을 사용하여 현재 시스템에 존재하는 볼륨 그룹을 살펴본다.

```
[root@fedora-server ~]# vgdisplay
--- Volume group ---
VG Name                VolGroup
System ID
Format                 lvm2
...<이하 생략>...
VG Size                78.09 GiB
PE Size                32.00 MiB
Total PE               2499
Alloc PE / Size        2499 / 78.09 GiB
Free  PE / Size        0/ 0
VG UUID                e3MLEy-X36P-z4UF-VUAc-sRjX-9ioO-8qwzbz
```

이 출력 결과로 다음과 같은 사실을 알 수 있다.

- 볼륨 그룹명은(VG Name) VolGroup이다.

- VG의 현재 크기는 78.09GiB(Gibibyte, 1024^3) (우리의 작업이 완료되면 그 크기는 증가할 것이다)

- 물리적 익스텐트의 크기는 32MiB(Mebibyte, 1024^2)이고, 총 2,499개가 있다.

- VG 내에 사용 가능한 물리적 익스텐트(Free PE)가 없다.

2. 새 물리적 볼륨을 vgextend 명령을 사용하여 볼륨 그룹에 할당한다. 사용법은 다음과 같다.

```
vgextend [options] VolumeGroupName PhysicalDevicePath
```

다음은 이 명령어의 실사용 예다.

```
[root@fedora-server ~]# vgextend VolGroup /dev/sda4
Volume group "VolGroup" successfully extended
```

3. vgdisplay 명령과 변경 내용을 확인한다.

```
[root@fedora-server ~]# vgdisplay
--- Volume group ---
VG Name                VolGroup
...<이하 생략>...
Act PV                 2
VG Size                97.12 GiB
PE Size                32.00 MiB
Total PE               3108
Alloc PE / Size        2499 / 78.09 GiB
Free  PE / Size        609 / 19.03 GiB
VG UUID                e3MLEy-X36P-z4UF-VUAc-sRjX-9ioO-8qwzbz
```

이전과 달리 VG Size, Total PE, Free PE 항목이 급격히 늘어났다. 그리고 609개(또는 19.03GiB)
의 사용 가능한 PE가 생겨났다.

논리적 볼륨 생성

이제부터 볼륨 그룹의 새로 생긴 공간에 논리적 볼륨(LV)을 생성할 수 있다.

1. 먼저 시스템에 존재하는 논리 볼륨을 확인한다.

```
[root@fedora-server ~]# lvdisplay | less
 --- Logical volume ---
  LV Name                    /dev/VolGroup/LogVol01
  VG Name                    VolGroup
...<이하 생략>...
 --- Logical volume ---
  LV Name                    /dev/VolGroup/LogVol00
  VG Name                    VolGroup
...<이하 생략>...
 --- Logical volume ---
  LV Name                    /dev/VolGroup/LogVol03
  VG Name                    VolGroup
...<이하 생략>...
 --- Logical volume ---
  LV Name                    /dev/VolGroup/LogVol02
  VG Name                    VolGroup
...<이하 생략>...
```

이 결과는 다음과 같은 논리 볼륨을 보여준다.

- /dev/VolGroup/LogVol01

- /dev/VolGroup/LogVol00

- /dev/VolGroup/LogVol03

- /dev/VolGroup/LogVol02

2. 현재 시스템에서 사용 중인 볼륨 명명법에 따라 LV를 생성할 것이다. 우리가 만들 다섯 번째 논리 볼륨명은 "LogVol04"이고, 경로는 /dev/-VolGroup00/ LogVol04다. 다음과 같이 생성한다.

```
[root@fedora-server ~]# lvcreate -l 609 --name LogVol04 VolGroup
Logical volume "LogVol04" created
```

> **참고**
> 사실 LV의 이름은 어떤 것이든 상관없다. 단지 일관성을 위해 LogVol04로 정한 것이다. LogVol04 대신에 "my-volume" 같은 이름을 사용할 수도 있다. -name (-n) 옵션은 LV의 이름이다. -l 옵션은 물리적 익스텐트 한 단위의 크기를 지정한다("볼륨 그룹에 물리적 볼륨 할당"의 1단계 참조). 또한 -L 19.03G 또는 -L 19030M와 같이 기가바이트 또는 메가바이트로 크기를 지정할 수 있다.

3. 새로 만든 LV를 확인해보자.

```
[root@fedora-server ~]# lvdisplay /dev/VolGroup/LogVol04
--- Logical volume ---
LV Name                /dev/VolGroup/LogVol04
VG Name                VolGroup
...<이하 생략>...
LV Size                19.03 GiB
Current LE             609
Segments               1
Allocation             inherit
Read ahead sectors     auto
- currently set to     256
Block device           253:4
```

페도라, RHEL, CentOS 배포판은 LVM 시스템를 관리하는 매우 간편한 GUI 프로그램을 가지고 있다. 이 프로그램은 system-config-lvm이고 실행 화면은 다음과 같다.

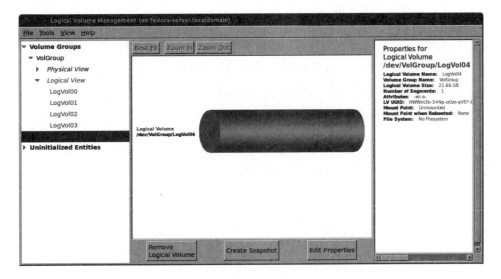

OpenSUSE 배포판 또한 디스크, 파티션, LVM을 관리할 수 있는 GUI 프로그램을 제공한다. yast2 storage 명령으로 수행하며 실행 화면은 다음과 같다.

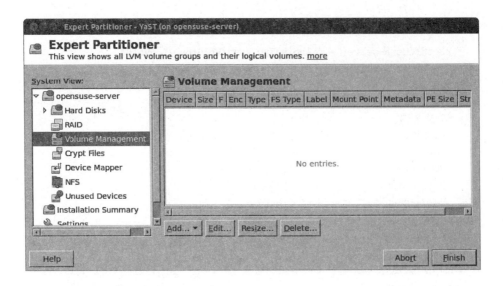

파일 시스템 생성

볼륨을 생성하면 그에 따른 파일 시스템이 필요하다(이는 MS 윈도우에서 디스크를 포맷하는 것과 유사하다). 원하는 파일 시스템 종류에 따라 사용할 유틸리티를 결정해야 한다. 이 프로젝트에서는 Btrfs 형태의 파일 시스템을 생성할 것이다. 따라서 mkfs.btrfs 유틸리티를 사용할 것이다. 앞서 말했듯이 Btrfs를 생산 시스템에서 사용할 때는 주의를 기울여야 한다. mkfs.btrfs 툴을 사용하는 방법은 많이 있다. 하지만 우리는 그 중 가장 간단한 방식을 사용할 것이다.

파일 시스템을 만들기 위해서는 다음 과정을 수행한다.

1. 파일 시스템을 생성할 볼륨명을 명령 인자로 전달한다. /dev/VolGroup/LogVol04에 파일 시스템을 만들기 위해서는 다음과 같이 입력한다.

    ```
    [root@fedora-server ~]# mkfs.btrfs /dev/VolGroup/LogVol04
    fs created label (null) on /dev/VolGroup/LogVol04
    nodesize 4096 leafsize 4096 sectorsize 4096 size 19.03GB
    Btrfs Btrfs v*
    ```

    이 명령을 수행하고 나면 파일 시스템이 만들어진다. 다음은 /var 디렉터리의 내용물을 그 파일 시스템으로 옮기는 과정을 시작할 것이다.

2. 새 파일 시스템을 마운트하기 위한 임시 폴더를 만든다. 루트 폴더 아래 다음과 같이 생성한다.

    ```
    [root@fedora-server ~]# mkdir /new_var
    ```

3. LogVol04 논리 볼륨을 /new_var 디렉터리에 마운트한다.

```
[root@fedora-server ~]# mount /dev/VolGroup/LogVol04 /new_var
```

4. /var 디렉터리의 내용물을 /new_var 디렉터리로 복사한다.

```
[root@fedora-server ~]# cp -vrp /var/* /new_var/
```

5. 이제 /var 디렉터리의 이름을 /old_var로 변경할 수 있다.

```
[root@fedora-server ~]# mv /var /old_var
```

6. 새 /var 디렉터리를 생성한다.

```
[root@fedora-server ~]# mkdir /var
```

7. 시스템이 단일 사용자 모드로 부팅되는 것을 피하기 위해 특수한 기법을 사용할 것이다. 다음과 같이 입력한다.

```
[root@fedora-server ~]# mount --bind /new_var/ /var
```

이 과정은 mount 유틸리티의 bind 옵션을 사용하여 임시적으로 시스템이 실제로 필요한 파일들을 가진 /new_var 디렉터리를 /var 디렉터리로 다시 마운트한다. 이는 시스템을 재부팅하기 전까지 유용하다.

> 팁 bind 옵션은 NFS 서비스를 실행 중인 시스템에서도 유용하다. 이는 rpc_pipefs 가상 파일 시스템이 종종 자동으로 /var 디렉터리의 하위 폴더(/var/lib/nfs/rpc_pipefs)를 마운트하기 때문이다. 그래서 이를 해결하기 위해 mount 유틸리티에 bind 옵션을 사용하여 임시적으로 rpc_pipefs 가상 파일 시스템을 새로운 위치에 마운트한다. 그러면 NFS 서비스는 방해 받지 않고 계속해서 작동하게 된다. 다음과 같은 형태로 사용하면 된다.
>
> ```
> [root@fedora-server ~]# mount --bind /var/lib/nfs/rpc_pipefs /new_var/lib/nfs/rpc_pipefs
> ```

8. SELinux가 활성화된 페도라, RHEL, CentOS와 같은 배포판에서는 새 /var 폴더를 위한 보안 컨텍스트를 데몬들이 사용할 수 있도록 복원해야 한다.

```
[root@fedora-server ~]# restorecon -R /var
```

이제 /etc/fstab 파일에 새 파일 시스템을 위한 항목을 만들어야 한다. 시스템이 재부팅되고 난 후에 변경 내용이 적용되도록 /etc/fstab 파일을 편집해야 한다. 텍스트 편집기로 fstab 파일을 열고 파일 끝에 다음과 같은 내용을 추가한다.

```
/dev/mapper/VolGroup-LogVol04 /var btrfs defaults 1 2
```

> 팁 또한 echo 명령을 사용하여 파일의 끝에 앞의 내용을 추가할 수도 있다. 사용법은 다음과 같다.
>
> ```
> #echo "/dev/mapper/VolGroup-LogVol04 /var btrfs defaults 1 2" >> /etc/fstab
> ```

9. 이제 시스템을 재부팅할 시간이다.

```
[root@fedora-server ~]# shutdown -r now
```

10. 시스템이 정상적으로 부팅된 후 /old_var와 /new_var 폴더를 rm 명령을 사용하여 삭제한다.

> **참고** 시스템을 부팅하는 동안 시스템 로그 서비스의 시작 과정이 특히 느리더라도 너무 걱정할 필요 없다. 끝내 타임 아웃이 되고 부팅 과정이 계속될 것이다. 하지만 다시 `restorecon -R /var` 명령으로 /var 디렉터리의 파일들에 대한 보안 컨텍스트를 설정할 필요가 있을 것이다. 그리고 나서 시스템을 다시 한번 재부팅하면 된다.

요약

이 장에서는 사실상 리눅스 표준 파일 시스템인 확장 파일 시스템 계열(ext2, ext3, ext4)과 새로운 Btrfs에 대해 살펴보았다. 파일 시스템을 관리하는 과정으로 저장 장치의 파티션 생성부터 물리적 볼륨을 만들고 볼륨 그룹을 확장하고 논리적 볼륨을 만드는 과정까지 차례차례 다루었다.

또한 민감한 시스템 디렉터리를 분리된 Btrfs 파일 시스템으로 이동하는 과정을 살펴보았다. 이 장에서 다룬 내용들은 실제 리눅스 서버에서 관리 작업을 할 때 필요한 것들이다. 이는 다양한 환경에서 리눅스 서버의 기본적인 파일 시스템 문제를 처리하기에 충분한 내용이다.

리눅스 또한 다른 운영체제들처럼 지속적으로 변화하고 있다. 파일 시스템의 설계자와 관리자들은 동일한 인터페이스를 유지하도록 노력하고 있지만 때때로 큰 변화를 느끼게 될 것이다. 단지 인터페이스의 단순화일 경우도 있지만, 파일 시스템 자체의 급격한 개선 작업일 수도 있다. 이러한 변화에 주의를 기울여야 한다.

리눅스는 안정적이고 사용하기 좋은 강력한 파일 시스템을 제공한다. 이 장에서 논의된 다양한 도구들을 통해 이것을 느껴보길 바란다.

CHAPTER 8

핵심 시스템 서비스

모든 리눅스 시스템은 배포판, 네트워크 설정, 시스템 설계와 상관없이 init, logging daemon, cron 등과 같은 기본적인 핵심 서비스를 가지고 있다. 이 서비스들이 수행하는 기능은 간단하지만 매우 근본적인 것들이다. 따라서 이들이 존재하지 않으면 리눅스의 대다수 기능을 사용하지 못하게 될 것이다.

이 장에서는 이러한 핵심 서비스뿐만 아니라 xinetd에 대해서도 함께 살펴볼 것이다. 또한 각 서비스들의 설정 파일과 설치 방법에 대해서도 다루게 될 것이다. 이 서비스들을 설명하는 데는 그리 오랜 시간이 걸리지 않지만 많은 시간을 투자해 좀 더 익숙해지길 바란다. 많은 창의적인 해법들이 이 서비스를 사용하여 구현되어 왔다. 이 장을 통해서 좀 더 깨우치길 바란다.

init 데몬

init 프로세스는 모든 프로세스의 조상이다. 모든 리눅스/유닉스 기반 시스템에서 **항상** 첫 번째로 시작되는 프로세스다. init은 커널에 의해 실행되고 시스템 초기에 다른 모든 프로세스를 시작하는 임무를 가진다. init의 프로세스 ID는 항상 1이다. init이 실패하는 경우 나머지 시스템도 동작하지 않는다.

최근 리눅스 배포판에서는 일반적으로 알려진 init 데몬이 다른 솔루션으로 교체되었다. 그 하나는 upstart이고, 또 다른 하나는 systemd다. 이는 이 장 후반부에서 다루게 될 것이다.

init 프로세스는 두 가지 역할을 한다. 먼저 프로세스의 최종 부모 역할이다. init 프로세스는 절대 죽지 않기 때문에 시스템은 항상 존재를 확인할 수 있고 또 필요하다면 참조할 수 있다. 자식 프로세스가 완료되기 전에 부모 프로세스가 죽었을 때 주로 init 프로세스의 참조가 필요하다. 이는 자식 프로세스들이 init을 부모 프로세스로 상속하기 때문이다. ps -ef 명령을 실행해보면 부모 프로세스 ID(PPID)가 1인 프로세스들을 다수 볼 수 있을 것이다. 또한 init은 특정 실행 레벨이 되었을 때 적절한 프로그램을 실행시켜준다. 이 동작은 /etc/inittab 파일이나 각 배포판의 그와 유사한 파일에 정의된다.

참고

기술적으로 엄밀히 말하면 init은 최초로 실행되는 프로세스가 아니다. 하지만 정책적으로는 여전히 옳으며 그렇게 가정하겠다. 또한 일부 보안이 강화된 리눅스 시스템에서는 일부러 init의 프로세스 ID(PID)를 임의로 정하기도 한다. 따라서 init의 PID가 1이 아닌 시스템을 발견해도 놀라지 마라.

upstart

upstart의 문서에 따르면, "upstart는 init 데몬을 대체하는 이벤트 방식의 시스템이다. init 데몬은 시스템 부팅 시에 서비스와 프로세스를 실행하고 구동 중에 그 프로세스들을 감시하며 시스템 종료 시에 해당 프로세스를 중단하는 역할을 한다."라고 설명한다. upstart가 목적을 달성하기 위해 더 훌륭하고 견고한 방식을 사용한다는 것을 제외하곤 init 데몬의 기능과 거의 동일하다.

upstart의 또 다른 목표는 init(System V init)과 완전한 하위 호환성을 갖추는 것이다. upstart가 init과 호환성을 가지고 있기 때문에 이 절의 나머지는 대부분 전통적인 init 방식에 초점을 맞추어 설명할 것이다.

앞서 언급했던 것처럼 upstart는 init 데몬의 대체제다. upstart는 **작업**(또는 태스크)과 **이벤트** 개념을 사용하여 동작한다.

upstart를 사용하는 우분투처럼 데비안 기반 배포판들은 작업(jobs)이 /etc/event.d/ 또는 /etc/init/ 디렉터리 아래에 생성된다. 작업의 이름은 이 디렉터리 아래의 파일명이다. 또한 작업은 다양한 실행 레벨에서 실행되어야 할 서비스와 데몬들을 제어하기 위해 정의되었다.

예를 들어 실행 레벨 3에서 시작해야 할 서비스들을 제어하기 위한 작업은 /etc/event.d/rc3나 /etc/init/rc3 파일에 정의한다. 그 내용은 다음과 같다.

```
# rc3 - runlevel 3 compatibility
# This task runs the old sysv-rc runlevel 3 (user defined) scripts. It
# is usually started by the telinit compatibility wrapper.
start on runlevel 3
stop on runlevel
console output
script
  set $(runlevel --set 3 || true)
  if [ "$1" != "unknown" ]; then
      PREVLEVEL=$1
      RUNLEVEL=$2
```

```
        export PREVLEVEL RUNLEVEL
    fi
    exec /etc/rc.d/rc 3
  end script
```

이것은 다음과 같은 의미를 가진다.

- start 절은 이 작업이 시작될 이벤트를 지정한다. 이 경우에는 시스템이 실행 레벨 3으로 진입하면 실행된다.

- stop 절은 이 작업이 중단될 이벤트를 지정한다.

- script 절은 /bin/sh을 사용하여 실행될 쉘 스크립트 코드를 명시한다.

- exec 절은 실행할 바이너리의 경로와 전달할 인자를 명시한다.

status 명령어를 사용하여 작업의 상태를 확인할 수 있다. 다음은 rc3 작업의 상태를 확인하는 법이다.

```
yyang@ubuntu-server:~$ status rc3
```

initctl 명령어는 모든 작업과 작업 상태를 표시한다. 다음 예제는 모든 작업 목록을 보여준다.

```
yyang@ubuntu-server:~$ initctl list
```

▨ /etc/inittab 파일

/etc/inittab 파일을 여전히 사용하는 배포판에서는 inittab 파일이 init이 실행 레벨을 시작할 때 필요한 모든 정보를 가지고 있다. 이 파일의 각 행은 다음과 같은 형태로 이루어진다.

```
id:runlevels:action:process
```

> 팁 이 파일에서 # 기호로 시작하는 행은 모두 주석이다. /etc/inittab의 내용을 살펴보면, 이미 주석 처리된 부분을 찾을 수 있을 것이다. 만약 /etc/inittab 파일을 변경하려면 변경한 내용에 대한 주석문을 포함하는 것이 좋다.

표 8-1은 /etc/inittab 파일에서 네 개의 필드의 의미를 각각 설명한 것이다. 그리고 표 8-2는 action 필드에서 사용 가능한 주요 옵션에 대해 설명하고 있다.

● 표 8-1. /etc/inittab 항목

항목	설명
Id	이 항목을 식별하기 위한 한 자리에서 네 자리 사이의 문자열
Runlevels	프로세스가 실행될 실행 레벨들이다. 일부 이벤트는 모든 레벨에서 실행되어야 하는 경우도 있다(예를 들어 재부팅을 위한 CTRL+ALT+DEL 키 조합이다). 이 필드가 공백이면 모든 실행 레벨에 나타낸다. 복수의 실행 레벨에서 이벤트가 수행되길 원한다면 단순히 그 실행 레벨을 나열하면 된다. 예를 들어 123은 실행 레벨 1, 2, 3에서 수행된다는 것을 명시한 것이다.
Action	수행할 동작을 지정한다. 이 필드의 옵션은 표 8-2에 설명되어 있다.
Process	해당 실행 레벨에 진입했을 때 실행할 프로세스(프로그램)의 이름

● 표 8-2. /etc/inittab의 action 필드에 사용 가능한 옵션

옵션	설명
Respawn	프로세스가 종료될 때마다 재시작한다.
Wait	해당 실행 레벨에 진입했을 때 프로세스가 시작되고 init은 그 프로세스의 종료를 기다린다.
Once	해당 실행 레벨에 진입했을 때 프로세스가 시작되고 init은 그 레벨에서 추가적으로 실행될 프로그램의 실행 전에 그 프로세스의 종료를 기다리지 않는다.
Boot	시스템이 부팅할 때 실행된다. 이 경우에는 runlevels 필드가 무시된다.
Bootwait	시스템이 부팅할 때 실행된다. 그리고 init은 다음 과정을 진행하기 전에 부팅 과정이 완료되기를 기다린다.
Ondemand	지정된 실행 레벨(a, b, c)에서 프로세스가 실행된다. 실행 레벨에서 변경은 발생하지 않는다.
Initdefault	시스템 구동 시의 기본 실행 레벨을 지정한다. 기본값이 지정되지 않으면, 콘솔에서 사용자에게 실행 레벨을 물어본다.
Sysinit	시스템 부팅 시에 프로세스가 실행된다. Boot나 Bootwait 항목보다 먼저 실행된다.
Powerwait	init이 전원과 관련된 문제가 발생하여 다른 프로세스로부터 시그널을 받으면 이 프로세스가 실행된다. init은 이 프로세스의 종료를 기다린다.
Powerfail	init이 프로세스의 종료를 기다리지 않는 것을 제외하곤 Powerwait 옵션과 동일하다.
Powerokwait	init에 전원이 복구되었다는 알림이 오면 프로세스가 바로 실행된다.
Ctrlaltdel	사용자가 CTRL+ALT+DEL 키 조합을 실행하면 프로세스가 실행된다. 대다수 X 윈도우 서버에서 이 키 조합을 가로채기 때문에 X 윈도우 시스템이 실행 중인 환경에서 init은 이 시그널을 받을 수 없을 것이다.

이제 /etc/inittab 파일의 예제를 살펴보자.

```
# If power was restored before the shutdown kicked in, cancel it.
pr:12345:powerokwait:/sbin/shutdown -c "Power Restored; Shutdown Cancelled"
```

- #으로 시작하는 첫 행은 주석이므로 무시된다.

- pr은 이 항목의 식별자다.

- 1, 2, 3, 4, 5는 이 프로세스가 수행될 실행 레벨이다.

- `powerokwait`는 프로세스가 실행될 조건이다.

- `/sbin/shutdown`는 실행될 프로세스 이름이다.

telinit 명령어

실행 레벨이 변할 때 init에 알려주는 프로세스가 `telinit` 명령이다. 이 명령어는 두 개의 명령 인자를 받는다. 하나는 init이 알아야 할 실행 레벨이고 다른 하나는 `-t` *sec*, 여기서 *sec*는 init 에 알리기 전에 기다려야 할 시간(초 단위)이다.

> **참고** 실제로 init이 실행 레벨을 변경할지는 스스로 결정한다. 하지만 일반적으로 실행 레벨을 바꾸게 된다. 그렇지 않다면 이 명령이 쓸모 없어질 것이다.

여러분이 `telinit` 명령을 직접 실행할 일은 극히 드물 것이다. 이 명령은 대개 시스템 시작과 종료 스크립트에서 사용된다.

> **참고** 리눅스를 포함한 대부분의 유닉스 시스템은 `telinit` 명령이 실제로 init 프로그램의 심볼릭 링크일 뿐이다. 이 때문에 일부는 `telinit`을 사용하는 것보다 원하는 실행 레벨로 init을 사용하는 것을 선호한다.

▧ systemd

오픈 소스 진영의 최근 등장한 구동 관리자는 systemd다. 이는 페도라, OpenSUSE, RHEL, CentOS 등 주요 RPM 기반 배포판들에 공격적으로 편입되고 적용되고 있다.

systemd는 전통적으로 동작하는 부팅 절차와 서비스들을 완전히 재구현하는 것을 목표로 한 대단히 야심찬 프로젝트다. 필자가 이 글을 쓰는 시점에 systemd는 사실상 주요 리눅스 배포판들에서 서비스 관리자로 자리잡았다. 그리고 현재 systemd를 사용하지 않는 배포판들도 머지 않아 이를 채용할 것이다. systemd 프로젝트의 웹 페이지(www.freedesktop.org/wiki/Software/systemd)에서는 다음과 같이 정의한다.

"systemd는 SysV와 LSB init과 호환되는 서비스로 리눅스의 시스템과 서비스를 관리한다. systemd는 병렬 처리 기능을 제공하고, 서비스를 시작하기 위해 소켓과 D–Bus 활성화를 사용한다. 데몬의 주문형(on-demand) 실행을 지원하고 리눅스 제어 그룹(cgroups)을 사용하여 프로세스를 추적한다. 또한 시스템 상태 복원과 스냅샷 기능을 제공한다. 마운트와 자동 마운트 위치를 유지하고 정교한 트랜잭션 의존성 기반 서비스 제어 알고리즘을 구현한다. 즉 sysvinit의 대체재로 작동할 수 있다."

다음 절에서는 systemd의 공식적인 정의를 부분별로 나누어 설명할 것이다.

systemd의 역할

upstart와 init과 마찬가지로 systemd는 다양한 시스템의 시작과 종료 기능을 관리한다. 또한 리눅스 기반 운영체제에서 서비스의 시작과 종료를 관리한다. systemd는 또한 이와 별개로 서비스의 보모 역할을 한다. 즉 시스템 서비스의 구동뿐만 아니라 서비스의 자동 재실행, 통계 수집, 리포트 등 서비스의 일거수일투족을 감시하는 역할을 한다.

오랫동안 시스템 서비스를 관리하는 일반적인 방식은 구동 셸 스크립트(System V init)를 사용하는 것이었다. 그 때문에 systemd는 다수의 System V와 LSB(Linux Standard Base Specification : 리눅스 표준 규격안) init 스크립트의 호환성을 제공한다.

systemd의 이점

예전 리눅스 관리자들은 새로운 구동 관리자의 내부 동작을 다시 배워야 한다는 생각을 비웃을지도 모른다. 하지만 systemd가 제공하는 혜택과 장점은 충분히 노력할 만한 가치가 있다. 반면 최근 리눅스 관리자들은 리눅스에서 서비스가 어떻게 관리하는지에 대한 것을 미리 생각할 필요가 없어 많은 혜택을 가지고 시작한다.

systemd를 사용하는 장점 중 하나는 리눅스에서 서비스/시스템을 관리할 때 병렬 처리 기능을 사용할 수 있다는 것이다. 간단히 말해서 systemd는 여러 시스템 또는 서비스들을 동시에 시작할 수 있다는 것이다. systemd는 전통적인 rc 스크립트 기반의 순차적인 실행 방식을 버렸다. 병렬 처리는 리눅스에서 더 빠른 실행 시간을 의미한다.

또한 systemd는 더 이상 서비스에 대한 설정 정보를 셸 스크립트에 저장하지 않는다. 장황한 셸 스크립트를 읽는 대신에 더 단순한 설정 파일로 교체되었다. 게다가 systemd는 서비스의 시작과 종료 시간, 프로세스 ID(PID)와 생성되고 관리되는 모든 프로세스의 종료값을 저장한다. 이것은 데몬이나 서비스들의 문제를 해결할 때 유용하다.

systemd 동작 과정

systemd는 리눅스의 다양한 개념과 개체들을 사용한다. 다음은 그것들 중 일부를 설명해놓은 것이다.

제어 그룹(cgroups): cgroups은 커널이 제공하는 도구로 프로세스들을 계층적으로 정렬하고 각각 이름을 붙일 수 있도록 허용해준다. systemd는 모든 프로세스가 제어 그룹에서 시작하는 것과 프로세스를 추적하는 것을 허용한다. 그리고 systemd가 좀 더 많은 정보를 가지고 서비스의 주기 전반을 제어하도록 한다. 예를 들어 systemd는 프로세스뿐만 아니라 그 프로세스가 생성한 자식 프로세스들도 함께 안전하게 종료시켜준다.

소켓 활성화: systemd의 장점은 시스템 서비스 간의 상호 의존성을 제대로 이해하고 있다는 것이다. 즉 서로 필요한 다양한 시스템 서비스들을 알고 있다. 대다수 시작 서비스와 데몬들은 실제로 서비스 전체가 아닌 그 서비스의 소켓이 필요하다. systemd는 이러한 정보를 통해 필요로 하는 소켓들을 먼저 만들어 두고 시스템 시작 시에 가능한 빨리 사용할 수 있게 한다. 따라서 서비스를 시작할 때 필요한 소켓을 제공하기 때문에 의존 서비스 전체를 시작할 필요는 없다(만약 여전히 이해하기 어렵다면 "소화체계 vs. systemd"를 참조하길 바란다).

> 📌 리눅스 소켓의 두 가지 주요 형태는 파일 시스템과 관련된 AF_UNIX와 AF_LOCAL 소켓과 네트워크와 관련된 AF_INET 소켓이다.
>
> AF_UNIX나 AF_LOCAL 소켓 패밀리는 로컬 시스템 내의 프로세스 간의 통신에 사용된다. 반면 AF_INET 소켓은 동일한 시스템뿐만 아니라 다른 시스템상의 프로세스 간 통신(IPC)을 제공한다.

▼ 소화체계 vs. systemd

다음은 인간의 소화체계가 어떻게 되는지 설명한 것이다. 무엇보다도 인간은 생존을 위해 음식으로부터 영양소 획득이 필요하다.

1. 음식을 구한다. 입을 열고 입 속으로 음식을 집어 넣는다.
2. 음식을 씹는다.
3. 음식은 식도, 위, 소장, 대장 등 다양한 소화관을 거쳐 이동한다. 그리고 마침내 소화액과 섞이고 소화된다.
4. 소화 과정을 통해 음식물이 화학 물질로 변하고 이는 우리 몸에 유용한 것이다. 이 화학 물질이 바로 영양소다.
5. 영양소는 몸에 흡수되고 사용하기 위해 몸 전체에 걸쳐 이동된다.

systemd는 필수 영양소를 얻기 위해 이 지루한 다섯 단계를 단 두 단계로 줄인다.

1. 음식물로부터 영양소를 추출한다.
2. 혈류에 직접 정맥 주사로 영양소를 넣는다.

유닛: systemd는 유닛이라는 개체를 관리한다. 유닛은 systemd의 기본 구성요소다. 이 개체들은 서비스나 데몬, 장치, 마운트 포인트와 같은 파일 시스템 개체 등을 포함한다. 유닛은 해당 설정 파일에 따라 이름이 정해진다. 그리고 그 설정 파일들은 일반적으로 /etc/systemd/system/ 디렉터리에 저장된다. 기본 유닛 설정 파일은 /lib/systemd/system 디렉터리에 저장되어 있다. 실제 사용에 필요한 파일들은 /etc/systemd/system/ 디렉터리에 위치해야 한다.

유닛의 종류는 다음과 같다.

- **서비스 유닛:** 이 유닛은 일반적인 시스템 데몬이나 서비스다. 이러한 데몬들은 시작, 종료, 재시작, 재로드될 수 있다. `/etc/systemd/system/foobar.service` 파일이 서비스 유닛의 예다.

- **소켓 유닛:** 이 유닛은 시스템에서 프로세스 간 통신을 위한 로컬 소켓과 네트워크 소켓으로 구성되어 있다. 소켓 기능 활성화 기능에서 서비스 간 의존성을 줄여주는 중요한 역할을 한다. `/etc/systemd/system/foobar.socket` 파일이 소켓 유닛의 예다.

- **장치 유닛:** 이 유닛은 systemd가 커널 장치를 보고 사용할 수 있도록 허용한다. `/etc/systemd/system/foobar.device` 파일이 장치 유닛의 예다.

- **마운트 유닛:** 이 유닛은 파일 시스템을 마운트하고 언마운트하는 데 사용한다. `/etc/systemd/system/foobar.mount` 파일이 마운트 유닛의 예다.

- **타깃 유닛:** systemd는 실행 레벨 대신 타깃을 사용한다. 타깃 유닛은 유닛들을 논리적으로 묶기 위해 사용한다. 사실 그 자체로는 아무런 동작을 하지 않지만 대신 다른 유닛을 참조하는 것으로 유닛 그룹를 제어한다. `/etc/systemd/system/foobar.target` 파일이 타깃 유닛의 예다.

- **타이머 유닛:** 이 유닛은 타이머 기반의 다른 유닛을 활성화하는 데 사용한다. `/etc/systemd/system/foobar.timer` 파일이 타이머 유닛의 예다.

- **스냅샷 유닛:** 이 유닛은 systemd 유닛 집합의 상태를 임시적으로 저장하는 데 사용한다. `/etc/systemd/system/foobar.snapshot` 파일이 스냅샷 유닛의 예다.

> **팁** 특정 형태의 유닛을 보려면 `systemctl` 명령어를 사용하면 된다. 예를 들어 활성화된 타깃 유닛을 보려면 다음과 같이 입력한다.
>
> ```
> # systemctl list-units --type=target
> ```
>
> 모든 마운트 유닛을 보려면 다음과 같이 입력한다.
>
> ```
> # systemctl list-units --all --type=mount
> ```
>
> 모든 형태의 유닛을 보려면 다음과 같이 입력한다.
>
> ```
> # systemctl list-units --all
> ```

xinetd와 inetd

xinetd와 inetd는 리눅스 시스템에서 인기 있는 서비스들이다. xinetd는 예전 inetd의 개선판이다. 엄밀히 따지면, 리눅스 시스템은 이것들 없이도 제대로 동작할 수 있다. 하지만 일부 데몬들은 이들이 제공하는 기능에 의존하고 있다. 따라서 만약 xinetd나 inetd가 필요하다면 다른 방법이 없다. 그것들을 사용해야만 한다.

inetd과 xinetd 프로그램은 데몬 프로세스다. 데몬은 시작할 때부터 자발적으로 터미널의 제어를 받지 않는 특수한 프로그램이다. 데몬은 시스템의 다른 부분과 IPC 채널을 통해 통신하거나, 시스템 로그 파일에 메시지를 보내거나 혹은 디스크의 파일을 통해 통신한다.

inetd는 Telnet, FTP, TFTP 등 네트워크 서버 관련 프로세스들의 슈퍼 서버의 역할을 한다. 슈퍼 서버의 주된 존재 이유는 시스템 자원을 보존하는 것이다. 모든 서버 프로세스들이 항상 메모리에 상주하며 실행되는 것은 아니다. 따라서 메모리에 상주하면서 서비스를 기다리는 대신에 inetd의 설정 파일, /etc/inetd.conf에 모든 서버 프로세스를 나열한다. 그리고 inetd는 서비스를 대신해서 네트워크 연결을 기다린다. 그래서 메모리에는 단 하나의 프로세스만이 존재하게 된다.

inetd의 두 번째 장점은 네트워크 연결이 필요한 프로세스들을 대신 처리해준다는 것이다. inetd는 네트워크 코드를 처리하고 수신된 네트워크 스트림을 프로세스의 표준 입력(stdin)으로 전달한다. 또한 프로세스의 출력(stdout)은 프로세스와 연결된 호스트에 전달한다.

> **참고** 프로그래머가 아닌 경우에는 inetd의 stdin/stdout 기능에 대해서는 관심을 가질 필요가 없다. 하지만 간단한 스크립트를 작성해서 네트워크 연결을 원한다면 이 부분에 대해서 알아볼 필요는 있다.

TFTP와 같이 작은 서비스들은 inetd를 통해 수행하는 것이 좋은 방법이다. 반면 웹 서버처럼 규모가 큰 서비스들은 요청을 처리하기 위해 항상 메모리에 상주하는 편이 더 나을 것이다.

페도라, 레드햇 엔터프라이즈 리눅스(RHEL), OpenSUSE, 맨드레이크와 Mac OS X까지 inetd의 새 버전인 xinetd를 사용하고 있다. xinetd는 "extended Internet services daemon"의 약자다.

xinetd는 일반적인 inetd 프로그램과 동일한 일을 한다. 즉 인터넷 서비스 프로그램들을 시작해준다. xinetd가 시스템 초기화 중에 자동으로 시작되어 연결 요청이 올 때까지 사용되지 않는 프로그램들을 대신에서 해당 서비스 포트를 대기하는 역할을 한다. 따라서 xinetd는 관리 중인 서비스를 위해 요청을 기다리고 해당 서비스를 시작한다.

xinetd는 기능적인 측면에서 대부분 inetd와 동일하고 새 설정 파일 포맷과 추가적인 기능을 가지고 있다. xinetd 데몬은 inetd 설정 파일 포맷과 꽤 다른 방식의 포맷을 사용한다(솔라리스, AIX, FreeBSD 등 대다수 유닉스 계열 시스템은 전통적인 inetd 포맷을 사용한다). 이는 inetd에 의존하는 응용프로그램들을 사용하려면 약간의 수정이 필요하다는 것을 의미한다. 물론 xinetd를 지원하는 새 버전을 출시할 수 있도록 응용프로그램 개발자에게 연락하는 방법도 있다.

이 절에서는 xinetd 데몬을 다룰 것이다. 만약 시스템에 inetd를 사용 중이라면 /etc/inetd.conf 파일을 확인할 수 있다. 그리고 inetd와 xinetd 사이의 유사점을 볼 수 있을 것이다.

사용 중인 리눅스 배포판에 xinetd 소프트웨어가 설치되어 있지 않을 수도 있다. xinetd 패키지는 페도라(또는 RHEL, CentOS) 배포판에서 yum 명령을 사용하여 설치할 수 있다.

```
yum install xinetd
```

우분투처럼 데비안 계열 배포판에서는 APT를 사용하여 다음과 같이 xinetd를 설치할 수 있다.

```
sudo apt-get install xinetd
```

▓ /etc/xinetd.conf 파일

/etc/xinetd.conf 파일은 다음과 같은 형식의 블록들로 이루어져 있다.

```
blockname
{
  variable = value
}
```

*blockname*은 정의하려는 블록의 이름을 나타낸다. *variable*는 블록 내에서 사용할 변수의 이름을 나타내고, *value*는 *variable*에 할당할 값이다. 블록은 여러 변수를 가질 수 있다.

defaults라고 하는 특수한 블록에 정의된 변수들은 파일 내의 다른 모든 블록에도 적용된다.

예외적으로 블록 형식을 따르지 않는 includedir 지시자가 있다. 이것은 xinetd에 디렉터리 내의 모든 파일을 읽고 그것들을 /etc/xinetd.conf 파일의 일부로 간주하도록 하게 한다. 다음은 페도라에 포함된 /etc/xinetd.conf 파일의 내용이다. # 기호로 시작하는 행은 주석이다.

```
# This is the master xinetd configuration file. Settings in the
# default section will be inherited by all service configurations...
defaults
{
        log_type        = SYSLOG daemon info
        log_on_failure  = HOST
        log_on_success  = PID HOST DURATION EXIT
        cps             = 50 10
        instances       = 50
        per_source      = 10
        v6only          = no
        groups          = yes
        umask           = 002
}
includedir /etc/xinetd.d
```

참고 아직 변수와 변수값에 익숙하지 않더라도 걱정하지 말고, 먼저 파일의 형식을 이해하도록 하자.

이 예제의 첫 부분은 이 파일이 무엇을 하는지 설명하는 주석이다. 그 주석 이후는 defaults 블록에 대한 정의다. 이 블록의 첫 번째 변수는 log_type이고 그 값은 SYSLOG daemon info 다. 이 블록에는 총 9개의 변수가 정의되어 있고 마지막 변수는 umask다. 이 블록은 defaults 블록이기 때문에 이 변수들은 이후의 블록들에 모두 적용된다. 이 파일의 마지막 행은 /etc/ xinetd.d 디렉터리 안의 파일들을 설정 파일에 포함하도록 지시한다. 이는 xinetd가 그 디렉터 리의 모든 파일을 읽어 들여 /etc/xinetd.conf의 일부로 처리하도록 한다. .

변수와 변수의 의미

표 8-3은 /etc/xinetd.conf 파일에서 지원하는 변수의 이름을 나열한 것이다. 서비스를 정의할 때 필수적인 변수는 다음과 같다.

- socket_type
- user
- server
- wait

● **표 8-3.** xinetd 설정 파일의 변수

변수	설명
id	이 속성은 서비스를 식별하는 데 사용한다. 이는 설정 파일에서 다른 프로토콜을 사용하는 서비스들을 구분할 때 유용하다. 기본적으로 서비스 ID는 서비스명과 동일하다.
type	이 변수는 다음 값들을 조합하여 사용할 수 있다. RPC(Remote Procedure Call) 서비스를 사용하는 경우에는 RPC, xinetd에 의해 제공된 서비스는 INTERNAL, /etc/services 파일에 나열되지 않은 서비스는 UNLISTED를 사용한다.
disable	yes 또는 no로 설정할 수 있다. yes이면 이 서비스가 정의되어 있지만 사용할 수 없음을 뜻한다.
socket_type	Telnet과 FTP처럼 TCP 데이터 스트림 기반 서비스는 stream을, TFTP처럼 UDP 데이터그램 기반 서비스인 경우에는 dgram을, raw IP 데이터그램 서비스를 사용하는 경우에는 raw값을 지정한다. TCP/IP 범위를 벗어나는 다른 프로토콜들이 존재하지만 그것들을 사용하는 경우는 극히 드물 것이다.
protocol	TCP 또는 UDP의 연결 프로토콜 유형을 정한다.
wait	이 변수가 yes이면, 오직 한 번에 하나의 연결만이 이루어진다. 반대로 no이면, 해당 서비스 데몬을 여러 번 실행하여 다중 연결을 허용한다.
user	서비스를 사용할 사용자명을 명시한다. 사용자명은 반드시 /etc/passwd 파일에 존재해야 한다.
group	서비스를 사용할 그룹명을 명시한다. 그룹명은 반드시 /etc/group 파일에 존재해야 한다.

instances	서비스가 동시할 처리할 최대 접속 수를 명시한다. 만약 **wait** 변수가 **nowait**이면 이 값은 아무런 제한이 없다.
server	이 서비스가 연결되었을 때 실행할 프로그램명이다.
server_args	서버에 전달한 인자값이다. inetd와는 달리 **server_args**에 서버명을 포함하지 않는다.
only_from	연결을 허용할 네트워크를 명시한다(이것은 TCP 래퍼 유틸리티의 내장 기능이다). 숫자로 된 주소, 호스트명, 넷마스크를 포함한 네트워크 주소, 이렇게 세 가지 방식으로 지정할 수 있다. 숫자 주소는 192.168.1.1과 같이 특정 호스트를 가리키는 완전한 IP 주소 형태다. 만약 마지막 숫자가 0이면 이 주소는 와일드카드 주소로 사용된다(예를 들어 192.168.1.0은 192.168.1로 시작하는 모든 호스트를 나타낸다). 또한 슬래시(/) 기호 뒤에 넷마스크의 비트 수를 표시할 수 있다(예를 들어 192.168.1.0/24는 255.255.255.0의 넷마스크를 가진 네트워크 주소 192.168.1.0가 된다).
no_access	**only_from**와 반대로 허용되지 않는 네트워크를 명시한다. 사용법은 **only_from**과 동일하다.

log_type	서비스가 로그를 기록할 곳을 지정한다. SYSLOG와 FILE 두 가지 값을 가진다. 만약 SYSLOG를 선택하면 어떤 syslog 기능을 로그할 것인지 정해야 한다(자세한 내용은 "로그 데몬"을 참조하길 바란다). 예를 들어 다음과 같은 식으로 지정할 수 있다.
	
	`log_type = SYSLOG local0`
	
	다음과 같이 옵션으로 로그 레벨을 선택할 수 있다.
	
	`log_type = SYSLOG local0 info`
	
	FILE을 선택했다면 로그를 기록할 파일명을 명시해야 한다. 추가적으로 파일 크기를 제한할 수 있다. 파일이 제한된 크기를 넘으면 파일이 너무 크다는 메시지를 추가로 남기게 된다. 좀 더 강력한 제한(hard limit)을 걸 수도 있다. hard limit은 아무런 로그를 남기지 않는다. hard limit을 지정하지 않으면 기본값은 soft limit보다 1% 크게 설정된다. FILE 옵션의 사용 예는 다음과 같다.
	
	`log_type = FILE /var/log/mylog`

log_on_success	연결이 성공했을 때 기록할 정보를 지정한다. 옵션값 PID는 요청을 처리하는 서비스의 프로세스 ID를 기록하고, HOST는 서비스에 연결될 원격 호스트를 기록한다. to specify the remote host connecting to the service, USERID to log the remote username(if available), EXIT는 프로세스의 종료 신호 또는 종료 상태 값을 기록하고 DURATION은 연결된 시간을 기록한다.
port	서비스가 사용할 네트워크 포트를 지정한다. /etc/services에 나열된 서비스라면, 이 포트 번호는 그 파일의 내용과 일치해야 한다.
interface	바인딩할 서비스의 인터페이스를 지정한다. 해당 인터페이스의 IP 주소를 명시한다. 예를 들어 Telnet처럼 보안성이 취약한 서비스를 내부의 방화벽상의 안전한 인터페이스에 바인딩할 수 있다.
cps	이 변수의 첫 번째 인자는 이 서비스가 허용할 초당 최대 연결 수다. 만약 이 값을 초과하면 서비스는 두 번째 인자에 지정된 시간(초)만큼 비활성화된다. 예를 들어 `cps = 50 10` 이것은 초당 50개의 연결이 초과하면 10초 동안 서비스가 비활성화되는 것을 의미한다.

▓ 예제: 간단한 서비스 항목과 서비스 활성화/비활성화

지금부터 finger 서비스(finger-server 패키지에 포함)를 예로 xinetd에 가능한 항목을 살펴볼 것이다.

```
# default: on
# description: The finger server answers finger requests. Finger is \
# a protocol that allows remote users to see information such as login name and
# last login time for local users.
service finger
{
        socket_type    = stream
        wait           = no
        user           = nobody
        server         = /usr/sbin/in.fingerd disable = yes
}
```

보시다시피 각 항목의 의미는 파악하기 쉬울 것이다. 서비스명은 finger이며, *socket_type*이 stream이기 때문에 TCP 서비스를 사용한다. *wait* 변수는 여러 finger 프로세스가 병행 처리될 것이라는 것을 의미한다. 프로세스의 소유자는 "nobody"이며, 실행할 프로세스명은 /usr/sbin/in.fingerd이다.

> **팁** 페도라에서는 finger-server 패키지를 다음과 같이 설치할 수 있다.
>
> ```
> # yum install finger-server
> ```

이제 xinetd 서비스 항목의 이해를 바탕으로 다른 서비스들을 활성화 또는 비활성화를 해보자.

Echo 서비스 활성화/비활성화

안전한 시스템을 위해서 소수의 서비스들만을 수행하는 경우가 있다. 어떤 이는 xinetd조차도 사용하지 않으려 할 수 있다. 따라서 일부 서비스를 활성화하거나 비활성화하려고 할 것이다. 이를 위해서는 간단한 몇 가지 절차를 거친다. 예를 들어 서비스를 활성화할 때는 먼저 xinetd 설정 파일(inetd에서는 inetd.conf)에 그 서비스를 활성화하고 xinetd 서비스를 재시작한다. 그러고 나서 서비스가 제대로 동작하는지 테스트한다. 서비스를 비활성화할 때는 활성화와 반대로 수행한다.

> **참고** 다음에 살펴볼 서비스는 echo 서비스다. 이 서비스는 xinetd의 내부 서비스다. 즉 외부 데몬으로 제공되지 않는다.

이제 활성화 과정을 진행해보자.

1. 일반 텍스트 편집기를 사용해서 /etc/xinetd.d/echo-stream 파일을 열어 *disable* 변수를 no로 수정한다.

```
# This is the configuration for the tcp/stream echo service.
service echo
{
  disable          = no
  id               = echo-stream
  type             = INTERNA
  wait             = no
  socket_type      = stream
}
```

> 👆팁 우분투 기반 시스템에서는 echo 서비스의 설정 파일이 /etc/xinetd.d/echo다. 우분투는 한 파일에 echo 서비스의 TCP와 UDP 버전을 함께 제공한다. 반면 페도라는 UDP와 TCP 버전을 /etc/xinetd.d/echo-dgram와 /etc/xinetd.d/echo-stream으로 분리했다.

2. 수정할 파일을 저장하고 편집기를 종료한다.

3. xinetd 서비스를 재시작하고, 페도라 또는 RHEL에서 다음과 같이 입력한다.

   [root@fedora-server ~]# **service xinetd restart**

   systemd가 활성화된 페도라, CentOS, RHEL 등에서는 xinetd의 재시작을 다음과 같이 systemctl 유틸리티를 사용하여 할 수 있다.

   [root@fedora-server ~]# **systemctl restart xinetd.service**

> 👆팁 다른 배포판에는 **service** 명령어가 없을 수도 있다. 그런 경우에는 xinetd 서비스에 HUP 시그널을 보내면 된다. 먼저 **ps** 명령을 사용하여 xinetd의 프로세스 ID를 확인한 다음, **kill** 명령으로 xinetd의 PID에 HUP 시그널을 보낸다. **tail** 명령으로 /var/log/messages 파일의 끝부분을 살펴보면 xinetd의 재시작 여부를 확인할 수 있다. 실제 사용 예는 다음과 같다.
>
> ```
> [root@server ~]# ps -C xinetd
> PID TTY          TIME CMD
> 5911 ?        00:00:00 xinetd
> [root@server ~]# kill -1 5911
> ```

4. echo 서비스의 포트(7번)를 telnet으로 연결하면 서비스가 실제로 동작하는지 볼 수 있다.

   ```
   [root@fedora-server ~]# telnet localhost 7
   Trying 127.0.0.1...
   Connected to localhost.
   Escape character is '^]'.
   ```

   만약 echo 서비스가 활성화되어 있다면 출력 결과는 앞의 내용과 유사할 것이다. 프롬프트에 아무 문자나 입력하면 동일한 문자가 다시 표시될 것이다.

이 예제를 통해 xinetd 설정 파일을 직접 편집하여 서비스를 활성화하는 법을 배웠다. 서비스를 활성화/비활성화하는 것은 매우 간단하다. 하지만 실제로 서비스가 비활성화되었는지 확인해봐야 한다. 나중에 후회하는 것보다 미리 조심하는 편이 낫다.

> **팁** 페도라, RHEL, OpenSUSE 등 많은 리눅스 배포판에서 사용 가능한 **chkconfig** 유틸리티를 이용하면 xinetd 기반의 서비스들을 빠르게 활성화하거나 비활성화할 수 있다. 예를 들어 echo-stream 서비스를 비활성화하기 위해서는 단순히 **chkconfig echo-stream off**를 입력하면 된다.

로그 데몬

시스템을 사용하다 보면 터미널 윈도우와 별도로 수행된 서비스의 경우처럼 확인이 필요한 이벤트와 메시지를 기록할 수 있는 표준 메커니즘이 필요하다. 이를 위해 리눅스 배포판들은 전통적으로 **syslogd(sysklogd)** 데몬을 제공한다. 하지만 최근에는 로그 기능을 위해 syslogd 외에 다른 소프트웨어를 사용한다. 대부분의 주요 리눅스 배포판들은 rsyslog 패키지를 기본으로 제공하기 시작했다.

이 절에서는 페도라/CentOS/OpenSUSE/우분투에서 사용하는 로그 데몬(rsyslog)에 대해 집중적으로 살펴볼 것이다. rsyslog를 관리하고 설정하는 방법은 syslogd와 유사하다. rsyslog 데몬은 전통적인 syslog 데몬의 하위 호환성을 유지하면서 추가적으로 많은 기능들을 제공한다.

rsyslog 데몬은 로그를 기록하기 위한 표준 방식을 제공한다. 대다수 유닉스 시스템들은 호환되는 데몬을 제공하고 네트워크를 통해 크로스 플랫폼 로깅을 지원한다. 이는 특히 각 시스템들이 어떻게 돌아가는지 확인하기 위해 로그를 중앙에서 수집하는 대규모의 이질적인 환경에서 유용하다. 이러한 로그 기능은 윈도우 시스템의 이벤트 뷰어와 같은 역할을 한다.

rsyslogd는 로그를 일반 텍스트 파일(/var/log 디렉터리에 저장된), SQL 데이터베이스, 다른 호스트 등 다양한 곳으로 내보낼 수 있다. 각 로그 항목은 날짜, 시간, 호스트명, 프로세스명, PID, 메시지를 포함한 단일 행으로 이루어져 있다. 표준 C 라이브러리의 시스템 함수는 로그 메시지를 생성하는 쉬운 방식을 제공한다. 만약 코드 작성 없이 로그에 항목을 추가하길 원한다면 logger 명령어를 사용하면 된다.

▣ rsyslogd 호출

rsyslogd를 수동으로 실행하거나 부팅 시에 rsyslogd 구동 스크립트를 변경하고 싶다면 rsyslogd의 명령 인자를 알아둘 필요가 있다. 표 8-4는 rsyslogd의 명령 인자를 보여준다.

인자	설명
-d	디버그 모드. 일반적으로 rsyslogd는 시작 시 현재 터미널로부터 분리되어 백그라운드 모드로 실행된다. -d 옵션을 사용하면, rsyslogd는 터미널의 제어를 유지하고 디버그 정보를 메시지로 출력한다. 이 옵션을 사용할 경우는 극히 드물 것이다.
-f config	/etc/rsyslog.conf 파일 대신에 설정 파일을 지정한다.
-h	rsyslogd는 기본적으로 다른 호스트로 메시지를 전송하지 않는다. 이 옵션은 데몬이 설정한 다른 포워딩 호스트에 로그를 전달하는 것을 허용한다.
-l hostlist	이 옵션은 로그를 기록할 호스트들을 나열한다. FQDN(fully qualified domain name: 전체 주소 도메인명)을 사용하지 않고 단순히 호스트명을 사용한다. 다음과 같이 콜론(:)으로 구분하여 여러 호스트를 나열할 수 있다. -l ubuntu-serverA:serverB
-m interval	rsyslogd는 기본적으로 20분마다 "just so you know I'm running" 라는 메시지를 기록한다. 만약 시스템 로그에서 20분 넘게 이 메시지를 보지 못한다면, 시스템에 이상이 생긴 것이다. interval에 시간(분)을 입력하여 이 메시지 주기를 변경할 수 있다. 이 값은 0이면 이 옵션은 완전히 꺼진다.
-s domainlist	rsyslogd 항목에 FQDN이 포함된 경우, rsyslogd가 도메인명을 제거하여 호스트 이름만을 남겨둘 수 있다. 단순히 -s 옵션에 제거할 도메인명을 콜론으로 구분하여 전달하기만 하면 된다. -s example.com:domain.com

로그 데몬 설정

/etc/rsyslog.conf 파일은 rsyslogd을 실행할 때 필요한 설정 정보들을 가지고 있다. 대다수 시스템에 배포된 기본 설정 파일로도 사용하기에는 충분하다. 하지만 로컬 로그 메시지를 원격 로그 시스템에 전송하거나, 또는 데이터베이스에 기록하거나, 로그의 형식을 변경하는 등 다양한 작업들을 위해 설정 파일을 변경할 필요가 있을 것이다.

▨ 로그 메시지 분류

전통적인 syslog 데몬 방식의 메시지 분류법을 이해하는 것은 rsyslogd의 설정 파일 포맷을 이해하는 데 유용하다.

각 메시지는 메시지 **종류**와 **우선순위**가 있다. 메시지 종류는 메시지를 전달한 하위 시스템을 나타내고 우선순위는 메시지의 중요도를 나타낸다. 이 두 값은 마침표로 구분된다. 두 값 모두 기억하기 쉬운 문자열로 표현된다. 메시지 종류와 우선순위를 조합하여 "셀렉터"(selector)를 만들어서 설정 파일의 규칙으로 사용한다. 메시지 종류와 우선순위 문자열은 각각 표 8-5와 8-6에 나와있다.

● 표 8-5. /etc/rsyslog.conf의 메시지 종류

메시지 종류	설명
auth	인증 메시지
authpriv	auth와 동일
cron	cron 시스템에서 생성한 메시지
daemon	서비스 데몬의 일반적인 분류
kern	커널 메시지
lpr	프린터 시스템 메시지
mail	메일 시스템 메시지
mark	현재 쓰이지 않는다. syslogd는 이를 무시한다.
news	NNTP(Network News Transfer Protocol) 시스템 메시지
security	auth와 동일, 사용해선 안 된다.
syslog	syslog 자체의 내부 메시지
user	사용자 프로그램의 일반 메시지
uucp	UUCP(UNIX to UNIX copy) 시스템 메시지
local0-local9	사용자 필요에 따라 중요도를 설정한 등급

● 표 8-6. /etc/rsyslog.conf의 우선순위 문자열

우선순위	설명
debug	디버그 정보
info	기타 정보
notice	중요 정보 (꼭 나쁜 소식만은 아니다)
warning	잠재적인 위험 정보
warn	warning과 동일, 사용되지 않는다.
err	오류 정보
error	err과 동일, 사용되지 않는다.
crit	치명적인 오류
alert	주요 이벤트를 알리는 메시지
emerg	긴급한 상황

참고
우선순위 레벨은 syslogd의 심각성의 순서를 따른다. 따라서 debug는 가장 낮은 등급이고, emerg는 가장 위험한 등급이다. 예를 들어 메시지 종류와 우선순위의 조합인 mail.crit는 메일 시스템의 치명적인 오류를 나타낸다. 즉 syslogd는 이 메시지를 mail.info보다 더 중요한 메시지로 간주한다.

rsyslogd는 표 8-6의 우선순위 레벨 이외에 추가적으로 와일드 카드를 지원한다. 따라서 메시지 등급 전체를 지정할 수 있다. 예를 들어 mail.*는 메일 시스템의 모든 메시지를 나타낸다.

▨ /etc/rsyslog.conf의 형식

rsyslogd의 설정은 템플릿에 굉장히 의존적이다. rsyslogd 설정 파일의 문법을 이해하기 쉽도록 몇 가지 기본 개념을 설명하겠다.

- 템플릿은 로그 메시지의 형식을 정의한다. 또한 동적 파일명 생성 기능을 사용한다. 템플릿은 규칙에서 사용되기 전에 반드시 정의되어야 한다. 템플릿의 여러 부분으로 구성되어 있다. 템플릿 지시자, 서술자, 템플릿 텍스트, 그 밖의 옵션들로 이루어진다.

- /etc/rsyslog.conf 파일에서 달러($) 기호로 시작하는 항목은 지시자다.

● 표 8-7. rsyslog의 메시지 속성

속성 이름	설명
msg	실제 로그 메시지
rawmsg	소켓으로부터 수신된 원본 메시지
HOSTNAME	메시지의 호스트명
FROMHOST	메시지를 보낸 시스템의 호스트명 (원본 송신자가 아닐 수도 있다)
syslogtag	메시지의 태그
PRI-text	텍스트 형태의 메시지 PRI
syslogfacility-text	텍스트 형태의 메시지 종류
syslogseverity-text	텍스트 형태의 심각도
timereported	메시지의 타임스탬프
MSGID	메시지 ID

- 로그 메시지 속성은 각 로그 메시지의 필드를 나타낸다. 표 8-7은 일반적인 메시지 속성을 나타낸 것이다.

- 퍼센트(%) 기호는 로그 메시지 속성을 감싸는 데 사용한다.

- 속성은 속성 대치자에 의해 변경될 수 있다.

- 파운드(#) 기호로 시작하는 항목은 주석이므로 무시된다. 빈 줄 역시 무시된다.

rsyslogd 템플릿

일반적인 syslog.conf 파일은 수정 없이 rsyslog 데몬에서 사용할 수 있다. rsyslogd 설정 파일의 이름은 /etc/rsyslog.conf다. 앞서 언급했듯이 rsyslogd는 템플릿 사용에 의존적이고 템플릿은 로그 메시지의 형식을 정의한다. 템플릿의 사용은 rsyslog.conf 파일에서 전통적인 syslog.conf 설정 파일 문법의 사용을 허용하는 것이다. syslogd 로그 형식을 지원하는 템플릿은 rsyslogd에 내장되어 있고 기본적으로 사용된다.

syslogd 메시지 형식을 지원한 예제 템플릿은 다음과 같다.

```
$template TraditionalFormat,"%timegenerated% %HOSTNAME% %syslogtag%
%msg%\n",<options>
```

이 예제 템플릿의 각 필드에 대한 설명은 다음 목록과 표 8-7에 나와있다.

- **$template:** 이 지시자는 템플릿의 정의를 나타낸다.

- **TraditionalFormat:** 이것은 상세한 템플릿 이름이다.

- **%timegenerated%:** timegenerated 속성을 지정한 것이다.

- **%HOSTNAME%:** HOSTNAME 속성을 지정한 것이다.

- **%syslogtag%:** syslogtag 속성을 지정한 것이다.

- **%msg%:** msg 속성을 지정한 것이다.

- **\n:** 백슬래시는 이스케이프 문자다. \n는 개행 문자를 나타낸다.

- **〈options〉:** 이 항목은 선택적이다. 템플릿에 사용할 옵션을 명시한다.

rsyslogd 규칙

rsyslog.conf 파일의 각 규칙들은 셀렉터 필드와 액션 필드(타깃 필드)로 구성되고 선택적으로 템플릿 이름이 포함된다. 마지막 세미콜론(;) 뒤에 템플릿 이름을 명시하면 그 템플릿에 액션을 할당하게 된다. 템플릿 이름을 생략하면 내장된 템플릿이 사용된다. 템플릿을 참조하기 전에는 해당 템플릿이 정의되어 있어야 한다.

설정 파일의 각 행의 형식은 다음과 같다.

```
selector_field action_field ; <optional_template_name]] ]] ]]>
```

다음은 예제다.

```
mail.info  /var/log/messages;  TraditionalFormat
```

셀렉터 필드: 셀렉터 필드는 메시지 종류와 우선순위의 조합이다.

다음은 셀렉터 필드의 예제다.

```
mail.info      .
```

여기서 mail은 메시지의 종류이고, info는 우선순위다.

액션 필드: 액션 필드는 메시지에서 수행할 동작을 나타낸다. 액션은 로그를 파일에 쓰는 것처럼 간단한 작업부터 데이터베이스에 쓰거나 다른 호스트로 전달하는 등의 복잡한 작업까지를 다룬다.

다음은 액션 필드의 예제다.

```
/var/log/messages
```

이 액션 예제는 로그 메시지를 /var/log/messages 파일에 저장한다는 것을 나타낸다.

액션 필드에 가능한 값들은 표 8-8에 나와있다.

● **표 8-8.** 액션 필드 정의

액션 필드	설명
일반 파일 (예: /var/log/messages)	일반 파일. 슬래시(/)로 시작하는 파일의 전체 경로명을 지정한다. 또한 .tty 파일과 같은 장치 파일이나 콘솔(/dev/console)을 지정할 수 있다.
네임드 파이프 (예: |/tmp/mypipe)	네임드 파이프. 네임드 파이프(First In First Out, FIFO)의 경로는 반드시 파이프 기호(|)로 시작한다. 파이프 파일은 mknod 명령으로 만들어진다. rsyslogd가 파이프에 메시지를 보내면 다른 프로그램에서 그 내용을 읽어 들일 수 있다. 이는 로그 결과를 분석하는 프로그램에 효과적인 방식이다.
@loghost 또는 @@loghost	원격 호스트. 이 액션은 반드시 @ 기호로 시작하고 뒤이어 호스트명을 적는다. 하나의 @ 기호는 UDP를 통해 로그 메시지를 전송하는 것을 의미하고 두 개의 @ 기호(@@)는 TCP를 사용하여 로그 메시지를 전송한다는 것을 의미한다.
사용자 목록 (예: yyang , dude, root)	이 액션은 로그 메시지를 현재 로그인한 사용자의 목록에 전달한다. 사용자 목록은 쉼표로 구분하여 나열한다. * 기호는 현재 로그인한 모든 사용자에게 로그를 보낸다.
Discard	이 액션은 로그를 버리고 아무런 동작도 하지 않는다. 이 액션은 액션 필드에 틸드 기호(~)로 나타낸다.
데이터베이스 테이블 (예: 〉dbhost,dbname,dbuser, dbpassword;〈dbtemplate〉)	이 액션은 rsyslogd에 새로 추가된 기능 중 하나다. 설정된 데이터베이스 테이블에 직접 로그 메시지를 전송하는 것을 허용한다. 저장 위치는 〉기호로 시작해야 한다. 〉기호 다음에 데이터베이스 호스트명(dbhost), 이어서 쉼표, 데이터베이스명(dbname), 쉼표, 데이터베이스 사용자명(dbuser), 쉼표, 마지막으로 데이터베이스 사용자 비밀번호(dbpassword) 순서로 작성한다. 이 순서는 반드시 지켜져야 한다. 추가적으로 마지막 인자 이후의 세미콜론 다음에 템플릿명(dbtemplate)을 지정할 수도 있다.

/etc/rsyslog.conf 예제 파일

완전한 rsyslog.conf 예제 파일은 다음과 같다. 이 예제는 규칙을 설명하는 주석이 함께 포함되어 있다.

```
# A template definition that resembles traditional syslogd file output
$template myTraditionalFormat,"%timegenerated% %HOSTNAME% %syslogtag%%msg%\n"

# Log all kernel messages to the console.
Kern.*    /dev/console

# Log anything(except mail)of level info or higher into /var/log/messages file.
# Exclude private authentication messages!
# The rule is using the hard-coded traditional format because a different
# template name has NOT been defined.
*.info;mail.none;authpriv.none;cron.none         /var/log/messages

# log messages from authpriv facility(sensitive nature) to the /var/log/secure
# file. But also use the template (myTraditionalFormat) defined earlier in
# the file
authpriv.*   /var/log/secure;myTraditionalFormat

# Log all the mail messages in one place.
Mail.*     -/var/log/maillog

# Send emergency messages to all logged on users
*.emerg    *

# Following is an entry that logs to a database host at the IP address
# 192.168.1.50 into DB named log_database
*.*                 >192.168.1.50,log_database,dude,dude_db_password
```

cron 프로그램

cron 프로그램은 사용자가 특정 날짜와 시간에 지정한 프로그램을 실행할 수 있도록 도와준다. cron을 사용하면 시스템을 자동화하거나 정기적으로 보고서를 생성하거나 주기적으로 무언가를 수행할 때 매우 효율적이다.

cron은 이 장에서 논의된 다른 서비스들처럼 부트 스크립트에 의해 시작되고 설정된다. 간단히 프로세스 목록을 확인하면 백그라운드 모드로 수행 중인 cron 데몬을 볼 수 있다.

```
[root@fedora-server ~]# ps aux | grep crond | grep -v grep
root 1367 0.0 0.2 117224 376 ? Ss Mar05 0:01 /usr/sbin/crond
```

cron 서비스는 1분마다 깨어나서 각 사용자의 crontab 파일을 확인한다. crontab 파일은 특정 날짜와 시간에 실행하길 원하는 이벤트의 목록을 포함한다. 현재 날짜와 시간에 해당되는 모든 이벤트들이 자동으로 실행된다. crond 명령은 별다른 명령 인자가 없고 상태의 변화를 알리는 장치도 없다.

▓ crontab 파일

crontab을 사용하여 crond가 실행하는 항목들을 편집할 수 있다. crontab은 기본적으로 cron 설정을 수정할 수 있는 권한이 있는지 확인하고 텍스트 편집기를 실행하여 사용자가 편집할 수 있도록 한다. 편집이 끝나면 crontab은 파일을 저장하고 프롬프트로 돌아간다.

cron을 수정할 권한이 있는지 /etc/cron.allow와 /etc/cron.deny 파일을 검사한다. 만약 /etc/cron.allow 파일이 존재한다면, cron 항목을 수정하기 위해서는 이 파일에 해당 사용자 이름이 명시되어 있어야 한다. 반대로 /etc/cron.deny가 존재한다면, 이 파일에 사용자 이름이 명시되어 있다면 cron 항목을 수정할 수 없다.

cron 작업은 다음과 같은 형식으로 지정할 수 있다. 모든 값은 정수를 사용한다.

    Minute Hour Day Month Day_Of_Week Command

만약 특정 열에 복수 항목을 넣고 싶다면(오전 4시, 오후 12시, 오후 5시에 프로그램을 실행하는 경우), 이 시간 값들을 쉼표로 구분된 형태로 기록하면 된다. 그리고 이 목록 사이에는 공백이 포함되면 안 된다. 프로그램을 오전 4시, 오후 12시, 오후 5시에 실행하려면 Hour 값에 4,12,17을 나열하면 된다. cron의 최신 버전에서는 좀 더 짧은 표기법을 지원한다. 예를 들어 2분마다 프로세스를 실행하려면 /2를 첫 번째 항목에 작성하면 된다. 또한 cron은 24시간제 표시 방식도 지원한다.

Day_Of_Week 항목의 값이 0이면 일요일, 1이면 월요일이고, 6이면 토요일을 나타낸다. 그리고 * 와일드카드는 매분, 매시, 매일 등 각 항목의 전체 기간을 의미한다.

파일의 시간과 현재 날짜와 시간이 일치하면 crontab에 설정된 사용자로 해당 명령을 실행한다. 출력 결과는 사용자의 이메일로 보내진다. 이는 메일함이 이메일로 가득 찰 수 있기 때문에 주의해야 한다. 좋은 방법은 오류 내용만 출력하고 다른 내용은 /dev/null로 보내는 것이다.

이제 예제를 살펴보자. 다음 항목은 /bin/ping -c 5 server-B 명령을 4시간마다 실행하는 것이다.

    0 0,4,8,12,16,20 * * * /bin/ping -c 5 server-B

다음과 같이 간단한 방식을 사용할 수도 있다.

```
0 */4 * * * /bin/ping -c 5 server-B
```

이 예제는 매주 금요일 밤 10시에 /usr/local/scripts/backup_level_0 프로그램을 실행하는 것이다.

```
0 22 * * 5 /usr/local/scripts/backup_level_0
```

그리고 마지막으로, 이 예제는 4월 1일 오전 4시 1분에 이메일을 보내는 것이다.

```
1 4 1 4 * /bin/mail dad@domain.com < /home/yyang/joke
```

> **참고** crond가 명령을 실행할 때, sh 쉘을 사용한다. 따라서 일부 환경 변수는 cron에서 동작하지 않을 수도 있다.

▧ crontab 파일 편집

cron 작업을 생성하거나 편집하는 것은 텍스트 파일을 편집하는 것만큼 쉽다. 하지만 기본적으로 EDITOR 또는 VISUAL 환경 변수에 설정된 편집기가 사용된다는 것을 알고 있어야 한다. 대다수 리눅스 시스템들은 기본 편집기로 vi를 사용한다. 그러나 EDITOR 또는 VISUAL 환경 변수를 수정하면 사용자가 원하는 기본 편집기를 변경할 수도 있다.

지금까지 crontab 설정 파일의 형식에 대해 알아봤으니, 이제 파일을 편집할 차례다. 하지만 파일을 직접 수정할 수 없고 crontab 명령을 사용하여 crontab 파일을 편집한다.

```
yyang@ubuntu-server:~$ crontab -e
```

또한 현재 crontab 파일의 목록을 보려면 crontab에 -l 옵션을 사용한다.

```
yyang@ubuntu-server:~$ crontab -l
no crontab for yyang
```

이 출력 결과에 따르면, 사용자 yyang은 crontab 파일에 등록한 작업이 하나도 없다.

요약

이 장에서는 리눅스 시스템의 중요 시스템 서비스들에 대해 설명했다. 이 서비스들은 네트워크 지원이 필요 없고 호스트마다 다를 수 있다. 그리고 다중 사용자 시스템이 아니더라도 동작하기 때문에 유용하다.

이 장의 내용을 요약하면 다음과 같다.

- **init**은 시스템의 모든 프로세스의 부모로 PID 1을 가진다. 또한 System V 기반 배포판에서 init은 실행 레벨을 제어하고 /etc/inittab 파일을 통해 설정할 수 있다.

- **upstart**는 일부 리눅스 배포판에서 init의 기능을 대신하는 프로그램이다. upstart는 추가적인 기능과 개선사항을 제공한다.

- **systemd**는 init과 upstart의 또 다른 대체 프로그램이다. 리눅스 시스템을 위한 시스템/서비스 관리 프로그램이다. 주요 리눅스 배포판들은 이를 기본으로 사용한다. 다른 프로그램들에 비해 다양한 장점과 개선된 기능을 제공한다.

- **inetd**는 작고 자주 사용되지 않는 많은 서비스들을 대신해서 서버 요청을 기다려주는 슈퍼 서버다. 하지만 이제 거의 사용되지 않는다. 특정 서비스의 요청을 받으면 inetd는 해당 서비스를 시작하고 네트워크와 실제 서비스 간의 데이터를 전달한다. 이 데몬의 설정 파일은 /etc/inetd.conf다.

- **xinetd**는 기존 inetd의 개선된 새 버전이다. 더 많은 설정 옵션과 강화된 보안성을 제공한다. 설정 파일은 /etc/xinetd.conf다.

- **rsyslog**는 페도라, OpenSUSE, 우분투 등 다양한 배포판에서 사용 중인 로그 데몬이다. 이것은 전통적인 **sysklog** 데몬의 기능을 대체할 수 있다. **rsyslogd**는 설정된 데이터베이스에 직접 로그를 기록하거나 로그 메시지의 다양한 조작 기능을 추가로 제공한다.

- 마지막으로, **cron** 서비스는 백업이나 이메일 알리미와 같이 주기적인 이벤트를 실행하기 위한 예약 기능을 제공한다. 설정 파일의 모든 것은 crontab 프로그램을 사용하여 제어할 수 있다.

이 장의 각 절은 각기 다른 서비스들을 어떻게 설정하고 기본 설정과 사용 예를 다루었다. 이 서비스들을 다루는 법에 익숙해지길 바란다. 그리고 기본 서비스들을 가지고 강력한 자동화 도구, 자료 수집, 분석 도구들을 만들 수 있다. 이 서비스들을 두려워 말고 잘 사용해보길 바란다.

CHAPTER 9

리눅스 커널

리눅스의 가장 큰 강점 중 하나는 원하는 사람은 누구나 소스 코드에 접근할 수 있다는 것이다. 리눅스는 GNU GPL(General Public License)하에 배포되기 때문에 누구나 소스 코드를 고치고 다시 배포하는 것을 허용한다. 소스 코드를 실제로 수정하는 경우에는 공식적인 커널 트리의 변경 절차를 거쳐야 한다. 이 변경이 리눅스 전반에 도움이 되는지 광범위한 테스트와 검증 작업이 필요하게 된다. 마지막 승인 과정에서는 리눅스 프로젝트의 핵심 개발자 그룹에서 해당 코드에 대한 최종 통과여부를 결정하게 된다. 이러한 광범위한 검토 과정으로 인해 리눅스 코드 품질이 우수하게 유지된다.

다른 상업용 운영체제를 사용하는 시스템 관리자들에겐 이러한 코드 제어 방법은 개발사가 패치, 서비스팩, 핫픽스(Hotfix) 등을 배포해주기를 기다리는 방식과는 사뭇 다르게 느껴질 것이다. 리눅스에서는 운영체제 개발사의 홍보, 고객 서비스, 영업부 등을 통해야 하는 대신 커널 시스템의 개발자에게 직접 연락하여 문제를 설명할 수 있다. 커널의 다음 공식 버전이 출시되기 전에 패치가 완성되어 미리 받아볼 수 있다.

물론, 다른 누군가의 컴파일을 기다리는 것보다 스스로 커널을 컴파일하여 사용할 수도 있다. 하지만 커널은 안정화된 이후에 컴파일할 일이 드물기 때문에 커널 컴파일을 자주 할 필요가 없을 것이다. 그러나 만약 필요하다면 어떻게 해야 할지 알아둬야 할 것이다. 다행히도 그리 어렵지 않다.

이 장에서는 커널 소스 트리를 얻는 법부터 커널 설정, 컴파일, 설치 과정에 대해 살펴볼 것이다.

커널이란?

컴파일 과정을 살펴보기 전에 커널의 개념과 역할을 명확히 이해하고 시작하도록 하자. 사람들이 "리눅스"라고 말할 때 그것은 대개 "리눅스 배포판"을 의미한다. 예를 들어 데비안은 리눅스 배포판의 일종이다. 1장에서 살펴본 것처럼 배포판은 리눅스가 운영체제의 기능을 하기 위해 필요한 모든 것들을 합친 것이다. 배포판은 리눅스와 독립된 다양한 오픈 소스 프로젝트들의 코드를 이용한다. 사실 많은 소프트웨어 패키지들이 리눅스뿐만 아니라 다른 유닉스 계열 플랫폼에서도 사용되고 있다. 예를 들어 GNU C 컴파일러는 리눅스 배포판뿐만 아니라 대다수 다른 운영체제에서도 사용되고 있다.

그렇다면 순수하게 리눅스를 정의하면 무엇일까? 그 답은 **커널**이다. 운영체제의 커널은 모든 시스템 소프트웨어의 핵심이다. 커널보다 더 근본적인 것은 오직 시스템 하드웨어 그 자체뿐이다.

커널은 많은 역할을 한다. 기본적인 동작은 하드웨어를 소프트웨어로부터 추상화하고 시스템 콜을 통해 응용 소프트웨어를 구동할 수 있는 환경을 제공하는 것이다. 특히 네트워킹, 디스크 접근, 가상 메모리, 멀티태스킹 등을 처리할 수 있는 환경을 제공한다. 최근 리눅스 커널(버전 3*, *는 커널의 모든 버전 번호를 뜻한다)은 디바이스 드라이버를 포함하여 600만 줄이 넘는 코드를 가지고 있다. 이에 비해 1976년에 벨 연구소에서 개발된 유닉스의 여섯 번째 버전은 대략 9000 줄이었다. 그림 9-1은 시스템 전체에서 커널의 위치를 나타낸 것이다. 전체 리눅스 배포판에서 커널이 차지하는 부분은 작지만 가장 중요한 구성요소다. 만약 커널이 실패하거나 크래시가 발생하면 나머지 시스템은 더 이상 사용할 수 없다. 다행히도 리눅스는 그 커널의 안정성을 자랑한다. 리눅스 시스템의 **업타임**(재부팅할 때까지의 기간)이 종종 몇 년간인 경우도 있다.

● **그림 9-1**. 시스템 구성에서 리눅스 커널의 위치

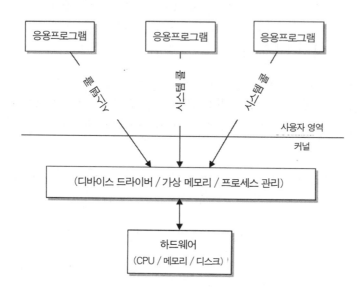

커널 소스 코드 찾기

우리가 사용 중인 리눅스 배포판은 특정 커널 버전의 소스 코드를 가지고 있다. 그것은 컴파일된 바이너리 형태(*.src.rpm)이거나 소스 RPM(*.srpm)과 같은 형태일 것이다. 만약 현재 설치된 버전과 다른 버전의 커널을 다운로드하려면, 먼저 커널의 공식 사이트인 www.kernel.org를 살펴본다. 이 사이트는 다양한 오픈 소스 소프트웨어와 유틸리티뿐만 아니라 커널 소스를 미러링한 웹 사이트다.

kerner.org 사이트는 전세계에 걸쳐 미러링되어 있다. 어떤 미러링 사이트로든 접속할 수 있지만 자신이 속한 지역의 사이트에 접속하는 것이 가장 좋은 성능을 낼 것이다.

▨ 알맞은 커널 버전 찾기

사용 가능한 커널 목록을 제공하는 웹 사이트에는 보통 v1.0, v1.1, v2.5, v2.6, v3.0, v3.6 등의 폴더가 존재한다. 무작정 최신 버전을 받기 전에 리눅스 커널 버전 체계가 어떻게 이루어지는지 이해하는 것이 좋다.

리눅스 개발 모델은 일반인들의 참여를 장려하기 때문에 최신 버전의 커널은 누구나 언제든지 접근 가능해야 한다. 하지만 이러한 방식은 문제를 낳는다. 많은 업데이트로 인해 소프트웨어가 불안정하거나 그 품질이 저하될 수 있다.

이러한 문제를 해결하기 위해 초기 리눅스 개발자들은 개발 단계의 커널 버전은 홀수 번호 체계(1.1, 1.3, 2.1, 2.3 등)를 사용했다. 따라서 홀수 버전의 커널에는 이 버전은 불안정하며 신뢰성이 필요한 시스템에서는 사용하지 말 것을 알리는 권리포기각서를 포함한다. 일반적으로 개발 버전의 커널은 개발 활동이 많기 때문에 출시가 잦다. 개발 버전 커널은 종종 한 주에 두 번씩 출시되는 경우도 있다.

반면 짝수 번호의 커널(1.0, 1.2, 2.0, 2.2, 2.4, 2.6 등)은 정식 제품용 버전으로 간주된다. 많은 사람들이 사용해보고 검증된 버전이다. 개발 버전 커널과 달리 안정 버전 커널은 많은 버그 수정을 포함하고 있기 때문에 출시 주기가 느리다.

이러한 커널 이름과 버전 규칙은 커널 버전 2.6을 마지막으로 사라졌다. 최신 리눅스 커널은 리눅스 3.x다.

새로운 커널 표기법은 이름과 메이저 번호를 사용하며, 새 커널은 "Linux 3.x"로 배포되고 있다. 따라서 이 시리즈의 첫 번째는 리눅스 버전 3.0(3.0.0)이고 다음 버전은 리눅스 버전 3.1(3.1.0) 이다. 그 다음은 리눅스 버전 3.2가 된다. 그리고 각 메이저 버전의 변경이나 업데이트는 세 번째 숫자를 증가시킨다. 이것은 일반적으로 **안정화 버전**을 의미한다. 따라서 3.0.0의 다음 안정화 버전은 리눅스 버전 3.0.1이고 그 다음은 3.0.2 이러한 식이다. 이를 다른 방식으로 설명하기도 한다. 예를 들어 리눅스 버전 3.0.4는 리눅스 3.0.0 시리즈의 네 번째 안정화 버전이다.

우리가 다음 절에서 사용할 커널 버전은 3.2이고 www.kernel.org/pub/linux/kernel/v3.x/linux-3.2.tar.bz2 파일을 다운로드하면 된다.

▩ 커널 소스 코드 풀기

우리가 가지고 있는 대다수 소프트웨어 패키지들은 아마 레드햇 패키지 관리자(RPM) 형식이거나 DEB 패키지일 것이다. 또한 패키지 관리 시스템(RPM, Advanced Packaging Tool(APT), Yum, YaST)에 익숙할 것이다. 하지만 커널 소스 코드는 설치 방식이 조금 다르고 약간의 사용자 조작이 필요하다.

커널 소스는 수많은 파일과 디렉터리로 구성되어 압축되어 있기 때문에 파일을 풀어 한 디렉터리에 담는 것이 도움이 될 것이다. 인터넷을 통해 다운로드한 커널 소스는 압축된 tar 형태의 파일이다. 그러므로 소스를 사용하려면 소스 파일의 압축을 풀고 tar를 해제해야 한다. 이것이 바로 "커널 풀기"다. 그 과정은 전반적으로 수월하다.

일반적인 커널 소스 트리의 위치는 /usr/src 디렉터리다. 이제부터 우리는 /usr/src 디렉터리에서 작업한다고 가정할 것이다.

이제 몇 단계를 거쳐 커널을 풀어보도록 하자. 먼저 다운로드한 커널 타르볼을 /usr/src 디렉터리에 복사한다.

```
[root@server ~]# cp linux-3.*.tar.bz2 /usr/src/
```

작업 디렉터리를 /usr/src로 변경하고 tar 명령을 사용하여 소스 파일을 압축 해제한다.

```
[root@server ~]# cd /usr/src/ && tar xvjf linux-3.*.tar.bz2
```

커널 소스는 매우 큰 파일이기 때문에 하드 디스크에서 약간의 소음이 들릴 수도 있다.

> **팁** 잠시 커널 소스 트리에 무엇이 있는지 확인해보자. 적어도 어떤 문서들이 커널과 함께 배포되는지 알 수 있을 것이다. 커널 문서의 상당 부분은 커널 소스 트리의 루트에 위치한 Documentation 디렉터리에 저장되어 있다.

커널 빌드하기

앞서 커널을 풀었으니, 이제 커널을 빌드할 차례다. 이 절에서는 커널을 설정하고 빌드하는 과정을 살펴볼 것이다. 윈도우 운영체제와 달리 사용자가 원하는 기능들을 선택하거나 제외할 수 있다.

리눅스의 설계 철학은 커널의 중요 부분을 각자 결정할 수 있도록 허용해준다. 예를 들어 만약 SCSI 시스템을 가지고 있지 않은데 SCSI를 지원하는 것은 메모리 낭비일 것이다. 이런 개별적인 설계는 가능한 불필요한 기능을 줄여서 시스템을 효율적으로 운용해준다는 장점을 가지게 된다. 또한 이는 리눅스가 저사양 시스템부터 임베디드 시스템, 고사양 시스템까지 다양한 하드웨어에서 동작할 수 있는 이유 중 하나다. 윈도우 서버를 사용할 수 없는 하드웨어에서도 리눅스 시스템은 사용 가능할 것이다.

커널을 만들기 위해서는 커널 설정과 컴파일, 두 과정이 필요하다. 리눅스 커널의 진화 속도는 무척 빠르기 때문에 이 장에서는 설정에 대해서는 깊이 다루지 않을 것이다. 하지만 기본 과정을 이해하고 나면 각 버전별로 적용할 수 있을 것이다. 이를 위해 앞에서 사용했던 커널 버전 3.*를 예제로 사용할 것이다.

커널을 빌드하기 위한 첫 단계는 기능을 설정하는 것이다. 시스템에 필요한 기능은 지원할 하드웨어가 무엇이냐에 따라 다르다. 따라서 하드웨어 목록이 필요하다.

이미 리눅스를 사용 중인 시스템에서는 다음 명령을 통해 PCI 버스에 연결된 모든 하드웨어 목록을 가져올 수 있다.

```
[root@server ~]# lspci
```

시스템에 lspci 명령어가 없다면 pciutils*.rpm을 설치하여 사용할 수 있다.

하드웨어 설정에 관한 좀 더 자세한 정보를 알고 싶다면 lshw 명령을 사용하면 된다.

```
[root@server ~]# lshw
```

시스템에 lshw 명령어가 없다면 lshw*.rpm을 설치하여 사용할 수 있다.

하드웨어 구성을 제대로 이해하면 커스텀 커널을 만들 때 필요한 것들을 더 결정하기 쉬울 것이다. 이제 커널 설정을 시작할 준비가 다 되었다.

▼ 불필요한 업그레이드 피하기

안정적으로 잘 동작하는 시스템이라면 다음 조건들 중에 하나를 만족하지 않는 이상 커널을 업그레이드할 필요는 없다.

- 보안 패치를 적용해야 하는 경우

- 안정화 버전에 새로운 기능이 필요한 경우

- 시스템에 영향을 미치는 버그를 수정해야 할 경우

보안 패치의 경우에는 실제 그 문제가 영향을 미치는 확인해야 한다. 예를 들어 사용하지 않는 디바이스 드라이버에서 보안 문제가 발생한 경우에는 업그레이드할 이유가 없다. 버그 패치의 경우에는 릴리즈 노트를 주의 깊게 살펴보고 실제로 그 문제가 해결되었는지 확인해야 한다. 안정화된 시스템에서 사용하지 않는 무의미한 패치로 인해 커널을 업그레이드할 필요는 없을 것이다. 또한 단순히 최신 커널이라고 업그레이드하지 말자. **정말로 합당한 이유가 있는 경우에만** 업그레이드하자.

▨ 커널 설정을 위한 준비

새 커널이 지원할 하드웨어와 기능에 대한 정보가 얻었으니 이제 실제 설정 작업을 시작할 수 있다. 하지만 그전에 먼저 약간의 배경지식을 살펴보자.

리눅스 커널 소스에는 여러 개의 **Makefile**(makefile은 프로그램 내에서 파일들 간의 관계를 나타낸 단순한 텍스트 파일이다)이 포함되어 있다. 이 makefile들은 커널 소스를 구성하는 많은 파일들을 합치는 데 도움을 준다. 또한 makefile은 **타깃**(target)을 가지고 있다. 타깃은 make 프로그램이 실행할 명령어나 지시자들이다.

커널 소스 트리의 루트에 존재하는 Makefile은 커널 빌드 환경을 준비하고, 커널의 설정, 컴파일, 설치 등에 사용하는 타깃을 가지고 있다. 이 타깃들의 구체적인 내용은 다음과 같다.

- **make mrproper:** 이 타깃은 이전 커널 빌드에 의해 생긴 파일들과 의존성들을 정리하여 빌드 환경을 초기화하는 것이다. 이전의 모든 커널 설정은 빌드 환경에서 제거될 것이다.

- **make clean:** 이 타깃은 mrproper와 거의 동일하다. 다른 점은 오직 생성된 파일들만 제거하고 커널 설정 파일(.config)은 제거하지 않는다는 것이다.

- **make menuconfig:** 이 타깃은 커널 설정을 위해 메뉴와 옵션 목록, 대화상자 등을 가진 텍스트 기반 편집기를 실행한다.

- **make xconfig:** 이 타깃은 Qt 라이브러리를 사용하는 X 윈도우용 커널 설정 도구다. 이 라이브러리는 KDE 기반 응용프로그램에 사용된다.

- **make gconfig:** 이 타깃은 GTK(GIMP) 툴킷을 사용하는 X 윈도우용 커널 설정 도구를 실행한다. GTK 툴킷은 GNOME 데스크톱 환경에서 많이 쓰인다.

- **make help:** 이 타깃은 다른 모든 maket 타깃을 보여주고 또한 온라인 도움말 시스템을 제공한다.

이 절에서는 커널을 설정하기 위해 한 가지 타깃만을 사용할 예정이다. make xconfig 명령을 사용할 것이다. xconfig 설정 편집기는 리눅스 3.x대 커널을 설정하기 위한 인기 있는 프로그램 중하나다. 이는 단순하고 깔끔한 그래픽 사용 환경을 제공하고 **꽤** 직관적이다.

커널을 설정하기 전에 커널 소스 디렉터리로 이동한 다음 make mrproper 명령을 사용하여 커널 빌드 환경을 초기화한다.

```
[root@server src]# cd linux-3.*
[root@server linux-3.*]# make mrproper
```

▓ 커널 설정

이제 리눅스 3.* 커널을 설정하는 과정을 단계별로 진행할 것이다. 커널 설정 과정을 진행하기 위해 시스템이 특정 기능을 지원하도록 설정할 것이다. 이 과정을 이해하고 나면 커널에 필요한 다른 기능들도 동일한 방식으로 추가할 수 있을 것이다. 여기서는 커널에 NTFS 파일 시스템 지원 기능을 추가할 것이다.

커널 3.* 대를 지원하는 대다수 리눅스 배포판들은 로컬 파일 시스템에 실행 중인 커널의 설정 파일을 압축된 형태나 일반 파일로 가지고 있다. 페도라 배포판을 사용 중인 예제 시스템에서는 이 설정 파일은 /boot 디렉터리에 존재하고 대개 config-3.*와 같은 이름으로 저장되어 있다. 설정 파일은 해당 커널의 활성화된 기능과 옵션 목록을 가지고 있다. 이와 유사한 설정 파일을 앞으로 만들게 될 것이다. 다른 점은 우리가 만든 파일에는 필요한 기능이 더 추가된다는 것이다.

다음 과정들은 커널을 어떻게 컴파일하고 설정하는지를 다룰 것이다. 우리는 그래픽 환경의 설정 프로그램을 사용할 것이기 때문에 X 윈도우 시스템을 먼저 시작해야 한다.

1. 먼저 /boot 디렉터리에 있는 예전 설정 파일을 다음 이름으로 우리의 빌드 환경에 복사한다.

```
[root@server linux-3.*]# cp /boot/config-`uname -r` .config
```

여기서 사용한 'uname -r' 명령은 실행 중인 커널의 설정 파일을 찾는 데 도움을 준다. 이 명령은 실행 중인 커널의 버전을 표시해준다.

2. 그래픽 환경의 커널 설정 도구를 실행한다.

```
[root@server linux-3.*]# make xconfig
```

다음 그림과 같은 윈도우가 나타날 것이다.

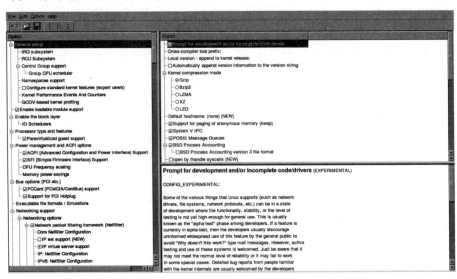

이 명령을 실행했을 때 의존성 실패 오류가 발생한다면, Qt 개발 환경이 설치되어 있지 않거나 필수 패키지가 없어서다. 페도라 배포판을 사용 중이고 인터넷에 연결되었다면 YUM 명령을 사용하여 다음과 같이 패키지를 설치할 수 있다.

```
[root@fedora-server ~]# yum install qt4-devel gcc-c++
```

OpenSUSE 시스템에서는 YaST 명령을 사용하여 설치할 수 있다.

```
opensuse-server:~ # yast -i libqt4-devel
```

커널 설정 창(qconf)에는 세 개의 패널이 나타날 것이다. 왼쪽 패널은 모든 커널 설정 옵션을 트리 구조로 보여준다. 오른쪽 위 패널은 선택한 옵션의 상세 설정을 보여준다. 마지막 오른쪽 아래 패널은 선택한 항목의 도움말을 보여준다.

3. 왼쪽 패널에서 [Enable Loadable Module Support] 항목을 클릭하고 제대로 선택됐는지 확인한다. 대부분의 리눅스 배포판은 이 기능을 기본으로 지원한다. 이제 오른쪽 아래 패널에 표시된 도움말을 참고한다.

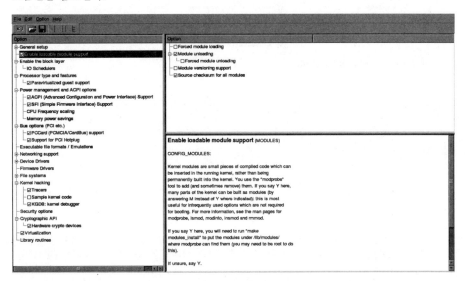

4. 다음은 NTFS 기능을 추가할 것이다. 왼쪽 패널에서 스크롤해서 파일 시스템 섹션을 선택한다. 그리고 나서 [DOS/FAT/NT] 파일 시스템 항목을 선택한다.

5. 오른쪽 위 패널에서 NTFS File System Support 옵션 옆에 있는 박스를 클릭하면 작은 점이 하나 나타날 것이다. 그러면 [NTFS Debugging Support]와 [NTFS Write Support] 옵션 박스를 선택한다. 각 항목을 선택하고 나면 다음 그림과 같이 체크되어 있을 것이다.

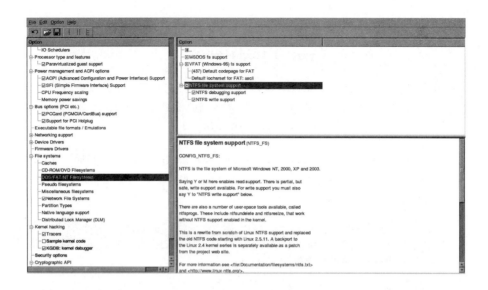

오른쪽 위 패널의 각 항목에서 빈 박스는 해당 기능의 비활성화를 나타낸다. 반대로 체크 표시는 기능의 활성화를 나타낸다. 그리고 점으로 표시된 항목은 모듈로 컴파일된 기능을 의미한다. 박스를 클릭할 때마다 세 가지 상태는 반복적으로 변하게 된다.

6. 마지막으로, 변경한 .config 파일을 커널 소스 트리에 저장한다. 커널 설정창의 메뉴바에서 [File] 메뉴를 선택하고 [Save]를 누른다.

qconf로 변경한 내용을 보고 싶다면 grep 명령을 사용하여 다음과 같이 .config 파일을 확인할 수 있다.

```
[root@server linux-3.*]# grep -i ntfs .config
CONFIG_NTFS_FS=m
CONFIG_NTFS_DEBUG=y
CONFIG_NTFS_RW=y
```

7. 커널 설정 창을 닫는다.

▼ 커널 모듈이란?

로드 가능한 모듈은 커널이 커널 모듈의 동적 로딩을 허용하기 위해 제공하는 기능이다. 커널 모듈은 컴파일된 코드의 한 부분으로 동적으로 실행 중인 커널에 추가할 수 있다. 자주 사용하지 않는 기능은 필요할 때만 메모리에 로드하게 된다. 다행히도 커널은 무엇을 언제 로드할지 자동으로 결정한다. 당연히 모든 기능이 모듈로 컴파일할 수 있는 것은 아니다. 커널은 모듈을 로드/언로드하기 전에 몇 가지 내용을 알고 있어야 한다. 하드 디스크에 접근하는 방법과 로드 가능한 모듈이 저장된 파일 시스템을 처리하는 법 등을 알고 있어야 한다. 또한 일부 커널 모듈은 드라이버로 불린다.

▨ 커널 컴파일하기

앞에서 커스텀 커널의 설정 파일을 만드는 과정을 살펴보았다. 이번에는 실제로 커널을 빌드하는 과정을 진행할 것이다. 그 전에 한 가지 더 간단한 작업을 할 것이다.

마지막 작업은 커널 이름에 사용할 정보를 추가하는 것이다. 이 작업은 우리가 만든 커널과 동일한 버전의 커널을 구별하기 위한 것이다. 커널 버전 정보에 "custom"이라는 태그를 추가할 것이다. 메인 Makefile을 열어 EXTRAVERSION 변수에 이 태그를 추가하면 된다.

커널 빌드는 지금까지 가장 쉬운 과정이지만 매우 많은 시간이 걸린다. 이 과정에 필요한 것은 단순히 make 명령어를 실행하는 것이다. 그러면 자동으로 의존성을 확인하고 커널과 모듈 또는 드라이버들을 컴파일한다.

컴파일할 코드들이 많기 때문에 사용자의 시스템 성능에 따라 적어도 몇 분은 기다려야 한다.

그럼 이제 새 커널을 컴파일하는 데 필요한 과정을 살펴보자.

1. 먼저 커널 버전에 태그를 추가할 것이다. 커널 소스 트리의 루트에 있는 Makefile을 열고 편집한다. 해당 변수는 파일의 맨 위에 있다.

    EXTRAVERSION =

    다음과 같이 변경한다.

    EXTRAVERSION = -custom

2. 파일을 저장하고 편집기를 종료한다.

> 최근 시스템들은 멀티 코어 CPU를 가지고 있다. 또한 서버용 하드웨어는 멀티 코어 CPU를 하나 이상 가지고 있다. 커널 컴파일 작업에 멀티 코어 프로세서의 능력을 최대한 활용할 수 있다. 이를 위해서는 make 명령에 동시에 수행할 작업의 수를 전달하면 된다. 여러 작업이 각 CPU 코어에 전달되고 동시에 실행된다. 사용할 명령은 다음과 같다.
>
> ```
> # make -j N
> ```
>
> 여기서 N은 동시에 실행할 작업의 수다. 예를 들어 쿼드코어 CPU에서는 다음과 같이 입력한다.
>
> ```
> # make -j 4
> ```

3. 이제 커널 컴파일에 필요한 명령은 make다.

    ```
    [root@server linux-3.*]# make
      HOSTLD scripts/kconfig/conf
    scripts/kconfig/conf --silentoldconfig Kconfig
    ```

```
CHK     include/linux/version.h
UPD     include/linux/version.h
....<이하 생략>....
IHEX    firmware/yam/1200.bin
IHEX    firmware/yam/9600.bin
```

4. make 명령의 결과물은 다음 경로에 저장된다.

```
<kernel-source-tree>/arch/x86/boot/bzImage
```

5. 우리는 NTFS 모듈을 커널과 함께 컴파일했기 때문에 이를 설치해야 한다.

```
[root@server linux-3.*]# make modules_install
```

페도라 시스템에서는 이 명령을 수행하면 모든 커널 모듈이 /lib/modules/⟨new_kernel-version⟩ 디렉터리에 설치된다. 즉 이 예제에서는 /lib/modules/3.2.0-custom/ 디렉터리에 복사된다. 이 디렉터리는 커널이 모듈을 로드할 때 찾는 경로다.

▨ 커널 설치하기

이제 컴파일된 커널을 설치할 차례다. 그 전에 컴파일된 커널이 어디에 있는지 또 어디에 설치되는지 궁금할 것이다.

첫 번째 질문에 대한 답은 쉽다. PC의 /usr/src/⟨kernel-source-tree⟩/ 디렉터리에서 작업을 하고 있었다면 앞에서 컴파일한 커널은 /usr/src/⟨kernel-source-tree⟩/arch/x86/boot/bzImage가 된다. 즉 /usr/src/linux-3.2/arch/x86/boot/bzImage 파일이다. 이에 해당하는 맵 파일은 /usr/src/⟨kernel-source-tree⟩/System.map이다. 설치 과정에서 이 두 파일 모두 필요하다.

System.map 파일은 커널이 오작동을 하거나 커널 버그나 하드웨어 고장으로 인해 "Oops" 메시지를 출력할 때 유용하다. 이 오류는 윈도우 시스템의 블루 스크린(Blue Screen of Death, BSOD)과 유사하다. 이 메시지는 여러 16진수와 함께 현재 시스템 상태에 대한 정보를 포함하고 있다. System.map은 이러한 16진수들을 사람이 읽을 수 있는 이름으로 변환해서 디버그하기 쉽도록 도와준다. 대부분 개발자에게만 해당되는 상황이지만 일반 사용자도 문제를 보고할 때 편리하다.

이제 새 커널 이미지를 설치해보자.

1. 커널 빌드 디렉터리의 루트에서 bzImage 파일을 다른 이름으로 변경하여 /boot 디렉터리에 복사한다.

```
[root@server linux-3.*]# cp arch/x86/boot/bzImage
/boot/vmlinuz-< kernel-version >
```

여기서 *kernel-version*은 커널의 버전 번호를 의미한다. 이 예제 커널에서는 파일명이 vmlinuz-3.2.0-custom이 된다. 따라서 정확한 명령어는 다음과 같다.

```
[root@server linux-3.*]# cp arch/x86/boot/bzImage
/boot/vmlinuz-3.2.0-custom
```

참고 커널 이미지의 이름 vmlinuz-3.2.0-custom은 그냥 임의로 정한 것이다. 커널 이미지는 일반적으로 vmlinuz 라고 부르고 커널 버전을 뒤이어 붙이는 것이 커널이 여럿 있을 때 구별하기 편하기 때문이다. 물론 동일한 커널의 여러 버전(예를 들어 SCSI를 지원하는 것과 지원하지 않는 버전)을 갖고자 한다면 보다 명확한 이름을 지어야 할 것이다. 예를 들어 무선랜을 가진 노트북의 리눅스 커널은 vmlinuz-3.2.0-wireless 같은 이름을 붙인다.

2. 해당 System.map 파일을 커널과 동일한 명명법을 사용해서 /boot 디렉터리에 복사한다.

```
[root@server linux-3.*]# cp System.map /boot/System.map-3.2.0-custom
```

3. 커널과 모듈, System.map 파일이 준비되었으니 이제 마지막 단계를 진행할 차례다. 다음과 같이 입력한다.

```
[root@server linux-3.*]# new-kernel-pkg -v --mkinitrd –depmod
--install <kernel-version>
```

여기서 kernel-version은 앞서 설명한 것과 동일하게 커널의 버전 번호를 의미한다. 따라서 이 예제의 정확한 명령어는 다음과 같다.

```
# new-kernel-pkg -v --mkinitrd --depmod --install 3.2.0-custom
```

new-kernel-pkg 명령은 아주 작은 쉘 스크립트다. 페도라, RHEL, OpenSUSE 등 일부 리눅스 배포판에서만 제공한다. 이 스크립트는 새로운 커널로 부팅하기 위한 시스템 설정을 자동으로 수행해준다. 특히 다음과 같은 일을 한다.

- 초기 RAM 디스크 이미지(initrd 이미지, /boot/initrd-<kernel-version>.img 파일)를 생성한다. new-kernel-pkg가 없는 시스템에서는 mkinitrd 명령을 사용하면 된다.

- depmod 명령을 실행한다(모듈의 의존성 목록을 생성해준다).

- 부트로더 설정을 갱신한다. GRUB의 예전 버전에서는 /boot/grub/grub.conf 또는 /boot/grub/menu.lst 파일을, GRUB2에서는 /boot/grub2/grub.cfg 파일을 변경한다.

GRUB legacy 버전을 사용하는 페도라 시스템에서는 다음과 같은 항목이 grub.conf 파일에 추가된다.

```
title Fedora (3.2.0-custom)
       root (hd0,0)
```

```
        kernel /vmlinuz-3.2.0-custom ro root=/dev/mapper/VolGroup-
LogVol00 ..<이하 생략>.. rhgb quiet
        initrd /initrd-3.2.0-custom.img
```

GRUB2을 사용하는 시스템에서는 다음과 같은 항목이 /boot/grub2/grub.cfg 파일에 추가된다.

```
menuentry 'Fedora (3.2.0-custom)' --class fedora --class gnu-linux
--class gnu --class os {
        load_video
        set gfxpayload=keep
        insmod gzio
        insmod part_gpt
        insmod ext2
        set root='(hd0,gpt2)'
        search --no-floppy --fs-uuid --set=root 6a4222-5ee61b3acf22
        echo 'Loading Fedora (3.2.0-custom)'
        linux /vmlinuz-3.2.0-custom root=/dev/mapper/VolGroup-LogVol00\
        ro rd.lvm.lv=VolGroup/LogVol01 rd.lvm.lv=
VolGroup/LogVol00
        echo 'Loading initial ramdisk …'
        initrd /initrd-3.2.0-custom.img
}
```

참고
new-kernel-pkg 명령은 새로 추가한 커널을 자동으로 기본 부팅 커널로 만들지 않는다. 따라서 시스템이 부팅할 때 부트로더 메뉴에서 새 커널을 선택해야 한다. 6장에서 했던 것처럼 /boot/grub/menu.lst 파일을 편집하여 기본 커널로 설정할 수 있다.

▥ 커널 부팅하기

다음 단계는 새 커널이 제대로 부팅되는지 확인하는 과정이다.

1. 지금까지 앞의 과정들을 지시에 따라 정확히 수행했다면 안전하게 시스템을 재부팅하고 나면, 부트로더 메뉴에서 새 커널을 선택할 수 있을 것이다.

   ```
   [root@server ~]# reboot
   ```

2. 시스템이 부팅되면 uname 명령을 사용하여 현재 커널의 버전을 확인할 수 있다.

   ```
   [root@server ~]# uname -r
   3.2.0-custom
   ```

3. 우리는 앞서 만든 커널에 NTFS 파일 시스템을 지원하는 기능을 추가했었다. 이 기능이 제대로 동작하는지 NTFS 모듈에 관한 정보를 출력해본다.

```
[root@server ~]# modinfo ntfs
filename:         /lib/modules/3.2.0-custom/kernel/fs/ntfs/ntfs.ko
license:          GPL
version:          2.*
description:      NTFS 1.2/3.x driver - Copyright (c) 2001-2011
Anton Altaparmakov and Tuxera Inc.
...<이하 생략>...
```

> **팁**
> 실제로 NTFS로 포맷된 파일 시스템을 가지고 있다면 다음과 같이 입력하여 수동으로 NTFS 모듈을 불러올
> 수 있다.
>
> ```
> [root@server ~]# modprobe ntfs
> ```

▣ 문제 해결

커널이 작동하지 않는가? 부팅 중에 멈추는가? 혹은 부팅 이후에 아무런 동작을 하지 않는가?
무엇보다도 가장 중요한 것은 **당황하지 않는 것이다.** 이러한 문제는 누구에게나 발생할 수 있다.
심지어 리눅스 전문가들에게도 발생할 수 있다. 물론 그들은 아직 검증되지 않은 소프트웨어를
먼저 사용하는 경우가 많다. 대다수 문제는 복구할 수 있기 때문에 너무 걱정할 필요 없다.

먼저 부트로더 설정 파일(/boot/grub/menu.lst 또는 /boot/grub2/grub.cfg)에 새 항목을 추가했
을 때 이전 항목을 **삭제하지 않았다는 것을** 상기시켜보자. 즉 이전 버전의 커널로 안전하게 부팅
할 수 있다. 재부팅 후, GRUB 메뉴에서 이전 커널을 선택한다. 그러면 정상적인 이전 시스템 상
태로 돌아갈 것이다.

이제 커널 설정으로 돌아가서 선택한 모든 옵션들을 하나씩 검증해간다. 예를 들어 ext4 파일 시
스템 대신에 Sun UFS 파일 시스템을 활성화한 것은 아닌지, 선택한 옵션에 종속적인 옵션을 설정
하지 않았는지 등을 확인해야 한다. 커널 설정 화면의 각 옵션에 대한 도움말 항목을 살펴보며 각
옵션들이 어떤 일을 하며 제대로 동작하게 하려면 어떻게 해야 되는지 하나하나 확인해야 한다.

설정이 모두 올바르게 되었다면, 다시 컴파일 과정을 거치고 커널을 재설치한다. 초기 RAM 디
스크 이미지(initrd 파일)를 적절하게 만드는 것 또한 중요하다(man mkinitrd 참조). 만약 GRUB
legacy를 사용하고 있다면 /boot/grub/menu.lst 파일을 편집하여 새 커널 항목을 추가하고 재부
팅한다.

커널 컴파일을 자주 하다 보면 나아질 테니 너무 걱정할 필요 없다. 실수했을 때 다시 돌아가서
고치는 일이 점점 쉬워질 것이다.

커널 패치하기

다른 운영체제와 마찬가지로 리눅스도 주기적으로 버그를 수정하고, 성능을 개선하고, 보안성을 강화하고 새 기능을 추가하는 등의 업그레이드를 한다. 이 업그레이드는 두 가지 형태로 제공된다. 완전한 새 커널 릴리즈 형식과 패치 형식이다. 새로운 커널은 한 번도 커널을 받은 적 없는 사람들에게 적당하다. 이미 커널을 받은 사람은 변경된 코드만을 포함한 패치 방식이 더 빨리 받을 수 있을 것이다. 패치는 윈도우의 핫픽스나 서비스팩과 비교할 수 있다.

그 자체로는 쓸모 없지만 기존 윈도우 버전에 추가하면 향상된 제품을 얻게 된다. 핫픽스와 패치의 중요한 차이점은 패치는 컴파일할 소스 코드의 변경 내용을 담고 있다는 것이다. 이는 패치를 적용하기 전에 소스 코드의 변경 내용을 검토하는 것이 가능하다. 따라서 패치를 적용했을 때 시스템이 고장 날까 걱정하지 않아도 된다.

커널의 새로운 패치는 여러 인터넷 사이트에서 구할 수 있다. 현재 사용 중인 배포판의 제조사 웹 사이트가 좋은 시작점이 될 수 있다. 물론 해당 사이트에는 커널 업데이트뿐만 아니라 다른 패키지들의 패치 또한 존재한다. 메인 소스는 공식 리눅스 커널 사이트 www.kernel.org에 존재한다.

이 절에서는 리눅스 커널 소스 버전 3.2를 3.2.3으로 업데이트하기 위해 패치를 적용하는 법을 배울 것이다. 사용할 패치 파일의 이름은 patch-3.2.3.bz2다.

▨ 패치 다운로드 및 적용

패치 파일은 커널이 다운로드된 디렉터리에 위치해야 한다. 이 패치는 커널의 각 메이저 버전에서 적용한다. 예를 들어 리눅스 버전 3.0에서 3.0.11로 업데이트하기 위한 패치는 www.kernel.org/linux/kernel/v3.0/patch-3.0.11.bz2에 위치한다. 테스트 패치나 RC(release candidates) 패치는 www.kernel.org/pub/linux/kernel/v⟨X.Y⟩/testing/ 디렉터리에 존재한다. 여기서 X와 Y는 커널 버전 번호를 의미한다.

각 패치 파일명은 "patch"라는 문자열로 시작하고 설치할 리눅스 버전 번호가 뒤이어 온다.

리눅스 3.X 대에서 메이저 커널 버전과 관련된 패치를 다룰때는 증분 방식의 적용이 필요하다. 각 메이저 패치는 오직 한 단계 아래 버전에만 적용된다. 예를 들어 linux-3.1에서 linux-3.3으로 업데이트하려면 두 패치 다 필요하다. patch-3.2와 patch-3.3를 순서대로 적용해야 한다.

반면 3.X.Y 커널에서 패치를 할 때는 증분 방식을 사용하지 않는다. 따라서 patch-X.Y.Z 파일은 linux-X.Y에만 적용할 수 있다. 예를 들어 linux-3.2.3에서 버전 3.2.5로 업데이트를 원한다면 먼저 linux-3.2.3 커널 소스를 linux-3.2로 되돌려야 한다. 그리고 나서 linux-3.2.5(patch-3.2.5) 패치를 적용한다.

패치 파일들은 압축된 형태로 서버에 저장되어 있다. 이 예제에서는 patch-3.2.3.bz2(www.kernel.org/pub/linux/kernel/v3.x/patch-3.2.3.bz2) 파일을 사용할 것이다. 또한 실제 업그레이드할 커널 소스 타르볼이 필요할 것이다. 예제에서 사용할 커널 소스는 www.kernel.org/pub/linux/kernel/v3.x/linux-3.2.tar.gz다.

www.kernel.org 사이트에서 파일을 다운로드한 후 그 파일을 /usr/src 디렉터리로 이동한다. 업그레이드할 커널 소스를 /usr/src/linux-3.2 디렉터리에 압축 풀었다고 가정한다. bzip2 유틸리티를 사용하여 패치를 압축 해제하고 그 결과물을 patch 프로그램으로 보낸다. 그러고 나면 커널은 자동으로 패치된다.

1. 압축된 패치 파일을 대상 커널 소스 트리의 루트보다 한 단계 위의 디렉터리에 복사한다. 예를 들어 커널이 /usr/src/linux-3.2/ 디렉터리에 있다면, 패치를 복사할 디렉터리는 /usr/src/다.

2. 먼저 현재 작업 디렉터리를 커널 소스 트리의 루트로 변경한다. 이 예제에서는 /usr/src/linux-3.2/ 디렉터리다. 다음과 같이 입력한다.

```
[root@server ~]# cd /usr/src/linux-3.2/
```

3. 패치를 실제로 적용하기 전에 오류가 없는지 테스트할 수 있다.

```
[root@server linux-3.*]# bzip2 -dc ../patch-3.2.3.bz2|patch -p1 --dry-run
```

▼ 커널 RC (Release Candidates)

www.kernel.org 웹 사이트를 살펴보면 patch-3.6-rc2.bz2 같은 이름의 커널 패치 파일을 볼 수 있다. 여기서 "rc2"는 패치 이름과 버전 구성의 일부다. 이는 리눅스 커널 버전 3.6-rc2로 업그레이드하는 데 사용되는 "release candiate 2" 패치를 의미한다. 마찬가지로 patch-3.6-rc6.bz2는 "release candidate 6"을 나타낸다.

-rcX 패치는 증분 방식이 아니다. 베이스 커널 버전에만 적용할 수 있다. 예를 들어 patch-2.6.39-rc7 패치 파일은 베이스 커널 소스 2.6.38에 적용할 수 있다. 이는 먼저 버전 2.6.38에 적용된 패치를 삭제해야 한다.

따라서 현재 버전 2.6.38.8의 커널을 사용 중이라면 먼저 patch-2.6.38.8.bz2(ftp://ftp.kernel.org/pub/linux/kernel/v2.6/patch-2.6.38.8.bz2) 파일을 압축 풀고(bunzip2 patch-2.6.38.8.bz2), patch -p1 -R < ../patch-2.6.38.8 명령을 통해 베이스 커널 2.6.38로 다운그레이드해야 한다.

---

4. 앞의 명령이 오류 없이 성공했다면 이제 패치할 준비가 다 되었다. 패치를 압축 풀고 커널에 적용하기 위해 다음과 같이 입력한다.

```
[root@server linux-3.*]# bzip2 -dc ../patch-3.2.3.bz2 | patch -p1
```

여기에서 ../patch-3.2.3.bz2는 패치 파일의 경로와 이름이다. 명령이 실행되면 업데이트할 파일 이름들이 화면에 출력될 것이다. 만약 업그레이드에 문제가 발생하면 오류 메시지를 출력할 것이다.

패치가 잘 동작하는 경우

패치가 제대로 작동하고 오류가 없다면 거의 성공한 것이다. 패치된 커널 소스 트리를 새 버전명으로 변경한다.

```
# mv /usr/src/linux-3.2 /usr/src/linux-3.2.3
```

마지막으로 커널을 재컴파일하면 된다. 앞의 "커널 컴파일하기" 절로 돌아가서 다시 따라 한다.

패치가 잘 동작하지 않는 경우

커널을 패치하는 과정 중에 오류가 발생하는 것은 다음 두 원인 중에 하나일 것이다.

- 패치 버전 번호는 높은 커널 버전 번호에 적용할 수 없다(예를 들어 patch-2.6.50.bz2를 Linux-2.6.60에 적용했다).

- 커널 소스 자체가 변경되었다(이는 개발자가 변경된 것을 잊어버렸다).

이 상황을 바로잡기 위한 가장 쉬운 방법은 커널 소스를 지우고 다시 커널을 압축 푸는 것이다. 이로 인해 원래 커널임을 보장할 수 있다. 그리고 패치를 적용한다. 커널 패치에 관한 자세한 내용은 커널 소스 트리의 문서를 참고하면 된다. 이 문서는 〈kernel-source〉/Documentation/applying-patches.txt다.

팁 patch 명령에 -R 옵션을 사용하여 적용된 패치를 제거할 수 있다. 예를 들어 리눅스 커널 2.6.38에 적용한 패치 2.6.39를 되돌리려면 다음과 같이 입력한다.

```
# bzip2 -dc ../patch-2.6.39.bz2 | patch -p1 -R
```

패치를 되돌리는 것은 위험하고 오작동을 일으킬 수 있기 때문에 주의해야 한다.

요약

이 장에서는 리눅스 커널의 설정과 컴파일 과정을 살펴보았다. 이 과정이 간단치는 않지만 이로 인해 다른 운영체제와 달리 시스템의 성능을 미세하게 제어할 수 있게 된다. 커널을 컴파일하는 것은 기본적으로 간단한 과정이다. 리눅스 개발 커뮤니티는 이 과정을 가능한 쉽고 편하게 할 수 있는 도구들을 제공한다.

또한 커널 컴파일뿐만 아니라 패치를 사용하여 커널을 업그레이드하는 과정을 살펴보았다.

처음 커널을 컴파일할 때는 가능한 테스트용 장비에서 하는 것이 좋다. 그러면 부담 없이 좀 더 다양한 옵션들을 가지고 커널을 만들 수가 있다. 또한 문제가 생기더라도 사용자의 원성을 듣지 않아도 된다.

커널 내부에 관심이 있는 개발자들은 다양한 책과 웹 사이트를 참조할 수 있다. 또한 최고의 문서인 소스 코드 그 자체가 공개되어 있다.

CHAPTER 10

가상 파일 시스템

대부분의 운영체제들은 OS 내부를 검사하고 커널 매개변수를 조작할 수 있는 방법을 제공한다. 리눅스에서는 가상 파일 시스템이라고 부르는 방법을 제공한다. proc 파일 시스템은 리눅스 기반 OS에서 인기 있는 가상 파일 시스템이다. proc 파일 시스템은 /proc 디렉터리에 마운트되고 따라서 **proc**과 **/proc** 두 용어가 혼재되어 사용된다.

다른 운영체제들은 또 다른 형태의 가상 파일 시스템을 이용한다. 예를 들어 MS 윈도우 시스템은 시스템 실행 변수를 조작하기 위해 레지스트리를 사용한다. 솔라리스 OS는 proc 파일 시스템을 사용하고 **ndd**라는 도구를 통해 이를 조작할 수 있다.

이 장에서는 proc 파일 시스템에 대해 알아보고 리눅스에서 어떻게 동작하는지 살펴볼 것이다. 개략적인 내용과 /proc의 주요 항목들을 공부하고 /proc을 사용한 관리 작업의 예를 살펴볼 것이다. 그리고 마지막 부분에서는 SysFS 파일 시스템과 cgroup 가상 파일 시스템에 대해 간단히 설명할 것이다.

/proc 디렉터리의 내부

리눅스 커널은 서버 운영을 위한 가장 중요한 부분이기 때문에 커널과 정보를 교환하는 방법이 있어야 한다. 이는 전통적으로 응용프로그램이 커널에 작업을 요청하기 위한 특수한 함수인 **시스템 콜**을 통해 이루어진다. 하지만 시스템 콜은 개발자에게만 유용한 도구이지 시스템 관리자들에게는 아무런 소용이 없다. 또한 간단한 작업이나 커널의 상태 정보가 필요할 때 시스템 콜을 통해 프로그램을 작성하는 것은 필요 이상의 노력이 투입된다.

따라서 사용자와 커널 간의 통신을 쉽게 할 수 있도록 proc 파일 시스템이 생긴 것이다. 흥미로운 것은 파일 시스템이긴 하지만 실제로 디스크상의 공간을 차지하지 않는다. 단순히 커널 정보를 추상화한 개념이다. 이 디렉터리의 파일들은 그에 해당하는 커널 함수이거나 커널 내의 변수들을 나타낸다.

예를 들어 시스템의 프로세서 정보를 확인하기 위해 /proc 디렉터리 아래의 파일 중 하나를 살펴볼 수 있다. /proc/cpuinfo 파일이 이 정보를 가지고 있다. 이 정보를 보기 위해서는 다음과 같이 입력한다.

```
[root@server ~]# cat /proc/cpuinfo
```

커널은 동적으로 프로세스 정보를 보여주는 보고서를 생성할 것이다. 그리고 단순히 cat 명령을 사용하여 그 내용을 볼 수 있다. 이것은 커널에 질의하고 그 정보를 확인하기 위한 단순하면서도 강력한 방법이다. /proc 디렉터리는 하위 디렉터리를 사용하여 읽기 쉬운 계층 구조를 제공하고 정보를 찾기 쉽다. 또한 /proc 하위의 디렉터리들은 유사한 내용을 가진 파일들을 묶어 잘 구성하였다. 예를 들어 /proc/scsi 디렉터리는 SCSI 시스템에 관한 정보들을 제공한다.

또 다른 장점은 정보가 쌍방으로 흐른다는 것이다. 커널은 보고서를 생성할 수 있고 또한 사용자로부터 정보를 전달 받을 수도 있다. 예로 /proc/sys/net/ipv4 디렉터리에서 ls -1을 실행하면 읽고 쓰기 가능한 많은 파일들이 보일 것이다. 이는 파일에 저장된 값들 중 일부는 수정될 수 있다는 것을 의미한다.

"이봐! /proc 파일들은 거의 0이거나 어떤 건 너무 커! 무슨 권리로?" 너무 걱정하지 마라. /proc에 있는 대다수 파일들이 0바이트인 것은 실제 디스크에 존재하지 않기 때문이다. cat을 사용하여 /proc 파일들을 읽을 때 커널이 파일의 내용을 동적으로 생성한다. 그 결과 보고서는 디스크에 저장되지 않고 어떤 공간도 차지하지 않는다. 웹 사이트에서 사용하는 CGI 스크립트도 비슷한 개념이다. CGI 스크립트가 생성한 웹 페이지는 서버 디스크에 저장하지 않고 사용자가 페이지에 방문할 때마다 다시 생성한다.

▓ /proc의 파일 조작

이전 절에서 언급했던 것처럼 /proc 디렉터리 하위의 일부 파일들은 읽고 쓰기가 가능하다. 그럼
이들 디렉터리 중 하나를 좀 더 깊이 있게 다루어보자. /proc/sys/net/ipv4의 파일들은 동적으로
설정 가능한 TCP/IP 스택의 인자들을 나타낸다. cat 명령을 사용하여 일부 파일을 살펴보면 대
부분 숫자 하나 이외에는 아무런 내용이 없다는 것을 알게 될 것이다. 하지만 이 숫자를 바꾸는
것만으로 리눅스 TCP/IP 스택에 영향을 주게 된다.

예를 들어 /proc/sys/net/ipv4/ip_forward 파일은 기본으로 숫자 0을 가지고 있다. 이 값은 리눅스
가 여러 네트워크 인터페이스를 가지고 있을 때 IP 포워딩을 수행하지 않도록 한다. 하지만 리눅
스 라우터처럼 포워딩 기능이 필요하다면 /proc/sys/net/ipv4/ip_forward 파일을 편집하여 그 값
을 1(On)로 설정하면 된다.

이 값을 변경하는 가장 빠른 방법은 다음과 같이 echo 명령을 사용하는 것이다.

```
[root@server ~]# echo "1" > /proc/sys/net/ipv4/ip_forward
```

> **주의**
> 리눅스 커널의 매개변수를 조작하는 것은 주의를 기울여야 한다. 중요 매개변수의 잘못된 변경으로 시스템이
> 불안정해질 수 있다. 즉 시스템이 작동을 멈출 수도 있다. 해당 변수의 용도를 확인하지 못했다면 정확히 그 용
> 도를 발견하기 전까지 바꾸지 않는 것이 안전할 것이다.

유용한 /proc 항목

표 10-1는 리눅스 시스템을 관리할 때 유용한 일부 /proc 항목들을 나열한 것이다. 이는 전체 목
록의 일부일 뿐이다. 좀 더 자세한 것은 스스로 디렉터리를 읽고 찾아보는 것이 나을 것이다. 아
니면 리눅스 커널 소스 트리의 Documentation 디렉터리에 있는 proc.txt 파일을 읽어볼 수도 있
다.

● 표 10-1. /proc의 유용한 항목

파일명	내용
/proc/cpuinfo	시스템의 CPU 정보
/proc/interrupts	시스템의 IRQ 사용 내용
/proc/ioports	장치 간의 입출력(I/O) 통신을 위해 사용하는 등록된 포트 목록을 표시한다.
/proc/iomem	각 물리적 장치를 위한 시스템 메모리 맵을 표시한다.
/proc/mdstat	RAID 설정에 관한 정보
/proc/meminfo	메모리 사용 현황

/proc/kcore	시스템의 물리적 메모리를 나타낸다. 이 파일은 /proc의 다른 파일들과 달리 파일 크기를 가지고 있다. 파일 크기는 실제 물리적 RAM의 크기와 같다.
/proc/modules	현재 로드된 커널 모듈을 보여준다. lsmod 명령의 결과와 동일한 내용을 보여준다.
/proc/buddyinfo	메모리 단편화를 진단하는 데 사용하는 정보
/proc/cmdline	커널에 전달된 커널 인자를 표시한다. (부팅 인자)
/proc/swaps	스왑 파티션/볼륨, 스왑 파일 등의 상태 정보
/proc/version	커널의 버전 정보, 컴파일된 날짜와 시간, 하드웨어명
/proc/scsi/*	SCSI 장치에 대한 정보
/proc/net/arp	ARP(Address Resolution Protocol) 테이블 (arp -a의 결과와 동일)
/proc/net/dev	각 네트워크 장치에 관한 정보(패킷 수, 오류 횟수 등)
/proc/net/snmp	프로토콜별 SNMP(Simple Network Management Protocol) 통계 정보
/proc/net/sockstat	네트워크 소켓 사용률 통계
/proc/sys/fs/*	파일 시스템 사용에 관한 설정들. 이 값들은 쓰기 가능하지만 주의 깊게 사용하지 않으면 문제가 발생할 수 있다.
/proc/sys/net/core/ netdev_max_backlog	커널이 자신의 처리 능력보다 더 빠르게 네트워크로부터 패킷을 수신하게 되면 이 패킷들을 우선 특수한 큐에 저장된다. 기본적으로 이 큐의 최댓값은 300개의 패킷이다. 필요하다면 이 파일을 편집하여 큐의 최댓값을 변경할 수 있다.
/proc/sys/net/ipv4/ icmp_echo_ignore_all	기본값 0은 커널이 ICMP echo 메시지에 대해 응답하는 것이다. 이 값이 1인 경우에는 커널은 더 이상 이 메시지에 응답하지 않는다.
/proc/sys/net/ipv4/icmp_ echo_ignore_broadcasts	기본값 0은 커널이 ICMP 응답을 브로드캐스트나 멀티캐스트 주소로 전송하는 것을 허용한다.
/proc/sys/net/ipv4/ip_ forward	기본값 0은 커널이 네트워크 인터페이스들 간에 패킷을 포워딩하지 않을 것이라는 것을 의미한다. 라우팅처럼 포워딩이 필요하다면 값을 1로 변경하면 된다.
/proc/sys/net/ipv4/ip_local_ port_range	리눅스가 연결 생성을 요청할 때 사용하는 포트 범위다. 기본값은 32768부터 61000까지다.
/proc/sys/net/ipv4/tcp_ syncookies	기본값은 0(Off)이다. 이 값을 1(On)로 변경하면 SYN Flood 공격을 차단하게 된다.

여기서 언급되지 않은 것들은 cat 프로그램을 사용하여 /proc 디렉터리에 있는 파일들을 살펴보면 된다.

■ /proc 항목들 살펴보기

/proc 디렉터리의 목록을 보면 단지 숫자로만 이루어진 디렉터리들을 많이 발견할 수 있을 것이다. 이 숫자들은 현재 시스템에서 수행 중인 프로세스들의 PID다. 각 PID 디렉터리들은 해당 프로세스의 상태를 나타내는 여러 파일들로 이루어져 있다. 이 정보는 시스템이 프로세스를 어떻게 인식하고 프로세스가 어떤 자원들을 사용 중인지 확인할 때 유용하다(프로그래머의 관점에

서 보면 프로세스 파일들은 프로그램 자체의 정보를 얻기 쉬운 방법이다).

예를 들어 /proc 디렉터리의 목록을 살펴보면 다음과 같다.

```
[root@server ~]# ls -l /proc
dr-xr-xr-x  6 root       root                  0 2047-12-27 08:54 1
dr-xr-xr-x  6 root       root                  0 2047-12-27 08:54 1021
dr-xr-xr-x  6 root       root                  0 2047-12-27 08:54 1048
....<이하 생략>....
```

이름이 1인 디렉터리를 좀 더 자세히 살펴보면, PID가 1인 init 프로세스에 관한 정보를 나타내고 있다는 것을 깨닫게 될 것이다.

/proc/1/ 디렉터리의 목록을 살펴보면 다음과 같다.

```
[root@server ~]# ls -l /proc/1
dr-xr-xr-x 2 root root   0 2047-12-27 08:57 attr
-r-------- 1 root root   0 2047-12-27 08:57 auxv
-r--r--r-- 1 root root   0 2047-12-27 08:57 cmdline
....<이하 생략>.....
lrwxrwxrwx 1 root root   0 2047-12-27 08:57 exe -> /sbin/init
```

이 결과에서 볼 수 있는 것처럼 /proc/1/exe 파일은 실제 init 프로그램의 실행 파일(/sbin/init)에 대한 소프트 링크다. systemd 서비스를 사용하는 배포판에서는 이 링크가 /bin/systemd로 되어 있을 것이다(8장 참조).

그 외 /proc 아래에 있는 디렉터리들도 마찬가지로 디렉터리 이름에 해당하는 프로세스를 나타낸다.

proc을 사용한 보고서 작성 및 설정

앞에서 언급했듯이 proc 파일 시스템은 가상 파일 시스템이기 때문에 재부팅 후에는 변경된 내용이 유지되지 않는다. 만약 부팅할 때마다 /proc 설정을 바꾸고 싶다면 부팅 스크립트를 수정하거나 sysctl 프로그램을 사용해야 한다. 예를 들어 첫 번째 방법으로 시스템이 부팅할 때마다 IP 패킷 포워딩 기능을 활성화해보자. 페도라나 다른 레드햇 계열 배포판에서는 /etc/rc.d/rc.local 파일 끝에 다음과 같은 내용을 추가하면 된다.

```
echo "1" > /proc/sys/net/ipv4/ip_forward
```

팁 우분투나 데비안 계열 배포판에서는 /etc/rc.d/rc.local 파일 대신 /etc/rc.local 파일을 수정하면 된다.

대부분의 리눅스 배포판은 proc 파일 시스템을 영구적으로 변경하는 편리한 방법을 제공한다. 이 절에서는 proc 파일 시스템에 저장된 변수를 실시간으로 변경 가능한 도구를 살펴볼 것이다.

sysctl 유틸리티는 실시간으로 커널 매개변수를 수정하고 보여준다. 특히 /proc/sys/ 디렉터리에 저장된 매개변수들을 튜닝하는 데 사용한다. 다음은 sysctl의 사용법을 나타낸 것이다.

```
sysctl [options]    variable[=value]
```

사용 가능한 옵션은 다음과 같다.

옵션	설명
variable [=value]	키값을 표시하거나 설정한다. variable은 키이고 value는 키에 설정할 값이다. 예를 들어 kernel.hostname이라는 키는 server.example.com이라는 값을 가질 수 있다.
-n	값을 출력할 때 키 이름을 출력하지 않는다.
-e	알 수 없는 키로 인한 오류는 무시한다.
-w	sysctl 설정을 변경할 때 사용한다.
-p < filename >	sysctl 설정을 지정된 파일에서 불러온다. 파일명을 지정하지 않으면 /etc/sysctl.conf 파일에서 설정을 불러온다.
-a	현재 사용 가능한 모든 값을 출력한다.

이제 sysctl 프로그램의 사용법을 이해하기 위해 실제 예를 들어볼 것이다. 여기에 나온 예제 대부분은 리눅스 배포판에 상관없이 수행할 수 있으며 차이점은 일부 옵션은 이미 활성화되어 있거나 비활성화되어 있다는 것이다. 이 예제들은 일상적인 관리 작업을 proc을 통해 처리할 수 있는 몇 가지 예다. proc을 통해 옵션을 튜닝하거나 출력하는 것은 네트워크와 관련된 작업을 할 때 특히 도움이 된다. 또한 이 예제를 통해 proc 설정에 관한 배경지식을 얻게 된다.

■ SYN Flood 공격 방어

TCP는 최초 연결 과정에서 제일 먼저 연결의 시작을 알리는 플래그를 패킷에 실어 목적지에 보낸다. 이 플래그가 **SYN 플래그**다. 목적지 호스트는 SYNACK라는 패킷을 보내 응답하게 된다. 그리고 나서 목적지 호스트는 출발지로부터 응답을 기다린다. 응답 패킷이 오면 연결 과정이 끝난다. 이 세 개의 패킷이 전송되고 나면 서로 데이터를 주고 받을 수 있게 된다. 이 과정을 3방향 핸드쉐이크(three-way handshake)라고 한다.

하나의 호스트가 동시에 여러 호스트와 연결이 가능하기 때문에 목적지 호스트는 들어오는 모든 SYN 패킷을 유지한다. 3방향 핸드쉐이크가 완료될 때까지 SYN 항목은 테이블에 저장된다. 핸드쉐이크가 완료된 후 그 연결은 SYN 트래킹 테이블에 남아있다가 연결 설정이 완료되면 다른 테이블로 이동하게 된다.

SYN Flood 공격은 출발지 호스트에서 SYNACK를 받을 목적이 아닌 악의적인 목적으로 엄청난 수의 SYN 패킷을 목적지 호스트로 보내는 것을 말한다. 그 결과 목적지 호스트의 테이블에 오버플로우가 발생하고 시스템이 불안정해진다.

리눅스는 SYN Flood 공격을 막기 위해 **syncookie**라는 기능을 사용한다. 이 기능은 SYN 패킷이 도착하는 주기를 기록한다. 그 주기가 임계치를 넘어서면 syncookie가 정상적인 주기의 연결 상태가 되기 전까지 SYN 항목을 SYN 테이블에서 제거한다.

또한 테이블 자체에서도 이차적인 방어 기능을 한다. 오버플로우를 발생시킬 수 있는 SYN 요청이 테이블에 도착하면 그 패킷을 무시한다. 이는 일시적으로 서버에 연결이 안 되는 문제가 발생할 수도 있지만 이 때문에 서버에 장애가 생기는 것보다는 나을 것이다.

그럼 먼저 sysctl 도구를 사용하여 tcp_syncookie값을 출력해보자.

```
[root@server ~]# sysctl net.ipv4.tcp_syncookies
net.ipv4.tcp_syncookies = 0
```

출력 결과를 통해 이 변수가 비활성화(0)된 것을 알 수 있다. tcp_syncookie 기능을 활성화하려면 다음과 같이 입력한다.

```
[root@server ~]# sysctl -w net.ipv4.tcp_syncookies=1
net.ipv4.tcp_syncookies = 1
```

/proc 항목은 시스템 재부팅 후에 초기화되기 때문에 /etc/sysctl.conf 설정 파일에 다음 내용을 추가해야 한다. echo 명령을 사용하여 다음과 같이 입력한다.

```
echo "net.ipv4.tcp_syncookies = 1"  >>  /etc/sysctl.conf
```

> **참고**
> 물론 이 항목이 이미 /etc/sysctl.conf 파일에 포함되어 있는지 확인해야 한다. 만약 이미 포함되어 있다면 단순히 파일을 열어 값을 수정하면 된다.

▒ 대형 서버에서의 문제

리눅스도 다른 운영체제와 마찬가지로 자원은 한정되어 있다. 시스템 자원이 부족하면 새로운 서비스 요청을 거부할 것이다. /proc/sys/fs/file-max 항목은 리눅스가 한 번에 열 수 있는 파일의 최대 개수를 나타낸다. 페도라 시스템의 기본값은 41962다. 하지만 네트워크 연결이 많은 시스템에서는 금방 고갈될 수 있다. 따라서 88559와 같이 보다 큰 수로 올려 놓는 것이 좋다. 다음과 같이 sysctl 명령을 사용해서 값을 변경하자.

```
[root@server ~]# sysctl -w fs.file-max=88559
fs.file-max = 88559
```

이 설정을 유지하려면 /etc/sysctl.conf 파일에 추가하도록 하자.

■ 하드웨어 충돌 디버깅

하드웨어 충돌 문제를 디버깅하는 것은 언제나 귀찮은 일이다. 하지만 다음 /proc 항목을 사용하면 부담을 조금이나마 줄일 수 있다. 다음 두 항목을 통해 하드웨어가 어떻게 동작하고 있는지 확인할 수 있다.

- **/proc/ioports:** 장치의 입출력 포트와 충돌 여부를 알려준다. PCI 장비가 널리 사용되면서 이 정보는 유명무실해졌다. 그럼에도 불구하고 ISA 슬롯을 장착한 메인보드가 팔리는 한 이 정보는 유효할 것이다.

- **/proc/interrupts:** 하드웨어 장치에 할당된 인터럽트 번호를 보여준다. 이 역시 /proc/ioports와 마찬가지로 PCI 장치가 쓰이면서 유명무실해졌다.

SysFS

SysFS(system file system의 약자)는 proc 파일 시스템과 유사하다. 둘 사이의 가장 유사한 점은 가상 파일 시스템이라는 것과 커널에서 사용자 영역으로 정보(자료 구조체)를 내보내는 방법을 가지고 있다는 것이다. SysFS는 일반적으로 /sys에 마운트된다. SysFS 파일 시스템은 장치, 모듈, 시스템 버스, 펌웨어 등 커널 오브젝트에 관한 정보를 획득하는 데 사용한다. 이 파일 시스템은 커널 관점의 장치 트리 목록을 제공한다. 이 목록은 검출된 하드웨어의 장치명, 제조사명, PCI 클래스, IRQ, DMA 자원 등 다양한 속성을 표시한다. 리눅스 커널 2.4 대의 proc 파일 시스템에서만 사용 가능하던 일부 정보가 이제는 SysFS에서도 제공한다. 또한 SysFS는 계층적 방식으로 유용한 많은 정보들을 제공한다.

실제로 최근 리눅스 배포판들은 장치 관리를 위해 udev를 사용한다. udev는 devfs를 통해 /dev 디렉터리 아래의 디바이스 노드들을 관리한다. udev 시스템은 핫플러그된 장치에 일관된 장치명을 사용한다. udev는 /sys 디렉터리를 모니터링함으로써 이러한 기능을 수행한다. udev는 /sys 디렉터리로부터 얻은 정보를 사용하여 동적으로 디바이스 노드를 생성하고 삭제한다.

SysFS는 /dev 디렉터리와는 현저하게 대조적으로 장치 공간을 일관된 형태로 제공한다. 솔라리스에 친숙한 관리자들은 이 명명법에 금방 익숙해질 것이다. 하지만 솔라리스와 리눅스의 주요 차이점은 SysFS는 디바이스 드라이버를 통해 장치에 접근할 수 없다는 것이다. 디바이스 드라이버를 통해 장치에 접근하려면 /dev 내의 항목을 사용해야 한다.

sysfs 디렉터리의 목록을 살펴보면 다음과 같을 것이다.

```
[root@server ~]# ls /sys/
block bus class dev devices firmware fs hypervisor kernel\module power
```

/sys 디렉터리의 자세한 내용은 다음 표를 참조하길 바란다.

SysFS 디렉터리	설명
block	시스템에 장식된 블록 장치(sda, sr0, fd0 등)의 목록을 가지고 있다. 블록 장치의 크기, 파티션 등과 같은 다양한 속성 목록을 가지고 있다.
bus	커널에 등록된 물리적 버스에 관한 디렉터리를 가지고 있다.
class	오디오, 프린터, 네트워크 장치 등과 같이 종류를 나타낸다. 각 디바이스 클래스는 장치의 기능에 따라 분류된다.
devices	시스템에 존재하는 모든 물리적 장치의 목록을 가지고 있다.
firmware	조작 가능한 펌웨어의 인터페이스 목록을 가지고 있다.
module	로딩 가능한 모든 모듈 목록을 가지고 있다.
power	전원 관리에 관한 파일들을 가지고 있다.

/sys/devices 디렉터리를 좀 더 자세히 살펴보자.

```
[root@server ~]# ls /sys/devices/
breakpoint i2c-0 i2c-2 LNXSYSTM:00 platform software tracepointcpu i2c-1
pci0000:00 pnp0 system virtual
```

PCI 버스에 연결된 장치 하나를 예제로 살펴보자.

```
[root@server ~]# ls -1 /sys/devices/pci0000:00/0000:00:00.0/
class
config
device
driver
enable
irq
local_cpus
….<이하 생략>….
resource
resource0
vendor
```

이 예제에서 devices 디렉터리의 하위 디렉터리는 PCI 도메인과 버스 번호를 나타낸다. pci0000:00은 PCI 버스를 나타내는데 여기서 "0000"은 도메인 번호를, "00"은 버스 번호를 가리킨다. 그 외 다른 파일들의 기능은 다음과 같다.

파일	기능
class	PCI 클래스
config	PCI 설정 공간
detach_state	연결 상태
device	PCI 장치
irq	IRQ 번호
local_cpus	인접한 CPU 마스크
resource	PCI 자원 호스트 주소
resource0 (resource0 ···n)	PCI 자원 0
vendor	PCI 제조사 ID (/usr/share/hwdata/pci.ids 파일에 존재하는 제조사 ID)

cgroupfs

제어 그룹(Control groups, cgroups)은 리눅스에서 시스템 자원을 관리하는 기능을 제공한다. 메모리 할당, 프로세스 스케줄링, 블록 장치의 디스크 입출력, 네트워크 출력 등의 자원을 cgroups을 통해 할당하고 제어할 수 있다. 자원 컨트롤러(하위 시스템 또는 모듈로 알려진)를 통해 자원을 관리한다.

시스템 태스크와 프로세스를 제어하기 위해 사용하는 일반적인 cgroup 하위 시스템은 다음과 같다.

- blkio (블록 입출력 컨트롤러)

- cpuacct (CPU 어카운팅 컨트롤러)

- cpuset (CPU와 메모리 노드 컨트롤러)

- freezer (태스크의 일시중지, 재시작 등을 관리)

- memory (메모리 컨트롤러)

- net_cls (네트워크 트래픽 컨트롤러)

- devices (디바이스 파일의 생성 또는 사용하는 권한을 제어)

시스템에서 제공하는 하위 시스템은 다음과 같다.

```
[root@server ~]# cat /proc/cgroups
#subsys_name  hierarchy   num_cgroups      enabled
cpuset        2           1                1
```

cpu	3	32	1
cpuacct	4	1	1
memory	5	1	1
devices	6	1	1
freezer	7	1	1
net_cls	8	1	1
blkio	9	1	1

> **팁** libcgroup 패키지는 제어 그룹을 관리하고 조작할 수 있는 다양한 도구와 라이브러리를 제공한다. 페도라,
> CentOS, RHEL과 같이 RPM 기반의 배포판에서는 다음과 같이 libcgroup 패키지를 설치할 수 있다.
>
> ```
> yum -y install libcgroup
> ```

cgroups은 cgroup 가상 파일 시스템(cgroupfs)를 이용한다. cgroupfs는 리눅스 가상 파일 시스템
(VFS) 추상화를 사용한다. cgroupfs는 시스템에 실행 중인 태스크와 프로세스를 관리, 그룹화하
고 분배하기 위한 정렬된 형태의 계층 구조를 제공한다. 하위 시스템들은 cgroupfs 하위에 마운
트된 디렉터리에 연결되고 제어 그룹에 속한 프로세스와 태스크에 의해 관리된다. 반면 시스템
관리자들은 자원 제약을 태스크나 태스크 그룹에 할당하는 데 cgroupfs를 사용할 수 있다.

만약 페도라 배포판에 libcgroup-tools 패키지가 설치되어 있다면 lssubsys 유틸리티를 사용하여
마운트 포인트뿐만 아니라 하위 시스템의 cgroup VFS 계층 구조를 볼 수 있다.

다음과 같이 lssubsys를 사용해보자.

```
[root@server ~]# lssubsys -am
cpuset /sys/fs/cgroup/cpuset
cpu /sys/fs/cgroup/cpu
cpuacct /sys/fs/cgroup/cpuacct
memory /sys/fs/cgroup/memory
devices /sys/fs/cgroup/devices
freezer /sys/fs/cgroup/freezer
net_cls /sys/fs/cgroup/net_cls
blkio /sys/fs/cgroup/blkio
```

예제 페도라 서버에서 cgroupfs 계층 구조의 마운트 포인트는 /etc/cgconfig.conf 설정 파일에 의
해 결정된다. 이 설정 파일의 내용은 다음과 같다.

```
mount   {
        cpuset  = /sys/fs/cgroup/cpuset;
        cpu     = /sys/fs/cgroup/cpu;
        cpuacct = /sys/fs/cgroup/cpuacct;
        memory  = /sys/fs/cgroup/memory;
```

```
        devices = /sys/fs/cgroup/devices;
        freezer = /sys/fs/cgroup/freezer;
        net_cls = /sys/fs/cgroup/net_cls;
    }
```

실질적으로 cgroups은 제한된 크기의 메모리를 사용하는 사용자/시스템 응용프로그램에서 메모리 부족 현상이 발생했을 때 이를 강제 종료하는 데 사용한다.

8장에서 논의했던 systemd 서비스 관리자는 시스템 서비스와 데몬들을 구동하고 정지하는 관리작업뿐만 아니라 시스템 부팅 속도를 올리는 데에도 cgroups을 광범위하게 사용한다.

요약

이 장에서는 proc 파일 시스템의 개념과 그것을 통해 어떻게 커널 내부를 확인하고 설정하는지 알아보았다. echo와 cat을 사용하여 이러한 작업을 손쉽게 할 수 있었지만 디스크에 존재하지 않는 가상 파일 시스템이라는 개념은 완전히 이해하기에 조금 어려웠을 것이다.

우리는 시스템 관리자의 관점에서 proc 파일 시스템을 통해 네트워크 시스템과 같은 하위 시스템의 정보를 얻어오는 방법을 배웠다. 또한 커널 매개변수를 설정하는 방법도 배웠다. 마지막으로 SysFS 가상 파일 시스템과 cgroup 파일 시스템을 간단히 살펴보았다.

3부. 네트워크와 보안

CHAPTER 11

시스템 관리자를 위한
TCP/IP

유닉스가 시작된 이후로 가장 핵심적인 기능이라고 하면 바로 네트워크 지원일 것이다. 네트워크에 연결되지 않은 유닉스 시스템은 마치 활주로가 없는 스포츠 자동차에 불과하다. 리눅스 역시 이러한 특징을 그대로 물려 받아 이어가고 있다.

그렇기 때문에 이러한 상황에서 시스템 관리자가 되려고 한다면 네트워크와 그리고 시스템 네트워크상에서 통신을 지원하는 프로토콜에 대해 심도 있게 이해하고 있어야 한다. 현재 자신이 운영 중인 서버가 정보를 주고 받고 있다면 혹은 그렇지 못하고 있다면 결과적으로 네트워크를 알아야 할 일종의 의무가 있는 것이다.

이번 장에서는 TCP/IP로 잘 알려진 네트워크 전송 프로토콜에 대한 주요 내용을 다룰 것이다. 두 파트로 나눠서 살펴보게 되며 첫 번째는 패킷, 이더넷, TCP/IP, 그리고 몇 가지 프로토콜과 관련이 있는 내용들이 대상이다. 다소 지루할 수 있는 부분이지만 조금만 참으면 두 번째 파트에 가서 실전 연습을 통해 흔히 발생하는 문제들에 대하여 새롭게 알게 된 TCP/IP 지식을 활용하여 어떻게 해결할 수 있을지 알아볼 것이다. 잘 따라가다 보면 후반부에서 tcpdump라는 없어서는 안될 아주 훌륭한 도구 또한 실습에 사용하게 될 것이다.

11장의 목적은 TCP/IP를 집중적으로 다룬 참고서들을 대체하고자 하는 것이 아니다. 다만 시스템 관리에 대해서 배우려고 하는 이들의 관점에서 TCP/IP를 소개하려는 것이다. 만약 이를 더 자세하게 알고 싶다면 리차드 스티븐슨이 집필한 『TCP/IP Illustrated, Vol 1』(Addision-Wesley, 1994)을 추천한다.

네트워크 계층

TCP/IP는 계층 구조로 되어 있기 때문에 TCP/IP **스택**(stack)이라고도 한다. 우리는 이제 TCP/IP를 이루고 있는 계층 구조에 대해서, 그리고 계층 간의 어떠한 관련이 있는지를 알아볼 것이다. 더불어 결과적으로 왜 TCP/IP 계층 구조가 ISO의 OSI 7 계층과 정확히 일치하지 않는지에 대해서도 공부할 것이다. OSI 계층들을 하나하나 보면서 자신의 네트워크와 어떠한 관련이 있는지도 알아보도록 하자.

▨ 패킷

계층 구조 저변에서 네트워크가 다루는 가장 작은 단위의 데이터를 **패킷**이라고 한다. 패킷은 시스템 간에 전송하려는 데이터뿐만 아니라 네트워크 장치로 하여금 패킷의 전송 위치를 결정할 수 있도록 도와주는 제어 정보도 갖고 있다.

> **참고**
>
> 네트워크에 대해서 말할 때 "패킷"과 "프레임"이라는 용어를 종종 섞어 사용한다. 사람들이 프레임을 말할 때 대부분 패킷을 의미한다. 그 둘의 차이가 크지 않다. 프레임은 패킷이 들어갈 네트워크상의 한 공간이라고 볼 수 있다. 하드웨어로 말하자면 네트워크상의 프레임은 프리앰블(preamble)과 포스트앰블(post-amble)에 의해 구분되는데 이들은 패킷의 시작과 끝이 어디인지를 알려준다. 그리고 패킷은 프레임에 존재하는 데이터인 것이다.

이더넷 네트워크상에서 돌아다니는 일반적인 TCP/IP 패킷은 그림 11-1과 같은 구조를 가지고 있다.

● **그림 11-1**. 이더넷 네크워크의 TCP/IP 패킷

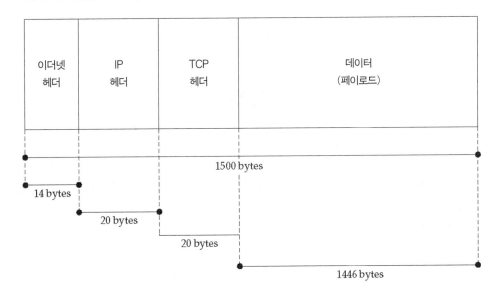

그림 11-1에서 볼 수 있듯이 패킷은 프로토콜에 의해 계층 구조화되어 있고 가장 마지막 계층이 패킷의 첫 번째에 위치한다. 각 프로토콜은 **헤더**(header)를 사용하는데 이는 호스트 간에 데이터를 이동할 때 필요한 정보를 저장하기 위한 것이다. 패킷 헤더의 크기는 보통 작다. TCP, IP, 이더넷 각각 자신만의 가장 단순하고 흔한 형태로 조합된 54바이트 크기의 공간을 패킷으로부터 차지한다. 그렇게 되면 패킷에 남는 공간은 1446바이트가 된다.

그림 11-2를 보면 패킷이 프로토콜 스택을 통행할 수 있는지를 보여주고 있다. 그 과정을 조금 더 자세하게 들여다보자.

● **그림 11-2**. 리눅스 네트워킹에서 패킷의 흐름

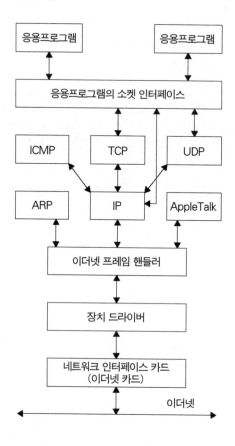

하나의 호스트 네트워크 카드가 패킷을 수신하면 첫 번째 패킷을 받기로 되어 있었는지를 확인한다. 이것은 패킷 헤더에 저장되어 있는 목적지 주소를 확인하면 금방 알 수 있다(이 장 후반부의 "헤더"에서 다시 자세히 설명할 것이다).

만약 네트워크 카드가 패킷을 수신하기로 했었다면 자신의 로컬 메모리에 해당 패킷의 사본을 저장해두고 운영체제에 인터럽트를 보낸다.

운영체제는 이 신호를 받고 나서 네트워크 인터페이스 카드(NIC)의 장치 드라이버로 하여금 새로운 패킷을 처리하도록 요청한다. 이 장치 드라이버는 NIC 메모리에서 해당 패킷을 복사하여 시스템 메모리에 저장한다. 복사가 되면 그것을 검사하여 어떤 프로토콜을 사용하는지를 판별하게 된다. 프로토콜 타입에 따라서 장치 드라이버는 해당 프로토콜 핸들러에게 이 패킷을 처리하라고 알린다. 또한 그것을 프로토콜 소프트웨어(스택)가 찾기 쉬운 위치에 두고 인터럽트 처리를 진행하게 된다.

스택은 패킷이 수신된다고 해서 바로 처리하지는 않는다. 그 이유는 운영체제가 스택이 패킷을 처리하기 전에 마쳐야 할 중요한 작업을 하고 있을지도 모르기 때문이다. 장치 드라이버는 NIC로부터 많은 양의 패킷을 받을 수도 있기 때문에 큐(queue)라는 것을 지원한다. 큐는 패킷이 수신된 순서를 관리하고 저장되어 있는 메모리상의 위치를 기록해둔다. 스택은 패킷을 처리할 준비가 되면 순서에 맞게 큐로부터 패킷을 전달 받는다.

각 네트워크 계층에서 패킷을 처리하면서 각각의 헤더를 제거한다. TCP/IP 패킷이 이더넷을 지나면 드라이버는 이 패킷이 가진 이더넷 헤더를 벗겨 버린다. IP는 IP 헤더를 없앨 것이고 TCP 역시 자신의 헤더 정보를 삭제할 것이다. 결국 응용프로그램에 꼭 전달해야 하는 데이터만 남게 된다.

■ TCP/IP 모델과 OSI 모델

TCP/IP 모델은 TCP/IP 프로토콜을 구성하는 요소들을 설명하기 쉽도록 도와주는 구조적 모델이다. 다른 이름으로도 알려져 있는데 인터넷 참조 모델, DoD ARPANET 참조 모델이라고도 한다. 초기 TCP/IP(RFC 1122) 모델은 대략적으로 4개의 계층으로 구분한다. 바로 **링크 계층**,

인터넷 계층, 전송 계층, 응용 계층이다.

ISO의 OSI(Open Systems Interconnection) 모델 역시 유명한 참조 모델로서 네트워킹에서의 다양한 추상화 계층을 보여준다. 이 OSI 모델은 7개의 계층을 가지는데 **물리 계층, 데이터 링크 계층, 네트워크 계층, 전송 계층, 세션 계층, 표현 계층, 응용 계층**이다.

TCP/IP 모델은 OSI 모델 이전에 나온 것인데 안타깝게도 최신 OSI 모델과 예전 TCP/IP 4계층과는 일대일 매핑을 할 수가 없다. 그렇다고 개념을 이해하기 위한 쉬운 모델이 있어야 할 필요도 없다. 왜냐하면 이미 소프트웨어 및 하드웨어 네트워크 벤더들마다 TCP/IP 모델과 OSI 모델의 각 계층 간의 매핑 작업을 하여 이해도를 높여 주었다. 그림 11-3에서 매핑 결과를 볼 수 있다.

곧바로 OSI 모델의 계층에 대해서 더 자세하게 알아볼 것이다.

● **그림 11-3**. OSI 참조 모델과 TCP/IP 모델

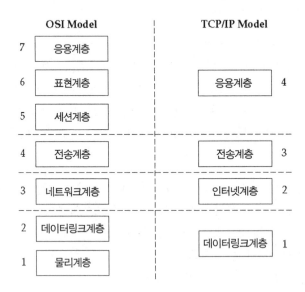

계층 1 (와이어)

물리적 계층이다. 실제 데이터가 통행하는 실물의 매체를 말하는 것이다. 네트워크 인프라스트럭처에서는 한 묶음의 CAT 5 이더넷 케이블들과 신호법(signaling)을 규정한 프로토콜을 물리적 계층이라고 본다.

계층 2 (이더넷)

두 번째 계층은 데이터 링크(Data Link)다. 이 계층에서는 이더넷 프로토콜을 보여준다. OSI 2 계층과 이더넷과의 차이점은 이더넷은 오직 프레임을 전송하는 것 그리고 프레임에 대한 체크

섬을 제공해주는 일에만 전념한다는 것이다. 체크섬이 필요한 이유는 데이터가 전송될 당시 그대로 수신자에게 잘 도착했는지를 증명하기 위해서다. 순환중복검사(Cyclic Redundancy Check, CRC)라는 것을 이용하여 패킷의 내용을 계산하고 발신자가 제공하는 **체크섬**과 비교함으로써 증명된다. 만약 수신자가 손상된 프레임을 받게 되면(즉 체크섬이 일치하지 않는 경우다) 해당 패킷은 2계층에 떨어지게 된다. 리눅스의 관점에서 생각하면 NIC가 판단하기를 패킷이 손실됐다고 하면 수신하지 말아야 한다.

OSI 모델은 공식적으로 2계층에서 반드시 자동으로 손상된 패킷을 재전송하도록 명시하고 있지만 이더넷은 그렇지 않다. 대신 보다 상위 레벨의 프로토콜을 따라서(TCP가 이에 해당한다) 재전송을 제어한다.

이더넷의 기본적인 역할은 간단하다. 로컬 네트워크(Local Area Network, LAN)상에 존재하는 하나의 호스트에서 패킷을 가져다가 LAN의 또 다른 호스트에 전달해주는 것이다. 이더넷에는 광역 네트워크에 대한 개념이 없다. 그 이유는 패킷 타이밍(timing)의 한계와 단일 네트워크 세그먼트에 존재할 수 있는 호스트 수의 제한 때문이라고 할 수 있다. 시스템을 관리하다 보면 광대역 문제 또는 기타 간단한 관리 문제로 인해 세그먼트에 존재할 수 있는 200개 가량쯤의 호스트를 찾기 위해 애를 먹게 되는 경우가 있을 것이다. 따라서 장치마다 소규모의 그룹들을 운용하는 것이 훨씬 쉬울 것이다.

> **참고**
>
> 이더넷은 메트로 네트워크(Metro Area Network, MAN)와 광역 네트워크(Wide Area Network)에서 연결(connectivity)을 위한 프레임 프로토콜로써 광범위하게 사용되고 있다. 비록 두 끝 지점 간의 거리가 멀긴 하지만 이 네트워크는 스위치나 허브에서 볼 수 있는 표준 브로드캐스트 형태를 가진 이더넷이 아니라고 할 수 없다. 네트워크 업체들은 라우터가 네트워크 간에 패킷을 절단하지 않아도 되게끔 이더넷과 같은 계층 2의 프레임 정보를 관리했다. 시스템 관리자의 입장에서 네트워크 제공업체가 WAN/MAN에서 이더넷을 사용한다고 이야기하더라도 신경 쓰지 않아도 된다. 그들은 거리를 유지하기 위해 수백 개의 스위치들을 연결해보지 않았을 뿐이다.

계층 3 (IP)

3계층은 네트워크 계층을 말한다. 즉 인터넷 프로토콜(IP)가 존재하는 곳이다. IP는 이더넷에 비해 조금 더 똑똑하게 네트워크를 다룬다. IP는 LAN의 호스트들뿐만 아니라 자신과 직접 연결되지 않은(예를 들면, 다른 서브넷이나 인터넷에 있는 호스트라든지 아니면 라우터를 통해 연결된 호스트 등을 말한다) 호스트들과 통신하는 방법을 아주 잘 안다. 그렇기 때문에 IP 패킷은 경로가 도착지가 되는 호스트상에 있기만 하면 스스로 어떤 다른 호스트라도 전송될 수 있는 길을 만들어낼 수 있다.

IP는 호스트 간에 패킷을 어떻게 보내는지에 대해서만 알고 있고 호스트에 도착한 패킷이 어떤 응용프로그램에 전달될지에 대한 정보는 IP 헤더에 저장하지 않는다. IP가 간단한 전송 프로토콜만을 제공하고 기타 다른 기능들을 지원하는 않는 이유는 바로 다른 프로토콜들이 잠깐의 휴식을 취하게 해주자는 의도 때문이다. IP를 사용하는 프로토콜들 모두가 안정적인 연결과 보장된 패킷 순서들이 필요하지 않다. 따라서 필요한 경우에만 부가의 기능을 제공해주는 상위 레벨의 프로토콜의 책임인 것이다.

계층 4 (TCP, UDP)

이번 계층은 전송 계층이라고 한다. TCP 및 사용자 데이터그램 프로토콜(User Datagram Protocol, UDP)이 이 계층에 해당한다. TCP는 사실 OSI 계층에 상당히 잘 들어맞는 계층인데 세션별로 안정적인 전송을 제공해주기 때문이다. **세션**이란 클라이언트 프로그램과 서버 프로그램 사이의 단일 연결을 말한다. 예를 들어 SSH(Secure Shell)를 사용해서 서버에 연결하면 하나의 세션이 형성되는 것이다. 동일한 클라이언트에서 동일한 서버까지 SSH를 실행하게 되면 여러 개의 윈도우를 가질 수 있고 각 SSH 인스턴스는 자신만의 고유 세션을 갖는다.

세션에 이어서 TCP는 패킷의 순서 및 재전송을 관리한다. 만일 일련의 패킷이 사방에서 도착하게 되면 스택은 이들을 응용프로그램에 보내주기 전에 뒤 순서대로 정렬한다. 또한 패킷에 문제가 있거나 패킷이 도중에 사라지게 되는 경우 TCP는 자동으로 발신자에게 재발송하라고 요청한다. 따라서 TCP 연결은 **양방형**의 연결이라고 할 수 있다. 이것이 의미하는 것은 클라이언트와 서버 모두 동일한 연결상에서 데이터를 주고 받을 수 있다는 얘기다.

이와는 반대로 UDP는 OSI와 매끄러운 매치가 되지 않는다. UDP는 세션의 개념을 알고 이 역시 양방향 연결을 지향하지만 안정성을 제공해주지는 못한다. 다시 말하면 UDP는 TCP처럼 패킷의 손실이나 중복 패킷을 전혀 감지하지 못한다.

계층 5~7 (HTTP, SSL, XML)

이론적으로는 OSI 모델의 5 ~ 7계층은 각각의 목적을 갖는다. 하지만 TCP/IP 모델 방식에선 이들은 모두 응용 계층에 해당한다. 또한 TCP나 UDP를 사용하는 모든 응용프로그램들도 이 계층에 포함된다. 하지만 일반적으로 HTTP 통신을 7계층이라고 정의하고 있다.

▼ UDP를 사용하는 이유

UDP가 가진 한계는 강점이 되기도 한다. UDP는 다음과 같은 두 가지 트래픽에 대해서는 좋은 대안이 될 수 있다. 하나는 DNS처럼 하나의 패킷으로 처리할 수 있는 요청/응답 트랙잭션이고, 또 다른하나는 음성과 비디오 스트리밍처럼 데이터의 유실을 처리하지 않고 바로 처리해야 하는 데이터 스트림이다. 첫 번째 트래픽을 다룰 땐 UPD가 더 나은 이유는 짧은 요청/응답을 처리하는 것은 TCP가 안정성을 보장하기 위해 필요한 오버헤드와 같은 것이 있을 필요가 없기 때문이다. 응용프로그램은 보통 패킷이 손실될 경우에 재전송을 받을 수 있는 별도의 로직을 가지고 있고 또 그렇게 하는 것이 더 나은 방법이다.

스트리밍 데이터의 경우 개발자는 실제로 TCP의 안정성을 필요하지 않다. 대신 유실된 패킷에 대해서는 대부분의 패킷은 순서대로 도착한다는 일종의(합리적인) 가정하에 신경 쓰지 않는다. 이렇게 해도 되는 이유는 대부분의 동영상이나 오디오를 보거나 듣는 사용자들이 약간의 문제에 대해서는 그런대로 참고 지나가기 때문이다.

SSL(Secure Sockets Layer : 보안 소켓 계층)은 다소 특이해서 딱 들어맞는 계층은 없다. SSL은 계층 4(TCP)와 계층 7(Application, 주로 HTTP) 사이라고 볼 수 있는데 TCP 스트림의 임의 구간을 암호화할 때 사용된다. 보통 SSL은 하나의 독립적인 계층이라고 하지 않지만 HTTP뿐만 아니라 TCP까지도 임의의 연결에 대한 암호화가 가능하다는 점을 알아두어야 한다. POP(Post Office Protocol)나 IMAP(Internet Message Access Protocol)과 같은 많은 프로토콜들은 암호화를 위해 SSL을 적극 활용한다. 또한 SSL-VPN 기술에서는 SSL이 임의의 터널(tunnel)로도 활용된다.

XML 데이터 또한 애매하다. 아직까지는 XML을 TCP 위에서 직접 실행할 수 있는 프로토콜이 없다. 다만 XML 데이터는 HTTP, DIME(Dual Independent Map Encoding), SMTP와 같은 기존 프로토콜을 활용할 뿐이다. DIME는 XML 데이터를 전송하기 위해 만들어진 것이다. 대부분의 응용프로그램들에 대해서 XML은 HTTP를 사용하며 계층의 관점에서 보면 다음과 같은 구조를 생각해볼 수 있다.

이더넷(Ethernet) → IP → TCP → HTTP → XML

XML은 또 다른 XML 문서를 가져갈 수 있다. 예를 들면 SOAP(Simple Object Access Protocol) 안에 디지털 서명을 포함할 수 있다. XML에 대해서 자세히 알고 싶다면 www.oasis-open.org와 www.w3c.org에서 확인하길 바란다.

참고   최근 들어 계층 8에 대해 들어봤을지도 모르겠다. 사실 이 얘긴 농담조의 말이나 비꼬는 말에 더 가깝다. 계층 8은 정치적이거나 돈과 관련이 있는 계층으로 여겨지기 때문이다. 즉 모든 네트워크 위에는 사람들이 있고 이 사람들은 네트워크와는 다르게 비결정적인 성향을 가지고 있다. 네트워크에 대한 좋은 기술적 감각을 발휘할 있는 그 무엇이 상부의 관리라는 관점에서는 항상 이해하기 좋은 내용들이 아니다. 간단한 예를 살펴보자. 한 회사의 두 명의 부서장이 있는데 이들을 그다지 친하지 않다는 가정을 해보자. 그런데 이들은 특정 네트워크를 공유하고 있다는 것을 알아버렸다. 그럴 때, 이들은 각기 자신들만의 인프라스트럭처(라우터, 스위치 등)를 가지고 별도의 네트워크 환경을 만들어서 동시에 보안 방화벽을 통해서만 서로 통신할 수 있기를 요구할 것이다. 결국은 단순하면서 보기 좋던 (기능 우선적인) 네트워크가 원래 필요했던 모습보다 훨씬 더 복잡해지고 말았다. 이것은 모두 계층 8 때문이다.

인터넷 제어 메시지 프로토콜(Internet Control Message Protocol, ICMP)은 네트워크상의 호스트들이 서로 통신할 수 있도록 특별히 설계된 것이다. 데이터는 사용자가 아닌 오직 운영체제에 의해서만 사용되기 때문에 ICMP은 포트 번호, 신뢰성 있는 통신, 또는 패킷 순서 보장이라는 개념을 지원하지 않았다.

모든 ICMP 패킷은 수신자에게 패킷의 목적에 대해서 말해주는 유형(type)이라는 것을 가지고 있다. 가장 잘 알려진 유형이 "Echo-Request"다. 여러분들이 자주 사용하는 ping 프로그램도 이 유형을 잘 사용한다. 호스트가 ICMP의 "Echo-Request" 메시지를 받으면 ICMP "Echo-Reply" 메시지로 응답한다. 이를 통해 발신자는 어떤 호스트가 살아있는지를 확인할 수 있고, 메시지의 송수신에 걸리는 시간을 알 수 있어 호스트 간의 네트워크 지연 상황 역시 파악할 수 있게 된다.

헤더

이 장 초반에서 우리는 이더넷의 TCP/IP 패킷에는 일련의 **헤더**들이 각 프로토콜별로 존재하고 연이어 실제 데이터들이 따라온다는 것을 배웠다. **패킷 헤더**라고 불리는 이 간단한 정보의 조각들이 바로 패킷을 어떻게 다뤄야 하는지를 프로토콜에 말해주는 것이다.

지금부터는 각 프로토콜들마다 헤더들을 자세히 살펴볼 것인데 이때 우리는 tcpdump라는 도구를 활용해볼 것이다. 대부분의 리눅스 배포판들을 이 도구가 기본 설치되도록 하지만 만약 자신의 시스템에는 없다면 현재 사용하고 있는 배포판의 패키지 관리 모음을 사용해서 간단하게 설치할 수 있다.

참고 tcpdump 명령을 실행하려면 슈퍼유저 권한이 있어야 한다.

▣ 이더넷

이더넷은 꽤 재미있는 역사가 있다. 결과적으로 이더넷 헤더는 두 가지로 분류됐다. 802.3과 Ethernet Ⅱ다. 고맙게도 이 둘은 상당히 비슷하다. 그래도 간단한 테스트로 쉽게 이들의 차이를 금방 할 수 있다. 하지만 그보다 우선 이더넷의 헤더에 대해 알아보자(그림 11-4 참고).

이더넷 헤더는 크게 새 개의 엔트리로 구분할 수 있다. 목적지 주소, 출처 주소, 해당 패킷이 해당되는 프로토콜 정보다. MAC(Media Address Control)이라고 하는 이더넷 주소는(애플의 매킨토시와는 전혀 상관 없는 내용) 48비트(6바이트) 숫자로 이루어져 있어 전세계의 모든 이더넷 카드를 식별해주는 것이다. 인터페이스의 MAC 주소는 변경할 수 있지만 이것은 별로 추천하고 싶지 않다. 기본 주소가 그 고유성을 보장해주기 때문이고 하나의 LAN 세그먼트에 존재하는 모든 MAC 주소들이 고유하기 대문이다.

● **그림 11-4**. 이더넷 헤더

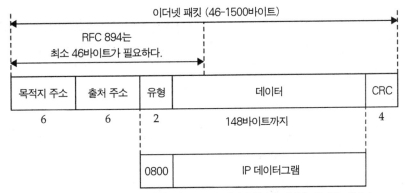

패킷의 프로토콜 유형은 2바이트 길이의 값인데 수신자 측의 어떤 프로토콜에게 해당 패킷을 전달해줘야 하는지를 알려준다. IP 패킷의 경우 이 값은 16진수인 0800이다(10진수로는 2048이다).

지금까지 설명한 이더넷 패킷은 Ethernet II에 해당하는 것이다(일반적으로 이것을 통칭 이더넷이라 하는 것이다). 802.3 패킷에 대해서는 목적지와 출처가 되는 MAC 주소는 그대로지만 다음 2바이트는 패킷의 길이 값이다. 또한 이들 이더넷들의 차이라고 할 수 있는 것은 프로토콜 유형의 값이 1500 미만인 경우가 없다는 것인데, 따라서 프로토콜 유형 값이 1500 미만인 이더넷 헤더는 802.3 패킷이란 얘기다. 현실에서는 사실 802.3 패킷을 보기는 어려울 것이다.

이더넷 헤더 보기

자신의 네트워크에 있는 이더넷 헤더들을 확인하려면 다음과 같은 명령을 실행하면 된다.

```
[root@server ~]# tcpdump -e
```

이 명령을 실행하면 tcpdump 도구는 TCP와 IP 헤더뿐만 아니라 이더넷 헤더까지 출력한다.

이번엔 웹사이트를 접속하거나 SSH로 다른 호스트와 통신을 시도하여 트래픽을 발생시켜보자. 그럼 다음과 같은 출력 결과를 볼 수 있다.

```
15:46:08.026966 0:d0:b7:6b:20:17 0:10:4b:cb:15:9f ethertype IPv4 (0x0800),
length 191: server.ssh > 10.2.2.2.4769: Flags [P.], seq 1724400:1724976, ack
529, win 5740, options [nop,nop,TS val 593457613 ecr 1354193], length 576
```

각 줄마다 그 시작은 패킷이 발견된 시간 정보를 보여주고 있다. 그 다음 두 개의 엔트리는 각각의 패킷의 목적지와 출처 정보(MAC 주소)다. 첫 번째 줄을 보면 출처 주소인 0:d0:b7:6b:20:17과 목적지 주소인 0:10:4b:cb:15:9f의 MAC 주소를 확인할 수 있다.

MAC 주소 다음에는 패킷 유형이 나온다. 이 경우, tcpdump는 0800 값을 확인했기 때문에 자동으로 이 값을 ip로 전환하여 읽기 쉽도록 표시해준다. tcpdump가 이러한 자동 변환을 지원하지 않게 하려면(DNS가 없는 경우 매우 유용하지만) 다음과 같이 명령을 준다.

```
[root@server ~]# tcpdump -e -nn
```

-n 옵션은 tcpdump로 하여금 이름 변경 작업을 실행하지 않게 한다. 만약 이 상태로 헤더를 확인한다면 다음과 같이 출력됐을 것이다.

```
15:46:08.026966 0:d0:b7:6b:20:17 0:10:4b:cb:15:9f ethertype IPv4 (0x0800),
length 191: 10.2.2.1.22 > 10.2.2.2.4769: Flags [P.], seq 1724400:1724976,
ack 529, win 5740, options [nop,nop,TS val 593457613 ecr 1354193], length 576
15:46:08.044151 0:10:4b:cb:15:9f 0:d0:b7:6b:20:17 0800 60: 10.2.2.2.4769 >
     10.2.2.1.22: . ack 5396 win 32120 (DF)
```

새롭게 출력 내용을 보면 각 줄마다 server라는 호스트 이름이 10.2.2.1로 표현되었고 ssh 포트 번호는 22임을 알 수 있다. 나머지 부분에 대해서는 이 장 후반부에서 TCP를 공부할 때 함께 자세히 알아보도록 한다.

▨ IP (IPv4)

그림 11-5에서 볼 수 있듯이 인터넷 프로토콜은 이더넷보다 훨씬 복잡한 구조를 가지고 있다. 이제 차근차근 헤더가 가진 값들이 의미하는 것에 대해서 알아보도록 하자.

> **참고**
> 지금까지 가장 많이 사용하고 있는 IP 버전은 4다(IPv4). 하지만 앞으로는 IPv6를 더 많이 보게 될 것이다. IPv6는 IPv4에 비해 상당히 진화된 기능을 제공한다. 즉 주소 공간이 늘어난 점, 통합된 보안환경, 보다 효율적인 라우팅 방식, 그리고 자동 환경설정 기능이 되겠다.

IP 버전 (4비트)	헤드 길이 (4비트)	ToS(8비트)	전체 길이 (16비트지만 바이트로 표시)	
식별자 (16비트)			플래그 (3비트)	조각 오프셋 (Fragment offset, 13비트)
TTL (8비트)		프로토콜 (8비트)	헤더 체크섬 (16비트)	
출처 IP 주소 (32비트)				
목적지 IP 주소 (32비트)				
옵션 (있는 경우)				
데이터 (있는 경우)				

20 바이트

IP 헤더의 첫 번째 값은 버전 번호다.

그 다음 값은 IP 헤더의 전체 길이를 나타내는 값이다. 이 값을 알아야 하는 이유는 기본 헤더 외에 옵션 형태로 붙는 헤더들이 있을 수 있기 때문이다. 헤더 길이 값으로 옵션이 있는지 또 그 길이가 얼마나 되는지를 파악할 수 있다. IP 헤더의 전체 길이를 알려면 이 필드의 값에 4를 곱하면 된다. 일반적인 IP 헤더의 기본 길이는 5로 되어 있다. 즉 5 × 4 = 20 바이트의 길이인 것이다.

ToS(Type Of Service) 헤더는 IP 스택에 패킷을 어떻게 다뤄야 하는지를 알려주는 것이다. 해당되는 값으로는 지연 최소화, 성능 최대화, 신뢰성 최대화, 비용 최소화다. 보다 자세히 알고 싶으면 RFC 1340(www.faqs.org/rfcs/rfc1340.html)과 1349(www.faqs.org/rfcs/rfc1349.html)를 참조하길 바란다. ToS 비트를 사용하는 것은 가끔 패킷에 색을 입히는 것으로 여겨지기도 한다. 네트워크 장치들의 속도 정형화와 우선순위를 결정하는 데 사용하기 때문이다.

전체 헤더의 길이값은 IP와 TCP 헤더를 포함하고 이더넷 헤더는 포함하지 않는 패킷의 전체 길이가 어떻게 되는지를 알려준다. 이 값은 바이트로 표시되며 최대 65,535바이트까지 지원된다.

식별자 번호는 특정 패킷을 식별해내기 위해 포스트가 사용하는 고유한 번호여야 한다. IP 패킷의 플래그값은 해당 패킷이 단편화되었는지에 대한 여부를 알려준다. 즉 패킷의 단편화는 IP 패킷이 양 호스트 사이에서 **가장 작은 최대 전송 크기**(Maximum Transmission Unit, MTU)보다 크기 때문이다. MTU는 네트워크상에서 한번에 전송이 가능한 크기를 정의한다. 예를 들어 이더넷의 MTU가 1500바이트라고 하자. 그리고 4000바이트(3980바이트의 데이터와 20바이트의 IP 헤더로 이루어진)의 IP 패킷을 이더넷을 통해 전송해야 한다면 패킷은 MTU보다 작은 단위로 잘라야 한다(fragment). 1500바이트(1480바이트의 데이터와 20바이트의 IP 헤더)의 첫 번째 패킷 조각과 두 번째 패킷 조각 역시 1500바이트(1480바이트의 데이터와 20바이트의 IP 헤더)로 자르고, 나머지 1040바이트(1020바이트의 데이터와 20바이트의 IP 헤더)의 패킷으로 나눌 수 있을 것이다.

조각 오프셋(fragment offset) 값은 전체 패킷의 어떤 조각 패킷을 받았는지를 알려준다. 4000바이트의 IP 패킷을 다시 예로 들어보자. 첫 번째 조각 패킷은 0~1479바이트의 데이터를 포함하는데 이 조각의 오프셋값은 0이다. 두 번째 조각은 1480~2959바이트의 데이터를 가지며 오프셋값은 185다(또는 1480/8). 나머지 조각 패킷은 2960~3999 데이터일 것이고 오프셋값은 370이다(또는 2960/8). 이 세 개의 조각 패킷을 받는 IP 스택은 이들을 재조립하여 하나의 완성된 패킷을 만들어 스택으로 보낸다.

참고 IP 패킷이 조각으로 나누어 보내는 상황이 인터넷상에서 자주 일어나는 일은 아니다. 게다가 방화벽에서는 이렇게 분할된 패킷을 민감하게 받아들인다. 왜냐하면 이렇게 조각 패킷들은 서비스 거부(Denial-of-service) 공격에 활용되기 때문이다.

TTL(time-to-live)값은 0에서 255까지 지정할 수 있으며 패킷이 네트워크상에 존재할 수 있는 가능한 시간을 설정한다. 이러한 개념을 가져가는 이유는 라우팅 오류가 발생할 때, 즉 패킷이 순환적으로 네트워크를 떠돌아 다니게 되면(라우팅 루프라고 하는 상황) TTL은 패킷을 버린다. 그래서 떠돌이 패킷들로 네트워크를 낭비하지 않도록 하게 하는 것이다. 각 라우터마다 패킷을 처리하면 TTL값은 하나씩 줄어든다. TTL이 0이 되면 라우터는 ICMP 프로토콜을 통해 패킷 발신자에게 이 사실을 알리고 패킷을 버린다.

참고 계층 2의 스위치들은 TTL을 감소시키지 않는다. 라우터만 할 수 있다. 계층 2 스위치의 순환 감지 기능은 패킷의 정보에 의존하지 않고 기타 다른 계층 2 스위치와의 통신을 위해 대신 스위치만의 프로토콜을 활용해서 스패닝 트리(spanning tree)를 구성한다. 본질적으로 계층 2 스위치는 모든 인접 스위치에 대해 테스트 패킷 (Bridge protocol data unit, BPDU)을 전송해서 스스로 생성된 테스트 패킷을 찾는다. 만약 패킷이 돌아오면 루프가 탐지되고 위반 포트는 보통 트래픽으로 자동 중지된다. 이러한 테스트는 수시로 이루어져서 토폴로지가 변경되거나 패킷의 기본 경로에 문제가 있을 경우 일반 트래픽으로 중단된 포트를 다시 열 수도 있다.

IP 헤더에 있는 프로토콜 항목은 이 패킷을 수신할 상위 레벨의 프로토콜을 알려주는 곳이다. 일반적으로 TCP, UDP, ICMP에 해당하는 값이 온다. `tcpdump` 명령 실행 결과를 보듯이 이 값은 출처와 목적지에 대한 IP/port 번호 조합을 표시한 뒤 `udp`나 `tcp`를 읽어 들일지를 결정한다.

IP 헤더에서 가장 작은 값은 체크섬이다. 이 항목은 IP 헤더를 구성하는 모든 바이트 수의 합계를 표시한다. 옵션이 있다면 옵션의 크기도 포함된다. 하나의 호스트가 IP 패킷을 전송하고자 구성하려고 할 때 IP 체크섬을 계산하고 이 항목에 해당 값을 부여한다. 그럼 수신자는 동일한 계산을 수행하여 결과값을 비교한다. 비교한 값이 일치하지 않으면 수신자는 패킷이 전송 과정에서 손실되었음을 알 수 있게 된다. (예를 들면 전기적 방해를 일으킬 수 있는 천둥 번개와 같은 벼락이나 전기적 충격으로 인해 패킷이 손상될 수 있다. 또한 NIC와 전송 장치를 연결하는 전선에 문제가 원인이 될 수도 있다.)

마지막으로 IP 헤더에서 가장 중요한 숫자들을 살펴보자. 바로 출처와 목적지 IP 주소다. 이 값들은 읽기 쉬운 보편적인 형태의 주소가 아닌 32비트 정수로 저장된다. 예를 들어 192.168.1.1 대신 16진수인 c0a80101 또는 10진수인 3232235777 값을 가진다.

tcpdump와 IP

기본적으로 tcpdump는 IP 헤더의 모든 정보를 가져오지 않는다. 따라서 모두 확인하려면 -v 옵션을 사용한다. tcpdump 프로그램으로 자신이 CTRL+C 키를 입력하여 출력을 멈추기 전까지 모든 가능한 패킷 정보를 표시한다. 패킷을 몇 개씩 끊어서 보고 싶으면 -c 옵션 뒤에 보고자 하는 패킷 개수를 입력하면 된다. 또한 -t 옵션을 쓰면 타임스탬프 값이 출력되지 않아 간결한 출력 결과를 확인할 수 있다.

자, 이제 DNS 매칭 없이 다음 두 개의 IP 패킷을 보고 싶다 가정하고 다음과 같이 명령을 실행해보자.

```
[root@server ~]# tcpdump -v -t -n -c 2 ip
IP (tos 0x0, ttl 64, id 0, offset 0, flags [DF], proto ICMP (1), length 84)
    68.121.105.169 > 68.121.105.170: ICMP echo request, id 7043, seq 222, length 64
IP (tos 0x0, ttl 64, id 26925, offset 0, flags [none], proto ICMP (1), length 84)
    68.121.105.170 > 68.121.105.169: ICMP echo reply, id 7043, seq 222, length 64
2 packets captured
2 packets received by filter
0 packets dropped by kernel
```

출력 결과를 보게 되면 ping 패킷이 송수신되고 있음을 알 수 있다. 위 내용은 다음과 같은 형식으로 출력되었다.

```
src > dest: [deeper protocols] (ttl, id, length)
```

여기서 *src*와 *dest*는 패킷의 출처와 목적지를 말한다. TCP와 UDP 패킷일 경우 출처와 목적지 정보에는 IP 주소 말고도 포트 번호도 있다. 각 줄의 끝에는 TTL, IP ID, 길이를 각각 볼 수 있다. -v 옵션을 사용하지 않으면 TTL은 값이 1일 경우에만 표시된다.

▨ TCP

TCP 헤더는 IP 헤더와 마찬가지로 여러 가지 정보를 작은 공간을 활용하여 저장한다. 자, 그림 11-6을 보도록 하자.

소스 포트 번호 (16비트)				목적지 포트 번호 (16비트)	
순서 번호 (32비트)					
응답 번호 (32비트)					
헤더 길이 (4비트)	Reserved (6비트)	U R G / A C K / P S H / R S T / S Y N / F I N		윈도우 크기(16비트)	
TCP 체크섬 (16비트)				급행 포인터 (16비트)	
옵션 (있는 경우)					
데이터 (있는 경우)					

20 바이트

가장 처음 두 개의 TCP 헤더 정보는 소스 및 목적지 포트 번호다. 이들은 16비트의 값으로 구성되고 0부터 65535의 값을 가질 수 있다. 일반적으로 소스 포트 번호는 1024보다 큰 값을 가지는데 그 이유는 대부분의 운영체제에서(리눅스, 솔라리스, 윈도우까지) 포트 1부터 1023까지는 시스템이 사용하도록 예비된 것이기 때문이다. 반면에 목적지 포트 번호는 일반적으로 적은 숫자다. 대부분의 잘 알려진 서비스들이 그 수준의 번호들을 가지고 있지만 꼭 낮은 번호를 사용해야 하는 규칙은 없다.

지금 우리가 살펴볼 것은 그림 11-6에 나타난 TCP 헤더를 구성하는 각각의 항목들이다. 더불어 tcpdump 명령을 실행해서 실제 출력 결과와도 비교하면서 알아보려고 한다.

```
192.168.1.1.2046 > 192.168.1.12.79: Flags [P.], ck sum 0xf4b1 (correct),
seq 1:6, ack 1, win 5740, options [nop,nop,TS val 593457613 ecr 1354193],
length 5
```

■ 192.168.1.1.2046 〉 192.168.1.12.79
이미 우리는 이 출력 결과를 시작하는 항목들에 대해 알고 있다. 즉 소스 및 목적지 IP 주소와 포트 번호의 조합이다. 포트 번호는 IP 주소 바로 뒤에 붙는데 결과를 보면 소스 포트 번호는 2046이고, 목적지 포트 번호는 79임을 알 수 있다.

■ Flags [P.]
다음 항목은 살짝 까다롭다. TCP는 일련의 플래그값을 사용하여 패킷이 연결을 위한 것인지, 데이터를 가져야 하는 것인지 또는 연결을 끊기 위한 것인지를 지정한다. 각 플래그값들은 (표시된 순서대로) 다음과 같은 의미를 가지고 있다.

플래그	의미
URG(급행)	패킷에 급행 데이터가 있다는 것은 반드시 먼저 처리되어야 한다는 것을 말한다.
ACK(응답)	성공적으로 패킷 수신을 했음을 알린다.
PSH(푸쉬)	수신된 데이터를 즉각 처리하도록 요청한다.
RST(리셋)	즉시 연결을 해지한다.
SYN(동기화)	새로운 연결을 요청한다.
FIN(종료)	연결을 종료한다.

이 값들은 하나 이상의 조합된 형태로 사용되는데 PSH와 ACK가 함께 사용되는 것을 자주 보게될 것이다. 이 조합을 통해 발신자는 다음 두 가지 내용을 전달한다.

- 해당 패킷에 있는 데이터는 바로 처리되어야 한다.

- 자신이 보낸 데이터를 성공적으로 수신했음을 알린다.

tcpdump 출력 결과에서 목적지 IP 주소와 포트 번호 다음으로 보이는 플래그값이 어떤 것인지 확인할 수 있다. 다음 예제를 보자.

```
192.168.1.1.2046 > 192.168.1.12.79: Flags [P.]...<이하 생략>...
```

여기서 P는 PSH값을 의미한다. tcpdump는 각 플래그 이름의 첫 번째 글자를 사용하여 플래그값을 표현한다(SYN일 경우 S를, FIN인 경우에는 F다). 단, ACK는 ack를 사용하고 원래 출력 위치보다 줄 끝에 출력된다(만약 패킷이 ACK 하나만 세트 되어 있는 패킷인 경우에는 ACK가 출력될 자리에 ".” 기호만 표시한다). 이렇게 하는 이유는 해당 패킷에 대한 응답 번호가 어떤 것인지 쉽게 찾을 수 있게 되기 때문이다. (응답 번호에 대해 앞서 설명하였다. 플래그값에 대한 자세한 내용은 연결 설정 및 해제를 다룰 때 다시 살펴볼 것이다.)

■ cksum 0xf4b1

그 다음으로 나오는 TCP 헤더 정보는 체크섬이다. 이것은 IP 체크섬과 비슷한데 데이터의 무결성을 보장하기 위한 목적을 가지고 있다. 다른 점은, TCP 체크섬은 TCP 헤더뿐만 아니라 전송된 데이터까지도 확인한다는 점이다. (실제로 TCP 가상(pseudo) 헤더를 포함하지만 시스템 관리자 입장에서 이 내용을 알아보는 것은 잠시 보류하도록 하자.)

■ seq 1:6

tcpdump 명령을 실행하면 볼 수 있는 것이 실제 데이터를 포함하고 있는 패킷의 순서 번호다. 출력 형태는 “시작 번호:끝 번호”로 만약 예제 tcpdump 출력 결과에 나온대로 그 값이 1:6이라면 이 패킷의 데이터가 순서 번호 1에서 시작하여 6으로 끝남을 의미한다. 이 값들은 TCP가 패킷의 순서가 정확한지를 확인하기 위해 사용한다. 하지만 시스템 관리 시 매일 점검해야 할 것은 아니다.

출력 결과를 보기 좋게 표시하기 위해서 tcpdump는 상대값을 사용한다. 따라서 순서 번호 1은 패킷의 데이터가 전송할 데이터의 첫 번째 바이트를 담고 있음을 말한다. 순서 번호의 절대값을 확인하려면 -S 옵션을 사용하면 된다.

■ **ack 1**

앞의 예제에서는 응답 번호도 확인할 수 있다. 패킷이 응답 플래그 세트를 가지는 경우 수신자는 그것을 통해 발신자가 보낸 데이터 크기를 확인할 수 있다(이 장 후반부에서 ACK 내용을 참고하라). 또한 수신된 패킷이 어떤 것인지에 대해서도 발신자에게 알려준다.

tcpdump는 패킷에 응답 비트가 설정되어 있는 것을 확인하면 ack와 응답 번호를 출력한다.

여기서 응답 번호는 1이고 이것은 192.168.1.1이 192.168.1.12가 보낸 첫 번째 바이트를 잘 받았다고 응답하는 것을 의미한다.

■ **win 5740**

이것은 윈도우 크기를 나타낸다. TCP는 **슬라이딩 윈도우**라는 기법을 사용한다. 이것으로 연결 대상자들 간에 연결을 위한 사용 가능한 메모리 버퍼 정보를 보여줄 수 있다. 만일 새로운 패킷이 연결을 통해 도착하면 가능한 윈도우 크기가 패킷의 크기만큼 줄어들 것이다. 운영체제는 TCP의 입력 버퍼에서 데이터를 수신할 응용프로그램의 버퍼 공간으로 데이터를 옮기고 나면 다시 크기는 늘어나게 될 것이다. 윈도우 크기는 연결의 특성에 따라서 정해진다.

다음은 tcpdump -n -t 명령을 실행한 출력 결과의 일부다.

```
192.168.1.1.2046 > 192.168.1.12.79: . seq 6:8, ack 1 win 32120, length 2
192.168.1.12.79 > 192.168.1.1.2046: . seq 1:494, ack 8 win 17520, length 493
192.168.1.1.2046 > 192.168.1.12.79: . seq 8:8, ack 495 win 31626, length 0
192.168.1.1.2046 > 192.168.1.12.79: . seq 8:8, ack 495 win 32120, length 0
```

첫 번째 줄을 보면 192.168.1.1이 192.168.1.12에 현재 연결 상태에서 사용 가능한 버퍼 공간이 32,120바이트라고 말해주고 있다.

두 번째 패킷을 보면 192.168.1.12는 493바이트를 192.168.1.1에 전송한다(이와 동시에 192.168.1.12는 192.168.1.1로 하여금 사용 가능한 공간이 17,520바이트임을 알려준다).

192.168.1.1은 192.168.1.12에 네가 보낸 스트림 데이터의 495번째 데이터 전까지 모두 수신했다고 응답한다. 이 데이터들은 192.168.1.12에 의해 전송된 전체 데이터를 포함하고 있다. 따라서 사용 가능한 공간이 이제는 31,626바이트가 되었다. 즉 맨 처음 32,120바이트에서 데이터의 크기인 493바이트를 뺀 남은 공간이 되겠다.

그런 다음 잠시 후에 네 번째 줄에서 192.168.1.1은 192.168.1.12에 가용 메모리가 다시 32,120

바이트로 복원되었음을 알려준다.

다소 혼란스러울 수도 있다. 하지만 걱정하지 않아도 된다. 시스템 관리자라서 이렇게까지 깊이 있게 다루지 않아도 된다. 다만 이 숫자들이 의미하는 것을 알아둔다면 분명 도움이 된다.

참고 앞에서 윈도우 크기를 계산 결과가 이상하다고 느꼈을지도 모르겠다. 여기에서 32,120-493은 31,627이지 31,626이 아니기 때문이다. 이것을 이해하기 위해서는 순서 번호의 미묘한 차이, 가용 공간 산출식 등과 같은 여러 가지 요소들을 고려해야 한다. 보다 자세하게 알고 싶다면 RFC 793을 확인하길 바란다(ftp://ftp.isi.edu/in-notes/rfc793.txt).

■ length 5

출력 결과의 끝을 보면 전송된 데이터의 길이를 확인할 수 있다(이 예제에서는 5다). IP 헤더 길이와 비슷하며 TCP의 옵션을 포함하는 전체 헤더 길이에 해당하는 값이다. 어떤 값이 오든지 그 값에 4를 곱하면 바이트 값을 구할 수 있다.

마지막으로 TCP 헤더에서 확인해야 할 정보는 바로 **급행 포인터**(urgent pointer, 그림 11-6)이다. 급행 포인터는 다음 8번째에 나오게 될 중요한 데이터의 오프셋을 가리키도록 되어 있다. 이 값은 URG 플래그가 세트 되어 있는 경우에 볼 수 있고 이것은 수신할 스택에 중요한 데이터가 있음을 알려주는 것이다. 그럼 TCP 스택은 이 정보를 응용프로그램에 전달함으로써 해당 데이터를 특별하게 처리하도록 한다.

실제로는 패킷이 URG 비트를 사용하는 경우 매우 곤란한 상황을 마주하게 될 것이다. 대부분의 응용프로그램들이 어떤 데이터가 우선 처리되어야 하는지를 알 길이 없기 때문이고 응용프로그램 입장에선 이 사실이 그렇게 중요하지 않기 때문이다. 결과적으로 급행 플래그 값을 확인하는 순간 당황하게 될 것이다. 하지만 이것은 외부에서 여러분의 TCP 스택에 버그를 집어 넣어서 서버를 다운시키려는 공격 같은 것은 아니다. (리눅스이기 때문에 걱정하지 않아도 된다. 리눅스는 급행 비트를 다루는 방법을 잘 안다.)

▓ UDP

TCP 헤더와는 다르게 UDP는 훨씬 더 단순한 구조를 가진다. 자, 그림 11-7를 살펴보자.

UDP 헤더에서 첫 번째로 확인할 수 있는 것은 소스 및 목적지 포트 번호다. 이들은 TCP의 포트 번호와 개념적으로 동일하다. tcpdump 출력 결과를 보게 되면 이들은 비슷한 방식으로 표시된다. tcpdump -nn -t port 53 명령을 실행하여 www.example.com을 IP 주소로 바꾸기 위한 DNS 쿼리를 진행해보자.

```
192.168.1.1.1096 > 192.168.1.8.53: 25851+ A? www.example.com. (31)
```

출력된 내용에서 UDP 패킷의 소스 포트 번호는 1096이고, 목적지 포트 번호는 53번이다. 나머지 내용들을 DNS 요청에 해당하는 것으로 사람이 읽을 수 있는 형태로 변환한다.

그 다음 볼 수 있는 UDP 헤더 정보는 패킷의 길이다. tcpdump는 이 정보를 보여주지 않는다.

● **그림 11-7**. UDP 패킷 헤더

소스 포트 번호 (16비트)	목적지 포트 번호 (16비트)	8바이트
UDP 패킷 길이 (16비트)	UDP 체크섬 (16비트)	
데이터 (있는 경우)		

마지막 정보는 UDP 체크섬이다. UDP는 손실이나 오류 없이 목적지에 데이터가 잘 도달했는지를 증명하기 위해서 체크섬을 활용한다. 손실된 경우, tcpdump가 그 결과를 말해줄 것이다.

TCP 연결 과정

앞서 살펴봤듯이 TCP는 **연결**이라는 개념을 가지고 있다. 연결이 이루어지기 위해서는 일정한 순서를 따라가야 한다. 또한 연결 대상자들이 데이터 전송을 마치고 나면 그 연결을 해제하기 위한 어떤 순서를 거쳐야만 한다. 우리는 지금 간단한 HTTP 요청 프로세스를 살펴보면서 tcpdump를 활용하여 해당 프로세스를 눈으로 직접 확인할 것이다. 여기의 tcpdump 로그들은 모두 tcpdump -nn -t port 80 명령이 실행되면서 생성되었다. 안타깝게도 TCP의 복잡성 때문에 TCP 연결이 일어날 수 있는 모든 시나리오들을 다 살펴볼 수가 없다. 하지만 여기에서 다루는 정도만으로도 서버 레벨이 아닌 네트워크 단에서 발생하는 오류들이 무엇인지를 알아볼 수있을 것이다.

▨ 연결 시작

TCP는 새로운 연결을 설정할 때 **3방향 핸드셰이크**(three-way handshake)를 거치도록 되어 있다. 이것으로 연결 대상자들이 서로 상태 정보를 전송하고 수신한 데이터에 대한 응답을 전달할 수도 있다.

서버와 연결을 설정하고 싶은 호스트에서 첫 번째 패킷을 전송한다. 이 호스트를 우리는 **클라이언트**라고 말할 것이다. 클라이언트는 TCP 패킷을 IP를 통해 전송하고 TCP 플래그값을 SYN으로 설정한다. 순서 번호는 클라이언트가 모든 데이터에 대해 사용하게 될 초기 순서 번호로 서버측 호스트로 데이터를 보낼 때 사용된다.

두 번째 패킷은 서버에서 클라이언트로 전송된다. 이 패킷에는 두 개의 플래그값이 세트 되는데

SYN과 ACK다. ACK 플래그는 클라이언트에 첫 번째 SYN 패킷 수신에 대한 응답을 보내기 위한 것이다. 동시에 응답 번호 항목에 클라이언트가 전송한 순서 번호를 입력함으로써 첫 번째 패킷 수신에 대한 두 번의 확인이 이루어진다. SYN 플래그는 클라이언트에 서버가 응답 메시지를 보낼 때 사용할 순서 번호가 어떤 것인지를 알려주기 위해 세트 된다.

마지막으로 세 번째 패킷은 클라이언트에서 서버로 전송된다. 여기에선 ACK 비트만 세트 위에 있고 목적은 SYN을 수신했다고 서버에 응답하기 위해서다. ACK 패킷을 보게 되면 순서 번호 항목에 클라이언트의 순서 번호가 있고 응답 항목에 서버측 순서 번호가 있다.

복잡하게 느껴질 수도 있을 것이다. 하지만 이제부터 tcpdump 명령어를 활용한 실전 예제를 통해 명확하게 이 흐름을 이해하도록 하자. 첫 번째 패킷은 192.168.1.1에서 207.126.116.254로 전송되고 다음과 같은 정보를 가지고 있을 것이다(아래 두 줄은 사실 하나의 긴 줄의 내용이다).

```
192.168.1.1.1367 > 207.126.116.254.80: Flags[S],seq 2524389053:2524389053
win 32120 <mss 1460,sackOK,timestamp 26292983 0,nop,wscale 0>, length 0
```

클라이언트의 포트 번호는 1367이고, 서버 포트 번호는 80(HTTP)이다. 플래그값의 S는 SYN 비트를 말하고, 순서 번호는 2524389053이다. 출력 결과의 맨 끝에 있는 length 0은 패킷에는 데이터가 없다는 것을 의미한다. 윈도우 크기는 32,120바이트로 설정된 후, tcpdump는 어떤 TCP 옵션이 패킷의 일부인지를 보여준다. 여기서 시스템 관리자라면 꼭 알아두어야 할 점이 있다. 바로 MSS(Maximum Segment Size: 최대 세그먼트 크기)다. 이 값은 TCP가 연결 상태에서 분리되지 않은 패킷의 크기를 가늠할 수 있는 최대 크기를 의미한다. 네트워크를 통해 이뤄지는 특성상 크기가 작은 MSS값을 가진 연결일수록 똑같은 데이터를 전송하려 해도 더 많은 패킷이 필요하게 된다. 패킷이 많다는 것은 오버헤드도 덩달아 많아진다는 것이고 현재 연결을 처리하기 위해서 CPU를 더 많이 사용하게 된다는 것을 말하기도 한다.

또한 주목할 점은 응답 비트가 세트 되어 있지 않고 출력 시 응답 번호가 표시되는 항목도 볼 수 없다는 점이다. 그러한 이유는 클라이언트는 응답하기 위한 순서 번호를 가지고 있지 않기 때문이다. 이제 서버에서 클라이언트로 전송되는 두 번째 패킷을 살펴보자.

```
207.126.116.254.80 > 192.168.1.1.1367: Flags[S.], seq 1998624975:1998624975
ack 2524389054 win 32736 <mss 1460>, length 0
```

첫 번째 패킷과 같이 두 번째 패킷에도 SYN 비트가 세트 되어 있는데 이것은 어떤 것과 함께 자신의 순서 번호를 시작해야 하는가를 클라이언트에 말해주는 것이다(현재 순서 번호는 1998624975다). 클라이언트와 서버가 다른 순서 번호를 가져도 상관 없다. 중요한 것은 서버가 ACK 비트를 세트하고 응답 항목에 2524389054를 설정함으로써 클라이언트의 패킷을 수신 완료했음을 응답한다는 점이다(서버의 순서 번호는 클라이언트가 맨 처음 패킷을 전송했을 때 사용한 순서 번호에 1을 더한 것이다).

이제 서버가 클라이언트의 SYN을 수신했음을 알렸고, 클라이언트는 서버의 SYN에 응답할 차례다. 즉 세 번째 패킷을 전송하게 되는데 이때 ACK 비트만 TCP 플래그값에 설정될 것이다. 세 번째 패킷은 다음과 같다.

```
192.168.1.1.1367 > 207.126.116.254.80: Flags [.], ack 1, win 32120
```

앞에서 볼 수 있듯이 단 하나의 TCP 비트, ACK(마침표로 표시되어 있다)만 있다. 응답 항목의 값은 1이다. 여기서 잠깐! 순서 번호가 잘못된 것이 아닐까? 1998624975이어야 하는 것이 아닌 가? 자, 일단 걱정하지 말자. 그냥 그런 것이라고 생각해보자. tcpdump 프로그램은 그 동안 자동으로 순서 번호와 응답 번호를 절대 번호에서 상대 번호로 자동 변환 출력을 해주었다. 그렇기 때문에 출력 결과를 보다 쉽게 이해할 수 있었다. 따라서 이 패킷을 다시 보면 1이 의미하는 응답 번호의 값은 기존 서버 응답 번호에서 1을 더했다는 것이다. 드디어 완벽한 하나의 연결이 이루어졌다.

어쩜 이렇게 번거로울까? 왜 클라이언트는 서버와 연결이 단 하나의 패킷만을 전송함으로써 이루어지지 않는 것일까? 마치 클라이언트가 서버에게 "나 이제 말할 거야 알겠지?", 그럼 서버는 "좋아!"라고 응답하는 것처럼 말이다. 만약 이러한 세 단계의 패킷 송수신 과정이 없다면 클라이언트든 서버든 양쪽 다 첫 번째로 보낸 SYN 패킷이 잘 도착했는지를 확인할 길이 없기 때문이다. 더군다나 TCP의 역할이 안정적이고 질서 있는 통신을 해주는 것이기 때문이다.

▨ 데이터 전송

완벽한 연결이 이루어진 상태에서 클라이언트와 서버는 모두 데이터를 서로 전송할 수 있게 된다. 우리는 HTTP 요청을 예제에서 시도해보았기 때문에 클라이언트가 웹 페이지에 대한 간단한 요청을 생성하는 것을 우선 살펴보도록 하자. tcpdump 명령을 실행한 결과는 다음과 같다.

```
192.168.1.1.1367 > 207.126.116.254.80: Flags [P.], \
seq 1:8, ack 1 win 32120 , length 7
```

이 내용을 보면 클라이언트는 서버에 PSH 비트가 세트 되어 있는 7바이트의 패킷을 전송하고 있다. PSH 비트의 역할은 수신자에게 데이터를 바로 처리하라는 의미를 전달한다. 하지만 리눅스 네트워크와 응용프로그램의 인터페이스 방식 때문에 PSH 비트를 설정하는 것은 사실 불필요한 일이기도 한다. 리눅스는(다른 소켓 기반의 운영체제처럼) 자동으로 데이터를 처리하고 응용프로그램이 바로 해당 데이터를 처리할 수 있도록 진행한다.

PSH 비트와 더불어 ACK 비트도 볼 수 있다. TCP는 ACK 비트를 전송되는 패킷에 항상 세트한다. 응답값은 1이며 앞서 확인했던 연결 설정에서처럼 응답할 만한 새로운 데이터가 없음을 알 수 있다.

현재 상황이 HTTP 전송인 만큼 클라이언트에서 서버로 전송되는 첫 번째 패킷이기 때문에 그저 요청 그 자체일 뿐인 것이다.

이제 서버에서 클라이언트에 패킷으로 응답을 전송해보자.

```
207.126.116.254.80 > 192.168.1.1.1367: Flags [P], \
seq 1:767, ack 8 win 32736 , length 766
```

서버는 766바이트의 패킷을 클라이언트에 전송하고 있으며 맨 처음 8바이트를 통해 클라이언트가 서버로 전송한 패킷에 대한 응답을 하고 있다. 이것 또한 HTTP 요청에 대한 응답일 것이다. 우리가 요청한 웹 페이지의 크기가 작기 때문에 클라이언트가 요청한 것이 하나의 패킷을 모두 응답되었다고 볼 수 있다.

그럼 클라이언트는 이 데이터에 대해 응답할 것이다.

```
192.168.1.1.1367 > 207.126.116.254.80: Flags [.], seq 8:8, \
ack 767 win 31354, length 0
```

이와 같은 결과를 **순수 응답**(pure acknowledgement)이라고 하는데 클라이언트는 데이터를 보내지 않았지만 서버가 전송한 767번째 바이트 전까지의 패킷을 잘 받았다는 응답을 하고 있는 것이다.

데이터를 전송하고 클라이언트에 응답을 얻는 이 모든 과정을 전송할 데이터가 없지 않는 이상 서버는 이 작업을 계속 진행할 것이다.

▧ 연결 종료

TCP 연결을 무자비하게 끝내버릴 수 있는 옵션이 있다. 그것은 바로 어느 쪽에서든 "연결 종료!"를 외치는 것이다. 이런 무식한 방법을 통한 연결 종료는 RST(리셋) 플래그 때문에 가능하다. 즉 수신자가 더 이상 수신에 대한 응답을 멈추는 것이다. 이 방법은 소위 RST 전쟁을 사전에 방지해주는 역할을 해준다. 만일 한쪽에서 리셋 패킷을 전송했는데 다른 한쪽은 RST에 대한 응답을 하게 되면 영원히 끝나지 않는 RST 응답 주고받기가 반복될 것이기 때문이다.

지금까지 예제로 활용한 HTTP 연결을 깔끔하게 종료하는 방법을 알아보자. 연결을 해제하기 위해서 가장 처음 해야 하는 일은 연결을 종료하려는 대상이 FIN 비트가 세트된 패킷을 상대방에게 전송하는 것이다. FIN은 종료를 의미한다. 기본적으로 FIN 패킷을 전송하게 되면 그 이후로는 응답 이외의 패킷을 전송할 수 없다. 다시 말하면 패킷 전송이 종료된다 해도 다른 쪽에서는 여전히 데이터를 전송할 수 있는 상태라는 것이다. 양쪽 모두 FIN 패킷을 전송해야만 실제로 연결이 끊어지는 것이다. SYN 패킷과 마찬가지로 FIN 패킷은 반드시 응답을 받도록 되어 있다.

다음 두 패킷을 통해 서버가 클라이언트에 데이터 전송을 끝냈다고 말하는 것과 이에 대해 클라이언트가 응답하는 과정을 볼 수 있다.

```
207.126.116.254.80 > 192.168.1.1.1367: Flags [F],\
seq 767:767, ack 8, win \ 32736, length 0
192.168.1.1.1367 > 207.126.116.254.80: Flags [.], seq 8:8, \
ack 768, win 31353, length 0
```

다음으로 이 과정이 반대로 이루어지는 것을 다음에서 확인할 수 있다. 클라이언트가 서버로 FIN을 전송하면 서버는 이에 응답을 주는 것이다.

```
192.168.1.1.1367 > 207.126.116.254.80: Flags [F], \
seq 8:8, ack 768,win 32120, length 0
207.126.116.254.80 > 192.168.1.1.1367: Flags [.], \
seq 768:768, ack 9 win 32735, length 0
```

이제 연결이 종료되었다. 이 정도면 무난한 것 같다.

앞서 말했듯이 무자비한 종료라는 것은 한 쪽에서 단순하게 RST 패킷을 전송하는 것이라 했다. 다음을 보자.

```
192.168.1.1.1368 > 207.126.116.254.80: Flags [R],\
seq 93949335:93949349, win 0, length 14
```

이 예제에서 192.168.1.1은 207.126.116.254와의 연결을 끊기 위해서 RST를 전송했다. 이 패킷을 받는 순간 netstat 명령을 207.126.116.254에 실행하면 연결이 완벽하게 종료되었음을 확인할 수 있다(테스트하기 위해서 별도의 리눅스 서버가 마련되어 있어야 할 것이다).

ARP 동작 과정

주소 해석 프로토콜(Address Resolution Protocol, ARP)을 사용하여 IP는 이더넷 주소와 IP 주소를 매핑한다. 이것은 매우 중요한데, 그 이유는 이더넷 네트워크에서 패킷을 전송할 때 목적지 호스트에 대한 이더넷 주소가 반드시 필요하기 때문이다.

그러나 우리가 지금까지 살펴본 이더넷, IP, TCP, UDP와 별도로 ARP를 살펴보는 이유는 따로 있다. 그것은 바로 ARP 패킷은 다른 전송 경로를 가지기 때문이다. ARP는 자신만의 이더넷 패킷 타입(0806)을 가지고 있으며 이더넷 드라이버는 이 패킷을 ARP 핸들러 서브 시스템으로 보낸다. 따라서 TCP/IP와 함께 할 일이 전혀 없는 것이다.

ARP의 기본 동작 과정을 살펴보자.

1. 클라이언트는 먼저 자신의 로컬 시스템에 있는 ARP 캐시를 검색하여 주어진 IP 주소와 이더넷 주소가 서로 매핑 상태가 되어 있는지를 확인한다. (arp -a 명령을 실행해도 ARP 캐시를 검색할 수 있다.)

2. 만약 요청된 IP 주소와 매핑이 되는 이더넷 주소가 없으면 해당 IP를 요청한 대상으로부터 응답을 기다리면서 브로드캐스트 패킷을 전송한다.

3. 만약 위의 IP 주소를 요청한 호스트가 LAN 상에 있는 호스트라면 ARP 요청에 대해 응답을 하게 되는데 이더넷 주소/IP 주소 조합을 보내주는 것이다.

4. 클라이언트가 이를 받아서 자신의 ARP 캐시에 저장하면 이제 전송할 패킷을 만들기 위한 준비가 완료되는 것이다.

다음은 tcpdump -e -t -n arp 명령을 실행한 예제다.

```
0:a0:cc:56:fc:e4 0:0:0:0:0:0, ethertype ARP (0x0806), length 42: Request
who-has 192.168.1.1 tell 192.168.1.8
0:10:4b:cb:15:9f 0:a0:cc:56:fc:e4, ethertype ARP (0x0806), length 60:
Reply 192.168.1.1 (0:10:4b:cb:15:9f) is-at 0:10:4b:cb:15:9f
```

첫 번째 패킷은 브로드 패킷인데 LAN상에 있는 모든 호스트에게 192.168.1.1의 이더넷 주소가 무엇인지 요청하고 있다. 두 번째 패킷은 이에 대한 응답으로 192.168.1.1과 매핑되는 IP/MAC 주소를 알려준다.

여기서 의문점을 가질 수 있는데 '만일 브로드캐스트 패킷으로 목적지 호스트의 MAC 주소를 찾을 수 있다면 모든 패킷을 브로드캐스트 형태로 전송하면 되지 않을까' 하는 것이다. 다시 말하면 ARP로 호스트의 이더넷 주소를 미리 알아낼 필요 없이 모든 패킷을 브로드캐스트 패킷으로 전송해도 원하는 목표지로 제대로 전송될 것이기 때문이다. 두 가지로 생각해보겠다. 우선 브로드캐스트 패킷은 이 패킷을 받아줄 LAN상의 호스트들은 처리하기 위한 시간을 가져야 한다. 만일 양쪽 호스트들이 서로 패킷을 주고 받는 과정에 있다면(용량이 큰 파일을 전송하는 경우도 있다), 같은 LAN에 있는 다른 호스트들은 자신과 상관없는 패킷으로 인해 엄청난 오버헤드를 일으키게 된다는 것이다. 두 번째로 생각해야 하는 것은 네트워크 하드웨어 장비들은(스위치 등) 이더넷 주소를 통해 패킷을 빠르고 정확하게 전달하여 네트워크의 혼잡을 최소화하는 역할을 한다. 따라서 스위치와 같은 장비가 브로드캐스트 패킷을 만나게 되면 **모든** 포트로 이 패킷을 전달해줄 것이다. 그렇게 되면 스위치는 더 이상 스위치가 아닌 단순한 허브에 불과하다.

그렇다면 패킷을 인터넷을 통해 접속한 호스트에 보내기 위해서 그 호스트의 MAC 주소를 매번 ARP 패킷을 통해 받아야 할까? 정답은 "그렇지 않다"다.

IP는 패킷의 경로를 결정할 때 무조건 ARP에 요청하지 않는다. 우선 라우팅 테이블을 검사하는데 만약 적합한 경로 엔트리를 찾지 못하면 IP는 **기본 경로**를 지정한다. 이것은 패킷의 경로가 모호할 때 IP가 기본적으로 사용하는 경로를 말한다. 일반적으로 기본 경로가 지정하는 것은 라우터이든지 방화벽이 되는데 그 이유는 이들이 패킷을 어디로 보내야 하는가에 대해서 잘 알고 있기 때문이다.

즉 한 호스트에서 인터넷을 통해 다른 서버로 무엇이든 보낼 때, 호스트는 라우터에서 패킷을 받는 방법만 알아도 된다는 것을 의미하기도 한다. 따라서 라우터의 MAC 주소만 알면 인터넷을 통해 패킷을 주고 받을 수 있다는 것이다.

실제 우리가 사용하고 있는 네트워크 환경에서 앞의 내용들이 어떻게 일어나는지 살펴보자. tcpdump를 자신의 서버에 실행한 뒤 인터넷상의 웹 사이트 아무거나 접속하자. 예를 들어 www.kernel.org로 접속한다. 그럼 ARP 패킷이 자신의 로컬 장치에서 라우터로 전달되는 과정을 볼 수 있을 것이다. 또한 해당 라우터로부터 응답이 전송되고 마침내 목적지인 웹 서버의 IP 주소를 통해 패킷이 전달되기 시작할 것이다.

■ ARP 헤더: ARP는 다른 프로토콜과 연동된다

ARP 프로토콜은 이더넷과 IP만을 위한 것이 아니다. 그 이유를 알아보기 위해 ARP 헤더를 자세히 알아보려고 한다(그림 11-8 참조).

● **그림 11-8.** ARP 패킷 헤더

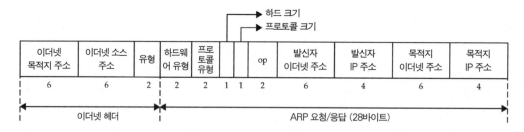

ARP 헤더의 첫 번째 항목은(이더넷 헤더 다음부터가 ARP 헤더다), 하드웨어 유형이다. 여기에는 하드웨어 주소의 유형이 지정된다(이더넷의 경우 1).

다음 항목은 프로토콜 유형이 저장되는데, 매핑될 프로토콜 주소로 지정된다. IP의 경우, 0800(16진수)이다.

하드 크기와 프로토콜 크기 필드는 ARP에 현재 매핑된 주소의 크기를 알리는 역할을 한다. 이더넷은 크기가 6이고 IP는 크기가 4다.

op 항목에는 ARP가 수행할 작업의 종류를 지정한다. ARP 요청은 1, ARP 응답은 2를 지정한다.

마지막 부분에 있는 항목들은 우리가 매핑하고자 하는 주소값이 지정되는 곳이다. 하나의 요청에는 발신자의 이더넷과 IP 주소뿐만 아니라 목적이 IP 주소도 채워져 있어어 한다. 응답일 경우에는 목적지인 이더넷 주소를 갖고 발신자에게 응답해야 한다.

> **참고** ARP의 변종으로 RARP(Reverse ARP: 역 ARP)라고 하는 것이 있는데 RARP의 op 항목에는 ARP와 다른 값이 지정된다.

IP 네트워크 하나로 묶기

지금까지 TCP/IP에 대한 기초적인 지식을 알아보았다. 이제는 이를 바탕으로 여러 네트워크들을 하나로 묶는 방법을 공부할 것이다. 여기에서 우리는 호스트를 기준으로 네트워크, 넷마스크, 정적 라우팅, 기타 기본 동적 라우팅과의 차이점들을 다룰 것이다.

이것을 공부하는 이유가 리눅스 라우터를 설정하는 방법을 알기 위해서가 아니라 그 개념 자체를 소개하고자 하는 것이다. 직접 설정하면서 예제를 살펴보는 것처럼 재미있는 부분은 아니지만 기본을 익힘으로써 나중에 더 많은 흥미를 불러일으킬 수 있는 일들을 만나보게 될 것이다. 중요한 것은 리눅스 시스템 관리자 직무로 면접을 준비하고 있다면 면접 때 질문으로 나올 가능성이 있기 때문에 확실하게 이해할 수 있기를 바란다.

▨ 호스트와 네트워크

인터넷이란 서로 연결을 이룬 수많은 네트워크 그룹이라고 생각할 수 있다. 이러한 네트워크들은 다른 네트워크와 연결하기로 합의되어 있기 때문에 누구든지 다른 쪽으로 연결이라는 것을 할 수 있다. 이렇게 인터넷을 구성하는 네트워크들은 네트워크 주소라는 것을 가지게 된다.

일반적으로 32비트 IP 주소체계에서 네트워크 컴포넌트는 A, B, C 클래스를 인코딩하기 위해 각각 8, 16, 24 비트를 사용한다. IP 주소에 남은 비트 수를 계산하여 해당 네트워크에 포함된 호스트를 식별할 수 있기 때문에, 네트워크를 표현하기 위해 비트가 적게 사용될수록 호스트를 식별할 때 사용할 수 있는 비트들이 더 많아진다. 즉 더 많은 호스트들을 식별할 수 있다. 예를 들어보자. 클래스 A인 네트워크에서는 호스트 식별을 위해 24비트를 남겨둔다. 그럼 16,777,214개 이상의 호스트를 해당 네트워크에서 식별해내는 것이다. (클래스 B와 C는 각각 65,534와 254 노드를 식별하게 될 것이다.)

> **참고** 네트워크 클래스에는 D와 E도 있다. 클래스 D는 멀티캐스트(multicast)를 위한 것이고, E는 테스트를 위한 것으로 예비된 클래스다.

네트워크의 다양한 클래스를 한눈에 이해하기 쉽도록 구성하기 위해 IP 시대 초기에 이미 앞의 몇 개의 비트를 주소가 들어 있는 클래스를 식별하는 데 사용하기로 했다. 가독성을 고려하여 IP 주소의 첫 번째 8자리(octet)는 클래스를 의미하도록 한 것이다.

참고
한 단위인 8자리(octet)라는 것은 8비트에 해당되고 이것은 일반적인 마침표 단위의 IP 주소 형식은 마침표 앞의 숫자를 가리키는 것이다. 예를 들어 192.168.1.42를 보면 첫 번째 octet은 192이고 두 번째 octet은 168이다.

자, 클래스별 octet의 범주를 알아보자.

클래스	octet 범주
A	0-126
B	128-192.167
C	192.169-223

표시된 범주를 보면 중간 중간 갭이 있다는 것을 알아차렸을 것이다. 이러한 갭이 있는 이유는 특별한 용도를 활용되고자 미리 예약된 주소라고 보면 된다. 첫 번째 갭에 해당하는 IP 주소는 이미 잘 아는 것인데, 바로 127.0.0.1이다. 이것은 우리는 루프백 주소라도 부른다. 이 주소는 IP를 사용하는 호스트라면 반드시 설정되어 있어서 자기 자신을 가리키는 IP 주소로 활용되도록 하고 있다. 자기 자신을 가리킨다는 것이 살짝 이상하게 들릴 수도 있겠지만 이것이 필요한 이유는 시스템이 IP와 통신하고 있다는 것이 IP 주소를 할당 받았다는 것을 증명해주진 않기 때문이다. 반면에 127.0.0.1 주소는 실질적으로 보장된 주소이기 때문에 이를 증명해주게 되는 것이다. (만일 이 주소가 다르게 사용되고 있다면 설정에 문제가 있다.)

세 개의 또 다른 범주들을 살펴보자. 이들은 사설 IP 주소라고 생각하면 된다. 이 범주들은 인터넷상의 그 어떤 누구에게도 할당되지 않는다. 따라서 자신의 내부망에서 활용할 수 있게 된다. 그 범주들은 다음과 같다.

- 10.0.0.0

- 172.16 ~ 172.31

- 192.168

참고
여기서 내부망은 방화벽 안쪽에 있는 네트워크를 의미한다. 직접 인터넷과 통신할 수 있는 네트워크가 아니라는 것이다. 또는 인터넷에 연결하려는 네트워크 끝부분에서 네트워크 주소를 해석하는 라우터를 가진 네트워크일 수도 있다(대부분의 방화벽들도 이러한 해석 기능을 수행한다).

▣ 서브넷

한 가지 상상해볼 것이다. 수천 개의 호스트가 있는 네트워크인데 주로 중견기업이나 대기업에서 볼 수 있는 규모의 네트워크다. 이들을 하나의 거대한 네트워크로 결집하려고 할 때 시스템 관리자는 머리가 다 빠져버리거나 머리를 벽에 박거나 또는 둘 다 하거나 할 정도로 어마어마한 일이 될 것이다.

실제로는 이렇게 하나의 거대한 네트워크로 관리하지 않는 이유는 기술적인 문제에서부터 정치적인 요소까지 다양하다. 기술적인 관점에서는 한 네트워크에 물릴 수 있는 호스트의 수가 하드웨어에 따라 제한적이라는 것이다. 이더넷을 예로 들어보자. 이더넷은 단일 충돌 도메인 (collision domain)에 1024개 이상의 호스트를 가질 수 없다. 실제로는 보통 수준의 트래픽이 발생하는 네트워크에서 12개 정도의 호스트가 있다는 것조차도 엄청난 성능 저하를 가져올 수 있다. 스위치로 호스트를 이관해도 문제는 달라지지 않는다. 스위치 역시 호스트 수의 영향을 받기 때문이다.

물론 스위치의 물리적 한계에 부딪히기 전에 관리의 어려움을 겪게 될 수도 있다. 하나의 거대한 네트워크를 관리한다는 것 자체가 어렵고 문제다. 또한 회사 규모가 커질수록 개개의 부서들은 점점 구획화가 이루어지게 되는 경우가 많다. 보통 인사부는 별도의 안전한 네트워크가 필요할 만큼 중요하고 기밀사항의 데이터들을 보유한다. 때때로 참견하기 좋아하는 시스템 엔지니어들은 하지 말아야 하지만 중요한 인사부 정보를 몰래 엿보는 일이 발생하게 된다. 이러한 문제를 해결하기 위해서 서브 네트워크라는 개념을 도입해야 하는데 이러한 서브 네트워크(서브넷) 환경을 구성하는 작업을 **서브네팅**이라고 한다.

예를 들어보자. 우리 회사의 네트워크는 10.0.0.0이고, 서브넷을 만들기 위해서 보다 작은 규모의 클래스 C 네트워크를 설정하려고 한다. 가령 10.1.1.0, 10.1.2.0, 10.1.3.0과 같은 것이다. 이렇게 작은 규모의 네트워크들은 24비트의 네트워크 컴포넌트와 8비트의 호스트 컴포넌트로 구성된다. 맨 앞의 8비트는 회사 네트워크를 식별하는 데 사용되기 때문에 나머지 16비트를 서브넷 구성을 위해 활용할 수 있다. 따라서 65,534개의 서브 네트워크를 생성할 수 있는 것이다. 실제로 이렇게 많은 서브 네트워크들을 모두 사용할 수는 없다.

> **참고** 이 장 앞부분에서 확인했듯이 네트워크 주소는 일반적으로 모두 0으로 세팅된 IP 주소를 가진 호스트 컴포넌트가 있다. 항상 이런 이유는 네트워크 전체를 통틀어 대응되는 주소는 어떤 것인지 또 이 주소들 중 호스트와 대응하는 주소는 무엇인지를 쉽게 알아볼 수 있기 때문이다.

▣ 넷 마스크

넷 마스크의 사용 목적은 IP 스택에 IP 주소를 분석하여 네트워크와 호스트 식별자가 어떤 것인지를 알려주기 위함이다. 목적지 IP 주소가 LAN 상에 존재하는 것인지 또는 외부 라우터에 전송해야 하는 것인지를 결정할 수 있는 것이 바로 넷 마스크 값이다.

넷 마스크를 살펴보기 위한 가장 좋은 방법은 2진수로 표시되는 IP 주소와 넷 마스크를 확인하는 것이다. 예로 IP 주소인 192.168.1.42와 넷 마스크 주소 255.255.255.0으로 보도록 하자.

점으로 표현하는 10진수 형태의 주소	2진수
192.168.1.42	11000000 10101000 00000001 00101010
255.255.255.0	11111111 11111111 11111111 00000000

이 예제에서 IP 주소인 192.168.1.42에서 어떤 부분이 네트워크 식별자이고 호스트를 위한 것인지를 알아보려고 한다. 넷 마스크의 정의에 따르면 비트가 0인 것은 호스트이고, 1은 네트워크 식별자를 나타내는 것이라고 한다. 그렇다면 넷 마스크 주소에서 앞의 세 개의 octet은 네트워크 주소를 구성하는 것이고, 마지막 octet이 호스트를 구성하는 것이다.

다른 사람들과 네트워크 주소에 대해서 얘기를 하다 보면 실제 IP 주소와 넷 마스크 주소 대신에 하나의 네트워크 주소를 말하게 되는 경우가 있게 된다. 다행인 것은 네트워크 주소는 계산하기 어렵지 않다. IP 주소와 넷 마스크에 대해 비트 단위로 AND 계산을 하면 된다.

비트 단위의 AND 연산 기법은 두 개의 비트에 대해 AND 연산을 실행하는 것을 한번 해보면 쉽게 이해할 수 있다. 두 개의 비트 모두 1인 경우, AND 연산 결과는 1이다. 두 개 비트 중 하나 (또는 두 비트 모두)가 0인 경우, 값은 0이다. 다음 표에서 다시 확인해보자.

1비트	2비트	AND 연산 결과
0	0	0
0	1	0
1	0	0
1	1	1

따라서 192.168.1.42와 255.255.255.0을 비트 단위로 AND 연산을 실행하게 되면 비트 패턴은 다음과 같다.

11000000 10101000 00000001 00000000

결과값을 보면 앞의 세 개의 octet은 다른 값이지만 마지막 octet의 비트들은 전부 0이다. 이것을 점 단위로 구분한 10진수 형태로 바꿔보면 192.168.1.0이 되겠다.

참고
네트워크 주소를 위해 IP 주소 하나가 필요하고 브로드캐스트 주소를 위한 IP 주소 하나가 더 필요하다. 앞의 예에서 본 192.168.1.0은 네트워크 주소이고, 192.168.1.255는 브로드캐스트 주소에 해당한다.

다른 예 하나를 더 들어보자. 이번에는 네트워크 주소는 192.168.1.176이고 넷 마스크 주소는 255.255.255.240인 경우 사용 가능한 주소 범주를 알고 싶다. (예로 든 255.255.255.240과 같은 넷 마스크는 일반적으로 ISP 회사를 통해 DSL 및 T1 고객 대상으로 서비스하기 위해 사용되는 것이다.)

넷 마스크 주소의 맨 끝의 octet을 분석해보자. 이것은 11110000의 2진수 값으로 바꿀 수 있다. 네트워크 주소의 처음 세 개의 octet과 더불어 네 번째 octet의 네 개의 비트까지 상수로 유지되고 나머지 4비트만이 사용할 수 있기 때문에 결과적으로 16개(2^4=16)의 주소를 사용할 수 있다 (255.255.255.240을 2진수로 바꾸면 11111111 11111111 11111111 11110000이다). 따라서 우리가 사용할 수 있는 주소 범주는 192.168.1.176 ~ 192.168.1.192가 된다(192-176 = 16).

IP 주소와 넷 마스크를 모두 표현하는 것은 성가신 일이기 때문에 사람들은 주로 짧은 형태를 선호한다. 그래서 넷 마스크 자리에 네트워크 주소 다음에 슬래시와 넷 마스크에 있는 비트 수를 표현하는 형태를 쓴다. 192.168.1.0인 네트워크 주소에 넷 마스크가 255.255.255.0(11111111 11111111 11111111 00000000)인 경우, 192.168.1.0/24로 표현할 수 있다.

> **참고**
>
> 클래스 A, B, C에 해당하지 않는 넷 마스크를 처리하는 것은 클래스가 없는 도메인 간의 라우팅(CIDR)이라고 한다. RFC 1817를 확인하면 보다 자세한 내용을 볼 수 있다(www.rfc-editor.org/rfc/rfc1817.txt).

▨ 정적 라우팅

동일한 LAN상에 존재하는 두 개의 호스트가 서로 통신하려고 할 때 통신할 대상을 찾는 것은 어려운 일이 아니다. ARP 메시지를 보내서 상대방 호스트의 MAC 주소를 받기만 하면 되기 때문이다. 하지만 통신할 대상이 될 상대방이 로컬에 있지 않다면 일이 번거롭게 되기 시작한다.

두 개 이상의 LAN 사이에서 통신을 하려면 라우터라는 것이 필요하다. 라우터는 네트워크 전체의 구성 현황을 알게 해주는 역할을 한다. 다른 네트워크와 통신이 필요할 때, 사용자의 장치는 대상이 되는 네트워크상에 있는 해당 호스트와 같은 목적지 IP 주소를 설정한다. 하지만 목적지 MAC 주소는 라우터 주소일 것이다. 이로써 라우터는 패킷을 수신하고 목적지 IP 주소를 검증하며 상대방 네트워크의 IP 주소를 알고 있기 때문에, 패킷을 그곳으로 보내줄 것이다. 이 패킷을 수신한 수신측 역시 위와 같은 방식으로 패킷을 네트워크 너머로 전달하게 된다(그림 11-9 참조).

라우터는 반드시 순서대로 어떤 네트워크가 접속되어 있는지를 알아야 한다. 이 정보를 **라우팅 테이블**이라고 한다. 만약 라우터에 라우터가 알아야 할 경로를 **직접** 지정한다면 이는 **정적 라우팅** 테이블이라고 할 수 있다. 일단 해당 경로가 지정이 되면 관리자에 의해 수정되지 않는 이상 변경되지 않는다.

안타깝게도 상업용 라우터는 매우 비싸다. 라우터는 일반적으로 독립적인 하드웨어이며 인터페이스 간에 패킷을 효율적으로 전달할 수 있는 기능이 갖춰져 있다. 물론 두 개 이상의 네트워크 카드가 있는 PC를 활용해서 직접 리눅스 기반의 라우터를 만들 수도 있는데(12장에서 살펴볼 것이다), 실제로 이런 방식으로 중소 규모의 회사들이 빠르면서 저렴한 라우터를 만들어 사용하고 있다. 오래된 PC들은 최신 브라우저나 응용프로그램을 구동하기엔 너무 벅차지만 라우터로서는 아주 훌륭한 성능을 보여줄 수 있기 때문에 라우터 장비로 활용되곤 한다.

하지만 요구조건이라든지 예산, 관리 능력 등을 고려하여 알맞은 방법을 적용하는 것이 제일 좋다. 오픈 소스와 리눅스는 아주 훌륭한 자원임에는 틀림없다. 하지만 사용자의 작업을 수행하는 데 있어 가장 적합한 도구를 사용하는 것이 무엇보다 가장 중요하다.

● **그림 11-9**. 라우터로 연결된 두 개의 네트워크

라우팅 테이블

앞서 말했듯이 라우팅 테이블은 네트워크 주소, 넷 마스크, 목적지에 대한 정보를 수록한다. 간단한 라우팅 테이블을 다음과 같이 확인할 수 있다.

네트워크 주소	넷 마스크	목적지 인터페이스
192.168.1.0	255.255.255.0	Interface 1
192.168.2.0	255.255.255.0	Interface 2
192.168.3.0	255.255.255.0	Interface 3
Default	0.0.0.0	Interface 4

패킷이 라우터에 도착하면 이때 라우팅 테이블의 내용이 위와 같을 것이다. 따라서 라우터는 각 경로에 있는 넷 마스크를 패킷에 저장된 목적지 IP 주소에 적용(비트 단위 AND 연산)하여 그 결과가 네트워크 주소(이름)와 동일한지를 비교한다. 동일하다면 패킷은 목적지 인터페이스를 통해 전달 완료된다.

자 그럼, 192.168.2.233으로 설정된 목적지 IP 주소가 저장된 패킷을 라우터가 받았다고 하자. 첫 번째 테이블 엔트리를 보게 되면 넷 마스크가 255.255.255.0이다. 이 넷 마스크 주소를 192.168.2.233에 적용하게 되면 결과는 192.168.1.0인 네트워크 주소와 일치하지 않기 때문에 라우터는 다음 엔트리와 비교한다. 첫 번째 엔트리처럼 넷 마스크가 255.255.255.0이고 라우터

는 다시 192.168.2.233에 이 넷 마스크를 적용할 텐데 그 결과값이 네트워크 주소인 192.168.2.0 과 일치하여 인터페이스 2를 통해 수신 대상이 되는 네트워크로 전달될 것이다.

만약 앞의 세 개의 엔트리까지 모두 비교했음에도 불구하고 일치하는 값이 없다면 기본 경로가 지정된다. 우리 예제에서는 기본 경로가 인터페이스 4로 되어 있고 실제로 인터페이스 4는 인터 넷 게이트웨이이기도 하다.

정적 라우팅의 한계

앞에서 살펴본 정적 라우팅의 예제들은 작은 규모의 네트워크를 보여주고 있다. 정적 라우팅은 작은 네트워크들을 대상으로 설정이 자주 변경되지 않는 경우에 알맞은 기법이다.

정적 라우팅이 가진 한계라는 것은 바로 그것을 관리하는 사람이 귀찮아진다는 점이다. 네트워크 구성이 달라져서 라우팅 테이블을 수정해야 하면 관리자가 직접 하나 하나 라우터를 확인하면서 수정하는 작업을 해야 하기 때문이다. 네트워크 규모가 작다면 큰 문제는 아니지만 사람이 직접 하는 것이니 오류가 발생할 가능성도 무시할 수 없다. 게다가 네트워크 환경이 점점 커지면서 관리해야 할 라우터가 늘어나게 되면 수동으로 라우팅 테이블을 관리하는 일은 점점 큰 문제가 되는 것이다.

또 다른 단점은 대부분 이 문제가 발생하지만 치명적인 문제이기도 한데, 바로 시간의 문제다. 라우터가 패킷을 처리할 때 걸리는 시간은 가지고 있는 라우터의 개수에 거의 비례하다고 보면 된다. 즉 3~4개의 라우터가 있다면 큰 문제는 아니다. 하지만 수백 개의 라우터라고 상상해보자. 이때 발생하는 오버헤드는 가히 엄청나다고 할 수 있다.

이러한 두 가지 문제로 작은 규모의 네트워크일 경우에만 정적 라우팅 기법을 사용하기를 권장한다.

▨ RIP를 이용한 동적 라우팅

네트워크 규모가 커질수록 이들을 서브 네트워크로 구성하는 일 역시 많아지게 된다. 그러다 보면 결국엔 엄청난 규모의 서브넷을 갖게 되고 이들을 모두 점검하기란 쉽지 않은 일이 되어 버린다. 특히 여러 명의 시스템 관리자가 있는 경우엔 더 심각하다. 예를 들어 어떤 한 네트워크가 보안 문제 때문에 반으로 나누어 서브넷을 구성했다고 하자. 이러한 상황에서 모든 라우팅 테이블에 대하여 복잡하고 어디에나 다 해당되며 모두가 알아야 하는 업데이트를 직접 실행해야 한다면 네트워크 관리자는 고통 그 자체를 느끼게 될 것이다.

이 문제를 해결하는 솔루션이 바로 **동적 라우팅** 기법이다. 이 개념은 모든 라우터들이 전원이 들어오고 나면 처음에는 자신이 관리하는 네트워크들에 대해서 잘 알고 있다는 것에서 시작한다. 그런 다음 라우터는 자신과 연결되어 있는 다른 라우터들에 그들이 알아야 하는 정보를 전달하고 다른 라우터들은 이 정보를 이제 알고 있다는 점을 응답하게 된다. 이것은 마치 소문과 같다. 주변 사람들에게 네트워크 정보를 알리면 그들은 다시 자신들의 친구들에게 이 내용을 전해준다. 또 그 친구들은 그들의 친구들에게 이 사실을 알리는 것과 같은 것이다. 마침내 해당 네트워크에 연결된 모두가 새로운 네트워크 정보를 알게 되는 것이다.

대학교 전체를 아우르는 네트워크(수많은 부서들이 있는 대기업과 같은)에서는 경로 정보를 알리는 기법을 볼 수 있는데, 이때 가장 많이 사용하는 라우팅 프로토콜이 바로 라우팅 정보 프로토콜(Routing Information Protocol, RIP)과 최단 경로 우선 프로토콜(Open Shortest Path Frist, OSPF)이다.

RIP는 현재 버전 2까지 나왔고 쉽게 설정할 수 있는 간단한 프로토콜이다. 단순히 자신의 라우팅 정보를 다른 라우터로 보내고(알아두어야 할 것은 RIP를 알고 있는 라우터에 모든 서브넷이 연결되어 있다는 것이다), 라우터들은 연결된다. RIP 브로드캐스트는 일정한 시간 간격으로 전송되는데(일반적으로 1분 이내의 간격), 단 몇 분 안에 캠퍼스의 모든 네트워크들이 하나로 연결되게 된다.

자, 이제는 실습을 해보자. RIP를 활용하여 네 개의 서브넷을 가진 대학교의 네트워크를 구성해보려고 한다. 그림 11-10에 네트워크 구성도를 표현하였다.

참고 간단하게 확인하기 위해서 순차적으로 이벤트를 확인할 것이지만 실제로는 동시다발적으로 일어나는 일들이다.

● **그림 11-10**. RIP를 사용하는 소규모 캠퍼스 네트워크 구성도

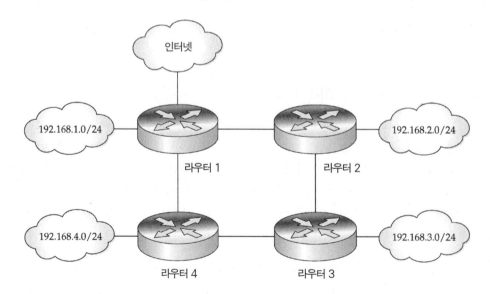

이 그림에 나와있듯이 라우터 1은 192.168.1.0/24에 대한 정보를 알게 되고 아울러 자신이 인터넷에 연결될 수 있는 기본 경로를 가지고 있다는 것을 알게 된다. 라우터 2는 192.168.2.0/24에 대해서 알게 되고 라우터 3은 192.168.3.0/24에 대해 알게 될 것이다. 라우터 4도 마찬가지다. 라우터가 시작할 때, 각각의 라우팅 테이블은 다음과 같은 내용을 가지고 있게 된다.

라우터	라우팅 테이블
라우터 1	192.168.1. Internet gateway
라우터 2	192.168.2.
라우터 3	192.168.3.
라우터 4	192.168.4.

라우터 1은 자신이 알고 있는 경로가 저장된 브로드캐스트를 구성한다. 라우터 2와 4는 연결되어 있기 때문에 해당 경로를 업데이트한다. 그렇게 되면 다음과 같은 테이블을 확인할 수 있다(새로운 경로는 기울임꼴로 표현된다).

라우터	라우팅 테이블
라우터 1	192.168.1. Internet gateway
라우터 2	192.168.2.0/24 *192.168.1.0/24 via router 1* *Internet gateway via router 1*
라우터 3	192.168.3.0/24
라우터 4	192.168.4.0/24 *192.168.1.0/24 via router 1* *Internet gateway via router 1*

라우터 2는 자신의 브로드캐스트를 만들고 라우터 1과 3은 이 패킷을 확인하여 자신의 라우팅 테이블을 다음과 같이 업데이트할 것이다(새로운 경로 정보는 기울임꼴로 표현된다).

라우터	라우팅 테이블
라우터 1	192.168.1.0/24 Internet gateway *192.168.1.0/24 via router 2*
라우터 2	192.168.2.0/24 192.168.1.0/24 via router 1 Internet gateway via router 1
라우터 3	192.168.3.0/24 *192.168.2.0/24 via router 2*

192.168.1.0/24 via router 2
Internet gateway via router 2

라우터 4 | 192.168.4.0/24
192.168.1.0/24 via router 1
Internet gateway via router 1

라우터 3은 자신의 브로드캐스트를 형성하고 라우터 2와 4는 이를 업데이트한다. 지금부터 재미있는 일이 발생하는데, 목적지는 동일한데 경로가 다른 여러 개의 라우팅 정보를 가지고 있다는 사실이다. 자 이제, 라우팅 테이블은 다음과 같이 업데이트된다(새로운 경로 정보는 기울임꼴로 표시된다).

라우터	라우팅 테이블
라우터 1	192.168.1.0/24 Internet gateway 192.168.2.0/24 via router 2
라우터 2	192.168.2.0/24 192.168.1.0/24 via router 1 Internet gateway via router 1 *192.168.3.0/24 via router 3*
라우터 3	192.168.3.0/24 192.168.2.0/24 via router 2 192.168.1.0/24 via router 2 Internet gateway via router 2
라우터 4	192.168.4.0/24 192.168.1.0/24 via router 1 *or 3* Internet gateway via router 1 *or 3* *192.168.3.0/24 via router 3* *192.168.2.0/24 via router 3*

다음으로 라우터 4 역시 자신의 브로드캐스트를 형성하고 라우터 1과 3은 이를 업데이트하여 다음과 같은 테이블 정보를 표시할 것이다(새로운 경로 정보는 기울임꼴로 표시).

라우터	라우팅 테이블
라우터 1	192.168.1.0/24 Internet gateway 192.168.2.0/24 via router 2 or 4 *192.168.3.0/24 via router 4* *192.168.4.0/24 via router 4*
라우터 2	192.168.2.0/24 192.168.1.0/24 via router 1

```
                          Internet gateway via router 1
                          192.168.3.0/24 via router 3
라우터 3                   192.168.3.0/24
                          192.168.2.0/24 via router 2
                          192.168.1.0/24 via router 2 or 4
                          Internet gateway via router 2 or 4
                          192.168.4.0/24 via router 4
라우터 4                   192.168.4.0/24
                          192.168.1.0/24 via router 1
                          Internet gateway via router 1
                          192.168.3.0/24 via router 3
                          192.168.2.0/24 via router 3
```

모든 라우터들이 자신들이 갖고 있던 최초의 라우팅 정보를 한 번씩 브로드캐스트하고 나면 최종적으로 다음과 같은 라우팅 테이블을 갖게 된다.

라우터	라우팅 테이블
라우터 1	192.168.1.0/24 Internet gateway 192.168.2.0/24 via router 2 or 4 192.168.3.0/24 via router 4 or 2 192.168.4.0/24 via router 4 or 2
라우터 2	192.168.2.0/24 192.168.1.0/24 via router 1 or 3 Internet gateway via router 1 or 3 192.168.3.0/24 via router 3 or 1
라우터 3	192.168.3.0/24 192.168.2.0/24 via router 2 or 4 192.168.1.0/24 via router 2 or 4 Internet gateway via router 2 or 4 192.168.4.0/24 via router 4 or 2
라우터 4	192.168.4.0/24 192.168.1.0/24 via router 1 or 3 Internet gateway via router 1 or 3 192.168.3.0/24 via router 3 or 1 192.168.2.0/24 via router 3 or 1

이러한 그물망 같은 구조가 그토록 중요할 것일까? 그 이유는 다음 예를 통해 이해할 수 있을 것이다. 일단, 라우터 2에 장애가 생겼다. 라우터 3은 라우터 2에 의존하여 인터넷으로 패킷을 전송하기 때문에 즉각적으로 테이블에 해당 내용을 업데이트할 수 있다. 그리고 라우터 2에 문제가 있어 응답이 없다는 것을 알게 되기 때문에 라우터 2 대신 4를 이용하여 패킷을 인터넷으로

전송하게 될 것이다.

RIP 알고리즘 (OSPF를 사용하는 이유)

서브넷 사이의 최적의 경로를 찾아내는 부분에 있어서는 RIP는 적합한 프로토콜이라 할 수 없다. 왜냐하면 RIP가 패킷 경로를 찾는 방법은 한 노드에서 다른 노드로 이동할 때까지 거쳐야 하는 라우터의 수(또는 홉)를 최소화하는 것이기 때문이다. 마치 최상의 방법처럼 들리겠지만 여기서 놓치고 있는 점은 RIP 알고리즘은 링크상의 트래픽 양과 그 링크의 속도다.

그림 11-10을 다시 보면, 이 같은 상황은 볼 수 없지만 라우터 3과 4 사이의 링크가 점점 트래픽이 증가하고 있다고 가정해보자. 이때 라우터 3이 인터넷으로 패킷을 보내면 RIP는 가능한 경로들에 대해서 동등한 길이로 확인하게 된다(3-4-1 경로와 3-2-1 경로). 결과적으로 패킷은 라우터 4를 통해 전달되지만 실제로는 (트래픽이 적은)라우터 2를 통해 전달하는 것이 훨씬 더 빠르다는 점이다.

그래서 OSPF(최단 경로 우선 프로토콜)가 등장한다. 이것은 다른 라우터에 브로드캐스트한다는 점에서는 같다. 다른 점은 라우터 사이에 존재하는 홉의 수를 파악하기보다는 빠른 통신을 이루고 있는 라우터를 파악한다는 것이다. 우리 예제를 다시 보게 되면 라우터 3과 라우터 4를 연결하는 링크에 트래픽이 증가하게 될 때 OSPF는 라우터 2를 통해서 라우터 1로 패킷을 전달하는 것이 최상의 경로임을 파악하게 된다.

OSPF의 또 다른 특징은 목적지 주소에 두 개의 가능한 경로가 있고 이들은 모두 똑같은 전달 시간을 가지는 경우 이를 처리하는 방식이다. 이러한 경우를 만나게 되면 OSPF는 양쪽 링크를 두고 트래픽을 공유하는 기능을 발휘한다. 이것을 equal-cost multipath 프로세스라고 하는데 사용 가능한 자원들을 효율적으로 활용해주는 것이다.

하지만 역시 약점도 있기 마련이다. OSPF의 첫 번째 단점은 오래된 네트워크 장비라든지 사양이 좋지 못한 장비의 경우 OSPF 알고리즘을 지원하지 않는다. 원한다면 비싼 비용을 들여서 도입을 해야 한다. 두 번째 문제는 복잡하다는 것이다. 하지만 RIP는 그에 비하면 훨씬 단순한 알고리즘이다. 따라서 소규모의 네트워크를 운용할 때에는 RIP는 가장 적합한 첫 번째 선택이라 하겠다.

tcpdump 사용

tcpdump 도구는 시스템 관리자가 가장 많이 활용하는 도구 중 하나다. GUI로 지원되는 것으로는 Wireshark가 있는데, 그래픽 환경에 있다면 이것이 조금 더 사용하기 편리할 수 있다. Wireshark는 tcpdump의 강력한 기능들을 모두 지원한다. 그뿐만 아니라 보다 다양한 필터, 다양한 프로토콜 지원, TCP 연결을 추적할 수 있는 기능 및 여러 가지 통계 기능까지 갖추고 있다.

하지만 여기에서는 tcpdump를 사용하는 방법에 대해서만 예제를 통해 알아보려고 한다.

▨ 일반적인 정보 보기

어려운 예제를 실습해보기에 앞서 우선 앞에서 소개한 도구들에 대한 몇 가지 활용 팁을 알아보고 가자.

Wireshark

Wireshark(Ethereal이라고도 함)는 그래픽 환경을 지원하는 도구로 패킷 추적과 패킷을 해석한다. 그 외에도 tcpdump가 가진 다양한 기능들을 모두 지원하며 다양한 프로토콜을 자세하게 알려준다. Wireshark의 최신 버전은 다음 URL에서 다운로드 받을 수 있다. www.wireshark.org

Wireshark의 가장 멋진 기능은 다양한 플랫폼을 지원한다는 점이다. 윈도우뿐만 아니라 OS X와 유닉스 환경에서 모두 이 도구를 사용할 수 있다. 예를 들어서 여러분이 윈도우 데스크톱과 여러 대의 리눅스 서버를 보유하고 있다면 서버의 패킷을 가져다가 기타 다른 여러 개의 어떠한 플랫폼에서도 그 패킷을 확인하고 분석할 수 있다는 것이다.

Wireshark의 놀라운 기능 때문에 너무 좋겠지만, tcpdump를 통해 끊임 없는 실습을 해봐야만 한다. 트러블슈팅을 다룰 때, Wireshark를 편리하게 활용할 수 있는 시간이 항상 있다고 보장할 수 없고 또한 빠른 시간 안에 패킷의 유효성을 검증하고 싶다면 그래픽 환경을 지원하는 도구를 시작해서 확인하는 시간이 훨씬 더 걸리기 때문에 그다지 유용하지 않을 것이다. tcpdump 도구는 그러한 상황을 빠르게 진행할 수 있도록 해준다. 그렇기 때문에 빠른 대응을 하기 위해서는 tcpdump에 익숙해지는 것이 훨씬 더 도움이 될 것이다.

참고
Sun사의 솔라리스를 관리하는 사람들은 snoop을 자랑할 것이다. 이것은 tcpdump와 아주 똑같지는 않지만 비슷한 수준이다. 일단 하나를 알아두면 다른 하나는 보다 쉽게 활용할 수 있게 된다.

덤프파일을 읽고 쓰기

엄청난 양의 데이터를 가져다가 저장해야 하는 경우엔 -w 옵션을 써서 패킷을 디스크에 쓰기 실행을 하려고 할 것이다. 다음과 같이 말이다.

```
[root@server:~]# tcpdump -w /tmp/trace.pcap -i eth0
```

tcpdump 도구는 터미널이 종료될 때까지 eth0 인터페이스상에 보이는 패킷들이라면 모두 캡처할 것이고 프로세스를 종료하려면 CTRL+C를 입력한다. 읽어 들인 파일은 Wireshark에서 실행되거나 tcpdump 캡처 포맷(pcap이라고 한다)을 처리할 수 있는 프로그램에서도 실행될 수 있다.

참고 -w 옵션을 tcpdump와 함께 쓸 때, IP 주소를 변환할 DNS를 적용하지 않기 위해서 -n 옵션을 항상 사용할 필요는 없다.

tcpdump로 저장된 패킷 트레이스를 읽으려면 -r 옵션을 쓴다. 이때 여러 가지 필터와 옵션을 적용하여 패킷의 내용을 원하는 대로 출력할 수도 있다. 예를 들어 트레이스 파일에서 ICMP 패킷만을 보고 싶고 또 DNS 검색 정보는 생략하고 싶다면(-n 옵션을 사용해서) 다음과 같이 실행하면 된다.

```
[root@server:~]# tcpdump -r /tmp/trace.pcap -n icmp
```

패킷의 추가 정보 캡처하기

기본적으로 tcpdump는 패킷의 처음 65,535바이트까지만 캡처할 수 있다. 단지 패킷의 흐름을 추적하고 어떤 일이 진행되고 있는지를 확인하는 것이라면 이 정도만으로도 충분하다. 하지만 향후 디코딩 작업을 위해 패킷 전체를 캡처해야 한다면 이 한계값을 늘려야 한다. 그렇지 않으면 캡처 프로세스의 속도를 늘려서 가능한 적은 패킷을 캡처해야만 한다.

tcpdump가 캡처할 수 있는 패킷의 길이를 수정하려면 -s 옵션이 필요하다. 예로 1500바이트 패킷 전체를 캡처해서 디스크에 쓰고자 한다면 다음과 같이 명령을 실행한다.

```
[root@server:~]# tcpdump -w /tmp/dump.pcap -i eth0 -s 1500
```

성능에 미치는 영향

패킷 트레이스를 캡처하는 것은 성능에 영향을 주는 것이다. 특히 작업량이 많은 서버에서 더 많은 영향을 준다. 성능에 영향을 주는 일을 두 부분으로 볼 수 있는데 첫 번째는 패킷을 캡처하는 일이고, 두 번째는 패킷을 해석하고(decoding) 출력하는 일이다.

패킷을 캡처하는 작업은 비용적인 측면에서 볼 때 적합한 필터 사용에 따라 비용을 최소화할 수 있다. 일반적으로 사용자의 서버의 작업량이 매우 많거나 초당 수백 메가바이트 양의 트래픽이 발생하지 않는 이상 이로 인한 영향은 그렇게 크진 않다. 다만 패킷을 커널에서 tcpdump 응용프로그램으로 가져갈 때 버퍼 복사와 컨텍스트 교환이 이루어지면서 어느 정도의 비용이 발생할 뿐이다.

이와 반대로, 패킷을 해석하고 출력하는 일은 비용이 상당하다. 해석하는 것 자체는 전체 비용에서 차지하는 비율은 적다. 하지만 출력은 비용률이 높다. 서버를 실행할 때 두 가지 정도의 이유로 출력을 되도록 피하고 싶을 것이다. 출력하기 위한 형태로 문자열을 구성하는 데 발생하는 서버 부하 문제와 해당 결과를 화면에 표시할 때 발생하는 서버 부하 문제 때문이다. 후자 요인에 있어 직렬 라인으로 연결된 콘솔을 사용할 경우 특히 더 많은 비용이 들어간다. 이유는 직렬 포트를 통해 전송된 각각의 바이트마다 최우선순위의 인터럽트가 발생하게 되는데(네트워크 카드보다 우선순위가 높다), 직렬 포트는 다른 그 어떤 것보다 처리 속도가 아주 느려서 이를 처리하기 위해 상당한 시간이 소모된다. 해석된 패킷을 직렬 포트를 통해 출력하는 것은 CPU의 관심을 받고 싶어 안달 난 듯 이들을 네트워크 카드에 엄청난 인터럽트 트래픽을 발생시켜서 패킷을 놓치게 되는 현상이 발생한다.

이러한 해석/출력 프로세스의 과도한 부하요인을 줄이기 위해서 -w 옵션을 사용하여 패킷 그대로를 디스크에 쓰도록 한다. 패킷을 디스크에 쓰는 프로세스가 출력하는 데 반해 훨씬 더 빠르면서 비용도 덜 들기 때문이다. 또한 이로써 해석/출력 프로세스 전반을 생략할 수 있고 필요한 경우에만 활용하면 된다.

네트워크 트래픽을 모두 캡처하지 말길

tcpdump를 사용할 때 저지르게 되는 흔한 실수 중 하나가 바로 네트워크를 통해 로그인하여 캡처를 실행하는 것이다. 적절한 필터 없이 사용자의 세션에 살아있는 패킷들을 캡처하게 되면, 다시 말해서 그들을 모두 화면에 표시하게 되면 이것은 캡처될 새로운 패킷을 새로 생성하고 또 다시 이들은 캡처되는 악순환이 발생한다. 이러한 악순환의 고리를 만들지 않으려면 캡처할 때 22번 포트를 제외시키면 된다. 다음과 같이 말이다.

```
[root@server:~]# tcpdump not tcp port 22
```

만일 이 포트를 다른 누군가가 사용하고 있다면 또 다른 필터를 통해 자신의 호스트만 대상이 되도록 설정할 수 있다. 예를 들면 사용자는 현재 192.168.1.8 호스트라고 해보자. 그럼 다음과 같이 명령을 실행하면 된다.

```
[root@server:~]# tcpdump "not (host 192.168.1.8 and tcp port 22)"
```

(쌍따옴표가 사용되었다. 이로써 쉘은 괄호 안의 내용을 해석하지 않는다.)

DNS는 왜 느릴까?

무언가 이상한데 자주 발생하는 문제로 인해 tcpdump를 사용하게 되는 경우가 많다. 패킷 트레이스 그 자체를 사용해서 일정 기간 그 행동을 관찰하고 문제들을 파악하다 보면 시스템의 다른 작업에 가려졌거나 디버깅 도구가 없어서 미처 찾아내지 못한 것이 큰 원인이 되기도 한다.

이제 DSL 제공자가 관리하는 DNS 서버를 현재 사용 중이라고 가정해보려고 한다. 무언가 이상한 조짐이 보이기 전까지는 아무런 문제 없이 잘 운영되고 있었다. 특히 웹 사이트에 접속할 때, 맨 처음 연결 속도는 매우 느렸다. 하지만 연결이 되고 나면 시스템은 다시 재속도를 찾아갔다. 또한 여러 개의 사이트 모두 연결이 잘 안 되는 경우에도 재실행을 하면 잘 연결되었다. 이 말은 즉 DNS 서버가 아무 문제 없이 잘 돌아가고 있다는 것인데, 그럼 뭐 하는가? 너무 느린데……

여기서 우리는 패킷 트레이스를 살펴보려고 한다. 웹 트래픽인 경우 두 가지의 프로토콜이 사용된다는 것을 알 수 있다. 호스트명을 바꿔주는 DNS와 연결 설정을 위한 TCP다. 따라서 필터를 통해 관련이 없는 것들을 제외하고 오직 이 두 개의 프로토콜에만 집중할 필요가 있다. 속도에 문제 있어서 패킷의 타임스탬프를 활용하는 것이 필요하기 때문에 -t 옵션은 사용하지 않을 것이다. 다음과 같이 명령을 실행하여 그 결과를 확인해보자.

```
[root@server:~]# tcpdump -nn port 80 or port 53
```

그런 다음 원하는 웹 사이트로 접속한다. 여기에서는 www.labmanual.org 사이트를 접속할 것이다. 다음 UDP 패킷 몇 개만 살펴보자.

```
21:27:40 IP 172.16.0.100.4102 > 192.168.0.1.53: A? labmanual.org (31)
21:27:50 IP 172.16.0.100.4103 > 192.168.0.1.53: A? labmanual.org (31)
21:27:58 IP 192.168.0.1.53 > 172.16.0.100.4102: 1/4/4 A 174.120.8.130 (206)
```

재미있는 부분이 있다. 해당 호스트명과 매핑이 되는 IP 주소를 가져오도록 DNS 요청을 재전송했다는 점이다. 응답은 왔지만 연결에 문제가 있는 것처럼 보인다. 그럼 나머지 연결 상태는 어떤가? 이러한 연결 문제가 다른 작업에도 영향을 주게 될까?

```
21:27:58 172.16.0.100.3013 > 174.120.8.130.80: Flags [S],\
seq 1031:1031, win 57344, Length 0
21:27:58 174.120.8.130.80 > 172.16.0.100.3013: Flags [S],\
seq 192:192 ack 1031, win 5840, Length 0
21:27:58 172.16.0.100.3013 > 174.120.8.130.80: Flags [.], ack 1 win 58400\
21:27:58 172.16.0.100.3013 > 174.120.8.130.80: Flags [P],\
seq 1:17, ack 1 win 58400, Length 16
......<이하 생략>.......
21:27:58 172.16.0.100.3013 > 174.120.8.130.80: Flags [.], ack 2156, win 56511
21:27:58 172.16.0.100.3013 > 174.120.8.130.80: Flags [F],\
seq 94:94 ack 2156, win 58400, Length 0
21:27:58 174.120.8.130.80 > 172.16.0.100.3013: Flags [.], ack 95 win 5840
```

그러나 나머지 연결들은 빠르게 진행되었다. 이번에는 DNS 서버를 살펴보자.

```
[root@server:~]$ ping 192.168.0.1
64 bytes from 192.168.0.1: icmp_seq=1 ttl=247 time=213.0 ms
64 bytes from 192.168.0.1: icmp_seq=3 ttl=247 time=477.0 ms
64 bytes from 192.168.0.1: icmp_seq=4 ttl=247 time=177.5 ms
....<이하 생략>....
10 packets transmitted, 5 received, 50% packet loss, time 9023ms
```

그렇다! 여기서 우리는 패킷이 유실되는 상황이 벌어지고 있음을 볼 수 있고 연결 상황은 그리 좋지 않다(약 50% 이상이 손실되었다). 이것으로 DNS 서버의 이상한 행동이 설명된다. 이 문제를 해결하는 동안 다른 DNS 서버도 확인해보길 바란다.

▨ 그래프 그리기

네트워크 정보를 수집할 땐 tcpdump가 단연 최고다. tcpdump로 발견한 데이터들을 정리하여 통계화하거나 그래픽으로 표현하면 그 활용도와 정보력은 매우 유용할 것이다(적어도 남는 시간을 활용해서 하기 좋은 연습이 된다). 그 작업을 지금 몇 가지 예제를 통해 해보도록 하자.

ISN 그래프 그리기

TCP 연결에 있어 초기 순서 번호(Initial Sequence Number, ISN)라는 것은 연결 시작을 알리는 SYN 패킷에 지정한 순서 번호를 말한다. 보안을 위해서 임의의 ISN을 사용해서 여러분의 서버에 접근하는 외부의 연결을 위조하지 못하도록 해야 한다. 이러한 임의로 생성되는 ISN값의 분포도를 그래프로 표현하려면, 우선 tcpdump를 통해 웹 서버에서 전송된 5개의 SYN/ACK 패킷을 캡처하도록 한다. 캡처가 완료되면 다음과 같이 tcpdump 명령문과 Perl 코딩을 파이프로 연결하여 실행한다.

```
[root@server:~]# tcpdump -l -c 5 -n -t "tcp[13] == 18" |
perl -ane '($s,$j)=split(/,/,$F[7]); print "$s\n";' > graphme
```

tcpdump 명령문에서 새로운 인자를 발견했다. -l이다. 이것은 줄 단위로 버퍼링을 실행시키고 이는 앞에서와 같이 다른 프로그램에 tcpdump 실행 결과를 파이프로 전달할 때 필요한 기능이다. 또 새로운 것이 있는데 TCP 패킷의 특정 바이트 오프셋 값을 검사하는 기법이다. 앞의 예제에서는 TCP 헤더의 13번째 바이트가 TCP 플래그 값을 결정하도록 설정되어 있는데, 이때 SYN/ACK은 18로 되어 있음을 알 수 있다. tcpdump 결과 내용이 줄로 표현되고 이것이 파이프를 통해 Perl로 전달되면 Perl 스크립트는 해당 줄의 순서 번호를 가져와서 출력해줄 것이다. 따라서 최종 결과 파일인 graphme 파일은 다음과 같은 숫자 열을 보여준다.

```
803950992
1953034072
3833050563
3564335347
2706314477
```

이제는 gnuplot(www.gnuplot.info)를 사용해서 이 내용을 그래프로 그려보자. 이를 위해 또 다른 스프레드시트를 활용할 수 있겠지만 처리해야 할 데이터의 양에 따라 사용할 문서를 선택해야 할 것이다. 하지만 gnuplot 프로그램은 대용량 데이터도 잘 처리하며 심지어 무료로 사용할 수 있다.

다음 명령어를 입력하여 gnuplot 프로그램을 실행한다.

```
[root@server:~]$ gnuplot
gnuplot>set terminal png
Terminal type set to 'png'
Options are 'small monochrome'
gnuplot>set output 'syns.png'
gnuplot>plot 'graphme'
gnuplot> quit
```

이 명령을 실행한 결과로 생성된 syns.png 파일을 확인해보길 바란다. ISN값의 분포도를 잘 표현한 하나의 그래프를 볼 수 있을 것이다. 이 그래프를 보게 되면 TCP 연결을 위조하는 일이란 매우 어렵다는 것을 느낄 것이다. 분명한 것은 더 많은 데이터를 그래프로 그려볼수록 그 사실에 더욱 공감할 수 있다는 것이다. 이뿐만 아니라 통계 프로그램도 활용해서 이 결과를 다시 한번 더 확인해보는 것도 재미있을 것이다.

IPv6

IPv6의 뜻은 인터넷 프로토콜 버전 6이다. 또 다른 표현으로는 **IPng** 즉 다음 세대를 위한 인터넷 프로토콜(Internet Protocol: the Next Generation)이 있다. IPv6는 이전 버전의 IPv4에 비해 훨씬 더 강력하고 새로운 기능을 제공한다. 다음은 몇 가지 주요 기능들이다.

- 확장된 주소 공간

- 내장형 보안 기능으로 네트워크 계층 단의 암호화와 인증을 지원

- 단순해진 헤더 구조

- 향상된 라우팅 기능

- 내장형 자동 설정 기능

■ IPv6 주소 형식

IPv6는 주소 공간을 확실히 늘려주었다. IPv4의 32비트와 비교하면 IPv6는 128비트로 길어졌기 때문이다. 따라서 주소 공간은 128비트(또는 16바이트)를 사용하게 되면 약 3.4×10^{38} 정도의 주소를 사용할 수 있다는 것이다(IPv4는 약 40억 개의 주소를 제공했다).

한 번의 실수 없이 128비트 길이의 문자열을 기억하거나 쓰는 일은 사람에게 있어 결코 쉬운 일이 아니다. 그래서 이들을 간편하게 쉽게 표현할 수 있는 몇 가지 간략화 기법들 또한 고안되었다. 그 중 하나가 IPv6의 128비트는 16진수로 바꿔 표현하는 것이다. 그렇게 되면 16진수인 32

비트 형태로 줄어든다. IPv6 주소는 4개의 16진수 숫자들을 8개의 그룹으로 표현할 수 있는데 다음과 같이 콜론을 통해 그룹을 구성한다.

    0012:0001:0000:0000:2345:0000:0000:6789

여기에서 IPv6 주소가 0으로 시작되면 이 0들도 생략할 수 있다. 이 예제 주소는 다음과 같은 형태로 바뀐다.

    12:1:0000:0000:2345:0000:0000:6789

또한 이와 같은 형태는 다시 다음과 같이 축약되어 표현할 수 있다.

    12:1:0:0:2345:0:0:6789

아직 끝나지 않았다. 0으로만 이루어진 그룹이 하나 이상 연이어 있는 경우 이들은 두 개의 콜론만으로 표시할 수 있다. 단, 주소 전체에서 한 번만 이 표현을 사용할 수 있다. 그럼 다음과 같이 형태가 또 바뀌게 될 것이다.

    12:1::2345:0:0:6789

이 규칙을 따라 이 주소를 다시 한번 더 다음과 같이 바꾸게 되면 이것은 더 이상 유효한 주소가 아니다. 왜냐하면 두 개의 콜론이 두 번이나 사용되었기 때문이다.

    12:1::2345::6789

▓ IPv6 주소 종류

IPv6 주소에는 여러 가지 종류가 있다. 주소 하나하나마다 별도의 주소 종류 또는 범위를 가짐으로써 여러 가지 다른 일들을 할 수 있다. IPv6 주소를 세 개로 분류할 수 있는데 **유니캐스트**, **애니캐스트**, **멀티캐스트** 주소다.

유니캐스트 주소

IPv6의 유니캐스트 주소는 단일 네트워크 인터페이스를 의미한다. 유니캐스트 주소로 전송된 패킷은 호스트의 특정 인터페이스를 위한 패킷이다. 대표적인 유니캐스트 주소로는 링크-로컬(미지정된 주소인 ::/128, 루프백 주소인 ::1/128, 그리고 자동 설정 주소인 fe80::/10과 같은 것이다), 광역 유니캐스트, 사이트-로컬, 기타 특별 용도를 위한 주소들이다.

애니캐스트 주소

애니캐스트 주소는 IPv6 주소 중에서도 다중 인터페이스에 할당되는 주소다(가능한 서로 다른 호스트에 존재하는 인터페이스들이다). 애니캐스트 주소로 전송된 패킷은 애니캐스트 주소를 공유하고 있는 가장 가까운 인터페이스로 전달된다. 가장 가깝다는 것은 라우팅 프로토콜 입장에서 거리적으로 가깝다는 것이거나 가장 접근하기 쉬운 호스트라는 것일 수 있다. 애니캐스트 주소를 공유하는 호스트들은 똑같은 접두사가 있는 주소를 갖게 된다.

멀티캐스트 주소

IPv6의 멀티캐스트 주소는 IPv4의 멀티캐스트 주소와 기능적인 면에서 비슷하다고 할 수 있다. 멀티캐스트 주소로 전송된 패킷은 멀티캐스트 주소를 가지고 있는 호스트(인터페이스)라면 다 받게 되어 있다. 멀티캐스트 그룹을 구성하는 호스트 또는 인터페이스들은 똑같은 접두사가 있는 주소를 사용할 필요가 없고 동일 물리적 네트워크에 연결되어 있을 필요 또한 없다.

▨ IPv6 하위 호환성

IPv6를 설계한 사람들은 IPv6에 하위 호환성 기능을 더하여 아직 IPv6를 받아들일 준비가 되지 않은 호스트나 사이트를 수용할 수 있도록 IPv6를 만들었다. 여러 가지 방법으로 IPv4를 사용하는 호스트와 사이트들을 위한 지원이 이루어지고 있다. 즉 IPv4 주소를 IPv6 주소에 매핑하는 것, 호환 가능한 주소 지원(IPv4와 호환되는 IPv6 주소), 터널링이 있다.

주소 매핑하기

매핑된 주소는 IPv6 호스트가 사용하는 특이한 유니캐스트 타입의 주소라고 할 수 있다. 이들은 IPv6 호스트가 IPv4 호스트로 IPv6 기반을 통해 패킷을 전송하려고 할 때 사용된다. 매핑된 IPv6 주소 형태는 다음과 같다. 가장 처음 80개의 비트는 모두 0이고 그 다음 1로 구성된 16개의 비트가 온다. 마지막으로는 IPv4 주소로 나머지 32비트를 채운다.

호환 가능한 주소

IPv6의 호환 가능한 주소는 IPv4만 지원하는 호스트를 지원하기 위해서 필요하다. IPv6 자체를 지원하지 않지만 IPv4를 기반하는 환경에서 IPv6 호스트끼리 통신하려는 경우 사용될 수 있다. 형태는 다음과 같다. 첫 번째 96비트는 모두 0이고, 나머지 32비트는 IPv4 주소가 된다.

터널링

이 방법은 IPv6 호스트가 사용하는 것인데 IPv4 기반 환경에서 설정된 터널들을 활용하여 정보를 전송하려 할 때 필요하다. 이것은 IPv6 패킷을 IPv4 패킷으로 감싼 뒤 IPv4 네트워크를 통해 전송하는 방식이다.

요약

11장에서는 TCP/IP 및 기타 여러 가지 프로토콜, ARP, 서브넷, 넷 마스크, 라우팅까지 기본적인 내용들을 알아보았다. 한번에 소화해내기엔 많은 양이었다. 하지만 이들을 요약한 내용들을 다시 확인해보면 더 쉽게 이해할 수 있을 것이다. 다음 내용을 보자.

- TCP/IP와 ISO OSI 7 계층 모델과의 관계

- 패킷의 구성요소

- tcpdump를 활용한 패킷 헤더 분석

- TCP 연결, 데이터 전송, 연결 해제까지의 전체 과정

- 넷 마스크 계산법

- 정적 라우팅 동작 원리

- RIP를 이용한 동적 라우팅

- tcpdump를 활용한 패킷 분석 예제

- IPv6 소개

단 몇 줄로 우리가 공부한 내용을 엄청나게 요약해보았다. 하지만 요약된 내용에 대해 보다 더 자세하게 이해하기 위해서 다른 참고서적이나 자료들을 꼭 찾아보길 바란다. 사용자의 시스템 환경이 점점 갈수록 복잡한 네트워크 환경을 필요로 하거나 방화벽 운영 방식을 보다 자세히 알고 싶을 때 더욱 그렇다.

추천하고 싶은 책은 리차드 스티븐스의 『TCP/IP Illustrated, Volume 1』(에이콘출판사, 2013)으로 다소 오래된 책이긴 하다.[1] 하지만 이 책에서는 TCP/IP뿐만 아니라 IP를 통해 데이터를 전송하는 다양한 프로토콜들을 깊이 있게 다루고 있다. 게다가 이 책의 저자는 이렇게 복잡한 주제를 간단명료한 방식으로 설명하고 있어서 큰 도움이 될 것이다.

항상 그렇듯이 우리가 다뤄본 여러 가지 도구나 유틸리티의 매뉴얼 페이지 역시 공부하기 좋은 정보들이 수두룩하다. 11장에서 사용한 tcpdump의 경우, www.tcpdump.org/tcpdump_man.html 에서 그 최신 버전의 문서를 확인할 수 있다.

---

1 편주: 원서는 1994년도에 출간되었다.

CHAPTER 12

네트워크 설정

최신 운영체제의 대부분이 그러하듯이 리눅스 역시 시스템에서 네트워크와 관련된 작업들을 관리할 때 사용할 수 있는 강력한 그래픽 인터페이스를 가진 도구들을 지원한다. 이러한 도구들 중에는 NetworkManager(nm)과 Wireless Interface Connection Daemon(WICD)이 대표적이다. 그래픽 도구들은 그저 앞에만 잘 꾸며진 화면을 보여줄 뿐이지 그 뒤에서는 텍스트 파일들을 여전히 처리해야 한다.

만약 여러분이 리눅스를 통한 네트워크 환경 설정하는 방법에 대해 잘 이해하고 있다면 이것은 매우 유용하여 여러 가지 상황에서 손쉽게 대처할 수 있다. 무엇보다 여러 가지 네트워크 문제가 갑자기 발생했는데, 여러분이 즐겨 사용하는 GUI 도구가 어떤 이유에서인지 실행되지 않는 상황이 벌어질 때, 여러분이 만일 커맨드라인을 통해 네트워크 환경설정을 조작할 수 있다면 정말 결정적이고 중대한 역할이 될 것이다. 또 다른 경우는 원격 제어를 해야 하는 상황이다. 원격지에 있는 그래픽 도구를 실행하지 못하는 경우가 있을 텐데, 방화벽이라든지 네트워크 지연과 같은 문제들에 대해서는 커맨드라인을 통해서만 원격 제어가 가능하기 때문이다. 따라서 스크립트나 커맨드라인 도구를 활용해서 네트워크 환경설정을 하는 것이 제격이다.

이번 장에서 우리가 공부할 것은 전반적인 네트워크 인터페이스 드라이버에 대한 내용과 이러한 네트워크 인터페이스에 대하여 커맨드라인으로 관리할 때 필요한 몇 가지 도구에 대한 것이다.

모듈과 네트워크 인터페이스

리눅스는 파일 추상화 계층을 통해 네트워크 장치에 접근하는 방식을 따르지 않는다. 네트워크 드라이버가 네트워크 카드를 설정하고 드라이버 자신을 커널에 등록하고 나서야 네트워크 카드를 사용할 수 있는 메커니즘이 형성된다. 일반적으로 이더넷 장치들은 ethX 형태로 등록되는데, X는 장치 번호를 가리킨다. 첫 번째 이더넷 장치는 eth0이고, 두 번째는 eth1로 이런 방식으로 등록된다.

리눅스 커널이 컴파일된 방식에 따라서 네트워크 인터페이스 카드의 드라이버는 모듈 형태로 컴파일되는데, 대부분의 배포판에는 이 모듈이 내장되어 있는 경우가 많다. 그 이유는 새로운 하드웨어에 대한 검사가 쉬워지기 때문이다.

만일 네트워크 드라이버가 모듈 형태로 설정되어 있고 이러한 모듈이 자동으로 실행되도록 설정되어 있다면 이제 커널은 장치 이름과 실행할 모듈을 매핑해야 한다. 또는 단순히 해당 모듈에 몇 가지 특별한 옵션을 전달해주어야 한다. /etc/modprobe.d 디렉터리에 있는(없다면 만들어야 한다) 특정 설정 파일을 활용해야 하는 것인데, 예를 들어 사용자의 eth0 장치가 Intel PRO/1000 카드인 경우 다음과 같은 내용을 /etc/modprobe.d/example.conf 파일에 추가하면 된다.

```
alias eth0 e1000
```

여기서 e1000는 장치 드라이버의 이름을 가리킨다.

이러한 내용을 동일한 시스템에 존재하는 모든 네트워크 장치마다 설정해주어야 한다. 예를 들어보자. 여러분은 두 개의 네트워크 카드를 갖고 있는데 하나는 DEC Tulip 칩셋을 사용하는 것이고, 다른 하나는 RealTek 8169 칩셋을 사용한다. 그렇다면 /etc/modprobe.d/example.conf 파일에 다음과 같은 내용을 설정해야 한다.

```
alias eth0 tulip
alias eth1 r8169
```

여기서 tulip은 Tulip 칩셋을 사용하는 네트워크 카드를 위한 설정인 것이고, r8169는 RealTek 8169 카드를 가리키는 것이다.

> **참고** udev 서브 시스템의 경우 이더넷 카드 같은 네트워크 장치에 할당되는 장치 이름을 관리할 때 활용할 수 있다. 리눅스 커널의 이름을 잘 모르는 경우 이것을 통해 네트워크 장치를 탐색할 수 있다.

사용자의 시스템에 설치된 모든 네트워크 장치 드라이버 목록을 확인할 때에는 다음과 같이 입력한다. 이러한 정보는 /lib/modules/`uname -r`/kernel/drivers/net 디렉터리에서 확인할 수 있다.

```
[root@server etc]# cd /lib/modules/`uname -r`/kernel/drivers/net
[root@server net]# ls
```

` 기호(backtick: 작은 따옴표의 반대 모양)를 사용하여 uname -r 명령이 실행되는 것을 눈여겨 보아야 한다. 이 명령이 실행되면서 현재 커널 버전에 대한 정확한 드라이버 버전을 사용할 수 있게 된다. 만일 현재 배포판 설치가 표준형으로 되어 있다면 /lib/modules라는 디렉터리에 하나

의 서브 디렉터리만 나타날 것이다. 하지만 커널 버전을 업그레이드하거나 커널 컴파일을 직접했다면 하나 이상의 서브 디렉터리가 있을 수 있다.

드라이버를 실행하지 않고 드라이버 정보를 확인할 수 있는 설명서가 있는데 modinfo 명령을 실행하면 된다. 예를 들어 yellowfin.ko 드라이버의 설명서를 보려면 다음과 같이 하면 된다.

```
[root@server net]# modinfo yellowfin | grep -i description
```

드라이버라고 해서 모두 설명서를 지원하진 않지만 거의 대부분은 확인 가능하다.

▼ 일관성 있는 네트워크 장치 이름

페도라 리눅스의 최신 배포판에서는 새로운 방식으로 네트워크 장치 이름을 설정한다. 이렇게 새로운 방식을 하게 된 이유가 있다. 예전에는 리눅스 커널이 시스템상에 있는 이더넷 인터페이스를 감지하여 할당하는 이름에 있어서 예측하기 어려웠다(왜냐하면 하드웨어 초기화 방식, 물리적 PCI 버스 토폴로지, 장치 드라이버 코드, 기타 여러 가지 요인들에 의해 결정되기 때문이다). 이름을 설정하는 새로운 방식은 시스템 보드상의 이더넷 카드와 포트의 실제 위치와 매칭이 가능한 이름으로 설정하도록 한다. 그렇게 되면서 마더보드에 내장된 네트워크 어댑터와 부가 어댑터 등에도 특히 더 많은 영향을 줄 수밖에 없다. 이러한 방식은 점차 데비안, openSUSE 등과 같은 주요 리눅스 배포판에도 적용되기 시작했다.

다음은 이 새로운 네이밍 방식의 진행 과정이다.

- 시스템에 장착되어 있는 이더넷 인터페이스라든지 아니면 내장형 NIC들은 em〈PORT_NUMBER〉로 시작하도록 네이밍이 되며 〈PORT_NUMBER〉 자리에는 실제 하드웨어가 장착된 레이블이 표시된다. 예를 들어 첫 번째로 장착된 이더넷 인터페이스는 em1이란 이름으로 설정되고, 두 번째 인터페이스 장치는 em2가 된다.

- 시스템의 PCI, PCI-e, PCI-X 등과 같은 슬롯에 장착된 네트워크 인터페이스 카드의 이름은 p〈SLOT_NUMBER〉p〈PORT_NUMBER〉 형태로 지정되며 〈SLOT_NUMBER〉에는 실제 PCI 슬롯을 가리키는 것이고 〈PORT_NUMBER〉는 NIC와 대응되는 특정한 물리적 포트 번호로 지정된다. 예를 들면 p1p1, p8p1, p7p1 등과 같은 이름이 되겠다.

일부 가상 장치들의 경우 ethX와 같은 형태로 네이밍을 한다. 또한 이런 형태를 고집하고 싶다면 지원이 되는 경우, 리눅스 커널에 biosdevname=0라는 인자를 부팅 시 옵션으로 지정해두면 새로운 네이밍 방식이 적용되지 않는다.

▨ 네트워크 장치 설정 유틸리티 (ip와 ifconfig)

ifconfig 프로그램은 기본적으로 네트워크 인터페이스 카드(NICs)를 설정하는 프로그램이다. 이 프로그램의 모든 기능은 커맨드라인으로만 실행할 수 있기 때문에 기본 형태 자체가 메뉴나 그래픽 환경을 지원해주지 않는다. 윈도우의 ipconfig 프로그램을 사용하던 관리자라면 비슷한 점을 쉽게 발견할 수 있는데 마이크로소프트가 유닉스에서 차용하여 커맨드라인 인터페이스(CLI)의 네트워킹 도구들을 구현했기 때문이다.

> **참고** ifconfig 프로그램은 일반적으로 /sbin 디렉터리에 있는 것으로 루트의 PATH에 있어 루트 권한이 필요하다. OpenSUSE에 있는 것과 같은 로그인 스크립트는 PATH에 /sbin 디렉터리를 두지 않는다. 또는 기본적으로 권한을 풀어두도록 한다. 그렇기 때문에 일반 사용자로 ifconfig 프로그램을 실행을 요청하는 경우 /sbin/ifconfig를 호출해야 할 수도 있다. 만일 /sbin 디렉터리에 있는 명령어들을 자주 사용한다면 여러분의 PATH에 /sbin을 추가해두는 것이 좋다.

다양한 도구들이 ifconfig의 CLI를 적용하면서도 메뉴를 지원하거나 그래픽 환경을 지원하도록 개발되고 있다. 또한 이러한 도구들이 다양한 리눅스 배포판에 적용되고 있다. 예를 들어 페도라를 보자. 이 배포판은 system-config-network라는 GUI 도구를 지원한다. 하지만 관리자라면 적어도 직접 네트워크 인터페이스를 설정하는 방법을 알아야 한다. GUI에서는 활용할 수 없는 CLI만의 다양한 옵션들을 조작할 수 있다는 것은 정말 소중한 능력이다. 이러한 이유로, 이번 장에서는 ifconfig 커맨드라인 도구를 사용하는 방법에 대해 자세하게 살펴보려고 한다.

또 하나의 강력한 프로그램으로는 리눅스에서 네트워크 장치를 관리할 때 사용하는 ip 프로그램이다. ip의 기능은 iproute 소프트웨어 패키지에서 제공되는 것이다. iproute 패키지에는 리눅스 커널의 네트워킹 기능 중에서도 고급 기능들을 조작할 때 사용하도록 설계된 ip와 같은 네트워킹 유틸리티들을 가지고 있다. ip 프로그램의 명령문은 조금 복잡해서 ifconfig 유틸리티의 명령문에 비하면 까다롭다. 하지만 ip 명령은 훨씬 더 강력하다.

> **참고** 윈도우를 잘 사용하는 관리자들은 %SYSTEMROOT%\system32\netsh.exe 프로그램이 CLI를 활용해서 윈도우의 네트워킹을 깊이 있게 파헤쳐 관리할 때 아주 유용하다는 것을 알 것이다.

다음 내용은 ifconfig 명령어와 ip 명령어를 활용하여 우리의 테스트 서버에서 네트워크 장치를 설정하는 방법이다.

▨ 간단한 사용법

가장 간단하게 사용하는 경우는 설정이 완료된 인터페이스의 이름과 IP 주소를 확인하고자 할 때다. ifconifg 프로그램은 간략한 IP 주소 정보를 출력해주는데 다음과 같이 실행해보자.

```
[root@server ~]# ifconfig eth0 192.168.1.42
```

그러면 192.168.1.42라는 IP 주소에 eth0 장치가 설정된다. 192.168.1.42는 클래스 C 주소라서 계산된 기본 넷 마스크 주소는 255.255.255.0이 될 것이고 브로드캐스트 주소는 192.168.1.255

가 된다.

여러분이 설정하려는 IP 주소가 서브네팅이 각각 다르게 이루어지는 클래스 A, B, C 주소인 경우에는 다음과 같이 커맨드라인에 해당 브로드캐스트와 넷 마스크 주소 설정을 명시해주어야 한다.

```
[root@server ~]# ifconfig dev ip netmask nmask broadcast bcast
```

여기서 dev은 설정하고자 하는 네트워크 장치이고, ip는 IP 주소로 해당 네트워크 장치와 연결된다. Nmask는 넷 마스크, bcast는 브로드캐스트 주소가 되겠다.

다음 예제에서는 eth0 장치를 넷 마스크가 255.255.255.0이고 브로드캐스트 주소가 1.1.1.255인 1.1.1.1인 IP 주소로 연결하려고 한다.

```
[root@server ~]# ifconfig eth0 1.1.1.1 netmask 255.255.255.0 broadcast 1.1.1.255
```

ip 명령으로 바꿔서 같은 작업을 실행해보자.

```
[root@server ~]# ip address add 1.1.1.1/24 broadcast 1.1.1.255 dev eth0
```

참고
> ip 명령문에서는 축약된 형태의 표현이 가능하다. 따라서 앞서 실행한 명령은 다음과 같이 줄여서 표현할 수 있다.
>
> ```
> # ip a ad 1.1.1.1/24 br 1.1.1.255 dev eth0
> ```

ip 명령으로 앞에서 생성한 IP 주소를 삭제하려면 다음과 같이 실행한다.

```
[root@server ~]# ip address del 1.1.1.1/24 broadcast 1.1.1.255 dev eth0
```

ip 명령으로 eth0 인터페이스에 IPv6 주소(예: 2001:DB8::1)를 할당할 땐 다음과 같다.

```
[root@server ~]# ip -6 addr add 2001:DB8::1/64 dev eth0
```

위에서 생성한 IPv6 주소를 삭제해보자.

```
[root@server ~]# ip -6 addr del 2001:DB8::1/64 dev eth0
```

이번에는 ifconfig를 활용해보자. IPv6 주소를 인터페이스에 할당하려고 한다. 이때 주소는 2001:DB8::3이며 인터페이스 이름은 eth2다.

```
[root@server ~]# ifconfig eth2 inet6 add 2001:DB8::3/64
```

이제는 ip 명령으로 다음과 같이 입력해서 모든 인터페이스에 할당된 IPv6 주소를 확인해보자.

```
[root@server ~]# ip -6 a show
```

▓ IP 앨리어스

단일 호스트가 여러 개의 IP 주소를 가지고 있는 특별한 경우가 있다. 리눅스는 이를 IP 앨리어스를 통해 관리한다. 따라서 리눅스 시스템에 있는 각각의 인터페이스들은 할당된 여러 개의 IP 주소를 가지고 있고 이들은 콜론과 숫자를 동일한 인터페이스 이름 다음에 붙여서 해당 번호를 관리한다. 즉 eth0은 메인 인터페이스로 eth0:0은 앨리어스가 붙은 인터페이스로 eth0:1, eth0:2와 같은 형태로 여러 개의 가명(앨리어스가 붙은) 인터페이스를 가질 수 있다.

이렇게 가명 인터페이스를 설정하는 것은 또 다른 인터페이스를 설정하는 것과 꼭 같다. ifconfig를 활용하면 된다. 다음과 같이 eth0:0에 10.0.0.2 주소와 넷 마스크 255.255.255.0을 설정해보자.

```
[root@server ~]# ifconfig eth0:0 10.0.0.2 netmask 255.255.255.0
```

ip로도 할 수 있다.

```
[root@server ~]# ip a add 10.0.0.2/24 dev eth0:0
```

이제는 위에서 설정한대로 그 결과를 확인해보자.

```
[root@server ~]# ifconfig eth0:0
eth0:0 Link encap:Ethernet HWaddr 00:0C:29:AC:5B:CD
       inet addr:10.0.0.2 Bcast:10.0.0.255 Mask:255.255.255.0
       UP BROADCAST RUNNING MULTICAST MTU:1500 Metric:1
       Interrupt:17 Base address:0x1400
```

참고

ifconfig로 인자를 지정하지 않아도 현재 활성화되어 있는 장치 목록을 불러올 수 있다. 또한 비활성화된 목록까지 한번에 확인하려면 -a 옵션을 사용하면 되는데 구문은 다음과 같다.

```
ifconfig -a
```

가명 인터페이스로 이루어진 네트워크 연결은 앨리어스가 붙은 IP 주소를 통해 통신이 가능하다는 점을 기억해야 한다. 하지만 대부분의 상황에서는 호스트 간에 이루어지는 연결은 해당 인터페이스의 가장 처음 할당 받은 IP 주소를 사용한다. 예를 들면 만약 eth0가 192.168.1.15이고 eth0:0은 10.0.0.2의 주소를 사용하면 eth0를 통해 라우트되는 호스트는 192.168.1.15 주소를 사용하게 된다. 예외가 있다. 응용프로그램이 자신을 특정 IP 주소에 제한하는 경우다. 이럴 때에는 가명 IP 주소로 연결하는 것이 가능하다. 만일 한 호스트가 여러 개의 인터페이스를 가지고 있다면 라우팅 테이블은 어떤 인터페이스를 써야 하는지를 결정할 것이고, 해당 테이블 정보에 따라서 인터페이스에 제일 처음 할당된 IP를 사용하게 되는 것이다.

헷갈릴 수도 있겠지만 걱정하지 않아도 된다. 한번에 숙지할 그런 내용이 아니다. 소스 IP 주소를 결정하는 것은 라우팅과도 연결되는 내용이기 때문에 후반부에서 다시 이 부분에 대해 짚어 갈 것이다.

■ 부팅 시에 NIC(Network Interface Controller) 설정

우리는 현재 페도라를 기반으로(또는 레드햇 계열의 배포판) 학습할 것인데 아쉽게도 배포판마다 네트워크 카드를 자동 설정하는 과정이 약간씩 다르다. 따라서 다른 배포판을 사용하고 있다면 다음 두 가지 방법 중 하나를 통해 이 과정을 실행해야 한다.

- 네트워크 설정을 제어하기 위해 제공되는 배포판에 내장된 네트워크 관리 도구를 사용한다.

- 네트워크 카드를 설정하는 스타트업 스크립트를 찾아서(grep 도구로 어떤 스크립트가 `ifconifg` 프로그램을 실행하는지를 찾을 수 있다), 스크립트 끝부분에 `ifconfig` 명령문을 추가하여 저장한다. 또한 rc.local 스크립트에도 `ifconifg` 명령문을 추가한다. 좋은 방법은 아니지만 똑같이 잘 동작하게 된다.

페도라, CentOS, RHEL에서 NIC 설정하기

페도라 및 기타 레드햇 계열의 시스템은 간단한 설정 과정을 통해 부팅 시 네트워크 카드를 쉽게 설정할 수 있다. 이러한 설정은 /etc/sysconfig/network-scripts 디렉터리에 파일 생성을 통해서 이루어지고 이 파일들이 부팅 시에 읽혀지는 것이다. 페도라가 지원하는 모든 그래픽 인터페이스를 가진 도구들은 사용자를 위해 직접 이러한 파일들을 생성하고 관리해준다. 하지만 여러분이 자동차 엔진을 직접 고쳐보려는 의지가 있는 사람이라면, 다음 내용을 통해 직접 설정 파일을 관리하는 방법을 터득할 수 있을 것이다.

각각의 네트워크 인터페이스마다 /etc/sysconfig/network-scripts 디렉터리에는 ifcfg라는 파일이 있다. 이 파일의 이름 뒤에 장치 이름이 붙여지는데, ifcfg-eth0의 경우 eth0 장치 이름이 붙여진 것이고 ifcfg-eth1은 eth1 장치를 가리킨다.

만약 정적 IP 주소를 설치 시에 사용하려고 한다면 eth0에 대한 인터페이스 설정 파일은 다음과 같은 내용으로 되어 있을 것이다.

```
DEVICE=eth0
ONBOOT=yes
BOOTPROTO=none
NETMASK=255.255.255.0
IPADDR= 192.168.1.100
GATEWAY=192.168.1.1
TYPE=Ethernet
```

```
HWADDR=00:0c:29:ac:5b:cd
NM_CONTROLLED=no
```

참고 만약 다른 프로토콜을 실행 중이라면(Internetwork Packet Exchange, IPX와 같은), IPX로 시작하는 변수
들을 보게 된다. 반대로 IPX를 사용하거나 실행하지 않고 있다면(일반적으로는 사용한다), IPX 변수는 없다.

DHCP(동적 호스트 설정 프로토콜) 사용을 리눅스 설치 시에 선택하면 파일의 내용은 다음과
같다.

```
DEVICE=eth0
BOOTPROTO=dhcp
ONBOOT=yes
TYPE=Ethernet
HWADDR=00:0c:29:ac:5b:cd
NM_CONTROLLED=yes
```

각각의 항목은 eth0 장치에 대한 IP 설정 정보를 표시한다. 일부 설정값들은 ifconfig에서 사용
하는 인자들과 같다는 점을 기억하라.

이 장치에 대한 설정 정보를 변경하기 위해서는 ifcfg에 변경할 정보를 적용하고 다음과 같은 명
령을 실행한다.

```
[root@fedora-server ~]# cd /etc/sysconfig/network-scripts
[root@fedora-server network-scripts]# ./ifdown eth0
[root@fedora-server network-scripts]# ./ifup eth0
```

DHCP를 정적 IP 주소로 변경하고 싶다면 BOOTPROTO를 "none"값으로 지정하고 IPADDR,
NETWORK, DNS1, DNS2, BROADCAST 정보를 추가하면 된다.

페도라, CentOS, RHEL과 같은 배포판에서 사용되는 변수로 보통 자주 보게 되는 인터페이
스 설정 변수가 있는데, 바로 NM_CONTROLLED라는 것이다. 이 변수로 네트워크 장치와
연결을 관리하기 위해 인터페이스에 대하여 NetworkManager 유틸리티 사용 여부를 지정한
다. 변수의 값은 "yes"이거나 "no"다. Yes로 설정하면 GUI 환경이든 커맨드라인 환경이든 상
관없이 NetworkManager는 인터페이스를 관리하게 된다(nmcli를 사용하여). No로 설정하면
NetworkManager는 해당 네트워크 연결/장치에 관여하지 않는다.

참고 페도라, RHEL, CentOS 배포판의 경우 /usr/share/doc/initscripts-*/sysconfig.txt 파일에 /etc/
sysconfig/network-scripts/ifcfg-* 형태의 별도의 설정 파일에서 사용되는 옵션이나 변수들을 저장한다.

이번에는 두 번째 네트워크 인터페이스 카드(예: eth1)를 설정하려고 한다면 당초에 ifcfg-eth0 파일에 적용된 구문들을 활용하면 되는데 ifcfg-eth0 파일을 복사하고 파일 이름을 ifcfg-eth1로 바꾸는 것이다. 더불어 해당 파일의 내용을 두 번째 네트워크 카드 정보로 변경해야 하는데, 특히 HWADDR 변수(MAC 주소)에는 실제 설정하려는 물리적 네트워크 장치의 MAC 주소를 반드시 지정해야 한다. 이렇게 새로운 파일을 만들고 나면 페도라는 자동으로 다음 부팅 때나 네트워크 서비스가 재시작되는 경우 이 새로운 설정을 적용한다.

새로운 네트워크 카드를 바로 활성화할 수도 있다.

```
[root@fedora-server ~]# cd /etc/sysconfig/network-scripts
[root@fedora-server network-scripts]# ./ifup eth1
```

NetworkManager 프로그램에 의해 현재 인터페이스가 제어되는 상황이 아니라면 이 새로운 설정을 적용하기 위해서 네트워크 서비스를 재시작하는 것이 가능하다.

```
[root@fedora-server ~]# systemctl restart network.service
```

다음과 같은 명령 역시 네트워크 서비스를 재시작한다.

```
[root@fedora-server ~]# /etc/init.d/network restart
```

반면에 NetworkManager가 네트워크 인터페이스를 제어하고 있다면(NM_CONTROLLED=yes 인 경우), ifcfg-eth0, ifcfg-em1, p6p1 등과 같은 인터페이스 설정 파일에 대한 변경사항들은 자동으로 시스템에 반영된다. NetworkManager 프로그램이 이러한 일을 할 수 있는 이유는 udev, dbus와 같은 리눅스 서브 시스템의 마법을 활용하기 때문이다.

> **참고**
>
> 서버로 설정된 시스템에서는 NetworkManager 프로그램을 완전히 비활성화 상태로 설정할 수 있기에 해당 서버의 네트워크 설정은 마법 같은 자동화가 이루어지지 않는다. 만약 NetworkManager 프로그램을 설치했지만 사용하고 싶지 않다면 우선 해당하는 인터페이스 설정 파일에서 NM_CONTROLLED 변수를 no로 지정한 뒤 다음과 같은 명령을 실행하면 된다.
>
> ```
> [root@fedora-server ~]# systemctl enable network.service
> [root@fedora-server ~]# systemctl restart network.service
> [root@fedora-server ~]# systemctl stop NetworkManager.service
> [root@fedora-server ~]# systemctl disable NetworkManager.service
> ```

기타 인자 정보

ifconfig 명령어 구문은 다음과 같다.

```
[root@server ~]# ifconfig device address options
```

device에는 이더넷 장치의 이름이(eth0과 같은) 오고, address에는 장치에 적용할 IP 주소를
지정한다. options는 다음 중 하나가 될 것이다.

옵션	설명
up	장치를 활성화한다. 이 옵션은 기본으로 실행된다.
down	장치를 비활성화한다.
arp	arp 요청에 응답하는 기능을 활성화한다(기본으로 실행됨).
-arp	arp 요청에 응답하는 기능을 비활성화한다.
mtu *value*	장치의 MTU값을 지정하는데 value에 해당 값이 온다. 기본값은 1500이다. (특정한 Gigabit 이더넷 카드의 경우는 달라서 표 아래에 있는 참고에서 해당 내용을 확인할 수 있다.)
netmask *address*	인터페이스의 넷 마스크 주소를 address로 지정한다. 값이 지정되지 않으면 ifconfig는 IP 주소의 클래스를 확인하여 넷 마스크 주소 값을 계산한다. 클래스 A 주소는 255.0.0.0의 넷 마스크 주소를 갖게 되고, 클래스 B는 255.255.0.0을, 클래스 C는 255.255.255.0 주소를 사용한다.
broadcast *address*	해당 인터페이스의 브로드캐스트 주소를 *address*로 지정한다.
pointtopoint *address*	원격 주소가 *address*인 곳과 점대점(point-to-point, PPP) 연결을 설정한다.

참고

대부분의 기가비트 이더넷 카드는 점보 프레임을 지원한다. 점보 프레임이란 그 길이가 9000바이트로 NFS 패킷을 표현하고도 남을 만큼 큰 프레임이다. 이 프레임을 사용하게 되면 파일 서버의 성능은 좋아질 수밖에 없는데 한 번에 보낼 수 있는 만큼의 크기여서 1500바이트의 이더넷 프레임으로 보낼 때 패킷을 나눠서 여러 번 전송해야 하는 시간을 단축해주기 때문이다. 물론 이러한 점보 프레임을 사용하려면 사용자의 네트워크 기반 전체가 기가비트 인프라로 되어 있어야 할 것이다. 만일 네트워크 카드 하나와 점보 프레임을 사용하도록 설정할 수 있는 네트워크 하드웨어가 준비되어 있다면 그 기능을 활성화하는 방법을 알아두는 것이 좋다. 여러분이 사용하고 있는 기가비트 이더넷 역시 점보 프레임 설정을 지원한다면 ifconfig로 MTU값을 9000바이트로 지정하여 프레임 크기를 변경해보자(ifconfig eth0 mtu 9000).

▼ 데비안 계열 시스템에서 네트워크 장치 설정하기 (우분투, Kubuntu, Edubuntu 등)

우분투와 같은 데비안 계열의 시스템은 네트워크 설정 방식이 다르다. 특히 네트워크 설정은 /etc/network/interfaces 파일을 통해 이루어진다는 점이다. 이 파일에 수록되는 정보의 형태는 매우 간단하며 잘 정리된 형태다.

/etc/network/interfaces 파일 예제를 다음에서 확인해보자. 단, 다음의 내용은 보기 좋게 하기 위해서 줄 번호를 임의로 추가한 것이다.

```
1) # The loopback network interface
2) auto lo
```

```
3) iface lo inet loopback
4)
5) # The first network interface eth0
6) auto eth0
7) iface eth0 inet static
8)          address 192.168.1.45
9)          netmask 255.255.255.0
10)         gateway 192.168.1.1
11) iface eth0:0 inet dhcp
12)
13) # The second network interface eth1
14) auto eth1
15) iface eth1 inet dhcp
16) iface eth1 inet6 static
17)         address 2001:DB8::3
18)         netmask 64
```

- 1) # 기호로 시작하는 것은 항상 주석이다. 그렇기 때문에 무시해도 좋고 비어있는 줄도 역시 무시해도 좋다.

- 2) auto로 시작하는 줄은 부팅 때나 네트워크 실행 제어 스크립트가 실행 중일 때와 같이 ifup 명령이 실행되는 경우 활성화되는 물리적 인터페이스를 지정할 때 사용하는 설정이다. auto lo 가 의미하는 것은 루프백 장치다. 부가 옵션을 사용할 수 있는데 다음 줄의 똑같은 형태로 입력한다. 사용 가능한 옵션은 주소에 따라서 또 연결 방식에 따라서 달라진다.

- 7) iface는 처리된 인터페이스의 하드웨어 이름을 지정한다. 이 경우에는 eth0 인터페이스가 지정되어 있다. 이 예제에서는 iface는 inet 옵션을 사용하고 있다. inet은 주소를 의미하고 inet의 옵션은 다양한 연결 방식을 지원한다. 예제에서는 loopback(3번 줄), static(7번 줄), dhcp(15번 줄)가 나와 있다. static 방식은 할당된 고정 IP 주소를 가진 이더넷 인터페이스를 지정할 때 사용된다.

- 8)~10) 7번 줄에서 지정한 정적 방식은 여러 가지 옵션과 함께 사용할 수 있는데, 주소, 넷마스크, 게이트웨이 등과 같은 옵션이 있다. 이 예제에서 주소 옵션은 인터페이스의 IP 주소 (192.168.1.45)를 정의하며, 넷 마스크 옵션에서는 서브넷 마스크(255.255.255.0)를 정의하고 있다. 게이트웨이 옵션은 기본 게이트웨이를 지정했다(192.168.1.1).

- 11) iface에는 가상의 인터페이스를 정의할 때에도 사용된다. 여기에서는 DHCP를 사용하여 eth0:0를 설정한다.

- 15) iface에는 실행 중인 인터페이스 이름을 지정한다. 이 예제에서는 eth1 인터페이스가 보인다. 또한 inet 옵션을 사용하고 이 옵션은 dhcp를 인자로 가지고 있다. 이것이 의미하는 것은 이 인터페이스는 DHCP를 사용해서 동적으로 설정이 된다는 것이다.

- 16) ～ 18) 여기에서는 정적인 IPv6 주소를 eth1 인터페이스에 할당한다. 이 예제에서 할당된 IPv6 주소는 2001:DB8::3이다. 넷 마스크는 64다.

interfaces 파일의 변경사항을 저장한 뒤, ifup 명령어로 해당 네트워크 인터페이스를 불러오거나 내릴 수도 있다. 예를 들어 eth1 장치에 대한 새로운 엔트리를 형성하려면 다음과 같이 입력할 수 있다.

```
master@ubuntu-server:~$ sudo ifup eth1
```

eth1 인터페이스를 내리려면 다음과 같다.

```
master@ubuntu-server:~$ sudo ifdown eth1
```

여기에서 논의한 interfaces 파일의 예제는 아주 단순한 것이다. /etc/network/interfaces 파일은 보다 더 많은 설정 옵션을 가지며 여기에서 모두 다루지 못했다. 하지만 이 파일의 man 페이지에서 잘 설명되어 있으니 참고하길 바란다(man 5 interfaces).

라우터 사용

만일 사용자의 호스트가 여러 개의 서브넷으로 구성된 네트워크에 연결되어 있다면 호스트 간의 통신을 위해 **라우터** 또는 **게이트웨이**라는 것이 당연히 필요할 것이다. 네트워크를 연결하는 이 장치는 실제 목적지를 향해 패킷을 전송하는 역할을 한다. (일반적으로 대부분의 호스트들은 정확한 목적지로 갈 수 있는 경로에 대해서 알지 못한다. 단지 목적지가 어딘지만을 알 뿐이다.)

심지어 호스트가 패킷을 어디로 전송해야 하는지 전혀 알지 못한다면 **기본 경로**를 취하게 된다. 이 경로는 라우터를 지정하는 경로인데, 이 라우터는 패킷이 전송될 위치를 알고 있다면 매우 이상적일 것이지만 보통은 최소한 자기보다 더 많이 알고 있는 라우터가 어떤 것인지에 대해서는 알고 있다.

> **참고** 페도라, RHEL, CentOS 시스템에서는 기본 경로, 호스트명, NIS 도메인명 등과 같은 시스템 전반의 네트워크와 관련된 특정 값들을 /etc/sysconfig/network-scripts/ifcfg-*과 같은 인터페이스 설정 파일을 통해 설정할 수 있다.

전형적인 단일 리눅스 호스트는 몇 개의 표준 경로를 가진다. 그 중의 하나가 바로 **루프백 경로**인데 루프백 장치를 가리키는 경로다. 또 다른 경로는 LAN 경로인데 동일한 LAN을 공유하는 호스트들 중 하나로 패킷이 전송된다. 또한 **기본 경로**가 있다. 이 경로는 LAN 밖에 있는 다른 네트워크로 패킷이 전송될 때 사용된다. 리눅스 라우팅 테이블에서 볼 수도 있는 또 다른 경로로는 **link-local 경로**(164.254.0.0)가 있다. 이것은 자동 설정이 이루어지는 상황과 관련이 있는 것이다.

RFC(Request For Comment: 기술 표준 규격) 3927에서 IPv6의 자동 주소 설정에 관한 자세한 내용을 확인할 수 있다. RFC 4862는 IPv6의 자동 설정 내용을 다룬다. 마이크로소프트는 APIPA 또는 IPAC으로 자동 설정 환경을 지원하고 있다.

리눅스 설치 시 네트워크 설정을 미리 설정했다면 앞에서 언급한 경로들이 이미 시스템에 설정되어 있을 것이므로 굳이 변경할 필요는 없지만 변경하지 말아야 하는 것은 아니다.

여러 가지 경우에서 직접 경로를 수정하게 된다. 주로 동일한 호스트에 여러 개의 NIC가 설치되어 있는 경우다. 각각의 NIC는 서로 다른 네트워크에 연결된 것이다. 따라서 경로를 추가/수정하는 방법을 알아두어야지 패킷을 주어진 목적지 주소를 향하여 적합한 네트워로 전송할 수 있다.

▧ 간단한 사용법

route 명령어는 다음과 같은 구조로 사용한다.

```
[root@server ~]# route cmd type addy netmask mask gw gway dev dn
```

다음에 인자 정보를 확인할 수 있다.

인자	설명
cmd	Add 아니면 del을 입력한다. 경로를 추가/삭제를 결정하는 것이다. 경로를 삭제하는 경우, 다음 인자에는 addy 인자만 입력한다.
type	-net 또는 -host. addy 인자에 네트워크 주소가 있으면 -net을 입력하고 라우터 주소인 경우에는 -host를 지정한다.
addy	경로 정보를 제공할 목적지 네트워크 주소가 온다.
netmask mask	addy 주소의 넷 마스크 주소를 설정한다(mask 위치).
gw gway	addy의 라우터 주소를 gway에 설정한다. 보통은 기본 경로를 설정할 때 사용한다.
dev dn	addy로 향하는 모든 패킷들은 반드시 dn이라는 네트워크 장치를 통해서만 전송되도록 설정하는 것이며 dn은 ifconfig로 설정된 인터페이스 이름을 의미한다.

다음은 예제 호스트상에 기본 경로를 설정하는 방법이다. 이 호스트는 단일 이더넷 장치와 하나의 기본 게이트웨만을 가지고 있다(IP 주소: 192.168.1.1).

```
[root@server ~]# route add -net default gw 192.168.1.1 dev eth0
```

ip route 명령으로 기존의 기본 경로가 아닌 새로운 기본 경로를 시스템에 추가해보자.

```
[root@server ~]# ip route add default via 192.168.1.1
```

주소가 IPv6인 경우는 다음과 같다(IP 주소: 2001:db8::1).

```
[root@server ~]# ip -6 route add default via 2001:db8::1
```

ip 명령으로 호스트가 가지고 있는 기존의 기본 경로 정보를 변경하거나 대체한다.

```
[root@server ~]# ip route replace default via 192.168.1.1
```

다음은 호스트의 경로를 설정해서 첫 번째 PPP 장치를 통해 원격 호스트인 192.168.2.50으로 향하는 패킷을 전송하는 명령문이다.

```
[root@server ~]# route add -host 192.168.2.50 netmask 255.255.255.255 dev ppp0
```

이번에는 ip로 호스트 경로를 eth2 인터페이스를 통해 192.168.2.50 호스트로 설정하려고 한다.

```
[root@server ~]# ip route add 192.168.2.50 dev eth2
```

또한 IPv6 경로를 네트워크(2001::/24)에 설정할 텐데 이때 특정 게이트웨이를 적용할 것이다 (2001:db8::3).

```
[root@server ~]# ip -6 route add 2001::/24 via 2001:db8::3
```

192.168.2.50을 향하는 경로를 삭제하는 방법이다.

```
[root@server ~]# route del 192.168.2.50
```

ip 명령으로도 삭제해보자.

```
[root@server ~]# ip route del 192.168.2.50 dev eth2
```

참고 네트워크 토폴로지에 대한 어느 정도 수준의 이해 없이는 임의적으로 경로를 지정해서는 안 된다. 그렇게 하는 경우, 네트워크 연결이 쉽게 끊어지기 때문이다. 만일 게이트웨이를 사용하고 있다면 우선 게이트웨이로 향하는 경로가 있는지를 확인해야 한다. 예를 들어 기본 경로가 192.168.1.1에 있는 게이트웨이를 사용하기 위해서는 192.168.1.0 네트워크로 갈 수 있는 경로가 반드시 있어야 한다.

ip 명령으로 IPv6 경로를 삭제해보자.

```
[root@server ~]# ip -6 route del 2001::/24 via 2001:db8::3
```

■ 라우팅 경로 표시하기

라우팅 테이블을 표시하는 방법이 여러 가진데, 바로 route, netstat, ip route 명령으로 표시할 수 있다.

route

route 명령으로 사용자의 라우팅 테이블을 쉽게 확인할 수 있다. 인자 없이 route 명령만 실행하면 되기 때문이다. 다음에서 그 실행 결과를 보도록 하자.

```
[root@server ~]# route
Kernel IP routing table
Destination     Gateway         Genmask         Flags Metric Ref   Use  Iface
10.10.2.0       0.0.0.0         255.255.255.0   U     0      0     0    eth0
192.168.1.0     0.0.0.0         255.255.255.0   U     0      0     0    eth1
169.254.0.0     0.0.0.0         255.255.0.0     U     0      0     0    eth0
0.0.0.0         my-firewall     0.0.0.0         UG    0      0     0    eth0
```

우리는 두 개의 네트워크를 확인할 수 있다. 첫 번째는 10.10.2.0 네트워크로 첫 번째 이더넷 장치인 eth0을 통해서 접근이 가능하다. 두 번째 네트워크는 192.168.1.0으로 두 번째 이더넷 장치인 eth1을 통해 연결된다. 그 다음 내용은 link-local 목적지 네트워크를 보여주는 것인데 자동 설정 호스트를 위해 사용되는 것이다. 마지막 줄은 기본 경로 정보를 나타낸다. 실제 주소는 10.10.2.1인데 이 주소가 DNS에 등록된 "my-firewall"이라는 호스트명으로 해석된 것이다. 따라서 route는 실제 IP 주소 대신 이 이름을 출력했다.

우리는 이미 목적지, 게이트웨이, 넷 마스크(-genmask로 표시된), iface(인터페이스로 route의 dev 옵션에 의해 설정된다)가 무엇인지 안다. 따라서 그 외의 내용들만 확인해보자.

항목	설명
Flags	연결 상태를 나타낸다. 지정되는 값은 다음과 같다. U: 연결된(up) 상태 H: 목표지 = 호스트 G: 목표지 = 게이트웨이
Metric	경로의 비용을 나타낸다. 홉의 수를 산정하는 것으로 동일한 목적지를 향하고 있는 경로를 여러 개를 가진 시스템인 경우 필요한 값이다. 한 번에 갈 수 있는 것이 더 좋은 만큼 이 값이 작으면 작을수록 좋다. 리눅스에서는 이 정보를 잘 활용하진 않지만 고급 라우팅 프로토콜의 경우 이 값을 사용하기도 한다.
Ref	목적지에 도달하기까지 참조해야 할 경로의 수를 지정한다. 이것도 역시 리눅스에서 사용하지 않는다. 그럼에도 여기에서 다루는 이유는 route 도구는 플랫폼에 상관없이 사용되는 것이라서 의미 없이 출력만 해주는 것뿐이다. 다른 운영체제에서는 이 값을 표시할 수도 있기 때문이다.
Use	캐시에 저장되어 있는 히트된(성공적인) 경로 수가 지정된다. 이 값을 출력하려면 -F 옵션을 route와 함께 사용한다.

앞에서 route는 IP 주소 대신 호스트명을 검색하여 출력하고 있음을 알 수 있다. 읽기에는 분명히 좋지만, 문제를 일으키는 경우가 있다. 만약 DNS나 NIS 서비스를 받을 수 없는 호스트에

서 route를 실행하면 route가 DNS 서버로부터 응답이 올 때까지(또는 타임아웃이 될 때까지), 꽤 오랜 시간을 기다리게 되기 때문이다.

이러한 문제를 방지하기 위해서 -n 옵션을 route와 함께 사용한다. 그럼 앞에와 동일 정보를 출력하되 IP 주소를 호스트명으로 자동 변환하지는 않을 것이다.

IPv6 경로를 확인할 때는 다음과 같이 입력한다.

```
[root@server ~]# route -A inet6
```

netstat

대부분의 경우 netstat 프로그램은 현재 호스트가 사용 중인 모든 네트워트 연결들의 상태를 표시할 때 사용된다. 하지만 -r 옵션을 함께 쓰면 커널의 라우팅 테이블을 출력할 수 있다. 사실 대부분의 유닉스 계열의 운영체제에서는 라우팅 테이블을 확인할 때 netstat -r 명령을 실행하도록 되어 있다.

자, 이제 명령을 실행하여 그 결과를 확인해보자.

```
[root@server ~]# netstat -r
Kernel IP routing table
Destination    Gateway        Genmask         Flags  MSS   Window   irtt  Iface
192.168.1.0    0.0.0.0        255.255.255.0   U      0     0        0     eth0
127.0.0.0      0.0.0.0        255.0.0.0       U      0     0        0     lo
Default        192.168.1.1    0.0.0.0         UG     0     0        0     eth0
```

예제에서는 간단한 설정이 이루어지고 있다. 호스트는 단일 네트워크 인터페이스 카드를 가지고 있고 192.168.1.0 네트워크에 연결되어 있다. 또한 기본 게이트웨이는 192.168.1.1로 설정되었다.

route 명령처럼 netstat 역시 -n 인자를 사용해서 호스트명 자동 변환을 적용하지 않을 수 있다.

다음 명령은 IPv6 라우팅 테이블을 출력해준다.

```
[root@server ~]# netstat -rn -A inet6
```

ip route

앞에서 언급했지만 iproute 패키지는 고급 기능을 갖춘 IP 라우팅 및 네트워크 설정 도구다. ip 명령은 리눅스 호스트의 라우팅 테이블을 조작하는 데 사용되는데 이때 route 객체를 ip 명령어와 함께 써야 하는 것이다.

상업용 고급형 라우팅 장치를 사용할 경우, 리눅스 기반의 시스템은 동시에 여러 개의 라우팅 테이블을 실제로 관리하게 된다. 앞에서 본 route 도구는 시스템의 기본 테이블 중 하나만을 표시하고 관리하는데 바로 main 테이블이다.

예를 들어 main 테이블 내용을 보려고 한다면(route 명령으로 표시하듯이), 다음과 같이 한다.

```
[root@server ~]# ip route show table main
10.10.2.0/24 dev eth0 proto kernel scope link src 10.99.99.45
192.168.1.0/24 dev eth2 proto kernel scope link src 192.168.1.42
169.254.0.0/16 dev eth0 scope link
default via 10.10.2.1 dev eth0
```

시스템에 있는 모든 라우팅 테이블의 내용을 확인할 때는 다음과 같다.

```
[root@server ~]# ip route show table all
```

IPv6 경로만 확인하는 것이다.

```
[root@server ~]# ip -6 route show
```

간단한 리눅스 라우터

리눅스는 놀라울 만큼 다양한 네트워킹 기능을 가지고 있다. 그 중 하나가 바로 완벽한 하나의 라우터로서 동작할 수 있다는 것이다. 저렴한 라우터, 즉 몇 개의 네트워크 카드가 장착된 일반 PC로 구성된 네트워크라도 상당한 성능을 보여줄 수 있다. 실제로 리눅스 라우터는 초당 수백 메가비트의 전송 속도를 보여준다. 물론 PC의 속도, CPU 캐시, NIC 종류, PCI 인터페이스, 기타 프론트사이드 버스의 속도에 따라서 달라질 수 있다. 사실 일부 상업용 라우터들은 리눅스 커널을 철저하게 분석하여 그에 맞는 성능을 보여주면서 GUI 관리 도구까지 제공하고 있다.

▨ 정적 경로를 이용한 라우팅

그림 12-1과 같이 이중 홈 리눅스 시스템을 라우터로 설정하는 과정을 살펴보자.

이 네트워크에서는 192.168.1.0/24 네트워크와 192.168.2.0/24 네트워크 간에 패킷을 전송하려고 한다. 기본 경로는 192.168.1.8 라우터를 통과하도록 되어 있는데 이 라우터는 인터넷에 대해 NAT 기능을 수행한다(13장에서 NAT에 대해 자세히 알아볼 것이다). 192.168.2.0/24 네트워크의 모든 장치들에 대해서는 기본 경로는 192.168.2.1로 지정할 것이고 리눅스 라우터가 192.168.1.0/24 네트워크와 인터넷으로 가능 방법을 결정하도록 하려고 한다. 192.168.1.0/24 네트워크에 있는 시스템들에 대해서는 192.168.1.15가 기본 경로이기 때문에 해당 장치들은 인터넷과 192.168.2.0/24 네트워크와 통신할 수 있게 된다.

● **그림 12-1.** 리눅스 라우터를 활용한 네트워크

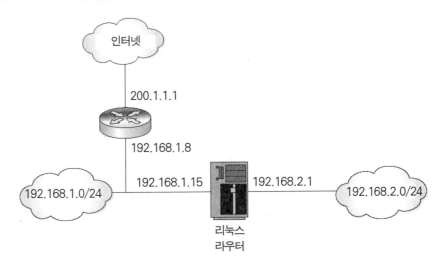

이렇게 하기 위해서는 현재 리눅스 시스템에는 두 개의 네트워크 인터페이스가 있어야 한다.
eth0과 eth1이다. 다음과 같이 설정을 시작하자.

```
[root@server ~]# ifconfig eth0 192.168.1.15 netmask 255.255.255.0
[root@server ~]# ifconfig eth1 192.168.2.1 netmask 255.255.255.0
```

설정된 결과를 확인한다.

```
[root@server ~]# ifconfig -a
eth0      Link encap:Ethernet HWaddr 00:30:48:21:2A:36
          inet addr:192.168.1.15 Bcast:192.168.1.255 Mask:255.255.255.0
          UP BROADCAST RUNNING MULTICAST MTU:1500 Metric:1
....<이하 생략>....
          Interrupt:9 Base address:0xd000
eth1      Link encap:Ethernet HWaddr 00:02:B3:AC:5E:AC
          inet addr:192.168.2.1 Bcast:192.168.2.255 Mask:255.255.255.0
          UP BROADCAST MULTICAST MTU:1500 Metric:1
....<이하 생략>....
          Base address:0xef80 Memory:febe0000-fec00000
Lo        Link encap:Local Loopback
          inet addr:127.0.0.1 Mask:255.0.0.0
          UP LOOPBACK RUNNING MTU:16436 Metric:1
....<이하 생략>....
          RX bytes:164613316 (156.9 Mb) TX bytes:164613316 (156.9 Mb)
```

참고

eth0 인터페이스를 192.168.1.15로 설정하고 eth0:0으로 192.168.2.1을 설정할 수도 있다. 하지만 이렇게 하게 되면 네트워크 세그멘테이션의 혜택을 활용하지 못하게 되는 것이다. 다시 말해서 전선을 통해 흘러가는 브로드캐스트 패킷을 두 개의 네트워크에서 모두 나타난다는 것이다. 그렇기 때문에 각각의 네트워크는 자신만의 물리적인 인터페이스에 물리는 것을 선호하는 것이다.

ifconfig로 인터페이스를 추가할 때, 넷 마스크 값에 따라 해당 인터페이스에 대한 경로 엔트리도 생성한다. 192.168.1.0/24 네트워크의 경우 모든 192.168.1.0/24 트래픽을 보낼 경로가 eth0에 추가된 것이다. 위의 두 개의 네트워크 인터페이스가 존재하는 라우팅 테이블을 확인해보자.

```
[root@server ~]# route -n
Kernel IP routing table
Destination   Gateway     Genmask          Flags  Metric  Ref  Use  Iface
192.168.2.0   0.0.0.0     255.255.255.0    U      0       0    0    eth1
192.168.1.0   0.0.0.0     255.255.255.0    U      0       0    0    eth0
127.0.0.0     0.0.0.0     255.0.0.0        U      0       0    0    lo
```

여기서 누락된 것은 기본 경로가 192.168.1.8이라는 것이다. route 명령으로 이 내용을 추가하자.

```
[root@server ~]# route add default gw 192.168.1.8
[root@server ~]# route -n
Kernel IP routing table
Destination   Gateway       Genmask          Flags  Metric  Ref  Use  Iface
192.168.2.0   0.0.0.0       255.255.255.0    U      0       0    0    eth1
192.168.1.0   0.0.0.0       255.255.255.0    U      0       0    0    eth0
127.0.0.0     0.0.0.0       255.0.0.0        U      0       0    0    lo
0.0.0.0       192.168.1.8   0.0.0.0          UG     0       0    0    eth0
```

ping으로 각 경로를 통한 연결이 이루어졌음을 빠르게 확인해보자.

```
[root@server ~]# ping -c 1 4.2.2.1
PING 4.2.2.1 (4.2.2.1) from 192.168.1.15 : 56(84) bytes of data.
64 bytes from 4.2.2.1: icmp_seq=1 ttl=245 time=15.2 ms
....<이하 생략>.....
1 packets transmitted, 1 received, 0% loss, time 0ms
rtt min/avg/max/mdev = 15.277/15.277/15.277/0.000 ms

[root@server ~]# ping -c 1 192.168.1.30
PING 192.168.1.30 (192.168.1.30) from 192.168.1.15 : 56(84) bytes of data.
64 bytes from 192.168.1.30: icmp_seq=1 ttl=64 time=0.233 ms
....<이하 생략>.....

[root@server ~]# ping -c 1 192.168.2.2
```

```
PING 192.168.2.2 (192.168.2.2) from 192.168.2.1 : 56(84) bytes of data.
64 bytes from 192.168.2.2: icmp_seq=1 ttl=64 time=0.192 ms
....<이하 생략>.....
```

지금까지는 잘되었다. 이제 IP 포워딩을 활성화할 차례다. 이는 리눅스 커널이 패킷을 포워딩하도록 설정하는 것이다. 이를 위해 임시로 /proc/sys/net/ipv4/ip_forward를 1로 설정한다.

```
[root@server ~]# echo "1" > /proc/sys/net/ipv4/ip_forward
```

192.168.1.0/24 네트워크에 있는 호스트들은 자신들의 기본 경로를 192.168.1.15로 설정하고 192.168.2.0/24의 호스트들은 기본 경로를 192.168.2.1로 설정한다. 가장 중요한 것은 스타트업 스크립트에 ip_forward 부분을 활성화하는 것과 경로를 추가하는 작업을 반드시 해야 한다는 것이다.

참고 DNS 서버를 간단하게라도 이해하고 싶다면 외부 DNS 서버에 대하여 간단한 작업을 실행하도록 하자. 4.2.2.1을 실행하면 Verizon이 소유하고 있는 DNS 서버를 볼 수 있다. 이 주소는 원래 GTE 인터넷이 소유하고 있던 것이지만 요즘은 누구든지 다 접근이 가능하다. 또한 기억하기에도 매우 쉬운 주소이기도 하다. 하지만 잘 다루길 바란다. 간단한 작업이나 한두 개의 테스트 연결 정도는 상관없지만 사용자의 메인 DNS 서버로 등록해서 사용하는 것은 무리다.

리눅스가 IP 주소를 선택하는 법

자, 호스트 A는 두 개의 인터페이스가 있다(192.168.1.15와 192.168.2.1). 또한 루프백 인터페이스인 127.0.0.1도 가지고 있다. 이 정도면 리눅스가 통신할 소스 IP 주소를 선택하는 방법을 확인해볼 수 있다.

응용프로그램이 실행될 때 IP 주소를 바인드할 수 있는 옵션이 있다. 응용프로그램이 이 작업을 하지 않는다면 리눅스가 연결을 염두에 두고 자동으로 응용프로그램을 대신해서 IP 주소를 선택한다. 리눅스가 이러한 결정을 내릴 때, 연결할 목적지 IP 주소를 검증하고 현재 라우팅 테이블을 참고하여 경로 결정을 하고 연결이 시작되는 인터페이스에 대응하는 IP 주소를 선택하게 된다. 예를 들어보자. 호스트 A에 있는 응용프로그램은 192.168.1.100으로 연결을 하려고 한다. 그럼 리눅스는 eth0를 통해 패킷을 전송해야 하기 때문에 연결하기 위한 소스 IP 주소는 192.168.1.15가 될 것이다.

만약 응용프로그램이 직접 IP 주소를 바인드한다고 해보자. 응용프로그램이 192.168.2.1에 바인드되었더라면 리눅스는 어떤 인터페이스에서 연결이 시작됐든 간에 이 주소를 소스 IP 주소로 사용할 것이다. 예를 들어보면 응용프로그램은 192.168.2.1에 바인드되었고 소스 IP 주소는 192.168.2.1이다. 그럼 이제부터는 192.168.2.1로 패킷을 전송하는 방법을 아는 것은 원격 호스트(192.168.1.100)의 책임이 될 것이다. (아마도 192.168.1.100의 기본 경로는 이러한 상황을 해결할 방법을 잘 알고 있을 것이다.)

가명 IP 주소를 사용하는 호스트의 경우 하나의 인터페이스에 여러 개의 IP 주소를 갖는다. 즉 eth0:0에는 192.168.1.16을 할당하고, eth0:1에는 192.168.1.17을, eth0:2에는 192.168.1.18을 할당해보자. eth0에서 연결이 시작되고 응용프로그램은 어떤 인터페이스와도 바인드 상태가 아니라면 리눅스는 앨리어스가 붙지 않는 IP 주소를 항상 선택하도록 되어 있다. 이 경우엔 eth0의 192.168.1.15가 될 것이다. 만일 응용프로그램이 IP 주소, 192.168.1.17과 바인드되어 있다면 리눅스는 연결이 eth0이나 eth1에서 시작되든 간에 이 주소를 소스 IP 주소로 설정할 것이다.

> ## ▼ 호스트명 설정
>
> 시스템에 있는 호스트의 이름은 네트워크에 존재하는 시스템을 다른 시스템이나 응용프로그램이 호칭하는 친숙한 이름이다. 시스템에 대한 호스트명을 설정하는 것은 상당히 중요한 네트워크 설정 작업 중 하나라고 할 수 있다. OS 설치 시 이러한 호스트명을 설정해봤을 것이다. 시스템을 식별해내는 데 사용되는 호스트명을 설치하는 과정에서 시스템에 자동으로 부여하는 것도 가능하다.
>
> 시스템의 기능과 역할에 맞는 적절한 이름을 선택하는 것은 시간이 좀 걸리는 일이다. 또한 관리해야 할 서버가 증가할수록 연관성이 있는 이름, 확장이 가능한 이름을 골라야 한다. 다음은 호스트명을 잘 사용하는 좋은 예들이다.
>
> webserver01.example.org, dbserver09.example.com, logger-datacenterB, jupiter.example.org, saturn.example.org, pluto, sergent.example.com, hr.example.com, major.example.org.
>
> 일단 호스트명을 설정하고 네이밍 방식을 만들고 나면 그 이름으로 시스템을 설정하는 작업을 해야 한다. 여러 리눅스 배포판에 대해 호스트명을 설정할 표준화된 방법이 없기 때문에 몇 가지 팁을 소개한다.
>
> - **페도라, CentOs, RHEL:** /etc/sysconfig/network 파일에서 HOSTNAME에 원하는 이름을 입력한다.
>
> - **OpenSUSE, SLE:** /etc/HOSTNAME 파일에서 설정한다.
>
> - **데비안, 우분투, 쿠분투:** /etc/hostname 파일에서 호스트명을 설정한다.
>
> - **모든 리눅스 시스템:** 임시로 호스트명을 바꾸거나 가상으로 설정해야 하는 경우들이 있는데 이럴 때, sysctl 도구가 필요하다. 이 도구로 호스트명을 설정하더라도 시스템 재부팅 시 이 값은 초기화된다. 사용법은 다음과 같다.
>
> ```
> # sysctl kernel.hostname=NEW-HOSTNAME
> ```

요약

이번 장에서는 ifconfig, ip, route 명령어를 살펴보고 이들이 IP 주소를 설정할 때와 리눅스 기반의 시스템에서 경로 엔트리를 설정할 때 어떻게 활용되는지를 배웠다. 또한 레드햇 계열의 시스템에서도 데비안 계열 시스템에서도 이들의 역할을 테스트해보았다. 이뿐만 아니라 이 명령어들을 조합하여 간단한 리눅스 라우터도 구축했다.

커널 모듈에 관해서는 이 책 앞부분에서도 다루고 있지만 이번 장에서 네트워크 드라이버라는 특정한 주제와 맞물려 다시 언급했다. 기억해야 할 것은 네트워크 인터페이스는 /dev 엔트리가 있는 기타 대부분의 장치처럼 동일 접근 방식을 따르지 않는다는 점이다.

또한 IP 주소를 형성하고 경로를 변경할 때, 스타트업 스크립트에 이러한 모든 변경 내용들을 추가하고 저장해야 한다는 것을 명심하길 바란다. 변경사항들이 잘 동작하는 것을 확인하기 위해 시스템을 재부팅할 때 나중에 후회하는 일이 없어야 하겠다.

라우팅에 관해 더 자세히 알고 싶다면 다음 장 역시 깊이 있게 학습하고 리눅스 라우팅의 고급 기능들을 숙지하면 좋을 것이다. 리눅스는 풍부하고 화려한 기능들을 제공한다. 물론 일반적인 서버 환경에서는 잘 사용하지 않는 기능들이다. 그러나 강력하고 독보적인 장치, 라우팅 시스템, 그리고 네트워크를 만들 수 있다.

또한 RIP, OSPF, BGP 등을 이용한 동적 라우팅 기법에 관심이 있다면 Zebra 프로젝트를 꼭 확인하길 바란다(www.zebra.org). 또한 이보다 더 진보된 버전인 Quagga(www.quagga.net) 역시 확인하라. 이 프로젝트들은 고급스러운 동적 라우팅 시스템/플랫폼을 구축하고 제공하고 있어서 시스코 장비를 포함한 표준 라우터들의 업데이트 및 변경된 내용들을 공유할 수 있다.

CHAPTER 13

리눅스 방화벽 (Netfilter)

아주 오래 전 일 같지만 원래 인터넷은 편한 활동 공간이었다. 네트워크를 사용하는 사람들은 주로 연구와 같은 일에 집중했었지 다른 사람들의 시스템을 훔쳐보는 데에 시간을 낭비하지 않았다. 보안이란 개념이 있었지만 그저 골칫덩어리들의 실수를 방지하기 위한 조치 정도뿐이었다. 심지어 시스템 관리자들은 시스템을 보호하기 위한 보안 관련 지침들을 갖고 있지 않았고 관리자 패스워드도 기본값을 그대로 사용하는 경우가 많았다.

불행하게도 인터넷 사용자가 증가하면서 악의적인 의도를 가진 사람들의 침입이 일어나기 시작했다. 따라서 인터넷과 개인 네트워크 사이에 장벽이 필요하게 되었고 또 그러한 요구가 1990년 초기부터 확대되기 시작했다. 이즈음에서 **방화벽**이라는 개념이 처음 소개되었는데 바로 Bill Cheswick의 「An Evening with Berfered」와 「Design of a Secure Internet Gateway」라는 논문에서다 (논문을 읽고 싶다면 다음 웹 사이트를 방문하라. www.cheswick.com/ches). 이때부터 방화벽 기술은 수많은 변화의 과정을 거치게 되었다.

리눅스 방화벽과 패킷 필터링 시스템 또한 변화의 길에 있었다. 초기 구현은 BSD에서 시작되었고, 네 번에 걸친 커널 업데이트(커널 2.0, 2.2, 2.4, 2.6, 3.0), 그리고 세 가지의 사용자 인터페이스들이 소개되었다(ipfwadm, ipchains, iptables). 현재는 리눅스 패킷 필터와 방화벽 구조(커널 및 사용자 도구)를 통틀어서 "Netfilter"라고 한다.

이번 장에서 바로 리눅스 Netfilter에 대해서 살펴볼 것인데, 그 동작 원리와 리눅스 3.0 툴킷에 적용하는 방법, 그리고 몇 가지 설정 예제들을 다룰 것이다.

> **참고**
> 이번 장에서 다루는 범위는 Netfilter 시스템에 대한 소개와 방화벽의 동작 원리와 간단한 네트워크에 대해 보안을 설정하는 방법이다. 즉 방화벽에 관한 소개와 설정하는 방법 그리고 구현되는 자세한 과정들이 되겠다. 따라서 보안에 대해 보다 깊이 있게 학습하고자 한다면 이 장에서 추천하는 책 중의 하나를 선택해서 참고하길 바란다.

Netfilter의 동작 과정

Netfilter의 원리는 단순하다. 패킷이 어떻게 전송되어야 하는지를 결정할 수 있는 간단한 방법을 제공해주는 것이다. 쉬운 설정을 위해서 Netfilter가 제공하는 도구인 iptables라는 것이 있고 이것은 커맨드라인에서 실행할 수 있다. 특히 iptables 도구는 IPv4를 위한 Netfilter를 관리하기 위한 것이며 시스템에서 필요한 규칙을 나열 · 추가 · 삭제 작업을 쉽게 실행할 수 있다.

IPv6 트래픽에 대한 방화벽 규칙을 필터링하고 관리하기 위해서 대부분의 리눅스 배포판들은 iptables-ipv6 패키지를 별도로 지원하고 있다. IPv6 Netfilter 서브 시스템을 위한 명령어는 ip6tables다. 이번 장은 IPv4 Netfilter를 중심으로 기술되어 있지만 대부분의 내용은 IPv6 Netfilter에도 적용할 수 있다.

설정에 따라서 패킷을 처리하는 모든 코드들은 사실 커널 안에서 실행되는 것이다. 이를 위해서 Netfilter의 기본 구조는 몇 개의 연산 과정으로 구분되는데, **NAT**(Network address translation : 네트워크 주소 변환), **mangle, raw, filter**다. 각각의 연산은 자신만의 연산 테이블을 갖게 되면 관리자가 정의한 규칙에 따라 이들은 실행된다.

NAT 테이블은 네트워크 주소 변환을 제어한다. 즉 IP 주소를 특정한 소스 또는 목적지 IP 주소로 변환하는 일이다. 보통은 여러 시스템이 하나의 IP 주소로 다른 네트워크(보통은 인터넷)에 접근할 때 사용된다. 연결 추적과 조합하게 되면 네트워크 주소 변환은 리눅스 방화벽의 핵심이라고 할 수 있을 정도다.

> **참고** 이 책을 쓰고 있는 시점에서는 IPv6 Netfilter 서브 시스템에서는 NAT 테이블을 지원하지 않는다.

Mangle 테이블은 패킷을 수정하거나 마킹(marking)하는 일을 수행한다. Mangle 테이블은 다방면에서 사용되고 있지만 가끔씩 사용된다. 한 예로 TCP 헤더에서 ToS(Type of Service) 비트를 수정하여 패킷을 라우팅하거나 또 다른 시스템에서 QoS(Quality of Service) 메커니즘을 해당 패킷에 적용할 수 있도록 하는 것이다.

Raw 테이블은 가장 낮은 단계에서 패킷을 관리하는 작업을 수행한다. 연결 추적 대상에서 제외시킬 때 사용되는데 raw 테이블에서 설정한 규칙들은 다른 어떤 테이블의 규칙보다 우선순위가 가장 높아서 가장 먼저 실행된다.

마지막으로 filter 테이블은 기본적인 패킷 필터링을 제공한다. 시스템에 적용된 규칙에 따라서 트래픽을 선택적으로 허용하거나 막을 때 사용되는 것이다. 사용 예로는 포트 22번(SSH), 25번 포트(SMTP)로 향하는 트래픽을 제외한 나머지 모든 트래픽은 막으려고 할 때다.

▨ NAT 원리

네트워크 주소 변환(NAT)을 통해 관리자는 어떠한 이유에서건 각각의 호스트는 상대방을 알수 없도록 라우터 양쪽에 있는 호스트를 모두 숨길 수 있다. Netfilter의 NAT은 세 가지 카테고리로 나눌 수 있는데, 소스 NAT(SNAT), 목적지 NAT(DNAT), 마스커레이딩이다.

SNAT은 소스 IP 주소와 포트를 변환해서 패킷이 관리자가 정의한 IP에서 오는 것처럼 만들어준다. 이것은 주로 사설 네트워크에서 외부 IP 주소를 사용해야 할 때 활용된다. SNAT을 사용하기 위해서 관리자는 규칙을 정의하는 시점에서 새로운 소스 IP 주소가 어떤 것인지 반드시 알아야 한다. 만약 그 주소를 알지 못하면(ISP에서 동적 IP를 할당 받는 경우), 관리자는 마스커레이딩을 사용해야 한다. SNAT을 사용하는 다른 예로는 네트워크(보통 사설 네트워크)의 특정 호스트를 다른 IP 주소(주로 공용 네트워크)인 것처럼 가장할 때다. SNAT이 사용될 때는 패킷 처리단계의 후반부에서인데, 그렇게 함으로써 패킷이 시스템을 떠나기 전에 Netfilter의 다른 부분들이 원래 소스 IP 주소를 확인할 수 있게 된다.

DNAT은 목적지 IP 주소와 포트를 변경해서 패킷을 다른 IP 주소로 재전송하는 역할을 한다. 이것은 여러 가지 상황에서 유용하다. 예를 들면 관리자가 사설 네트워크에 있는 서버들을 숨겨서(방화벽 용어로 **DMZ**라고 한다), 들어오는 트래픽에 대한 외부 IP 주소와 내부 주소를 매핑하고자 할 때 DNAT을 활용한다. 관리 측면에서 DNAT으로 관리는 조금 더 수월해지는데 그 이유는 외부의 모든 IP 주소들을 사설 네트워크 중 한 호스트의 것인 양 나타나기 때문이다(**choke point**라고 함).

마스커레이딩을 알아보자. 이것은 SNAT의 특별한 경우라 하겠다. 어떠한 상황에서 활용할 수 있느냐면 사설 네트워크에는 많은 시스템들이 있는데 이들은 외부에서 동적으로 할당된 하나의 IP 주소를 공유해야 하는 경우다. 이러한 경우가 바로 리눅스 기반의 방화벽이 주로 처리해야 하는 일인데 이러한 상황에서 마스커레이딩이 모든 패킷을 마치 NAT 장치의 IP 주소에서 출발하는 것처럼 만들어준다. 따라서 사설 네트워크의 내부 구조를 숨길 수 있게 되는 것이다. NAT의 이러한 방법을 활용하여 11장에서 소개했듯이 RFC 1918 사설 /IP 공간(192.168.0.0/16, 172.16.0.0/12, 10.0.0.0/8)을 내부 사설 네트워크로 활용할 수 있다.

NAT을 활용한 몇 가지 예제

그림 13-1에서 우리는 한 호스트(192.168.1.2)가 서버(200.1.1.1)로 연결하려는 것을 볼 수 있다. SNAT을 사용하거나 마스커레이딩을 해서 패킷을 변형시켜서 소스 IP 주소를 NAT 장치의 외부 주소(100.1.1.1)로 바꿀 수 있다. 서버에서 보면, 해당 호스트와 직접 통신하는 것이 아니라 마치 NAT 장치와 통신하는 것과 같을 것이다. 호스트 입장에서는 인터넷으로 큰 불편함 없이 잘 연결되고 있다. 만약 NAT 장치에 여러 클라이언트가 있다면(192.168.1.3, 192.168.1.4라고 하자), NAT은 이들의 모든 패킷을 변형해서 마치 100.1.1.1에서 오는 것처럼 보이도록 할 것이다.

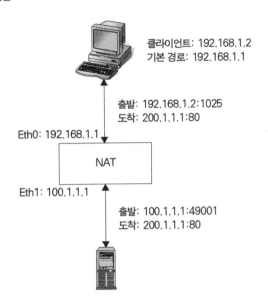

클라이언트: 192.168.1.2
기본 경로: 192.168.1.1

출발: 192.168.1.2:1025
도착: 200.1.1.1:80

Eth0: 192.168.1.1

NAT

Eth1: 100.1.1.1

출발: 100.1.1.1:49001
도착: 200.1.1.1:80

그런데 약간의 문제가 있다. 서버는 응답 패킷을 보낼 텐데 NAT은 그 패킷을 어디로 보내야 할지, 즉 애초에 패킷을 서버로 보낸 발신자가 누구인지를 알지 못한다는 것이다. 자, 여기서 마법 같은 일이 벌어진다. NAT 장치는 연결이 이루어진 내부 클라이언트와 관련된 서버 연결(flow라고 함)에 대한 목록을 관리한다. 처음 예제의 경우, NAT은 192.168.1.1:1025를 100.1.1.1:49001로 변환하고 이것은 200.1.1.1:80과 통신하는 상태라는 레코드를 관리하게 된다. 200.1.1.1:80에서 응답 패킷이 100.1.1.1:49001로 전송되면 NAT 장치는 자동으로 패킷을 변환하여 패킷의 목적지 IP 주소가 192.168.1.1:1025로 설정하고 사설 네트워크상의 클라이언트로 보낸다.

이와 같은 간단한 상황에서는 NAT은 그저 flow만 추적한다. 각 flow는 트래픽이 있는 동안은 유지된다. 만일 NAT이 특정 flow 내에서 일정 시간 트래픽을 발견하지 못하면 해당 flow는 자동 제거된다. Flow는 연결 자체에 대해서는 잘 모른다. 다만 트래픽이 두 개의 지점 사이에 일어나고 있고 패킷을 각 지점에 전달하는 일은 NAT의 역할이라는 것을 알 뿐이다.

이번에는 그림 13-2와 같이 반대의 경우를 살펴보자. 인터넷상의 한 클라이언트는 NAT을 통해서 사설 네트워크에 있는 서버와 통신하려고 한다. 여기에서는 DNAT이 필요하다. 우선, 서버 대신 NAT이 패킷을 받도록 하고, 패킷의 목적지 IP 주소를 변환한다. 그런 다음 서버로 전달해준다. 서버가 응답 패킷을 해당 클라이언트에 보낼 때, NAT 엔진은 관련된 flow를 살펴서 패킷의 IP 주소를 변환하여 직접 서버가 읽지 않고 NAT 장치에 읽을 수 있게 한다. 그림 13-2와 같이 변환된 주소를 보면 서버는 192.168.1.5:80이고, 클라이언트는 200.2.2.2:1025다. 클라이언트는 NAT IP 주소로 연결되고(100.1.1.1:80), NAT은 패킷의 목적지 IP 주소를 192.168.1.5로 변경하였다. 서버에서 응답 패킷을 보내면 NAT 장치는 반대로 작업하여 클라이언트는 100.1.1.1과 통신하는 것처럼 보이게 한다(NAT의 이러한 형식을 포트 주소 변환(PAT)이라고도 한다).

● **그림 13-2**. DNAT을 이용한 연결

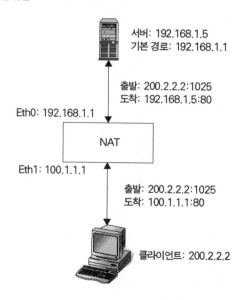

연결 추적과 NAT

겉으로 보기엔 NAT이 뛰어난 보안을 제공해주는 것 같지만 안타깝게도 이 정도론 충분하지 않다. NAT의 문제는 flow의 내용을 잘 모른다는 것과 프로토콜을 위반한 패킷을 막아야 할지 말지를 알지 못한다는 것이다. 예를 들어 그림 13-2와 같이 네트워크를 구성했다고 가정하자. 웹 서버에 새로운 연결이 도착할 때, 이것은 TCP SYN 패킷이어야 한다. 왜냐하면 새로운 연결을 이루기 위해 필요한 패킷은 오직 TCP SYN 패킷뿐이기 때문이다. 하지만 잘 알지 못하는 NAT으로 인해 해당 패킷은 자신이 TCP SYN인 것과는 전혀 상관없이 그냥 전달이 될 뿐이다.

따라서 NAT을 조금 더 강력하게 업그레이드하기 위해, 리눅스는 네트워크 **연결 상태 추적**이라는 기능을 제공한다. 이것으로 NAT은 패킷의 헤더를 똑똑하게 검사하고 TCP 프로토콜 수준에서 올바른 것인지를 결정할 수 있다. 그래서 TCP SYN이 아닌 다른 패킷이 새로운 TCP 연결을 통해 도착하면 서버를 보호하기 위해서 그 패킷을 거절하게 된다. 심지어 유효한 연결이 이루어진 상태에서 악의적인 사용자가 패킷을 위장하여 flow에 끊임 없이 집어 넣으려 해도 네트워크 연결 상태 추적으로 인해 각 지점 간에 유효한 패킷의 조건에 맞지 않는 한 모든 패킷은 거부된다(빠르게 공격자가 그 트래픽을 미리 알아채지 않는 한, 공격하기 어려운 상황이다).

앞으로 이 장이 끝날 때까지 NAT은 끊임없이 등장한다. 따라서 NAT과 네트워크 연결 상태 추적이 하는 일 등이 어디에서든지 나타날 수 있음을 명심하고 다음 내용을 살펴보자.

▓ NAT에 적당한 프로토콜들

NAT을 자세히 알아가는 동안, 네트워크상의 단일 연결만을 다뤘음을 알아차렸을 것이다. 오직 단일 연결만 필요한 프로토콜(HTTP와 같은)이나 클라이언트 또는 서버의 실제 IP 주소에 의존하지 않는 프로토콜(SMTP와 같은)의 경우에 해당하는 내용들이다. 하지만 여러 연결을 요구하거나 실제 IP 주소를 전달해야 하는 까다로운 프로토콜에서는 어떻게 해야 할까? 지금으로써는 해결할 수 있는 방법이 없을 것이다. 그러나 다음 내용을 통해 해법을 찾아보자.

이렇듯 까다로운 프로토콜에 대응할 수 있는 두 가지 해결책이 준비되어 있다. 하나는 응용프로그램 인지 NAT를 사용하는 것이고, 또 다른 하나는 전체 응용프로그램 프록시를 사용하는 것이다. 전자의 경우, NAT은 일반적으로 NAT을 통하여 해당 프로토콜이 잘 지나가게 하기 위한 최소한의 작업을 수행한다. 즉 연결 도중에 IP 주소를 변경하고 서로 연관이 있는 연결들을 논리적으로 묶어주는 일과 같은 것이다. FTP NAT이 이에 해당한다. NAT은 Active FTP 패킷을 변경해서 해당 IP 주소가 NAT의 IP 주소인 것처럼 보이도록 한다. 그리고 NAT은 서버로부터 응답 패킷을 대기하고 수신할 경우, 그것을 적합한 클라이언트에 전달해준다.

조금 더 복잡한 프로토콜이나 프로토콜을 안전하게 보호해주는 응용프로그램 인지가 필요한 프로토콜들의 경우, 응용프로그램 수준의 프록시가 필요하다. 응용프로그램 프록시는 네트워크 내부에서부터 연결을 해제하고 네트워크 밖의 클라이언트를 대신하여 연결을 만든다. 응답으로 오는 트래픽들은 프록시를 통해 클라이언트에 전달된다.

실제 상황에서는 NAT을 경유하는 프로토콜은 많지 않다. 프로토콜들은 일반적으로 NAT에 적합하기 마련인데, 단일의 클라이언트-서버 연결만 요구하기 때문이다. Active FTP만이 Netfilter의 특별한 모듈이 필요로 하는 것이다. 복잡한 프로토콜이 넘쳐나기 시작하면서 단순한 NAT의 기능을 제공하고 있다. 예를 들면 대부분의 인스턴스 메신저, 미디어 스트리밍, IP 전화 응용프로그램들이 NAT 지원 기능을 제공한다.

또 다른 Netfilter 설정을 살펴보면서 기타 프로토콜들이 지원하는 몇 가지 모듈들도 소개하려고 한다.

▓ 체인

각각의 테이블마다 일련의 **체인**들이 있고 패킷은 이들을 거치게 된다. 체인이란 시스템 밖으로 전달되는 패킷에 적용될 규칙 목록을 말한다.

Netfilter에는 사전에 정의된 체인이 5개가 있다. PREROUTING, FORWARD, POSTROUTING, INPUT, OUTPUT이다. 이들 간의 관계를 그림 13-3에서 보여주고 있다. 여기서 주의할 것은 그림에서 나타나는 TCP/IP와 Netfilter의 관계는 순전히 논리적 관계라는 것이다.

● **그림 13-3**. Netfilter에 미리 정의된 체인 간의 관계

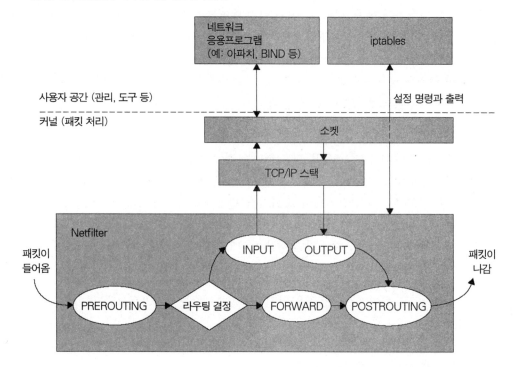

미리 정의된 각 체인은 정해진 테이블(NAT, mangle, 필터) 중 하나에 있는 규칙을 호출할 수 있다. 체인이라고 해서 무조건 테이블의 규칙을 호출할 수 있는 것은 아니다. 테이블 목록에 정의된 규칙만을 호출할 수 있을 뿐이다. 우리는 곧 체인이 하는 일들을 설명하면서 그러한 체인에서 사용되는 테이블에 관해서도 살펴볼 것이다.

관리자는 원한다면 더 많은 체인을 추가해서 사용할 수 있다. 규칙에 맞는 패킷은 관리자가 정의한 규칙의 또 다른 체인을 호출할 수 있다. 이렇게 함으로써 각각 다른 체인들의 규칙들을 여러 번에 걸쳐 반복적으로 사용할 수 있게 된다. 이 장 후반부에서 간단한 예를 통해 다시 이해하기로 하자.

사전에 정의된 모든 체인들은 mangle 테이블 소속이어서, 패킷의 경로 어디에서든 임의의 방법으로 패킷을 수정하거나 패킷에 표시(mark)를 할 수 있다. 그러나 테이블과 체인 간의 관계는 체인에 따라 달라지는데 그림 13-4에 관계에 관한 모든 것을 정의해두었다.

우리는 관계에 대한 이해를 돕기 위해서 체인을 조금 더 면밀하게 살펴보려 한다.

PREROUTING

PREROUTING 체인은 패킷이 시스템에 들어오면 가장 첫 번째로 만나게 되는 곳이다. 이 체인은 다음 세 개의 테이블 가운데 하나를 호출할 수 있는데 NAT, raw, mangle 테이블이다. NAT의 경우, 이 지점이야말로 DNAT으로서의 역할 즉 패킷의 목적지 IP 주소를 변경할 수 있는 이상적인 지점이라 할 수 있겠다. 방화벽을 목적으로 연결을 추적하려는 관리자라면 반드시 이 지점에서 추적을 시작해야 한다. 그 이유는 패킷이 원래 가지고 있는 IP 주소와 DNAT이 적용된 NAT 주소도 함께 추적하는 것은 아주 중요하기 때문이다.

● **그림 13-4.** 미리 정의된 체인과 테이블 간의 관계

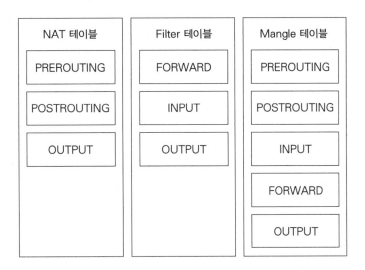

FORWARD

FORWARD 체인은 IP 포워딩이 활성화되어 패킷이 호스트가 아닌 시스템에 전달되는 경우에 호출된다. 예를 들어 IP 주소가 172.16.1.1인 리눅스 시스템이 인터넷과 172.16.1.0/24 네트워크를 라우팅하는 경우, 1.1.1.1에서 출발한 패킷이 172.16.1.10으로 가기 위해서는 FORWARD 체인을 거쳐야 한다.

FORWARD 체인은 filter와 mangle 테이블의 규칙을 호출하는데 바로 이 시점에서 라우터가 지정한 네트워크로 가거나 도착하는 패킷에 적용하기 위한 패킷 필터링 규칙을 정의할 수 있음을 의미하는 것이다.

INPUT

INPUT 체인이 호출되는 때는, 패킷이 호스트로 전송될 때다. 규칙들은 패킷이 스택을 통해 응용프로그램에 전달되기 전에 패킷에 적용된다. 예를 들어 리눅스 시스템(호스트)의 IP 주소가 172.16.1.1이라면 INPUT 규칙을 적용 받는 패킷의 목적지는 172.16.1.1이어야 한다. 만약 어떤 한 규칙에 의해서 80번 포트로 가는 패킷은 전부 버리도록 되어 있다면 80번 포트를 통해 연결을 받는 응용프로그램들은 패킷을 수신할 수 없을 것이다.

INPUT 페인은 filter와 mangle 테이블에 있는 규칙을 호출할 수 있다.

OUTPUT

OUTPUT 체인은 호스트에서 실행되고 있는 응용프로그램이 패킷의 목적지인 경우 호출된다. 예를 들어보자. 커맨드라인에서 작업 중인 관리자가 SSH로 리모트 시스템에 접속하려고 한다. 그럼 OUTPUT 체인은 연결의 첫 번째 패킷을 만나게 되고 리모트 시스템에서 오는 응답 패킷들은 PREROUTING과 INPUT 체인을 거쳐서 들어올 것이다.

OUTPUT 체인은 filter와 mangle 테이블뿐만 아니라 NAT 테이블 규칙도 호출할 수 있다. 따라서 관리자는 호스트에서 전송되는 패킷에 대한 NAT 작업을 수행할 수 있다. 일반적이지는 않지만 관리자는 패킷에 대해서 PREROUTING 형태의 NAT 연산을 실행할 수 있는 기능이다. (여기서 꼭 기억해야 할 점은 호스트에서 출발한 패킷의 경우, PREROUTING 체인을 거쳐갈 수 있는 기회는 전혀 없다는 것)

POSTROUTING

POSTROUTING 체인은 NAT과 mangle 체인을 호출한다. 이 체인에서는 관리자가 소스 NAT (SNAT) 작업을 수행할 수 있는데, 소스 IP 주소를 변경하는 것이다. 또한 이 지점에서는 방화벽 구축을 위해 연결 추적을 할 수 있는 또 하나의 지점이기도 하다.

Netfilter 설치

한 가지 좋은 소식은 요즘 리눅스 배포판들은 이미 설치 및 컴파일되어 실행할 수 있는 상태의 Netfilter를 지원한다. 그렇다면 다음과 같이 iptables를 실행하여 빠르게 그 여부를 빠르게 확인해보자.

```
[root@server ~]# iptables -L
```

우분투 시스템에서 실행하는 명령은 조금 다르다.

```
master@ubuntu-server:~$ sudo iptables -L
```

IPv6 시스템인 경우도 명령어가 다를 것이다.

```
[root@server ~]# ip6tables -L
```

일부 배포판의 PATH 환경 변수에는 /sbin 디렉터리가 기본으로 포함되어 있지 않은데, 이 디렉터리에 iptables 프로그램이 있을 수도 있다. 따라서 확실하지 않은 경우 다음과 같은 전체 경로를 사용해서 다시 시도해보라.

/sbin/iptables, /usr/sbin/iptables, /usr/local/bin/iptables, /usr/local/sbin/iptables/bin, /usr/bin 디렉터리는 반드시 PATH 변수에 포함되어 있기 때문에 해당 절대 경로를 입력하지 않아도 대부분 iptables 명령이 실행되었을 것이다.

만약 명령이 실행된 결과가 체인과 테이블 목록을 보여주고 있다면 Netfilter가 설치되어 있다는 것이다. 실제로 리눅스 OS 설치 과정에서 이미 몇 가지 필터들은 활성화되었다. 페도라, RHEL, CentOS 배포판들을 설치할 때 기본 방화벽 설정하는 옵션을 볼 수 있다. OpenSUSE 역시 OS 설치 단계에서 보다 더 확장된 방화벽을 설정할 수 있다. 반면에 우분투의 경우 설치 단계에서 방화벽 설정을 지원하지 않는다.

Netfilter를 이미 가지고 있다면 설정 단계를 거쳐 사용하기만 하면 된다.

다음 내용은 Netfilter가 설치되지 않은 바닐라 커널(순수 커널)을 처음부터 설정할 때 사용되는 옵션들에 관한 것이다. Netfilter를 설치하는 전체 과정은 두 가지로 나눠볼 수 있다. 첫 번째는 커널 구성 시에 Netfilter를 활성화하는 것, 두 번째는 관리자 도구들을 컴파일하는 것이다. 첫 번째부터 살펴보자.

▓ 커널에서 Netfilter 활성화

대부분의 Netfilter 코드는 커널 내부에 있고 리눅스의 표준 kernel.org 배포판에는 탑재되어 있다. Netfilter를 사용하기 위해서 커널을 컴파일할 때 커널 설정하는 단계에서 몇 가지 옵션들을 활성화하기만 하면 된다. 커널 컴파일이 어렵게 느껴진다면 9장에서 다시 그 내용을 숙지하길 바란다.

그러나 Netfilter는 아주 많은 옵션이 있다. 여기에서는 그러한 옵션들이 무엇이고 또 어떤 옵션을 선택해야 하는지를 살펴보겠다.

필수 커널 옵션

반드시 지원해야 하는 세 가지의 모듈을 먼저 소개한다. Network Packet Filtering, IP Tables, Connection Tracking이다.

첫 번째 모듈은 [Networking Support] → [Networking Options] → [Network packet filtering framework (Netfilter)] 메뉴에 있는데 컴파일하기 전에 커널을 설정할 때 볼 수 있다. 이것은 커널 내에 기본적인 Netfilter 프레임워크 기능을 제공하게 된다.

이 옵션이 활성화되어 있지 않은 경우 나머지 다른 옵션들은 무용지물이 된다. 이 기능은 커널 모듈로써 컴파일되지 않는데, 즉 커널 내에 포함되거나 포함되지 않게 된다.

두 번째 모듈 IP tables은 [Networking Support] → [Networking Options] → [Network packet filtering framework (Netfilter)] → [IP: Netfilter Configuration] → [IP tables support]에서 볼 수 있다. 이 모듈이 필요한 이유는 IP tables 인터페이스와 Netfilter 시스템 관리 기능을 제공하기 위해서다. 교과서대로라면 이 모듈은 선택사항이다. 이 모듈 대신 이전의 ipchains나 ipfwadm 인터페이스를 사용할 수 있기 때문이다. 하지만 옛날 것을 꼭 사용해야만 하는 것이 아니라면 IP tables를 사용하는 것이 바람직하다. 다만, 사용자가 현재 예전에 사용하던 ipchains/ipfwadm 에 대한 설정환경들을 IP tables로 마이그레이션하는 과정에 있다면 모든 모듈에 대하여 컴파일 이 된 상태로 사용하고 싶어질 것이다.

마지막으로 Connection Tracking 옵션을 보자. 이 모듈은 [Networking Support] → [Networking Options] → [Network packet filtering framework (Netfilter)] → [IP: Netfilter Configuration] → [IPv4 connection tracking support] 메뉴에 있다. 이 옵션으로 보다 똑똑한 TCP/IP 연결 추적 기능을 지원해주고 FTP와 같은 주요 프로토콜도 지원한다. IP Tables 옵션처럼 이 옵션 역시 모듈 로 컴파일 된다.

선택 옵션이지만 중요한 커널 옵션

앞에서 살펴본 옵션들만 커널에 컴파일되면 Netfilter를 대부분의 응용프로그램에 대해 활용하기 에 충분하다. 하지만 몇 가지 옵션들을 추가하면 조금 더 수월한 작업을 할 수 있으며 보안 역시 향상되고 더 다양한 프로토콜도 다룰 수 있다. 이론상이 아닌 실제 상황을 대비하여 앞으로 소개 할 옵션들을 선택사항이 아닌 필수 옵션으로 활용해야 할 것이다. 이들은 모두 모듈로 컴파일되 기 때문에 실제 사용하는 것들만 메모리에 적재된다.

- **FTP Protocol Support:** 이 옵션은 Connection Tracking을 선택했을 때만 활성화할 수 있다. 이 옵 션으로는 살아있는 FTP 연결에 대해 NAT을 통한 정확한 처리를 할 수 있다. FTP는 서버에서 클라 이언트로 데이터를 전송(디렉터리 목록 출력, 파일 전송 등)하기 위한 별도의 연결을 구성해야 한다. 기본적으로 NAT은 서버에서 일어나는 연결에 대해서는 잘 알지 못한다. 하지만 FTP 모듈이 있으면 NAT은 이 프로토콜을 똑똑하게 다룰 수 있게 되어서 관련이 있는 연결에 딱 맞는 클라이언트로 연결 을 해낼 수 있다.

- **IRC Protocol Support:** 이 옵션 역시 Connection Tracking 옵션을 먼저 선택해야 한다. 만약 관리자 인 여러분이 NAT 뒤에 있는 사용자들이 인터넷상의 누군가와 통신하기 위해서 IRC(Internet Relay

Chat)를 사용하고 싶을 것이라고 예상한다면 그러한 연결뿐만 아니라 파일 전송 및 IDENT 요청을 위해 이 옵션은 필수사항이다.

- **Connection State Match:** 이 옵션은 IP Tables Support 기능을 사용할 때 활성화할 수 있다. 이것이 있으면 앞에서 다뤘던 "연결 추적과 NAT" 절의 상태 유지 기능을 사용할 수 있게 된다. 다시 설명하자면, 이전 패킷과의 관계를 통해 패킷을 매칭할 수 있다는 것이다. 따라서 이 기능은 시스템을 방화벽으로 설정할 때 반드시 필요하다.

- **Packet Filtering:** 패킷 필터링 옵션을 제공하려면 이 옵션을 사용한다.

- **REJECT Target Support:** 이 옵션은 패킷 필터링 옵션과 관련이 있는데 패킷 필터에서와 같이 패킷을 버리는 대신 패킷의 발신지로 ICMP 오류를 전송함으로써 패킷을 거부하는 방법을 제공해준다. 사용자의 네트워크 환경에 따라서 이 옵션은 유용하다. 하지만 네트워크가 인터넷과 연결되어 있다면 REJECT 옵션은 맞지 않다. 왜냐하면 트래픽을 발생시키기 때문에 차라리 패킷을 버리는 쪽이 더 맞기 때문이다.

- **LOG Target Support:** 이 옵션으로 규칙에 부합하는 패킷에 대한 로그를 기록하기 위한 설정을 시스템에 할 수 있다. 예를 들어 버려지는 패킷에 대한 로그를 남기고 싶다면 이 옵션이 필요할 것이다.

- **Full NAT:** 이 옵션이 필요한 경우는 Netfilter에서 NAT 기능을 사용하고 싶을 때다.

- **MASQUERADE Target Support:** 이 옵션으로는 NAT으로 사설 네트워크를 쉽게 숨길 수 있다. 이 모듈은 내부적으로 NAT 엔트리를 생성한다.

- **REDIRECT Target Support:** NAT 호스트로 패킷을 재전송할 때 이 옵션이 필요하다. 이를 통해 투명 프록시를 만들 수 있기 때문에 프록시 설정만으로는 네트워크상에 존재하는 모든 클라이언트들을 설정하는 것이 어려울 때, 또는 응용프로그램 자체에서 프록시 서버로 직접 연결하는 것이 좋지 않을 경우에 유용하다.

- **NAT of Local Connections:** 이 옵션으로 NAT 시스템에서 출발한 패킷에 대해 DNAT 규칙을 적용할 수 있다. 아직 이 옵션이 필요한 이유를 잘 모르겠다면 일단 활성화하고 컴파일하도록 한다.

- **Packet Mangling:** 이 옵션은 mangle 테이블을 추가해주는 것이기 때문에 QoS와 같은 옵션들에 대해서 개별 패킷들을 조작하거나 표시하는 기능이 필요하다고 생각되면 이 옵션을 반드시 사용하라.

기타 옵션

Netfilter로 활성화할 수 있는 부수적인 옵션들은 다양하다. 대부분 기본적으로 컴파일되도록 설정되어 있는데, 이것은 지금 바로 컴파일을 진행할 수 있고 또는 메모리를 불필요하게 차지할 필요 없이 실제 사용할 것들만 결정할 수 있다는 것을 의미한다.

커널 구성 과정을 거치면서 여러 가지 모듈과 그들에 대한 설명들을 확인해보길 바란다. 이들은 각각 방화벽에서는 불필요하더라도 색다른 작업들에 유용한 작지만 재미있는 기능들을 가지고 있다. 다시 말해서, 이러한 기능들을 통해 Netfilter와 리눅스의 강력함을 실제로 드러낼 수 있다.

물론 잘 사용하지 않는다는 것은 그만큼 검증되지 않았음을 의미하는 것도 있다. 따라서 양산된 시스템에서 NAT을 사용할 때에는 기본적이고 간단한 기능만을 사용하는 것이 나을 수도 있다. 단순해야지 트러블슈팅부터 유지보수와 보안까지 관리하기가 쉬워지기 때문이다.

Netfilter 설정

여러분이 선택한 리눅스 배포판에서는 Netfilter 기능이 이미 설정되어 있을 수도 있다. 최신 배포판인 경우에 더욱 그렇다. 이 설정은 데스크톱 GUI 도구 또는 OS 설치 과정에서 이루어지곤 한다.

관리자 입장에서 이 부분을 다룰 수 있는 세 가지 옵션이 있다. 첫 번째는 GUI를 통해 Netfilter 설정을 하는 방법, 두 번째는 기존 스크립트를 사용하는 시스템 관리를 터득하는 방법, 세 번째는 커맨드라인을 활용하는 것이다.

GUI를 사용하기로 했다면 현재 배포판에 설치된 GUI 외에도 리눅스에서 사용하는 GUI들이 다양하다는 것을 알아야 할 것이다. 중요한 것은 여러분의 결정이다. 세 가지 방법 중 하나를 선택하고 사용하기로 결심했다면 그 방법에 집중해야 한다. GUI와 CLI 간의 환경 전환을 할 수 있지만 GUI 설정 파일을 직접 다루지 못한다면 권장하지 않는다.

기존의 스크립트들을 사용해서 시스템을 관리할 때에는 스타트업/셧다운 스트립트를 최소한으로 변경해야 한다. 하지만 기존 프레임워크를 사용하고 있기 때문에, 현재 프레임워크가 어떻게 설정됐는지 그리고 파일들은 어떻게 수정하는지를 습득해야 한다는 것을 의미하기도 한다.

마지막으로, 스크립트는 무시하고 자신만의 방법으로 하려면 처음부터 시작해야 한다. 하지만 Netfilter가 어떻게 작동하는지 언제 시작하는지 그리고 어떻게 관리하는지에 대해서 정확하게 배울 수 있다. 단점이라면 시작과 중지하는 구조 전체를 생성해야 한다는 것이다. 방화벽 기능의 중요성 때문에, 단순히 /etc/rc.d/rc.local 파일 끝에 설정 내용을 추가해서 스타트업 맨 마지막에 실행되게 하는 것은 옳지 않다. 왜냐하면 부팅 시에 서비스를 시작하는 시간과 방화벽이 실행되는 시간 사이에도 충분히 잠재적인 공격이 일어날 수 있기 때문이다.

▨ Netfilter 설정 저장

이 장을 공부하다 보면 iptables 명령어로 방화벽 규칙을 만들게 되고, /proc 파일 시스템의 설정값들을 변경하거나 부팅 시에 또 다른 커널 모듈들을 적재하기도 한다. 이러한 변경사항들을 영구적으로 반영하기 위해서 이들을 저장함으로써 부팅 시에 모두 실행되도록 한다.

페도라 및 기타 레드햇 계열의 리눅스 배포판에서 설정 내용들을 저장하는 것은 상당히 쉽다. 다음 단계들을 따라 해보자.

1. Netfilter 규칙을 간단한 텍스트 파일인 FIREWALL_RULES_FILE.txt에 저장해보자.

```
[root@fedora-server ~]# iptables-save > FIREWALL_RULES_FILE.txt
```

페도라 배포판에서 이 예제 파일에 해당하는 것이 바로 /etc/sysconfig/iptables다. 따라서 다음과 같이 명령을 실행한다.

```
[root@fedora-server ~]# iptables-save > /etc/sysconfig/iptables
```

2. /etc/sysconfig/iptables-config 파일에 있는 IPTABLES_MODULES 변수에 모듈을 추가한다. 예를 들어 ip_conntrack_ftp 모듈과 ip_nat_ftp 모듈을 추가하고 싶으면 IPTABLES_MODULES에 다음과 같이 작성한다.

```
IPTABLES_MODULES="ip_conntrack_ftp ip_nat_ftp"
```

> **참고** IPv6 방화벽(ip6tableS)의 경우 설정 옵션은 /etc/sysconfig/ip6tables-config 파일에 저장된다. IPTABLES_MODULES와 같은 IP6TABLES_MODULES 변수를 ip6tables-config 파일에서 확인할 수 있을 것이다.

3. sysctl 유틸리티를 사용해서 커널 매개변수들을 변경할 수 있다. 예를 들어 IP 포워딩을 활성화하고 싶다면 다음과 같은 명령을 실행하면 된다.

```
[root@fedora-server ~]# sysctl -w net.ipv4.ip_forward=1 >> /etc/sysctl.conf
```

> **참고** 일부 배포판들은 일반적으로 사용하는 커널 매개변수들을 sysctl.conf 파일에 미리 정의해둔다(비활성화 상태로). 따라서 기존의 변수들에 원하는 값을 추가하기만 하면 된다. 또한 단순히 파일에 설정 내용을 추가하는 것 대신 기존의 값을 변경하려고 하는 기설정 항목들에 대해 파일을 확인해보는 것이 필요하다.

배포판마다 방법은 다를 수 있다. 현재 사용하고 있는 배포판에서는 어떻게 해야 하는지 감이 오지 않는다면 또는 머리가 아프다면 우선 기존의 스타트업 순서에 실행되는 스크립트들을 비활성화한 후, 자신만의 스크립트를 추가하도록 한다. 여러분만의 스크립트를 작성하려고 하면 추가하려면 다음에 대략적인 스크립트를 참고해도 좋다.

```
#!/bin/sh
## Define where iptables and modprobe is located.
IPT="/sbin/iptables"
MODPROBE="/sbin/modprobe"
## Add your insmod/depmod lines here.
$MODPROBE ip_tables
$MODPROBE ipt_state
$MODPROBE iptable_filter
$MODPROBE ip_conntrack
```

```
$MODPROBE ip_conntrack_ftp
$MODPROBE iptable_nat
$MODPROBE ip_nat_ftp
## Flush the current chains, remove non-standard chains, and zero counters.
$IPT -t filter -F
$IPT -t filter -X
$IPT -t filter -Z
$IPT -t mangle -F
$IPT -t mangle -X
$IPT -t mangle -Z
$IPT -t nat -F
$IPT -t nat -X
$IPT -t nat -Z
## Add your rules here. Here is a sample one to get you started.
$IPT -A INPUT -i lo -j ACCEPT
## Add any /proc settings here. For example:
echo "1" > /proc/sys/net/ipv4/tcp_syncookies
```

▧ iptables 명령어

iptables 명령어는 Netfilter 시스템을 설정하는 핵심 명령어다. iptables -h 명령을 실행하면 상당히 많은 설정 옵션들을 온라인 도움말을 통해 확인할 수 있다. 지금부터 몇 가지 옵션들과 활용하는 방법들을 알아볼 것이다.

규칙 체인의 일환으로 만들어진 개별 규칙들을 정의하는 것이 이 명령어의 핵심이라고 할 수 있다. 각각의 규칙에는 패킷 매칭 기준과 개별 액션이 있다. 패킷이 시스템을 거쳐서 그림 13-3에서와 같이 적절한 체인을 지나게 된다. 각 체인 안에서는 패킷에 규칙이 순서대로 적용된다. 규칙이 패킷과 매칭되면 특정한 액션이 패킷에 실행되는 것이다. 이러한 액션들을 타깃이라고 부른다.

체인 관리하기

iptables 명령어의 형태는 체인에 적용할 액션에 따라서 다양하다. 다음에는 몇 가지 가능한 액션들에 따른 명령문들이다.

iptables -t *table* **-A** *chain* **rule-spec** [*options*]	*rule-spec*을 *chain*에 덧붙이기
iptables -t *table* **-D** *chain* **rule-spec**	*rule-spec*을 *chain*에서 삭제
iptables -t *table* **-I** *chain* [*rulenum*] **rule-spec** [*options*]	*rulenum*에 *rule-spec* 추가 rule 번호를 지정하지 않을 경우 chain 상단에 규칙이 추가된다.

`iptables -t table -R chain` `rulenum rule-spec [ options ]`	chain의 *rulenum*을 *rule-spec*으로 변경
`iptables -t table -L chain [ options ]`	*chain*의 모든 규칙을 출력
`iptables -t table -F chain [ options ]`	*chain*의 규칙을 모두 삭제
`iptables -t table -Z chain [ options ]`	*chain*의 모든 카운터를 0으로 초기화
`iptables -t table -N chain`	*chain*이라고 하는 새로운 체인을 정의
`iptables -t table -X [ chain ]`	*chain* 삭제. chain을 지정하지 않으면 모든 비표준 체인은 삭제된다.
`iptables -t table target -P chain`	한 체인에 대한 기본 정책을 정의. 주어진 체인에 대해 규칙이 하나도 없다면 기본 정책에 의해 패킷은 타깃으로 전송된다.
`iptables -t table -E chain [new-chain]`	*chain*을 *new-chain*으로 이름 변경

앞에서 배운 내용을 다시 상기해보자. 몇 가지 내장형 테이블(NAT, filter, mangle, raw)과 5개의 내장형 체인(PREROUTING, POSTROUTING, INPUT, FORWARD, OUTPUT)이 있었다. 그림 13-4에서는 이들의 관계도 볼 수 있다. 규칙이 복잡해질수록 이들을 보다 소규모 그룹을 나눌 필요가 있다. Netfilter로 이러한 작업을 할 수 있는데 사용자만의 체인을 정의해서 적당한 테이블에 포함시켜두는 것이다.

표준 체인을 지날 때, 매칭되는 규칙은 동일한 테이블상의 또 다른 체인으로 이동할 수 있다. 예를 들어보자. FORWARD 체인을 통과하는 10.0.0.0/8 네트워크로 모든 패킷이 전송되도록 관리하는to_net10이라는 체인을 생성하려고 한다.

```
[root@server ~]# iptables -t filter -N to_net10
[root@server ~]# iptables -t filter -A FORWARD -d 10.0.0.0/8 -j to_net10
[root@server ~]# iptables -t filter -A to_net10 -j RETURN
```

이 예제에서 to_net10 체인은 아무런 작업을 하지 않고 FORWARD 체인으로 제어를 반환한다.

참고

모든 체인은 기본 정책을 반드시 가지고 있어야 한다. 즉 패킷이 매칭하는 규칙을 만나지 못할 경우를 대비한 기본 액션이 필요하다는 것이다. 방화벽 설계 시, 안전한 접근 방식은 각 체인마다 기본 정책을 패킷을 버리고 허용하려는 네트워크 트래픽에 대해서는 ALLOW 규칙을 명시해두는 것이다(*iptables*과 *-P* 옵션을 함께 쓴다).

to_net10이라는 예제 테이블을 IPv6 방화벽에 대해 생성해보자.

```
[root@server ~]# ip6tables -t filter -N to_net10
```

참고

filter 테이블은 테이블 이름이 `iptables` 명령문에 명시되어 있지 않은 경우 기본적으로 사용되는 테이블이다. 따라서 다음의 규칙을

```
# iptables -t filter -N example_chain
```

다음과 같이도 작성할 수 있다.

```
# iptables -N example_chain
```

규칙 정의하기

앞 절에서 **rule-spec**이란 용어를 사용했다. rule-spec이란 Netfilter가 사용하는 규칙 목록을 말하는데 이들은 패킷과 매칭되는 것들이다. 지정된 rule-spec이 패킷과 매칭이 되면 Netfilter는 패킷에 그에 상응하는 액션을 일으킨다. 다음은 흔히 사용하는 rule-spec을 구성하는 `iptables` 매개변수들이다.

- **-p [!] *protocol*:** 이 매개변수에는 비교 대상이 되는 IP 프로토콜을 지정한다. Tcp, udp, icmp와 같은 /etc/protocols 파일에 정의된 프로토콜이라면 모두 사용할 수 있다. "all"이라는 값을 지정하면 모든 IP 패킷에 대해 매칭이 이루어질 것이다. 만약 /etc/protocols에 정의된 프로토콜이 없다면, 대신 프로토콜 번호를 입력해도 된다. 예를 들어 47은 gre을 가리키는 것이다. 느낌표(!) 기호는 다음에 나오는 내용들을 부정한다. 즉 `-p ! tcp`라고 하면 모든 패킷은 tcp가 아니라는 것이다. 이 옵션을 주지 않으면 Netfilter는 기본적으로 "all"이라는 값을 기본적으로 실행한다. `--protocol` 옵션은 이 옵션의 앨리어스다. 예제를 확인해보자.

```
[root@server ~]# iptables -t filter -A INPUT -p tcp --dport 80 -j ACCEPT
```

ip6tables의 경우는 다음과 같다.

```
[root@server ~]# ip6tables -t filter -A INPUT -p tcp --dport 80 -j ACCEPT
```

이 명령이 실행되면 INPUT 체인에서 모든 패킷을 TCP 포트 80으로 전송된다.

- **-s [!] address [/mask]:** 이 옵션은 확인할 대상이 되는 소스 IP 주소를 지정한다. 선택적으로 넷 마스크와 함께 지정하게 되면 소스 IP는 넷 블록 전체에 대해 비교하게 된다. -p와 같이 느낌표를 사용하면 규칙을 반대로 해석하게 된다. 따라서 `-s ! 10.13.17.2`가 의미하는 것은 모든 패킷은 10.13.17.2에서 시작되지 않는다는 것이다. 여기서 주의해야 할 것은 주소와 넷 마스크는 축약되어 표현될 수 있다. 예제를 확인해보자.

```
[root@server ~]# iptables -t filter -A INPUT -s 172.16/16 -j DROP
```

이 규칙은 172.16.0.0/16 네트워크에서 오는 패킷을 전부 버린다. 이 네트워크를 풀어서 표현하면 172.16.0.0/255.255.0.0이다.

IPv6 네트워크인 2001:DB8::/32에서 시작되는 패킷을 버리는 규칙을 `ip6tables`로 정의해보자.

```
[root@server ~]# ip6tables -t filter -A INPUT -s 2001:DB8::/32 -j DROP
```

- **−d [!] address [/mask]:** 이 옵션에는 확인 대상이 되는 목적지 IP 주소를 지정한다. 넷 마스크와 함께 지정하면 목적지 IP 주소는 전체 넷 블록에 대해 비교하게 된다. -s와 같이 느낌표 기호는 규칙을 반대로 해석하며 주소와 넷 마스크는 축약된 형태로 표현될 수 있다. 예제를 확인해보자.

```
[root@server ~]# iptables -t filter -A FORWARD -d 10.100.93.0/24 -j ACCEPT
```

이 규칙은 FORWARD 체인을 통해서 패킷을 전송하도록 하고 있다. 목적지는 10.100.93.0/24 네트워크다.

- **−j target:** 이 옵션에는 "이동"이라는 액션을 정의한다. 우리는 iptables에서 액션을 타깃이라고 부른다. 지금까지 본 타깃은 ACCEPT, DROP, RETURN이다. 앞의 두 개의 타깃은 각각 패킷을 허용하고 버리는 액션이다. 세 번째 타깃은 또 다른 체인을 생성하는 것과 관련이 있다.

앞 절에서 확인했듯이 자신만의 체인을 만들어서 조금 더 수월하고 정리된 상황을 만들고 복잡한 규칙들을 수용할 수 있다. iptables가 내장되어 있지 않은 체인에 있는 규칙들을 만나게 되면 RETURN 타깃이 iptables에 부모 체인으로 되돌아가라고 말해준다. 앞서 사용한 to_net10으로 예를 들어보자. iptables가 -j RETURN에 도달하면 FORWARD 체인으로 되돌아갈 것이다. iptables가 내장된 체인 중 하나에서 RETURN 액션을 만나면 해당 체인의 기본 규칙을 실행한다.

Netfilter 모듈을 통해 추가적인 타깃들이 로드된다. REJECT 타깃은 ipt_REJECT와 함께 실행된다. 이것은 패킷을 버리고 ICMP 오류 패킷을 발신자에게 응답해주는 것이다. ipt_REDIRECT라는 타깃은 패킷이 어디로 가게 되어 있든지 NAT 호스트로 직접 전송하도록 한다.

- **−i interface:** 이 옵션은 패킷이 수신되는 인터페이스의 이름을 지정한다. DMZ 인터페이스와 같은 물리적인 위치에서 출발한 패킷이 도착하는 경우 특정 규칙을 적용해야 하는 상황에서 유용한 옵션이다. 예를 들어 eth1은 DMZ 인터페이스이고 이 인터페이스를 통해 패킷을 10.4.3.2 호스트로 전송하고 싶다면 다음과 같이 한다.

```
[root@server ~]# iptables -A FORWARD -i eth1 -d 10.4.3.2 -j ACCEPT
```

- **−o interface:** 이 옵션 또한 패킷이 출발한 시스템에 있는 인터페이스의 이름을 지정하는 것이다. 예제를 확인해보자.

```
[root@server ~]# iptables -A FORWARD -i eth0 -o eth1 -j ACCEPT
```

이 예제에서는 eth0에서 출발하고 eth1로 향하는 패킷이라면 모두 수신한다는 것을 보여주고 있다.

- **[!] −f:** 이 옵션에는 패킷이 IP 조각인지 아닌지를 지정한다. 느낌표를 사용하면 반대의 의미로 규칙을 실행한다.

```
[root@server ~]# iptables -A INPUT -f -j DROP
```

이 예제는 INPUT 체인에서 비롯된 IP 조각들은 모두 자동으로 버려지도록 하고 있다. 느낌표를 써서 똑같은 의미의 규칙을 만들어보자.

```
[root@server ~]# iptables -A INPUT ! -f -j ACCEPT
```

- **-c PKTS BYTES:** 이 옵션에는 체인에 삽입되거나 덧붙여지거나 대체되는 특정한 규칙을 위한 카운터 값을 설정할 수 있다. 카운터에는 패킷과 규칙을 거쳐가는 바이트들을 각각 표시한다. 대부분의 시스템 관리자들은 이 기능을 잘 사용하지 않는다. 예제를 확인해보자.

```
[root@server ~]# iptables -I FORWARD -f -j ACCEPT -c 10 10
```

이 예제에서는 패킷 조각을 허용하는 새로운 규칙을 FORWARD 체인에 삽입하고, 패킷 카운터는 10 패킷과 10바이트로 설정되었다.

- **-V:** 이 옵션은 iptables의 출력 결과를 자세하게 보여준다(주로 -L 옵션과 함께 사용한다).

```
[root@server ~]# iptables -L -v
```

- **-n:** 이 옵션은 호스트명과 포트명을 숫자로 표현해준다. 일반적으로 `iptables`는 DNS 변환을 자동으로 실행하여 IP 주소 대신 호스트명을, 프로토콜 이름(SMTP와 같은)을 포트 번호(25) 대신 보여주도록 되어 있다. 따라서 DNS 시스템을 사용하지 않고 있거나 부수적인 패킷을 발생시키고 싶지 않다면 이 옵션을 활용하면 된다.

```
[root@server ~]# iptables -L -n
```

- **-x:** 이 옵션은 정확한 카운터값을 표시한다. 보통 `iptables`는 사람이 읽기 좋은 형태로 값을 출력해 주기 때문에 반올림을 실행한다. 예를 들어 10310이란 값 대신 `iptables`는 "10k"라는 형태로 출력 되는 것이다.

```
[root@server ~]# iptables -L -x
```

- **--line-numbers:** 이 옵션은 체인에 있는 각각의 규칙 다음에 나오는 줄 번호를 출력한다. 체인 중간 즈음에 규칙을 삽입하고 싶을 때, 그리고 규칙 목록과 해당 줄 번호를 확인하고 싶을 때 활용할 수 있는 옵션이다.

```
[root@server ~]# iptables -L --line-numbers
```

IPv6의 경우는 다음과 같다.

```
[root@server ~]# ip6tables -L --line-numbers
```

Match를 활용한 Rule-spec 확장

Netfilter의 강력한 기능 중 하나는 바로 "이식성"을 지원한 설계를 제공하고 있다는 점이다. 개 발자에게 있어 이것은 큰 의미를 갖는데, 바로 커널 코드를 헤집어서 일일이 파악하지 않아도 응용프로그램 프로그래밍 인터페이스(API)를 사용해서 Netfilter를 확장할 수 있기 때문이다. Netfilter 사용자들은 기본적인 기능 구성환경 대신 보다 확장된 Netfilter를 사용할 수 있게 되는 것이다.

이러한 확장은 iptables 커맨드라인 도구가 가진 매치(Match)라는 기능을 통해 이루어진다. -m 매개변수 다음에 원하는 모듈 이름을 지정함으로써 iptables는 필요한 커널 모듈을 실행하는 일을 관리하고 확장된 커맨드라인 매개변수들을 제공해줄 것이다. 이러한 매개변수들로 인해 풍부한 패킷 매칭 기능을 활용할 수 있는 것이다.

이번 절에서는 우리는 이와 같은 확장을 사용해볼 것인데 이들은 현재 이 책을 작성한 시점을 기준으로 검증이 잘 되어 리눅스 배포판에 기본적으로 포함되어 제공되고 있다.

참고

매치 확장 시 도움을 받기 위해 -m 매개변수 다음에 -h 인자를 입력해준다. 예를 들어 ICMP 모듈 사용법을 알고 싶다면 다음과 같이 입력할 수 있겠다.

```
[root@server ~]# iptables -m icmp -h
```

■ icmp

이 모듈은 ICMP 프로토콜을 위해 별도의 매치 매개변수를 제공해준다.

```
icmp-type [!]typename
```

typename에는 ICMP 메시지 타입의 이름이나 번호가 지정된다. 예로, ping 패킷을 차단하는 경우 다음과 같이 입력할 수 있다.

```
[root@server ~]# iptables -t filter -p icmp -A INPUT -m icmp \
--icmp-type echo-request
```

지원 가능한 ICMP 패킷 타입 목록을 확인하려면 이 모듈의 -h 옵션으로 도움말 페이지를 활용한다.

■ limit

이 모듈은 패킷 전송률을 제한하는 방법을 제공한다. 즉 해당 제한값에 도달하기 전까지 매칭 작업이 일어나는 것이다. 두 번째 "burst" 옵션은 트래픽 어느 부분에 순간적인 매칭 작업을 일으킨다. 하지만 이것이 계속 지속되는 경우 되면 매칭 작업은 중단된다. 두 개의 매개변수를 소개한다.

```
limit rate
limit-burst number
```

*rate*는 연속되는 초당 패킷 카운트를 의미한다. 두 번째 매개변수에서 *number*에는 spike 내에서 얼마나 많은 패킷이 연달아 있는지를 지정하는 것이다. 기본값은 5다. 이 기능은 SYN 패킷이 범람할 경우 이를 완화하기 위한 조치로 사용할 수 있다.

```
[root@server ~]# iptables -N syn-flood
[root@server ~]# iptables -A INPUT -p tcp --syn -j syn-flood
[root@server ~]# iptables -A syn-flood -m limit --limit 1/s -j RETURN
[root@server ~]# iptables -A syn-flood -j DROP
```

이것은 연결 전송률을 평균 1초로 제한하고 범람하는 것은 5번으로 제한한다. 아직 완벽하지는 않기 때문에 SYN flood로 인한 정상적인 사용자가 거부될 수 있다. 하지만 서버가 서비스 불가능한 상태가 되는 것을 막을 수 있다.

■ **state**

이 모듈로는 conntrack 모듈의 감시를 통한 TCP 연결 상태를 결정할 수 있다. 이 모듈은 하나의 추가 옵션을 제공한다.

```
state state
```

여기서 *state*는 INVALID, ESTABLISHED, NEW, RELATED 중 하나로 지정된다. 만약 상태가 INVALID라면, 문제가 있는 것 같은 패킷이 기존 패킷 플로우와 아무런 연결점을 찾을 수 없을 때를 가리킨다. 또한 패킷이 기존 연결의 일부인 경우엔 상태가 ESTABLISHED가 될 것이다. 패킷이 새로운 플로우로 시작되었다면 상태는 NEW다. 마지막으로 패킷이 기존 연결과 관련이 있으면(예를 들면 FTP 데이터 전송과 같은), 상태는 RELATED가 된다.

TCP SYN 비트 셋을 갖는 새로운 연결을 확인하기 위해 이러한 기능을 활용하여 다음과 같이 해보자.

```
[root@server ~]# iptables -A INPUT -p tcp ! --syn -m state \
--state NEW -j DROP
```

이 명령문을 해석해보면, INPUT 체인상에 있는 TCP 패킷에는 SYN 플래그 셋이 없다는 것을 알 수 있다. 또한 연결 상태 값은 NEW이며 패킷을 버리라는 명령을 실행하고 있다. (올바른 TCP 연결의 시작은 반드시 SYN 플래그로 시작한다는 것을 상기해보자.)

■ **tcp**

이 모듈로는 TCP 패킷의 여러 방면을 검증할 수 있다. 이미 우리는 이 모듈의 몇 가지 옵션들을 봤었다(--syn). 다음에서 전체 옵션 목록을 확인할 수 있다.

• **source-port [!] port: [port]**: 이 옵션은 TCP 패킷의 소스 포트를 확인한다. 두 번째 포트 번호 앞에 콜론이 있는 경우, 포트 번호의 범위를 나타내는 것이다. 즉 "6000:6010"이 의미하는 것은

6000과 6010 사이의 모든 포트 번호들이다. 느낌표 기호는 반대로 해석하는 기능이다. `--source-port ! 25`의 경우, 모든 소스 포트는 25가 아니라는 뜻이다. 이 옵션의 앨리어스는 `--sport`이다.

- **destination-port [!] port: [port]**: `--source-port` 옵션처럼 TCP 패킷의 목적지 포트를 확인한다. 또한 포트 범위 지정과 느낌표 사용 역시 똑같은 의미로 사용된다. 예를 들어 `--destination-port ! 9000:9010`의 뜻은 9000과 9010 사이의 번호를 제외한 모든 포트 번호다. 이 옵션의 앨리어스는 `--dport`다.

- **[!] tcp-flags mask comp**: 이 옵션은 패킷에 설정된 TCP 플래그 값을 확인한다. `mask`는 어떤 플래그를 확인해야 하는지를 알려주는 것이고 `comp` 인자는 확인해야 하는 플래그 순서를 정해준다. `mask`와 `comp` 둘 다 콤마로 구분하여 여러 개의 플래그값을 가질 수 있다. 사용할 수 있는 플래그는 SYN, ACK, FIN, RST, URG, PSH, ALL, NONE이다. ALL은 모든 플래그를, NON은 그 반대의 의미다. 느낌표는 여기서도 반대의미로 해석하게 하는 기호다. 예를 들어서 `-tcp-flags ALL SYN,ACK`의 뜻은 반드시 모든 플래그를 확인하고 나서 SYN과 ACK 플래그는 지정되어야 한다는 것이다.

- **[!] --syn**: 이것은 SYN 플래그 값이 활성화되어 있는지를 확인한다. 논리적으로 `--tcp-flags SYN,RST,ACK SYN`과 같은 의미다. 느낌표는 반대로 해석하게 할 때 사용한다.

그럼 이제 tcp 모듈을 사용해서 DNS 포트 53으로의 연결이 포트 53에서 시작되었는지를 확인하는 예제를 보도록 하자. 이 예제에서는 SYN 비트 셋을 가지고 있지 않으며 URG 비트 셋을 보여주고 있다. 즉 이 패킷은 반드시 버려져야 한다는 것이다. 여기서 연결 요청이 512바이트보다 클 경우, DNS는 자동으로 TCP로 전환시킨다는 점을 주의한다.

```
[root@server ~]# iptables -A INPUT -p tcp --sport 53 \
--dport 53 ! --tcp-flags SYN URG -j DROP
```

■ tcpmss

이것은 특정 MSS로 TCP 패킷을 매칭한다. IP에 대한 법적으로 허용된 MSS 최솟값은 576이고, 최댓값은 1500이다. 연결에 대하여 MSS값을 설정하는 목적은 양쪽 엔드포인트 사이에서 패킷이 분리되는 현상을 막기 위해서다. 전화 접속 연결의 경우 575바이트의 MSS값을 갖고 고속 링크 연결의 경우에는 1500바이트의 값을 사용한다. 다음은 커맨드라인에서 값을 설정하는 방법이다.

```
mss value:[value]
```

value값에는 지정할 MSS값을 지정한다. 두 번째 값 앞에 콜론이 있는 경우, 두 값 사이에 있는 모든 값이 확인 대상이 된다. 예제를 보자.

```
[root@server ~]# iptables -I INPUT -p tcp -m tcpmss --mss 576 -j ACCEPT
[root@server ~]# iptables -I INPUT -p tcp -m tcpmss ! --mss 576 -j ACCEPT
```

이것은 576바이트의 MSS값을 가진 연결을 통해 전달되는 패킷의 양(또는 바이트 크기)을 셀 수도 있을 뿐만 아니라 또 해당 연결이 아닌 곳에서 전달되는 패킷 또한 셀 수 있는 간단한 방법을 제공해주고 있다. 카운터 상태를 확인하려면 iptables -L -v 명령을 입력한다.

▪ udp

TCP 모듈처럼 UDP 역시 몇 가지 인자들을 제공하여 패킷을 확인하도록 한다. 두 개의 인자를 제공하는데 다음을 보자.

- **source-port [!] port:[port]**: 이 옵션은 UDP 패킷의 소스 포트를 검사한다. 만약 포트 번호 다음에 콜론과 또 다른 포트 번호 숫자가 보이면 두 개의 숫자 사이에 있는 모든 포트 번호를 검사한다. 느낌표가 사용되었으면 해석하는 로직은 반대의 경우가 된다.

- **destination-port [!] port:[port]**: source-port 옵션과 같은 방식으로 UDP의 목적지 포트를 검사한다.

다음의 예제를 확인해보자.

```
[root@server ~]# iptables -I INPUT -p udp --destination-port 53 -j ACCEPT
```

이 예제에서는 모든 UDP 패킷이 53번 포트로 향하도록 하고 있다. 이러한 규칙은 주로 DNS 서버에 트래픽을 허용할 때 설정된다.

자세한 안내서

지금까지 방화벽에 대해 자세하게 살펴보았다. 하지만 여러분은 어안이 벙벙한 상태일 수도 있겠다. 너무나 많은 옵션들과 짧은 시간에 해내야 하는 일들이 너무 많았다.

걱정하기엔 이르다. 도움이 될 만한 것들을 준비했기 때문이다. 여기에서 우리는 이 장에서 배운 리눅스 Netfilter 시스템을 활용하는 일반적인 사용 예를 보여줄 것이고 이것은 바로 적용 가능하기도 하다. 설령 앞부분은 지나치고 이 사용법부터 확인한다 해도, 아주 유용한 도움이 될 것이다. 하지만 각각의 명령어들이 어떤 일들을 하는지, 어떤 연관이 있는지, 또 어떻게 변경할 수 있는지를 이해하는 것은 매우 보람되고 쓸모 있는 시간들이 될 것이다. 그럼 몇 가지 예제들만 봐도 무한한 활용을 할 수 있게 될 것이다.

시스템상에 적용할 예제들을 저장하기 위해서는 modprobe 명령어를 스타트업 스크립트에 추가해야 할 것이다. 페도라, CentOS, RHEL, 기타 레드햇 계열 시스템에서는 이 모듈을 IPTABLES_MODULES 변수에 지정하고 이 변수는 /etc/sysconfig/iptables-config 파일에 있다.

우분투 및 데비안 계열 리눅스 배포판에서는, modprobe 지시자들을 방화벽 설정 파일인 /etc/default/ufw에 추가한다.

우분투와 같은 데비안 계열의 배포판의 경우, Uncomplicated Firewall(ufw)이라는 프론트 엔드 프로그램을 사용해서 iptables/Netfilter 방화벽 스택을 관리할 수 있다. ufw라는 이름처럼 iptables 규칙을 쉽게 관리할 수 있도록(Uncomplicated) 이 프로그램은 만들어졌다.

페도라 사용자들은 다음과 같은 내장형 `iptables-save` 명령어를 통해 현재 실행 중인 iptables 규칙을 저장할 수 있다.

```
[root@fedora-server ~]# iptables-save > /etc/sysconfig/iptables
```

그럼 /etc/sysconfig/iptables 설정 파일에 현재 실행 중인 iptables 규칙이 작성될 것이다.

IPv6의 경우도 IPv6 방화벽 규칙을 다음과 같이 설정 파일에 저장할 수 있다.

```
[root@server ~]# ip6tables-save > /etc/sysconfig/ip6tables
```

Netfilter가 있는 기타 다른 리눅스 배포판에서도 `iptables-save`와 `ip6tables-save` 명령어를 지원한다. 필요한 것은 적절한 스타트업 파일을 찾아서 해당 규칙들을 작성하는 것이다.

▓ Rusty의 Three-Line NAT

Rusty Russell은 Netfilter 시스템 핵심 개발자 중 한 사람이다. 이 사람은 리눅스 방화벽의 대부분의 용도가 시스템의 네트워크를 하나의 IP 주소를 통한 인터넷 접속이 가능하게 하기 위함이라는 점을 알았다. 이것은 집에서나 소규모의 오피스 네트워크에서는 흔한 설정으로 DSL이나 PPPoE 제공자가 하나의 IP 주소를 사용하도록 할당해주기 때문이다. 이번 절에서 우리는 Rusty의 솔루션을 인정하게 될 것이고 그 솔루션을 지금 차근차근 살펴보도록 하자.

인터넷으로 연결하기 위해 ppp0 인터페이스를 사용하고 싶은 가정을 해보자. 또한 eth0와 같은 다른 인터페이스도 사용해서 네트워크 내부로도 연결을 할 것이다. 그럼 다음과 같이 명령을 실행한다.

```
[root@server ~]# modprobe iptable_nat
[root@server ~]# iptables -t nat -A POSTROUTING -o ppp0 -j MASQUERADE
[root@server ~]# echo 1 > /proc/sys/net/ipv4/ip_forward
```

이 명령문들은 기본 NAT을 인터넷으로 활성화시킨다. 게이트웨이를 통한 FTP에 대한 지원을 추가하고 싶다면 다음 명령을 실행한다.

```
[root@server ~]# modprobe ip_nat_ftp
```

만일 페도라, RHEL, CentOS를 사용하고 있고 iptables 설정을 스타트업 스크립트에 작성하고 싶다면 다음과 같이 한다.

```
[root@fedora-server ~]# iptables-save > /etc/sysconfig/iptables
```

> **참고**
>
> 다른 배포판을 사용하는 리눅스 관리자들을 위해 iptables-save 또는 ip6tables-save 명령도 활용 가
> 능하도록 되어 있다(두 가지 모두 iptables 및 iptables-ipv6 소프트웨어가 지원하는 것이기 때문에 모
> 든 리눅스 배포판에 적용된다). iptables-restore 또는 ip6tabls-restore와 함께 이 명령을 실행하면
> iptables 설정환경을 쉽게 저장하고 복구할 수 있다.

▩ 간단한 방화벽 설정

이 절에서는 두 가지 경우를 위해 모든 접속을 막는 방화벽으로 설정해볼 것이다. 즉 서버가 설
정되지 않는 간단한 네트워크와 이와 동일한 네트워크지만 서버가 설정되어 있는 경우다. 첫 번
째 상황에서는 두 개의 연결 대상을 가진 간단한 네트워크로 가정한다. 바로 10.1.1.0/24 네트워
크(eth1)와 인터넷(eth0)이다. 여기서 서버라는 것은 연결을 필요로 하는 것을 말한다. 예를 들
어서 ssh 데몬을 실행하고 있는 리눅스 시스템 또는 웹 서버를 구동 중인 윈도우 시스템이 될 것
이다.

자, 다시 지원할 서버가 없는 상황을 살펴보자.

우선, NAT 모듈이 적재되었는지 NAT을 위한 FTP가 실행 중인지를 확인해야 한다. 이 작업은
modprobe 명령으로 할 수 있다.

```
[root@server ~]# modprobe iptable_nat
[root@server ~]# modprobe ip_nat_ftp
```

필요한 모듈이 잘 실행되고 있다면 모든 체인에 대한 기본 정책을 정의해야 한다. 필터 테이블에
있는 INPUT, FORWARD, OUTPUT 체인에 대해서 각각 DROP, DROP, ACCEPT을 설정할
것이다. POSTROUTING과 PREROUTING 체인에 대해서는 기본 정책을 ACCEPT로 지정한
다. 이들은 모두 NAT이 잘 작동하기 위한 것이다.

```
[root@server ~]# iptables -P INPUT DROP
[root@server ~]# iptables -P FORWARD DROP
[root@server ~]# iptables -P OUTPUT ACCEPT
[root@server ~]# iptables -t nat -P POSTROUTING ACCEPT
[root@server ~]# iptables -t nat -P PREROUTING ACCEPT
```

기본 정책을 정의했다면 기본이 되는 방화벽 규칙을 만들 차례다. 우리가 원하는 것은 간단하다.
eth1 네트워크 내부에 있는 사용자들에게 인터넷 연결을 허용해주는 것이다. 하지만 인터넷에
서는 연결을 만들 수 없어야 한다. 이를 위해서 "block"이라고 하는 새로운 체인을 만들 것이다.
이것은 상태 추적 규칙을 그룹화하기 위해 사용하는 것이다. 이 체인의 첫 번째 규칙은 구성된

연결 또는 해당 연결과 관련이 있는 패킷은 전달되는 것을 허용하는 것이다. 두 번째 규칙은 새로운 연결을 구성하기 위한 패킷은 eth0(인터넷에서 출발하는) 인터페이스에서부터 전달될 수 없다는 것이다. 만약 패킷이 위 두 가지 규칙 중 어떤 것에도 부합하지 않는다면 패킷을 버리도록 하는 마지막 규칙을 적용할 것이다.

```
[root@server ~]# iptables -N block
[root@server ~]# iptables -A block -m state
--state ESTABLISHED,RELATED -j ACCEPT
[root@server ~]# iptables -A block -m state
--state NEW ! -i eth0 -j ACCEPT
[root@server ~]# iptables -A block -j DROP
```

block 체인을 완성한 상태에서 우리는 INPUT과 FORWARD 체인으로부터 block 체인을 호출할 필요가 있다. OUTPUT 체인은 중요하지 않다. 그 이유는 방화벽에서 출발한 패킷들만 OUTPUT 체인에서 오게 되어 있기 때문이다. 반면에 INPUT과 FORWARD 체인은 반드시 확인되어야 한다. NAT이 하는 일을 떠올려보자. INPUT 체인은 만나지 않기 때문에 확인을 위해 FORWARD 체인이 필요했다. 만일 패킷이 방화벽으로 가도록 되어 있다면 INPUT 체인에서의 확인이 완료되어 있어야 한다.

```
[root@server ~]# iptables -A INPUT -j block
[root@server ~]# iptables -A FORWARD -j block
```

드디어 패킷이 시스템을 떠나게 되면 MASQUERADE 기능을 NAT 테이블에 있는 POSTROUTING 체인에 수행할 수 있다. eth0에서 시작된 모든 패킷은 이 체인을 지나게 된다.

```
[root@server ~]# iptables -t nat -A POSTROUTING -o eth0 -j MASQUERADE
```

패킷 확인이 일어나는 동안, 우리는 IP 포워딩을 활성화시킬 것이다(NAT 작업을 위한 필수사항이다). 그리고 SYN 쿠키 보호를 활성화하고 방화벽이 ICMP 브로드캐스트 패킷을 처리하지(Smurf 공격) 않도록 해준다.

```
[root@server ~]# echo 1 > /proc/sys/net/ipv4/ip_forward
[root@server ~]# echo 1 > /proc/sys/net/ipv4/tcp_syncookies
[root@server ~]# echo 1 > /proc/sys/net/ipv4/icmp_echo_ignore_broadcasts
```

이제 우리는 간단한 네트워크 환경을 대비한 방화벽을 구성했다. 어떤 서버도 가동되고 있지 않다면 이러한 설정을 저장해서 실제 상황에 적용할 수 있다. 이번에는 방화벽을 통과해서 실행되는 두 개의 응용프로그램을 가지고 있다고 가정해보려고 한다. 원격지에서 SSH 접근을 해야 하는 내부 네트워크와 BitTorrent를 실행할 윈도우 시스템이 있다. SSH 접근부터 보도록 하자.

방화벽을 통한 포트를 사용하려면 규칙을 정의해야 하는데, eth0(인터넷)에서 출발하는 패킷은 모두 TCP이며 22번 목적지 포트를 가지고 있다. 또한 목적지 IP 주소는 172.16.1.3으로 변경된다는 규칙이다. 이것은 PREROUTING 체인상에 DNAT 액션을 사용함으로써 이루어진다. 그 이유는 패킷의 IP 주소를 다른 체인이 보기 전에 미리 변경해두어야 하기 때문이다.

우리가 풀어야 할 두 번째 문제는 FORWARD 체인에 규칙을 어떻게 삽입하는지다. 이 체인은 목적지 IP 주소가 172.16.1.3이고 22번이 목적지 포트를 가진 패킷만을 허용한다. 키워드는 규칙 삽입(-I)이다. 만약 FORWARD 체인에 규칙을 덧붙인다면(-A), 패킷은 block 체인을 다 지나고 나서 전송될 것이다. 왜냐하면 iptables-A FORWARD −j block이 먼저 적용되기 때문이다.

```
[root@server ~]# iptables -t nat -A PREROUTING -i eth0
-p tcp --dport 22 -j DNAT --to-destination 172.16.1.3
[root@server ~]# iptables -I FORWARD -p tcp -d 172.16.1.3
--dport 22 -j ACCEPT
```

BitTorrent 작업에도 비슷한 방법을 적용할 수 있다. BitTorrent를 사용할 윈도우 시스템 IP 주소가 172.16.1.2라고 가정하자. BitTorrent 프로토콜은 6881~6889 사이의 포트를 연결을 위해 사용하고 이것은 클라이언트에 되돌아갈 수 있도록 하고 있다. 따라서 iptables 명령어로 포트 범위를 설정해주어야 한다.

```
[root@server ~]# iptables -t nat -A PREROUTING -i eth0
-p tcp --dport 6881:6889 -j DNAT --to-destination 172.16.1.2
[root@server ~]# iptables -I FORWARD -p tcp −d 172.16.1.2
--dport 6881:6889 -j ACCEPT
```

이제 잘 돌아가는 방화벽과 SSH 서버와 BitTorrent 사용자를 지원하는 네트워크 환경의 구성을 완료했다.

요약

이 장에서 우리는 리눅스 방화벽인 Netfilter에 대해 아주 자세하게 살펴보았다. 특히 iptables 와 ip6tables 명령어들에 대해서도 알아보았는데, 이러한 정보들을 통해 비로소 리눅스 기반의 방화벽을 구축하고 유지 및 관리할 수 있게 될 것이다.

비록 아주 눈에 띄게 유명하지 않지만 Netfilter는 매우 복잡하면서 풍부한 기능을 가진 시스템임에는 틀림없다. Netfilter 하나만을 가지고 방화벽에 대한 완벽한 지침서를 저술하는 저자들도 많다. 다시 말해서, 이번 장을 통해 아주 좋은 지침서 하나를 갖게 됐다는 것이다.

아마도 Netfilter를 보다 더 자세하게 알고 싶을 수도 있을 것이다. 그렇다면 Netfilter의 공식 웹사이트를 방문해보길 바란다(www.netfilter.org).

더불어 보안은 어려운 것만은 아니라는 것, 충분히 재미있는 것임을 잊지 말길 바란다. 클리포드 스톨의 『뻐꾸기 알』(두산잡지BU, 1991)이라는 책은 1980년 대 후반에 우주조정사가 돌연 해커 사냥꾼이 된 실화를 다루고 있다. 이 책을 읽다 보면 상업화가 일어나기 이전에 방화벽은 고사하고 인터넷의 모습이 어땠는지를 이해할 수 있게 된다.

CHAPTER 14

시스템 보안

우리는 여러 운영체제에 대한 새로운 공격이라든지 취약점들을 발견했다는 소식을 종종 접하게 된다. 이렇게 새로운 공격들이 지니고 있는 중요하면서 간과하기 쉬운 점이 있는데 바로 익스플로잇 벡터다. 일반적으로 이러한 익스플로잇 벡터에는 두 가지 타입이 있다. 하나는 네트워크를 통해서 취약점을 활용하는 것이고, 다른 하나는 로컬상에서 취약점을 악용하는 것이다. 서로 관련이 있지만 로컬에 있는 시스템 보안과 네트워크 보안은 각각 다른 접근 방식이 필요하다. 따라서 이번 장에서 로컬의 시스템 보안에 대해서 알아보려고 한다.

시스템 보안이란 공격자가 루트 권한을 얻고자(관리자 접속 권한), 시스템에 직접 무언가를 시도하는 공격의 문제들을 고민하는 것이다.

/tmp 디렉터리에 임시 파일을 생성하지만 해당 임시 파일의 소유권이나 권한은 확인하지 않는 응용프로그램이라든지 그러한 임시 파일을 다른 파일에 대한 링크로 만들어주는 응용프로그램들의 약점을 충분히 활용하여 공격이 일어날 수 있다. 공격자는 시스템에서 사용할 만한 임시 파일명으로 심볼릭 링크를 만들어서 손상시키고 싶은 파일에 연결하여(/etc/passwd 파일과 같은), 응용프로그램을 실행시킨다. 이 응용프로그램이 루트의 SetUID(이 장 후반부에서 다시 다룰 것이다)를 가지고 있다면, 임시 파일에 쓰기를 실행할 때 /etc/passwd 파일을 망가뜨리게 된다. 이 공격자는 루트 권한을 얻기 위해 다른 보안 메커니즘을 다 피하면서 /etc/passwd의 결점을 악용한 것이다. 이러한 공격은 순전히 로컬 시스템 보안 차원의 문제다. 왜냐하면 로컬 시스템에서 접근이 가능한 SetUID 응용프로그램이 존재하고 그것을 사용할 수 있다는 취약점이 있었기 때문이다.

신뢰할 수 없는 사용자들이 시스템을 함께 사용하고 있는데다가 시스템 보안 메커니즘 역시 부족한 상황이라면 실제 문제들이 발생할 수 있고 공격들을 초청하는 꼴이 되게 된다. 특히 대학교 환경이 이러한 공격의 대상이 되곤 한다. 학생들은 과제를 하거나 기타 학습을 위해 서버에 접근해야 한다. 하지만 이러한 상황은 대단히 위협적인 상황으로 돌변할 수 있다. 왜냐하면 학생들이 자신들의 행동으로 나중에 일어나게 될 상황이나 영향에 대해서 깊이 생각하지 못한 채, 그저 지루함에 서버 접근이 허용되는 한 지속적인 접속을 시도하면서 자신만의 창의성을 발휘하게 될 수도 있기 때문이다.

시스템 보안 문제는 또한 네트워크 보안 문제로 이어진다. 만약 서버에 있는 프로그램이나 응용 프로그램에 접근할 수 있는 공격자로 인해 네트워크 보안 문제가 발생했다면 이 공격자는 로컬 시스템을 기반으로 한 공격을 통해서 서버에 대한 모든 접근이 가능해지면서 결국 루트 권한을 갖게 된다. "스크립트 키드"라고 하는 아마추어 공격자들은 주로 다른 공격자들이 만든 공격 프로그램을 활용하는데 이들은 자신만의 공격 프로그램을 만들지 못하기 때문이다. 어쨌든 이런 방식으로 이들은 시스템에 대한 모든 접근이 가능한 권한을 취득한다. 그들 용어로 이러한 상태를 "소유 완료"라고 한다.

이번 장에서 시스템 보안 공격으로 여러분의 시스템을 지킬 수 있는 기본 핵심들을 배울 것이다. 하지만 명심해야 할 것은 이번 장에서 다뤄지는 내용들만으로는 여러분은 보안 전문가가 될 수 없다. 보안이라는 분야는 끊임 없이 진화하기 때문에 지속적인 업데이트가 일어나고 있다. 『해킹과 보안』(사이버출판사, 2002)[1]라는 책을 구입해서 보길 바란다. 이 책을 통해 보안에 대한 여러분의 지식을 한층 높일 수 있기 때문이다. 또한 BugTraq 메일링 리스트에서 큰 이슈가 된 보안 사고들을 확인해 보길 바란다(www.securityfocus.com).

이번 장을 쭉 보다 보면 반복되는 메시지들이 있다. 바로 "위험 줄이기"와 "단순할수록 좋다"라는 것이다. 앞의 메시지는 시작과 비용 측면에서 여러분이 기꺼이 감수하려는 위험과 서버에 일어난 위험들이 주어졌을 때, 적절히 타협할 여지만 있다면 보안에 대한 최선의 투자를 할 수 있는 방법이 될 수 있다. 모든 공격을 다 막아낼 수 없기 때문에 어느 정도의 위험 수위를 결정해야 한다. 그럼 그 정도 선에서 보안에 대해 시간과 비용을 투자할 수 있게 되는 것이다. 예를 들면 저대역폭에서 여러분의 휴가 때 촬영한 사진들을 저장하고 있는 웹 서버는 월 스트리트의 엄청난 금융 정보를 관리하는 서버에 비하면 갖게 되는 위험은 아주 작다.

두 번째 메시지인 "단순할수록 좋다"는 엔지니어링의 기초라고 할 수 있다. 단순한 시스템일수록 문제가 덜하고 고치는 것도 쉽고, 이해하기도 좋고, 또 무엇보다 안정적이다. 따라서 단순한 서버를 만드는 것이 바람직한 일이다.

위험의 원인

보안은 위험을 줄이는 것이다. 하지만 위험을 줄이는 노력은 모두 비용에 비례한다. 비용이 꼭 돈만 의미하는 것은 아니다. 접근, 기능, 또는 시간의 제한이라는 형태일 수 있다. 시스템 관리

---

1 편주: 현재 절판되었다.

자라는 직업은 위험을 줄일 때 발생하는 비용과 공격으로 인해 발생할 수 있는 잠재적인 손실 간의 균형을 관리하는 것이라 할 수 있겠다.

웹 서버를 생각해보자. 호스팅 서비스를 하는 웹 서버는 공격자에 의해 파악되고, 한두 번쯤 찔러보다가 결국 공격의 대상이 되는데, 즉 이들의 위험은 네트워크의 접근성에 노출되는 것에 있다. 하지만 웹 서버에 대해 보안 이슈가 생길 때마다 즉각적인 패치 작업을 하면서 잘 관리하는 한 이러한 노출의 위험은 그렇게 크지 않다. 따라서 웹 서버를 운용하는 것이 관리에 의한 비용보다 충분한 이득이 된다면 이러한 관리 노력이 있어야 한다.

이번 절에서는 몇 가지 일반적인 위험의 원인들을 알아보고 위험을 줄이기 위해 할 수 있는 일이 무엇인지를 살펴볼 것이다.

▓ SetUID 프로그램

SetUID 프로그램은 권한에 있어 특별한 속성(플래그) 설정을 하기 때문에 사용자는 프로그램의 소유자인 것같이 프로그램을 실행할 수 있는 권한이 주어진다. 즉 관리자는 선택적으로 응용 프로그램, 파일들에 대해 일반 사용자가 관리자 권한을 획득하지 않아도 상위 권한으로 접근할 수 있다. 대표적인 예가 바로 ping 프로그램이다. 최초의 네트워크 패킷은 루트 사용자(최초의 패킷을 만드는 것은 응용프로그램의 콘텐츠를 패킷에 추가할 수 있다는 것을 의미하는데, 여기에는 공격이 포함될 수도 있다)만 만들 수 있기 때문에, ping 프로그램은 반드시 SetUID가 세트 되어 있고 소유자 설정을 루트로 한 상태에서 실행된다. 따라서 yyang이라는 일반 사용자가 ping 프로그램을 실행해도 프로그램은 ICMP 패킷을 네트워크로 보내기 위해 루트 사용자가된다. 여기서 ping 유틸리티를 "SetUID root"라고 한다.

루트 권한으로 실행되는 프로그램의 문제는 보안을 심각하게 고려해야 할 의무가 생긴다는 것이다. 그런 프로그램을 이용해서 일반 사용자가 시스템에 해가 될 수 있는 일들을 할 가능성을 모두 배제해야 한다.

즉 프로그램을 작성할 때 많은 검사 기능이 있어야 하고 잠재적인 버그를 가능한 잘 제거해야 하는 것이다. 이상적인 해법은 이러한 프로그램들이 규모가 작고 한 가지 일만 하면 된다. 그럼 시스템에 영향을 끼치거나 가져서는 안될 권한을 취득하게 하는 잠재적인 버그들을 제거하기 위해 프로그램 코드를 쉽게 검증할 수 있기 때문이다.

매일 관리해야 하는 상황에서 시스템 관리자가 가질 수 있는 최대의 관심사는 시스템에 가능한 적은 SetUID root 프로그램을 남겨두는 것이다. 즉 균형 있는 리스크 관리를 해야 하는데, 사용자에게 시스템의 기능을 지원하는 것과 일어날지도 안 좋은 일이 일어날 수 있는 가능성 간의 균형이라 하겠다. ping, mount, traceroute, su와 같이 잘 사용하는 프로그램들의 가치에 비하면 그 리스크는 매우 낮다. X 윈도우 시스템처럼 잘 알려진 SetUID 프로그램의 경우 리스크를 중간 정도로 유지하려는 편인데, 시스템이 노출되는 경우라도 크게 문제의 원인이 될 가능성은 없다. 만약 여러분이 단순한 서버 환경에 X 윈도우 시스템은 필요하지 않다면 제거해도 큰 문제가 되진 않는다.

웹 서버에서 실행되는 SetUID 프로그램은 대부분 문제를 일으킨다. 이런 종류의 프로그램에 대해서는 매우 주의해야 하며 대체재를 찾아보길 바란다. 이들이 위험에 노출될 가능성은 아주 큰데 그 이유는 네트워크를 통해 들어오는 것들이 (어디에서든 올 수 있는) 응용프로그램을 실행시킬 수 있기 때문이다.

그러나 여러분이 루트 권한이 있는 SetUID 응용프로그램을 실행해야 하면 chroot 환경에서 이 프로그램을 실행할 수 있는지를 먼저 알아봐야 한다(후반부에서 다룰 것이다).

SetUID 프로그램 찾기/생성하기

SetUID 프로그램은 특별한 속성이 있어 커널은 이를 이용하여 응용프로그램에 주어진 기본 권한을 무시할지 말지를 결정할 수 있다. 디렉터리 목록을 출력할 때, ls -l 출력에 있는 한 파일에서 나타난 권한에서 이러한 사실을 발견할 수 있을 것이다.

```
[root@server ~]# ls -l /bin/ping
-rwsr-xr-x. 1 root root 43160 Jul 13 2018 /bin/ping
```

권한 필드의 네 번째 문자가 s면 응용프로그램에 SetUID가 세트 되어 있다는 것이다. 파일 소유자가 루트이면 응용프로그램은 SetUID root다. ping의 경우, 자신에게 주어진 루트 권한으로 실행됨을 알 수 있다.

다른 예제를 보자. 다음은 Xorg(X 윈도우) 프로그램이다.

```
[root@server ~]# ls -l /usr/bin/Xorg
-rws--x--x. 1 root root 1667576 Oct 13 11:31 /usr/bin/Xorg
```

ping 프로그램처럼 이 예제에서 권한 필드의 네 번째 문자는 s이고 소유자도 루트다. Xorg 프로그램 역시 SetUID root인 것이다.

실행 중인 프로세스 중에서 SetUID가 세트 된 것을 알아보려면 ps 명령어를 입력하여 프로세스의 실제 사용자와 유효 사용자 모두 확인할 수 있다.

```
[root@server ~]# ps ax -o pid,euser,ruser,comm
```

이 명령이 실행되면 실행 중인 모든 프로세스의 ID(PID), 유효 사용자(euser), 실제 사용자(ruser), 명령어 이름(comm)이 출력된다. 유효 사용자와 실제 사용자가 다른 경우라면 SetUID 프로그램이라고 생각하면 된다.

참고

루트 사용자가 실행한 응용프로그램 중에서도 보안을 위해 권한을 강등하여 권한이 약한 사용자로서 실행하도록 하는 경우가 있다. 아파치 웹 서버가 그런 경우다. 웹 서버와 TCP 포트 80과 연결하기 위해 루트 사용자로 실행된다 해도(권한이 있는 사용자만이 1024보다 낮은 번호의 포트를 연결할 수 있다), 바로 루트 권한을 버리고 일반 모드로(주로 "nobody", "apache", "www") 모든 스레드를 시작시킨다.

SetUID로 실행하는 프로그램을 만드는 것을 어떨까? chmod 명령어가 필요하다. 원하는 권한 앞에 4를 입력하여 SetUID 비트를 세트한다. (2의 경우 SetGID 비트를 세트 하는 것이다. 이것은 SetUID와 비슷한 것으로 사용자 권한 대신 그룹 권한을 제공한다.)

예를 들어보자. myprogram이라는 프로그램을 SetUID root로 만들려고 한다.

```
[root@server ~]# chown root myprogram
[root@server ~]# chmod 4755 myprogram
[root@server ~]# ls -l myprogram
-rwsr-xr-x. 1 root root 43160 Jul 13 2018 myprogram
```

시스템에 최소한으로 꼭 필요한 만큼의 SetUID 프로그램만을 유지하는 것이 시스템의 보안을 위한 좋은 방법이다. 일반적인 리눅스 배포판은 불필요하게 SetUID가 세트된 파일이나 프로그램들을 쉽게 가질 수 있다. 그래서 디렉터리 하나하나 다 찾아서 이러한 프로그램들을 찾아내기란 쉽지 않은 일이다. 귀찮기도 하고 실수할 가능성도 높다. 따라서 직접 찾아내기보다는 find라는 명령어를 활용해보자.

```
[root@server ~]# find / -perm +4000 -ls
```

▧ 불필요한 프로세스

구동 및 종료 스크립트를 살펴보면, 리눅스의 일반적인 문제이기도 한 리눅스 시스템이 시작할 때 함께 실행되는 프로세스들이 아주 많다는 것이다. 여기에서 우리는 다음과 같은 의문을 가질 수 있을 것 같다. "이 프로세스들이 다 필요한 것일까?" 다음에서 해답을 찾아보도록 하자.

잠재된 보안 문제들을 바로 리스크 요인이 된다. 응용프로그램을 실행했을 때 주는 가치가 내재된 위험보다 더 나은 것인가를 판단해야 한다. 특정 프로세스로 인한 가치가 전혀 없다면 그것을 사용하지 않기 때문이다. 그렇다면 위험 또한 감수할 이유가 전혀 없다. 보안 차원이 아니더라도 시스템의 안정성이라든지 효율적인 자원 사용을 위해서도 그럴 것이다. 만일 프로세스의 가치가 전혀 없다면 그 프로세스가 아무런 문제가 없다 해도 가만히 않아서 메모리, 프로세서 시간, 커널 자원을 소비하고 있는 셈이다. 만약 프로세스에서 버그라도 있다면 서버의 안정성을 위협하는 요소가 될 수도 있는 것이다. 요점은 **필요하지 않으면 실행하지도 말라.**

여러분의 시스템이 서버로 운용되고 있다면 실행되는 프로세스의 수를 줄여야만 한다. 예를 들어 프린터 연결이 필요 없는 서버라면 메일 서버 컴포넌트는 종료한다. xinetd에서 서비스를 전혀 하고 있지 않다면 xinetd는 끄면 된다. 프린터가 아예 없다면 CUPS를 중지하면 된다. 파일 서버의 경우, NFS와 삼바를 종료한다.

▼ 실제 사례: 서버 경량화

방화벽 밖에서 웹과 이메일 접근을 관리하는 실제 상황의 리눅스 서버를 한번 보도록 하자. 또한 방화벽 내부에 있는 리눅스 데스크톱과 착한 사용자가 있다. 이 두 가지의 시스템의 설정은 극과 극이다. 하나는 공격자들로 넘쳐나는 환경(인터넷)에 있어 빈틈 없는 설정을 하고 있고, 또 다른 하나는 비교적 안전하고 보장된 환경(LAN)에서 다소 느슨한 설정을 구성하고 있다.

리눅스 서버에는 최신 버전의 페도라 배포판이 설치되어 있다. 불필요한 프로세스들은 모두 종료하고 나면 아무도 로그인하지 않고 남은 프로그램은 10개와 18개의 프로세스다. 10개의 프로그램 중에서 SSH, Apache, Sendmail만 네트워크 외부에서 접속이 가능하다. 나머지 프로그램들은 로깅(rsyslog), 스케줄링(cron)과 같은 기본적인 기능을 수행한다. 실험적으로만 사용되어 꼭 필요하지 않은 서비스(Squid 프록시 서버 등)를 제거하고 나면 남은 프로그램은 7개(init, syslog, cron, SSH, Sendmail, Getty, Apache), 프로세스는 13개 정도로 추려졌다. 이 중 5개는 또 직렬 포트와 키보드에서 로그인을 지원하는 Getty 프로세스들이다.

반면에 페도라가 설치된 데스크톱 시스템은 다이어트를 하지 않은 상태라서 100여개의 프로세스들을 가지고 있으며 이들은 X 윈도우 시스템, 프린터와 같은 기본적인 시스템 관리 서비스를 하고 있다.

리스크가 적은 데스크톱 시스템(방화벽 내부에 있는데다가 사용자 또한 신뢰할 만하다)에서는 이렇게 많은 응용프로그램을 통한 혜택들이 감수해야 할 리스크보다 분명 클 것이다. 또한 신뢰할 수 있는 사용자들은 쉽게 프린트 서비스를 이용하고 잘 꾸며진 인터페이스를 사용할 수 있기 때문에 아주 좋아할 것이기 때문이다. 하지만 리눅스 서버와 같은 서버의 경우에는 불필요한 프로그램들을 무작정 실행시켜두는 것은 매우 위험한 일이다. 따라서 필요하지 않다면 모두 삭제하는 것이 좋다.

다이어트를 하고 나면, 서버에는 최소한으로 필요한 서비스만이 가동되고 있을 것이다.

적당한 실행 레벨 선택

표준으로 설치된 대부분의 리눅스 시스템은 X 윈도우 시스템으로 부팅될 것이다. 그러면 보기 좋은 스타트업 화면, 로그인 메뉴, 그리고 전반적으로 잘 갖춰진 데스크톱 환경을 만나게 된다. 하지만 서버의 경우 앞서 언급했듯이 이러한 좋은 인터페이스도 여전히 불필요한 것이다.

RPM 기반의 리눅스 배포판, 즉 페도라, RHEL, OpenSUSE, CentOS 등과 같은 대부분의 리눅스들은 X 윈도우(GUI) 서브 시스템으로 부팅되도록 설정되어 있어서 실행-레벨 5로 부팅될 것이다(실행-레벨 5라는 것은 systemd가 활성화된 배포판상에서 그래픽이 지원되는 타깃을 의미한다). 그렇기 때문에 서버로 시스템 환경을 구성하는 경우, 실행-레벨을 3으로 변경하여 X 윈도우를 종료하면 된다.

/etc/inittab(또는 이와 동등한 파일) 파일에서 시스템이 부팅되는 실행 레벨을 제어한다. 예를 들어 openSUSE 서버를 실행-레벨 5 대신 3(GUI 지원하지 않음)으로 부팅하게 하려면 /etc/inittab 파일을 수정해야 한다.

```
id:5:initdefault:
```

파일에서 보이는 이 엔트리는 다음과 같이 변경될 것이다.

```
id:3:initdefault:
```

system 서비스 관리자가 구현된 리눅스 배포판은 systemctl 유틸리티뿐만 아니라 시스템의 기본 부팅 타깃(실행 레벨)을 제어하기 위한 파일 시스템 요소들을 활용한다. 6장과 8장에서 systemd를 자세하게 확인할 수 있다.

우분투와 같은 데비안 계열 시스템에서는 /etc/init/rc-sysinit.conf 파일에서 기본 실행 레벨을 수정할 수 있다. 데비안 계열 시스템의 기본 실행 레벨은 보통 2로 설정되어 있다. 또한 X 윈도우 시스템으로 부팅을 할지 말지를 제어하는 것은 rc 스크립트에서 관리할 수 있다.

> **참고** 여러분의 시스템의 실행 레벨 정보를 알고 싶다면 프롬프트에서 runlevel을 입력해보라.
>
> ```
> [root@server ~]# runlevel
> ```

시스템 관리 계정

서버에 있는 계정이라고 해서 항상 사용자의 것은 아니다. 리눅스 시스템에서 실행되고 있는 모든 프로세스는 반드시 소유자가 있다고 했다. ps auxww 명령을 실행하면 출력 결과 왼쪽 끝을 보면 프로세스 소유자를 모두 확인할 수 있다. 예를 들어 여러분만이 유일한 사람인 사용자인 데스크톱 시스템에서 /etc/passwd 파일을 보면 여러 개의 계정 정보를 볼 수 있다.

응용프로그램이 루트 권한을 버리는 경우 다른 사용자에 의해서 반드시 실행되어야 하는데, 이 때 바로 사람이 아닌 다른 형태의 사용자가 그 역할을 담당한다. 루트 권한을 포기한 응용프로그램은 시스템에 있는 또 다른 사용자에게 할당되게 된다. 이 사용자는 일반적으로 모든 응용프로그램 파일(실행 파일, 라이브러리, 설정 파일, 데이터)을 소유하고 있는 소유자다. 즉 응용프로그램이 루트 권한을 버림으로써 권한은 자신을 사용하는 사용자에게로 부여된다. 그러면 또 다른 응용프로그램 설정 파일에 접근이 가능해진 이러한 협상이 완료된 응용프로그램의 위험은 줄어들게 될 것이다. 즉 공격자는 이러한 응용프로그램이 접근할 수 있는 파일이 무엇이든 간에 그

것에 의해 제한을 받게 되고 상당히 재미없는 일이 되어버리게 된다.

제한된 자원

쉘이 구동하는 프로세스들에 대하여 자원을 효율적으로 배분하기 위해서, ulimit 기능을 사용할 수 있다. 시스템의 모든 기본값은 /etc/security/limits.conf 파일에서 설정할 수 있다.

ulimit 옵션들을 활용해서 사용할 수 있는 파일의 수, 가용한 메모리 크리, CPU 시간, 실행 가능한 프로세스 개수 등을 제한할 수 있다. 이러한 설정값은 사용자가 시스템을 시작할 때, PAM 라이브러리에서 읽어 들인다.

ulimit값 설정은 시스템의 목적에 따라 달라질 수 있다. 예를 들어 응용프로그램 서버라서 실행되는 프로세스가 아주 많은 경우, 시스템 관리자는 ulimit값에 의해서 시스템의 기능을 제한하지 못하도록 해야 할 것이다. 다른 종류의 서버, 즉 DNS 같은 경우 소량의 프로세스만 필요하기 때문에 적절한 제한이 필요하다.

여기서 주의해야 할 것이다. 사용자가 무언가를 하기에 앞서 ulimit을 통한 설정값들을 적용하려면 우선 PAM이 실행되어 있어야 한다. 만일 응용프로그램이 루트로 시작했으나 그 권한을 버린다면 PAM은 실행되지 않았을 것이다. 현실적으로 서버 환경에 사용자별로 개별 세팅을 하는 것은 좋은 방법이 아닐 것이다. 필요한 것은 전역적인 설정이다. 이것은 루트 및 일반 사용자 모두에게 적용된다. 나중에 이것이 왜 좋은지를 알게 될 것이다. 루트를 제어하게 되면 공격이나 잘못된 응용프로그램의 문제에서 벗어날 수 있기 때문이다.

> **참고**
> control groups(cgroups)라고 하는 새로운 리눅스 커널의 기능으로 CPU 시간, 네트워크 광대역, 메모리 등과 같은 시스템 자원을 보다 효율적으로 관리하고 할당할 수 있다. cgroups에 대해서는 10장에서 확인할 수 있다.

▼ Fork Bomb

학생들이 흔히 하는 장난이 있는데, 다른 사용자의 워크스테이션에 접속하여 "fork bomb"을 실행하는 것이다. 그러면 시스템을 먹통으로 만들 정도로 아주 많은 프로세스를 만들어낸다. 학생에게는 그저 짜증나는 일 정도가 되겠지만 서버의 경우라면 매우 치명적인 상황일 것이다. 다음에 BASH로 할 수 있는 간단한 쉘 기반의 fork bomb 예제가 있다.

```
[yyang@server ~]$ while true; do sh -c sh & done
```

보호 장치가 없다면 실행하면 안 된다. **여러분의 서버를 망가뜨릴 것이다.**

Fork bomb이 웃긴 건 항상 고의적으로 일어나는 것만은 아니라는 점이다. 버그가 있는 응용프로그램, DoS 공격을 받은 시스템, 명령어를 입력할 때 발생할 수 있는 오탈자만으로도 이러한 상황이 발생할 수 있는 것이다. 따라서 이 장에서 설명하는 자원을 제한하는 것을 십분 활용하여 fork bomb의 리스크를 줄여야 한다. 즉 한 사용자가 호출할 수 있는 프로세스의 수를 제한하는 것이다. 여전히 fork bomb 공격으로 시스템에 부하를 일으킬 수는 있겠지만 서비스는 중단하지 않으면서 로그인하여 문제를 해결할 시간을 만들 수 있다. 완벽한 해결책은 아니지만 악의적인 공격에 대처하는 것과 모든 서비스를 중단하게 되어버리는 것 사이에서 합리적인 균형점은 될 수 있을 것이다.

/etc/security/limits.conf 파일의 각 줄은 다음과 같은 모습이다.

> *<domain> <type> <item> <value>*

기호로 시작하는 줄은 주석이고 *domain*값에는 사용자의 로그인값이나 그룹 이름이 온다. 또한 * 기호가 올 수도 있다. *type* 필드에는 제한 타입, 즉 "soft" 또는 "hard"를 지정한다.

item 필드에는 제한이 적용될 대상이다. 다음은 관리자들이 주로 사용하는 대상들이다.

Item	설명	페도라 기본값
fsize	파일의 최대 크기	Unlimited
nofile	실행할 수 있는 최대 파일 개수	1024
cpu	사용 가능한 CPU 최대 시간 (분)	Unlimited
nporc	사용자가 실행할 수 있는 최대 프로세스 수	1024 (데비안 계열에서는 7841)
maxlogins	한 사용자가 할 수 있는 로그인 횟수	Unlimited

대부분의 사용자에 대해서 무난한 설정은 허용되는 프로세스의 수를 제한하고 특별한 이유가 없는 한 다른 것을 제한하지 않아도 된다. 만약 사용자의 디스크 사용량을 제한하고 싶다면 사용자에게 할당량을 설정하면 된다.

각 사용자별로 실행할 수 있는 프로세스의 수를 128개로 제한하는 설정을 해보자. 그럼 /etc/security/limits.conf 파일에 다음과 같은 항목이 추가될 것이다.

```
    *       hard    nproc    128
```

여러분이 로그아웃하고 다시 로그인하게 되어도 이 설정값은 그대로다. ulimit 명령어와 -a 옵션을 함께 써서 제한을 둔 설정값들을 확인해보자. 다음에서 max user processes 엔트리값을 보면 변경되었음을 확인할 수 있다.

```
[root@fedora-server ~]# ulimit   -a
core file size          (blocks,  -c) 0
data seg size           (kbytes,  -d) unlimited
scheduling priority              (-e) 0
file size               (blocks,  -f) unlimited
pending signals                  (-i) 1312
max locked memory       (kbytes,  -l) 64
max memory size         (kbytes,  -m) unlimited
open files                       (-n) 1024
pipe size           (512 bytes, -p) 8
POSIX message queues      (bytes, -q) 819200
real-time priority               (-r) 0
stack size              (kbytes, -s) 8192
cpu time               (seconds, -t) unlimited
max user processes               (-u) 128
virtual memory          (kbytes, -v) unlimited
file locks                       (-x) unlimited
```

위험 줄이기

위험이 무엇인지를 알았다면 위험을 줄이는 것은 조금 더 수월할 것이다. 하지만 여러분이 볼 수 있는 위험들은 별로 많지 않아서 추가적인 보안 조치를 취해야 할 필요를 못 느낄 수도 있다. 예를 들어 마이크로소프트 윈도우 데스크톱 시스템을 믿을 수 있고 능숙한 사용자가 사용하고 있는데 관리자 권한하에서 낮은 위험 상태에서 운용되고 있다. 또 이 사용자는 시스템에 영향을 줄 수 있는 무언가를 다운로드하고 실행한다 해도 위험은 여전히 낮다. 또한 위험을 더 낮추기 위해 신뢰할 수 있는 웹 사이트만 접속하고 다운로드된 파일을 자동 실행하는 기능을 막는 등의 작업을 통해 위험은 더욱 줄어들게 된다. 이렇듯 경험이 많은 사용자는 추가의 도구를 활용하고 시스템에 완전한 접근을 할 수 있다 해도 관리자 권한으로 실행함으로 인한 위험보다 가치가 더 높다. 또한 위험도가 높을수록 이를 경고하는 내용도 길다.

▨ chroot 사용

chroot() 시스템 호출("cha-root"라고 발음)을 통해 프로세스 및 자신의 자식 프로세스까지도 루트 디렉터리를 새로 정의할 수 있다. 예를 들어 여러분이 chroot("/www")에서 쉘을 시작했다면 cd 명령을 실행했을 때 /www로 이동됨을 확인할 수 있다. cd는 이것이 루트 디렉터리라고 생각하고 있지만 실제로는 아니다. 이런 경우는 또 있다. 이러한 제한은 프로세스의 행동 전반에 적용된다. 즉 설정 파일, 공유 라이브러리, 데이터 파일 등을 읽는 위치에서도 적용된다.

참고 ☞ chroot로 루트 디렉터리가 변경되면 프로세스가 살아있는 동안 이를 취소할 수 없다.

시스템의 루트 디렉터리라고 지정되고 나면 프로세스는 시스템에 있는 내용에 대한 제한적인 시각을 갖게 된다. 다른 디렉터리, 라이브러리, 설정 파일에 대한 접근이 모두 제한되어버린다. 이러한 제약으로 인해 응용프로그램을 실행하기 위해서 관련된 모든 파일이 chroot 환경에 포함되어야 한다. passwd, 라이브러리, 바이너리, 기타 데이터 파일 모두 해당된다.

응용프로그램마다 자신만의 파일들을 구성하고 있다. 따라서 chroot 환경에서 응용프로그램을 실행하기 위한 방법은 여러 가지가 있다. 원리는 똑같다. 임의의 루트 디렉터리 내에 필요한 모든 파일을 두는 것이다.

> **주의** chroot 환경은 디렉터리 바깥에서 오는 접근을 막아준다. 하지만 시스템 유틸리티, 메모리 접근, 커널 접근, 양방향 프로세스 통신 등은 별개다. 즉 누군가가 또 다른 프로세스에 시그널을 보내어 보안의 취약점을 활용할 수 있는 여지가 있다는 것을 뜻한다. 그렇다면 chroot 환경에서부터 공격이 있을 수도 있다는 것이다. 다시 말해서 chroot는 만병통치약이 아니다. 다만 억제하는 효과가 있는 것이다.

chroot 환경 예제

BASH 쉘에서 chroot 환경을 만들어보자. 우선 루트 디렉터리로 지정한 하나의 디렉터리를 생성한다. 여기에 필요한 모든 파일을 몰아 넣을 것이다. 이것은 단순한 예제이기 때문에 myroot라는 이름으로 /tmp 하위에 디렉터리를 생성한다.

```
[root@fedora-server ~]# mkdir /tmp/myroot
[root@fedora-server ~]# cd /tmp/myroot
```

두 개의 프로그램만 있다고 가정해보자. bash와 ls다. myroot 디렉터리 아래로 bin 디렉터리를 생성하여 두 개의 프로그램의 바이너리를 저장한다.

```
[root@fedora-server myroot]# mkdir bin
[root@fedora-server myroot]# cp /bin/bash bin/
[root@fedora-server myroot]# cp /bin/ls bin/
```

바이너리를 저장했다면 이제 관련된 라이브러리들을 가져온다. ldd 명령어로 필요한 라이브러리가 무엇인지 확인할 수 있다.

다음과 같이 /bin/bash에 대해 ldd 명령을 실행한다.

```
[root@fedora-server ~]# ldd /bin/bash
    linux-vdso.so.1 => (0x00007fff2dfff000)
    libtinfo.so.5 => /lib64/libtinfo.so.5 (0x0000003c97a00000)
    libdl.so.2 => /lib64/libdl.so.2 (0x0000003c8e200000)
    libgcc_s.so.1 => /lib64/libgcc_s.so.1 (0x000000324c400000)
    libc.so.6 => /lib64/libc.so.6 (0x0000003c8de00000)
    /lib64/ld-linux-x86-64.so.2 (0x0000003c8da00000)
```

이어서 /bin/ls에 ldd를 실행한다.

```
[root@fedora-server myroot]# ldd /bin/ls
        linux-vdso.so.1 => (0x00007fffffeb69000)
        libselinux.so.1 => /lib64/libselinux.so.1 (0x0000003c8fe00000)
        librt.so.1 => /lib64/librt.so.1 (0x0000003c8f200000)
        libcap.so.2 => /lib64/libcap.so.2 (0x0000003c9be00000)
        libacl.so.1 => /lib64/libacl.so.1 (0x0000003c9e000000)
        libc.so.6 => /lib64/libc.so.6 (0x0000003c8de00000)
        libdl.so.2 => /lib64/libdl.so.2 (0x0000003c8e200000)
        /lib64/ld-linux-x86-64.so.2 (0x0000003c8da00000)
        libpthread.so.0 => /lib64/libpthread.so.0 (0x0000003c8e600000)
        libattr.so.1 => /lib64/libattr.so.1 (0x0000003c9ca00000)
```

이제 필요한 라이브러리들이 무엇인지 알았다. 그럼 myroot 아래에 lib64 디렉터리를 만들고 거기에다가 필요한 64비트 라이브러리들을 가져올 것이다(현재 운영체제가 64비트이기 때문).

우선 lib64 디렉터리를 생성한다.

```
[root@fedora-server myroot]# mkdir /tmp/myroot/lib64/
```

/bin/bash에서 필요한 라이브러리들을 가져온다.

```
[root@fedora-server myroot]# cp /lib64/libtinfo.so.5 lib64/
[root@fedora-server myroot]# cp /lib64/libdl.so.2 lib64/
[root@fedora-server myroot]# cp /lib64/libgcc_s.so.1 lib64/
[root@fedora-server myroot]# cp /lib64/libc.so.6 lib64/
[root@fedora-server myroot]# cp /lib64/ld-linux-x86-64.so.2 lib64/
```

이번엔 /bin/ls다.

```
[root@fedora-server myroot]# cp /lib64/libselinux.so.1 lib64/
[root@fedora-server myroot]# cp /lib64/librt.so.1 lib64/
[root@fedora-server myroot]# cp /lib64/libcap.so.2 lib64/
[root@fedora-server myroot]# cp /lib64/libacl.so.1 lib64/
[root@fedora-server myroot]# cp /lib64/libpthread.so.0 lib64/
[root@fedora-server myroot]# cp /lib64/libattr.so.1 lib64/
```

주의 복사하는 cp 명령어는 우리가 현재 예제에서 보여준 내용들을 기반으로 실행되고 있다. 따라서 여러분이 사용하고 있는 시스템/플랫폼에 맞는 정확한 파일들로 chroot 환경에 적용해야 한다.

대부분의 리눅스 배포판에는 chroot라고 하는 작은 프로그램이 있고 이것을 통해 chroot() 시스템을 호출할 수 있다. 따라서 별도의 C 프로그램을 만들 필요는 없다. chroot 프로그램은 두 개의 매개변수를 갖는다. 하나는 root 디렉터리로 삼을 디렉터리와 chroot 환경에서 실행하고 싶은 명령어(프로그램)가 되겠다. 예제에서 디렉터리에 해당하는 것이 /tmp/myroot이고 /bin/bash를 시작한다. 따라서 다음과 같이 입력할 수 있을 것이다.

```
[root@fedora-server myroot]# chroot /tmp/myroot  /bin/bash
```

프롬프트를 변경할 /etc/profile 또는 /etc/bashrc가 없기 때문에 프롬프트는 bash-4.1#으로 변경된다. 이제 ls를 실행해보자.

```
bash-4.1# ls
bin lib64
```

현재 작업 디렉터리를 알아보기 위해 pwd를 입력한다.

```
bash-4.1# pwd
/
```

참고

앞에서 우리가 pwd 프로그램을 복사하지 않았는데도 실행되는 것은 pwd 프로그램은 BASH의 내장형 명령어 중 하나이기 때문에 굳이 복사해오지 않아도 BASH 프로그램을 복사했을 때 함께 따라왔기 때문이다.

우리가 만든 chroot 환경에는 /etc/passwd 또는 /etc/group 파일이 없기 때문에(숫자로 된 사용 ID를 사용자 이름과 매칭하는 작업을 위한), ls -l 명령으로는 각 파일의 UID값을 숫자로만 확인할 수 있다.

```
bash-4.1# cd lib64/
bash-4.1# ls -l
total 2688
-rwxr-xr-x. 1 0 0 156856 Mar 7 21:19 ld-linux-x86-64.so.2
-rwxr-xr-x. 1 0 0 34336 Mar 7 21:18 libacl.so.1
....<이하 생략>......
-rwxr-xr-x. 1 0 0 161992 Mar 7 21:12 libtinfo.so.5
```

우리의 chroot 환경에서는 아주 제한된 몇 가지 명령어와 실행 프로그램들로만 구성되어서 현실에서는 유용하지 않으나 보안 관점에서는 훌륭하다. 왜냐하면 응용프로그램이 작업 시 필요한 최소한의 파일만 허용했기 때문이다. 그럼으로써 공격을 받을 수 있는 상황에 노출되는 일이 줄어들게 되었다.

명심해야 할 것은 모든 chroot 환경이 쉘과 ls 명령어가 반드시 있어야 하는 것은 아니다. 예로, BIND DNS 서버의 경우 자신의 특성상 필요한 실행 파일, 라이브러리, zone 파일만 있으면 된다.

▒ SELinux

전통적인 리눅스 보안은 **임의 접근 제어**(DAC)에 기반을 두고 있다. DAC 모델을 통해 자원(객체) 소유자는 사용자 또는 그룹(주체 대상)이 자원에 접근하는 것을 조절할 수 있다. 이것을 "재량껏"에 맡기는 이유는 실제로 소유자의 재량에 따르기 때문이다.

또 다른 보안 모델로는 **강제 접근 제어**(MAC)가 있다. DAC 모델과는 다르게 이 모델은 사용자와 프로세스의 행동을 제어하기 위해 사전에 정의된 정책을 활용한다. MAC 모델은 사용자가 생성한 객체에 대해 가질 수 잇는 제어 레벨을 결정한다. SELinux가 바로 이러한 MAC 모델을 리눅스 커널 내에 구현한 것이라 할 수 있겠다.

미국의 국가보안국인 NSA는 갈수록 정보 보안, 특히 전세계의 기능을 마비시킬 만큼의 심각한 위협이 될 수 있는 보안 공격에 대한 관심이 높아지면서 공공의 역할을 확대해왔다. 리눅스가 엔터프라이즈 컴퓨팅 시장에서 중요한 요소가 되면서 NSA는 리눅스의 보안을 향상시키기 위한 몇 가지 패치를 만들기로 했다. 이러한 패치들은 소스 코드 전체를 GPL 라이선스로 배포되어 전세계 곳곳에서 철저한 검증의 대상이 되고 있다. 이러한 패치들을 통틀어 부르는 이름이 바로 "SELinux"다(Security-Enhanced Linux의 약자로 보안이 강화되었다는 의미다). 이들은 2.6 리눅스 커널 시리즈에서부터 통합되었으며 LSM을 사용한다. 이러한 통합을 통해 패치 및 개선사항들의 영향력을 확대해주었고 리눅스 커뮤니티 전반에도 덩달아 혜택을 공유할 수 있었다.

SELinux는 대상(사용자, 응용프로그램, 프로세스 등), 개체(파일 및 소켓), 레이블(객체에 붙는 메타데이터), 정책(대상과 객체에 대한 접근 권한 구조를 정의)이라는 개념을 사용한다. 아무리 다듬어지지 않은 개체라고 해도 보안 모델과 리눅스 시스템의 동작을 명령할 수 있는 풍부하면서도 복잡한 규칙들을 표현할 수 있다. 또한 SELinux는 레이블을 사용하기 때문에 확장된 속성을 지원하는 파일 시스템이 있어야 한다.

> **참고**
> SELinux의 전체 요점은 이 절의 범위를 벗어난다. 이를 더 알고 싶다면 SELinux 페도라 프로젝트 페이지를 방문해보길 바란다. http://fedoraproject.org/wiki/SELinux

▒ AppArmor

AppArmor는 SUSE에서 MAC 보안 모델을 구현한 것이다. 즉 SUSE판 SELinux다(SELinux는 주로 레드햇 계열의 페도라, CentOS, RHEL에서 사용된다). AppArmor 사용자들은 SELinux에 비

하면 훨씬 쉬운 관리와 설정을 할 수 있다는 것을 장점으로 꼽는다. AppAmor의 MAC 모델 구현 방식은 개별 응용프로그램을 보호하는 일에 집중하고 있다. 그렇기 때문에 이름이 Application Armor인 것이다. SELinux가 하듯이 시스템 전체에 보안을 설정하는 대신 응용프로그램 단위의 보안 모델을 구현했다.

AppAmor가 추구하는 보안은 시스템에서 돌아가고 있는 특정 응용프로그램이 가지고 있는 취약점을 활용하는 공격자들로부터 시스템을 보호한다는 의미로 해석된다. 이것은 SUSE 계열의 모든 배포판에 대부분 포함되어 있으며 데비안 계열 역시 이를 지원한다. 물론 다른 배포판에서도 설치해서 사용할 수 있다.

참고 AppArmor와 관련된 더 많은 정보들은 www.suse.com/support/security/apparmor/에서 찾아볼 수 있다.

시스템 모니터링

여러분이 리눅스, 서버, 그리고 일상적인 작업에 익숙하다면 정상적인 상태가 어떤 것인지 감이 잡힐 것이다. 이상하게 들릴 수도 있지만 마치 여러분의 자동차를 탔을 때 오는 느낌을 여러분의 서버 역시 평상시와는 다른 경우를 감지할 수 있다는 것이다.

시스템에 대한 나름의 직감을 갖는 것은 기본적으로 시스템 모니터링을 통해 가능하다. 로컬 시스템의 행동 방식에 대해 어떤 형태로든 위험에 빠지지 않게 함으로써 여러분의 시스템을 신뢰해야 한다. 그러나 일단 서버가 공격을 당해서 모니터링 시스템의 감지를 피할 수 있는 "rootkit"가 설치되면 시스템을 정확하게 파악할 수 없게 된다. 이러한 이유로, 호스트상에서 직접 수행하는 모니터링과 원격 호스트를 통한 모니터링을 병행하는 것이 필요하게 되었다.

▨ 로깅

기본적으로 대부분의 로그 파일들은 /var/log 디렉터리에 저장된다. 또한 -logrotate 프로그램을 통해 자동으로 로그들을 정기적으로 축적한다. 로컬 디스크에 로그를 기록하는 일은 간단한 일이지만 로그 전용 서버에 로그를 전송하는 것이 훨씬 더 좋은 환경이 되는 경우가 있다. 그러면 원격 로깅을 통해, 공격이 일어나기 전에 로그 엔트리들을 손상 없이 로그 서버로 전송할 수 있다.

로그 데이터의 양이 엄청나기 때문에 간단한 쉘 스크립트 작성하는 법을 배우는 기량을 발휘하여 로그 데이터를 분석하여 의심스러운 것을 자동으로 찾아서, 이상한 점을 이메일로 전송하고 의심의 여지를 모두 없앨 수 있어야 하겠다. 예를 들어 오류 로그를 이메일로 전송하는 필터는 관리자에게만 유용한 기능이다. 따라서 관리자는 매일 발생하는 엄청난 양의 로그를 모두 확인하지 않아도 이 필터를 통해 정상 로그와 오류 로그를 쉽게 추적할 수 있게 되는 것이다.

▨ ps와 netstat 사용

서버를 부팅하여 서비스를 시작했다면 ps auxww 명령을 실행하여 그 출력 결과를 확인하는 시간을 가져보길 바란다. 나중에 이러한 출력 결과에서 이상한 점을 쉽게 발견할 수 있을 것이다. 모니터링의 일환으로 실행 중인 프로세스를 주기적으로 확인하고 어떠한 이유에서건 원하지 않는 프로세스의 유무를 점검해야 한다. 특별히 tcpdump와 같은 패킷 캡처 프로그램들을 예의주시해야 한다. 여러분이 직접 실행한 것이 아니라면 더욱 그렇다.

netstat -an 명령의 결과도 역시 들여다 보아라. 단언컨대 netstat는 보다 네트워크 보안의 관점을 갖고 있기 때문에 정상적인 트래픽과 정상적으로 연결되는 포트에 대한 감각이 생기면 이 명령의 출력 결과에서 조금이라도 이상한 점을 쉽게 감지하여 왜 그런지에 대한 고민을 하게 될 것이다. 누군가가 서버 설정을 변경했는지, 응용프로그램이 예상치 못한 오동작을 일으켰는지, 또는 서버에 위협이 될만한 상황이나 작업이 있었는지와 같은 의문을 품게 된다.

ps와 netstat를 적절히 활용하면 여러분의 네트워크와 프로세스 목록에서 일어나는 일들을 무난하게 관리할 수 있게 된다.

▨ df 사용

df 명령어는 마운트된 디스크 파티션들의 남아있는 디스크 용량을 알려준다. 주기적으로 df 명령을 실행해서 디스크 공간이 소모되는 것을 확인하는 것은 의심스러운 일들을 쉽게 찾아낼 수 있는 방법이 될 수 있다. 디스크 사용률이 급격하게 요동치면 그 원인이 어디에서 비롯된 것인지를 알아내야 한다. 예를 들어 디스크 사용률이 갑자기 높아졌다면 사용자가 자신의 홈 디렉터리에 대용량의 MP3 파일이나 비디오 파일과 같은 것을 저장했기 때문일 수도 있다. 법적으로는 문제가 없다 해도 백업과 DoS 문제로 사용되지 못한 채 업무와 관련이 없는 파일들로 범람하게 되고 또 이로 인한 문제들이 충분히 발생할 수 있기 때문이다.

업무에 의해서가 아닌 누군가의 음악 파일로 가득 차버려서 백업이 안 될 수도 있다. 보안 관점에서 웹 또는 FTP 디렉터리의 크기가 아무런 이유 없이 갑자기 커진다면 승인되지 않은 사용자로 인한 문제라는 것을 암시하는 것일 수도 있다.

또한 서버의 디스크가 예상치도 않게 꽉 차버렸다면 로컬(또는 원격의) DoS 공격의 시초가 될 수도 있음을 의미한다. 디스크가 꽉 차게 되면 일반 사용자는 새로운 데이터를 저장할 수도 없고 서버에 있는 기존 데이터를 활용할 수 없게 된다. 그렇기 때문에 관리자는 반드시 임시로 서버를 중단하여 이러한 문제를 바로 잡아야 한다. 그래서 해당 공격이 다른 서비스에까지도 번지지 않도록 해야 한다.

■ 모니터링 자동화

대부분의 인기 있는 자동 시스템 모니터링 솔루션들은 네트워크 기반에 있는 서비스와 데몬을 모니터링하는 것이지만 로컬 자원을 모니터링하는 확장된 기능 또한 가지고 있다. 이렇게 자동화된 도구들은 디스크 사용량, CPU 점유율, 프로세스 개수, 파일 시스템 개체의 변화 등과 같은 것들을 모니터링한다. 이러한 도구들로는 sysinfo 유틸리티, Nagios 플러그인, Tripwire가 있다.

■ 메일링 리스트

시스템 보안을 관리하는 업무의 일환으로 몇 가지 중요한 보안 메일링 리스트를 구독해야 한다. 대표적인 것으로 BugTraq(www.securityfocus.com/archive/1)이 있다. BugTraq는 매일 발송되는 짧게 확인할 수 있는 무난한 보안 메일링 서비스다. 서비스되는 내용들은 여러분이 사용하고 있는 소프트웨어와는 관련이 그리 많지 않을 수도 있다. 하지만 심각한 문제가 생길 때마다 가장 처음 확인할 수 있는 곳이다. 인터넷 호스트를 공격했던 지난 여러 악성 코드들을 여기에서 거의 실시간으로 다뤄졌었다.

BugTraq 말고도, 여러분이 관리하는 소프트웨어에 대한 보안 메일링 리스트도 필수 구독 대상이다. 또한 소프트웨어 벤더에서 공지하는 내용도 잘 살펴봐야 한다. 대부분의 주요 리눅스 배포판들은 각각 보안 공지사항을 운영한다. 주요 소프트웨어 벤더 역시 그러하다. 오라클의 경우 MetaLink 웹 포탈이라든지 이메일을 통해 공지사항을 전달하고 있다. 엄청난 이메일을 받게 될 것 같지만 대부분 공지 차원의 메일은 그리 잦은 편이 아니기 때문에 평상시 이메일을 처리하는 것보다 적은 양의 이메일들을 처리할 뿐이다.

요약

이번 장에서는 리눅스 시스템의 보안을 운영하는 것과 위험을 줄이고 제공해야 하는 기능과 보안의 필요성 사이에서의 균형을 어떻게 할 것인지를 결정할 때 무엇을 찾아야 하는지를 터득했다. 특히 SetUID 프로그램(루트 권한으로 실행하는 프로그램)과, 불필요한 프로그램을 실행함으로써 갖게 되는 위험들에 대해서도 알아보았다. 이로 인해 chroot 환경을 적용하여 위험을 줄이고 사용자의 접근을 제어하는 방법도 알게 됐다. 또한 MAC 보안 모델의 두 가지 구현방식을 배웠다. SELinux와 AppAmor이다. 마지막으로 매일 자신의 집을 지키기 위해 할 수 있는 일로서 모니터링해야 하는 것들에 대해서도 알아보았다.

결국 합리적인 보안 환경을 유지하는 것은 좋은 위생 상태를 유지하는 것과 비슷한 것이다. 여러분의 서버에서 불필요한 응용프로그램을 삭제하여 서버 환경을 깨끗하게 유지하고 응용프로그램들에 대한 위험 노출을 최소할 뿐만 아니라 보안 문제가 있을 때마다 소프트웨어 패치 작업에 충실해야 한다. 그럼 이러한 기본적인 작업만으로도 여러분의 서버는 상당히 안정적이고 보안이 우수한 서비스를 할 수 있게 된다.

마지막으로 이번 장을 공부했다고 해서 보안 전문가가 될 수는 없을 것이다. 이 책의 리눅스 방화벽 장을 정독했다고 해서 방화벽 전문가로 거듭날 수 없듯이 말이다. 리눅스와 보안이라는 분야는 끊임없이 진화하고 있고 점점 발전하고 있다. 따라서 항상 최신 기술을 습득하려는 노력과 함께 보안 지식을 끊임없이 확대해가길 바란다.

CHAPTER 15

네트워크 보안

14장에서 우리는 두 가지 공격 양상을 알아보았다. 하나는 로컬을 활용한 취약점 공격이었고, 다른 하나는 네트워크 연결을 통한 공격이었다. 앞의 것은 14장에서 다뤘고, 이번 장에서 후자를 다루려고 한다.

네트워크 보안이 다루는 문제는 공격자들이 악의적으로 여러분의 시스템으로 악성 네트워크 트래픽을 보냄으로써 시스템을 망가뜨리고(서비스 거부 또는 DoS 공격), 시스템의 취약점을 공격해서 시스템 접근 권한이나 제어권을 탈취하려는 것들이다. 네트워크 보안은 앞 장에서 살펴본 로컬 시스템 보안책으로 대체할 수 없다. 로컬 및 네트워크 보안에 대한 접근은 각각의 상황에 맞는 방식으로써 문제들을 해결하는 것이 필요하다.

이번 장에서는 네트워크 보안을 네 가지 측면으로 나눠 살펴볼 것이다. 서비스 추적, 네트워크 서비스 모니터링, 공격에 대처하기, 테스트용 도구들이다. 앞으로 나올 내용들은 13장 방화벽과 14장 시스템 보안에서 다뤘던 내용들이 포함되어 있다.

TCP/IP와 네트워크 보안

이제 우리가 논의할 내용들은 여러분이 TCP/IP 네트워크 환경에서 시스템을 설정한 경험이 있다는 가정하에 진행된다. 왜냐하면 이 장의 초점은 네트워크 보안이지 네트워크를 소개하는 것이 아니기 때문이다. 따라서 이번 절에서는 사용자의 시스템에 영향을 끼치는 TCP/IP에 관해서 설명할 것이다. TCP/IP에 관해서는 11장을 참조하면 되겠다.

▧ 포트 번호의 중요성

IP 네트워크에 있는 호스트들은 모두 적어도 하나의 IP 주소를 가진다. 또한 리눅스 기반의 호스트는 개수에 제한 없이 프로세스를 가질 수 있다. 각 프로세스는 하나의 네트워크 클라이언트라든지 네트워크 서버가 되거나 두 가지 모두 될 수 있다. 그럼 한 시스템에서 하나 이상의 프로세스들이 서버로 동작할 수 있다는 것인데, IP 주소만으로 이들의 연결을 식별하기는 어렵다.

이러한 문제를 해결하기 위해 TCP/IP는 TCP(또는 UDP 포트)를 식별할 수 있는 컴포넌트를 추가했다. 호스트 간의 연결은 각각 **소스 포트**와 **목적지 포트**가 있게 된다. 각 포트에는 0에서 65535 사이의 값을 갖는다.

이렇듯 양측 호스트 사이에서 발생할 수 있는 각각의 연결들을 식별해내기 위해서 운영체제는 네 개의 정보를 추적하기 시작한다. 소스 IP 주소, 목적지 IP 주소, 소스 포트 번호, 목적지 포트 번호가 되겠다. 이들의 조합을 통해 호스트간의 연결을 구분해낼 수 있게 된다.

(실제로 운영체제는 수많은 연결들을 추적하는 작업을 하지만 이 네 가지 정보만으로도 연결을 식별해낼 수 있다.)

연결을 시작하는 호스트는 목적지 주소와 포트 번호를 명시한다. 당연히 소스 IP 주소는 이미 알고 있는 상태다. 하지만 소스 포트 번호, 즉 연결을 식별하기 위한 값은 소스가 되는 시스템의 운영체제에서 할당된다. 운영체제는 이미 열린 연결 목록을 검색하여 다음 차례로 사용 가능한 포트 번호를 할당한다.

늘 그렇듯이 이 번호는 1024보다 크다(0부터 1023 사이의 포트 번호는 시스템 및 잘 알려진 서비스들을 위해 예약되어 있다). 기술적으로는 소스 호스트는 자신의 소스 포트 번호를 선택할 수 있다. 하지만 이를 위해서는 해당 포트 번호를 다른 프로세스에서 사용하고 있으면 안되기 때문에 대부분의 애플리케이션들은 소스 포트 번호의 선택을 운영체제에 맡기게 된다.

여기까지 정리가 됐다면, 이제 호스트 A라는 소스 호스트가 어떻게 목적지 호스트 B에 있는 한 서비스에 대해 여러 개의 연결을 만들 수 있는지를 알아보자. 호스트 B의 IP 주소와 포트 번호는 항상 일정하다. 하지만 호스트 A의 포트 번호는 연결마다 달라질 수 있다. 따라서 소스 및 목적지 IP 주소, 그리고 포트 번호들의 조합은 독특할 수밖에 없고, 그럼 양쪽 호스트 시스템은 여러 개의 독립적인 데이터 스트림(연결)을 가질 수 있게 되는 것이다.

서비스를 제공하는 일반적인 서버 애플리케이션들은 특정 포트 번호에 대한 연결에 응답하는 프로그램들을 실행한다. 이러한 특정 포트 번호들은 잘 알려진 서비스들이 점유하고 있고, 이러한 관계가 형성된 포트 번호들은 표준 사용되도록 승인된 것이라 일반적으로 많이 사용되고 있다 (well-known ports). 80포트는 HTTP용 서비스 포트인 것처럼 말이다.

뒤이어 나오는 "netstat 명령어 사용" 절에서 netstat 명령어가 네트워크 보안을 위해 정말 중요한 도구라는 것을 알게 될 것이다. 포트 번호가 대표하는 것이 무엇인지를 확실히 이해하고 나면 netstat이 제공해주는 네트워크 보안 통계 결과를 구분해내고 해석할 수 있을 것이다.

서비스 추적

서버는 서비스라고 할 수 있다. 서비스를 제공하는 서버의 기능은 네트워크 포트를 통해 연결되어 상대방으로부터 응답을 대기하는 프로세스들로 이루어진다. 예를 들어 웹 서버는 80포트를 통해 서버가 제공하는 웹 페이지를 다운로드하려는 상대방의 요청을 듣기 위한 프로세스를 시작할 것이다. 만일 특정 포트에 수신 대기 중인 프로세스가 없다면 리눅스는 해당 포트로 들어 오는 패킷은 무시해버린다.

이번 절에서는 netstat 명령어를 활용해보려고 한다. 이 도구는 시스템의 네트워크 연결을 추적하는 것인데 트러블슈팅 및 일일 네트워크 문제들을 해결하는 데 있어 명명백백 가장 유용한 디버깅 도구들 중 하나임에 틀림 없다.

▦ netstat 명령어 사용

어떤 포트가 열려 있고 응답 대기 중인지를 추적하기 위해 netstat 명령어를 사용한다. 예제를 보자.

```
# netstat  -natu
Active Internet connections (servers and established)
Proto  Recv-Q  Send-Q  Local Address       Foreign Address       State
tcp         0       0  0.0.0.0:111         0.0.0.0:*             LISTEN
tcp         0       0  0.0.0.0:22          0.0.0.0:*             LISTEN
tcp         0       0  127.0.0.1:631       0.0.0.0:*             LISTEN
tcp         0       0  0.0.0.0:48600       0.0.0.0:*             LISTEN
tcp         0       0  127.0.0.1:25        0.0.0.0:*             LISTEN
tcp         0       0  192.168.1.4:22      192.168.1.135:52248   ESTABLISHED
tcp         0       0  :::111              :::*                  LISTEN
udp         0       0  0.0.0.0:776         0.0.0.0:*
udp         0       0  0.0.0.0:68          0.0.0.0:*
udp         0       0  0.0.0.0:42827       0.0.0.0:*
udp         0       0  0.0.0.0:56781       0.0.0.0:*
udp         0       0  :::111              :::*
```

기본적으로(인자를 사용하지 않고), netstat은 네트워크와 도메인 소켓의 모든 연결을 보여준다. 즉 우리는 실제 네트워크에서 일어난 연결뿐만 아니라 프로세스 간의 통신(보안 모니터링 입장에선 당장엔 필요 없을 수도 있다) 또한 확인할 수 있다. 앞에서 실행한 명령어를 보면 netstat에 응답 대기 중이든 또는 실제 연결이 이루어졌는지 상관 없이 TCP(-t)와 UDP(-u)에 대해 모든 포트(-a)를 보여달라고 요청했다. 더불어 IP 주소를 호스트명으로 변환하는 작업은 하지 않아도 된다는 옵션도 사용했다(-n).

netstat 명령을 실행한 결과를 보면, 각 라인은 TCP 또는 UDP 네트워크 포트를 나타내고 있는데 라인별로 맨 앞에서 구분할 수 있다. Recv-Q(수신 큐) 열에는 프로세스가 읽은 바이트 수가 아닌 커널이 수신한 바이트 수를 표시한다. 그 다음 Send-Q(전송 큐) 값은 연결 상대방으로 전송된 바이트 수를 표시하지만 응답(acknowledge)되지는 않았다.

네 번째, 다섯 번째, 여섯 번째 열에는 시스템 보안과 관련된 흥미로운 내용들을 보여준다. Local Address에는 우리의 서버 IP 주소와 포트 번호가 표시되는데, 잊지 말아야 할 것은 서버 자신을 위한 IP 주소는 일반적인 IP 주소 외에도 127.0.0.1과 0.0.0.0을 갖는다는 점이다. 여러 개의 인터페이스를 가진 경우에는 수신 대기 상태의 포트가 모든 인터페이스에 나타나게 되는데, 각각 다른 IP 주소를 갖는다. 포트 번호와 IP 주소는 콜론을 구분한다. 출력 결과를 보면 이더넷 장치의 IP 주소는 192.168.1.4로 나와 있다.

다섯 번째 열에 있는 Foreign Address는 연결 상대방을 알려준다. 새 연결에 대해 수신 대기 중인 포트의 경우, 기본값이 0.0.0.0:*이다. 이것은 연결을 기다리고 있는 상태이므로 아직까지는 아무런 의미가 없는 IP 주소다.

여섯 번째 열을 보자. 여기에는 연결 상태를 표시한다. netstat의 man 페이지에는 모든 연결 상태의 정보가 나와 있다. 하지만 가장 눈여겨봐야 할 것은 LISTEN과 ESTABLISHED다. LISTEN 상태는 서버에 있는 프로세스가 포트 연결을 대기하고 있으며 언제든지 새로운 연결을 만들어낼 준비가 되어 있다는 것을 의미한다. ESTABLISHED 상태는 클라이언트와 서버 간의 연결이 이루어진 것을 말한다.

▧ netstat 결과로 위험 분석

모든 연결 목록을 가져옴으로써, 시스템이 현재 무슨 일을 하고 있는지 한눈에 파악되었다. 여러분은 여기에 나타난 모든 포트들을 이해하고 설명할 수 있어야 한다. 만일 시스템이 여러분이 알지 못하는 연결에 대해 수신 대기 상태라는 것을 보게 되면 의심을 해봐야 한다.

잘 알려진 서비스와 이들의 포트 번호들을 아직 다 기억하지 못한다면(너무 많다!), /etc/services 파일에서 필요한 포트 번호나 서비스를 찾을 수 있다. 하지만 몇몇 서비스들은(주로 portmapper를 사용하는 서비스들), 포트 번호가 없는 경우도 있지만 정상적인 서비스들이니 참고하길 바란다.

자, 어떤 프로세스가 포트와 관련이 있는지를 알기 위해 -p 옵션을 netstat와 함께 사용해보자. 그런 다음 어떤 프로세스가 이상하고 평상시와는 다른지를 세심하게 살펴보라. 예를 들어 BASH가 네트워크 포트에 수신 대기 중이라는 것을 발견하면 바로 이상하다는 것을 느낄 수 있을 것이다.

이제는 연결 상대방, 즉 목적지 포트를 생각할 때다. 이것을 통해 어떤 서비스가 연결되어 있는지 또 이 서비스는 문제가 있는 것은 아닌지를 알 수 있다. 소스 주소와 소스 포트 번호 역시 모두 중요하다. 특히 누군가가 혹은 무엇이든 시스템의 비정상적인 경로를 통해 연결을 시도하려는 경우에 더욱 그렇다. 아쉬운 점은 netstat은 연결이 어디서 시작했는지를 알려주지 못한다. 하지만 조금만 생각하면 금방 알 수 있는 정보다. 물론 실행하려는 애플리케이션과 여기서 발생하는 네트워크 연결을 잘 알고 있다면 연결이 어디에서 시작되었는지는 쉽게 알 수 있다. 일반적으로 경험에 비추어볼 때 1024번보다 큰 포트 번호를 가진 쪽이 연결의 시작점이다. 하지만 X 윈도우 시스템(6000포트)과 같이 1024보다 큰 포트로 제공되는 서비스들의 경우 이 경험 법칙이 적용될 수는 없다.

인터페이스 바인딩

서버에서 실행되는 서비스의 보안을 개선하기 위해 일반적으로 취하는 접근 방식은 특정 네트워크 인터페이스만 바인딩하는 것이다. 기본적으로 애플리케이션은 모든 인터페이스에 바인딩할 수 있다(netstat 출력 결과의 0.0.0.0이 그렇다). 그래서 여러분이 설정한 Netfilter 규칙(내장된 리눅스 커널 방화벽 스택)을 통과한 연결이라면 어떤 인터페이스에서든지 서비스로의 연결이 이루어질 수 있다. 하지만 특정 인터페이스에만 서비스를 사용할 수 있도록 하려면, 해당 서비스를 특정 인터페이스에 바인딩 설정을 해야 한다.

예를 들어 현재 여러분의 서버에 세 개의 인터페이스가 있다고 가정해보자.

- eth0, with the IP address: 192.168.1.4

- eth1, with the IP address: 172.16.1.1

- lo, with the IP address: 127.0.0.1

또한 서버에는 IP 포워딩이 비활성화되어 있다(/proc/sys/net/ipv4/ip_forwad). 다시 말해서 192.168.1.0/24(eth0)의 장치들은 172.16/16에 있는 장치와 통신할 수 없다. 172.16/16(eth1) 네트워크는 안전한 또는 내부 네트워크이고, 127.0.0.1(lo 또는 루프백)은 호스트 자신을 가리킨다.

만약 애플리케이션 자신을 172.16.1.1에 바인딩했다면 172.16/16 네트워크에 있는 애플리케이션들만 해당 애플리케이션과의 연결이 가능하다. 192.168.1/24에 있는 호스트를 신뢰하지 못하는 경우(예를 들어 DMZ인 경우), 이것은 다른 곳에 노출되지 않으면서 한 세그먼트에 서비스를 제공할 수 있는 안전한 방법이 된다. 노출을 막으면서 127.0.0.1과 애플리케이션을 바인딩할 수 있다. 이렇게 함으로써 서비스와 통신하기 위해 서버 자체에서 연결이 시작되어야 할 것이다. 예로, 웹 애플리케이션에 대해 MySQL 데이터베이스 실행이 필요하고 해당 애플리케이션은 서버에서 실행되고 있다면 설정하기를 MySQL이 127.0.01에서 오는 연결만 수신하도록 하면

MySQL 서비스를 원격에서 연결하여 이를 공격하려 드는 위험을 현저하게 줄일 수 있게 된다. 공격자들은 웹 기반의 애플리케이션을 잘 구슬려서 공격자가 원하는 쿼리를 대신해서 데이터베이스에 만들어낼 수도 있다(SQL injection 공격).

▼ SSH 터널링 기법

만약 서비스를 인터넷상의 네트워크를 잘 아는 사용자 그룹에 임시로 제공해야 하는 경우, 해당 서비스를 루프백 주소(localhost)에 바인딩한 뒤 그룹으로 하여금 SSH 터널만을 사용하도록 하면 서비스에 대해 인증되고 암호화된 접근 방법을 제공할 수 있다.

예를 들어 서버에 POP3 서비스가 실행 중이라고 하자. 이 서비스를 localhost 주소에 바인딩할 수 있는데, 이것은 아무도 일반적인 인터페이스나 주소를 통해 POP3 서비스에 연결할 수 없다는 것을 의미한다. 하지만 시스템에 SSH 서버를 운용 중이라면 인증된 사용자들은 SSH를 통해 연결을 하고 POP3 이메일 클라이언트를 위한 포트 포워딩 터널을 설정할 수 있다.

다음 예제에서 원격 SSH 클라이언트로부터 이러한 작업을 수행하고 있다.

```
ssh -l <username> -L 1110:127.0.0.1:110 <REMOTE_SSH_and_POP3_SERVER>
```

POP3 이메일 클라이언트는 127.0.0.1 IP 주소의 POP3 서버에 1110포트(127.0.0.1:1110)를 통해 연결을 설정할 수 있게 된다.

서비스 종료

netstat 명령어를 사용하는 이유 중 하나는 서버에서 실행되고 있는 서비스를 알고 싶어서다. 설치하기 쉽고 있는 기본 설정을 그대로 사용하는 리눅스 배포판일수록 안전하지 않기 때문에 서비스를 추적하는 일은 특히 더 중요하다.

만약 여러분이 서비스들 중에서 어떤 것은 유지하고 또 어떤 것은 종료해야 하는지를 결정해야 할 때 다음과 같은 질문들을 할 수 있을 것이다.

- **필요한 서비스인가?** 이 질문의 답은 중요하다. 대부분의 상황에서 기본적으로 시작하도록 되어 있는 서비스들을 모두 비활성화시켜야만 한다. 단독적인 웹 서버인 경우 NFS 서비스는 필요하지 않기 때문이다.

- **필요한 서비스라면, 기본 설정은 믿을 만한가?** 이 질문 역시 어느 정도의 서비스를 없앨 수 있는 답을 줄 수 있다. 기본 설정이 안전하지 않고 또 값을 변경하더라도 마찬가지라면 비활성화 대상이 될 수 있다. 예를 들어 원격 로그인이 필요한데 제공되는 서비스가 Telnet이라면 SSH를 대신해서 제공해야 할 것이다. 왜냐하면 Telnet은 네트워크상에서 로그인 정보를 암호화할 수 있는 기능이 없기 때문이다. (기본적으로 대부분의 리눅스 배포판들은 Telnet을 비활성화 상태로 지원하며 SSH를 열어둔다.)

- **서비스를 하는 소프트웨어는 업데이트가 필요한가?** 웹 서버나 FTP 서버의 소프트웨어와 같은 모든 소프트웨어는 수시로 업데이트되어야 한다. 기능이 추가되었거나 새로운 보안 문제가 생겼기 때문에 그렇다. 따라서 소프트웨어별로 개발 현황을 잘 파악하여 필요할 때마다 업데이트 진행을 반드시 해야 한다.

▦ xinetd와 inetd 서비스 종료

xinetd 프로그램을 통해 시작된 서비스를 종료하려면 /etc/xinet.d/ 디렉터리에 있는 해당 서비스의 설정 파일의 disable값을 Yes로 변경하기만 하면 된다.

전통적인 System V 기반의 서비스의 경우에는 chkconfig 명령어를 사용해서 xinetd에 의한 서비스를 비활성화할 수도 있다. 예를 들어 echo 서비스를 종료하고 싶다면 다음과 같이 할 수 있다.

```
[root@server ~]# chkconfig echo off
```

systemd가 실행되고 있는 리눅스 배포판(페도라와 같은)에서는 systemctl 명령어로 서비스를 비활성화시킬 수 있다. 다음과 같이 xinetd 서비스를 종료해보자.

```
[root@fedora-server ~]# systemctl disable xinetd.service
```

우분투와 같은 데비안 시스템에서는 sysv-rc-conf 명령어를 쓴다(이 명령어가 없다면 apt-get 명령어로 설치하도록 한다). 그럼 똑같은 작업을 수행할 수 있다. 다음 예제는 우분투 시스템에서 echo 서비스를 종료하는 것이다.

```
master@ubuntu-server:~$ sudo sysv-rc-conf echo off
```

> **참고**
>
> 오래된 버전의 리눅스는 inetd super-sever를 사용하는데, /etc/inetd.conf 파일에서 서비스 운영 여부를 설정하고 원하지 않는 서비스는 주석 처리함으로써 비활성화시킬 수 있다. 그저 #을 줄 맨 앞에 삽입하기만 하면 된다. (xinetd와 inetd는 8장을 참고한다.)
>
> 주의할 것은 /etc/inetd.conf 파일을 수정하고 나서 HUP 시그널을 inetd에 보내야 한다. 그리고 xinetd의 경우에는 SIGUSR2 시그널을 보낸다. 페도라의 경우라면, 시그널 대신 다음과 같이 재실행할 수 있는 방법도 제공하고 있다.
>
> ```
> [root@server ~]# /etc/rc.d/init.d/xinetd reload
> ```

▦ 비 xinetd 서비스 종료

만일 xinetd 서비스가 아니라면 부팅 시에 시작된 또 다른 프로세스든지 스크립트가 실행하는 서비스일 것이다. 그런 서비스가 현재 사용 중인 배포판에 설치되어 있다면 그리고 서비스를 종료할 수 있는 좋은 도구 또한 가지고 있다면 그것을 활용하는 것이 가장 쉬운 방법이다.

예를 들어보자. 몇몇 리눅스 배포판들은 chkconfig라는 프로그램을 제공한다. 이 프로그램은 개별 서비스들에 대해 운영 여부를 쉽게 설정할 수 있게 해준다. 만일 실행-레벨 3과 5에서 시작한 rpcbind 서비스를 종료하고 싶으면 다음과 같이 하기만 하면 된다.

```
[root@server ~]# chkconfig --level 35 rpcbind off
```

--level 인자는 앞과 같은 수정사항의 영향을 받게 되는 실행-레벨이다. 실행-레벨 3과 실행-레벨 5는 두 개의 다중 사용자 모드를 나타내고 있기 때문에 이들을 입력했다. rpcbind 인자는 /etc/init.d/ 디렉터리에 있는 서비스 이름이 온다. 마지막 인자에는 "on", "off", "reset" 중 하나가 온다. "on"과 "off" 옵션은 말 그대로이며, "reset"의 경우 서비스의 상태를 처음 설치되었을 때의 모습대로 초기화하는 것을 의미한다.

rpcbind 서비스를 다시 활성화시키고 싶다면 다음과 같이 해보자.

```
[root@server ~]# chkconfig --level 35 rpcbind on
```

chkconfig 명령으로 **현재 실행되고 있는** 서비스의 상태를 당장 바꿀 수 있는 것이 아니다. 다음 부팅 시에 반영되는 것이다. 실행 중인 프로세스를 중단하는 것은 /etc/init.d/ 디렉터리에 있는 제어 스크립트를 활용한다. rpcbind의 경우라면 다음과 같이 당장 실행을 멈출 수 있다.

```
[root@server ~]# /etc/init.d/rpcbind stop
```

systemd를 제공하는 리눅스 배포판에서는 실행 중인 서비스를 중지하기 위해서 systemctl 명령을 사용한다. 역시 rpcbind 서비스를 중단해보자.

```
[root@fedora-server ~]# systemctl stop rpcbind.service
```

▦ 배포본 독립적인 서비스 종료 방법

부팅 시 서비스가 시작되지 않게 하려면 대응되는 실행-레벨의 rc.d 디렉터리에 있는 symlink(심볼릭 링크)를 변경한다. 이 작업은 /etc/rc.d 디렉터리(데비안에서는 /etc/rc*.d/ 폴더)로 가서, rc*.d 디렉터리 중에서 스타트업 스크립트를 가리키고 있는 심링크를 찾아서 하면 된다(스타트업 스크립트는 6장을 참고하라). 심링크의 첫 글자를 S에서 X로 변경하면 되는데, 다시 서비스를 실행하고 싶다면 S로 다시 바꾸면 된다. 자, 스타트업 스크립트 이름을 변경했지만 현재 실행 중이라서 이것조차도 중단하고 싶다면 ps 명령어를 써서 해당 프로세스 ID 번호를 찾고, kill 명령으로 프로세스를 종료하면 된다. 예로, portmap이란 프로세스를 종료해보면 다음과 같은 결과를 볼 수 있을 것이다.

```
[root@server ~]# ps auxw | grep portmap
bin       255  0.0 0.1  1084 364 ?       S   Jul08  0:00  portmap
root     6634  0.0 0.1  1152 440 pts/0   S   01:55  0:00  grep portmap
[root@server ~]# kill 255
```

시스템 모니터링

여러분의 서버의 보안을 철저하게 해두는 이유는 단지 서버를 보호하기 위해서 뿐만 아니라 정상적이고 일반적인 서버의 모습이 어떤지를 분명하게 알 수 있는 기회가 되기 때문이기도 하다. 결국 일반적인 동작을 알고 나면 비정상적인 모습들은 눈에 금방 띄게 될 것이다. (예로, 서버 설정 시에 Telnet 서비스를 비활성화했는 데도 로그 엔트리에서 Telnet과 관한 로그를 보게 되면 뭔가 잘못된 것이다!)

상업용 중에도 몇 가지 무료 및 오픈 소스 애플리케이션들이 있는데 이들은 모니터링 기능을 수행하며 사용해볼 만한 가치가 충분히 있다. 바로 지금 그러한 훌륭한 도구들을 살펴볼 것인데 시스템 모니터링에 관한 것이다. 이러한 도구들 중에서는 이미 여러분의 배포판에 설치된 것도 있을 것이다. 그렇지 않은 경우도 있지만 모두 무료인데다가 쉽게 찾을 수 있다.

▨ syslog 활용법

8장에서 rsyslogd라는 것을 배웠는데 여러 가지 프로그램에서 나오는 로그 메시지들을 기록을 목적으로 텍스트 파일에 저장하는 시스템 로거다. 지금쯤이면 rsyslog로 얻어진 로그 메시지의 유형이 무엇인지를 알 것이다. 여기에는 보안과 관련된 메시지들을 포함되는데 시스템에 로그인한 사용자 정보, 로그인을 시도한 날짜 등이다.

여러분의 생각대로 이러한 로그들을 분석하여 시간대별로 여러분의 시스템 서비스에 대한 사용 정황을 파악할 수 있다. 이러한 데이터에서 이상한 행동들을 감지할 수 있는데, 예를 들어, crackerboy.nothing-better-to-do.net이라는 호스트에서 그토록 짧은 시간 동안 수많은 웹 요청을 보냈는지, 도대체 무엇을 원하는 것인지, 또는 시스템의 약점을 찾아낸 것은 아닌지 등을 생각해 볼 수 있다.

로그 파싱

시스템 로그 파일을 주기적으로 확인하는 일은 보안을 유지하는 중요한 일환이다. 안타깝게도 일일 로그 전체를 쭉 훑어보는 것은 시간 낭비인데다가 단 몇 가지의 눈여겨볼 점들만 발견할 뿐 나머지는 아주 지루한 작업이 되겠다. 이러한 힘들고 지루한 작업을 쉽게 하기 위해서 Perl과 같은 스크립트 언어로 로그들을 분석할 수 있는 짧은 스크립트를 만들어보자. 잘 만든 스크립트는 정상적인 것들을 다 뺀 나머지만을 보여줄 수 있다. 그렇게 되면 일일 활동 내역들에 대한 수천 개의 로그 엔트리들은 생략하고 꼭 확인해야 하는 몇 가지 내역들만 볼 수 있게 된다. 이로써 시도가 이루어진 침입이라든지 잠재된 보안 문제들을 효과적으로 감지해낼 수 있다.

바라는 점이라면 이를 통해서 아마추어 해커들이 여러분의 시스템을 공격하고 실패하는 상황들을 지켜보는 즐거움을 가져보는 것이다. 로그 파일을 쉽게 분석할 수 있도록 도와주는 솔루션들이 여러 개 있는데, logwatch, gnome-system-log, ksystemlog, Splunk가 대표적이다(www.splunk.com).

로그 항목 저장하기

불행히도 로그 파싱만으로는 충분하지 않다. 누군가가 여러분의 시스템을 침입했다면 쉽게 그 로그 파일들을 삭제해버릴 수도 있는 노릇이다. 결국 아무리 훌륭한 스크립트라도 이런 경우에는 아무것도 하지 못한다. 이를 극복하기 위해서 로그 엔트리를 별도로 저장하여 보관할 수 있는 전용 호스트를 고려해봐야 한다. 여러분의 로컬 로깅 데몬을 설정하여 모든 메시지들을 별도로 또는 중앙 로그 호스트로 전송하도록 하는 것이다. 그럼 해당 호스트는 신뢰할 수 있는 그리고 이미 알고 있는 호스트들에서 전송되는 로그만 수락할 것이다. 대개의 경우에는 이를 통해 한 곳에 집중된 장소로 일어날 수 있는 나쁜 일들의 대한 증거를 수집하는 것이 된다.

조금 더 완벽한 상황을 만들고 싶다면 직렬 포트와 minicom 같은 터미널 에뮬레이션 패키지를 활용해서 로그 호스트에 또 다른 리눅스 호스트를 붙여서 사용할 수도 있다. 그러면 직렬 포트를 통해 모든 로그 기록들이 새로운 호스트로 전송된다. 이렇게 직렬 연결을 두 호스트 사이에서 사용하게 되면 이들 중 하나는 직접 네트워크로 연결할 필요가 없게 된다. 만약 COM1을 사용하고 있다면 로그 호스트에 있는 로깅 소프트웨어는 모든 메시지를 /dev/ttyS0로 보낼 것이다. COM2를 사용하는 경우는 /dev/ttyS1이 될 것이다. 물론 다른 호스트는 네트워크에 연결하지 않는다. 이런 방식으로 로그 호스트가 공격을 받게 되어도 로그 파일은 보전할 수 있다. 직렬로 연결된 시스템에서 해당 로그 파일들을 안전하게 보관하고 있는데 이 시스템은 물리적으로 접근하지 않는 이상 로그인하는 것이 불가능하다.

이보다 더 로그를 보호하고 싶다면 로그 호스트에 직렬로 연결된 다른 시스템에 병렬 포트로 프린터를 연결하는 방법도 있다. 그래서 터미널 에뮬레이션 패키지가 직렬 포트에서 수신된 모든 내용을 병렬 포트로 보내도록 하는 것이다. 따라서 직렬 호스트 시스템에도 공격이나 기타 문제로 잘못되는 경우에라도 로그의 하드 카피는 보전할 수 있다. 여기서 주의할 것은 로그를 인쇄하면 분석이 매우 어려워진다는 것이다. 모든 것을 종이에서 확인해야 되기 때문이다.

■ MRTG로 네트워크 대역폭 감시

여러분은 서버에서 사용되고 있는 대역폭을 모니터링함으로써 유용한 정보들을 얻을 수 있다. 일반적으로 업그레이드의 필요성을 판단할 때 활용된다. 시스템 사용 수준을 상사에게 보고하면 업그레이드에 대한 여러분의 의견을 뒷받침해주는 정량적인 근거가 되어 줄 것이다. 그렇게 얻은 데이터를 가공해서 그래프화할 수도 있다(모두가 다 알듯이 위로 올라갈수록 이런 형태의 보고를 좋아한다). 대역폭을 모니터링하는 것이 또 좋은 이유는 시스템에서의 병목현상을 찾아서 시스템 부하를 균형 있게 관리할 수 있다는 것이다. 하지만 이번 장의 주제와 관련해서 대역폭 모니터링의 가장 좋은 점은 무엇이 잘못되고 있는지를 판단할 수 있는 것이라 하겠다.

MRTG(다중 라우터 트래픽 그래픽 도구, www.mrtg.org)와 같은 패키지를 설치하면, 여러분 시스템의 정상적인 동작 조건들을 정의하는 기능이 있는데, 이를 통해 눈에 띌 만큼의 시스템 사용 현황에 문제들을 감지할 수 있을 것이다. 그러면 로그를 확인하고 이상하고 비정상적인 엔트리가 있는 설정 파일들을 찾아내면 된다.

공격 방지

네트워크를 안전하게 하는 일 중의 하나는 최악의 경우를 대비하는 것이다. 만약 누군가가 공격에 성공한다면 어떤 일이 벌어질까? 어떻게 공격이 성공했는가 보다는 공격이 일어났다는 것이 더 문제다. 서버는 하지 않아야 하는 일들을 하기 시작한다. 기밀 정보가 흘러나가거나 또 다른 잘못된 일들이 일어나는 것을 발견하게 된다면 어떻게 막아낼 수 있을까?

여러분은 어떻게 대처할 것인가?

화재에 대처하는 매뉴얼처럼 시스템이 모두 손상되는 경우 백업 담당자는 데이터 복구를 위한 계획을 세우고, 보안 담당자는 이러한 공격에 어떻게 대처할 것인가를 계획한다. 이번 절에서는 리눅스를 기반으로 고려해야 할 핵심사항들을 소개한다. 공격에 대처하는 데 필요한 훌륭한 내용들을 CERT에서 제공하고 있다(www.cert.org).

▨ 아무것도 믿지 말라

공격이 일어난 경우 첫 번째로 해야 되는 것은 IT 부서에 있는 부원들을 모두 **해고**하는 것이다. 절대적으로 아무도 믿을 수 없는 상황이다. 결백을 입증하지 않는 이상 모두가 다 용의자다(**그냥 하는 말이다!**)

하지만 공격자가 시스템을 성공적으로 침입한 이상 서버가 보여주는 것을 단 하나도 믿을 수 없게 된다. 시스템에 침입하고 또 흔적을 감추기 위해 공격자들이 사용하는 "루트킷"과 같은 툴킷들을 찾아내기 어렵다. 바이너리가 바뀌더라도 서버에 대해 할 수 있는 일은 아무것도 없다. 즉 해킹된 서버는 모두 완전히 새롭게 재설치를 해야 하는 것이다. 재설치하기 전까지는 신뢰할 수 있는 데이터를 확신할 수 있는 때에 백업이 된 시점을 파악하기까지 공격자가 얼마나 침범했는지를 알아내야 한다. 공격 시점 이후에 백업된 데이터는 반드시 면밀하게 검증해서 손상된 데이터가 다시 시스템을 망가뜨리지 않도록 해야 한다.

▨ 비밀번호를 변경하라

만약 공격자가 시스템의 루트 비밀번호를 알아냈다면 또는 비밀번호 파일의 복사본을 가졌다면 모든 비밀번호를 반드시 변경해야 한다. 엄청나게 귀찮은 일이다. 하지만 공격자가 다시는 새로 재건된 서버에 기존의 비밀번호로 침입하지 못하게 해야 한다.

> **참고** 만약 부서의 일원이 그만두거나 바뀌게 될 때마다 루트 비밀번호를 바꾸는 것도 좋은 방법이 될 수 있다. 이직할 때는 좋은 마음으로 떠나지만 혹여 회사에 앙심을 품고 있는 경우라면 비밀번호를 변경하지 않으면 이미 곤란한 상황에 처해 있는 것이다.

▨ 연결을 중지하라

시스템을 재건할 준비가 되면 시스템에 연결된 모든 접근은 모두 끊어야 한다. 네트워크에 다시 연결하기 전에는 완벽하게 재건되기까지 모든 네트워크 트래픽을 중단시킨다.

단순히 네트워크로 연결해주는 플러그들을 모두 뽑아두면 된다. 시스템을 패치하는 중간에 네트워크를 연결해버리면 또 다른 공격을 마주하게 될지도 모른다.

네트워크 보안 도구

Nagios(www.nagios.org), 그래픽 도구인 MRTG(www.mrtg.org), Big Brother(www.bb4.org)와 같은 시스템 모니터링 도구들을 셀 수없이 많은데 이번 장에서 이미 몇 가지는 언급했었다. 하지만 이들 중에서 여러분의 시스템에 대해서 기본적인 무결점 검사를 위해 어떤 것을 사용할 것인가?

이번 절에서는 시스템을 테스트하기에 좋은 몇 가지 좋은 도구들을 살펴보려고 한다. 도구 하나만으로는 부족하고 모자라다. 심지어 보안 전문가들이 사용하는 해커 테스트 툴킷 같은 숨겨둔 도구도 존재하지 않는다. 대부분의 도구들이 빛을 발하는 경우는 어떻게 그들을 조합해서 사용하는지 그러한 도구들로 수집한 정보를 어떻게 해석할 것인지에 달려있다.

여기서 다룬 몇 가지 도구들을 통해 볼 수 있는 일반적인 특징은 당초 이러한 도구들이 설계되었을 때는 단지 보안만을 위한 것은 아니었다는 점이다. 보통은 시스템을 관리하고 몇 가지 기본적인 진단을 위해 설계된 것이다. 리눅스에서 이들을 보안 관점에서 잘 활용되는 이유는 이들이 시스템이 무엇을 하고 있는지 깊이 있게 파악해주기 때문이다. 덕분에 우리는 아주 많은 도움을 얻을 수 있다.

▨ nmap

nmap 프로그램은 열린 TCP와 UDP 포트를 찾기 위해 호스트 또는 호스트 그룹을 스캔한다. 단순히 스캔하는 것뿐만 아니라 더 나아가 실제로 애플리케이션이나 포트에 대하여 수신 대기 중인 리모트 호스트로 연결을 시도한다. 그래서 보다 더 정확하게 원격 애플리케이션을 식별해낼 수 있다. 이는 시스템 관리자가 네트워크에 노출된 시스템을 파악할 수 있도록 강력하면서 간단한 방법을 제공해주는 것이다. 또한 이러한 방법은 호스트에 대하여 할 수 있는 일이 무엇인지 파악하기 위해 관리자뿐만 아니라 공격자들에 의해서도 주로 사용된다.

nmap이 강력한 이유는 다중 스캔 기법을 적용할 수 있는 기능이 있어서다. 즉 방법에 따라서 방화벽을 잘 통과할 수도 있고 익명 스캔이 가능하기도 하는 등 스캔하는 방법마다 장단점이 있기 때문인 것이다.

▨ Snort

침입 탐지 시스템(Intrusion detection system, IDS)은 은밀히 네트워크의 한 지점을 모니터링하여 패킷 트레이스상에서 발견되는 이상한 점들을 보고한다. Snort 프로그램(www.snort.org)이 바로 오픈 소스 IDS 및 IPS(침입 방지 시스템)로, 새로운 공격 양상에 대해 자주 업데이트되는 광범위한 규칙들을 제공한다. 의심스러운 활동들은 로깅 호스트로 전달되고 여러 개의 오픈 소스 로그 처리 도구들은 수집된 정보를 이해할 수 있도록 이들을 가공할 것이다(BASE).

리눅스 시스템에 Snort를 네트워크 메인 출입구 지점에 실행해두면 지원되는 프로토콜마다 프록시를 별도를 둘 필요 없이 네트워크 활동들을 추적할 수 있는 좋은 방법이 된다. Snort의 상업용 버전은 SourceFire라는 이름을 사용하는데 www.sourcefire.com에서 더 많은 정보를 얻을 수 있다.

▨ Nessus

Nessus 시스템(www.nessus.org)은 nmap의 원리를 적용하여 보다 깊이 있는 애플리케이션 수준의 검증 작업을 한다. 또한 보고되는 정보 역시 풍부하다. 서버에서 Nessus를 실행하면 서버 노출에 대해 쉽고 빠른 무결성 검사를 진행한다.

Nessus를 이해하기 위해서는 그 출력 결과를 봐야 한다. Nessus가 만들어주는 보고서는 기본적인 정보 외에도 수준 높은 정보까지 엄청난 양의 설명들을 기록하고 있다. 여러분의 리눅스 시스템에 있는 애플리케이션이 어떤 언어로 작성되었고 어떤 서비스를 제공하고 있는가에 따라서 Nessus는 문제가 아님에도 문제라고 보고할 수도 있다. 따라서 메시지들이 여러분의 상황을 모두 보여주고 있는 것은 아니기 때문에 하나하나 잘 살펴보고 의미하는 것이 무엇인지를 이해하도록 시간을 들여야 하겠다. 예로, Nessus가 Oracle 8의 문제로 여러분의 시스템이 위험에 처해 있다고 보고를 할 수도 있다. 심지어 여러분의 시스템에는 Oracle 8이 실행되고 있지 않음에도 말이다. 잘못된 보고다.

▧ Wireshark / tcpdump

TCP/IP에 대해 자세히 다룬 11장에서 이미 Wireshark와 tcpdump를 공부했다. 11장에서는 이 도구들을 문제 해결을 위해 사용하였는데, 또한 네트워크 보안 기능을 수행할 수 있는 좋은 도구들이기도 하다.

최초 네트워크 트레이스들은 여러분의 서버가 무엇을 하는지를 알아내기 위해 앞 절에서 설명한 도구들이 활용할 수 있는 좋은 먹잇감이다. 하지만 이러한 도구들은 여러분이 서버에 대해 알고 있는 만큼 알지 못한다. 따라서 네트워크 트레이스를 직접 가져다가 면밀히 살펴보고 이상한 점들을 알아볼 수 있다면 좋을 것이다. 여러분이 보게 되는 것으로 인해 놀랄지도 모른다.

예를 들어보자. 만약 침입으로 여겨지는 것을 발견하게 되면 의심이 가는 호스트의 모든 네트워크 트래픽을 볼 수 있는 또 다른 리눅스 시스템에서 최초 네트워크 트래픽을 실행하고 싶을 것이다. 24시간 동안 모든 네트워크 트래픽을 캡처해서 문제가 되는 것에 대해 필터를 적용할 수 있을 것이다. 즉 서버가 웹과 SSH만을 서비스하기로 되어 있고 DNS 역변환도 모두 비활성화시켜 두었다면 네트워크 트레이스에 "not port 80 and not port 22 and not icmp and not arp"라는 필터를 적용할 수 있을 것이다. 필터 결과 출력에서 나타나는 패킷을 수상하다고 판단할 수 있다.

요약

이 장에서는 리눅스와 관련된 네트워크 보안 기초를 다뤘다. 여기서 나온 내용들을 통해 여러분은 서버의 건강 상태에 대한 적절한 결정을 내리고, 필요하다면 보안을 위한 조치를 취할 수 있어야 한다.

다른 장에서도 언급했듯이 이로써 네트워크 보안 정보를 모두 다 알았다고 할 수 없다. 보안이라는 분야는 계속 진화하고 있으며 새로운 내용들을 예의주시하여야 한다.

이와 관련되어 소개한 메일링 리스트와 웹 사이트를 참고하고 여러 가지 자료들이나 책을 통해서 보안에 대한 지식과 기술을 발전시켜 나가길 바란다. 무엇보다 중요한 것은 항상 상식적으로 생각하는 것이다.

4부. 인터넷 서비스

CHAPTER 16

DNS

숫자로 된 IP를 사람들에게 친숙한 형태의 문자로 변환하는 것은 1970년대에 인터넷이 생기고 나서부터 줄곧 중요한 이슈였다. 이 기능이 필수는 아니었지만 사람들이 네트워크를 사용하는 데 있어 편리함을 준다.

초기에는 IP 주소를 이름으로 변환하기 위해 인터넷에 연결된 모든 컴퓨터에 FTP를 통해 전송된 hosts.txt 파일을 사용하였다. 1980년대 초반 호스트의 수가 증가하면서 한 명의 관리자가 모든 호스트를 단일 파일로 관리하는 것이 불가능해졌다. 이 문제를 해결하기 위해 각 사이트가 소유한 호스트의 정보를 유지하는 분산 시스템이 제안되었다. 각 사이트마다 관리 호스트가 있고 모든 사이트를 질의할 수 있는 마스터 테이블이 이들 관리 호스트 주소를 유지하는 방식이다. 이 것이 DNS(Domain Name Service)의 기본 원리다.

DNS를 사용하지 않을 경우 할 수 있는 방법은 모든 호스트의 마스터 목록을 관리하는 중앙 사이트를 유지하는 것이다. 이는 하루에 수만 개의 호스트 이름을 갱신해야 되고 게다가 더 중요한 것은 각 사이트의 요구사항을 고려해야 한다는 것이다. 어떤 사이트는 방화벽을 통해 외부망에서는 볼 수 없는 LAN IP 주소를 사용하고 내부망에서는 인터넷상의 호스트를 찾을 수 있게 사설 DNS 서버를 유지하는 경우가 있다. 인터넷 상의 모든 호스트들이 이러한 관리가 필요하다고 생각하면 막막할 것이다. 이제 왜 DNS를 사용하는지 이해될 것이다.

 이 장에서는 "DNS 서버"와 "네임 서버"를 같은 의미로 사용한다. 사실 "네임 서버"는 기술적으로 약간 모호한 용어다. 이름을 숫자로 변환하거나 그 반대로 숫자를 이름으로 변환하는 일반적인 이름체계에 통용되기 때문이다. 이 장에서 네임 서버는 별다른 언급이 없으면 DNS 서버를 의미한다.

이 장에서는 DNS를 자세히 살펴볼 것이다. 이 장을 마치고 나면 자신이 원하는 대로 DNS 서버를 설정하고 사용할 수 있을 것이다.

Hosts 파일

모든 사이트가 DNS 서버를 가질 필요는 없다. 또한 모든 사이트가 DNS 서버가 필요한 것은 아니다. 인터넷에 연결되지 않은 작은 사이트들은 각 호스트마다 내부 네트워크 내의 모든 호스트 이름과 이에 해당하는 IP 주소를 가진 매핑 테이블을 관리하는 것만으로도 충분하다. 대부분의 리눅스, 유닉스 시스템에서는 이 테이블을 /etc/hosts 파일에 저장한다.

> DNS 서버에 접근할 수 있더라도 hosts 파일을 사용하길 원하는 경우가 있다. 예를 들어 호스트가 DNS 서버에 질의하기 전에 내부적으로 IP 주소를 찾길 원할 수 있다. 이는 일반적으로 DNS 서버가 동작하지 않을 때에도 부팅을 위해 필요한 호스트들을 찾아 정상적으로 부팅할 수 있게 하기 위해서다. 또한 호스트를 DNS 서버에 추가하지 않고(또는 추가할 수 없을 때) 호스트 이름을 사용하고 싶은 경우에 hosts 파일을 이용한다.

/etc/hosts 파일은 간단한 표 형태로 정보를 저장한 텍스트 파일이다. 첫 번째 열의 IP 주소에 대응하는 호스트 이름을 두 번째 열에 표시한다. 세 번째 열은 일반적으로 호스트 이름의 축약형이다. 각 열의 구분은 공백으로 사용한다. # 기호로 시작하는 행은 주석을 나타낸다. 다음은 hosts 파일의 예다.

```
# Host table for Internal network
127.0.0.1      localhost.localdomain    localhost
::1            localhost6.localdomain6    localhost6
192.168.1.1    serverA.example.org    serverA # Linux server
192.168.1.2    serverB.example.org    serverB # Other Linux server
192.168.1.7    dikkog                         # Win 8 server
192.168.1.8    trillion                       # Cluster master node
192.168.1.9    sassy                          # FreeBSD box
10.0.88.20     laserjet5                      # Lunchroom Printer
```

일반적으로 /etc/hosts 파일에는 최소한 루프백 인터페이스(IPv4에서는 127.0.0.1, IPv6에서는 ::1)에 대한 매핑 정보와 로컬 호스트명과 해당 IP 주소를 가지고 있다.

이러한 hosts 파일보다 더 강력한 네임 서비스가 바로 DNS 시스템이다. 이 장의 나머지는 DNS 네임 서비스에 관해 다룰 예정이다.

DNS 동작 과정

이 절에서는 DNS 서버와 클라이언트를 설치하고 설정하는 데 필요한 기본 지식들을 살펴볼 것이다.

▨ 도메인과 호스트 명명법

지금까지 우리가 살펴본 사이트들은 www.kernel.org처럼 **FQDN**(전체 주소 도메인명) 방식으로 사용하였다. FQDN에서 마침표 사이의 문자열들은 각각 중요한 의미를 가진다. 오른쪽에서부터 왼쪽순으로 최상위 도메인, 2차 도메인, 3차 도메인이다. 그림 16-1은 전통적인 FQDN의 예로 도메인 주소 serverA.example.org를 설명한 것이다. 이에 대한 자세한 분석은 다음 절에서 설명할 예정이다.

● **그림 16-1**. serverA.example.org의 FQDN

▨ 루트 도메인

DNS 구조는 뒤집힌 나무와 유사하다. 즉 나무의 뿌리가 맨 위에 있고 그 아래로 나뭇가지들이 뻗어 나가는 우스운 모습이다. 도메인 트리의 꼭대기가 DNS 구조의 최상위 단계를 나타내고, 이를 루트 도메인이라 부르며 점(.) 하나로 표시한다.

따라서 이 점은 모든 FQDN 끝에 붙어야 한다. 하지만 실질적으로 이를 생략하더라도 붙어있는 것으로 간주한다. 예를 들어 www.kernel.org의 FQDN은 실제로 www.kernel.org.이 된다. 그리고 유명한 포털 사이트인 야후의 FQDN 역시 실제론 www.yahoo.com.이다.

도메인 네임스페이스에서 이 부분은 루트 네임 서버라는 특수한 서버들이 관리한다. 이 글을 쓰는 현재 13개의 공급업체들이 총 13개의 **루트 네임 서버**를 관리한다. 각 공급업체는 전세계에 걸쳐 여러 개의 서버를 가지고 있을 것이다. 보안 문제든 부하를 줄이기 위해서든 다양한 이유로 서버들이 배포되었다. 또한 현재 13개의 루트 네임 서버 중에 10개가 IPv6 방식의 레코드 셋을 완벽히 지원한다. 루트 네임 서버는 a.root-server.net, b.root-server.net, ..., m.root-server.net 과 같이 알파벳순으로 이름 지어졌다. 그리고 루트 네임 서버의 역할은 조금 뒤에 다루게 될 것이다.

최상위 도메인명

도메인 트리 구조에서 우리가 직접 접하는 첫 번째 항목이 최상위 도메인(TLD)이다.

최상위 도메인은 DNS 네임스페이스의 분류체계를 제공한다. 이는 각 용도에 따라(예를 들어 지리적 · 기능적 사용 등에 따라) 달리 분류된 도메인 네임스페이스를 의미한다. 이 글을 쓰는 현 시점에는 270개 이상의 최상위 도메인이 존재한다. TLD는 다음과 같이 분류한다.

- 일반적인 최상위 도메인 (.org, .com, .net, .mil, .gov, .edu, .int, .biz 등)

- 국가 코드 최상위 도메인 (.us, .uk, .ng, .ca 등과 같이 각 나라를 나타내는 도메인)

- 새로 생긴 최상위 도메인. 64자 이내의 일반적인 단어나 브랜드명을 허용한다. (.coke, .pepsi, .example, .linux, .microsoft, .caffenix, .who, .unicef, .companyname 등)

- 기타 특수 최상위 도메인 (.arpa 등)

예제 FQDN (serverA.example.org.)에서 최상위 도메인은 ".org."이다.

2차 도메인명

2차 도메인명은 실질적으로 네임스페이스를 구분하는 이름이다. 일반 기업, 인터넷 서비스 제공 자(ISP), 교육 기관, 비영리 그룹, 개인들이 이 단계에서 유일한 이름을 사용할 수 있다. 몇 가지 예를 들어 redhat.com, ubuntu.com, fedoraproject.org, labmanual.org, kernel.org, caffenix.com 등 이 있다.

예제 FQDN(serverA.example.org.)의 2차 도메인은 "example."이다.

3차 도메인명

2차 도메인을 할당 받은 개인과 기업 등이 3차 도메인명을 결정할 수 있다. 일반적으로 3차 도메 인명은 호스트 이름이나 그 기능을 대표하는 이름을 지정한다. 또한 일반적으로 여기서부터 서 브도메인을 정의하여 사용하기 시작한다. 3차 도메인명에 기능을 나타낸 이름을 사용한 예로는 www.yahoo.com에서 "www"이 있다. 여기서 "www"은 yahoo.com 도메인의 실제 호스트 이름이 될 수도 있고 아니면 호스트 이름의 별칭이 될 수도 있다.

예제 FQDN(serverA.example.org.)의 3차 도메인은 "serverA."다. 여기서는 실제 호스트명을 사 용하였다.

DNS을 이처럼 분산시키면 인터넷에 연결된 모든 호스트를 추적하는 작업을 각 호스트를 관리 하는 사이트에 이관할 수 있다. 모든 주 네임 서버들의 저장소 목록을 루트 서버에서 관리하기만 하면 된다. 또한 목록의 유실을 막기 위해 여러 지역에 걸쳐 복수의 서버에 복사해둔다. 이는 지 진과 같은 천재지변으로 해당 지역의 루트 서버가 고장 나더라도 또 다른 지역의 서버를 통해 백 업하기 위해서다. 이때 사용자가 인지할 수 있는 차이점이라곤 도메인 이름을 변환하는 데 걸리 는 지연 시간뿐이다. 참으로 훌륭한 구조다.

다음 그림 16-2는 DNS의 트리 구조를 보여준다.

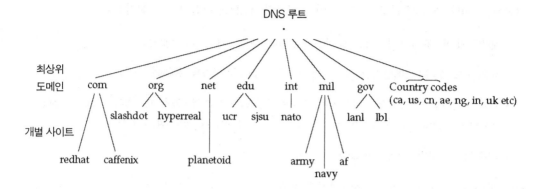

▨ 서브도메인

www.support.example.org라는 사이트가 있다면 어디가 호스트 이름이고 어디가 도메인 이름일까?

미스터리한 **서브도메인**의 세계에 온 걸 환영한다. 서브도메인은 사이트 내의 모든 호스트가 아닌 일부 호스트에 대한 것이라는 점만 빼곤 도메인의 모든 특성을 가지고 있다. example.org라는 사이트를 예제로 살펴보면, Example사의 고객 지원 부서의 서브도메인은 support.example.org다. example.org 도메인의 주 네임 서버가 support.example.org로 끝나는 호스트 이름을 요청 받으면 이 요청을 support.example.org의 주 네임 서버로 전달한다. support.example.org의 주 네임 서버만이 그 아래에 존재하는 모든 호스트에 대해 알고 있기 때문이다. 예를 들어 www.support.example.org에서 "www"와 같은 호스트 이름을 알고 있다. 그림 16-3은 루트 서버에서 example.org로 또 다시 support.example.org까지의 관계를 보여준다. 물론 여기서 "www"는 호스트 이름이다. 좀 더 이해를 돕기 위해 DNS 요청 과정을 살펴보겠다.

1. 어느 고객이 "www.support.exampler.org"라는 웹 사이트에 방문하기를 원한다.

2. 이 요청은 최상위 도메인 "org."에서 시작한다. "org." 내에는 "example.org."이 존재한다.

3. "example.org" 도메인의 DNS 서버의 이름이 "ns1.example.org."라고 가정하자.

4. 호스트 ns1은 example.org의 인증된 서버이기 때문에 이 사이트에 존재하는 모든 호스트(서브도메인을 포함)의 정보를 얻기 위해서는 이 호스트에 질의해야 한다.

5. 따라서 고객이 원하는 사이트인 "www.support.example.org"에 대한 정보를 얻기 위해서는 ns1에 요청해야한다.

6. 현재 ns1.example.org의 DNS 설정에 따라 "support.example.org"로 끝나는 주소는 다시 또 다른 DNS 서버인 "dns2.example.org"로 전달된다.

7. "www.support.example.org"에 대한 요청은 dns2.example.org로 전달되어 www.support.example.org의 IP 주소인 192.168.1.10을 반환한다.

● **그림 16-3**. 서브도메인 개념

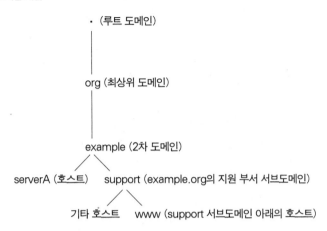

사이트 이름에 서브도메인의 존재를 나타내더라도 실제 서브도메인이 존재하지 않을 수 있다는 것을 주의해야 한다. 호스트명 규칙에서는 마침표를 허용하지 않지만 BIND(Berkeley Internet Name Domain) 네임 서버는 이를 허용한다. 따라서 이따금 호스트 이름에 마침표가 포함된 것을 볼 수 있을 것이다. 서브도메인이 존재하는지는 해당 사이트의 DNS 서버 설정에 따른다. 예를 들어 www.bogus.example.org가 bogus.example.org라는 서브도메인을 가지고 있다는 것을 꼭 의미하지는 않는다. 오히려 www.bogus가 호스트 이름이고, example.org가 도메인 이름을 의미할 수도 있다.

▨ in-addr.arpa 도메인

DNS는 양방향 해석을 지원한다. **순방향 해석**은 이름을 IP 주소로 변경하고 역방향 해석은 반대로 IP 주소를 호스트 이름으로 변경한다. **역방향 해석** 과정은 in-addr.arpa 도메인을 사용한다. arpa는 "Address Routing and Parameters Area"의 머리글자를 딴 약자다.

앞에서 설명했던 것처럼 도메인 이름은 DNS 트리의 루트를 가리키는 마침표를 시작으로 오른쪽에서 왼쪽으로 해석된다. 이 논리에 따라 IP 주소 또한 최상위 도메인을 가진다. 이 도메인은 IPv4 주소 방식에서는 in-addr.arpa로, IPv6 방식에서는 ip6.arpa로 불린다.

FQDN과 달리, IP 주소는 왼쪽부터 오른쪽으로 해석되고 in-addr.arpa 도메인 아래에 존재한다. 각 8비트마다 해석해 나가면 가용한 호스트 이름을 알 수 있다. 그림 16-4는 IP 주소 138.23.169.15에 대한 역방향 해석 예제를 보여준다.

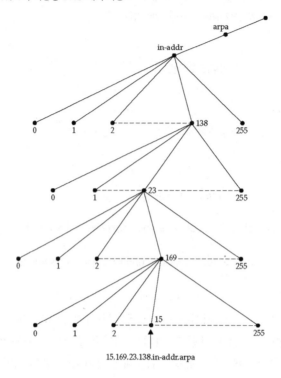

● **그림 16–4**. 138.23.169.15의 역방향 DNS 해석 과정

▨ 서버의 종류

DNS 서버는 1차 서버, 2차 서버, 캐시 서버 이렇게 세 가지 형태가 있다. 또 다른 특수한 네임 서버로 "루트 네임 서버"가 있다. 다른 DNS 서버들은 때때로 루트 네임 서버에 서비스를 요청 한다.

이제부터 DNS 서버의 세 가지 형태에 대해 살펴볼 것이다.

1차 서버는 특정한 도메인을 대표하는 서버다. 이 서버는 도메인 설정 파일을 가지고 있다. 도메 인의 DNS 테이블 갱신은 이 서버에서 이루어진다. 1차 네임 서버는 간단히 말해 도메인 내의 모든 호스트와 서브도메인 정보를 가지고 있는 DNS 서버다.

2차 서버는 1차 네임 서버의 백업과 부하 분산을 목적으로 하는 서버다. 1차 서버는 2차 서버의 존재를 알고 있으며 주기적으로 네임 테이블의 변경 내역을 알려준다. 그리고 나서 2차 서버는 실제 변경 내역을 가져오기 위해 영역 전송(zone transfer)을 초기화한다.

어떤 사이트가 2차 네임 서버에 질의하면 2차 서버는 대표로 그에 응답한다. 하지만 2차 서버는 1차 서버의 마지막 변경 내역을 받기 이전일 수 있기 때문에 일부 사람들은 대표성이 없다고 생 각하는 경우도 있다. 사실 일반적으로 2차 서버에서도 정확한 정보를 얻을 수 있다. 게다가 1차 서버로부터 응답인지 2차 서버의 응답인지 구별하기 어렵다.

캐시 서버는 말 그대로 캐시를 위한 서버다. 캐시 서버는 특정 도메인을 위한 설정 파일을 가지고 있지 않다. 오히려 클라이언트 호스트가 캐시 서버에 이름 해석을 요청하면 서버는 로컬 캐시를 먼저 확인할 것이다. 만약 해당 내용이 없다면 1차 서버에 다시 요청한다. 이 응답은 다시 또 저장된다. 실제로 캐시 서버는 DNS 요청의 시간적 특성 때문에 꽤 많은 도움을 준다. 이러한 효율성은 이전에 example.org의 IP 주소를 요청했다면 가까운 미래에도 또 다시 찾을 가능성이 높다는 전제하에 이루어진다. 또한 캐시 서버는 요청에 응답할 때 "non-authoritatively"라는 표시를 하기 때문에 클라이언트는 캐시 서버와 1차, 2차 서버를 구별할 수 있다.

참고

DNS 서버는 특정 도메인별로 달리 설정할 수 있다. 예를 들어 어떤 DNS 서버를 example.org에서는 1차 서버로, domain.com에서는 2차 서버로 설정할 수 있다. 또한 모든 DNS 서버는 다른 도메인의 1차 또는 2차 서버인 경우에도 캐시 서버로 사용할 수 있다.

DNS 서버 설치

사용 가능한 DNS 서버 소프트웨어가 다양하진 않지만 리눅스/유닉스에서 주로 사용되는 두 가지 소프트웨어가 있다. djbdns와 훌륭한 BIND 서버가 있다. djbdns는 유명한 DNS 솔루션인 BIND보다 보안성이 뛰어난 제품을 만드는 것을 목표로 한 꽤 단순한 형태의 DNS 프로그램이다. BIND는 전세계의 네임 서버에 널리 사용되고 있다. BINS는 ISC(Internet Systems Consortium)에서 개발하여 현재까지 관리하고 있다(www.isc.org 사이트를 참조하면 ISC에 대해 자세히 알 수 있다). ISC는 이외에도 ISC DHCP 서버/클라이언트 등 다양한 소프트웨어를 개발하고 있다.

참고

이 책을 쓰는 도중에 BIND의 새 버전이 출시될 수도 있다. 하지만 걱정할 필요는 없다. 이 책에서 설명한 BIND 버전과 현재 사용 중인 버전이 다르더라도 대부분의 설정 지시자, 키워드, 명령어 문법 등은 새 버전에서도 그대로 사용할 수 있을 것이다.

우리가 실습 시스템에서 사용하고 있는 페도라 배포판과 그 외 대부분 시스템들은 OS에 이미 설치된 BIND를 사용할 것이다. 페도라에 설치된 소프트웨어들은 비교적 최신 버전이기 때문에 www.isc.org 사이트의 최신 BIND 버전과 별 차이가 없을 것이다. 물론 이 사이트에는 BIND의 RPM 버전을 제공한다.

BIND는 다행히도 한 번 설정하고 나면 그 이후에는 거의 변경할 내용이 없을 것이다. 하지만 새 버전이 출시될 때는 주의해야 한다. 가끔 새로운 버그나 보안 문제가 발생할 수 있기 때문에 새로운 기능이 필요한 경우가 아니면 자주 업데이트하는 것은 바람직하지 않다.

BIND 프로그램은 페도라 DVD 미디어의 /Packages/ 디렉터리에서 발견할 수 있을 것이다. 또한 다음과 같은 페도라 미러 사이트를 통해 다운로드할 수도 있다.

> http://ftp.kaist.ac.kr/fedora/releases/〈FEDORA VERSION〉/Fedora/x86_64/os/Packages/

만약 인터넷에 접속 가능하다면 다음과 같은 명령으로 간단히 BIND를 설치할 수 있다.

```
[root@fedora-server ~]# yum -y install bind
```

이미 BIND 파일을 다운로드했다면 rpm 명령을 사용하여 BIND를 설치할 수 있다.

```
[root@fedora-server root]# rpm -Uvh bind-9*
```

이 명령을 완료하고 나면, 이제 DNS 서버를 설정할 준비가 된 것이다.

▼ 소스 코드를 이용한 ISC BIND 소프트웨어 설치 과정

사용 중인 리눅스 배포판에서 BIND 소프트웨어의 패키지를 제공하지 않는다면 www.isc.org 사이트를 통해 소스 코드를 내려 받아 소프트웨어를 빌드할 수 있다. 또한 소스 코드를 통해 설치하면 배포판 패키지에는 아직 적용되지 않은 수정사항이 반영된 소프트웨어를 사용할 수 있다. 이 글을 쓰는 현 시점에는 BIND의 안정화 버전이 9.8.1이다. 이는 http://ftp.isc.org/isc/bind9/9.8.1/bind-9.8.1.tar.gz 에서 직접 다운로드할 수 있다. RPM 기반 배포판에서는 BIND 소스를 컴파일하기 전에 openssl- 패키지가 설치되어 있는지 확인해야 한다. 데비안/우분투 배포판에서는 libssl-dev 패키지가 설치되어 있는지 확인해야 한다. 이 패키지는 BIND의 보안 기능을 제공하기 위한 필수 라이브러리와 헤더 파일을 포함하고 있다.

다운로드한 파일을 /usr/local/src/ 디렉터리에 저장했다고 가정하고 다음과 같이 타르볼을 푼다.

```
# tar xvzf bind-9.8.1.tar.gz
```

이 명령으로 생성된 bind* 디렉터리로 이동하여 README 파일을 살펴보기 바란다. 그 다음 configure 명령으로 컴파일 환경을 설정한다. BIND를 /usr/local/named/ 디렉터리에 설치하기 위해 다음과 입력한다.

```
#./configure --enable-ipv6 --prefix=/usr/local/named
```

"prefix" 옵션에 명시한 디렉터리를 생성한다.

```
# mkdir /usr/local/named
```

make ; make install 명령을 통해 소스를 컴파일하고 설치한다.

```
# make ; make install
```

ISC의 BIND 소프트웨어는 네임 서버 데몬(named)뿐만 아니라 /usr/local/named/sbin/ 디렉터리에 다른 유용한 유틸리티들도 함께 설치한다. 또한 DNS 클라이언트용 프로그램들(dig, host, nsupdate 등)은 /usr/local/named/bin/ 디렉터리에 설치된다.

설치된 파일

bind와 bind-utils 패키지는 많은 프로그램들을 설치한다. 이들 중 주요한 네 가지 프로그램에 대해 살펴볼 것이다.

- **/usr/sbin/named:** DNS 서버 프로그램

- **/usr/sbin/rndc:** bind 네임 서버 제어 유틸리티

- **/usr/bin/host:** 네임 서버에 간단한 질의를 보내는 프로그램

- **/usr/bin/dig:** 네임 서버에 복잡한 질의를 보내는 프로그램

앞으로 이 프로그램들의 설정 방법과 사용법을 살펴볼 것이다.

▨ BIND 설정 파일의 구조

BIND의 주 설정 파일은 named.conf다. BIND는 이 파일을 읽고 어떻게 동작해야 하는지 또 추가 설정 파일을 읽어야 하는지를 결정한다. 이 절에서는 범용의 DNS 서버를 설정하는 데 초점을 맞출 것이다. 또한 이 설정 파일에 대한 좀 더 자세한 가이드는 BIND 문서의 html 디렉터리에 있다. named.conf 파일의 일반적인 형식은 다음과 같다.

```
statement {
options;  // 주석문
};
```

statement 키워드는 BIND가 수행할 기능을 정의하고 options에 이 기능의 명령들을 나열한다. 어떤 옵션이 어떤 기능과 관련 있는지 나타내기 위해서는 중괄호가 필요하다. 그리고 모든 옵션의 끝과 중괄호를 닫을 때는 세미콜론을 사용해야 한다.

예제는 다음과 같다.

```
options {
directory "/var/named"; // 설정 파일을 /var/named 디렉터리에 저장
};
```

이 BIND문은 옵션 문장을 나타낸다. 그리고 이 옵션은 네임 서버의 설정 파일을 저장할 BIND의 작업 디렉터리를 나타내는 지시자다.

▨ named.conf 문법

이 절에서는 일반적인 named.conf 파일에서 사용하는 문장들을 설명할 것이다. 여기서는 대충 살펴보고 이후에 실제 예를 참조하면 이해하는 데 도움이 될 것이다. 일부 지시자들이 이상해 보이고 이해가 되지 않더라도 너무 걱정할 필요 없다. 이후에 실제 예를 살펴보면 금방 이해가 될 것이다.

주석

주석문은 다음 형태 중 하나를 사용할 수 있다.

형식	설명
//	C++ 스타일의 주석문
/*...*/	C 스타일의 주석문
#	Perl과 유닉스 쉘 스크립트 스타일의 주석문

첫 번째와 마지막 형식은(C++과 Perl/유닉스 쉘 스타일) 주석문이 그 줄의 끝까지 이어진다. 반면, C 스타일의 주석은 */ 닫기 기호가 주석문의 끝을 나타낸다. C 스타일의 주석문이 여러 문장을 주석으로 만들 때 편리하다. 그러나 일반적으로 어느 것이 더 월등히 좋다고 말하기는 어렵다. 그저 자신이 원하는 스타일을 정해 그것을 사용하면 된다.

문장 키워드

사용 가능한 키워드는 다음과 같다.

키워드	설명
acl	접근 제어 목록(Access Control List). 다른 사용자들이 DNS 서버에 어떤 접근 권한을 가질 지 결정한다.
include	named.conf 파일의 한 부분으로 다른 파일을 추가할 수 있게 한다.
logging	어떤 정보를 기록하거나 무시할지 지정한다. 또한 로그 정보가 저장될 위치를 지정한다.
options	지역적인 서버 설정 내용을 지정한다.
controls	rndc 유틸리티에서 사용한 채널을 정의한다.
server	서버의 설정 옵션을 지정한다.
zone	DNS zone을 정의한다.

include문

만약 설정 파일이 점점 커져서 관리하기 힘들어지면 작은 파일들로 나누어 관리하길 원할 것이다. 이때 각 파일들을 include문을 사용해서 named.conf 파일에 포함할 수 있다. 단 include문은 다른 문장 내에서 사용할 수 없다.

다음과 같이 include문을 사용할 수 있다.

```
include "/path/to/filename_to_be_included";
```

> 참고
>
> C나 C++ 프로그래머들은 무의식적으로 include문에 # 기호를 붙이지 않도록 주의해야 한다. **named.conf** 파일에서 # 기호는 주석으로 사용되기 때문이다.

logging문

logging 문은 어떤 정보를 어디에 기록할지 정하는 데 사용한다. 이는 syslog와 결합하여 사용할 때 강력하고 설정 가능한 로그 시스템을 얻을 수 있다. 여기에는 named의 상태에 관한 통계들이 기록된다. 기본적으로 이 정보들은 /var/log/messages 파일에 저장된다. 로그는 미리 정해진 분류에 따라 다양한 형태를 가진다. 예를 들어 보안 관련 로그들, **general, default, resolver, queries** 카테고리 등이 존재한다.

불행히도 logging문을 설정하는 것은 생각보다 복잡하다. 하지만 named의 기본 로그 설정만으로도 사용하기엔 충분하다. 다음은 logging 지시자의 간단한 예다.

```
1) logging {
2) category default { default_syslog; };
3) category queries { default_syslog; };
4)
5) };
```

이 로그 명세는 default 카테고리에 속한 모든 로그를 시스템의 syslog로 전달하는 것을 의미한다 (default 카테고리는 따로 설정되지 않은 카테고리의 로그 옵션을 정의한다).

또한 3행은 모든 질의를 시스템의 syslog로 전달하는 것을 의미한다.

server문

server문은 BIND가 다루게 될 다른 네임 서버에 관한 정보를 명시하다. server문의 형식은 다음과 같다.

```
1) server ip-address {
2) bogus yes/no;
3) keys { string ; [ string ; [...]] } ; ]
4) transfer-format one-answer/many-answers;
5) ...<other options>...
6) };
```

1행의 *ip-address*는 지정할 원격 네임 서버의 IP 주소다.

그 다음 bogus 옵션은 원격 서버가 잘못된 정보를 보내는 경우 이를 무시할지 여부를 설정한다. 이는 다른 사이트가 잘못된 설정이나 공격으로 비정상적인 정보를 보내는 경우에 유용하다. 3행의 keys 절은 key문에 정의된 key_id를 명시한다. key_id는 원격 서버와 통신할 때 보안을 위해 사용한다. 이 키는 원격 네임 서버와 메시지 교환을 위한 요청 패킷에 덧붙여져 사용된다. 4행의 transfer-format은 원격 네임 서버가 하나의 질의문에 여러 응답을 받을 수 있는지 여부를 설정한다.

server 항목의 예제는 다음과 같다.

```
server 192.168.1.12 {
bogus no;
transfer-format many-answers;
};
```

Zones

Zone문은 DNS zone을 정의한다. DNS zone이 무엇인지 혼란스러울 수 있다. **DNS zone**은 DNS **도메인과는 다르다.** 그 차이는 미묘하지만 꽤 중요하다.

도메인은 조직적인 경계를 나타낸다. 하나의 조직은 더 작은 서브도메인으로 나눌 수 있다. 각 서브도메인은 자신의 zone을 가진다. 모든 zone들이 모여 전체 도메인을 이룬다.

예를 들어 example.org이라는 도메인이 있다. 그 도메인에는 서브도메인 .engr.example.org, .marketing.example.org, .sales.example.org, .admin.example.org이 존재한다. 네 개의 서브도메인은 각각 zone을 가지고 있다. 그리고 .example.org는 어느 서브도메인에도 속하지 않는 몇몇 호스트를 가지고 있다. 따라서 .example.org 역시 zone을 가진다. 결국 도메인 example.org는 실제로 모두 다섯 개의 zone을 가진다.

가장 단순한 형태인 서브도메인이 하나도 없는 도메인은 호스트와 설정 등의 정보로만 보면 zone과 도메인은 동일한 의미를 갖는다.

named.conf 파일에서 zone을 설정하는 과정은 다음 절에서 살펴볼 것이다.

DNS 서버 설정

앞에서 1차, 2차, 캐시 네임 서버의 차이점에 대해 살펴보았다. 요약해보면 1차 네임 서버는 zone의 최신 DNS 데이터베이스를 가지고 있다. zone 관리자가 이 데이터베이스를 변경하면 1차 네임 서버가 먼저 변경되고 나머지 서버들이 변경 내역을 요청한다. 2차 네임 서버는 1차 네임 서버를 계속 확인하고 1차 네임 서버는 변경사항이 발생하면 2차 네임 서버로 알린다. 따라서 1차 네임 서버와 2차 네임 서버는 동일하게 신뢰할 수 있다. 캐시 서버는 단지 캐시된 정보를 저장하고만 있고 신뢰할 레코드를 가지고 있지는 않다.

▧ named.conf 파일에 1차 Zone 정의

zone 항목의 기본 문법은 다음과 같다.

```
zone domain-name {
type master;
file path-name;
};
```

*path-name*은 해당 zone의 데이터베이스 정보를 포함하고 있는 파일을 가리킨다. 예를 들어 /var/named/example.org.db에 데이터베이스가 저장된 도메인 example.org의 zone을 생성하기 위해서는 named.conf 파일에 다음과 같이 zone을 정의해야 한다.

```
zone "example.org" {
type master;
file "example.org.db";
};
```

named.conf 파일에 `directory` 옵션을 사용하면 자동적으로 example.org.db 파일에 적당한 경로명을 붙이게 된다. 따라서 directory /var/named와 같이 지정하면 서버 소프트웨어는 자동적으로 /var/named/example.org.db에서 example.org의 정보를 검색한다.

여기서 zone 정의는 전방향 참조를 사용한다. **전방향 참조**는 호스트 이름을 검색해서 해당 IP 주소를 찾는 방식이다. 또한 이메일을 다른 사이트로 보낼 때처럼 IP 주소가 아닌 호스트 이름이 필요한 경우 역방향 변환이 필요하다. 이를 위해 **in-addr.arpa** 도메인 내에 항목을 추가해야 한다.

in-addr.arpa 항목의 형식은 해당 IP 주소의 처음 세 바이트를 역순으로 적고 뒤이어 in-addr.arpa를 붙인다. example.org의 네트워크 주소를 192.168.1이라고 가정하면 in-addr.arpa 도메인은 1.168.192.in-addr.arpa가 된다. 따라서 이에 해당하는 zone 문장은 다음과 같다.

```
zone "1.168.192.in-addr.arpa" {
type master;
file "example.org.rev";
};
```

여기서 zone 항목에 사용된 파일 이름들(example.org.db와 example.org.rev)은 임의로 붙인 것이다. 여기서 파일 명명규칙은 용도에 맞게 자유롭게 선택할 수 있다.

named.conf 파일에서 예제 example.org zone 항목의 정확한 위치는 이후 "단계별 데이터베이스 설정" 절에서 다루게 될 것이다.

추가 옵션

또한 1차 도메인은 `options`문에 다음과 같은 설정값들을 사용할 수 있다.

- **check-names**

- **allow-update**

- **allow-query**

- **allow-transfer**

- **notify**

- **also-notify**

zone 설정에서 이들 옵션을 사용하면 그 내용은 해당 zone에만 적용된다.

▨ named.conf 파일에 2차 Zone 정의

2차 서버의 zone 항목 형식은 1차 서버와 유사하다. 전방향 변환을 위한 형식은 다음과 같다.

```
zone domain-name {
type slave;
masters IP-address-list; ;
file path-name;
};
```

여기서 *domain-name*은 1차 네임 서버의 zone 이름 규칙과 동일하다. *IP-address-list*는 zone 이 존재하는 1차 네임 서버의 IP주소 목록을 가리킨다. 그리고 *path-name*은 1차 zone 파일의 사 본을 저장할 서버의 완전한 경로를 나타낸다.

추가 옵션

또한 2차 zone 설정은 options문에 다음과 같은 설정값들을 사용할 수 있다.

- **check-names**
- **allow-update**
- **allow-query**
- **allow-transfer**
- **max-transfer-time-in**

▨ named.conf 파일에 캐시 Zone 정의

캐시 설정은 다른 설정들보다 훨씬 간단하다. 또한 1차나 2차 서버를 사용 중이라도 모든 DNS 서버 설정에서는 캐시 zone을 설정해야 한다. 이는 인터넷상의 다른 호스트들을 찾기 위해 DNS 트리를 검색하는 데 필요하기 때문이다.

캐시 네임 서버에는 세 가지 zone 항목을 정의한다. 다음은 첫 번째 항목이다.

```
zone "." {
type hint;
file "root.hints";
};
```

첫 번째 항목은 루트 네임 서버의 정의다. type hint; 행은 캐시 zone 항목이라는 것을 나타낸 다. 그리고 file "root.hints"; 행은 루트 서버를 가리키는 항목을 알고 있는 주 캐시 파일을 나타낸다. 최신 루트 힌트 파일은 www.internic.net/zones/named.root에서 언제든지 구할 수 있 다.

두 번째 zone 항목은 로컬 호스트를 위한 이름 변환을 정의한다. 두 번째 zone 항목은 다음과 같다.

```
zone "localhost" in {
type master;
file "localhost.db";
};
```

세 번째 zone 항목은 로컬 호스트의 역방향 변환을 정의한다. 이는 로컬 호스트 주소(127.0.0.1)에서 로컬 호스트명으로 변환하기 위한 항목이다.

```
zone "0.0.127.in-addr.arpa" {
type master;
file "127.0.0.rev";
};
```

이들 zone 항목을 /etc/named.conf 파일에 추가하는 것으로 DNS 캐시 서버를 만들기에 충분하다. 하지만 실제 데이터베이스 파일들(localhost.db, 127.0.0.rev, example.org.db 등)은 file 지시자로 참조해야 한다. 다음 절에서 이 데이터베이스 파일을 구성하는 법에 대해 자세히 살펴볼 것이다.

DNS 레코드 종류

이 절은 **네임 서버 데이터베이스 파일**을 구성하는 법에 대해 다룬다. 이 파일에는 서버 호스트의 **zone**과 관련된 정보들이 저장되어 있다. 데이터베이스 파일들은 다양한 레코드 형태로 구성되어 있다. 따라서 데이터베이스 파일을 제대로 이해하려면 주로 사용되는 DNS 레코드 유형인 SOA, NS, A, PTR, MX, CNAME, RP, TXT의 사용법과 의미를 파악해야 한다.

▒ SOA

SOA(Start of Authority) 레코드는 사이트의 DNS 항목을 서술하는 것으로 시작한다. 이 형식은 다음과 같다.

```
1) domain.name.  IN SOA ns.domain.name. hostmaster.domain.name. (
2)         1999080801          ; 일련번호
3)         10800               ; 갱신 주기(초), 3시간
4)         1800                ; 재시도 주기(초), 30분
5)         1209600             ; 만료 주기(초), 2주
6)         604800              ; 최소 주기(초), 1주
7)      )
```

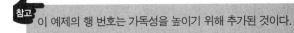
참고 이 예제의 행 번호는 가독성을 높이기 위해 추가된 것이다.

첫 행에서 주목할 것은 domain.name이다. 물론 실제 사용할 도메인 이름이 쓰여져야 한다. 이는 대개 /etc/named.conf 파일의 zone 지시자에 명시된 이름과 동일하다. domain.name.의 마지막 마침표에 주의해야 한다. DNS 설정 파일은 매우 까다롭다. 마지막 마침표는 FQDN과 상대적 호스트 이름을 구별하는 데 필수적이다. 예를 들어 serverA와 serverA.example.org를 구별할 때 이용한다.

여기서 IN은 네임 서버에 이 레코드가 인터넷 레코드라는 것을 알려준다. IN 이외에 다른 형태의 레코드들도 존재하지만 거의 쓰이지 않기 때문에 무시해도 된다.

SOA는 네임 서버에 이 정보가 SOA 레코드라는 것을 알려준다.

또한 이 도메인용 네임 서버의 FQDN은 ns.domain.name.(이 파일이 존재하는 서버다)이다. 여기서 마지막 마침표를 빠뜨리지 않도록 주의해야 한다.

hostmaster.domain.name.은 도메인 관리자의 이메일 주소를 나타낸다. 이메일 주소에 @이 빠진 것은 마침표가 대신 사용됐기 때문이다. 따라서 이 예제에서 관리자의 이메일 주소는 hostmaster@domain.name.이다. 물론 여기서도 마침표를 빠뜨리지 말자.

레코드의 나머지 부분은 첫 행의 괄호 다음부터 시작한다. 2행은 일련번호다. 데이터베이스 파일이 갱신될 때 네임 서버에 알려주는 역할을 한다. DNS 레코드를 관리하는 과정에서 자주 생기는 실수 중 하나인데, 파일에 변경사항이 생길 때마다 이 번호를 증가시키는 것을 잊어버려서는 안 된다. 또한 마지막에 마침표를 빼먹는 실수를 하지 않도록 주의해야 한다.

참고 일련번호를 효과적으로 관리하기 위해서 YYYYMMDDxx와 같이 날짜 형식을 사용하는 것도 좋은 방법이다. 끝의 xx는 00부터 하나씩 증가하는 두 자리 숫자로 하루 중 몇 번째 업데이트인지 나타낼 수 있다.

3행은 초 단위의 갱신 주기를 나타낸다. 이 값은 2차 DNS서버가 레코드가 변경되었는지 1차 서버에 질의하는 주기를 설정한다.

4행은 초 단위의 재시도 주기를 나타낸다. 2차 서버가 업데이트 확인을 위해 1차 서버에 연결을 시도했을 때 만약 접속 실패하면 지정된 값 이후에 다시 시도한다.

5행은 만료 주기를 나타낸다. zone 데이터를 캐시하고 있는 2차 서버에서 사용한다. 이 서버가 데이터 갱신을 위해 1차 서버에 접속할 수 없는 경우 지정된 만료 주기가 되면 해당 데이터를 폐기하게끔 한다. 이 주기는 1주에서 2주 정도가 적당하다.

마지막 6행은 최소 주기를 나타낸다. 캐시 서버가 1차 서버에 연결이 안될 경우 데이터를 폐기할 때까지 최소한 얼마나 기다려야 되는지를 지정한다. 이 값은 5일에서 7일 정도가 적당하다.

마지막 값 다음에 괄호를 닫는 것을 잊지 말아야 한다.

▒ NS

NS(Name Server) 레코드는 어떤 네임 서버가 zone의 레코드를 관리하는지 지정하기 위해 사용한다. 만약 2차 네임 서버가 zone을 전달하기를 원한다면 이 레코드에 기록해야 한다. 이 레코드의 형식은 다음과 같다.

```
IN NS ns1.domain.name.
IN NS ns2.domain.name.
```

도메인에 대한 백업 네임 서버는 원하는 만큼 얼마든지 만들 수 있다. 최소한 두 개 이상의 백업 서버를 두는 것이 바람직하다. 대다수의 인터넷 제공 업체들은 사용자들을 위해 2차 DNS 서버를 운영하기를 원한다.

▒ A

이것은 데이터베이스 파일에서 가장 흔한 레코드 형태다. A(Address) 레코드는 호스트 이름으로부터 IP 주소를 얻기 위해 사용된다. A 레코드 형식은 다음과 같이 간단하다.

```
Host_name IN A IP-Address
```

예를 들어 호스트 serverB.example.org의 IP 주소가 192.168.1.2인 경우 A 레코드는 다음과 같다.

```
serverB IN A 192.168.1.2
```

IPv4의 A 레코드와 동일한 개념으로 IPv6에는 AAAA(quad-A) 레코드가 있다. 예를 들어 호스트 serverB의 IPv6 주소가 2001:DB8::2이면 쿼드-A 레코드는 다음과 같다.

```
serverB IN A AAA 2001:DB8::2
```

호스트 이름 끝에 마침표가 없으면 SOA 레코드에 나열된 도메인 이름이 자동적으로 호스트 이름 뒤에 붙는다는 것을 주의해야 한다. 앞선 예제에서 serverB는 SOA 레코드에 example.org가 있기 때문에 실제로 serverB.example.org가 된다. 만약 이를 마침표가 없는 serverB.example.org로 변경하면 네임 서버는 우리가 의도한 것과는 달리 serverB.example.org.example.org로 인식하게 된다. 따라서 FQDN을 사용하려면 마지막에 마침표를 반드시 사용해야 한다.

▦ PTR

PTR(Pointer) 레코드는 역방향 이름 변환을 수행한다. 즉 특정 IP 주소를 통해 그에 해당하는 호스트 이름을 찾는다. 이 레코드의 형식은 A 레코드와 비슷하지만 그 값이 반대로 쓰여진다.

```
IP-Address  IN  PTR  Host_name
```

여기서 *IP-Address*는 두 가지 형태를 사용할 수 있다. 한 가지는 IP 주소의 마지막 바이트이고, 또 하나는 마침표를 포함한 전체 IP 주소다. IP 주소의 마지막 바이트만 기록하면 네임 서버가 in-addr.arpa 도메인 이름에서 가져온 정보를 자동적으로 뒤에 붙인다. *Host_name* 항목은 반드시 FQDN 형태를 사용해야 한다. 예를 들어 호스트 serverB의 PTR 레코드는 다음과 같다.

```
192.168.1.2.  IN  PTR  serverB.example.org.
```

ip6.apra 도메인에서 IPv6의 PTR 레코드는 IPv4와 비슷한 방식으로 표현하지만 그 순서는 반대다. 일반적인 IPv6 방식과 달리 그 주소는 전혀 간결하지 않다. 이 방식은 "역방향 니블 방식"(reverse nibble format, 4비트 집합)이라고 부른다. 그 결과 IPv6 주소 2001:DB8::2의 PTR 레코드는 2001:0db8:0000:0000:0000:0000:0000:0002로 확장된다.

예를 들어 호스트 serverB의 IPv6 주소 2001:DB8::2에 대한 IPv6의 PTR 레코드는 다음과 같다.

```
2.0.0.0.0.0.0.0.0.0.0.0.0.0.0.0.0.0.0.0.0.0.0.0.0.0.8.b.d.0.1.0.0.2. IN  PTR \
serverB.example.org.
```

▦ MX

MX(Mail Exchanger) 레코드는 다른 사이트에 zone의 메일 서버를 알려준다. 만약 네트워크 내의 호스트에서 그 호스트 이름으로 외부에 메일을 발송하면 그 메일에 대한 답장은 직접 그 호스트로 오지 않는다. 그 대신 응답 메일 서버는 MX 레코드를 검색해서 그 사이트로 답장을 보낸다. 예를 들어 pc.domain.name 호스트의 데스크톱 컴퓨터에서 SMTP를 허용하지 않는 메일 클라이언트로 메일을 보내면 상대는 pc.domain.name의 메일 서버를 식별할 방법이 있어야 한다. 이러한 경우에 MX 레코드를 사용한다.

MX 레코드의 형식은 다음과 같다.

```
domainname.  IN  MX  weight  Host_name
```

여기서 *domainname.*은 마침표를 포함한 사이트의 도메인 이름이다. *weight*은 메일 서버의 중요도를 나타내고 이 값이 작을수록 더 중요도가 높다.

*Host_name*은 물론 메일 서버의 이름이다. 여기서 중요한 것은 *Host_name*이 A 레코드를 가지

고 있어야 한다는 것이다.

예제는 다음과 같다.

```
example.org.        IN    MX    10    smtp1
                    IN    MX    20    smtp2
```

일반적으로 MX 레코드는 DNS 설정 파일의 맨 앞에 온다. 만약 도메인 네임을 지정하지 않으면 기본 이름으로 SOA 레코드의 이름을 가져온다.

▒ CNAME

CNAME(Canonical Name) 레코드는 호스트의 별명을 사용하게 해주기 때문에 단순히 alias 레코드라 부르기도 한다. 이를 사용하면 실제 이름 외에 기억하기 쉬운 이름을 만들 수 있다.

CNAME의 또 다른 유용한 사용법은 새로운 서버를 실제로 만들지 않고 기존 서버에 별명을 붙여 새로운 서버를 만드는 것이다. 예를 들어 웹 서버의 이름이 zabtsuj-content.example.org라고 하자. zabtsuj-content.example.org라는 이름은 기억하기 쉽지 않다. 이때 CNAME 레코드를 사용하여 "www"라는 새로운 호스트명을 만들면 zabtsuj-content.example.org라는 이름보다 훨씬 기억하기 쉬운 www.example.org을 사용할 수 있다. 그러면 www.example.org로 들어오는 모든 요청은 실제 시스템인 zabtsuj-content.example.org로 전달된다.

CNAME 레코드의 형식은 다음과 같다.

```
New_host_name    IN    CNAME    old_host_name
```

앞에서 설명한대로 CNAME 항목을 만들면 다음과 같다.

```
zabtsuj-content    IN    A        192.168.1.111
www                IN    CNAME    zabtsuj-content
```

▒ RP, TXT

데이터베이스에 연락처 정보를 주석이 아닌 레코드로 포함하면 해당 정보를 질의할 수 있어 종종 유용하다. RP, TXT(문서 항목) 레코드를 사용하면 이러한 정보를 데이터베이스에 넣을 수 있다.

TXT 레코드는 어떤 정보라도 저장할 수 있는 자유 형식의 텍스트 항목이다. 대부분 이 레코드에 연락처를 기록한다. 각 TXT 레코드는 다음과 같이 특정 호스트와 연결해야 한다.

```
serverA.example.org.    IN    TXT    "Contact: Admin Guy"
                        IN    TXT    "SysAdmin/Android"
```

```
                IN   TXT    "Voice: 999-999-9999"
```

RP 레코드는 호스트의 연락 정보를 위한 저장소 역할을 한다. 이 레코드에는 특정 호스트의 관리자에 대해 기술한다. 예를 들어 다음과 같다.

```
serverB.example.org.  IN  RP  admin-address.example.org.  example.org.
```

이 레코드들이 유용하기는 하나 사이트에 관한 너무 많은 정보를 제공함으로써 외부 침입에 이용될 수 있다는 인식 때문에 최근에는 거의 쓰이질 않는다. 내부 DNS 서버에서는 이러한 레코드들이 유용하지만 인터넷을 통해 누군가 접근할 수 있는 경우에는 사용하지 않는 것이 좋다.

BIND 데이터베이스 파일 설정

지금까지 DNS 레코드 종류에 대해 충분히 살펴보았다. 이제는 서버에서 사용할 실제 데이터베이스를 만들어 볼 차례다. 데이터베이스 파일 형식은 그리 엄격하지 않다. 하지만 시간이 흘러 일종의 관례가 생겼다. 이 관례를 따르는 것이 다른 관리자들이 자신이 만든 파일을 사용할 때 이해하는 데 도움을 줄 것이다.

> **참고** bind 설정 파일에 주석을 많이 추가하는 것이 좋다. 주석문은 # 기호로 시작한다. DNS 데이터베이스 파일에서 미스터리한 일이 벌어지지 않더라도, 변경 이력은 무엇을 어떻게 수정했는지 확인할 때 유용한 참고자료가 된다.

이 데이터베이스 파일은 가장 중요한 설정 파일이다. 전방향 검색 데이터베이스 파일을 만드는 것은 쉽다. 항상 문제가 되는 것은 역방향 검색 파일이다. Sendmail과 TCP Wrappers와 같은 일부 도구들은 어느 도메인에서 온 메시지인지 확인하기 위해 IP 주소로 역방향 검색을 수행한다.

모든 데이터베이스 파일들은 $TTL 항목으로 시작한다. 이 항목은 BIND에 각 레코드의 TTL(time-to-live)값을 알려준다(SOA 레코드의 TTL은 SOA 레코드만에만 적용된다). $TTL 항목 다음은 SOA 레코드와 적어도 하나 이상의 NS 레코드가 온다. 그 외의 것들은 선택사항이다. 즉 일반적인 형식은 다음과 같다.

```
$TTL
SOA  record
NS   records
MX   records
A  and  CNAME records
```

지금까지 함께한 정보를 가지고 완전한 DNS 서버를 구성하는 과정을 처음부터 끝까지 살펴보자. 이제 다음 조건에 부합하는 example.org를 위한 DNS 서버를 구성할 것이다.

- 두 개의 네임 서버를 설정한다(ns1.example.org, ns2.example.org).

- 이 네임 서버들은 IPv6 레코드를 인식하여 질의에 응답할 수 있어야 한다.

- sales.example.org의 zone을 위한 2차 네임 서버를 구성한다. 1차 네임 서버는 serverB.example.com이다.

- serverA, serverB, smtp, ns1, ns2의 A 레코드를 정의한다.

- serverA-v6와 serverB-v6의 AAAA 레코드를 정의한다.

- example.org 도메인을 위한 메일 서버(MX 레코드)를 smtp.example.org를 정의한다.

- serverA.example.org의 별명(CNAME)으로 www.example.org를 정의한다. 그리고 serverB.example.org의 별명으로 ftp.example.org를 정의한다.

- serverA.example.org의 연락처 정보를 정의한다.

그럼, 이제부터 이 과제를 하나씩 해결해보자.

▩ 단계별 데이터베이스 설정

example.org를 위한 DNS 서버를 설정하기 위해서는 여러 단계가 필요하다. 각 단계를 하나씩 살펴보도록 하자.

1. 먼저 BIND DNS 서버 소프트웨어가 시스템에 제대로 설치되었는지 확인해보도록 하자. rpm 명령을 사용하면 확인할 수 있다.

```
[root@serverA ~]# rpm -q bind
bind-9.*
```

> **참고** 만약 BIND를 소스 코드로 설치하였다면 앞의 rpm 명령은 아무런 결과를 보여주지 않을 것이다. RPM 데이터베이스에는 소스 코드로 설치한 프로그램에 관한 내용이 없기 때문이다. 하지만 이 경우에는 우리가 BIND가 어디에 설치됐는지 알고 있기 때문에 문제될 것은 없다.

2. 자신에게 편한 텍스트 편집기를 사용하여 /etc/named.conf DNS 설정 파일을 만든다. 다음 내용을 파일에 입력한다.

```
options {
        listen-on          port 53 { any; };
        listen-on-v6       port 53 { any; };
        directory          "/var/named";
    dump-file          "/var/named/data/cache_dump.db";
    statistics-file    "/var/named/data/named_stats.txt";
```

```
        notify    yes;
};
# The following zone definitions don't need any modification. The first one
# is the definition of the root name servers and sets up our server as a
# caching-capable DNS server.
# The second one defines localhost.
# The third zone definition defines the reverse lookup for localhost.
zone "." in {
      type hint;
      file "root.hints";
};
zone "localhost" in {
      type master;
      file "localhost.db";
};
zone "0.0.127.in-addr.arpa" in {
      type master;
      file "127.0.0.rev";
};
# The zone definition below is for the domain that our name server is
# authoritative for i.e. the example.org domain name.
zone "example.org" {
      type master;
      file "example.org.db";
};
# Below is the zone for the in-addr.arpa domain, for the example.org site.
zone "1.168.192.in-addr.arpa" {
type master;
file "example.org.rev";
};
# Below is the entry for the sub-domain for which this server is a slave server
# IP address of sales.example.orgs master server is 192.168.1.2
zone "sales.example.org" {
      type slave;
      file "sales.example.org.bk";
      masters {192.168.1.2;
};
# Below is the zone for the ip6.arpa domain for the example.org site.
# The zone will store its data in the same file as
# the 1.168.192.in-addr.arpa domain
zone "0.0.0.0.0.0.0.0.8.b.d.0.1.0.0.2.ip6.arpa" {
        type master;
     file "example.org.rev";
};
```

3. 위 파일을 /etc/named.conf로 저장하고 텍스트 편집기를 종료한다.

4. 그 다음 /etc/named.conf 파일의 파일 섹션에서 참조할 실제 데이터베이스 파일을 만들 것이다. 특히 root.hints, localhost.db, 127.0.0.rev, example.org.db, example.org.rev 파일들을 만들 것이다. 이 모든 파일들은 BIND의 작업 디렉터리, /var/named/에 저장한다. named.conf 파일의 위에서부터 아래순으로 그 파일들을 만들 것이다.

5. 감사하게도 루트 힌트 파일을 직접 만들 필요는 없다. 인터넷에서 루트 힌트 파일의 최신본을 받기만 하면 된다. wget 명령을 사용하여 다음과 같이 작업 디렉터리에 복사한다.

```
# wget -O /var/named/root.hints http://www.internic.net/zones/named.root
```

6. 텍스트 편집기를 사용하여 로컬 호스트용 zone 파일을 만든다. 파일명은 localhost.db이다. 다음 내용을 파일에 입력한다.

```
$TTL 1W
@       IN SOA          localhost  root (
                        2006123100      ; serial
                        3H              ; refresh (3 hours)
                        30M             ; retry (30 minutes)
                        2W              ; expiry (2 weeks)
                        1W)             ; minimum (1 week)
        IN      NS      @
        IN      A       127.0.0.1
```

7. 위 파일을 /var/named/localhost.db로 저장하고 텍스트 편집기를 종료한다.

8. 텍스트 편집기를 사용하여 로컬 호스트의 역방향 검색을 위한 zone 파일을 만든다. 파일명은 127.0.0.rev다. 다음 내용을 파일에 입력한다.

```
$TTL 1W
@       IN SOA          localhost  root.localhost. (
                        2006123100      ; serial
                        3H              ; refresh
                        30M             ; retry
                        2W              ; expiry
                        1W)             ; minimum
        IN      NS      localhost.
        IN      PTR     localhost.
```

> **참고** BIND에서는 축약형 시간을 사용하는 것도 가능하다. 예를 들어 3H는 3시간을, 2W는 2주를, 30M은 30분을 나타낸다.

9. 위 파일을 /var/named/127.0.0.rev로 저장하고 텍스트 편집기를 종료한다.

10. 다음은 example.org 도메인의 메인 zone 파일을 위한 데이터베이스 파일을 만든다. 텍스트 편집기로 example.org.db 파일을 만들고, 다음 내용을 입력한다.

```
$TTL 1W
@       IN SOA      ns1.example.org.      root (
                2009123100          ; serial
                3H                  ; refresh (3 hours)
                30M         ; retry (30 minutes)
                2W          ; expiry (2 weeks)
                1W)         ; minimum (1 week)
            IN NS       ns1.example.org.
            IN NS       ns2.example.org.
            IN MX   10  smtp.example.org.
ns1         IN      A       192.168.1.1         ;primary name server
ns2         IN      A       192.168.1.2         ;secondary name server
serverA     IN      A       192.168.1.1
serverB     IN      A       192.168.1.2
smtp        IN      A       192.168.1.25        ;mail server
www         IN      CNAME   serverA         ;web server
ftp         IN      CNAME   serverB         ;ftp server
serverA     IN      TXT     "Fax: 999-999-9999"

serverA-v6  IN      A       2001:DB8::1
serverB-v6  IN      A       2001:DB8::2
```

11. 위 파일을 /var/named/example.org.db로 저장하고 텍스트 편집기를 종료한다.

12. 마지막으로, example.org zone을 위한 역방향 zone 파일을 만든다. 텍스트 편집기를 사용하여 /var/named/example.org.rev 파일을 만들고 다음 내용을 입력한다.

```
$TTL 1W
@   IN    SOA   ns1.example.org   root (
            2009123100          ; serial
            3H    ; refresh (3 hours)
            30M   ; retry (30 minutes)
            2W    ; expiry (2 weeks)
            1W)   ; minimum (1 week)
            INNS    ns1.example.org.
            IN    NS    ns2.example.org.
1           IN    PTR   serverA.example.org.    ; Reverse info for serverA
2           IN    PTR   serverB.example.org.    ; Reverse info for serverB
25          IN    PTR   smtp.example.org.       ; Reverse for mailserver
; IPv6 PTR entries for serverA (serverA-v6) and serverB (serverB-v6) are below
$ORIGIN 0.0.0.0.0.0.0.0.8.b.d.0.1.0.0.2.ip6.arpa.
1.0.0.0.0.0.0.0.0.0.0.0.0.0.0.0   IN    PTR   serverA-v6.example.org.
2.0.0.0.0.0.0.0.0.0.0.0.0.0.0.0   IN    PTR   serverB-v6.example.org.
```

13. sales.example.com를 위한 2차 파일들을 만들 필요는 없다. 단지 named.conf 파일에 이 항목을 추가하기만 하면 된다(로그 파일들이 1차 서버에 연결할 수 없다고 불평하더라도 상관없다. 우리는 그저 인증된 서버의 zone용 1차 서버를 설정하는 것을 보여주는 것이 목적이기 때문이다).

그 다음 과정은 named 서비스를 어떻게 시작하는지 보여줄 것이다. 단, BIND는 점과 세미콜론을 엄격히 확인하기 때문에 모든 설정 파일에 내용을 입력할 때 주의해야 한다. 그리고 지금까지 설정 파일들을 직접 타이핑했다면 분명히 오타가 있을 것이다. 왜냐하면 일부러 오타를 넣어두었기 때문이다. 따라서 시스템 로그 파일을 모니터링하면서 오류 메시지를 확인하는 것이 좋을 것이다.

14. 로그를 확인하기 위해 다른 터미널 윈도우를 열고 다음과 같이 tail 명령을 입력한다. 또 다른 윈도우에서는 다음 과정의 명령들을 수행하면 로그를 보면서 동시에 작업할 수 있다.

```
[root@serverA named]# tail -f /var/log/messages
```

15. 이제 named 서비스를 시작할 차례다. service 명령어를 사용하여 서비스를 실행한다.

```
[root@serverA named]# service named start
```

systemd가 활성화된 배포판에서는 위 명령어 대신에 다음 명령어를 입력한다.

```
[root@serverA named]# systemctl start named.service
```

> 팁 OpenSUSE 시스템에서는 rcnamed 명령어를 사용한다.
>
> ```
> [root@opensuse-serverA]# rcnamed start
> ```

16. 만약 시스템 로그에 다량의 오류가 발생하면 오류가 난 행 번호를 발견할 수 있을 것이다. 그 위치를 찾아가서 수정하는 것은 그리 어렵지 않을 것이다. 다시 가서 점과 세미콜론을 빠뜨리지 않았는지 확인해야 한다. 또 흔한 오류는 설정 파일의 지시자에 철자를 잘못 입력한 경우다. 예를 들어 "masters" 대신에 "master"를 쓰는 경우, 둘 다 유효한 지시자이지만 각기 다른 문맥에서 사용된다.

> 팁 BIND의 설정 파일들(named.conf 또는 데이터베이스 파일들)을 수정하고 나면, 그 내용을 다시 읽어 들이도록 named 프로세스에 HUP 시그널을 보내야 한다. 먼저 named 프로세스의 프로세스 ID(PID)를 찾는다. 그 PID는 /var/run/ named/named.pid 파일을 안에 기록해놓는다. 만약 일반적인 위치에 그 파일이 없다면 다음 명령으로 PID를 확인할 수 있다.
>
> ```
> # ps -C named
> PID TTY TIME CMD
> 7706 ? 00:00:00 named
> ```
>
> PID 열 아래의 값이 named의 프로세스 ID다. 이 PID에 HUP 시그널을 보내기 위해서는 다음과 같이 입력하면 된다. # kill -HUP 7706 물론 여기서 7706은 자신의 named 프로세스의 PID를 대신 입력해야 한다.

17. 마지막으로 DNS 서버가 시스템이 재시작할 때 구동되게 하기 위해 chkconfig 명령을 사용한다.

```
[root@serverA named]# chkconfig named on
```

systemd가 활성화된 배포판에서는 chkconfig 명령어 대신에 systemctl 명령을 사용한다.

```
[root@serverA named]# systemctl enable named.service
```

다음 절은 DNS 서버에 질의를 하거나 테스트하는 도구 사용법을 살펴볼 것이다.

DNS 관련 도구

이 절에서는 DNS에 관련된 작업을 할 때 사용하는 도구들에 대해 설명할 것이다. 이러한 도구들은 문제 해결에 큰 도움을 줄 것이다.

▓ host

host는 사용하기 간단하고 다양한 옵션을 제공하는 유틸리티다. host의 옵션과 사용법은 다음과 같다.

```
host [-aCdlrTwv] [-c class] [-n] [-N ndots] [-t type] [-W time]
        [-R number] hostname [server]
    -a is equivalent to -v -t *
    -c specifies query class for non-IN data
    -C compares SOA records on authoritative nameservers
    -d is equivalent to -v
    -l lists all hosts in a domain, using AXFR
    -i uses the old IN6.INT form of IPv6 reverse lookup
    -N changes the number of dots allowed before root lookup is done
    -r disables recursive processing
    -R specifies number of retries for UDP packets
    -t specifies the query type
    -T enables TCP/IP mode
    -v enables verbose output
    -w specifies to wait forever for a reply
    -W specifies how long to wait for a reply
```

host의 간단한 사용 예로 커맨드라인에서 호스트 이름을 입력 받아 IP 주소로 변환할 수 있다. 사용법은 다음과 같다.

```
[root@serverA ~]# host internic.net
internic.net has address 192.0.32.9
internic.net has IPv6 address 2620:0:2d0:200::9
internic.net mail is handled by 10 pechorax.icann.org.
```

또한 IP 주소에서 호스트 이름을 구할 수 있다.

```
[root@serverA ~]# host 198.41.0.6
6.0.41.198.in-addr.arpa domain name pointer rs.internic.net.
```

host 명령은 또한 IPv6 레코드에 대해서 질의할 수 있다. 예를 들어 호스트 serverB-v6.example.org의 IPv6 주소용 네임 서버(::1)를 다음과 같이 질의할 수 있다.

```
[root@serverA ~]# host serverB-v6.example.org  ::1
Using domain server:
Name: ::1
Address: ::1#53
Aliases:
serverB-v6.example.org has IPv6 address 2001:db8::2
```

serverB-v6의 PTR 레코드를 질의하는 법은 다음과 같다.

```
[root@serverA ~]# host 2001:db8::2  ::1
Using domain server:
Name: ::1
Address: ::1#53
Aliases: 2.0.0.0.0.0.0.0.0.0.0.0.0.0.0.0.0.0.0.0.0.0.0.0.0.0.0.0.8.b.d.0.1.0.0.2.ip6.arpa

domain name pointer serverB-v6.example.org.
```

▓ dig

dig(domain information gopher)는 DNS 서버에 대한 정보를 수집하기 좋은 도구다. 이 도구는 BIND 그룹의 공식적인 후원을 받고 있다. dig의 사용법과 주요 옵션은 다음과 같다. (다양한 옵션의 의미는 dig의 man 페이지를 참조하길 바란다).

```
dig [@global-server] [domain] [q-type] [q-class] {q-opt}
        {global-d-opt} host [@local-server] {local-d-opt}
        [ host [@local-server] {local-d-opt} [...]]
Where: domain are in the Domain Name System.
```

일반적인 dig의 사용법은 다음과 같다.

```
dig @<server> domain query-type
```

여기서 <server>는 질의할 DNS 서버의 이름이고, domain은 질의할 도메인 이름이다. 그리고 query-type은 얻으려는 레코드의 종류(A, MX, NS, SOA, HINFO, TXT, ANY 등)를 나타낸다.

예를 들어 이전에 우리가 설정했던 example.org 도메인의 DNS 서버에서 MX 레코드를 얻으려면 dig 명령을 다음과 같이 사용하면 된다.

```
[root@serverA ~]# dig @localhost example.org MX
```

우리의 로컬 DNS 서버를 통해 yahoo.com 도메인의 A 레코드를 얻으려면 간단히 다음과 같이 입력한다.

```
[root@serverA ~]# dig @localhost yahoo.com
```

> **참고** 앞의 명령에서 우리는 질의 형태를 따로 지정하지 않았는데 이는 dig가 기본적으로 A 레코드에 대한 정보를 출력하기 때문이다. 또한 yahoo.com 도메인을 우리의 DNS 서버에 질의할 때 그 서버가 yahoo.com의 인증 서버가 아닌데도 정보를 가져왔다. 이는 우리가 DNS 서버를 구성할 때 캐시를 사용 가능하도록 설정했기 때문에 적절한 DNS 서버에서 그 정보를 가져왔기 때문이다.

우리의 IPv6 버전의 DNS 서버에서 serverB-v6.example.org의 AAAA 레코드를 얻으려면 다음과 같이 입력한다.

```
[root@serverA ~]# dig @localhost serverB-v6.example.org -t AAAA
```

dig의 +short 옵션을 사용하면 장황한 설명 없이 간단한 정보만을 볼 수 있다.

```
[root@serverA ~]# dig +short @localhost yahoo.com
66.94.234.13
216.109.112.135
```

IP 주소 192.168.1.1에 대한 역방향 변환 정보(PTR RR)를 로컬 네임 서버에 질의하는 법은 다음과 같다.

```
[root@serverA ~]# dig -x 192.168.1.1 @localhost
```

IPv6 주소 2001:db8::2에 대한 역방향 변환 정보(PTR RR)를 로컬 네임 서버에 질의하는 법은 다음과 같다.

```
[root@serverA ~]# dig -x 2001:db8::2 @localhost
```

dig는 매우 강력한 프로그램으로 여기서 모두 다루지 못할 정도로 많은 옵션들을 가지고 있다. dig의 고급 기능을 더 알고 싶다면 함께 설치된 man 페이지를 참고하길 바란다.

▨ nslookup

nslookup 유틸리티는 다양한 운영체제에서 사용 가능한 도구 중 하나다. 그래서 더욱 친숙하다. 또한 이 유틸리티의 사용법은 굉장히 간단하다. 커맨드라인을 통해 직접 옵션을 주어 실행할 수도 있고 대화형 방식으로도 사용할 수 있다.

대화 모드는 아무런 인자 없이 실행하면 된다. 커맨드라인에 nslookup을 입력하면 nslookup 쉘이 실행된다. 대화 모드를 빠져 나올 때는 nslookup 프롬프트에 exit를 입력하기만 하면 된다.

> **팁**
> nslookup을 대화 모드로 사용할 때 빠져 나오는 명령어는 exit이다. 하지만 대다수 사람들이 본능적으로 quit 명령어를 사용한다.
>
> 이때 nslookup은 이를 호스트 이름 "quit"에 대한 DNS 검색을 수행하라는 것으로 인식한다. 결국 그 행동은 타임아웃을 일으킬 것이다. 우리는 사용자에게 사용할 적절한 명령어를 상기할 수 있도록 DNS 레코드를 만들어볼 수 있다. 해당 도메인의 zone 파일에 다음과 같은 항목을 추가하면 충분할 것이다.
>
> ```
> use-exit-to-quit-nslookup       IN   A    127.0.0.1
> quit                            IN   CNAME  use-exit-to-quit-nslookup
> ```
>
> 이 항목이 적용된 DNS 서버에 질의하기 위해 nslookup의 대화 모드를 사용할 때, 실수로 quit 명령을 실행하면 사용자에게 친절하게 "use-exit-to-quit-nslookup."이라는 결과를 출력해줄 것이다.

nslookup의 대화 모드가 아닌 일반적인 사용법은 다음과 같다.

```
nslookup [ -option ] [ name | - ] [ server ]
```

예를 들어 호스트 www.example.org에 관한 정보를 얻기 위해 로컬 네임 서버에 질의하는 명령은 다음과 같다.

```
[root@serverA ~]# nslookup www.example.org localhost
Server: localhost
Address: 127.0.0.1#53
www.example.org canonical name = serverA.example.org.
Name: serverA.example.org
Address: 192.168.1.1
```

> **참고**
> BIND 개발자 그룹에서는 nslookup 유틸리티의 사용을 달가워하지 않는다. 공식적으로 더 이상 개발하지 않기 때문이다.

▨ whois

whois 명령은 도메인의 소유권을 확인하기 위한 도구다. 도메인의 소유자 정보는 필수적인 부분도 아니고 TXT 또는 RP 레코드에 넣는 경우도 별로 없다. 따라서 소유권 정보를 얻기 위해서는 whois 명령을 사용할 수밖에 없다. whois는 도메인의 실 소유자, 우편 주소, 이메일 주소, 전화번호 등을 출력한다.

그럼 예제로 example.com 도메인에 대한 소유권 정보를 확인해보자.

```
[root@serverA ~]# whois example.com
Querying whois.verisign-grs.com]
[Redirected to whois.iana.org]
[Querying whois.iana.org]
[whois.iana.org]
% IANA WHOIS server
% for more information on IANA, visit http://www.iana.org
% This query returned 1 object
domain:       EXAMPLE.COM
organisation: Internet Assigned Numbers Authority
created:      1992-01-01
source:       IANA
```

▩ nsupdate

자주 사용하지는 않지만 강력한 DNS 유틸리티가 nsupdate다. 이것은 동적 DNS(DDNS) 갱신 요청을 DNS 서버에 보내는 역할을 한다. 사용자가 zone 데이터베이스 파일의 직접 수정 없이 RR 레코드(resource records)를 zone에 추가하거나 삭제할 수 있다. 특히 DDNS 유형의 zone들은 저널 파일에서 자동으로 관리되는 동적 업데이트와 수동 변경 사이에서 충돌 날 가능성이 사라진다.

nsupdate 프로그램은 특정한 형식의 파일이나 표준 입력으로부터 데이터를 읽어 들인다. nsupdate의 문법은 다음과 같다.

```
nsupdate [ -d ] [[ -y keyname:secret ] [ -k keyfile ] ] [-v] [filename ]
```

▩ rndc

rndc(remote name daemon control) 유틸리티는 네임 서버를 제어하고 디버그하는 데 편리하다.

rndc 프로그램은 네임 서버를 안전하게 관리할 수 있다. 서버와의 모든 통신은 공유 키 방식의 디지털 서명으로 인증되기 때문에 rndc용 별도 설정 파일이 필요하다. 일반적으로 이 설정 파일은 /etc/rndc.conf라는 이름으로 저장된다.

rndc와 네임 서버 사이의 공유 키를 생성하기 위해 rndc-confgen을 사용한다(이 기능은 여기서 다루지 않는다).

rndc의 사용법은 다음과 같다.

```
rndc [-c config] [-s server] [-p port]
[-k key-file ] [-y key] [-V] command
command is one of the following:
reload      Reload configuration file and zones.
reload zone [class [view]]
Reload a single zone.
refresh zone [class [view]]
Schedule immediate maintenance for a zone.
reconfig    Reload configuration file and new zones only.
stats       Write server statistics to the statistics file.
querylog    Toggle query logging.
dumpdb      Dump cache(s) to the dump file (named_dump.db).
stop        Save pending updates to master files and stop the server.
halt        Stop the server without saving pending updates.
trace       Increment debugging level by one.
trace level  Change the debugging level.
notrace     Set debugging level to 0.
flush       Flushes all of the server's caches.
flush [view] Flushes the server's cache for a view.
status      Display status of the server.
```

예를 들어 DNS 서버의 상태를 보기 위해 rndc를 사용할 수 있다.

```
[root@serverA ~]# rndc status
number of zones: 7
debug level: 0
xfers running: 0
xfers deferred: 0
soa queries in progress: 1
query logging is OFF
server is up and running
```

예를 들어 만약 example.org의 zone들 중 하나를 위해 zone 데이터베이스 파일(/var/named/example.org.db)을 변경하고 나면 우리는 DNS 서버 전체를 재시작하지 않고 다시 로드하기를 원할 것이다. 이때 rndc 명령을 다음 옵션과 함께 사용하면 된다.

```
[root@serverA ~]# rndc reload example.org
```

주의 zone 정보를 변경하고 나면 반드시 zone의 일련번호를 증가시켜야 한다.

DNS 클라이언트 설정

이 절에서는 DNS 클라이언트 설정의 흥미진진한 과정을 살펴볼 것이다. 물론 정말 흥미롭진 않을 것이다. 하지만 어떤 네트워크 기반에서든 클라이언트의 중요성을 부인할 수는 없다.

▓ Resolver

우리는 지금까지 전체적인 DNS 트리와 서버를 학습했다. 이번에는 이와 대등한 관계인 클라이언트에 대해 알아볼 차례다. DNS 클라이언트는 호스트 이름을 IP 주소로 변환하기 위해 DNS 서버와 연결된 호스트다.

> **참고** "DNS 관련 도구" 절에서 우리가 만들어낸 질의의 대다수가 localhost라 부르는 DNS 서버에 관한 것이었다. 물론 localhost는 우리가 질의 명령을 실행한 쉘의 로컬 시스템이다. 예제에서 이 시스템은 serverA.example.org이다. localhost를 대상 DNS 서버로 지정한 이유는 호스트의 기본 DNS 서버가 무엇이든 간에 해당 시스템에 질의가 가능하기 때문이다. 그리고 만약 자신의 호스트 DNS 서버가 ISP에 의해 임의로 변경된다면 ISP의 DNS 서버가 자신이 관리하는 zone에 대해 알지 못하기 때문에 일부 질의가 실패할 수 있다. 따라서 우리가 로컬 시스템을 모든 DNS 질의를 처리하기 위한 로컬 DNS 서버로 설정한다면 더 이상 질의할 때 "localhost"를 지정할 필요가 없을 것이다. 이 설정 과정이 바로 **resolver**다.

리눅스 시스템에서 resolver는 DNS의 클라이언트 측을 제어한다. 이는 실제로 프로그램이 시작할 때 링크하는 C 프로그래밍 함수 라이브러리다. 이 모든 과정은 자동적으로 투명하게 이뤄지기 때문에 사용자는 이에 대해 알 수가 없다. 사용자에게는 인터넷 탐색의 시작은 단순히 이 과정은 일부일 뿐이다.

반면 시스템 관리자의 관점에서는 DNS 클라이언트 설정은 직관적이다. 단지 /etc/resolv.conf와 /etc/nsswitch.conf, 이 두 개의 파일로 이루어진다.

/etc/resolv.conf 파일

/etc/resolv.conf 파일은 클라이언트가 로컬 DNS 서버가 무엇인지 알 수 있는 필수적인 정보를 가지고 있다(모든 사이트는 최소한 캐시 DNS 서버를 가지고 있어야 한다). 이 파일은 두 줄로 이루어져 있다. 첫 번째 줄은 기본 검색 도메인을 나타내고 두 번째 줄은 호스트의 네임 서버 IP 주소를 가리킨다.

기본 검색 도메인은 로컬 서버를 소유하고 있는 사이트에 적용된다. 기본 검색 도메인을 지정하면 클라이언트 측은 자동으로 이 도메인 이름을 요청 호스트 이름에 덧붙이고 이 이름을 제일 먼저 확인한다. 예를 들어 기본 검색 도메인을 "yahoo.com"로 지정하고 나서 "my"라는 호스트 이름에 접속을 시도하면 클라이언트 소프트웨어는 자동으로 "my.yahoo.com"에 접속을 시도한다. 이번에는 동일한 기본값을 사용하여 "www.stat.net" 호스트에 접속을 시도하면 "www.stat.

net.yahoo.com"에 접속을 시도할 것이다. 하지만 그 이름은 존재하지 않아 찾지 못할 것이다. 그러고 나면 이제 "www.stat.net"에 접속을 시도할 것이다.

물론 여러 개의 기본 도메인을 설정할 수도 있다. 하지만 각 도메인을 확인해야 되기 때문에 질의 과정은 조금 늦어질 것이다. 예를 들어 example.org와 stanford.edu를 기본 도메인으로 지정하고 www.stat.net에 대한 질의를 수행하면 www.stat.net.yahoo.com, www.stat.net.stanford.edu, www.stat.net 이렇게 세 개의 질의를 하게 된다.

/etc/resolv.conf 파일의 형식은 다음과 같다.

```
search   domainname
nameserver   IP-address
```

여기서 *domainname*은 기본 검색 도메인 이름이고, *IP-address*는 DNS 서버의 IP 주소다. /etc/resolv.conf 파일의 예제는 다음과 같다.

```
search example.org
nameserver 127.0.0.1
```

따라서 serverB.example.org에 대한 이름을 검색할 때 호스트 부분 serverB만 이용하면 된다. 그러면 example.org가 자동으로 질의문 뒤에 덧붙여진다. 물론 이는 로컬 사이트에서만 유효하다.

/etc/nsswitch.conf 파일

/etc/nsswitch.conf 파일은 설정 정보(서비스)를 어디서 찾아야 할지를 알려준다. 검색 위치가 여러 곳이라면 검색 순서를 지정할 수 있다. /etc/nsswitch.conf에서 사용할 수 있는 일반적인 설정 파일은 password 파일, group 파일, hosts 파일 등이 있다(전체 목록을 살펴보려면 텍스트 편집기로 파일을 열어보아라).

/etc/nsswitch.conf 파일의 형식은 간단하다. 각 행은 서비스 이름과 콜론으로 시작한다(/etc/nsswitch.conf는 호스트 이름 검색 외에도 다양한 용도로 사용되는 것에 주의하자). 그 다음 정보의 위치를 명시한다. 여러 위치를 지정할 때는 검색할 순서대로 적는다. 가능한 위치 항목은 files, nis, dns, [NOTFOUND], NISPLUS다. 또한 # 기호는 주석을 나타낸다.

편집기에서 이 설정 파일을 열어 살펴보면 다음과 같다.

```
hosts:      files nisplus nis dns
```

이 행은 모든 호스트 이름 검색 시에 먼저 /etc/hosts 파일을 찾으라고 시스템에 알린다. 만약 찾지 못하면 NISPLUS를 확인하고 역시 찾지 못하면 NIS순으로 계속 확인한다. 현재 사이트가 NISPLUS를 실행하지 않고 NIS 레코드를 확인하기 전에 DNS 레코드를 먼저 확인하길 원한다면 다음과 같이 변경할 수 있다.

```
hosts:      files dns nis
```

그리고 파일을 저장하면 시스템은 자동적으로 변경을 알게 된다. 한 가지 추천사항은 **files**를 가장 먼저 검색하도록 하는 것이다. 그 다음은 NIS와 DNS 중에서 해당 사이트에 알맞게 순서를 정하면 된다. NIS보다 먼저 DNS로 호스트 이름을 변환하려면 DNS 서버가 네트워크상에서 NIS 서버보다 더 가까워야 한다. 또는 어느 한 서버가 빠르거나 방화벽 문제가 없는 서버를 먼저 검색해야 한다. 사이트마다 다양한 요인에 따라 결정될 수 있다.

Using [NOTFOUND=action]

/etc/nsswitch.conf 파일에서 [NOTFOUND=action]으로 끝나는 항목을 볼 수 있을 것이다. 이것은 시스템이 이전 항목에서 실패했다면 검색 과정을 중지시키는 특수한 지시자다. action에는 **return**이나 **continue**가 올 수 있다. 기본 동작은 **continue**다.

예를 들어 다음과 같은 항목이 있다면

```
hosts: files [NOTFOUND=return] dns nis
```

시스템은 오직 /etc/hosts 파일에서만 검색을 하고 발견하지 못하면 NIS나 DNS 검색을 하지 않도록 한다.

▨ 클라이언트 설정

이제부터 DNS 서버를 사용하기 위해 리눅스 클라이언트를 설정하는 과정을 살펴보도록 하자. serverA의 DNS 서버를 사용한다고 가정하고 다시 serverA를 클라이언트로 사용하기 위해 설정하도록 하자. 조금 이상하게 보일지 모르지만 서버로 구동 중인 시스템이 클라이언트를 실행할 수 없는 것 아니기에 이상할 것이 없다. 아파치를 사용하여 웹 서버를 구동 중인 시스템에서 파이어폭스를 통해 루프백 주소(127.0.0.1)에 접속하는 것과 마찬가지 이치다.

클라이언트를 설정하는 과정을 단계별로 살펴보면 다음과 같다.

1. /etc/resolv.conf 파일에 nameserver 항목을 설정하여 DNS 서버를 지정한다.

    ```
    search example.org
    nameserver 127.0.0.1
    ```

2. /etc/nsswitch.conf 파일을 검색하여 DNS가 호스트 이름 변환 과정에 등록되어 있는지 확인한다.

    ```
    [root@serverA ~]# grep "^hosts" /etc/nsswitch.conf
    hosts:          files dns
    ```

만약 dns가 등록되어 있지 않으면 hosts 행에 dns을 추가해야 한다.

3. dig 유틸리티를 통해 설정 상태를 테스트한다.

```
[root@serverA ~]# dig +short serverA.example.org
192.168.1.1
```

앞서 /etc/resolv.conf 파일에 기본으로 사용할 DNS 서버가 지정했기 때문에 dig에 별도의 네임 서버를 지정할 필요는 없다(dig @localhost +short serverA.example.org).

요약

이 장에서는 기본적인 DNS 서버의 기동과 운영에 관해 살펴보았다. 이 장에서 논의한 것들은 다음과 같다.

- 인터넷상에서의 호스트 이름 변환

- BIND 네임 서버 설치

- /etc/hosts 파일

- DNS를 사용하기 위한 리눅스 클라이언트 설정 과정

- 1차, 2차, 캐시 DNS 서버 설정

- IPv4와 IPv6의 다양한 DNS 레코드 유형

- named.conf 파일의 설정 옵션

- 문제 해결을 위해 DNS 서버와 연동하여 사용하는 도구들

- 클라이언트 측 이름 변환

- 그 외 정보

DNS 서버를 어떻게 설정하는지에 관한 BIND 문서와 이 장에서 만든 설정 파일들만 있으면 DNS 서버를 구성하는 데 별 무리가 없을 것이다.

다른 소프트웨어와 마찬가지로 이 소프트웨어도 완벽하지 않을 수 있다. 여기서 논의된 BIND 관련 프로그램이나 파일들에도 문제가 생길 수 있다. 그때 BIND 웹 사이트(www.isc.org)와 다양한 메일링 리스트를 활용한다면 문제를 해결하는 데 큰 도움이 될 것이다.

## CHAPTER 17

FTP

파일 전송 프로토콜(FTP)은 1971년경부터 인터넷에서 사용되어왔다. 놀랍게도 지금까지 하부 프로토콜은 거의 변화가 없었다. 반면에 클라이언트와 서버는 꾸준히 개선되고 향상되었다. 이 장에서는 **vsftpd**(Very Secure FTP Daemon)라는 소프트웨어 패키지에 대해서 다룬다.

vsftpd 프로그램은 꽤 유명한 FTP 서버 프로그램이며 kernel.org, redhat.com, isc.org, openbsd. org 등과 같은 유명 FTP 사이트에서 사용하고 있다. 이들 사이트에서 vsftpd을 사용하고 있다는 사실 자체가 이 프로그램이 안정적이고 보안성이 뛰어나다는 것을 확인시켜준다. 또한 vsftpd의 이름에서 알 수 있듯이 빠르고 안정적이고 보안성이 뛰어난 프로그램이다.

> **참고** 다른 대다수 서비스들과 마찬가지로 vsftpd도 보안을 중요시해야 한다. 프로그램 개발자가 아무리 보안을 위한 많은 기능들을 제공한다고 하지만 사용자가 설정을 잘못하면 그 사이트는 해커의 공격을 받게 된다. 따라서 실제 서비스를 운영하기 전에 설정을 점검하고 테스트해야 한다. 또한 vsftpd 웹 사이트를 주기적으로 방문하여 최신 소프트웨어 업데이트가 있는지 확인하는 것도 좋은 방법이다.

이 장에서는 vsftpd의 최신 버전을 다운로드하고 설치한 후 설정하는 과정을 다루게 된다. 그리고 계정 접근과 익명 접근 방식을 설정하는 법을 배울 것이다. 마지막으로 FTP 클라이언트를 사용해 테스트 FTP 서버에 연결하는 법을 배울 것이다.

FTP 동작 원리

한 컴퓨터에서 다른 컴퓨터로 파일을 전송하는 것은 간단해 보이지만 실제로는 그리 간단하지 않다. 이 절에서는 FTP 클라이언트/서버 상호작용에 대해 살펴볼 것이다. 비록 이 내용이 FTP 서버를 운영하는 데는 중요하진 않지만 보안 문제나 그 외 서버 문제를 해결할 때 유용할 것이다. 특히 그 문제가 네트워크 문제인지 FTP 서버나 클라이언트의 문제인지 명확하지 않을 때

FTP의 동작 원리를 알고 있으면 문제를 해결하는 데 도움이 될 것이다.

▦ 클라이언트/서버 상호작용

FTP는 1970년대에 처음 설계할 당시부터 인터넷 사용자들이 급증할 것을 예상하고 개발되었다.

1990년과 1991년 즈음 인터넷의 상업화 이후에 인터넷은 폭발적인 인기를 얻었다. WWW(World Wide Web)으로 인해 인터넷 사용자 수와 인기가 급증했다. 이에 따라 그때까지 그다지 알려지지 않았던 보안 문제들이 대두되기 시작했다. 이러한 보안 문제들로 인해 방화벽이 네트워크상의 표준으로 자리잡게 되었다.

FTP의 설계는 방화벽이 필요한 현재의 인터넷 환경에는 어울리지 않는다. FTP는 FTP 클라이언트와 FTP 서버 사이의 파일 교환을 위해 설계되었기 때문에 앞에서 언급한 보안 문제와는 거리가 조금 있다. 차이점 중 하나는 **제어** 포트(21번)와 **데이터** 포트(20번)를 따로 쓴다는 것이다. 제어 포트는 클라이언트와 서버 사이의 명령어 교환을 위한 통신 채널을 제공한다. 반면 데이터 포트는 순전히 파일이나 디렉터리 목록 등의 데이터 교환을 위해 사용한다.

또한 FTP는 **active FTP** 모드와 **passive FTP** 모드, 즉 두 가지 모드를 제공한다.

Active FTP

Active FTP는 초창기 FTP 규격에서 사용되던 전통적인 방식이다. 이 모드에서는 클라이언트가 1024보다 큰 임의의 포트에서 FTP 서버 명령어 포트인 21번 포트로 접속한다. 서버는 클라이언트가 데이터를 교환할 준비가 되면 20번 데이터 포트에 클라이언트의 임시 포트와 IP 주소를 연결한다. 여기서 중요한 것은 클라이언트가 실제로 서버에 접속하지 않고 대신 **PORT** 명령어를 사용하여 자신의 포트를 서버에 알린다는 것이다. 그러면 서버는 반대로 클라이언트가 알려준 포트에 접속한다. 따라서 Active 모드에서는 서버가 주도적인 역할을 한다.

Active 모드에서 방화벽 내의 FTP 클라이언트는 문제가 발생할 수 있다. 클라이언트 측의 방화벽은 외부의 특권 서비스 포트인 20번 포트에서 비특권 포트인 클라이언트의 임의 포트에 연결하는 것을 막아버릴 수 있기 때문이다.

Passive FTP

FTP 클라이언트는 **PASV** 명령을 사용해서 데이터에 접근하는 방식을 Passive 모드로 지정할 수 있다. 그러면 서버는 클라이언트와 데이터를 전송할 IP 주소와 임의의 포트를 알려준다. 클라이언트의 PASV 명령은 서버가 기본 데이터 포트인 20번이 아닌 임의의 데이터 포트를 열고 대기하게끔 한다. 여기서 Active 모드와 차이점은 클라이언트가 서버가 제공한 IP 주소와 포트에 연결하게 된다는 것이다. 즉 이 모드에서는 서버가 데이터 통신에서 수동적인 역할을 한다는 것이다.

방화벽 내의 FTP 서버가 Passive 모드로 동작할 때 역시 문제가 발생할 수 있다. 방화벽의 태생적인 성질 때문에 외부 인터넷에서 시스템 내부의 임의의 포트에 연결하는 것을 막아버릴 수 있기 때문이다. 이러한 동작의 일반적인 현상은 클라이언트가 아무런 문제없이 서버에 접속한 후 실제 데이터 전송 시에 연결이 끊기는 것이다.

FTP와 방화벽의 문제를 해결하기 위해서 많은 방화벽들이 응용 레벨의 FTP 프록시를 지원한다. FTP 프록시란 FTP 요청을 지속적으로 감시하다가 원격 사이트로부터 데이터 수신이 필요할 때 해당 포트를 허용하는 기능을 한다.

vsftpd 설치

vsftpd 패키지는 현재 리눅스 배포판에서 인기 있는 FTP 서버 소프트웨어다. vsftpd의 최신 버전은 공식 웹 사이트인 http://vsftpd.beasts.org에서 구할 수 있다. 이 사이트를 통해 최신 소프트웨어뿐만 아니라 최근 소식과 많은 도움말들을 얻을 수 있다. 만약 페도라 시스템을 사용하고 있다면 설치 매체나 페도라 패키지 저장소를 통해 손쉽게 vsftpd를 설치할 수 있다. 이 절과 다음 절에서는 바이너리 패키지를 통해 vsftpd를 설치하고 설정하는 법을 배울 것이다.

RPM 바이너리를 사용해 vsftpd를 설치하는 과정을 살펴보도록 하자.

1. 먼저 슈퍼유저로 시스템에 로그인한다. 그리고 yum 명령을 사용하여 vsftpd를 다운로드하고 설치한다. 다음과 같이 입력한다(y 옵션은 모든 확인 과정에 자동으로 yes라고 대답한다).

   ```
   [root@fedora-server ~]# yum -y install vsftpd
   ...<이하 생략>...
   ```

> **참고** 페도라 시스템의 버전에 따라 인터넷의 저장소에서 소프트웨어를 직접 다운로드할 수 있다. 예를 들어, http://ftp.kaist.ac.kr/fedora/releases/⟨VERSION⟩/Fedora/x86_64/os/Packages/ 이와 같은 주소로 말이다. 아니면 설치 CD나 DVD를 통해 직접 설치할 수도 있다. 해당 소프트웨어는 /⟨your_media_mount_point⟩/Packages/ 디렉터리에서 찾을 수 있을 것이다.

2. 설치 완료 후 다음과 같이 소프트웨어가 설치되었는지 확인한다.

   ```
   [root@fedora-server ~]# rpm -q vsftpd
   vsftpd-*
   ```

   우분투처럼 데비안 계열 배포판에서는 vsftpd의 설치를 확인하기 위해 다음과 같이 입력한다.

   ```
   master@ubuntu-server:~$ sudo apt-get -y install vsftpd
   ```

▨ vsftpd 설정

지금까지 vsftpd를 설치하는 과정을 살펴보았다. 이제는 이를 설정하는 방법을 살펴볼 차례다. vsftpd 소프트웨어를 설치하면 설정 파일과 다른 디렉터리들도 함께 시스템에 설치된다. vsftpd 와 함께 설치된 중요 파일과 디렉터리에 대해 표 17-1에서 살펴보자.

● 표 17-1. vsftpd 설정 파일과 디렉터리

파일	설명
/usr/sbin/vsftpd	vsftpd 메인 실행파일로 데몬 프로세스다.
/etc/vsftpd/vsftpd.conf	vsftpd 데몬의 메인 설정 파일이다. FTP 서버의 동작을 제어하는 많은 지시자들을 포함하고 있다.
/etc/vsftpd/ftpusers	FTP 서버에 로그인할 수 없는 사용자 목록을 저장한 텍스트 파일이다. 이 파일은 PAM(Pluggable Authentication Module) 시스템에서 사용한다.
/etc/vsftpd/user_list	특정 사용자에 대해 FTP 서버에 접근을 허용할지 말지를 저장한 텍스트 파일이다. vsftpd.conf 파일의 `userlist_deny` 지시자의 값에 따라 허용할지 거부할지를 결정한다.
/var/ftp	FTP 서버의 기본 작업 디렉터리다.
/var/ftp/pub	익명 사용자로 FTP 서버에 연결하였을 때 사용 가능한 디렉터리다.

vsftpd.conf 설정 파일

앞서 서술한 것처럼 vsftpd FTP 서버의 주 설정 파일은 vsftpd.conf다. RPM 패키지를 통해 설치하였다면 이 파일은 /etc/vsftpd/ 디렉터리에 저장된다. 데비안 계열 시스템에서는 설정 파일이 /etc/vsftpd.conf에 위치한다. 이 파일은 관리하기도 편하고 이해하기도 쉽다. 이 설정 파일은 다음과 같이 옵션(지시자)과 값의 쌍으로 이루어 진다.

```
option=value
```

주의 vsftpd.conf는 매우 까다로운 문법을 가지고 있다. 옵션 지시자, = 기호, 값 사이에는 공백이 없어야 한다. 만약 공백을 포함하면 vsftpd FTP 데몬이 실행되지 않는다.

다른 리눅스/유닉스 설정 파일들과 마찬가지로 # 기호가 주석을 나타낸다. 각 지시자들의 의미를 알고 싶다면 다음과 같이 man 명령을 사용하여 vsftpd.conf man 페이지를 참조하길 바란다.

```
[root@server ~]# man vsftpd.conf
```

참고 데비안 계열 시스템에서는 vsftpd 설정 파일이 /etc 디렉터리 아래에 위치한다. 예를 들어 페도라 시스템의 /etc/vsftpd/ftpusers 파일이 우분투에서는 /etc/ftpusers가 된다.

/etc/vsftpd/vsftpd.conf 파일의 옵션(또는 지시자)은 그 역할에 따라 분류된다. 표 17-2는 옵션들을 각 유형별로 나눈 것이다.

● 표 17-2. vsftpd 설정 옵션

옵션 유형	설명	예제
데몬	vsftpd 데몬의 일반적인 동작을 제어하기 위한 옵션들이다.	**listen:** 이 옵션을 활성화하면 vsftpd는 xinetd나 inetd처럼 슈퍼데몬이 아니라 단독 실행 모드로 실행된다. vsftpd 스스로 들어오는 연결을 관리하고 제어하게 된다. 기본값은 NO다.
소켓	네트워크와 포트에 관련된 옵션들이다.	**listen_address:** vsftpd가 지정된 IP 주소로 네트워크 연결이 들어오는 것을 대기한다. 이 옵션의 기본값은 없다. **anon_max_rate:** 익명 클라이언트에 대한 초당 허용 가능한 최대 데이터 전송 크기(바이트)를 의미한다. 기본값은 0이다(무제한을 의미). **listen_port:** vsftpd가 FTP 연결을 대기할 포트 번호다. 기본값은 21이다. **pasv_enable:** 데이터 연결 과정에서 PASV 방식을 활성화하거나 비활성화한다. 기본값은 YES다. **port_enable:** 데이터 연결 과정에서 PORT 방식을 활성화하거나 비활성화한다. 기본값은 YES다.
보안	이 옵션들은 서버에 접근을 허용하거나 거부하는 기능을 직접 제어한다. 이러한 옵션들은 내장된 접근 제어 기술을 FTP 서버에 제공한다.	**anonymous_enable:** 익명 로그인을 허용할지 말지 결정한다. 이를 활성화하면 익명 로그인은 사용자명을 ftp와 anonymous으로 인식하게 된다. 기본값은 YES다. **tcp_wrappers:** vsftpd가 tcp_wrappers 지원하도록 컴파일되면 들어오는 연결은 tcp_wrappers 접근 제어를 거치게 된다. 기본값은 NO다. **local_enable:** 로컬 로그인을 허용할지 말지 결정한다. 이를 활성화하면 /etc/passwd에 있는 일반 사용자는 로그인할 수 있다. 기본값은 NO다. **userlist_enable:** vsftpd는 이 옵션이 활성화되면 userlist_file 지시자에 명시된 파일로부터 사용자 목록을 가져온다. 만약 이 파일에 포함된 사용자가 로그인을 시도하면 그 사용자는 비밀번호 입력을 요구하기 전에 접근이 차단된다. 기본값은 NO다. **userlist_deny:** userlist_enable 옵션이 켜져 있는지 검사한다. 그 값이 NO라면 userlist_file에 명시된 파일에 사용자 이름이 있어도 로그인은 거부된다. 사용자에게 비밀번호를 묻기 전에 접근 거부된다. 이는 불필요하게 비밀번호를 네트워크로 전송하는 것을 막기 위함이다. 기본값은 YES다. **userlist_file:** 이 옵션은 userlist_enable 옵션이 켜있을 때 불러올 파일명을 지정한다. 기본값은 vsftpd.user_list다. **cmds_allowed:** 허용할 FTP 명령어 목록을 명시한다. 단, 로그인 관련 명령어인 USER, PASS, QUIT는 항상 허용된다. cmds_allowed=PASV, RETR, QUIT 이런 식으로 허용 명령을 지정하면 그 외 다른 명령들은 거부된다. 이 옵션의 기본값은 없다.

파일 전송	FTP 서버의 파일 송수신과 관련된 옵션들이다.	**download_enable:** 이 값이 NO이면 모든 다운로드 요청은 거부된다. 기본값은 YES다.
		write_enable: 이 옵션은 FTP 명령어들의 파일 시스템 변경을 허용할지 여부를 결정한다. 이러한 명령에는 STOR, DELE, RNFR, RNTO, MKD, RMD, APPE, SITE가 있다. 기본값은 NO다.
		chown_uploads: 이 옵션은 모든 익명 업로드 파일에 대한 소유권을 chown_username 설정에 명시된 사용자로 변경할 것인 여부를 결정한다. 기본값은 NO다.
		chown_username: 익명 업로드 파일의 소유권을 획득할 사용자명을 지정한다. 기본값은 root다.
디렉터리	FTP 서버에서 제공하는 디렉터리의 동작을 제어하는 옵션들이다.	**use_localtime:** 이 옵션이 활성화되면 vsftpd는 디렉터리 목록을 로컬 시스템 시간대로 표시한다. 기본적으로는 GMT 기준 시간을 표시한다. 기본값은 NO다.
		hide_ids: 이 옵션이 활성화되면 디렉터리 목록을 표시할 때 모든 파일에 대한 사용자와 그룹이 ftp로 보여지게 된다. 기본값은 NO다.
		dirlist_enable: 디렉터리 목록을 보여줄지 여부를 결정한다. 이 값이 NO이면 디렉터리 목록 표시를 요청하면 접근 권한 거절 오류가 발생한다. 기본값은 YES다.
로그	vsftpd 로그 정보를 어디에 어떻게 저장할지를 지정하는 옵션들이다.	**vsftpd_log_file:** 메인 vsftpd 로그 파일을 명시한다. 기본값은 /var/log/vsftpd.log다.
		xferlog_enable: 이 옵션은 발생하는 모든 파일 전송 로그를 기록하도록 한다.
		syslogd_enable: 이 옵션이 활성화되면 /var/log/vsftpd.log에 기록되는 로그들을 시스템 로그로 보내도록 한다. 로그는 FTPD(File Transfer Protocol Daemon)에 의해 기록된다.

> **참고** 설정 파일의 옵션들은 또한 그 값의 형태에 따라 세 가지로 분류될 수 있다. 불리언 옵션(YES 또는 NO), 정수 옵션(007, 700 등), 문자열 옵션(root, /etc/vsftpd.chroot_list 등)으로 나뉜다.

▦ FTP 서버 구동과 테스트

vsftpd는 기본 설정만으로도 실행하기에 충분하기 때문에 구동하기 위해 따로 할 일은 없다. 물론 서비스는 시작해야 한다. 데몬을 시작하는 법을 배우고 나서 FTP 클라이언트를 FTP 서버에 연결하여 테스트해보자.

그럼 이제 예제로 익명 FTP 세션을 시작해보자. 그전에 먼저 FTP 서비스를 시작해야 한다.

1. FTP 서비스를 시작한다.

```
[root@server ~]# service vsftpd start
Starting vsftpd for vsftpd:                              [ OK ]
```

systemd를 사용 중인 배포판에서는 다음과 같이 `systemctl` 명령어를 사용하여 vsftpd 데몬을 시작할 수 있다.

```
[root@fedora-server ~]# systemctl start vsftpd.service
```

> **팁** 자신의 배포판에서 `service` 명령을 사용할 수 없다면 vsftpd의 실행 제어 스크립트를 직접 실행하여 서비스를 제어할 수 있다. 예를 들어 vsftpd를 재시작하기 위해서는 다음과 같이 실행하면 된다.
>
> ```
> [root@server ~]# /etc/init.d/vsftpd start
> ```

> **팁** 우분투에서 `apt-get`을 통해 vsftpd를 설치하고 나면 바로 자동적으로 ftp 데몬이 실행된다. 따라서 데몬을 다시 시작하기 전에 데몬이 이미 구동 중인지 확인해봐야 한다. 이를 확인하기 위해서는 `ps -aux | grep vsftp`와 같은 명령을 사용하면 된다.

2. 커맨드라인 FTP 클라이언트 프로그램을 실행하고 익명 사용자로 로컬 FTP 서버에 접속한다.

```
[root@fedora-server ~]# ftp localhost
Connected to localhost (127.0.0.1).
220 (vsFTPd 2.*.*)
Name (localhost:root):
```

3. 프롬프트가 표시되면 익명 FTP 사용자명인 ftp를 입력한다.

```
Name (localhost:root): ftp
331 Please specify the password.
```

> **팁** 다수의 FTP 서버들이 "anonymous"라는 사용자명을 익명 로그인에 사용하기도 한다. 예제 페도라 시스템에서는 FTP 서버의 익명 접속을 위해 "ftp"를 사용자명으로 사용하였지만 "anonymous" 또한 익명 로그인에 사용할 수 있다.

4. 비밀번호를 입력하라는 프롬프트가 표시되면 아무 내용이나 입력한다.

```
Password: <type-absolutely-anything-you-want-for-the-password>
230 Login successful.
Remote system type is UNIX.
Using binary mode to transfer files.
```

5. `ls`(또는 `dir`) 명령을 사용하여 FTP 서버의 현재 디렉터리 파일 목록을 표시한다.

```
ftp> ls
227 Entering Passive Mode (127,0,0,1,63,215).
150 Here comes the directory listing.
```

```
drwxr-xr-x    2 0        0            4096 Sep 29 06:18 pub
226 Directory send OK.
```

6. 그리고 pwd 명령을 사용하여 현재 작업 디렉터리가 어디인지 확인한다.

```
ftp> pwd
257 "/"
```

7. cd 명령으로 익명 사용자에 허용된 FTP 디렉터리 바깥으로 이동한다. 예를 들어 /boot 디렉터리로 이동한다. 다음과 같이 오류가 나면 정상이다.

```
ftp> cd /boot
550 Failed to change directory.
```

8. FTP 서버에서 로그아웃하기 위해 bye 명령을 사용한다.

```
ftp> bye
221 Goodbye.
```

다음은 로컬 시스템의 계정을 사용하여 FTP 서버에 접속해볼 것이다. 이전 장에서 생성한 "yyang" 계정을 사용하여 앞서와 마찬가지로 인증된 FTP 세션에 연결해보자.

> **팁** 페도라 서버에서는 다음 과정을 진행하기 위해 SELinux를 임시적으로 비활성화해야 할지도 모른다. SELinux 의 비활성화는 setenforce 0 명령을 사용하면 된다.

1. 커맨드라인 ftp 클라이언트를 다시 실행한다.

```
[root@fedora-server ~]# ftp localhost
Connected to localhost (127.0.0.1).
220 (vsFTPd 2.*.*)
```

2. FTP 사용자명에 yyang를 입력한다.

```
Name (localhost:root): yyang
```

3. yyang 사용자의 비밀번호를 반드시 입력한다.

```
331 Please specify the password.
Password:
230 Login successful.
Remote system type is UNIX.
Using binary mode to transfer files.
```

4. pwd 명령을 사용하여 현재 작업 디렉터리를 확인한다. 익명 사용자로 로그인했던 이전과는 달리 yyang의 홈 디렉터리가 보일 것이다.

```
ftp> pwd
257 "/home/yyang"
```

5. cd 명령을 사용하여 yyang의 FTP 홈 디렉터리를 벗어나보도록 하자. 이전과 마찬가지로 /boot 디렉터리로 이동해보자. 이번에는 오류 없이 정상적으로 이동이 가능할 것이다.

```
ftp> cd /boot
250 Directory successfully changed.
```

6. bye 명령을 사용하여 FTP 서버를 빠져 나온다.

```
ftp> bye
221 Goodbye.
```

이 예제 FTP 연결들을 통해 페도라 시스템의 기본적인 vsftpd 설정은 다음과 같은 내용을 허용한다는 것을 알게 되었다.

- **익명 FTP 접근:** ftp(또는 anonymous) 계정을 통해 별다른 비밀번호 없이 익명으로 서버에 로그인할 수 있다.

- **로컬 사용자 로그인 허용:** /etc/passwd 파일에 포함된 모든 유효한 사용자들은 해당 계정명과 비밀번호를 통해 FTP 서버에 로그인 가능하다. 단, 이는 SELinux가 허용하는 경우에 가능하다. 우분투 서버는 이 동작이 비활성화되어 있다.

사용자 지정 FTP 서버

vsftpd의 기본 설정은 동작하기엔 충분하지만 사용자의 필요에 따라 변경이 필요하다. 그래서 이 절에서는 FTP 서버의 옵션을 상황에 따라 적절하게 수정하는 법을 살펴볼 것이다.

▨ 익명 사용자 FTP 서버 설정

우리가 먼저 해볼 것은 시스템의 로컬 사용자 계정은 로그인을 허용하지 않고 익명 로그인만 지원하는 것이다. 이러한 형태의 FTP 서버는 대형 사이트에서 FTP를 통해 공개적으로 파일 다운로드를 제공하는 서비스에 유용하다. 이러한 상황하에서 수천 명에 달하는 모든 사용자에게 계정을 발급하는 것은 비현실적이다.

다행히도 vsftpd는 익명 FTP 서버 기능을 제공한다. vsftpd.conf 파일의 설정 옵션을 확인하여 불필요한 옵션들은 제거하고 필요한 내용을 설정할 것이다.

텍스트 편집기를 사용하여 /etc/vsftpd/vsftpd.conf 파일을 열고 최소한 다음에 나열된 지시자들이 제대로 설정되어 있는지 확인한다. 만약 해당 지시자가 주석 처리되어 있다면 # 기호를 제거한다. 그리고 해당 설정값이 다음과 같이 되어 있는지 확인한다.

```
listen=YES
xferlog_enable=YES
anonymous_enable=YES
local_enable=NO
write_enable=NO
```

익명 FTP 서버를 활성화하기에는 이들 옵션만으로도 충분하다. 따라서 앞의 옵션들만을 저장한 파일을 /etc/vsftpd/vsftpd.conf 파일에 덮어쓰면 된다. 이는 설정 파일을 깔끔하게 유지하기에 적당하다.

사실상 모든 리눅스 시스템은 "ftp"라는 사용자가 미리 설정되어 있다. 이 계정은 익명 FTP 접근을 위한 계정으로 특권을 가지지 않는 시스템 계정이다. 익명 FTP 로그인을 위해서는 시스템에 반드시 존재해야 하는 계정이다. 이 계정의 존재를 확인하려면 getent 유틸리티를 사용해야 한다.

```
[root@server ~]# getent passwd ftp
ftp:x:14:50:FTP User:/var/ftp:/sbin/nologin
```

만약 위와 같이 출력되지 않으면 useradd 명령을 사용하여 ftp 계정을 만들어 주어야 한다. ftp 계정을 만드는 법은 다음과 같다.

```
[root@server ~]# useradd -c "FTP User" -d /var/ftp -r -s
/sbin/nologin ftp
```

/etc/vsftpd/vsftpd.conf 파일을 수정하고 나면 vsftpd 서비스를 재시작해야 한다.

```
[root@fedora-server ~]# service vsftpd restart
```

서비스 관리자로 systemd를 사용하는 배포판에서는 다음과 같이 vsftpd를 재시작할 수 있다.

```
[root@fedora-server ~]# systemctl restart vsftpd.service
```

자신의 리눅스 배포판에서 service 명령을 사용할 수 없다면 vsftpd의 실행 제어 스크립트를 직접 실행하면 된다. 예를 들어 vsftpd를 재시작하기 위해서는 다음과 같다.

```
# /etc/init.d/vsftpd restart
```

▩ 가상 사용자 기반의 FTP 설정

가상 사용자는 실제로 존재하는 사용자는 아니다. 따라서 이 사용자들은 시스템에서 특정한 기능이나 특권을 가지지 않는다. FTP에서 제공하는 가상 사용자는 FTP 서버에 접근 가능한 로컬 시스템 계정과 익명 사용자 계정의 중간 정도로 생각하면 된다. FTP 클라이언트에서 FTP 서버로 네트워크 연결 시 보안을 보장할 방법이 없다면 로컬 시스템 계정으로 FTP 서버에 로그인하는 것은 매우 무모한 짓이다. FTP 서버와 클라이언트 사이의 통신이 평문으로 이루어지기 때문에 중요 데이터가 유출된다면 큰 문제가 된다.

가상 사용자의 사용은 신뢰하지 못하는 사용자에게는 FTP 서비스의 공개된 데이터에만 접근 가능하도록 한다. 결국 가상 사용자 자격으로는 문제가 발생하더라도 피해를 최소한으로 줄일 수 있다.

> **팁** 또한 vsftpd는 FTP 클라이언트와 통신하는 내용을 SSL(Secure Sockets Layer)로 설정해 암호화할 수 있다. 이를 설정하는 법은 간단하지만 FTP 클라이언트도 이를 지원해야 한다. 불행히도 현재 대부분의 FTP 클라이언트 프로그램이 SSL을 지원하지 않는다. 따라서 보안이 중요한 서버라면 일반 FTP 대신 OpenSSH의 sftp 프로그램을 사용하는 게 나을 것이다.

이 절에서는 두 개의 가상 사용자(ftp-user1, ftp-user2)를 만들 것이다. 이 계정들은 시스템의 /etc/passwd 파일에 존재하지 않아야 한다.

가상 사용자 계정을 만드는 과정은 다음과 같다.

1. 먼저 가상 사용자의 이름과 비밀번호를 저장한 텍스트 파일을 만든다. 한 행에는 사용자 이름을 그 다음 행에는 그 사용자의 비밀번호를 입력하는 방식을 사용한다. 예를 들어 사용자 ftp-user1의 비밀번호는 user1과 사용자 ftp-user2의 비밀번호는 user2로 정하고 plain_vsftpd.txt라는 파일에 저장하기 위해 vi를 실행한다.

   ```
   [root@server ~]# vi plain_vsftpd.txt
   ```

2. 다음 내용을 파일에 입력한다.

   ```
   ftp-user1
   user1
   ftp-user2
   user2
   ```

3. 파일을 저장하고 텍스트 편집기를 종료한다.

4. 1단계에서 만들었던 텍스트 파일을 버클리 DB 형식(db)으로 변환하여 pam_userdb.so 라이브러리에서 사용 가능하도록 한다. 그리고 변환된 파일을 /etc 디렉터리에 hash_vsftpd.db라는 이름으로 저장한다. 이를 위해서는 다음과 입력한다.

   ```
   [root@server ~]# db_load -T -t hash -f plain_vsftpd.txt
   /etc/hash_vsftpd.db
   ```

> **참고** 페도라 시스템에서 db_load 프로그램을 사용하기 위해서는 db4-utils 패키지가 설치되어 있어야 한다. yum install db4-utils 명령을 사용하면 쉽게 패키지를 설치할 수 있다. 혹은 설치 매체를 통해 설치할 수 있다. 우분투에서는 db4.9-util 패키지에 포함된 db4.9_load 파일을 사용하면 된다.

5. 가상 사용자 데이터베이스 파일의 퍼미션을 변경하여 일반 사용자의 접근에 제한을 둔다. 일반 사용자들은 이 파일을 읽지 못하도록 한다.

```
[root@server ~]# chmod 600 /etc/hash_vsftpd.db
```

6. 다음은 FTP 서비스에서 새 가상 사용자 데이터베이스 파일로 사용할 PAM 파일을 하나 만든다. virtual-ftp라는 이름으로 /etc/pam.d/ 디렉터리에 저장한다. 이 파일을 만들기 위해 다음과 같이 편집기를 실행한다.

```
[root@server ~]# vi /etc/pam.d/virtual-ftp
```

7. 다음 내용을 파일에 입력한다.

```
auth required /lib64/security/pam_userdb.so db=/etc/hash_vsftpd
account required /lib64/security/pam_userdb.so db=/etc/hash_vsftpd
```

이 항목들은 PAM 시스템이 hash_vsftpd.db 파일에 저장된 새 데이터베이스를 사용하여 사용자를 인증하도록 한다.

8. virtual-ftp 파일에 내용이 제대로 저장되었는지 확인한다.

9. 이제 가상 FTP 사용자의 홈 환경을 설정한다. 기존 FTP 서버의 디렉터리 구조에 하위 디렉터리를 생성하여 가상 사용자의 파일들을 저장할 것이다. 다음과 같이 입력한다.

```
[root@server ~]# mkdir -p /var/ftp/private
```

> **팁** 9단계에서 우리는 약간의 속임수를 사용하였다. 가상 사용자에 연결할 FTP guest 계정을 생성하는 과정을 거치지 않았고 또한 시스템에 이미 안전하게 설정된 FTP 시스템 계정을 활용하여 퍼미션을 따로 설정하는 문제를 피할 수 있었다. 이에 관한 자세한 내용은 vsftpd.conf의 man 페이지의 guest_username 지시자를 참조하길 바란다(man vsftp.conf).

10. 이제는 해당 설정들을 활성화한 vsftpd.conf 파일을 만들 차례다.

11. 텍스트 편집기를 사용하여 /etc/vsftpd/vsftpd.conf 파일을 연다. 설정 파일을 살펴보면서 최소한 다음에 나열된 지시자들이 제대로 설정되어 있는지 확인한다. 만약 해당 지시자가 주석 처리되어 있다면 # 기호를 제거한다. 그리고 해당 설정값이 다음과 같이 되어 있는지 확인한다.

그리고 각 지시자들을 이해하는 데 도움을 주기 위해 설명을 주석으로 추가하였다.

```
listen=YES
#We do NOT want to allow users to log in anonymously
anonymous_enable=NO
xferlog_enable=YES
#This is for the PAM service that we created that was named virtual-ftp
pam_service_name=virtual-ftp
```

```
#Enable the use of the /etc/vsftpd.user_list file
userlist_enable=YES
#Do NOT deny access to users specified in the /etc/vsftpd.user_list file
userlist_deny=NO
userlist_file=/etc/vsftpd.user_list
tcp_wrappers=YES
local_enable=YES
#This activates virtual users.
guest_enable=YES
#Map all the virtual users to the real user called "ftp"
guest_username=ftp
#Make all virtual users root ftp directory on the server to be:
#/var/ftp/private/
local_root=/var/ftp/private/
```

팁 기존 설정 파일을 수정하지 않고 파일을 처음부터 다시 만든 경우에도 앞의 옵션 외에 추가적으로 옵션을 더할 필요는 없다. vsftpd 프로그램은 설정 파일에 명시되지 않은 옵션도 기본으로 내장된 값을 사용하기 때문이다. 또한 앞의 주석들을 타이핑하기 힘들다면 굳이 입력하지 않아도 된다. 단지 이해를 돕기 위해 추가한 것이다.

12. 이제 10단계의 설정에서 참조할 /etc/vsftpd.user_list 파일을 만들어야 한다. 다음과 같이 첫 번째 가상 사용자를 위한 항목을 생성한다.

```
[root@server ~]# echo ftp-user1 > /etc/vsftpd.user_list
```

13. 두 번째 가상 사용자 항목을 만들기 위해 다음과 같이 입력한다.

```
[root@server ~]# echo ftp-user2 >> /etc/vsftpd.user_list
```

14. 이제 FTP 서버를 재시작할 차례다. 다음과 같이 입력한다.

```
[root@server ~]# service vsftpd restart
```

15. FTP 서버가 우리가 설정한대로 동작하는지 검증하기 위해 가상 FTP 사용자 중 하나로 접속해 본다. ftp-user1(비밀번호는 user1) 계정으로 서버에 접속한다.

```
[root@server vsftpd]# ftp localhost
Connected to localhost (127.0.0.1).
220 (vsFTPd 2.0.8)
Name (localhost:root): ftp-user1
331 Please specify the password.
Password:
230 Login successful.
Remote system type is UNIX.
Using binary mode to transfer files.
ftp> ls -l
```

```
227 Entering Passive Mode (127,0,0,1,94,124).
150 Here comes the directory listing.
226 Directory send OK.
ftp> pwd
257 "/"
ftp> cd /boot
550 Failed to change directory.
ftp> bye
221 Goodbye.
```

16. 또한 익명 사용자로 서버에 로그인할 수 없는지 확인한다.

```
[root@server vsftpd]# ftp localhost
Connected to localhost (127.0.0.1).
220 (vsFTPd 2.0.8)
Name (localhost:root): ftp
530 Permission denied.
Login failed.
```

17. 마지막으로 로컬 사용자로 서버에 로그인할 수 없는지 확인한다.

```
[root@server vsftpd]# ftp localhost
Connected to localhost (127.0.0.1).
220 (vsFTPd 2.*.*)
Name (localhost:root): yyang
530 Permission denied.
Login failed.
```

이와 같이 결과가 출력되면 제대로 설정된 것이다.

팁

vsftpd는 IPv6를 지원하는 데몬이다. FTP 서버가 IPv6 인터페이스를 대기하도록 하기 위해서는 vsftpd 설정 파일의 해당 옵션을 활성화해야 한다. 이를 활성화하기 위해서는 listen_ipv6 지시자를 YES로 설정해야 한다.

```
listen_ipv6=YES
```

vsftpd 소프트웨어가 IPv4와 IPv6를 동시에 지원하기 위해서는 vsftpd의 새 프로세스를 실행해야 한다. 그리고 원하는 프로토콜 버전을 지원하는 설정 파일을 가리키도록 해야 한다. IPv4를 지원하는 지시자는 다음과 같다.

```
listen=YES
```

listen과 listen_ipv6 지시자는 상호 배제되고 같은 설정 파일에 함께 지정될 수 없다. 페도라와 다른 레드햇 계열 배포판에서는 vsftpd 구동 스크립트가 자동적으로 /etc/vsftpd/ 디렉터리 아래의 모든 conf 파일을 읽어 들인다. 따라서 /etc/vsftpd/vsftpd.conf 파일과 IPv6을 지원하는 /etc/vsftpd/vsftpd-ipv6.conf 파일을 만들면 함께 읽어 들인다. 이는 이론적으로는 동작하지만 상황에 따라 달라질 수 있다.

요약

Very Secure FTP 데몬은 보안 기능과 상업용 FTP 서버로 사용하는 데 필요한 모든 기능을 제공하는 강력한 FTP 서버다. 이 장에서는 페도라와 데비안 계열 시스템에서 **vsftpd** 서버를 설치하고 설정하는 과정을 살펴보았다. 특히 다음 내용들을 살펴보았다.

- vsftpd의 주요 설정 옵션들

- FTP 프로토콜의 기본 동작 방식과 방화벽에서의 동작

- 익명 FTP 서버 구성 방법

- 가상 사용자를 허용하는 FTP 서버 구성 방법

- 테스트를 위해 FTP 클라이언트에서 FTP 서버에 연결하는 방법

여기서 배운 내용들은 FTP 서버를 오랫동안 운영하는 데 충분할 것이다. 물론 다른 소프트웨어 인쇄물과 마찬가지로 시간이 흐르면 무용지물이 될 수도 있다. 하지만 가끔씩 **vsftpd** 웹 사이트에 방문하여 최신 개발에 대한 정보와 최신 문서를 확인하면 FTP 서버를 운영하는 데 문제가 없을 것이다.

아파치 웹 서버

이 장에서는 리눅스 서버에서 **아파치 HTTP 서버**(www.apache.org)를 설치하고 설정하는 과정을 살펴본다. 아파치는 아파치 라이선스로 배포되는 프리 소프트웨어다. 이 글을 쓰는 시점에 유명한 인터넷 통계 사이트 Netcraft(www.netcraft.co.uk)에 따르면 아파치는 웹 서버 시장의 50퍼센트 이상을 차지하고 있다. 아파치 서버 소프트웨어가 인터넷 커뮤니티 등에서 좋은 평판을 갖는 것은 다음과 같은 장점을 가지고 있어서다.

- 안정적이다.

- 아마존, IBM 등의 유명 사이트에서 사용 중이다.

- 프로그램 전체와 관련 컴포넌트들이 오픈 소스다.

- 리눅스/유닉스뿐만 아니라 MS 윈도우 등 다양한 플랫폼에서 사용 가능하다.

- 유연성이 뛰어나다.

- 보안성이 뛰어나다.

아파치의 설정 과정을 살펴보기 전에 필수적으로 알아둬야 할 것은 아파치의 내부 구조와 HTTP의 동작 원리다. 이러한 지식은 아파치를 왜 그렇게 설정해야 하는지 이해하는 데 도움이 될 것이다.

HTTP 동작 원리

HTTP는 WWW에서 기본이 되는 가장 중요한 부분으로 아파치는 이 HTTP의 서버 측 구현 프로그램이다. 파이어폭스, 오페라, 인터넷 익스플로러와 같은 브라우저는 HTTP의 클라이언트 측 구현 프로그램이다.

이 글을 쓰는 시점에 HTTP는 버전 1.1이고 RFC 2616에 문서화되어 있다(자세한 내용은 www. ietf.org/rfc/rfc2616.txt를 참조하기를 바란다).

▨ 헤더

웹 클라이언트로 웹 서버에 접속할 때, 클라이언트의 기본 연결 방식은 TCP 80번 포트에 연결하는 것이다. 클라이언트가 연결되고 나면 웹 서버는 아무런 일도 하지 않는다. 클라이언트가 요청을 위해 HTTP 규격 명령을 서버에 보내야 한다. 클라이언트가 서버로 전송하는 모든 명령에는 클라이언트의 정보를 포함한 **요청 헤더**(request header)가 따라온다. 예를 들어 리눅스에서 파이어폭스를 사용하여 웹 사이트에 접속하면 웹 서버는 다음과 같은 정보를 클라이언트로부터 받게 된다.

```
GET / HTTP/1.1
Connection: Keep-Alive
User-Agent: Mozilla/5.0 (X11;Linux x86_64;rv:2.0.1) Gecko/2014
Firefox/4.9
Host: localhost:80
Accept: text/xml, image/gif, image/jpeg, image/png…
Accept-Encoding: gzip,deflate
Accept-Language: en-us
Accept-Charset: iso-8859-1,*,utf-8
```

첫 행의 HTTP GET 명령어는 서버에 특정 파일을 요청할 때 사용한다. 헤더의 나머지 부분은 서버에 알려줄 클라이언트 정보로 구성된다. 클라이언트가 수용할 파일 종류나 언어 등을 포함한다. 많은 서버들이 이 정보를 로그 목적 이외에도 클라이언트에 어떤 정보를 보낼지 여부를 결정하는 데 사용한다.

요청 헤더와 함께 추가적으로 헤더를 보내기도 한다. 예를 들어 클라이언트가 하이퍼링크를 사용하여 사이트 정보를 얻고자 할 때 클라이언트의 사이트 정보를 나타내는 항목을 헤더에 추가로 전달해야 한다. 서버는 빈 줄을 받으면 요청 헤더가 끝난 것으로 인식한다. 서버는 요청 헤더를 받고 나면 서버 헤더에 클라이언트가 실제 요청한 내용을 덧붙여 전송한다. 서버 헤더에는 서버 정보, 클라이언트가 요청한 데이터의 크기, 데이터 타입 등의 내용이 포함된다. 예를 들어 위와 같은 요청 헤더를 받은 HTTP 서버는 다음과 같은 서버 응답 헤더를 전송한다.

```
HTTP/1.1 200 OK
Date: Thu, 02 Jun 2014 14:03:31 GMT
Server: Apache/3.0.52 (Fedora)
Last-Modified: Thu, 02 Jun 2014 11:41:32 GMT
ETag: "3f04-1f-b80bf300"
Accept-Ranges: bytes
Content-Length: 31
```

```
Connection: close
Content-Type: text/html; charset=UTF-8
```

응답 헤더 다음에는 빈 줄 하나와 실제 내용물이 따라온다.

▓ 포트

HTTP 요청의 기본 포트 번호는 80번이다. 하지만 웹 서버 설정을 통해 다른 서비스에서 사용하지 않는 임의의 포트로 변경할 수 있다. 이것은 한 호스트에서 여러 개의 웹 서버를 각기 다른 포트로 실행할 수 있게끔 한다. 일부 사이트들은 클라이언트의 다양한 요청 형태를 지원하기 위해 웹 서버의 설정을 여러 개로 관리한다. 표준 포트 번호를 사용하지 않는 웹 서버에서는 그 사이트의 URL에 포트 번호를 포함한다. 예를 들어 웹 주소 http://www.redhat.com는 http://www.redhat.com:80와 같이 포트 번호를 사용할 수 있다.

> **팁** 은폐를 통한 보안을 위해 포트 번호를 바꾸는 것은 바람직하지 않다. 비표준 포트 번호를 사용 중이라고 해도 외부 공격자가 해당 사이트를 찾지 못할 거라고는 보장할 수 없다. 사이트를 공격하는 자동화 프로그램을 사용하면 간단한 노력만으로도 웹 서버 포트를 찾을 수 있기 때문이다. 즉 비표준 포트를 사용하는 것이 사이트 보안을 유지해주지 않는다.

▓ 프로세스 소유권과 보안

리눅스/유닉스 환경에서 웹 서버를 구동하기 위해서는 리눅스/유닉스의 퍼미션과 소유권 모델에 대해 이해하고 있어야 한다. 퍼미션 측면에서 모든 프로세스는 자신의 소유자가 존재하고 그 소유자는 시스템에 제한된 권한을 가진다.

프로그램(프로세스)가 실행될 때마다 자신의 부모 프로세스로부터 모든 권한을 상속받는다. 예를 들어 사용자가 root로 로그인했으면 그 쉘은 root 사용자의 권한을 가지고 모든 작업을 할 수 있다. 게다가 그 쉘로부터 생성된 모든 프로세스 역시 root가 가진 모든 권한을 상속받는다. 프로세스는 자신의 권한을 포기할 수는 있지만 추가적인 권한을 더 획득할 수는 없다.

> **참고** 리눅스 상속 규칙에는 몇 가지 예외가 있다. SetUID 비트로 설정된 프로그램은 부모 프로세스의 권한을 상속받지 못한다. 대신 해당 파일의 소유자에 허용된 권한을 가지고 시작한다. 예를 들어 su(/bin/su) 프로그램 파일은 소유자가 root이고 SetUID 비트가 설정되어 있다. 만약 yyang이라는 사용자가 su 프로그램을 실행하면 yyang의 권한을 상속받지 않고 대신 슈퍼유저의 권한을 상속받아 시작한다. SetUID에 대한 자세한 정보는 4장을 참조하길 바란다.

아파치 프로세스 소유권 처리 방법

아파치 HTTP 서버는 네트워크 관련 기능을 초기화하기 때문에 root 권한으로 실행해야 한다.

특히 서비스 요청을 받고 응답해야 하기 때문에 80번 포트에 연결이 필요하다. 연결이 되면 아파치는 root 권한을 버리고 설정 파일에 지정된 일반 사용자로 실행된다. 리눅스 배포판에 따라 아파치의 기본 사용자는 다르지만 대부분 nobody, www, apache, wwwrun, www-data, daemon 중에 하나를 사용한다. 그러면 이제 아파치는 일반 사용자로 실행되기 때문에 읽기 권한을 가진 파일들만 읽을 수 있다.

CGI(Common Gateway Interface)를 사용하는 사이트에서는 보안을 특히 신경 써야 한다. 서버 프로세스나 CGI 스크립트가 시스템 파일을 건드리게 되면 심각한 문제가 발생할 수 있다. 따라서 웹 서버의 권한을 제한하여 서버에 들어오는 악의적인 공격을 줄여야 한다. 그래서 아파치는 nobody 사용자로 실행되고 CGI 스크립트와 서버 프로세스는 root가 접근할 수 있는 중요 파일들에는 접근할 수 없다(root는 모든 파일에 접근할 수 있다는 것을 명심해야 한다).

> **참고** 서버에서 CGI 스크립트를 허용하는 경우 스크립트가 어떻게 작성되는지 엄격하게 확인해야 한다. 네트워크를 통해 CGI 스크립트에 전달되는 입력값은 어떤 값이든지 올 수 있기 때문에 주의해야 한다. 이에 대한 통계자료가 있는 것은 아니지만 일부 공격 중에는 부적절한 웹 서버 설정이나 잘못 짜인 CGI 스크립트 때문에 침입이 가능했던 것이다.

아파치 HTTP 서버 설치

최근 리눅스 배포판들은 RPM 방식의 아파치 HTTP 서버 패키지를 제공하기 때문에 간단히 패키지 관리자를 통해 아파치 소프트웨어를 설치할 수 있다. 이 절에서는 아파치를 얻는 방법과 RPM과 APT(Advanced Packaging Tool)를 통해 프로그램을 설치하는 방법을 살펴본다. 또한 소스 코드를 통해 소프트웨어를 설치하는 방법도 살펴볼 것이다. 다음 절에서 살펴볼 서버의 실제 설정 과정은 소스 코드나 바이너리 패키지로 설치한 경우 모두 적용 가능하다. 페도라 시스템에서 아파치 RPM을 구하는 방법은 다음과 같이 여러 가지가 있다.

- 배포판의 소프트웨어 저장소에서 아파치 RPM(httpd-*.rpm)을 내려 받는다. 예를 들어 페도라는 http://ftp.kaist.ac.kr/fedora/releases/〈VERSION〉/Fedora/x86_64/os/Packages/에서 파일을 구할 수 있다. 여기서 〈VERSION〉은 사용 중인 페도라의 버전 숫자를 가리킨다.

- 또한 배포판 설치 매체의 /Packages/ 디렉터리에서 설치할 수 있다.

- YUM 프로그램을 사용하여 소프트웨어 저장소에서 프로그램을 내려 받아 설치할 수 있다. 인터넷에 연결되어 있다면 이 방법이 가장 쉽기 때문에 이 책에서는 이 방법을 사용할 것이다.

Yum을 사용하여 프로그램을 설치하는 법은 다음과 같다.

```
[root@fedora-server ~]# yum -y install httpd
```

소프트웨어가 설치되었는지 확인하는 방법은 다음과 같다.

```
[root@fedora-server ~]# rpm -q httpd
httpd-2.*
```

이제 페도라 서버에 아파치가 설치됐다. 우분투와 데비안 계열 배포판에서는 APT 프로그램으로 아파치를 설치할 수 있다.

```
master@ubuntu-server:~$ sudo apt-get -y install apache2
```

우분투 시스템에서 apt-get을 사용하여 아파치를 설치하면 웹 서버 데몬이 자동으로 시작된다.

▼ 소스 코드로 아파치 설치하기

아파치 바이너리 패키지가 배포판에 기본적으로 포함되지 않았거나 아파치를 처음부터 빌드하기를 원한다면 언제든지 apache.org 웹 사이트를 통해 최신 버전을 구할 수 있다. 여기서 설명할 것은 바로 소스 코드로 아파치를 설치하는 과정이다. httpd(아파치) 소프트웨어의 정확한 버전을 명시하는 대신 여기서는 * 와일드카드를 사용할 것이다. 왜냐하면 httpd 버전에 따라 설치 과정이 다를 수 있기 때문이다. 따라서 실제로 따라 할 때는 * 와일드카드 대신 httpd의 정확한 버전 번호를 입력해야 한다. 예를 들어 이 책에 httpd-2.*로 표기된 것은 httpd-2.2.21.tar.gz나 httpd-2.4.0.tar.gz와 같이 정확한 이름을 사용해야 한다.

아파치의 가장 최근 버전은 www.apache.org/dist/httpd/에서 확인할 수 있다.

1. apache.org에서 최신 프로그램 소스를 받아 /usr/local/src/ 디렉터리에 저장한다. wget 프로그램을 사용하여 바로 내려 받을 수 있다.

    ```
    [root@server src]# wget http://www.apache.org/dist/httpd/
    httpd-2.*.tar.gz
    ```

2. tar 파일의 압축을 푼다. 그리고 압축이 풀린 디렉터리로 이동한다.

    ```
    [root@server src]# tar xvzf httpd-2.*.tar.gz
    [root@server src]# cd httpd-2.*
    ```

3. 아파치 프로그램을 /usr/local/httpd/ 디렉터리에 설치하기 위해 다음과 같이 prefix 옵션과 함께 configure 스크립트를 실행한다.

    ```
    [root@server httpd-2.*]#./configure --with-included-apr \
    --prefix=/usr/local/httpd
    ```

4. make를 실행한다.

    ```
    [root@server httpd-2.*]# make
    ```

▨ 아파치 모듈

아파치를 지금처럼 강력하고 유연하게 만든 것은 모듈을 통한 확장성 때문이다. 아파치는 기본
적으로 많은 모듈들을 가지고 있고 또한 기본 설치 시에 자동적으로 포함된다.

이미 예상했겠지만 모듈들 대부분이 아파치 웹 서버에 필요해서 누군가가 만들어놓은 것들이다.
아파치 모듈 API(Application Programming Interface)는 문서화가 잘 되어 있어서 누구나 개발하
고자 한다면 자신이 원하는 기능을 가진 모듈을 개발할 수 있을 것이다.

모듈을 개발하고자 한다면 http://modules.apache.org를 방문하면 많은 도움이 될 것이다. 모듈
을 통해 아파치의 기능을 확장하는 방법에 대한 정보를 발견할 수 있을 것이다.

일반적으로 자주 사용되는 아파치 모듈들은 다음과 같다.

- **mod_cgi:** 웹 서버에서 CGI 스크립트를 실행할 수 있도록 한다.

- **mod_perl:** 펄(Perl) 인터프리터를 아파치 웹 서버와 연동한다.

- **mod_aspdotnet:** 마이크로소프트의 ASP.NET 엔진과 연동하는 인터페이스를 제공한다.

- **mod_authz_ldap:** LDAP(Lightweight Directory Access Protocol) 데이터베이스로 아파치 웹 서
  버의 사용자를 인증하는 기능을 제공한다.

- **mod_ssl:** SSL(Secure Sockets Layer)와 TLS(Transport Layer Security)를 통해 아파치 웹 서
  버에 강력한 암호화 기능을 제공한다.

- **mod_ftpd:** 아파치 웹 서버에 FTP 접속을 허용한다.

- **mod_userdir:** HTTP를 통해 웹 서버 내의 사용자 디렉터리에 접근을 허용한다.

유명한 모듈이거나 설치할 모듈의 이름을 알고 있다면 쉽게 RPM 형태의 패키지를 찾을 수 있을
것이다. 그리고 RPM 명령을 통해 이를 쉽게 설치할 수 있다. 예를 들어 페도라 시스템에서 웹
서버에 SSL 모듈(mod_ssl)을 설치하고 싶다면 다음과 같이 yum 명령으로 설치할 수 있다.

    [root@fedora-server ~]# **yum install mod_ssl**

아니면 아파치 모듈 프로젝트 웹 사이트를 방문하여 검색을 통해 원하는 모듈을 내려 받아 설치할 수 있다.

아파치 서비스 시작과 종료

대다수 리눅스 배포판에서 아파치 서비스를 시작하고 종료하는 것은 쉽다. 페도라 시스템이나 레드햇 계열 시스템에서 아파치를 시작하려면 다음과 같은 명령을 사용하면 된다.

```
[root@server ~]# service httpd start
```

systemd를 사용 중인 리눅스 시스템에서는 systemctl 명령을 사용하여 httpd 데몬을 실행할 수 있다.

```
[root@fedora-server ~]# systemctl start httpd.service
```

아파치 서비스를 종료하려면 다음 명령을 사용한다.

```
[root@server ~]# service httpd stop
```

웹 서버의 설정을 변경하는 등의 아파치 서비스의 재시작이 필요하면 다음과 같은 명령을 사용한다.

```
[root@server ~]# service httpd restart
```

▓ 시스템 부팅 시에 아파치 실행하기

웹 서버를 설치한 이후에는 사용자들이 24시간 웹 서비스를 사용할 수 있도록 해야 한다. 하지만 오랜 시간 동안 재부팅 없이 사용하던 시스템에서 다른 문제로 인해 시스템을 재시작하고 나면 관리자가 웹 서비스의 구동을 잊어버리기 쉽다. 이러한 경우를 미연에 방지하기 위해서 시스템 시작 시에 자동으로 웹 서비스가 시작하도록 설정해야 한다.

대다수 리눅스 배포판에는 실행 레벨에 따라 시스템 서비스를 제어할 수 있는 chkconfig 유틸리티가 존재한다. 웹 서버가 부팅 시에 어떤 실행 레벨에서 시작되는지 확인하려면 다음과 같이 입력한다.

```
[root@server ~]# chkconfig --list httpd
httpd 0:off 1:off 2:off 3:off 4:off 5:off 6:off
```

이 출력 결과에 따르면 웹 서버는 어떠한 실행 레벨에서도 구동되도록 설정되어 있지 않다. 아파치를 실행 레벨 2, 3, 4, 5에서 자동으로 시작하게 하려면 다음 명령을 입력한다.

```
[root@server ~]# chkconfig httpd on
```

systemd를 사용 중인 리눅스 배포판에서는 httpd 데몬을 시스템 재부팅 시에 자동으로 시작하려면 systemctl 명령을 사용하면 된다.

```
[root@fedora-server ~]# systemctl enable httpd.service
```

우분투에서는 sysv-rc-conf나 update-rc.d 유틸리티를 사용하여 아파치를 실행하도록 실행 레벨을 제어할 수 있다.

> **참고** 소스 코드로 설치한 아파치에서는 chkconfig 유틸리티가 웹 서버의 구동 및 종료 스크립트에 대해 알 수 없기 때문에 제대로 동작하지 않는다. 따라서 재부팅 후에 자동으로 웹 서버를 시작할 수 있도록 별도의 작업을 해야 한다. 보통은 다른 시스템의 /etc/init.d 디렉터리에서 httpd 또는 apache라는 이름의 아파치 구동 스크립트를 구할 수 있을 것이다. 그 스크립트를 현재 아파치가 설치된 경로(예를 들어 /usr/local/httpd/)에 맞게 수정한 후 사용하면 된다.

아파치 테스트

시스템에 설치한 아파치를 테스트하는 가장 손쉬운 방법은 기본 홈페이지에 접속하는 것이다. 이를 위해 먼저 웹 서버가 구동 중인지 확인해야 한다.

```
[root@server ~]# service httpd status
httpd (pid 31090 31089 31084 31083 31081) is running...
```

또한 systemd를 사용하는 시스템에서 systemctl 명령을 사용하여 아파치 서버의 다양한 상태 정보를 확인할 수 있다.

```
[root@fedora-server ~]# systemctl status httpd.service
```

예제 페도라 시스템에서 아파치를 설치하면 방문자를 위한 기본 시작 페이지(index.html 또는 index.htm)가 제공되지 않는다. 대신 기본 시작 페이지가 없는 경우 /var/www/error/noindex.html 파일이 보이게 된다.

> **팁** 소스 코드를 통해 아파치를 설치했다면 기본 웹 페이지 디렉터리는 〈PREFIX〉/htdocs다. 예를 들어 설치 위치가 /usr/local/httpd/이면 기본적으로 /usr/local/httpd/htdocs/ 디렉터리에 웹 페이지가 저장된다.

지금까지 아파치 설치 과정이 순조롭게 진행되었다면 이제 웹 브라우저로 시스템의 웹 사이트에 접속해본다. 웹 브라우저의 주소창에 http://localhost(IPv6 주소로는 http://[::1]/)를 입력한다. 그러면 웹 브라우저에 아파치 웹 서버가 제대로 동작 중이라는 메시지를 가진 페이지가 보일 것이다. 만약 이러한 메시지가 보이지 않는다면 아파치 설치 과정을 다시 따라가면서 오류가 없는지 확인한다. 그래도 기본 웹 페이지가 보이지 않는다면 Netfilter/iptables(13장 참조)와 같은 호스트 방화벽이 접근을 막고 있는 건 아닌지 확인한다.

아파치 설정

아파치는 다양한 설정 옵션들을 제공하고 또한 설정하기도 쉽다. 따라서 간단한 작업을 통해 다양한 환경에 적합한 웹 서버를 구성할 수 있다.

이 절에서는 기본 설정 방법을 살펴본다. 기본 설정은 실제로 일반적인 환경에서 동작하는 데 무리가 없다. 따라서 그대로 사용하는 것도 좋은 방법이다. 그럼 이제 HTML 문서 작성을 시작해보자. 간단한 웹 페이지를 만드는 것을 살펴본 후 아파치 설정 파일의 주요 옵션들을 설명할 것이다.

▨ 간단한 최상위 페이지 생성

최상위 페이지를 만드는 간단한 방법은 직접 /var/www/html 디렉터리에(소스 코드로 설치했다면 /usr/local/httpd/htdocs 디렉터리에) 파일을 추가하는 것이다. 해당 디렉터리의 파일들은 누구나 읽을 수 있도록 권한을 설정해야 한다.

앞서 언급했듯이 아파치의 기본 웹 페이지는 index.html이다. 이제 "Welcome to webserver.example.org." 메시지를 출력하는 홈페이지를 만들고 변경하는 과정을 자세히 살펴보자. 다음과 같이 간단한 몇 가지 명령으로 실행할 수 있다.

```
[root@server ~]# cd /var/www/html/
[root@server html]# echo "Welcome to webserver.example.org" >> index.html
[root@server html]# chmod 644 index.html
```

또한 vi, pico, emacs 등과 같은 편집기를 사용하여 index.html 파일을 직접 수정할 수도 있다.

▓ 아파치 설정 파일

페도라나 레드햇 엔터프라이즈 리눅스에서는 기본적으로 /etc/httpd/conf/ 디렉터리에 아파치 설정 파일들이 저장된다. 소스 코드로 설치한 경우에는 /usr/local/httpd/conf/ 디렉터리에 저장된다. 페도라처럼 레드햇 계열 배포판에서 아파치의 기본 설정 파일은 httpd.conf다.

데비안 계열 시스템에서는 아파치의 기본 설정 파일은 /etc/apache2/apache2.conf다.

아파치 설정 파일을 이해하는 데 최선의 방법은 httpd.conf 파일을 읽어보는 것이다. 기본 설정 파일에는 각 항목의 역할과 인자에 대해 설명하는 많은 주석이 포함되어 있기 때문에 이해하기 쉬울 것이다.

▓ 주요 설정 옵션

일반적인 웹 서버를 구동하는 데는 추가적인 변경 없이 기본 설정값만으로도 충분하다. 그렇지만 사이트 관리자들은 웹 서버를 해당 사이트에 적합하게 변경하는 작업이 필요한 경우가 있다. 이 절에서는 아파치 설정 파일에서 사용하는 주요 지시자와 옵션에 대해 설명한다.

ServerRoot

이 지시자는 웹 서버의 기본 디렉터리를 지정하는 데 사용한다. 페도라, RHEL, CentOS에서는 기본값이 /etc/httpd/다. 우분투, OpenSUSE, 데비안 리눅스에서는 /etc/apache2/가 기본값이다.

문법: ServerRoot *directory-path*

Listen

연결 요청을 위한 서버가 대기하는 포트다. 대개 이 값은 웹 포트로 널리 알려진 80번 포트(http)를 주로 사용한다. 또한 Listen 지시자는 웹 서버의 연결 IP 주소를 지정하는 데도 사용한다. 비보안 웹 통신 방식에서는 기본값이 80이다.

문법: Listen *[IP-address:]* portnumber

예를 들어 아파치 서버가 IPv4와 IPv6 주소를 80번 포트로 대기하게끔 하기 위해서는 Listen 지시자를 다음과 같이 설정한다.

```
Listen 80
```

이번에는 아파치가 IPv6 주소(fec0::20c:dead:beef:11cd)의 8080번 포트를 대기하고자 한다면 다음과 같이 설정한다.

```
Listen  [fec0::20c:dead:beef:11cd]:8080
```

ServerName

이 지시자는 서버 자신이 인식할 호스트 이름과 포트를 정의한다. 많은 사이트들에서 서버는 다양한 목적으로 사용된다. 인트라넷 웹 서버는 사용량이 그리 많지 않다. 그래서 인트라넷 서버는 다른 서비스에서 함께 사용하는 경우가 있다. 이러한 상황에서 여러 가지 목적에 사용하는 시스템에 "www"(FQDN: www.example.org)와 같은 호스트 이름은 그리 올바른 선택이 아니다. 서버에 좀 더 범용적인 이름을 붙이고 DNS의 CNAME 항목에 등록하거나 /etc/hosts 파일에 복수의 호스트명을 설정하는 것이 나을 것이다. 한편 시스템에 여러 이름을 사용하여 서버에 접근하도록 할 수도 있다. 하지만 그러한 경우 서버의 실제 이름을 알고 있어야 한다. 서버의 실제 호스트 이름이 dioxin.eng.example.org인 사이트를 웹 서버로도 사용하려고 www.sales.example.org라는 별명을 부여한다. 이제 두 가지 이름을 가지고 사이트에 접속할 수 있다. 하지만 www.sales.example.org에 방문한 사용자들이 브라우저에 나타난 서버의 실제 이름 dioxin을 보면 혼란스러워할 것이다.

아파치는 이러한 혼란을 해결하기 위해 ServerName 지시자를 사용한다. ServerName을 통해 웹 클라이언트나 방문자에게 보여질 서버 이름을 지정할 수 있다.

문법: ServerName *FQDN*[: port]

ServerAdmin

이것은 서버가 클라이언트에 오류 메시지를 보낼 때 포함되는 이메일 주소다.

웹 사이트 관리자를 위해 이메일 주소에 별명을 사용하는 것이 여러모로 편리하다. 사이트 관리자가 여러 명이라면 해당 관리자들의 이메일 주소 목록을 포함한 별명을 사용할 수 있다. 또한 별명을 사용하면 현 관리자가 회사를 떠나더라도 웹 페이지에서 사이트 관리자의 주소를 변경할 필요가 없다.

문법: ServerAdmin *e-mail_address*

DocumentRoot

이 지시자는 클라이언트의 요청에 응답할 HTML 파일들을 저장해둔 웹 서버의 기본 디렉터리를 정의한다. 페도라나 레드햇 계열 시스템에서는 이 지시자의 기본값이 /var/www/html/이다.

OpenSUSE나 SLE 배포판에서는 이 기본값이 /srv/www/htdocs다.

> 💡 웹 서버가 제공할 콘텐츠가 방대하다면 이 지시자로 지정된 디렉터리는 여유 공간이 충분한 파일 시스템에 위치해야 한다.

MaxClients

이 지시자는 동시에 웹 서버에 요청이 가능한 클라이언트의 수를 설정한다.

LoadModule

이 지시자는 아파치의 실행 설정에 특정 모듈을 추가하고 불러오기 위해 사용한다. 지정한 모듈을 활성 모듈 목록에 추가한다.

문법: LoadModule *module filename*

▼ 아파치 모듈 활성화와 비활성화

데비안 계열 배포판들은 이미 설치된 아파치 모듈을 손쉽게 활성화하거나 비활성화할 수 있는 간단한 유틸리티 모음을 가지고 있다. 현재 설치된 모듈은 /usr/lib64/apache2/modules/ 디렉터리에서 확인할 수 있다. 예를 들어 userdir 모듈을 활성화하려면 다음과 같이 a2enmod 명령을 입력한다.

```
master@ubuntu-server:~$ sudo a2enmod userdir
```

userdir 모듈을 비활성화하려면 a2dismod 명령어를 사용하면 된다.

```
master@ubuntu-server:~$ sudo a2dismod userdir
```

a2enmod 명령을 실행하면 심볼릭 링크를 /etc/apache2/mods-enabled/ 디렉터리 아래에 생성한다. /etc/apache2/mods-available/userdir.conf 파일을 가리키는 심볼릭 링크가 생성된다. 이 파일은 userdir 모듈 설정에 관한 자세한 정보를 포함하고 있다. 예제 시스템의 userdir.conf 파일은 다음과 같다.

```
<IfModule mod_userdir.c>
        UserDir public_html
        UserDir disabled root
        <Directory /home/*/public_html>
                AllowOverride FileInfo AuthConfig Limit Indexes Options
MultiViews Indexes SymLinksIfOwnerMatch IncludesNoExec
                <Limit GET POST OPTIONS>
                        Order allow,deny
                        Allow from all
                </Limit>
                <LimitExcept GET POST OPTIONS>
                        Order deny,allow
```

```
                    Deny from all
            </LimitExcept>
        </Directory>
    </IfModule>
```

마지막으로 모듈을 활성화하거나 비활성화한 후에는 아파치를 재시작하거나 다시 로드해야 한다. 아파치를 재시작하는 명령은 다음과 같다.

```
master@ubuntu-server:~$ sudo /etc/init.d/apache2 restart
```

User

웹 서버가 사용할 사용자 ID를 지정한다. 최초에 서버 프로세스는 root로 실행되지만 그 이후에 이 지시자에 지정된 사용자로 권한이 내려간다. 이 사용자는 웹 서버를 통해 외부에 보여지게 될 파일과 디렉터리에 관한 접근 권한만 있으면 된다. 또한 HTTP나 웹 관련된 코드는 실행할 수 없어야 한다.

이 지시자의 값이 페도라 시스템에서는 자동적으로 "apache"라는 사용자로 설정된다. OpenSUSE 리눅스에서는 기본값이 "wwwrun"이다. 그리고 우분투처럼 데비안 계열 시스템에서는 "www-data"로 설정된다.

문법: User *unix_userid*

Group

아파치 HTTP 서버 프로세스의 그룹 ID를 지정한다. 클라이언트의 요청에 응답할 서버가 사용할 그룹이다. 페도라와 RHEL에서는 기본값이 "apache"다. OpenSUSE에서는 기본값이 "www"이고 우분투에서는 "www-data"다.

문법: Group *unix_group*

Include

이 지시자는 아파치 설정 파일에 다른 외부 설정 파일을 포함할 수 있게끔 한다. 대부분 구성상의 목적으로 사용된다. 예를 들어 별도의 설정 파일에 가상 도메인에 관한 모든 설정을 저장하고 Include 지시자를 사용하면 아파치가 그 내용을 함께 읽어 들인다.

문법: Include *file_name_to_include_OR_path_to_directory_to_include*

주요 리눅스 배포판들은 웹 서버를 위한 사이트 지정 설정 파일과 지시자들을 구성하기 위해 Include 지시자를 많이 사용한다. 이러한 파일과 디렉터리 구성은 아파치 설치/설정 과정에서 배포판들끼리 구별되는 유일한 요소다.

UserDir

이 지시자는 각 사용자 홈 디렉터리 내에 있는 하위 디렉터리를 정의한다. 이 디렉터리는 사용자들이 웹 서버를 통해 각자의 파일을 별도로 저장하는 데 사용한다. 주로 사용자 홈 디렉터리 아래에 public_html라는 이름을 사용한다. 이 옵션은 웹 서버 설정의 mod_userdir 모듈에 따라 동작한다.

이 옵션의 예제 사용법은 다음과 같다.

```
UserDir public_html
```

ErrorLog

오류 로그의 위치를 정의한다.

문법: ErrorLog *file_path| syslog[: facility]*

예제: ErrorLog /var/log/httpd/error_log

▼ 사용자 디렉터리에 웹 페이지 저장하기

UserDir 옵션을 활성화한 후에 사용자 yyang이 웹 서버를 통해 자신의 홈 디렉터리에 웹 콘텐츠를 저장하려 한다면 다음과 같은 과정으로 이를 진행할 수 있다.

1. yyang로 시스템에 로그인한 후 public_html 디렉터리를 생성한다.

   yyang@server:~$ **mkdir ~/public_html**

2. 상위 디렉터리에 적당한 권한을 설정한다.

   yyang@server:~$ **chmod a+x .**

3. public_html 디렉터리에 적당한 권한을 설정한다.

   yyang@server :~$ **chmod a+x public_html**

4. public_html 디렉터리에 index.html라는 예제 페이지를 만든다.

   yyang@server :~$ **echo "Ying Yang's Home Page" >>**
   ~/public_html/index.html

이 결과로 웹에서 누구나 볼 수 있는 파일이 public_html 디렉터리에 저장되었다. 웹을 통해 해당 디렉터리의 내용에 접근하려면 다음과 같이 웹 브라우저에 URL을 입력한다.

http://〈YOUR_HOST_NAME〉/~〈USERNAME〉

YOUR_HOST_NAME은 웹 서버의 FQDN이나 IP주소를 가리킨다. 그리고 해당 웹 서버 시스템에 로그인해 있다면 간단히 localhost를 입력하면 된다.

예를 들어 사용자명이 yyang이라면 정확한 URL은 http://localhost/~yyang이 된다. IPv6 주소로는 http://[::1]/~yyang이 된다.

SELinux가 활성화된 페도라 시스템에서는 이 UserDir 지시자를 동작하기 위해 좀 더 작업을 해야 한다. 사용자의 홈 디렉터리에 저장된 파일들에 기본 보안 문맥이 사용되기 때문이다. 기본적으로 보안 문맥 값은 user_home_t다. 따라서 ~/username/public_html/에 있는 모든 파일들의 보안 문맥을 httpd_sys_content_t로 낮춰야 한다. 그래야 아파치가 public_html 디렉터리에 있는 파일들을 읽을 수 있다. 변경 명령은 다음과 같다.

```
[yyang@fedora-server ~]$ chcon -Rt httpd_sys_content_t public_html/
```

LogLevel

이 옵션은 오류 로그에 보낼 메시지의 수준을 설정한다. 허용 가능한 로그 레벨은 emerg, alert, crit, error, warn, notice, info, debug이다. 기본 로그 레벨은 warn이다.

문법: LogLevel *level*

Alias

Alias 지시자는 DocumentRoot 지시자에 설정된 위치 외에 다른 위치에 저장할 수 있도록 한다. 또한 긴 경로명을 위해 약어나 별명으로도 사용할 수 있다.

문법: Alias *URL_path actual_file_or_directory_path*

ScriptAlias

ScriptAlias 옵션은 CGI 스크립트를 포함한 대상 디렉터리나 파일을 지정한다. 이는 CGI 모듈(mod_cgi)에 따라 동작한다.

문법: ScriptAlias *URL-path   actual_file-path_OR_directory-path*
예제: ScriptAlias /cgi-bin/ "/var/www/cgi-bin/"

VirtualHost

아파치에서 가장 많이 사용하는 기능 중 하나로 가상 호스트를 제공한다. 이것은 단일 웹 서버로 복수의 웹 사이트를 운영할 수 있게 한다. 각 사이트는 전용 하드웨어를 가진 것처럼 동작한다. 웹 서버가 각 호스트별로 독자적인 콘텐츠와 호스트 이름, 포트번호, IP 주소를 관리해야 한다. 이것은 HTTP 1.1 프로토콜에서 지원한다.

이 지시자는 실제로 <VirtualHost> 시작 태그와 </VirtualHost> 종료 태그로 구성된다. 이 것은 특정 가상 호스트에 연관된 옵션을 지정하기 위해 사용한다. 앞서 설명했던 지시자들 대부분이 여기서 사용 가능하다.

문법:　<VirtualHost *ip_address_OR_hostname[:port]* >
　　　　Options
　　< /VirtualHost >

예를 들어 www.another-example.org라는 이름의 가상 호스트를 설정한다고 가정하면 httpd.conf 파일이나 Include 지시자를 사용하여 별도의 파일에 VirtualHost 항목을 다음과 같이 만든다.

```
<VirtualHost www.another-example.org>
        ServerAdmin webmaster@another-example.org
        DocumentRoot /www/docs/another-example.org
        ServerName www.another-example.org
        ErrorLog logs/another-example.org-error_log
</VirtualHost>
```

데비안 계열 배포판에서는 a2ensite와 a2dissite 유틸리티를 사용하여 간단히 가상 호스트와 웹 사이트를 활성화하거나 비활성화할 수 있다. 예를 들어 가상 웹 사이트를 위해 이전 설정 파일을 www.another-example.org라는 이름으로 /etc/apache2/sites-available/ 디렉터리에 만들었다고 하면 다음과 같이 가상 웹 사이트를 활성화할 수 있다.

```
master@ubuntu-server:~$ sudo a2ensite www.another-example.org
```

가상 사이트를 비활성화하기 위해서는 간단히 다음과 같이 입력한다.

```
master@ubuntu-server:~$ sudo a2dissite www.another-example.org
```

a2ensite 또는 a2dissite 명령을 실행하고 나면 반드시 아파치가 설정 파일을 다시 읽어 들이도록 해야 한다.

```
master@ubuntu-server:~$ sudo /etc/init.d/apache2 reload
```

그리고 주의할 것은 VirtualHost 지시자 내의 ServerName 옵션의 값은 DNS에 등록된 이름으로 설정해야 한다.

> **참고** 이 절에서 아파치의 옵션과 지시자들을 모두 다루기엔 그 수가 너무 많다. 하지만 브라우저를 통해 HTML로 작성된 온라인 매뉴얼의 도움을 받을 수 있을 것이다. 아파치를 RPM으로 설치했다면 httpd-manual 패키지를 설치하면 도움말을 얻을 수 있을 것이다. 소스 코드로 설치한 경우에는 설치 경로의 manual 디렉터리(예를 들어 /usr/local/httpd/manual)에서 도움말을 찾을 수 있을 것이다. 또한 아파치 버전에 따른 문서는 http://httpd.apache.org/docs/ 웹 사이트에서 구할 수 있다.

아파치 서버 문제 해결

최초 설치 시에나 설정 파일을 변경하는 과정에서 서버가 종종 제대로 동작하지 않는 경우가 있을 수 있다. 이럴 때 다행히도 아파치는 왜 실패했는지 무엇이 실패했는지에 관한 오류 로그 파일을 제공한다.

오류 로그 파일은 시스템의 로그 디렉터리에 저장된다. 페도라나 RHEL에서는 아파치의 로그 파일이 /var/log/httpd/ 디렉터리에 저장되고 데비안이나 우분투에서는 /var/log/apache2/ 디렉터리에 저장된다. 또한 이 장 앞에서 설명한 소스 코드로 설치한 경우에는 로그 파일이 /usr/local/httpd/logs/ 디렉터리에 저장된다.

이들 로그 디렉터리 안에서 access_log와 error_log, 이 두 파일을 발견할 수 있을 것이다.

access_log 파일은 매우 간단하다. 웹 사이트에 방문하는 사용자들이 접근하는 파일에 대한 기록이다. 파일 전송의 성공 여부, 요청 IP 주소, 전송된 데이터량, 전송 시각 등의 정보를 포함하고 있다. 이러한 내용은 해당 사이트의 사용량을 확인하기에 유용한 정보들이다.

error_log 파일은 아파치에서 발생하는 모든 오류를 기록한다. 아파치가 실행되지 못하는 치명적인 오류뿐만 아니라 자동으로 복구되고 계속 진행할 수 있는 간단한 클라이언트 접속 문제 등도 포함한다. 아파치 구동 후 사이트에 계속 방문할 수 없다면 이 로그 파일을 살펴보고 왜 문제가 발생했는지 파악해야 한다. 최근 오류 메시지를 확인하는 가장 쉬운 방법은 tail 명령을 사용하는 것이다.

```
[root@server html]# tail -n 10 /var/log/httpd/error_log
```

좀 더 많은 로그 정보를 보고 싶다면 표시할 로그의 줄 수를 가리키는 -n 옵션의 값을 10보다 큰 수로 지정하면 된다. 그리고 실시간으로 변경되는 오류 로그를 확인하고 싶다면 tail 명령에 -f 옵션을 사용하면 된다. 아파치를 재시작하거나 웹 페이지를 요청하는 등의 동작을 실행하고 이를 확인하기 위해 별도의 터미널 윈도우에서 이 명령을 실행하면 디버깅에 많은 도움이 될 것이다. tail 명령에 -f 옵션을 사용한 예제는 다음과 같다.

```
[root@server html]# tail -f /var/log/httpd/error_log
```

이 명령은 tail 명령을 종료(CTRL+C)할 때까지 지속적으로 로그를 보여줄 것이다.

요약

이 장에서는 아파치(httpd)를 사용해서 웹 서버를 설정하는 과정을 처음부터 끝까지 살펴보았다. 이 장에서는 최상위 페이지를 만들고 기본 설정을 하는 과정을 이해하기엔 충분히 살펴보았다. 최소한 이 장에서 다룬 내용들은 인터넷이나 인트라넷에서 웹 서버를 구축하는 데 도움을 줄 것이다.

공식적인 아파치 문서(http://httpd.apache.org/docs/)를 시간을 가지고 천천히 살펴보는 것도 강력히 추천한다. 다양한 아파치 설정에 관한 내용을 담고 있고 또한 간결하고 이해하기 쉽게 잘 쓰여져 있다. 또한 아파치에 관한 책들은 굳이 전체를 다 읽을 필요 없이 필요한 부분만 찾아보면 된다.

CHAPTER 19

SMTP

SMTP(Simple Mail Transfer Protocol)는 사실상 인터넷상에서 메일 전송을 위한 표준이다. 인터넷상에서 메일을 송수신하는 메일 서버를 운영하기 위해서는 반드시 지원해야 한다. 또한 SMTP는 플랫폼에 관계없이 다양한 운영체제에서 사용 가능하기 때문에 내부 네트워크에서도 SMTP를 사용하여 메일을 송수신할 수 있다. 이 장에서는 SMTP 프로토콜의 동작 원리와 POP(Post Office Protocol)와 IMAP(Internet Message Access Protocol)와의 관계를 설명한다. 그러고 나서 보안 기능이 뛰어나고 사용하기도 쉬운 SMTP 서버인 Postfix에 대해 살펴볼 것이다.

SMTP 동작 원리

SMTP 프로토콜은 단지 메일을 호스트 간에 전달하기 위한 방법을 정의한 것이다. 메일을 어떻게 저장하는지, 어떻게 표시되는지 등에 대해서는 정의하고 있지 않다.

SMTP의 강점은 이러한 단순함 때문이다. 이는 1980년대의 네트워크의 구조가 단순함에 기인한 것이다(SMTP 프로토콜은 1982년 최초로 정의되었다). 그 당시에는 모든 사람들을 네트워크를 통해 연결하기에는 여건이 터무니없이 부족하였다. SMTP는 전송 방식에 관계없이 동작하는 최초의 메일 표준이다. 이는 TCP/IP 네트워크를 사용하는 사람들이 동일한 형식으로 메시지를 다른 사람에게 보낼 수 있다는 것을 의미한다.

또한 SMTP는 운영체제에 독립적이기 때문에 메시지가 각 시스템에 어떤 형태로 어떻게 저장되는지는 전혀 문제가 되지 않는다. 이것은 전화 시스템의 동작 원리와 비교할 수 있다. 각 전화 시스템 공급자는 각자의 지불 시스템을 가지고 있지만 두 네트워크 사이를 연결하는 방식은 표준 규격에 따라 동작하기 때문에 둘 사이의 통신은 투명하게 이루어진다.

SMTP를 구현한 오픈 소스 소프트웨어들이 다수 존재한다. 그 중 리눅스 배포판에서 유명한 SMTP 패키지가 Sendmail과 Postfix다.

▨ SMTP의 기본사항

예전에 정부기관을 사칭한 친구로부터 이메일을 받은 적이 있었다. 그 내용은 전년도에 세금을 내지 않았기 때문에 연체료를 포함해 세금을 납부하라는 것이었다. 어찌되었든 이와 유사한 메시지들이 만우절쯤에 사람들의 메일함에 도착하기 시작했다. 이제 우리는 어떻게 이러한 일이 가능한지 그리고 어떻게 하면 할 수 있는지 알아볼 것이다(물론 이러한 행위는 바람직한 것은 아니다, 단지 설명을 위한 것이다).

이 예제의 목적은 SMTP가 어떻게 메시지를 한 호스트에서 다른 호스트로 전송하는지 살펴보기 위한 것이다. 결국 중요한 것은 이메일을 위조하는 법을 배우는 것이 아니라 메일 관련 문제를 어떻게 해결하는지 배우는 것이다. 그래서 이 예제에서는 송신 호스트 기능을 하는 서버를 만들고 이 서버와 연결된 다른 시스템을 수신 호스트로 사용할 것이다.

SMTP를 사용하려면 호스트에 ASCII 텍스트를 전송할 수 있는 기능이 있어야 한다. 그리고 일반적으로 메일 서버의 SMTP 포트(25)에 연결해야 한다. 이를 위해 telnet 프로그램을 사용할 수 있다.

```
[root@server ~]# telnet mailserver 25
```

여기서 *mailserver*는 수신자의 메일 서버다. *mailserver* 다음의 25는 기본 telnet 포트 23이 아닌 25번으로 통신하겠다는 것을 나타낸다(23번 포트는 원격 접속에 사용되고, 25번 포트는 SMTP 서버를 위한 것이다).

메일 서버에 연결되면 다음과 같은 환영 메시지를 출력한다.

```
220 mail ESMTP Postfix
```

지금부터는 SMTP 서버와 직접 통신할 수 있다.

SMTP에서 사용하는 명령어들은 많지만 그 중에서 중요한 네 가지만 살펴보겠다.

- **HELO**

- **MAIL FROM:**

- **RCPT TO:**

- **DATA**

HELO 명령은 클라이언트가 서버에 자신을 알리기 위해 사용한다. HELO의 인자로 클라이언트의 호스트명을 전달한다. 물론 메일 서버는 이 정보를 이미 내부적으로 가지고 있지만 이를 통해 다시 한번 확인하게 된다. HELO 명령의 예제는 다음과 같다.

```
HELO example.org
```

만약 example.org가 실제 연결된 호스트명이 아니라면 메일 서버는 자신이 알고 있는 IP 주소를 클라이언트에 알려줄 것이다. 그러나 연결을 중단하거나 하지는 않는다.

MAIL FROM: 명령은 송신자의 이메일 주소를 포함한다. 이는 메일 서버에 이메일 송신자의 주소를 나타낸다. 예제는 다음과 같다.

```
MAIL FROM: suckup@example.org
```

이는 suckup@example.org가 메일을 보낸다는 것을 의미한다.

RCPT TO: 명령은 수신자의 이메일 주소를 포함한다. 예제는 다음과 같다.

```
RCPT TO: manager@example.org
```

이는 manager@example.org가 메일을 받는다는 것을 의미한다.

이제 서버는 메일의 송신자와 수신자를 알게 되었다. 다음은 전송할 메시지를 DATA 명령을 사용하여 지정해야 한다. 이 명령 뒤에는 메시지 헤더와 빈 줄, 마침표, 빈 줄, 본문 순서로 구성된다. 다음 예제에서는 suckup@example.org가 manager@example.org에게 보낸 메시지를 나타낸 것이다.

```
DATA
354 End data with <CR><LF>.<CR><LF>
Just an FYI, boss. The project is not only on time, but it is within
budget, too!
Regards -
SuckUp_to  Upper_Management
.
250 2.0.0 Ok: queued as B9E3B3C0D
```

이제 메일 전송을 위한 모든 과정이 끝났다. 메일 서버와 연결을 끊으려면 QUIT 명령을 입력하면 된다.

이것은 응용프로그램에서 메일을 보내는 기본적인 방식이다. 물론 GUI 프로그램들은 이러한 과정을 사용자에게 감춘다. 하지만 GUI 프로그램 내부에서도 클라이언트와 서버 사이의 메일 전송 과정은 이와 같다.

▣ 보안 문제

Sendmail은 많은 리눅스 배포판과 인터넷 사이트에서 사용하는 인기 있는 오픈 소스 메일 서버 소프트웨어다. 다른 서버 소프트웨어처럼 내부 구조와 설계는 복잡하고 이를 개발하는 데에도 고려해야 될 사항들이 많았을 것이다. 최근 몇 년 사이에 Sendmail의 개발자들은 여러 보안 문제를 줄이기 위해 편집증적으로 프로그램 설계에 집중하고 있다. 하지만 초기 설계부터 보안성에 대해 고려되지 못한 탓으로 그 한계를 드러내고 있다.

반면 Postfix 개발자들은 처음부터 보안을 고려하여 메일 서버 소프트웨어를 만들었다. Postfix 패키지는 기본적으로 최고 보안 수준으로 설정되어 배포된다. 그리고 나서 각 사용자들이 자신의 환경에 맞게 적절한 보안 수준으로 낮추게 한다. 따라서 서버 소프트웨어를 적절하게 설정하여 외부의 공격에 대처하는 것은 전적으로 사용자에게 달려 있다는 것을 의미한다.

메일 서버를 선정할 때 고려해야 할 사항은 일반적으로 다음과 같다.

- 언제 이메일이 서버로 보내지는가? 그리고 어떤 프로그램으로 전송할 것인가?

- 보안 기능을 지원하는가?

- 보안 기능을 지원하지 않으면 어떻게 공격으로부터 피해를 최소할 것인가?

- 메일 서버 프로그램들이 어떤 퍼미션으로 실행되는가?

이 경우에 Postfix가 어떻게 동작하는지 확인하려면 내부 구조에 대해 알아야 한다.

메일 서비스는 기본적으로 다음과 같이 세 가지 컴포넌트로 이루어진다.

- **메일 사용자 에이전트(MUA):** 아웃룩, 모질라, 썬더버드 등과 같이 사용자들이 메일을 읽기 위한 프로그램이다. MUA는 단지 메일을 읽고 메일을 작성하는 데 사용한다.

- **메일 전송 에이전트(MTA):** MTA는 한 사이트에서 다른 사이트로 메일을 전송하는 역할을 한다. Sendmail이나 Postfix가 MTA의 일종이다.

- **메일 전달 에이전트(MDA):** 사이트에 도착한 메시지를 해당 사용자의 메일함에 저장하는 역할을 한다.

많은 메일 시스템들이 이 컴포넌트들을 통합하여 제공한다. 예를 들어 마이크로소프트 익스체인지 서버는 MTA와 MDA 기능을 하나의 시스템으로 제공한다. 만약 아웃룩 웹 액세스처럼 익스체인지 서버에 연동하여 메일을 확인할 수 있다면 MUA 역시 지원한다고 할 수 있다. 로터스 도미노(Lotus Domino) 또한 유사한 방식을 사용한다. 반면 Postfix는 MTA로만 동작한다. 메일을 다른 외부 프로그램으로 전달하는 기능만을 수행한다. 따라서 각 운영체제나 사이트는 메일함 저장 방식 등과 같은 정책을 자유롭게 설정할 수 있다.

앞의 MTA와 함께 가장 일반적인 구성으로 Procmail 프로그램을 MDA 용도로 사용한다. 고급 필터링 기술과 우수한 보안 기능을 제공하기 때문에 많은 사이트들에서 Procmail을 선호한다. 예전에는 메일을 전달하기 위해 기본적으로 /bin/mail 프로그램을 사용했었다.

Postfix 서버 설치

이 책에서 Postfix 메일 서버를 선택한 것은 사용하기 쉽고 편하기 때문이다. 또한 Sendmail보다 설명하기에 단순하다. Postfix의 개발자는 이러한 단순함이 보안을 더 중요시하게 만들었다고 주장한다. Postfix는 Sendmail 프로그램이 지원하는 기능을 대부분 사용할 수 있다. 또한 일반적으로 Postfix를 설치하는 과정에서 Sendmail 바이너리들을 Postfix로 교체하는 작업을 한다.

다음 절에서 리눅스 배포판의 패키지 관리자(RPM, dpkg)를 통해 Postfix 서버의 설치 방법을 살펴본다. 여러분도 이 방법을 사용하는 것을 추천한다. 또한 소스 코드를 사용하여 Postfix를 빌드하고 설치하는 방법도 함께 알아본다.

▧ 페도라에서 RPM으로 설치하기

페도라, CentOS, RHEL 등에서 RPM을 통해 Postfix를 설치하기 위해서는 간단히 yum 명령을 사용하면 된다.

```
[root@fedora-server ~]# yum -y install postfix
```

이 명령을 수행하고 나면 시스템에 Postfix가 설치된다. 페도라와 RHEL에서는 Sendmail이 기본 메일 서버이기 때문에 chkconfig 명령을 사용하여 Sendmail을 비활성화하고 나서 Postfix를 활성화해야 한다.

```
[root@fedora-server ~]# chkconfig sendmail off
[root@fedora-server ~]# chkconfig postfix on
```

systemd를 사용하는 배포판에서는 다음과 같이 입력한다.

```
[root@fedora-server ~]# systemctl disable sendmail.service
[root@fedora-server ~]# systemctl enable postfix.service
```

마지막으로 Postfix 프로세스를 실행한다. 별다른 설정을 하지 않았기 때문에 원하는 대로 동작하지는 않겠지만 기본 설정만으로도 제대로 설치되었는지는 확인할 수 있다.

```
[root@fedora-server ~]# service sendmail stop
[root@fedora-server ~]# service postfix start
```

systemd를 사용하는 배포판에서는 다음과 같이 입력한다.

```
[root@fedora-server ~]# systemctl stop sendmail.service
[root@fedora-server ~]# systemctl start postfix.service
```

> 👉 **팁** 레드햇 계열에서 메일 시스템을 변경하는 또 다른 방식은 `system-switch-mail` 프로그램을 사용하는 것이다. 이 프로그램 역시 `yum`을 통해 설치할 수 있다.
>
> ```
> # yum install system-switch-mail
> ```
>
> 또한 `alternatives` 명령을 사용하여 시스템의 기본 MTA를 변경할 수 있다.
>
> ```
> # alternatives --config mta
> ```

▒ 우분투에서 APT로 설치하기

우분투에서는 APT(Advanced Packaging Tool)를 사용하여 Postfix를 설치할 수 있다. 우분투는 여타 리눅스 배포판과 달리 기본 구성으로 MTA 소프트웨어를 제공하지 않는다. 필요한 경우 직접 설치해야 한다. 우분투에서 Postfix MTA를 설치하기 위해서는 다음과 같이 명령을 실행한다.

```
master@ubuntu-server:~$ sudo apt-get -y install postfix
```

Postfix 설치 과정에서 다양한 설정 옵션을 선택할 수 있다.

- **No configuration:** 이 옵션은 기존 설정을 변경하지 않고 그대로 사용한다.

- **Internet site:** 메일이 SMTP를 통해 직접 송수신된다.

- **Internet with smarthost:** 메일을 받을 때는 SMTP나 fetchmail과 같은 유틸리티를 사용한다. 보내는 메일은 스마트호스트(smarthost)를 사용한다.

- **Satellite system:** 다른 호스트로 보내는 모든 메일은 스마트호스트를 통해 전송된다.

- **Local only:** 로컬 사용자의 메일만 전달된다. 이 옵션을 사용하면 네트워크 연결은 필요하지 않다.

여기서는 첫 번째 옵션인 No configuration를 사용한다. 또한 설치 과정에서 Postfix에 필요한 사용자 계정과 그룹을 만들어야 한다.

▼ 소스 코드로 Postfix 설치하기

www.postfix.org에서 Postfix의 소스 코드를 받는 것부터 시작하자. 이 글을 쓰는 시점에는 *postfix-2.8.7.tar.gz*가 최신 안정화 버전이다. 소스 파일을 다 받고 나면 `tar` 명령을 사용하여 내용물을 푼다.

```
[root@server src]# tar xvzf postfix-2.8.7.tar.gz
```

압축을 풀고나면 postfix-2.8.7 디렉터리로 이동해서 다음과 같이 make 명령을 실행한다.

```
[root@server src]# cd postfix-2.8.7
[root@server postfix-2.8.7]# make
```

컴파일 과정은 몇 분이 걸리지만 별 문제없이 진행될 것이다.

만약 컴파일 과정에서 "db.h" 파일을 찾을 수 없다거나 "db"에 관련된 오류가 발생하면 버클리 DB 개
발 도구를 설치해야 한다. 하지만 버클리 DB 도구를 직접 컴파일하는 것은 그리 추천하지 않는다. 다
른 시스템 라이브러리에서 사용 중인 버전과 Postfix에서 사용하는 버클리 DB의 버전이 다르기 때문
에 계속 오류가 발생할 수 있다. 따라서 이를 바로잡기 위해서는 db4-devel 패키지를 설치해야 한다.
yum 명령을 통해 다음과 같이 db-devel 패키지를 설치할 수 있다.

```
# yum -y install db4-devel
```

Postfix는 기존 Sendmail 프로그램을 지우기 때문에, Sendmail의 바이너리들을 백업해두는 것이 좋다.
다음 명령으로 Sendmail을 백업할 수 있다.

```
[root@server postfix-2.8.7]# mv /usr/sbin/sendmail /usr/sbin/sendmail.OFF
[root@server postfix-2.8.7]# mv /usr/bin/newaliases /usr/bin/newaliases.OFF
[root@server postfix-2.8.7]# mv /usr/bin/mailq /usr/bin/mailq.OFF
```

이제 Postfix가 실행에 사용할 사용자 계정과 그룹을 만들 것이다. 일부 배포판에는 이미 이들 계정이
만들어져 있을 수 있다. 그렇다면 사용자를 추가하는 과정에서 오류가 발생할 것이다. 그냥 무시하면
된다.

```
[root@server postfix-2.8.7]# useradd -M -d /no/where -s /no/shell postfix
[root@server postfix-2.8.7]# groupadd -r postfix
[root@server postfix-2.8.7]# groupadd -r postdrop
```

이제 make install로 실제 소프트웨어를 설치할 준비가 되었다. Postfix 설치 스크립트에서는 설정
을 위한 내용을 사용자에게 물어볼 것이다. make install을 실행하고 각 프롬프트에 엔터를 입력해 모
두 기본값으로 설정한다.

```
[root@server postfix-2.8.7]# make install
```

바이너리를 설치하고 나면 시작 스크립트에서 Sendmail을 비활성화해야 한다. chkconfig 명령을 사
용하여 비활성화한다.

```
[root@server postfix-2.8.7]# chkconfig sendmail off
```

Postfix의 소스 버전은 프로세스를 구동하고 종료할 수 있는 멋진 쉘 스크립트를 가지고 있다. 일관성
을 유지하기 위해 이 스크립트를 chkconfig를 통해 제어할 수 있는 표준 구동 스크립트로 만들 수 있
다. 6장에서 배운 기술을 사용하여 /etc/init.d/postfix라는 쉘 스크립트를 만들어보자. postfix 스크립

트의 코드는 다음과 같다.

```sh
#!/bin/sh
# Postfix      Start/Stop the Postfix mail system
#
#chkconfig:    35 99 01
#
. /etc/init.d/functions
[ -f /usr/sbin/postfix ] || exit 0
# See how we were called.
case "$1" in
start)
        echo "Starting postfix: "
        /usr/sbin/postfix start
        echo "done"
        touch /var/lock/subsys/postfix
;;
stop)
        echo -n "Stopping postfix: "
        /usr/sbin/postfix stop
        echo "done"
        rm -f /var/lock/subsys/postfix
;;
*)
echo "Usage: postfix start|stop"
exit 1
esac
exit 0
```

스크립트 파일의 퍼미션을 chmod 명령을 사용하여 설정한다.

```
[root@server postfix-2.8.7]# chmod 755 /etc/init.d/postfix
```

그리고 나서 chkconfig 사용하여 적절한 실행 레벨에 등록한다.

```
[root@server postfix-2.8.7]# chkconfig --add postfix
[root@server postfix-2.8.7]# chkconfig postfix on
```

Postfix 서버 설정

이제까지 Postfix 메일 서버를 컴파일하고 시스템에 설치하였다. 일반적으로 별 문제없이 완료될 것이다. 하지만 컴파일 과정 중에 문제가 발생하면 make install 명령이 종료되고 오류 메시지를 표시할 것이다. postfix 사용자를 추가하는 것을 깜박한 경우처럼 잘못된 것이 있다면 오류를 표시할 것이다.

이제 Postfix 서버가 설치 완료되었으니 /etc/postfix 디렉터리로 이동하여 서버 설정을 해보자.

/etc/postfix/main.cf 파일을 통해 Postfix 서버를 설정한다. 이 파일의 이름에서 알 수 있듯이 Postfix의 주 설정 파일이다. 우리가 주목할 또 다른 설정 파일은 master.cf 파일이다. 이 파일은 Postfix의 프로세스 설정 파일이다. Postfix 프로세스들의 실행 방식을 제어할 수 있다. 클라이언트에서 실행되는 Postfix는 메일을 수신할 필요 없어 중앙 메일 서버로 전달하는 역할을 수행하면 된다. master.cf는 이러한 내용을 설정할 때 유용하다. (좀 더 자세한 정보는 www.postfix.org의 문서를 참조하길 바란다).

지금부터 main.cf 설정 파일을 살펴보자.

▨ main.cf 파일

이 장에서 main.cf 파일의 모든 옵션을 나열하기에는 그 수가 너무 많다. 그래서 메일 서버를 구동하는 데 필요한 주요 옵션들만을 살펴볼 것이다. 이 설정 파일은 감사하게도 각 옵션과 기능들이 문서화가 잘 되어 있고 명확히 설명되어 있다. 다음에 설명할 예제 옵션들은 최소한 Postfix 메일 서버를 구동하는 데는 충분하다.

myhostname

이 매개변수는 메일 시스템의 호스트 이름을 지정하는 데 사용한다. Postfix가 메일을 받게 될 인터넷 호스트명을 설정한다. 호스트명의 기본 형식은 호스트의 FQDN을 사용한다. 일반적인 메일 서버 호스트명의 예는 mail.example.com 이나 smtp.example.org다. 사용 예는 다음과 같다.

```
myhostname = server.example.org
```

mydomain

이 매개변수는 서비스할 메일 도메인을 설정한다. 예를 들어, example.com, labmanual.org, google.com 등이 될 수 있다. 사용 예는 다음과 같다.

```
mydomain = example.org
```

myorigin

이메일 서버에서 나가는 모든 이메일이 어느 메일 서버에서 보내졌는지를 지정한다. 일반적으로 자신의 호스트명과 도메인을 사용한다. $myhostname나 $mydomain과 같이 변수명을 사용해서 설정할 수 있다

```
myorigin = $mydomain
```

설정 파일의 다른 매개변수의 값을 사용할 수도 있다. 변수명 앞에 $ 기호를 사용하면 된다.

mydestination

이 매개변수에는 Postfix 서버가 이메일 수신을 위한 최종 목적지로 사용할 도메인을 나열한다. 일반적으로 이 값은 서버의 호스트명과 도메인명으로 설정한다. 물론 다음과 같이 다른 이름을 포함할 수 있다.

```
mydestination = $myhostname, localhost.$mydomain, $mydomain,
mail.$mydomain, www.$mydomain, ftp.$mydomain
```

예를 들어 서버가 server.example.org, serverA.another-example.org와 같이 하나 이상의 이름을 가지고 있다면 두 이름 모두 여기에 사용할 수 있다.

mail_spool_directory

Postfix 서버는 두 가지 전달 방식을 사용할 수 있다. 사용자 메일함에 직접 전달하는 방식과 중앙 스풀 디렉터리에 저장하는 방식이 있다. 일반적으로 사용하는 방식은 /var/spool/mail에 메일을 저장하는 것이다. 이 변수는 다음과 같이 설정할 수 있다.

```
mail_spool_directory = /var/spool/mail
```

이와 같이 지정하면 메일은 /var/spool/mail 디렉터리 아래의 각 사용자 메일함에 저장된다. 각 사용자 메일함은 파일로 나타낸다. 예를 들어 yyang@example.org 계정에 메일이 도착하면 /var/spool/mail/yyang 파일에 저장된다.

mynetworks

mynetworks 변수는 중요한 옵션 중 하나다. 이 옵션은 Postfix 서버를 다른 서버로 중계할 수 있도록 설정한다. 대개 로컬 클라이언트 시스템에서 들어온 요청만 중계하기를 원할 것이다. 그렇지 않으면 스패머들이 우리의 메일 서버를 사용하여 스팸 메시지를 중계할 것이다.

이 변수의 사용 예는 다음과 같다.

```
mynetworks = 192.168.1.0/24, 127.0.0.0/8
```

이 변수를 정의하면 mynetworks_style 변수는 무시된다. mynetworks_style 변수는 class, subnet, host 키워드 등을 사용하여 네트워크를 지정할 수 있다. 이 설정은 서버에 지정한 네트워크들을 신뢰하게 만든다.

$mynetworks 변수를 제대로 설정하지 않으면 스패머들이 그 메일 서버를 중계용으로 사용하게 된다. 아마도 성난 메일 관리자들의 이메일이 쇄도하게 될 것이다. 게다가 DNS 블랙리스트(DNSBL)이나 실시간 블랙홀 리스트(RBI)와 같은 스팸 관리 서비스에 의해 해당 서버가 블랙리스트에 등록될 것이다. 블랙리스트에 등록되고 나면 매우 소수의 사람들만이 해당 서버에서 온 메일을 받을 수 있을 것이다. 그리고 블랙리스트에서 빠져 나오려면 많은 시간과 노력이 필요할 것이다. 더 최악의 경우는 블랙리스트에 등록된 것을 아무도 알려주지 않는 것이다.

smtpd_banner

이 변수는 클라이언트가 메일 서버에 접속했을 때 사용자가 정의한 메시지를 보여주는 데 사용한다. 서버에서 제공하는 기본 내용을 그대로 사용하지 않고 변경하는 것이 바람직하다. 이것으로 특정 소프트웨어 버전의 버그를 찾아 다니는 해커들이 좀 더 고생하게 될 것이다.

```
smtpd_banner = $myhostname ESMTP
```

inet_protocols

이 매개변수는 Postfix 서버의 IPv6 기능을 실행하는 데 사용한다. Postfix가 사용할 인터넷 프로토콜 버전을 지정한다. 기본값은 ipv4다. 이 값을 ipv6로 지정하면 Postfix가 IPv6을 지원하게 된다. 사용 가능한 일부 변수값은 다음과 같다.

```
inet_protocols = ipv4 (DEFAULT)
inet_protocols = ipv4, ipv6
inet_protocols = all
inet_protocols = ipv6
```

Postfix 설정 파일의 그 외 다른 변수들은 여기서 설명하지 않겠다. 앞서 옵션들을 설정할 때 설정 파일에서 주석 처리된 옵션들을 보았을 것이다. 그 옵션들은 보안 등급과 디버그 등급 등 기타 여러 내용들을 설정하는 것이다.

지금부터는 Postfix 메일 시스템의 실행과 메일 서버를 관리하는 법에 대해 살펴본다.

▨ Postfix 설정 확인

Postfix는 현재 설정을 검사하고 문제 해결을 돕는 도구를 가지고 있다. 이 도구는 간단히 다음과 같이 실행한다.

```
[root@server ~]# postfix check
```

이것은 Postfix 시스템의 설정 파일 오류나 디렉터리의 권한 문제 등을 발견하여 표시한다. 예제 시스템을 검사해보면 다음과 같은 내용을 출력한다.

```
[root@server ~]# postfix check
postfix: fatal: /etc/postfix/main.cf, line 91: missing '=' after attribute
name: "mydomain example.org"
```

설정 파일에 오타가 발견되었다. 설정 파일에서 오류가 발견되면 오류 메시지를 확인하여 해당 줄로 이동하여 수정하면 된다. 하지만 오류가 발생한 줄 번호는 정확하지 않은 경우도 있다. 여기서는 실제 오류가 발생한 곳 이후에 오류를 검출해냈다.

이 예제에서는 76번 줄에 있는 오타를 91번 줄까지 발견하지 못했다. 이것은 문법을 분석하는 엔진의 동작법 때문이다. 하지만 오류 내용을 자세히 읽어보면 "mydomain" 변수가 잘못됐다는 것을 알 수 있다. 따라서 검색을 통해 실제 오류 위치를 발견할 수 있다.

파일을 수정 후 다시 검사를 해보면,

```
[root@server ~]# postfix check
[root@server ~]#
```

아무 이상 없다. 이제 Postfix를 사용할 준비되었다.

Postfix 서버 실행

Postfix 메일 서버를 시작하는 것은 직관적이고 쉽다. postfix 실행 스크립트에 start 옵션을 사용하면 된다.

```
[root@server ~]# /etc/init.d/postfix start
```

설정 파일을 변경했다면 설정 내용을 적용하기 위해 Postfix를 재실행해야 한다. 이를 위해 reload 옵션을 사용한다.

```
[root@server ~]# /etc/init.d/postfix reload
```

systemd을 사용하는 배포판에서는 다음 명령을 실행한다.

```
[root@fedora-server ~]# systemctl start postfix.service
[root@fedora-server ~]# systemctl reload postfix.service
```

▒ 메일 큐 검사하기

메일 서버를 운영하다 보면 메일 큐가 가득 차는 경우가 종종 발생하기도 한다. 이것은 네트워크 장애나 다른 메일 서버 장애로 인해 발생할 수 있다.

메일 서버의 메일 큐를 검사하기 위해서는 다음과 같은 명령을 사용한다.

```
[root@server ~]# mailq
```

이 명령은 Postfix 메일 큐에 있는 모든 메시지를 표시한다. 이것은 메일 서버가 정상적으로 동작하는지 확인할 수 있는 첫 번째 방법이다.

▨ 메일 큐 비우기

장애가 발생하고 나면 메일이 큐에 쌓이기 시작한다. 그리고 종종 몇 시간이 지나도 메일이 전송되지 않는 경우가 있다. 이런 경우 mailq 명령으로 큐에 남아있는 메시지를 확인하고 이를 비우기 위해 postfix flush 명령을 사용할 수 있다.

▨ newaliases 명령어

/etc/aliases 파일은 이메일 별명 목록을 가지고 있다. 해당 사이트에 존재하는 사용자들을 위한 이메일 주소와 별명을 만드는 데 사용한다. /etc/aliases 파일을 변경하면 newaliases 명령을 사용하여 Postfix에 알려준다. 이 명령은 Postfix 데이터베이스를 재생성하고 얼마나 많은 이름이 추가되었는지 알려준다.

▨ 정상 동작 확인하기

Postfix 메일 서버를 설정하고 나면 정상적으로 동작하는지 다시 한번 확인해야 한다. 제일 먼저 pine, mutt와 같이 메일 사용자 에이전트를 사용하여 자신에게 메일을 보내본다. 정상적으로 동작한다면 이번에는 로컬 네트워크 내의 다른 사이트에 메일을 보내본다. 메일을 보낸 후 mailq 명령으로 메시지가 제대로 보내졌는지 확인한다. 마지막으로 메일을 인터넷을 통해 외부로 보내본다. 만약 이메일이 외부 사이트에서도 정상적으로 수신된다면 모든 동작이 정상적인 것이다.

메일 로그

페도라, RHEL, CentOS 시스템 등에서는 기본적으로 메일 로그가 rsyslogd 설정 파일에 정의된 /var/log/maillog에 기록된다. 로그 파일을 변경하고자 한다면 rsyslogd의 설정 파일인 /etc/rsyslog.conf를 수정하면 된다. 설정 파일의 다음 내용을 변경하면 된다.

```
mail.*              -/var/log/maillog
```

대다수 사이트들은 이와 동일한 방식으로 메일 로그를 관리하고 만약 문제가 생기면 /var/log/maillog 파일의 메시지들을 살펴본다.

우분투나 데비안 계열 시스템들은 메일 로그가 /var/log/ mail.log 파일에 저장된다.

또한 OpenSUSE나 수세리눅스 엔터프라이즈에서는 메일 로그가 /var/log/mail, /var/log/mail.

err, /var/log/mail.info, /var/log/mail.warn 파일에 나뉘어져 저장된다.

메일 서버가 동작하지 않는다면?

아직까지 메일을 사용할 수 없다 하더라도 너무 걱정할 필요는 없다. SMTP는 언제나 쉽게 설정할 수 있는 것은 아니다. 여전히 문제가 계속된다면 논리적으로 각 단계에 오류가 있는지 살펴본다. 먼저 로그 메시지를 살펴보고 다른 메일 서버가 응답할 수 없다는 메시지와 같은 내용이 있을 수도 있다. 다른 모든 것이 이상 없다면 이번에는 DNS 설정을 살펴본다. 메일 서버가 네임 검색 서비스를 사용할 수 있는지 확인해본다. 또는 MX 서비스가 동작하는지 살펴본다. 아니면 다른 사람이 자신의 메일 서버에 네임 검색 서비스를 수행 중인지 알아본다. 또한 이메일이 실제로는 전달되지만 스팸이나 정크메일로 인식된건 아닌지 확인해본다. 수신자의 스팸 메일함을 살펴본다.

시스템 관리를 잘하려면 문제 해결 능력이 뛰어나야 한다. 문제 해결에 좋은 방법은 다른 사람이 동일한 문제를 해결했는지 찾아보는 것이다. 해당 문제에 대해 Postfix의 웹 사이트 www.postfix.org나 www.google.com의 뉴스그룹 등을 확인해보는 것도 바람직한 일이다.

요약

이 장에서는 SMTP의 기본 동작 원리에 대해서 배웠다. 또한 Postfix 메일 서버의 설치 과정과 설정하는 법을 배웠다. 여기에서 배운 지식으로도 실제 메일 서버를 설정하고 운영하기엔 충분하다.

Postfix에 관한 보다 더 자세한 정보를 확인하려면 www.postfix.org의 온라인 문서를 살펴보기 바란다. 이 문서는 잘 쓰여졌고 따라 하기 쉽게 되어 있다. 또한 이 장에서 다루지 못한 Postfix의 부가적인 정보를 포함하고 있기에 이를 활용하여 Postfix의 기능을 좀 더 확장할 수 있을 것이다.

이 외에도 Ralf Hildebrandt와 Patrick Koetter가 지은 『The Book of Postfix: State-of-the- Art Message Transport』(No Starch Press, 2005)라는 훌륭한 책이 있다. 이 책은 Postfix 시스템에 대해서 매우 자세히 다루고 있다.

Postfix도 다른 서비스와 마찬가지로 최신 소식을 확인해야 한다. 이따금 보안 업데이트가 올라오면 그것을 메일 서버에 적용하는 것 또한 중요한 일이다.

CHAPTER 20

POP과 IMAP

19장에서는 메일 전송 에이전트(MTA), 메일 전달 에이전트(MDA), 메일 사용자 에이전트(MUA)의 차이점에 대해서 알아보았다. MDA로 Procmail이라는 프로그램을 사용 중인 경우 사용자 메일함에 메일이 전달되면 Procmail은 메일 서버에서 메일을 복사하여 **mbox** 형식으로 메일함에 저장한다. mbox 형식은 단순한 텍스트 형태로 pine, elm, mutt나 GUI용 메일 클라이언트 등에서 읽어 들일 수 있다.

mbox 형식을 사용할 때 중요한 점은 클라이언트가 직접 자신의 mbox 파일에 접근할 수 있도록 하는가다. 메일 서버의 관리자가 클라이언트의 관리가 가능한 환경이라면 접근을 허용해도 문제가 되지 않는다. 하지만 이 메일 관리 시스템이 여러 상황에 따라 어떻게 될지 모른다. 다음과 같은 상황에서는 클라이언트가 mbox를 직접 접근하는 데 문제가 발생할 수도 있다.

- 사용자들이 자신의 mbox 파일에 접근하기 위해서는 네트워크를 통해 연결되어 있어야 하는데 상황에 따라 언제든지 연결이 끊어질 수 있기 때문에 이를 보장할 수 없다.

- 사용자들은 오프라인에서 이메일을 보기를 원한다.

- 사용자들이 메일 저장소에 직접 접근하지 않도록 해야 한다(예를 들어 네트워크 파일 시스템에 공유된 메일 스풀 디렉터리는 접근할 수 없어야 한다).

- 메일 사용자 에이전트가 mbox 파일 형식을 지원하지 않는다(윈도우 기반의 일반적인 클라이언트들).

이러한 상황을 해결하기 위해 메일 저장소에 네트워크를 통해 접근할 수 있는 POP(Post Office Protocol)가 생겨났다. 초기의 많은 윈도우 기반 메일 클라이언트들이 인터넷 메일에 접근하기 위해 POP를 사용하였다. POP가 사용자들에게 유닉스 기반의 메일 서버(1990년대 말 마이크로소프트의 익스체인지가 부상하기 전까지 인터넷의 주된 메일 서버였다)에 접근을 허용했기 때문이다.

POP의 기본 원리는 단순하다. 중앙 메일 서버가 항상 인터넷에 연결된 상태이고 서버는 모든 사용자들의 메일을 받아 저장한다. 서버에 도착한 메일은 대기하다가 사용자가 POP을 통해 연결하면 해당 메일을 다운로드할 수 있도록 한다. 서버에 도착한 메일은 POP 프로토콜에서 지원하는 어떠한 형식(mbox 등)으로도 저장될 수 있다.

사용자가 메일을 보내려고 하면 이메일 클라이언트는 그 요청을 SMTP를 통해 중앙 메일 서버에 중계한다. 이로써 클라이언트가 이메일을 서버에 보내고 자유롭게 네트워크 연결을 끊을 수 있다. 메시지 전달, 재전송, 지연 등에 대한 책임은 해당 메일 서버에 넘어간다. 그림 20-1은 이러한 관계를 나타낸 것이다.

하지만 사용자들은 POP 프로토콜이 너무 많은 제약을 가지고 있다고 생각했다. 메일 서버에는 사용자 메일의 원본을 두고 클라이언트에는 사본만 남겨두는 기능 등이 빠져있었다.

이러한 단점들이 IMAP(Internet Message Access Protocol)를 개발하도록 했다.

내부적인 IMAPv2의 최초 RFC 문서는 1988년의 RFC 1064다. 이후 IMAPv2는 IMAP 버전 4 (IMAPv4)로 1994년에 발표되었다. 대다수 이메일 클라이언트는 IMAPv4와 호환된다.

● **그림 20-1**. SMTP와 POP를 이용한 메일 송수신

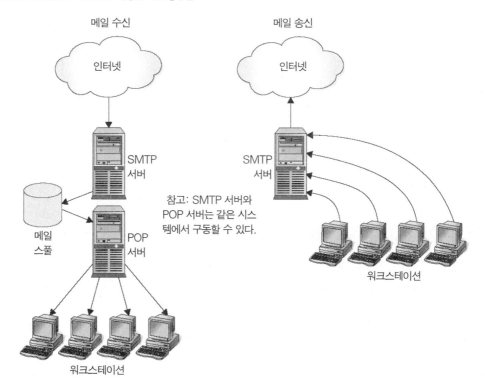

IMAPv4의 일부 설계 결함으로 인해 또 다른 프로토콜 개선 작업이 진행되었다. 그래서 IMAPv4는 현재 IMAP4rev1(RFC 3501)로 개정되었다.

IMAP이 어떻게 발전했는지는 메일에 접근하는 세 가지 방식(온라인, 오프라인, 연결해제)을 살펴보면 이해하기 쉽다. **온라인** 모드는 메일이 저장되어 있는 파일 시스템에 직접 접근하는 것과 유사하다(예를 들어 /var/mail 파일을 읽기 위해 파일 시스템에 접근한 경우). **오프라인** 모드는 POP가 동작하는 방법과 유사하다. 클라이언트는 네트워크에 연결되어 있지 않다가 명시적으로 이메일을 요청한 경우에만 연결한다. 오프라인 모드에서는 일반적으로 서버가 메일의 사본을 보관하지 않는다.

연결해제 모드는 사용자에게 메일 저장소의 사본을 보관할 수 있도록 허용한다. 메일 사본을 가지고 있다가 클라이언트가 연결되면 주고 받은 메일을 즉시 확인하고 동기화한다. 클라이언트가 연결이 해제되면 재접속 후 동기화가 이루어질 때까지 클라이언트의 변경 내역은 서버에 반영되지 않는다. 해당 클라이언트는 사본만을 가지고 있기 때문에, 사용자는 다른 클라이언트에서 자신의 이메일을 동기화할 수 있다.

IMAP 프로토콜을 사용하면 메일 서버는 이 세 가지 모드를 모두 지원할 것이다.

대부분의 경우에는 POP과 IMAP을 둘 다 지원하는 것이 바람직하다. 그리고 어떤 메일 클라이언트와 프로토콜 조합을 사용할지는 사용자가 자유롭게 선택할 수 있다.

이 장에서는 POP 서버와 연결 기능을 제공하는 UW(University of Washington) IMAP 서버의 설치와 설정 과정에 대해 다룬다. 이 메일 서버는 수년 동안 사용되어 왔다. 또한 설치 과정이 쉽다. 수백 명 규모의 사용자들이 사용하기에 적당하다.

더 많은 사용자들을 수용 가능한 IMAP용 메일 서버가 필요하다면 Cyrus나 Courier IMAP 서버를 고려해보는 것이 좋다. 둘 다 더 큰 규모의 옵션을 제공한다. 하지만 좀 더 복잡한 설치 과정과 설정이 필요하다.

POP과 IMAP의 동작 원리

지금까지 설명한 다른 서비스와 마찬가지로 POP과 IMAP도 요청을 제어할 서버 프로세스가 각각 필요하다. POP과 IMAP 서버 프로세스는 각각 110번 포트와 143번 포트를 대기한다.

서버로 들어오는 요청과 나가는 응답은 ASCII 텍스트로 되어 있다. 따라서 Telnet을 사용하여 서버의 기능을 확인하기 쉽다.

특히 메일 서버의 접속이나 사용 문제를 디버그하는 데 유용하다. SMTP 서버처럼, POP나 IMAP 서버도 사용자에게 간단한 명령어들을 제공한다.

이 명령어들을 사용하여 POP 서버와 IMAP 서버에 접속하고 로그를 남기는 과정을 살펴보자. 간단한 테스트로 서버가 제대로 동작하는지 인증 과정이 유효한지 확인해본다.

POP 프로토콜은 많은 명령을 제공하지만 여기서는 중요한 몇 가지만을 살펴보겠다.

- **USER**

- **PASS**

그리고 다음은 IMAP의 주요 명령어들이다.

- **LOGIN**

- **LIST**

- **STATUS**

- **EXAMINE/SELECT**

- **CREATE/DELETE/RENAME**

- **LOGOUT**

UW-IMAP과 POP3 서버 설치

워싱턴대학에서 만든 IMAP 서버는 전세계에 걸쳐 많은 사이트에서 사용하고 있다. 따라서 많은 사용자들의 검증을 받은 UW 버전의 IMAP을 설치할 것이다.

대다수 리눅스 배포판들은 UW-IMAP 바이너리 패키지를 배포 저장소에서 제공한다. 예를 들어 페도라/CentOS/RHEL에서는 yum을 사용하여 UW-IMAP를 설치할 수 있다.

```
[root@fedora-server ~]# yum -y install uw-imap
```

우분투나 데비안 계열 시스템에서는 APT를 통해 UW-IMAP를 설치할 수 있다.

```
master@ubuntu-server:~$ sudo apt-get -y install uw-imapd
```

> ### ▼ 소스 코드로 UW-IMAP 설치하기
>
> 먼저 UW-IMAP 서버를 /usr/local/src에 다운로드한다. UW-IMAP의 최신 버전은 ftp://ftp.cac. washington.edu/imap/imap.tar.Z에서 구할 수 있다. 다운로드 후에 다음과 같이 소스 코드를 푼다.
>
> ```
> [root@server src]# tar xvzf imap.tar.Z
> ```

새로운 디렉터리가 생성되고 이 안에 모든 소스 코드가 위치한다. 우리가 사용한 버전은 imap-2007f 라는 디렉터리를 만든다. 다음과 같이 그 디렉터리로 이동한다.

```
[root@server src]# cd imap-2007f/
```

UW-IMAP 서버 설치 시의 기본값으로도 동작하는 데는 문제없다. 빌드 과정을 튜닝하고 싶다면 현재 디렉터리에 있는 makefile 파일을 열고 천천히 살펴보기 바란다. makefile 파일은 문서화가 잘 되어 있어서 어떤 옵션을 키고 끌 수 있는지 보여준다. 그리고 설치할 때 커맨드라인에서 간단히 설정을 변경할 수 있다.

UW-IMAP의 make 명령에는 빌드 옵션으로 패키지가 어느 시스템에서 빌드될지 명시해야 한다. 이는 자동으로 실행 환경을 결정하기 위해 ./configure(autoconf) 프로그램을 사용하는 다른 오픈 소스 프로그램들과 대조적이다. 리눅스 환경을 위한 옵션은 다음과 같다.

인자	환경
ldb	데비안 리눅스
lnx	일반 패스워드 방식을 사용하는 리눅스
lnp	PAM(Pluggable Authentication Modules) 방식을 사용하는 리눅스
lmd	맨드레이크 리눅스
lrh	레드햇 리눅스 7.2 이상
lr5	레드햇 엔터프라이즈 5 이상 (최신 페도라 버전 포함)
lsu	수세리눅스
sl4	쉐도우 패스워드를 사용하는 리눅스 (추가 라이브러리 필요함)
sl5	쉐도우 패스워드를 사용하는 리눅스 (추가 라이브러리가 필요치 않음)
slx	패스워드 지원을 위해 별도의 라이브러리가 필요한 리눅스

이 옵션이 너무 많다고 생각할 수도 있다. 하지만 옵션의 대다수는 더 이상 사용되지 않는 예전 리눅스 버전들을 위한 것이다. 최신 리눅스 배포판을 사용하고 있다면 lsu(수세), lr5(RHEL), lmd(맨드레이크), slx, ldb(데비안) 옵션들 중 하나를 사용하면 된다.

OpenSUSE, RHEL/페도라/CentOS, 데비안, 맨드레이크/맨드리바 중 하나를 사용하면 해당하는 옵션을 선택하면 된다. 그렇지 않으면 거의 대부분의 리눅스 시스템에서는 slx 옵션을 선택하면 된다. slx 옵션을 사용하려면 makefile을 수정하여 OpenSSL와 같은 공용 라이브러리의 위치를 make에 알려줘야 한다. 예를 들어 OpenSSL과 IPv6을 지원하도록 컴파일하기 위해서는 다음과 같이 입력한다.

```
[root@server imap-2007f]# make slx IP=6    SSLTYPE=nopwd
```

IPv6을 지원하도록 빌드하면 확인 프롬프트가 뜰 것이다. 그러면 y(yes)를 입력하면 된다. 전체 빌드 과정은 아무리 느린 시스템이라도 몇 분 정도면 완료될 것이다. 컴파일이 완료되면 디렉터리에 네 개의 실행 파일이 생길 것이다. mtest, ipop2d, ipop3d, imapd 파일이다. 이 파일들을 다음과 같이 to the /usr/local/sbin 디렉터리에 복사한다.

```
[root@server imap-2007f]# cp mtest/mtest /usr/local/sbin/
[root@server imap-2007f]# cp ipopd/ipop2d /usr/local/sbin/
[root@server imap-2007f]# cp ipopd/ipop3d /usr/local/sbin/
[root@server imap-2007f]# cp imapd/imapd /usr/local/sbin/
```

복사가 완료되면 실행 파일에 퍼미션이 올바르게 설정되어 있는지 확인한다. 이 파일들은 root만 실행할 수 있도록 설정되어야 한다. 다음과 같이 퍼미션을 설정한다.

```
[root@server imap-2007f]# cd /usr/local/sbin
[root@server sbin]# chmod 700 mtest ipop2d ipop3d imapd
[root@server sbin]# chown root mtest ipop2d ipop3d imapd
```

> UW-IMAP는 특히 OpenSSL에 까다롭게 군다. US-IMAP 컴파일하는 시스템에서 OpenSSL 개발 라이브러리(헤더 파일)가 사용하기 쉬운지 확인해야 한다. RPM 기반 배포판에서는 OpenSSL 개발 라이브러리가 openssl-devel 패키지로 제공된다. 데비안 기반 배포판에서는 libssl-dev 패키지를 통해 설치할 수 있다. OpenSSL 헤더를 설치하고 나면 ./src/osdep/unix/Makefile 파일에 있는 SSLINCLUDE 변수를 헤더 경로를 가리키도록 수정해야한다. 예제의 페도라 서버에서는 이 경로를 /usr/include로 설정한다. 아니면 OpenSSL 기능이 필요치 않다면 간단히 컴파일 시에 비활성화해도 된다.

▩ UW-IMAP 실행

대다수 배포판들은 자동적으로 UW-IMAP을 xinetd(8장 참조) 슈퍼 데몬으로 실행하도록 설정한다. 다음은 페도라에서 사용중인 IMAP 서버와 POP3 서버의 xinetd 설정 파일이다.

IMAP 서버 설정 파일은 /etc/xinetd.d/imap이다.

```
service imap
{
        socket_type             = stream
        wait                    = no
        user                    = root
        server                  = /usr/sbin/imapd
        log_on_success  += HOST DURATION
        log_on_failure  += HOST
        disable                 = no
}
```

POP3 서버 설정 파일은 /etc/xinetd.d/ipop3다.

```
service pop3
{
        socket_type                     = stream
```

```
wait                    = no
user                    = root
server                  = /usr/sbin/ipop3d
log_on_success  += HOST DURATION
log_on_failure  += HOST
disable                 = no
}
```

> **팁** 페도라, RHEL, CentOS, OpenSUSE 등에서 chkconfig 유틸리티를 사용하여 xinetd로 구동되는 IMAP과 POP 서비스를 활성화하거나 비활성화할 수 있다. 예를 들어 IMAP 서비스를 활성화하려면 다음과 같이 입력한다.
>
> ```
> # chkconfig imap on
> ```
>
> 이것은 /etc/xinetd.d/imap 파일의 disable 변수를 yes로 변경한다.

xinetd가 설정을 읽기 전에 /etc/services 파일에 POP3와 IMAP이 포함되어 있는지 확인한다. 만약 /etc/services 파일에 두 프로토콜이 포함되어 있지 않다면 다음과 같이 추가한다.

```
pop3 110/tcp
imap 143/tcp
```

> **팁** 사용 중인 UW-IMAP 패키지가 소스 코드를 컴파일하여 설치하였다면 xinetd 설정 파일의 server 지시자를 해당 경로로 변경해야 한다. 예제에서는 IMAP 서버 바이너리가 컴파일된 경로인 /usr/local/sbin/imapd를 지정한다.

마지막으로 xinetd가 설정을 다시 읽어 들이도록 재시작한다. 페도라, RHEL, CentOS에서는 다음과 같이 재시작할 수 있다.

```
[root@fedora-server ~]# service xinetd restart
```

systemd를 사용하는 배포판에서는 systemctl 명령을 사용하여 xinetd를 재시작할 수 있다.

```
[root@fedora-server ~]# systemctl restart xinetd.service
```

그 외 다른 배포판에서는 다음과 같이 xinetd에 restart 인자를 전달하여 재시작할 수 있다.

```
master@ubuntu-server:~$ sudo /etc/init.d/xinetd restart
```

모든 작업이 끝나면 IMAP 서버와 POP3 서버가 동작할 환경이 모두 갖추어진 것이다. 이제 "POP과 IMAP의 동작 원리" 절의 내용을 참조하여 접속 과정과 기본적인 기능들을 테스트할 수 있다.

앞의 과정 중에 오류 메시지가 나타나면 /var/log/message 파일을 확인하여 문제를 해결하도록 한다.

POP3 기본 기능 확인하기

Telnet으로 POP3 서버(예제에서는 localhost)에 접속한다. 다음과 같이 명령 프롬프트에 입력한다.

```
[root@server ~]# telnet localhost 110
Trying 127.0.0.1…
Connected to localhost.
Escape character is '^]'.
+OK POP3 localhost.localdomain 2006k.101 server ready
```

프롬프트는 따로 표시되지 않지만 서버는 지금부터 명령어가 들어오기를 기다린다. 먼저 다음과 같이 로그인명을 입력해보자.

USER *yourlogin*

여기서 *yourlogin*는 당연히 로그인 ID다. 이에 대한 서버의 응답은 다음과 같다.

```
+OK User name accepted, password please
```

이제는 PASS 명령을 사용하여 비밀번호를 입력한다.

PASS *yourpassword*

여기서 *yourpassword*는 해당 ID의 비밀번호다. 서버는 다음과 같이 응답한다.

```
+OK Mailbox open, <X> messages
```

여기서 X는 사용자 메일함의 메시지 수를 나타낸다. 로그인하고 나면 메일을 읽기 위한 명령어를 입력할 수 있다. 여기까지 간단히 서버의 동작을 확인했기 때문에 우리는 그만 로그아웃한다. QUIT 명령을 입력하여 서버와의 연결을 끊는다.

```
QUIT
+OK Sayonara
Connection closed by foreign host.
```

IMAP 기본 기능 확인하기

Telnet으로 IMAP 서버(예제에서는 localhost)에 접속한다. 다음과 같이 명령 프롬프트에 입력한다.

```
[root@server ~]# telnet localhost 143
```

IMAP 서버는 다음과 유사하게 응답하게 될 것이다.

```
* OK [CAPABILITY.......<이하 생략>....... localhost.localdomain
```

이제 서버는 명령을 대기하게 된다. POP 서버와 마찬가지로 IMAP 서버도 아무런 프롬프트를 표시하지 않는다.

IMAP 명령의 형식은 다음과 같다.

```
<tag> <command> <parameters>
```

여기서 tag는 명령어를 인식하기 위한 식별값을 나타낸다. 예제 태그로는 A001, b, box, c, box2, 3 등이 있다. 명령어들은 비동기식으로 실행할 수 있다. 이것은 한 명령어를 입력하고 응답을 기다리는 동안 다른 명령어를 입력할 수 있다는 것을 의미한다. 각 명령어들은 태그가 붙기 때문에 해당 명령의 출력 결과를 쉽게 구분할 수 있다.

IMAP 서버에 로그인하기 위해서는 다음과 같이 login 명령을 입력한다.

```
A001 login <username> <password>
```

여기서 *username*은 로그인할 사용자 이름이고, *password*는 사용자의 비밀번호다. 인증이 성공하면 서버는 다음과 같은 결과를 보여줄 것이다.

```
A001 OK [CAPABILITY ...<이하 생략>... User <username> authenticated
```

이 결과는 두 가지 의미를 가지고 있다.

- 사용자명과 비밀번호가 인증되었다.
- 메일 서버는 사용자의 메일함의 위치를 찾고 접근 가능하다.

서버의 동작을 확인하였으니 logout 명령을 입력하여 종료한다.

```
A002 logout
```

서버는 다음과 같이 응답할 것이다.

```
* BYE server.example.org IMAP4rev1 server terminating connection
A002 OK LOGOUT completed
```

메일 서비스의 기타 고려사항

지금까지 배운 것만으로도 메일 서버를 운영하는 데 충분하다. 하지만 메일 서버를 개선하기 위해서는 고려해야 할 사항이 많다. 이 절에서는 메일 서버를 운영하면서 발생할 수 있는 문제와 이를 해결하기 위한 기술들에 대해서 살펴본다.

▨ SSL 보안

POP3와 IMAP3 서버를 기본 설정으로 사용하는 경우 가장 큰 보안 문제는 통신 내용이 암호화되지 않는다는 것이다. IMAP의 고급 설정 기능은 패스워드 해시 기능을 제공하지만 이는 최신 이메일 클라이언트에서만 지원한다. 따라서 가장 최선의 방법은 SSL을 사용하여 통신 내용 전체를 암호화하는 것이다.

> **팁**
> 배포판 패키지 관리자로 설치하는 UW-IMAP 바이너리 패키지는 SSL을 지원한다.

앞서 예제에서는 UW-IMAP의 설정에 SSL을 사용하지 않았다. 그 이유는 설정 과정을 간단히 하여 복잡함을 줄이고 이해가 쉽도록 하기 위해서였다.

이제 여기서는 SSL을 사용하도록 설정할 것이다. 설정 과정은 다음과 같다.

1. 먼저 자신의 UW-IMAP 버전이 SSL 기능을 지원하는 지 확인한다.

2. imaps와 pop3s를 활성화하기 위해 xinetd 설정 파일을 적절히 수정하거나 다음과 같이 chkconfig 명령을 실행할 수도 있다.

   ```
   [root@server ~]# chkconfig imaps on
   [root@server ~]# chkconfig pop3s on
   ```

3. xinetd를 재시작한다.

   ```
   [root@server ~]# service xinetd reload
   ```

4. imaps 서비스는 TCP 포트 993번을 사용하고, pop3s 서비스는 TCP 포트 995번을 사용한다. 따라서 해당 서버의 방화벽이 이들 포트를 차단하는지 확인해야 한다.

5. SSL 인증서를 설치한다. OpenSSL을 사용하면 간단히 직접 서명한 인증서를 만들 수 있다.

   ```
   [root@server ~]# openssl req -new -x509 -nodes
    -out imapd.pem -keyout imapd.pem -days 3650
   ```

   이 인증서는 10년간 유효하다. 만들어진 인증서를 OpenSSL 인증서 디렉터리로 옮긴다. 페도라, RHEL, CentOS에서는 /etc/pki/tls 디렉터리에 복사하면 된다.

6. 마지막으로 클라이언트가 imap 서버에 연결할 때 SSL을 사용하는지 확인해야 한다. 썬더버드, 아웃룩, evolution 등 대다수 유명 이메일 클라이언트 프로그램들은 이메일 계정 설정 옵션에 SSL 사용 옵션을 제공한다.

▨ SSL을 통한 IMAP과 POP3 연결 테스트

SSL 기반 메일 서버로 전환하고 나면 더 이상 Telnet을 사용하여 메일 서버를 테스트할 수 없다. Telnet은 통신 구간을 암호화하지 않기 때문이다.

Telnet을 사용할 때보다 조금 더 명령이 길긴 하지만 OpenSSL을 사용하면 이전과 같이 메일 서버에 연결할 수 있다.

```
[root@server ~]# openssl s_client -connect 127.0.0.1:993
```

이 예제에서 IMAP 서버는 127.0.0.1의 993번 포트를 사용하고 암호화된 상태다. 서버에 연결이 성공하면 마찬가지로 "IMAP 기본 기능 확인하기" 절에서 배웠던 명령어들(login, logout 등)을 사용할 수 있다.

또한 SSL을 사용하는 POP3 서비스에 접속하기 위해서는 다음과 같이 실행한다.

```
[root@server ~]# openssl s_client -connect 127.0.0.1:995
```

서버에 연결되면 POP3 기본 명령어를 사용하여 서버의 기능을 확인할 수 있다.

▨ 가용성

네트워크상에서 서비스의 질이 가장 눈에 띄는 것 중 하나가 이메일 서비스다. 메일 서버가 만약 다운된다면 사용자들이 즉각 알아차리고 불평할 것이다. 따라서 이메일은 24시간 연중무휴로 서비스가 제공되어야 한다.

메일 서버에 장애를 일으키는 첫 번째 요인은 관리자의 실수로 인한 잘못된 설정이다. 다른 말로 "fat fingering"이라고도 부른다. 이 문제는 해결책이 따로 없다. 그저 조심하는 수밖에 없다. 상용 서버를 다룰 때는 각 단계마다 주의를 기울이고 키를 하나 하나 입력할 때마다 어떤 영향을 미칠지 생각해야 한다. 가능하다면 root보다 일반 사용자로 사용하고, root 권한이 필요한 경우에는 sudo를 사용하여 명령을 실행한다.

메일 서버를 관리하는 데 있어 두 번째로 큰 문제는 하드웨어 가용성이다. 불행히도 이 문제를 해결하기 위해서는 비용이 많이 든다.

좋은 서버 하드웨어에 투자하는 것은 확실히 가치가 있다. CPU 팬이 고장 나서 서버를 사용할 수 없는 상황에 이르지 않도록 가능한 충분한 쿨링 시스템과 예비 서버 등을 준비하는 것도 좋은 방법이다. 서버에 듀얼 전원 장치를 공급하는 것도 또한 장애를 최소화하는 방법이다. 그리고 서버에 있어서 무정전 전원 장치(UPS)는 꼭 필요한 구성요소다. 또한 서버 디스크는 RAID 형태로 구성하여 하드웨어 고장 위험을 최소화해야 한다.

마지막으로, 초기 서버 설계 시에 확장성에 대해서 고려해야 한다. 메일 사용자들은 언젠가는 서버의 디스크 공간을 다 쓰게 될 것이다. 메일 서버의 디스크 공간이 가득 차서 메일을 받을 수 없는 상황을 바라지는 않을 것이다. 이를 해결하기 위해서는 서비스 중에 확장 가능한 디스크 볼륨과 새 디스크를 추가하기 쉬운 RAID 시스템을 사용하는 것을 고려해야 한다. 이를 도입하면 볼륨에 새 디스크를 추가할 때 서비스 다운 시간을 최소화할 수 있고 새로운 서버로 교체할 필요가 없어진다.

■ 로그 파일

이 장 초반부에도 언급했지만 /var/log/messages와 /var/log/maillog 파일들은 메일 서버의 동작을 추적하고 관리하기에 좋은 방법이다. UW-IMAP 서버는 서버의 동작을 이해하고 특이한 문제 해결을 위해 도움을 주는 많은 메시지들을 제공한다.

이 장에서 로그 파일들을 사용하기에 좋은 예는 앞서 설명한 SSL 관련 내용을 살펴볼 때다. 서버를 SSL 기능을 활성화하여 새로 컴파일한 후 imapd 파일을 /usr/local/sbin 디렉터리에 복사하는 것을 잊어버렸다면, Evolution 클라이언트를 사용하여 서버에 연결하였을 때 알 수 없는 행동을 하게 될 것이다.

이런 경우 openssl s_client 명령을 사용하여 서버에 연결하면 아무런 메시지 없이 알 수 없는 오류가 발생할 것이다. 관리자는 도대체 무슨 문제인지 알 수가 없을 것이다.

이때 tail 명령을 사용하여 로그 파일을 살펴보면 이 문제의 원인을 발견할 수 있다.

```
Sep 27 21:27:37 server imapd[8808]: This server does not support SSL
Sep 27 21:28:03 server imapd[9812]: imaps SSL service init from 127.0.0.1
```

이 내용을 보면 글자 그대로 SSL을 지원하지 않아 발생한 문제다. 다시 SSL을 설정하는 과정을 따라가 보면 새 imapd 실행 파일을 /usr/local/sbin 디렉터리에 복사하지 않았다는 것을 깨닫게 될 것이다. 간단히 cp 명령을 사용하여 복사하고 xinetd를 재시작하면 서버에 연결이 성공할 것이다.

요약하면 로그 파일을 천천히 살펴보라는 것이다. 로그 파일을 통해 대부분의 문제에 대한 해결책을 찾을 수 있다.

요약

이 장에서는 IMAP과 POP3의 기본 원리를 다루고, 실제 UW-IMAP 소프트웨어를 설치하고 각 서비스의 연결을 확인하는 과정을 살펴보았다. 이 장에서 배운 내용만으로도 수백 명 규모의 간단한 메일 서버를 구동하는 데 별다른 어려움이 없을 것이다.

또한 SSL을 통해 메일 서버가 보안 통신을 하도록 설정하였다. 이는 클라이언트에서 서버로 전달되는 비밀번호를 보호하는 간단한 방법 중 하나다. 그리고 관리자의 실수나 하드웨어와 관련된 문제에 대한 필수적인 대비책을 살펴보았다.

대형 메일 시스템 구축이 필요하다면 Cyrus, Dovecot, Courier 등의 메일 서버에 대해 충분한 시간을 두고 검토해보기 바란다. 또한 시스템에 그룹웨어 기능이 필요한 경우에는 Scalix, Open-Xchange, Zimbra, Kolab, Horde Groupware, eGroupware 등의 소프트웨어를 검토해보기 바란다. 이들 소프트웨어들은 좀 더 많은 확장성을 지원하지만 설정은 더 복잡해진다. 하지만 더 많은 부가 기능이 필요하다면 복잡성은 피할 수 없는 문제다.

다른 서버 소프트웨어와 마찬가지로 UW-IMAP도 항상 최신 버전으로 유지하는 것이 바람직하다. 감사하게도 UW-IMAP 패키지는 충분히 안정적이고 보안성이 뛰어나다. 그래서 업데이트에 대해서는 최소한으로만 신경을 쓰면 된다. 물론 주기적으로 확인하는 것도 나쁘지 않다.

마지막으로 IMAP과 POP 프로토콜에 대해 좀 더 자세히 알고 싶다면 최신 RFC 문서를 살펴보길 바란다. 이 프로토콜의 동작 방식에 대해 친숙해질수록 문제 해결 능력이 커질 것이다.

CHAPTER 21

SSH

인터넷처럼 공개 네트워크에 컴퓨터를 연결할 때 생기는 문제점 중 하나는 누군가가 내 시스템을 고장 낼 수 있다는 점이다. 말할 필요도 없이 이는 심각한 문제다.

우리는 15장에서 리눅스 시스템의 보안에 대해 공부하면서, 시스템에 원격으로 접근하는 경우 자원을 제한하는 방법에 대해 알아보았다. 하지만 원격 사이트에서 시스템 관리를 위해 접근이 필요하다면 어떻게 해야 할까? 일반적인 Telnet을 통한 연결은 세션 간의 데이터(사용자명, 비밀번호 등)를 평문으로 전송하기 때문에 보안에 취약하다. 보안상 시스템에 로그인할 수 없다면 어떻게 다중 사용자 시스템의 이점을 얻을 수 있을까?

> **참고** 평문은 암호화되지 않은 데이터를 말한다. 어떤 시스템에서 비밀번호를 평문으로 전송하는 경우 해당 패킷을 도청하면 사용자의 비밀번호는 손쉽게 얻을 수 있다. 만약 그 사용자가 root라면 엄청난 피해를 입게 될 것이다.

원격 접속 시에 발생할 수 있는 비밀번호 보안 문제를 해결하기 위해 Secure Shell(SSH)가 개발되었다. SSH는 IETF(Internet Engineering Task Force)에서 주도한 공개 프로토콜과 표준을 기반으로 통합한 네트워크 통신 도구의 집합이다. SSH는 Telnet, rlogin, FTP처럼 원격 서버에 연결할 수 있다. 다만 완전히 암호화된다는 점이 다르다. 누군가 패킷 스니퍼를 사용하여 패킷을 훔쳐보더라도 그 내용은 암호화되어 있어 해독하는 데 많은 시간이 걸릴 것이다.

이 장에서는 암호화의 개념에 대해 간단히 알아보고 나서 SSH에 대해 살펴볼 것이다. SSH를 구하는 법과, 설치하고 설정하는 법을 배운다.

공개 키 기반 암호화의 동작 원리

미리 밝혀두지만 이 장은 암호화에 대한 전문적인 내용을 다루지 않는다. 암호화의 기본적인 개념에 대해서만 간단히 살펴볼 것이다. 좀 더 전문적인 내용은 여기서 소개하는 참고 문헌들을 살펴보길 바란다.

SSH는 **공개 키 암호화** 기법에 기반을 두었다. 이것은 마치 은행의 안전 금고와 유사하다. 금고를 열기 위해서는 두 개의 키가 필요하거나 최소한 여러 층의 보안 장치를 해제해야 한다. 공개 키 암호화 기법은 공개 키와 비밀키, 두 개의 산술적 키가 필요하다. 공개키는 웹 페이지나 게시판 등을 통해 공개되어야 한다. 누구나 이 키를 복사할 수 있다. 반면 비밀 키는 절대로 외부에 유출돼서는 안 된다. 데이터를 정말로 안전하게 보호하려면 이는 꼭 지켜져야 한다. 그리고 모든 공개 키와 비밀 키의 조합은 항상 유일하다.

공개 키 방식을 사용하여 실제로 데이터를 암호화하고 전송하기 위해서는 여러 단계를 거친다. 앨리스와 밥이라는 두 친구를 통해, 공개 키 방식을 사용해 서로 통신하는 과정을 살펴볼 것이다. 그림 21-1부터 그림 21-5까지는 실제 과정을 간소화해서 나타낸 것이다.

● **그림 21-1.** 앨리스가 밥의 공개 키를 가져온다

● **그림 21-2.** 앨리스는 밥의 공개 키와 자신의 비밀 키를 사용하여 데이터를 암호화한다

● **그림 21-3.** 앨리스가 밥에게 암호화된 데이터를 전송한다

● **그림 21-4.** 밥이 앨리스의 공개 키를 가져온다

앨리스   밥

공개 키 ⟶ 네트워크 ⟶

● **그림 21-5.** 밥이 앨리스의 공개 키와 자신의 비밀 키를 사용하여 데이터를 해독한다.

앨리스   밥

네트워크   앨리스의 공개 키
                      + 밥의 비밀 키
                      + 암호화된 데이터
                      = 원본 데이터

이 과정을 살펴보면, 비밀 키는 네트워크를 통해 어느 쪽으로도 전송되지 않는다. 또한 밥의 공개 키와 앨리스의 비밀 키로 암호화된 데이터는 반드시 밥의 비밀 키와 앨리스의 공개 키 쌍으로만 해독할 수 있다는 것을 알 수 있다. 따라서 누군가 이 데이터를 전송 중에 가로채더라도 비밀 키 없이는 데이터를 해독할 수 없다.

더욱이 흥미로운 것은 SSH는 주기적으로 세션 키를 바꾼다(세션 키는 랜덤하게 생성되는 대칭 키로 SSH 클라이언트와 서버 간의 통신을 암호화하기 위해 사용한다. 세션 키는 SSH 연결 설정 중에 안전한 방법으로 클라이언트와 서버에 공유된다). 이러한 방식은 데이터 스트림을 주기적으로 다르게 암호화하게 된다. 따라서 누군가 우연이라도 전송 중에 세션 키를 알아낸다 해도 그 세션 키는 불과 몇 분만 유효할 것이다.

▨ 키의 특성

그럼 키란 정확히 무엇을 뜻할까? 기본적으로 키는 특별한 수학적 특성을 가진 매우 큰 수다. 누군가가 암호화 체계를 푸느냐 마느냐는 전적으로 이 키를 찾는 데 달려있다. 따라서 키값이 크면 클수록 키값을 알아내기 힘들어진다.

낮은 등급의 암호화는 56비트 키를 가진다. 56비트 키란 2^{56}개의 키를 가질 수 있음을 의미한다. 이 크기에 대해 이해를 돕자면 2^{32}는 약 40억, 2^{48}는 256조, 2^{56}는 약 6경 5,536조라는 엄청난 수를 나타낸다. 이 수가 엄청나 보이긴 하지만, 저등급의 암호화 코드는 병렬 컴퓨터를 사용하여 수개월 내에 풀릴 수 있다고 증명되었다. 1998년에 EFF(Electronic Frontier Foundation)라는 단체에서 25만 달러짜리 컴퓨터 시스템을 발표하면서 56비트 키를 수초 안에 풀 수 있다고 장담하였다. 높은 등급의 암호화가 필요하다는 것을 증명한 것이다. 그렇게 비싼 컴퓨터를 누가 살까

생각이 들겠지만 신용카드를 해킹하는 데 성공하기만 한다면 25만 달러는 그다지 큰 돈이 아닐 것이다.

> **참고** 앞서 말한 EFF가 발표한 시스템은 미국 정부를 설득하기 위한 것이었다. 당시 미국에는 암호화 소프트웨어의 수출을 제한하는 법 때문에 암호화 기술을 가진 회사들이 외국에 지사를 두고 일하는 방식을 택했다. EFF는 이 조항이 시대에 뒤떨어지는 발상이라 여기고 이를 없애야 한다고 주장했다. 결국 2000년에 들어서 이 법은 높은 등급의 암호화 기술에 대해 수출을 허용하도록 완화되었다. 하지만 이미 대다수 회사들이 암호화 기술을 해외로 수출하고 있었다.

키를 풀지 못하게 하기 위해서 전문가들은 128비트 이상의 키를 추천한다. 비트 수를 하나씩 늘릴 때마다 가용한 값이 두 배씩 늘기 때문에 128비트는 엄청난 도전이다. 그리고 암호화를 견고하게 만들고자 한다면 키의 크기는 512비트 이상을 추천한다. SSH는 데이터 암호화에 1024비트까지 사용할 수 있다. 더 많은 비트를 암호화에 사용하는 경우의 단점은 유효한 키를 만들어내기 위해 시스템에 더 많은 수학적 연산 능력이 필요하다는 것이다. 따라서 처리 시간이 더 필요하고 인증 과정이 느려진다. 하지만 이러한 단점에도 대다수 사람들이 더 많은 비트를 사용하는 것이 충분히 가치 있는 일이라고 생각한다.

> **참고** 아직까지 입증된 건 아니지만, 그 명성 높은 미 국방성(NSA)도 1024비트 이상의 키로 암호화된 코드는 풀 수 없다고 알려져 있다.

▧ 암호화 관련 참고문헌

SSH는 다양한 암호화 알고리즘을 지원한다. 그 중 공개 키 암호화 방식이 사이트 간의 통신을 암호화하는 데 있어 아마 가장 보안이 뛰어난 방식일 것이다. 암호화에 관한 더 많은 정보를 얻고자 한다면 다음에 소개된 서적과 참고문헌들을 찾아보길 바란다.

- 『PGP: Pretty Good Privacy』, by Simson Garfinkel, et al. (O'Reilly and Associates, 1994)

- 『Applied Cryptography: Protocols, Algorithms, and Source Code in C, Second Edition』, by Bruce Schneier (John Wiley & Sons, 1996)

- 『Cryptography and Network Security: Principles and Practice, Fifth Edition』, by William Stallings (Prentice Hall, 2010)

- "SSH Connection Protocol," by the Network Working Group, http://tools.ietf.org/ id/draft-ietf-secsh-connect-25.txt

- "Determining Strengths for Public Keys Used for Exchanging Symmetric Keys," by Network Working Group, www.apps.ietf.org/rfc/rfc3766.html

『PGP』는 PGP 프로그램에 대해 설명해놓은 책이지만 일반적인 암호화에 대한 설명과 역사적인 내용을 함께 담고 있다. 『Applied Cryptography』는 프로그래머가 아닌 일반인들에게는 꽤 어려운 책이지만 실제 암호화 알고리즘의 동작 방식에 대해 잘 설명해놓았다(이 책은 암호화 프로그래밍에 관한 바이블로 통한다). 마지막으로 『Cryptography and Network Security』는 기본 개념에 충실한 책이다. 암호화 코드보다 이론적인 측면에 관심이 있다면 이 책이 유용할 것이다.

SSH의 다양한 버전

SSH는 처음 DataFellows(현재는 F-Secure)에 의해 만들어졌고 비상업적으로 사용할 때만 무료로 사용할 수 있다. 상업적 용도로 사용할 때는 라이선스 구입이 필요했다. 하지만 패키지 비용보다 더 중요한 것은 소스 코드가 완전히 공개되었다는 점이다. 암호화 소프트웨어에 있어 소스 코드 공개는 누구나 코드를 확인할 수 있어 해커들의 공격을 받을 만한 취약점을 발견할 수 있다는 점에서 중요하다. 반면 은폐를 통한 보안은 통하지 않는다는 것을 의미한다. 미국 정부는 암호법의 일부를 완화함으로써 OpenSSH 프로젝트의 사용이 증가하고 일부 상업용 SSH 프로토콜의 대안이 되기 시작했다.

SSH 프로토콜은 IETF 표준이기 때문에 다른 개발자들도 타 운영체제를 위한 SSH 클라이언트를 개발할 수 있다. 그래서 마이크로소프트 윈도우, 매킨토시, 리눅스/유닉스뿐만 아니라 팜용 클라이언트도 존재한다.

이 장에서 사용할 OpenSSH 버전은 www.openssh.org에서 구할 수 있다.

▨ OpenSSH와 OpenBSD

현재 OpenSSH 프로젝트는 OpenBSD 프로젝트 덕분에 선두에 서게 되었다. OpenBSD는 유닉스의 변형인 BSD(Berkeley Software Distribution) 운영체제 중 하나다. 모든 운영체제 중 보안 기능에 가장 신경을 쓴 플랫폼이다. OpenBSD 웹 사이트(www.openbsd.org)에 방문해보면 기본 설치본에 10년 넘게 단 두 개의 원격 익스플로잇만이 존재한다는 것을 알 수 있을 것이다. 하지만 불행히도 이러한 보안에 대한 광신은 훌륭한 기능을 가진 프로그램들을 가지지 못하는 희생을 치르고 있다. 보안을 가장 우선시하기 때문에 배포판에 새로운 패키지를 추가하지 않고 있다. 또한 OpenBSD는 태생적인 이러한 보안성 때문에 방화벽 운영체제로 많이 쓰이고 있다.

OpenSSH 패키지의 핵심부는 OpenBSD 프로젝트의 일부로 간주되어 OpenBSD 운영체제에 최적화되어 있다. 그리고 다른 운영체제에서 OpenSSH를 사용하기 위해 별도의 그룹에서 이식 작업을 하고 있다. 일반적으로 일반 버전 출시 후 며칠 내로 이식 버전을 출시한다.

> **참고** 이 책은 리눅스 운영체제에 중점을 두고 있기 때문에, 이 장에서 사용하는 OpenSSH는 문자 p로 끝나는 이식 버전이다.

▣ 기타 SSH 클라이언트

SSH 클라이언트는 SSH 프로토콜 집합의 기본 구성요소다. SSH 클라이언트는 사용자가 SSH 서버 데몬이 제공하는 서비스를 사용할 수 있게 한다.

일반적으로 많은 사람들이 매일같이 여러 다양한 환경에서 작업을 하고 있다. 윈도우 시스템이나 Mac OS 시스템들을 사용하는 사람들은 다수 존재한다. 이들이 리눅스에서 작업해야 할 일이 생긴다면 원격으로 시스템에 접근할 수 있는 방법이 필요하게 된다. Telnet을 사용할 수도 있지만 보안이 취약하기 때문에 SSH를 사용해야 한다. 다행히도 리눅스와 유닉스 시스템은 SSH 클라이언트를 내장하고 있기 때문에 추가적인 설치가 필요 없다. 하지만 유닉스 계열의 운영체제가 아닌 경우에는 확인이 필요하다.

다음은 리눅스 외에 다른 운영체제에서 사용할 수 있는 SSH 클라이언트와 소프트웨어에 대해 요약한 내용이다.

- **Win32용 PuTTY(www.chiark.greenend.org.uk/~sgtatham/putty)**: 이 프로그램은 Win32(윈도우) 플랫폼에서 오랫동안 인기 있는 SSH 클라이언트 중 하나다. 별도의 DLL 파일 없이 하나의 실행 파일로 이루어진 매우 간단한 프로그램이다. 또한 이 사이트에는 pscp라는 윈도우 커맨드라인용 SCP(Secure Copy) 프로그램도 존재한다.

- **Mac OS X용 OpenSSH**: Mac OS X 시스템에 기본 탑재된 OpenSSH 버전이다. 간단히 터미널 프로그램을 열고 ssh 명령을 입력하기만 하면 된다(OpenSSH SSH 서버도 기본 내장되어 있다). 사실 Mac OS X는 유닉스 기반의 유닉스 호환 운영체제다. Mac OS X의 커널은 BSD 커널 기반이다.

- **MindTerm(www.cryptzone.com)**: 이 프로그램은 SSH 프로토콜 버전 1과 버전 2를 지원한다. 순수하게 자바로만 짠 프로그램으로 유닉스 플랫폼뿐만 아니라 윈도우, Mac OS에서도 동작한다. 웹 페이지를 참조하면 호환되는 운영체제 목록을 볼 수 있다.

- **Cygwin(www.cygwin.com)**: 이 소프트웨어는 윈도우 운영체제에서 리눅스 환경을 제공하는 프로그램들로 이루어져 있다. 최초 설정하는 데 많은 노력이 필요하다. 해당 프로그램 소스 코드의 변경 없이 다수의 리눅스/유닉스 프로그램들 실행할 수 있는 환경을 제공한다. cygwin에서 리눅스 쉘을 통해 bash, grep, find, nmap, gcc, awk, vim, emacs, rsync, OpenSSH 클라이언트/서버 등 다양한 GNU/리눅스 프로그램을 실행할 수 있다.

취약 구간

"보안은 가장 취약한 부분에 좌우된다"라는 말이 있다. 이를 OpenSSH와 보안 네트워크에 적용해보면 이와 같을 것이다. OpenSSH의 보안은 사용자와 서버 사이의 취약 부분의 보안에 달려 있다. 만약 호스트 A에서 Telnet으로 호스트 B에 연결하고 나서 다시 호스트 B에서 ssh로 호스트 C에 연결하면 호스트 A에서 B로의 링크를 통해 전체 연결 구간을 감시할 수 있다. 이는 호스트 B와 C 사이의 암호화가 무력화됐음을 의미한다.

따라서 Telnet 로그인은 전부 비활성화하고 SSH 로그인을 허용한 경우 사용자에게 이러한 문제를 주지시켜야 한다. 만약 사용자가 Telnet을 통해 다른 호스트에 연결한 뒤 ssh로 자신의 서버에 연결하였다면 이는 아무 소용이 없게 된다. 그리고 사용자들에게 아무리 이러한 문제를 알려줘도 가볍게 여겨 무심코 실행하는 경우도 자주 발생할 것이다.

참고 Telnet으로 네트워크에 연결하는 경우 여러 네트워크 사이를 넘나들게 된다. Telnet을 사용하는 경우 각 네트워크 제공자들은 마음만 먹으면 오가는 정보를 얼마든지 도청할 수 있다. 즉 누군가 쉽게 자신의 이메일을 훔쳐볼 수 있다는 것이다. 하지만 SSH를 사용하면 이러한 문제는 말끔히 사라지니 염려할 필요가 없다.

■ 페도라에서 RPM으로 설치하기

리눅스 시스템에서 가장 쉽고 빨리 SSH를 설치하는 방법은 RPM 패키지를 사용하는 것이다. OpenSSH 패키지는 대부분의 최신 리눅스 배포판에 포함되어 기본으로 설치된다. 배포판의 최소 설치(최소한의 소프트웨어 패키지만 설치되는 구성)를 선택한 경우에도 대개 OpenSSH는 설치된다. OpenSSH는 대개 표준 패키지에 포함된다. 아니더라도 레드햇 계열 리눅스 배포판을 사용 중이라면 적어도 레드햇 패키지 관리자는 설치되어 있을 것이다. 따라서 기본으로 설치되어 있지 않은 경우에도 OpenSSH 바이너리 RPM 패키지를 받아 설치할 수 있다.

예제 페도라 시스템에서는 다음과 같이 입력하여 OpenSSH가 시스템에 설치되어 있는지 RPM 데이터베이스를 확인할 수 있다.

```
[root@fedora-server ~]# rpm -qa | grep -i openssh
openssh-clients-*
openssh-*
openssh-server-*
```

결과를 확인한 다음, OpenSSH가 설치되어 있지 않거나 실수로 삭제한 경우에는 다음과 같이 yum 명령을 사용하여 OpenSSH 서버를 설치할 수 있다.

```
[root@fedora-server ~]# yum -y install openssh-server
```

■ 우분투에서 APT로 설치하기

우분투 리눅스에는 대개 OpenSSH의 클라이언트가 이미 설치되어 있다. 하지만 서버 프로그램은 필요한 경우 직접 설치해야 한다. APT를 사용하여 다음과 같이 간단히 OpenSSH 서버를 설치할 수 있다.

```
master@ubuntu-server:~$ sudo apt-get -y install openssh-server
```

또한 설치 과정에서 서버 패키지가 설치되고 나면 자동으로 SSH 데몬을 시작한다.

다음 명령으로 OpenSSH 서버가 설치되었는지 확인할 수 있다.

```
master@ubuntu-server:~$ dpkg -l openssh-server
```

▼ 소스 코드로 OpenSSH 설치하기

앞서 언급했듯이, 거의 모든 리눅스 버전이 OpenSSH를 기본으로 설치한다. 하지만 어떤 이유로 인해 소스 코드로 OpenSSH를 설치해야 할 경우가 생길 수 있다.

이 절에서는 OpenSSH 소프트웨어와 OpenSSH 설치에 필요한 OpenSSL, zlib을 다운로드하고 나서 소프트웨어를 컴파일하고 설치하는 법을 다룬다. 만약 배포판에 포함된 OpenSSH 바이너리 버전을 사용하길 원한다면 이 절을 건너뛰고 "서버의 구동과 종료" 절로 바로 가도 된다.

이 절에서는 OpenSSH 버전 5.9p1을 사용하지만, 어떤 버전이라도 버전 번호를 변경하는 것만으로 다음 과정을 동일하게 진행할 수 있다. 소스 코드는 www.openssh.com/portable.html에서 받을 수 있다. 가장 가까운 지역의 다운로드 사이트를 선택하고 openssh-5.9p1.tar.gz 파일을 로컬 시스템에 다운로드한다. 여기서는 /usr/local/src 디렉터리에 다운로드한다. OpenSSH 소스 파일을 /usr/local/src 디렉터리에 다운로드한 후 tar 명령을 사용하여 압축을 푼다.

```
[root@server src]# tar xvzf openssh-5.9p1.tar.gz
```

/usr/local/src 아래에 openssh-5.9p1 디렉터리가 생긴다.

OpenSSH를 설치하려면 OpenSSL 버전 1.0.0 이상이 필요하다. 이 글을 쓰는 시점에는 OpenSSL의 최신 버전이 openssl-1.0.0*.tar.gz다. 이 파일은 www.openssl.org에서 다운로드할 수 있다. OpenSSL을 /usr/local/src 디렉터리에 다운로드하고 tar 명령으로 압축을 푼다.

```
[root@server src]# tar xvzf openssl-1.0.0*.tar.gz
```

마지막으로 OpenSSH에 필요한 압축 기능을 제공하는 zlib 라이브러리를 다운로드한다. 최신 리눅스 배포판에는 이미 포함되어 있지만 최신 버전이 아니다. www.zlib.net에서 최신 버전을 다운로드할 수 있다. 여기에서는 zlib 버전 1.2.5를 사용할 것이다. /usr/local/src 디렉터리에 다운로드하고 tar 명령으로 압축을 푼다.

```
[root@server src]# tar xvzf zlib-1.2.5.tar.gz
```

OpenSSH와 의존 패키지들을 컴파일하고 설치하는 과정을 차례대로 살펴보도록 한다.

1. 먼저 압축을 푼 zlib 디렉터리로 이동한다.

    ```
    [root@server src]# cd /usr/local/src/zlib-*
    ```

2. 그리고 나서 configure와 make를 실행한다.

```
[root@server zlib-*]# ./configure
[root@server zlib-*]# make
```

이 결과로 zlib 라이브러리가 컴파일되었다.

3. zlib 라이브러리를 설치한다.

```
[root@server zlib-*]# make install
```

이 라이브러리는 /usr/local/lib 디렉터리에 설치된다.

4. 이제 OpenSSL을 컴파일할 차례다. 먼저, OpenSSL의 압축을 푼 디렉터리로 이동한다.

```
[root@server ~]# cd /usr/local/src/openssl-1.0.0*
```

5. OpenSSL 디렉터리로 이동 한 다음 configure와 make를 차례대로 실행한다. configure는
   시스템 상태에 대한 정보를 토대로 최적의 옵션을 설정한다. 실행 명령은 다음과 같다.

```
[root@server openssl-1.0.0*]# ./config
[root@server openssl-1.0.0*]# make
```

컴파일 과정은 몇 분 정도 걸릴 것이다.

6. OpenSSL를 컴파일하고 나면 다음과 같이 테스트할 수 있다.

```
[root@server openssl-1.0.0*]# make test
```

7. 아무런 문제없이 실행되면 터미널에 다량의 메시지가 출력될 것이다. 그리고 만약 무언가
   문제가 있다면 사용자에게 표시해줄 것이다. 오류가 발생하면 OpenSSL을 삭제하고 다시
   다운로드/컴파일 과정을 수행해야 한다.

8. 테스트가 끝나고 나면 OpenSSL을 설치할 수 있다.

```
[root@server openssl-1.0.0*]# make install
```

이 과정이 끝나면 /usr/local/ssl 디렉터리에 OpenSSL이 설치된다.

9. 지금부터는 OpenSSH 패키지를 컴파일하고 설치할 것이다. 먼저 OpenSSH 패키지 디렉터
   리로 이동한다,

```
[root@server ~]# cd /usr/local/src/openssh-5*
```

10. 다른 두 패키지와 마찬가지로 configure 프로그램을 먼저 실행한다. 다만 이때 추가적인
    인자가 필요하다. 앞서 두 패키지가 설치된 경로를 전달해야 한다. ./configure 명령에
    --help 옵션을 주면 사용 가능한 모든 인자를 확인할 수 있다. 다음과 같이 적절한 인자를
    찾아 ./configure 문에 추가하고 실행하면 된다.

```
[root@server openssh-5*]# ./configure --with-ssl-dir=/usr/local/ ssl/
```

11. OpenSSH를 설정하고 나서 make와 make install를 실행하여 /usr/local 디렉터리에 파일을 설치한다.

```
[root@server openssh-5*]# make
[root@server openssh-5*]# make install
```

설치 과정이 모두 끝났다. 이 명령으로 OpenSSH의 실행 파일과 라이브러리들은 /usr/local 디렉터리에 설치되었을 것이다. 이 예제의 SSH 서버는 /usr/local/sbin 디렉터리에 위치한다. 그리고 클라이언트 컴포넌트들은 /usr/local/bin/ 디렉터리에 위치하게 된다.

이 절에서는 소스 코드로 OpenSSH를 컴파일하고 설치하는 방법을 살펴보았지만 이 장의 나머지 부분에서는 RPM이나 APT로 설치된 것으로 가정하고 해당 내용들을 설명한다는 것을 참고하길 바란다.

서버의 구동과 종료

사용자들이 SSH를 통해 자신의 시스템에 로그인하기를 원한다면, SSH 서비스가 실행 중인지 확인하고 그렇지 않다면 실행시켜야 한다. 또한 시스템이 재부팅할 때마다 서비스가 자동적으로 시작하도록 설정되어 있는지 확인해야 한다.

페도라 서버에서는 sshd 데몬의 상태를 확인할 수 있다.

```
[root@fedora-server ~]# service sshd status
```

예제 결과는 서버가 구동 중으로 나타난다. 하지만 서비스가 멈춘 상태라면 다음 명령으로 서비스를 실행해야 한다.

```
[root@fedora-server ~]# service sshd start
```

systemd를 사용하는 배포판에서는 systemctl 명령을 사용하여 sshd 서비스를 실행한다.

```
[root@fedora-server ~]# systemctl start sshd.service
```

만약 어떤 이유로 SSH 서버를 멈춰야 한다면 다음과 같이 입력한다.

```
[root@fedora-server ~]# service sshd stop
```

또한 서버 설정을 변경하고 나면 데몬을 재시작해야 변경사항이 적용된다. 이때는 다음과 같이 명령을 실행한다.

```
[root@fedora-server ~]# service sshd restart
```

SSHD 설정 파일

대다수 리눅스 시스템들은 이미 OpenSSH 서버가 구성되어 기본 설정으로 실행되고 있다. 페도라, 레드햇 엔터프라이즈 리눅스, OpenSUSE, CentOS 등 RPM 기반 배포판들은 /etc/ssh 디렉터리에 sshd_config라는 sshd의 주 설정 파일을 가지고 있다. 데비안 기반 배포판들도 /etc/ssh 디렉터리에 설정 파일들을 저장한다. 앞서 소스 코드로 OpenSSH를 설치한 경우에는 /usr/local/etc/ 디렉터리에 설정 파일이 위치한다.

다음은 sshd_config 파일에서 살펴볼 수 있는 주요 설정 옵션이다.

- **AuthorizedKeysFile:** 사용자 인증을 위한 공개 키를 포함하고 있는 파일의 경로를 지정한다. 기본값은 /⟨User_Home_Directory⟩/.ssh/ authorized_keys다.

- **Ciphers:** SSH 프로토콜 버전 2에서 사용 가능한 암호화 방식을 쉼표로 구분하여 나타낸 목록이다. 지원 가능한 암호화 방식은 3des-cbc, aes256-cbc, aes256-ctr, arcfour, blowfish-cbc 등이다.

- **HostKey:** SSH가 사용하는 비밀 키를 포함하고 있는 파일을 정의한다. 프로토콜 버전 2의 기본값은 /etc/ssh/ssh_host_rsa_key 또는 /etc/ssh/ssh_host_dsa_key다.

- **Port:** sshd가 대기할 포트 번호를 지정한다. 기본값은 22번이다.

- **Protocol:** sshd가 지원하는 프로토콜 버전을 지정한다. 프로토콜 버전 1이나 2로 지정 가능하다. 버전 1은 일반적으로 보안성이 약하기 때문에 현재는 사용되지 않는다.

- **AllowTcpForwarding:** TCP 포워딩의 허용 여부를 지정한다. 기본값은 yes다.

- **X11Forwarding:** X11 포워딩의 허용 여부를 지정한다. 이 값은 yes나 no 둘 중에 하나여야 한다. 기본값은 no다.

- **ListenAddress:** SSH 데몬이 대기할 로컬 주소를 지정한다. 기본적으로 OpenSSH는 IPv4와 IPv6 소켓 둘 다 지원한다. 하지만 특정 버전의 인터페이스 주소를 지정할 필요가 있다면 이 지시자를 사용하면 된다.

OpenSSH 사용

OpenSSH는 이 절에서 다루게 될 여러 유용한 프로그램들을 포함하고 있다. **ssh** 클라이언트 프로그램, **scp** 프로그램, **sftp** 프로그램이 함께 설치된다. 그 중 가장 일반적으로 사용하는 것이 ssh 클라이언트 프로그램이다.

ssh

ssh(Secure Shell) 데몬이 실행 중이면 원격지에서 Telnet과 동일한 방식으로 ssh 클라이언트를 사용하여 시스템에 로그인할 수 있다. ssh와 Telnet의 중요한 차이점은 SSH 세션은 암호화되고 Telnet 세션은 암호화되지 않는다는 것이다.

ssh 클라이언트 프로그램은 일반적으로 로컬 시스템에 로그인한 사용자로 원격 시스템에 로그인 하는 것으로 가정한다. 따라서 별도로 사용자 이름을 지정하지 않으면 현재 로그인 사용자 이름으로 ssh에 연결을 시도한다. 만약 다른 사용자로 로그인하려면(예를 들어 시스템에 root로 로그 인하고 나서 ssh는 yyang 사용자로 로그인 하는 경우), -1 옵션과 함께 로그인할 계정을 입력한다. 예를 들어 호스트 serverA에서 호스트 serverB에 yyang이라는 사용자로 로그인하기를 원하는경우에는 다음과 같이 입력한다.

```
[root@server-A ~]# ssh -l yyang server-B
```

또는 *username@host*와 같은 형식으로 로그인할 수 있다.

```
[root@server-A ~]# ssh yyang@server-B
```

이 명령을 입력하고 나면 yyang의 비밀번호를 입력하라는 프롬프트가 나타난다. 반면 시스템에 로그인한 사용자를 그대로 사용하려면 단순히 ssh에 호스트 주소만 입력하면 된다.

```
[root@server-A ~]# ssh server-B
```

이 명령을 통해 server-B에 root 사용자로 로그인하게 된다.

물론 호스트명 대신에 IP 주소를 다음과 같이 사용할 수 있다.

```
[root@server-A ~]# ssh yyang@192.168.1.50
```

또한 IPv6 주소(예: 2001:DB8::2)를 사용하여 원격 SSH 서버에 연결할 수 있다.

```
[root@server-A ~]# ssh -6  yyang@2001:DB8::2
```

SSH 터널 생성하기

이 절에서는 흔히 가상 사설망이라고 불리는 VPN에 대해 알아볼 것이다. 기본적으로 SSH를 사용하면 로컬 시스템에서 원격 시스템으로 보안 터널을 만들 수 있다. 이는 외부에 노출되지 않은 인트라넷에 접근하거나 다른 시스템에 접근하고자 할 때 편리한 기능이다. 예를 들어 ssh를 원격 웹 서버로 포트 포워딩하도록 설정한 파일 서버에서 ssh를 사용하여 웹 서버에 연결할 수 있다.

다음과 같은 조건을 가진 상황을 한번 생각해보자.

- **내부**는 전부 LAN(192.168.1.0 네트워크)으로 이루어져 있다. 내부에 있는 호스트에서만 접근 가능한 다양한 서버와 워크스테이션이 있다. LAN 상의 내부 서버 중 하나는 웹 기반 회계 시스템이다. 내부 웹 서버의 호스트 이름은 "accounts"이고, IP 주소는 192.168.1.100이다.

- **내부와 외부 사이**에는 두 개의 네트워크 인터페이스를 가진 시스템이 존재한다. 시스템의 호스트 이름은 serverA다. 이 네트워크 인터페이스 중 하나는 인터넷에 직접 연결되어 있다. 다른 하나는 회사 내의 LAN에 연결되어 있다. serverA의 첫 번째 인터페이스(WAN 인터페이스)는 공개 IP 주소인 1.1.1.1이고, LAN에 연결된 두 번째 인터페이스는 사설 IP 주소인 192.168.1.1이다. serverA의 두 번째 인터페이스는 인터넷이 완전 차단된 LAN(192.168.1.0 네트워크)에 연결되어 있다. 그리고 serverA의 WAN 인터페이스가 제공하는 서비스는 오직 sshd 데몬뿐이다. ServerA는 LAN과 WAN, 두 개의 서로 다른 네트워크에 연결되기 때문에 이중 네트워크라 불린다.

- **외부**의 사용자 yyang이 자신의 집에서 accounts 서버의 회계 프로그램을 이용하고자 한다. 사용자 yyang의 집에 있는 워크스테이션은 호스트 이름이 hostA다. yyang의 홈 시스템은 공개 인터넷을 통해 연결되어 있다. 그리고 hostA는 SSH 클라이언트 프로그램이 설치되어 있다.

모든 내부 회사 네트워크(LAN, accounts 서버, 그 외 다른 호스트 등)는 인터넷이 차단되어 있고 반대로 yyang의 홈 시스템 hostA는 외부 인터넷에 연결되어 있다. 이런 경우 어떻게 해야 될까? 그림 21-6은 이러한 구조를 설명해놓은 것이다.

이와 같은 경우 LAN에 접근하기 위해서는 SSH 터널링을 사용하여 VPN을 구성하는 것이다. 사용자 yyang가 accounts 웹 서버에 연결하기 위해 SSH 터널을 구성하는 과정은 다음과 같다.

1. 먼저 사용자 yyang은 집에서 자신의 홈 시스템 hostA에 로그인한다.

2. 로그인 후에는 홈 시스템의 9000번 포트와 웹 회계 소프트웨어가 실행 중인 accounts 시스템의 80번 포트 사이의 터널을 생성할 것이다.

3. 이를 위해 yyang은 홈 시스템에서 다음과 같은 명령을 실행하여 SSH로 serverA의 WAN 인터페이스(1.1.1.1)에 연결한다.

```
[yyang@hostA ~]# ssh -L 9000:192.168.1.100:80 1.1.1.1
```

참고

포트 포워딩 명령의 문법은 다음과 같다.

```
ssh -L local_port:destination_host:destination_port ssh_server
```

여기서 `local_port`는 터미널이 구성된 후 연결할 로컬 시스템의 포트 번호다. `destination_host:destination_port`는 터널의 목적지 호스트와 포트 번호다. 그리고 `ssh_server`는 로컬 호스트의 패킷을 최종 호스트로 전달할 호스트다.

● **그림 21-6**. SSH 포트 포워딩

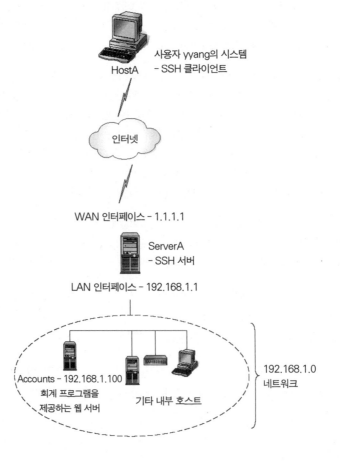

4. yyang이 serverA에 인증이 성공되어 자신의 계정으로 로그인된 후에는 자신의 워크스테이션 hostA에서 웹 브라우저를 실행할 수 있다.

5. yyang는 웹 브라우저로 로컬 시스템의 9000번 포트에 접속한다. 즉 http://localhost:9000라는 URL을 웹 브라우저의 주소창에 입력하면 된다. 웹 회계 서버에 정상적으로 연결되면 터널이 제대로 동작하는 것이다.

6. 모든 것이 정상적이면, 회계 서버상의 웹 콘텐츠는 yyang의 웹 브라우저에 나타나게 된다. 이는 해당 LAN(192.168.1.0 네트워크)의 웹 사이트에 직접 연결한 것과 같은 효과를 나타낸다.

7. 보안 터널을 닫기 위해서는 터널에 연결 중인 모든 윈도우를 종료하고 serverA에 연결된 SSH 클라이언트에 exit 명령을 입력하여 접속을 끊으면 된다.

보안 터널은 인트라넷 또는 원격지의 시스템이나 자원에 안전하게 접근할 수 있다. 또한 저비용으로 호스트 간의 가상 사설 네트워크를 구축할 수 있는 좋은 방법이다. 물론 원격 네트워크상의 모든 호스트에 접근할 수 없어서 완전한 VPN 솔루션은 아니지만 이 정도만으로도 이해하기엔 적당하다.

예제 프로젝트에서는 HTTP 트래픽을 포트 포워딩해보았다. 마찬가지로 VNC(Virtual Network Computing) 또는 Telnet과 같이 어떤 프로토콜이든 터널링을 할 수 있다. 또한 이 방법은 방화벽이나 프록시 서버를 우회하여 외부 네트워크에 연결하기 위해 사용되기도 한다.

▼ OpenSSH 쉘의 다양한 사용법

원격 SSH 서버에 로그인한 후 보안 터널을 생성할 수도 있다. 즉 초기 SSH 연결 설정 시에 반드시 터널을 구성할 필요는 없다. 특히 원격 호스트에서 쉘을 사용하고 접근 불가한 시스템은 건너 뛰고 싶은 경우에 유용하다.

SSH는 간단한 트릭을 사용해볼 수 있는 작고 유용한 쉘을 가지고 있다. SSH에 내장된 쉘에 접근하기 위해서는 SSH 서버에 로그인한 후 SHIFT+~+C(중간은 물결표다) 키를 누르면 된다. 다음과 같은 프롬프트가 표시될 것이다.

```
ssh>
```

초기에 설정했던 것처럼 터널을 만들 수 있다. ssh 프롬프트에 다음 명령을 입력하면 된다.

```
ssh> -L 9000:192.168.1.100:80
```

SSH 쉘을 빠져 나오기 위해서는 엔터 키를 입력한다. 그러면 일반적인 시스템의 로그인 쉘이 다시 나타날 것이다.

SSH를 통해 원격으로 시스템에 로그인하는 동안 물결표(~)와 물음표 기호(?)를 함께 입력하면 ssh 프롬프트에서 사용 가능한 명령어들이 표시된다.

```
[root@server ~]# ~?
```

이들 명령어는 이스케이프 문자열이다.

~.   연결을 종료한다.
~C   커맨드라인을 연다.
~R   rekey를 요청한다. (SSH 프로토콜2에서만 가능)
~^Z   SSH 중지한다.
~#   포워딩한 연결 목록을 표시한다.
~&   백그라운드 모드 SSH를 실행한다. (연결이 끊어지기를 기다리는 경우)
~?   도움말
~~   이스케이프 문자를 전송할 때는 ~를 앞에 붙인다. (~~는 ~문자를 전송)

이 명령어들은 개행 문자 다음에 와야 정상적으로 인식한다.

▒ scp

scp(Secure Copy)는 rcp 명령의 대안이다. rcp는 한 호스트에서 다른 호스트로의 원격 복사를 수행한다. rcp 명령을 사용할 때의 문제점은 사용자의 원격 접근을 위해 너무나 많은 접근 권한을 허용해야 한다는 것이다. 이를 해결하기 위해 서는 사용자에게 scp 명령을 사용하라고 가르치는 것이다. 그리고 보안이 취약한 rlogin 프로그램의 접근을 완전히 막는 것이다. scp 사용법은 rcp와 동일하다. 따라서 사용자들은 별다른 문제없이 사용할 수 있을 것이다.

예를 들어 사용자 yyang이 client-A에 로그인하여 홈 디렉터리에 있는 .bashrc라는 파일을 server-A 시스템에 있는 자신의 홈 디렉터리에 복사하길 원한다고 가정하자. 이 경우에는 다음과 같이 scp 명령을 실행하면 된다.

```
[yyang@client-A ~]$ scp .bashrc   server-A:/home/yyang
```

또는 원격 시스템 server-A에서 자신의 로컬 시스템에 파일을 복사하고 싶으면 인자를 반대로 주고 scp를 실행하면 된다.

```
[yyang@client-A ~]$ scp   server-A:/home/yyang/.bashrc
```

▒ sftp

sftp(Secure FTP)는 ssh 데몬의 하위 시스템이다. sftp 커맨드라인 도구를 사용하여 Secure FTP 서버에 접속할 수 있다. client-A라는 시스템에서 사용자 yyang으로 server-A의 SFTP 서버에 연결하기 위해서는 다음과 같이 sftp 명령을 실행한다.

```
[root@client-A ~]# sftp yyang@server-A
```

서버에 연결이 되면 ssh 클라이언트를 사용할 때와 마찬가지로 사용자 비밀번호를 물어볼 것이다. 비밀번호를 입력하고 나면 다음과 같은 프롬프트가 표시될 것이다.

```
sftp>
```

이 sftp 쉘을 통해 다양한 명령을 사용할 수 있다. 예를 들어 sftp 서버에 존재하는 /tmp 디렉터리의 파일 및 디렉터리 목록을 보려면 ls 명령을 입력하면 된다.

```
sftp> ls -l
drwxr-xr-x    2 yyang    yyang    4096 Jan 30 21:56 Desktop
-rw-r--r--    1 yyang    yyang    1344 Jan 22 21:13 anaconda-huu
.....<이하 생략>......
```

모든 명령어를 보려면 물음표(?)를 입력하면 된다.

```
sftp> ?
Available commands:
cd pathChange remote directory to 'path'
lcd pathChange local directory to 'path'
chgrp grp pathChange group of file 'path' to 'grp'
chmod mode pathChange permissions of file 'path' to 'mode'
chown own pathChange owner of file 'path' to 'own'
.....<이하 생략>...
```

일부 명령어들은 17장에서 보았던 FTP 명령어들과 매우 유사하다는 것을 알 수 있다. 그리고 sftp는 찾고자 하는 파일 이름을 잊어버린 경우에도 FTP 명령어를 사용하여 원격 파일 시스템을 탐색할 수 있어 편하게 파일을 찾을 수 있다.

OpenSSH 클라이언트에서 사용하는 파일

대다수 리눅스 배포판들은 SSH 클라이언트와 SSH 서버의 설정 파일들은 일반적으로 /etc/ssh/ 디렉터리에 저장한다(소스 코드를 통해 /usr/local에 SSH를 설치했다면 설정 파일 저장 경로는 /usr/local/etc/ssh/다). 시스템 전체의 SSH 클라이언트의 기본 설정을 변경하고 싶으면 ssh_config 파일을 수정하면 된다.

> **주의** sshd_config 파일은 서버 데몬용 파일이고 ssh_config 파일은 SSH 클라이언트용 파일이다. 일반적으로 설정 파일명에 "d"가 들어가는 경우는 데몬용 설정 파일이다.

사용자의 홈 디렉터리마다 SSH 정보를 담은 ~username/.ssh/ 파일이 존재한다. 그리고 known_hosts 파일은 호스트 키 정보를 가지고 있다. 이 파일은 man-in-the-middle 공격을 방어하기 위해 사용되기도 한다. SSH는 호스트 키가 변경되는 경우 사용자에게 경고한다. 예를 들어 서버를 재설치하는 경우와 같이 합당한 이유로 키가 변경된다면 known_hosts 파일을 열어 기존 서버의 정보를 삭제해야 한다.

요약

Secure Shell은 원격 접속용 프로그램으로 Telnet보다 더 보안 기능이 뛰어난 프로그램이다. 자신의 사이트에 OpenSSH 패키지를 적용하면 Telnet 연결을 완전히 차단하고 방화벽을 통한 안전한 SSH 접근만을 허용할 수 있다. 물론 기존에 구축된 환경을 바꾸는 것에는 많은 부담을 느낄 수 있다. 하지만 다음의 내용을 살펴보면 아마도 그러한 부담감이 사라질 것이다.

- SSH는 컴파일과 설치 과정이 매우 쉽다.

- Telnet을 SSH로 교체한다고 해도 동일한 사용법으로 인해 사용자들에게 추가로 교육할 필요는 없다.

- SSH는 리눅스/유닉스뿐만 아니라 다양한 플랫폼에 존재한다.

- 로그인 방식을 SSH로 교체하는 것만으로도 인터넷 연결을 통한 패스워드 스니핑 등 잠재적인 네트워크 공격을 감소시킨다.

그리고 마지막으로 OpenSSH가 시스템을 바로 안전하게 만들지 못한다는 것을 이해하고 있어야 한다. 즉 완벽한 보안을 위한 구성은 어디에도 없다. 앞서 15장을 통해 배운 것처럼 인터넷에 노출된 시스템에서는 모든 불필요한 서비스를 비활성화하고 꼭 필요한 서비스들만 남겨둬야 한다. 예를 들어 SSH를 사용 중이라면 Telnet, rlogin, rsh 등은 비활성화해야 한다.

5부. 인트라넷 서비스

CHAPTER 22

네트워크 파일 시스템

네트워크 파일 시스템(NFS)은 리눅스나 유닉스에서 네트워크를 통해 파일이나 응용프로그램을 공유할 수 있는 방법이다. NFS는 MS 윈도우의 파일 공유 기능과 유사한 개념이다. 즉 원격 파일 시스템에 연결해서 로컬 드라이브를 사용하는 것처럼 작업할 수 있다.

NFS와 윈도우 파일 공유는 동일한 기능을 하지만 완전히 다른 방법으로 관리된다. NFS는 설정, 관리 정책, 도구, 기반 프로토콜 등 모든 면에서 윈도우 파일 공유와 완전히 다른 방식이다. 이 장에서는 이들의 차이점과 NFS를 어떻게 구성하는지 살펴볼 것이다.

NFS의 동작 원리

대부분의 네트워크 기반 서비스들처럼 NFS도 클라이언트와 서버 개념을 사용한다. 즉 NFS도 클라이언트 측 컴포넌트와 서버 측 컴포넌트를 가지고 있다.

우리는 7장에서 파일 시스템을 마운트하고 언마운트하는 과정을 살펴보았다. NFS도 이와 동일한 방법으로 마운트하고 언마운트한다. 다만 공유할 대상의 서버 호스트를 마운트 옵션으로 지정해야 한다. 또한 당연히 공유 대상에 대한 접근이 허용 가능하도록 설정되어 있어야 한다.

예를 하나 들어보자. /home 파티션을 네트워크를 통해 공유하는 serverA라는 이름의 NFS 서버가 있다. NFS 서버에서는 이를 "/home 파티션 내보내기(exporting)"라고 부른다. 또한 NFS 서버가 공유한 /home 파티션의 내용에 접근하려고 하는 clientA라는 클라이언트 시스템이 있다고 가정한다. 그리고 마지막으로 그 외 다른 요구사항(접근 권한, 보안성, 호환성 등)들을 모두 만족한다고 가정한다.

clientA가 serverA가 공유 중인 /home 파티션에 접근하기 위해서는 /home 파티션에 대한 NFS에 마운트를 요청하여 로컬 시스템의 디렉터리(예를 들어 /home 디렉터리)에 마운트해야 한다.

NFS에 마운트를 요청하는 명령은 다음과 같다.

```
[root@clientA ~]# mount serverA:/home /home
```

호스트 clientA에서 다음 명령을 실행하면 clientA의 모든 사용자들은 자신의 로컬 디렉터리인 것처럼 /home 파티션의 내용을 볼 수 있다. 리눅스가 서버에 대한 모든 네트워크 요청을 내부적으로 처리하기 때문에 사용자들은 동일한 방식으로 디렉터리에 접근할 수 있다.

클라이언트와 서버 사이의 요청을 제어하기 위해 **원격 함수 호출**(Remote procedure calls, RPC)을 사용한다. RPC 기술은 RPC 클라이언트가 서버에 연결하여 어떤 서비스를 직접 호출할 수 있는 지를 검색할 수 있는 표준화된 규약을 제공한다. 따라서 서버의 서비스를 RPC를 통해 사용 가능하게 하기 위해서는 RPC 서비스 관리자인 **portmap**에 이를 등록해야 한다. Portmap은 클라이언트에 실제 서비스가 서버상의 어디에 위치하는지 알려준다.

▣ NFS 프로토콜 버전

NFS 프로토콜은 버전이 다양하다. 표준화 위원회는 NFS 프로토콜의 사용법 개선뿐만 아니라 새로운 기술의 장점을 발전시키기 위해 노력하고 있다. 현 시점에는 NFS 프로토콜이 주로 사용되는 세 가지 버전(NFSv2, NFSv3, NFSv4)으로 나뉜다. 물론 NFS 버전 1이 존재하긴 하지만 SUN사에 너무 의존적이고 또한 현재는 거의 사용되지 않는다. NFSv2는 셋 중 가장 오래된 버전이다. NFSv3는 현재 표준 버전으로 가장 널리 사용되고 있다. NFSv4는 개발 중인 새로운 표준 버전이다. NFSv2는 되도록 사용하지 않는 것이 좋다. 오직 예전 시스템을 위해서만 사용돼야 한다. NFSv3는 다양한 클라이언트를 지원하고 안정성이 필요한 경우에 사용해야 한다. NFSv4는 하위 호환성이 필요 없고 새로운 기능이 필요한 경우에 사용하면 된다. 하지만 결국 NFS 버전을 선택하는 가장 중요한 요소는 해당 시스템의 NFS 클라이언트가 그 버전을 지원하는지 여부일 것이다. 다음은 각 NFS 버전의 주요 기능을 설명한 것이다.

- **NFSv2:** 마운트 요청은 사용자 기준이 아닌 호스트 단위로 허용된다. 이 버전의 NFS는 전송 프로토콜로 TCP나 UDP를 사용한다. 버전 2를 지원하는 클라이언트들은 접근할 수 있는 파일의 크기가 최대 2GB로 제한되어 있다.

- **NFSv3:** 이 버전은 NFSv2의 버그를 다수 수정하였다. 버전 2보다 더 많은 기능을 가지고 있으며 성능이 뛰어나다. 그리고 전송 프로토콜로 TCP나 UDP 어느 것이든 사용 가능하다. NFS 서버 자체의 파일 시스템 제한에 따라 클라이언트는 2GB 이상의 파일도 접근할 수 있다. 또한 마운트 요청은 사용자 기준이 아닌 호스트 단위로 허용된다.

- **NFSv4:** 이 버전의 NFS는 전송 프로토콜로 TCP나 SCTP(Stream Control Transmission Protocol)와 같이 상태 정보를 유지하는 프로토콜을 사용한다. 또한 Kerberos 프로토콜을 지원하여 보안 기능을 강화하였다. 예를 들어 클라이언트 인증은 사용자 단위나 정해진 규칙에 기반하여 동작한다. 그리고 인터넷을 고려하여 설계되었기에 방화벽 환경에서도 사용할 수 있고 서버는 2049번 포트

를 사용하여 대기한다. 또한 이 버전에는 RPC 바인딩 기능이 포함되어 있기 때문에 RPC 바인딩 프로토콜 서비스(rpc.mountd, rpc.lockd, rpc.statd)들이 더 이상 필요치 않다. NFSv4는 이전 버전의 프로토콜과 달리 이들을 하나의 프로토콜 명세로 합쳐버렸다. portmap 서비스도 더 이상 사용되지 않는다. 그리고 파일 접근 제어 목록(ACL) 속성을 지원하며 NFS 버전 2와 버전 3 클라이언트도 모두 지원한다. 또한 NFSv4 클라이언트가 단일 파일 시스템으로 NFSv4 서버에서 공유한 파일 시스템에 접근하여 파일을 볼 수 있는 가상 파일 시스템 개념을 도입했다.

NFS를 마운트할 때 프로토콜의 버전을 마운트 옵션으로 지정하여 사용할 수 있다. 리눅스 클라이언트에서 NFSv2를 사용하기 위해서는 nfsvers=2 옵션을 지정하면 된다. 그리고 NFSv3를 사용하기 위해서는 nfsvers=3를 지정하면 된다. 하지만 NFSv4는 nfsvers 옵션을 지원하지 않는다. 대신 파일 시스템 종류를 nfs4로 지정해야 한다.

이 절 이후에 나올 내용들은 주로 NFSv3와 NFSv4를 다루게 될 것이다. 이 두 버전이 리눅스에서 가장 안정적으로 동작하고 또한 리눅스 외에 다양한 플랫폼에서 사용 가능하기 때문이다.

▨ NFS의 보안 문제

NFS는 기본적으로는 파일 공유에 있어 그리 안전한 방식은 아니다. NFS를 좀 더 안전하게 만들기 위한 방법은 다른 여타의 시스템과 다를 바 없다. 클라이언트 시스템의 사용자들이 신뢰할만해야 한다는 것이다. 특히 root인 경우에는 더욱 그렇다. 클라이언트와 서버 모두 root라면 문제가 될 게 없다. 하지만 여기서 중요한 것은 root가 아닌 일반 사용자가 문제가 발생할 여지가 있는 root가 되지 않도록 하는 것이다. 또한 root 권한 사용을 막기 위해 이후에 배우게 될 root_squash 플래그를 사용하는 것도 고려해보는 것이 좋다. 클라이언트 사용자를 100% 신뢰할 수 없다면 공유 자원에 대해 읽기 전용으로 설정하는 것이 나을 것이다. 그리고 CERT(Computer Emergency Response Team, www.cert.org) 등의 기관에서 제공하는 최신 보안 소식에 관심을 가지고 배포하는 패치를 즉시 적용하는 것이 바람직하다.

▨ 파티션 마운트와 접근하기

클라이언트에서 서버의 파일 시스템이나 자원을 공유하기 위해 마운트를 요청하는 과정은 여러 단계를 거친다(이 과정들은 대개 NFSv2와 NFSv3와 관련 있다).

1. 클라이언트는 NFS 마운트 서비스에 할당된 네트워크 포트를 찾기 위해 서버의 portmapper에 연결한다.

2. 클라이언트는 마운트 서비스에 연결하고 파일 시스템 마운트를 요청한다. 마운트 서비스는 클라이언트가 요청한 파티션에 대해 마운트할 권한이 있는지 확인한다(클라이언트가 자원을 마운트할 수 있는 권한은 /etc/exports 파일 내의 옵션에 따른다). 클라이언트가 권한을 가지고 있다면 마운트 서비스는 정상적인 응답을 보낸다.

3. 클라이언트는 다시 portmapper에 연결한다. 이번에는 NFS 서버의 포트 번호를 확인한다(일반적으로 이 포트 번호는 2049다).

4. 클라이언트가 NFS 서버에 요청이 필요할 때마다(예를 들어 디렉터리 읽기 등) RPC를 사용하여 NFS 서버에 요청한다.

5. 마운트가 완료되면 클라이언트의 마운트 테이블은 갱신된다. 하지만 서버에 따로 알릴 필요는 없다.

마운트가 완료되어도 서버에 알림을 보낼 필요는 없다. 서버는 자신의 파일 시스템에 마운트된 모든 클라이언트를 관리하지 않기 때문이다. 서버는 클라이언트에 관한 상태 정보를 유지하지 않고 클라이언트도 서버의 상태 정보를 관리하지 않는다. 클라이언트와 서버는 크래시가 발생한 시스템과 단순히 느린 시스템을 구분할 수 없다. 따라서 NFS 서버가 재부팅하더라도 이론상으로 모든 클라이언트들은 서버가 부팅된 직후에 아무일 없이 자동적으로 작동을 재개하게 된다.

페도라에서 NFS 활성화

거의 대부분의 주요 리눅스 배포판들은 기본적으로 NFS를 한두 가지 형태로 제공한다. 따라서 관리자에게 남은 할 일은 그저 NFS를 설정하고 활성화하는 것이다. 예제 페도라 시스템에서 NFS를 활성화하는 것은 간단하다.

NFS와 그 부가적인 프로그램들은 RPC 기반이기 때문에 시스템에 portmap(우분투, 데비안 등) 또는 rpcbind(페도라, RHEL 등) 서비스가 구동 중인지 먼저 확인해야 한다.

페도라 시스템에서 rpcbind 패키지가 설치되어 있는 확인하는 방법은 다음과 같다.

```
[root@serverA ~]# rpm -q rpcbind
```

실행 결과로 해당 패키지가 설치되어 있지 않으면 yum 명령을 사용하여 패키지를 설치해야 한다.

```
[root@serverA ~]# yum -y install rpcbind
```

그리고 페도라에서 rpcbind의 상태를 확인하기 위해서는 다음과 같이 입력한다.

```
[root@serverA ~]# service rpcbind status
```

만약 rpcbind 서비스가 멈춰있다면 다음과 같이 서비스를 시작한다.

```
[root@serverA ~]# service rpcbind start
```

systemd를 사용하는 리눅스 시스템에서는 service 명령 대신에 systemctl 명령을 사용하여 서비스를 시작한다.

```
[root@fedora-server ~]# systemctl start rpcbind.service
```

다음으로 넘어가기 전에 rpcinfo 명령을 사용하여 portmap에 등록된 RPC 서비스들의 상태를 확인한다.

```
[root@serverA ~]# rpcinfo -p
    program vers proto   port  service
    100000    4   tcp    111   portmapper
    100000    4   udp    111   portmapper
    ….<이하 생략>….
```

아직 예제 시스템에는 NFS 서버가 동작 중이 아니기 때문에 위 결과에 많은 RPC 서비스들이 나타나지는 않는다. NFS 서비스를 시작하기 위해서는 다음과 같이 입력한다.

```
[root@serverA ~]# service nfs start
```

systemd를 사용하는 리눅스 시스템에서는 service 명령 대신에 systemctl 명령을 사용하여 nfs 서비스를 시작한다.

```
[root@fedora-server ~]# systemctl  start  nfs-server.service
```

다시 rpcinfo 명령을 실행하여 portmap에 등록된 RPC 프로그램들을 확인한다.

```
[root@serverA ~]# rpcinfo  -p
 program  vers  proto   port  service
  100000    4    tcp    111   portmapper
 ….<이하 생략>….
 100003    4    tcp    2049  nfs
 100005    1    udp    32892 mountd
```

이 결과는 실행 중인 다양한 RPC 프로그램(mountd, nfs, rquotad 등)을 보여준다.

또한 NFS 서비스를 중단하기 위해서는 다음과 같이 입력한다.

```
[root@serverA ~]# service nfs stop
```

시스템이 부팅할 때마다 NFS 서비스를 자동으로 시작하려면 chkconfig 명령을 사용하면 된다. 먼저 nfs가 현재 설정된 실행 레벨을 확인한다.

```
[root@serverA ~]# chkconfig   --list nfs
nfs             0:off   1:off   2:off   3:off   4:off   5:off   6:off
```

이 결과에 따르면 현재 시스템에서는 nfs 서비스가 기본적으로 비활성화되어 있다는 것을 알 수 있다. 이를 자동으로 시작하도록 하려면 다음과 같이 입력한다.

```
[root@serverA ~]# chkconfig nfs on
```

systemd를 사용하는 리눅스 시스템에서는 service 명령 대신에 systemctl 명령을 사용하여 시스템 시작 시 NFS 서비스가 활성화되어 있는지 확인할 수 있다.

```
[root@fedora-server ~]# systemctl is-enabled nfs-server.service
disabled
```

이 결과에 따르면 현재 시스템에서는 nfs 서비스가 기본적으로 비활성화되어 있다는 것을 알 수 있다. 이를 자동으로 시작하도록 하려면 다음과 같이 입력한다.

```
[root@fedora-server ~]# systemctl enable nfs-server.service
```

우분투에서 NFS 활성화

우분투와 기타 데비안 계열 배포판에서는 여전히 rpcbind 대신에 portmap을 사용한다. 우분투에서 NFS 서버를 설치하고 활성화하는 것은 nfs-common, nfs-kernel-server, portmap 컴포넌트를 설치하는 것만으로 간단히 끝난다.

APT 프로그램을 사용하여 이들 컴포넌트를 설치할 수 있다.

```
master@ubuntu-server:~$ sudo apt-get -y install nfs-common
> nfs-kernel-server portmap
```

이 설치 과정으로 NFS 서버뿐만 아니라 관련 프로그램도 자동으로 함께 시작하게 된다. 실행을 확인하기 위해서는 다음과 같이 입력한다.

```
master@ubuntu-server:~$ rpcinfo -p
```

또한 우분투에서 NFS 서버를 중단하기 위해서는 다음과 같이 입력한다.

```
master@ubuntu-server:~$ sudo /etc/init.d/nfs-kernel-server stop
```

NFS 구성요소

NFS 프로토콜 버전 2와 3은 클라이언트와 서버 사이의 통신을 제어하기 위해 RPC에 전적으로 의존한다. 리눅스에서 RPC 서비스는 portmap 서비스가 관리한다. 앞서 언급했듯이, NFSv4에서는 portmap 서비스가 필요치 않다.

다음은 리눅스에서 NFS 서비스를 관리하는 다양한 RPC 프로세스를 나열한 것이다. 이 RPC 프로세스들은 대부분 NFS 버전 2와 3에 관련되어 있고, 일부는 버전 4에 관련된 것도 있다.

- **rpc.statd:** 이 프로세스는 NFS 서버가 정상적인 종료 과정을 거치지 않고 재시작했을 때 NFS 클라이 언트에 알림을 보내는 역할을 한다. 그리고 rpc.lockd에 서버에 관한 상태 정보를 제공한다. 이것은 네 트워크 상태 모니터(NSM)라는 RPC 프로토콜에 의해 이루어진다. 페도라 시스템에서는 rpc.statd가 선택적으로 nfslock 서비스에 의해 자동적으로 시작되는 서비스다. 이 프로세스는 NFSv4에서는 사 용하지 않는다.

- **rpc.rquotad:** 프로세스의 이름에서 알 수 있듯이, rpc.rquotad는 NFS와 할당 관리자 사이의 인터페 이스다. NFS 사용자나 클라이언트는 NFS를 통해 로컬 파일 시스템처럼 작업하더라도 서버의 할당 관리자에 의해 제한을 받는다. 이 프로세스는 NFSv4에서는 사용하지 않는다.

- **rpc.mountd:** 클라이언트로부터 파티션을 마운트하려는 요청이 들어올 때 rpc.mountd 데몬은 그 클 라이언트가 마운트할 수 있는 권한이 충분한지를 확인한다. 마운트 권한에 관한 내용은 /etc/exports 파일에 저장된다(다음 "/etc/exports 설정 파일" 절에서 /etc/exports 파일에 관한 자세한 내용을 다 룰 것이다). 이 데몬은 NFS 서버의 init 스크립트에 의해 자동으로 실행된다. 이 프로세스는 NFSv4 에서는 사용하지 않는다.

- **rpc.nfsd:** NFS 시스템의 핵심 컴포넌트로 NFS 서버 데몬이다. 이 데몬은 리눅스 커널과 연동하여 필 요에 따라 NFS 커널 모듈을 로드하거나 언로드한다. 당연히 NFSv4에서도 여전히 사용된다.

참고
프로토콜의 버전에 상관없이 NFS는 기본적으로 RPC 기반 서비스로 이해해야 한다. NFSv4도 사실 근본적으 로는 RPC 기반이다. 앞서 mountd나 statd와 같이 일부 서비스는 NFSv4에서 사용하지 않는다고 말했었지 만 사실 이것은 NFSv4 데몬에 그 모든 기능이 포함되었기 때문이다.

- **rpc.lockd:** NFS 서비스를 사용 중에 크래시가 발생한 시스템에서 파일 잠금 기능을 복구할 때 rpc. statd 데몬이 이 데몬을 사용한다. 또한 NFS 클라이언트가 서버상의 파일을 잠글 때도 사용한다. nfslock 서비스는 NFSv4에서는 사용하지 않는다.

- **rpc.idmapd:** NFSv4의 ID 이름 매핑 데몬이다. NFSv4 커널 클라이언트와 서버에 사용자 ID와 그룹 ID를 해당하는 이름으로 변환하는 기능을 제공한다.

- **rpc.svcgssd:** rpcsec_gss 데몬의 서버 측 프로세스다. rpcsec_gss 프로토콜은 gss-api 보안 API를 사용하여 NFSv4의 보안성을 향상시킨다.

- **rpc.gssd:** NFSv4에서 사용자 인증을 위한 클라이언트 측 전송 방식을 제공한다.

▨ NFS를 위한 커널 지원

리눅스 배포판에서는 NFS를 두 가지 형태 중 하나로 제공한다. 대다수 배포판은 커널에서 NFS 를 지원하고 일부 배포판에서만 패키지로 설치 가능한 독립된 데몬 형태로 제공한다.

리눅스 2.2 이후부터 커널 기반의 NFS를 제공했었다. 커널 기반 NFS는 이전 버전보다 더 빠른 수행 속도를 보여준다. 이 글을 쓰는 시점에는 커널 기반 NFS 서버는 상업용으로 쓰기에도 적합해졌다. NFS가 필수 요소가 아니기 때문에 만약에 필요가 없다면 커널에 포함하여 컴파일할 필요는 없다. NFS를 커널에 포함할 기회가 생긴다면 한번 해보는 것도 강력히 추천한다. 커널에 NFS를 포함하는 대신 단독으로 실행되는 nfsd 프로그램을 사용하여 NFS 서비스를 제어할 수 있다. 또한 nfsd는 NFS에 필요한 모든 것을 제공한다.

> **참고** 반면, 클라이언트는 반드시 커널에서 NFS를 지원해야 한다. 이 기능은 오랜 기간을 거치면 안정화되었다. 거의 모든 리눅스 배포판의 커널에 NFS 기능이 활성화되어 있다.

NFS 서버 설정

NFS 서버는 두 단계의 설정 과정을 거친다. 첫 번째 단계는 /etc/exports 파일을 만드는 것이다. 이 설정 파일에는 네트워크를 통해 어떤 파일 시스템을 공유할지와 또한 어떤 방식으로 공유할지 등을 정의한다. (예를 들어 클라이언트에 파일 시스템을 읽기 전용으로만 사용하게 하거나 파일 시스템에 쓰기를 허용할 수 있다). exports 파일을 정의한 후, 두 번째 단계로 /etc/exports 파일을 읽어 들일 NFS 서버 프로세스를 시작하는 것이다.

▦ /etc/exports 설정 파일

이 파일은 NFS 서버의 주 설정 파일로 클라이언트에 공유할 파일 시스템을 나열하고 사용 권한 등의 여러 옵션을 설정한다. 또한 NFS 마운트 프로토콜을 위한 원격 마운트 포인트를 이 파일에 기록한다.

exports 파일 형식은 단순하다. 설정 파일의 각 행에는 공유할 서버 파일 시스템의 마운트 위치와 허용할 호스트 정보와 export 플래그를 지정한다. /etc/exports 파일의 각 항목의 형식은 다음과 같다.

```
/directory/to/export client|ip_network(permissions) client|ip_network(permissions)
```

각 필드의 의미는 다음과 같다.

- **/directory/to/export:** 예를 들어 /home 디렉터리와 같이 다른 사용자에 공유할 디렉터리를 지정한다.

- **client:** 허용할 NFS 클라이언트의 호스트 이름을 나타낸다.

- **ip_network:** 허용할 호스트의 IP 주소(예를 들어 172.16.1.1)나 네트워크 마스크를 포함한 네트워크 주소(예를 들어 172.16.0.0/16)를 나타낸다.

- **permissions:** 각 클라이언트에 해당하는 권한을 나타낸다. 표 22-1은 클라이언트에 유효한 퍼미션을 나타낸 것이다.

퍼미션 옵션	의미
secure	이 옵션은 기본 옵션이다. 클라이언트에서 마운트를 요청할 때 사용하는 포트 번호는 1024보다 작은 값이어야 한다. 이 옵션을 사용하지 않으려면 insecure 옵션을 지정하면 된다.
ro	해당 파티션에 읽기 권한만을 허용한다. 이 옵션은 따로 지정하지 않아도 기본으로 적용된다.
rw	일반적인 읽기/쓰기 접근을 허용한다.
noaccess	마운트된 디렉터리의 하위 디렉터리에 접근을 금지한다. 이 옵션을 클라이언트에 /dir 디렉터리는 공유하면서 그 하위인 /dir/to에는 접근할 수 없다.
root_squash	이 옵션은 원격으로 NFS 마운트된 볼륨에 수퍼유저 권한을 가진 root 사용자로 접근하는 것을 막는다. Squash는 원격 root 사용자의 힘을 억누른다는 의미를 가진다.
no_root_squash	클라이언트 호스트의 root 사용자로 NFS를 통해 마운트된 디렉터리에 수퍼유저 권한을 가지고 접근하는 것을 허용한다.
all_squash	모든 사용자 ID(UID)와 그룹 ID(GID)를 익명 사용자로 변환한다. 이 옵션과 반대 옵션은 no_all_squash로 기본 설정값이다.

/etc/exports 파일의 실제 예제는 다음과 같다(실제 파일에는 행 번호가 없다. 행 번호는 가독성을 위해 추가한 것이다).

```
1) # /etc/exports file for serverA
2) #
3) /home hostA(rw) hostB(rw) clientA(rw,no_root_squash)
4) /usr/local 172.16.0.0/16(ro)
```

1행과 2행은 모두 주석으로 파일을 읽어 들일 때 무시된다.

3행은 hostA, hostB, clientA라는 시스템이 /home 파일 시스템을 마운트할 수 있도록 한다. 그리고 이들 클라이언트 시스템에 해당 파일 시스템에 대한 읽기/쓰기 권한(rw)을 준다. 단, clientA 시스템에는 **no_root_squash** 옵션을 주어 /home 파일 시스템에 슈퍼유저 권한을 가진 root 사용자로의 접근을 허용한다.

마지막 4행은 /usr/local/ 디렉터리를 172.16.0.0/16 네트워크상의 모든 호스트가 마운트할 수 있도록 한다. 그리고 이 네트워크 주소 범위에 있는 호스트들은 해당 디렉터리에 읽기 권한(ro)만을 가진다.

/etc/exports 파일 내용 적용하기

/etc/exports 파일을 작성하고 나면 exportfs 명령을 사용하여 설정 내용을 NFS 서버 프로세스가 읽어 들이도록 해야 한다. exportfs에 사용 가능한 명령 인자들은 다음과 같다.

exports 명령 옵션	설명
-a	/etc/exports 파일에 있는 모든 항목을 공유한다. 또한 exports -ua와 같이 u 옵션을 함께 사용하면 반대로 모든 항목을 공유하지 않는다.
-r	/etc/exports 파일의 모든 항목을 공유한다. 이 옵션은 /var/lib/nfs/xtab과 /etc/exports 파일의 내용을 동기화한다. 예를 들어 /etc/exports 파일에 더 이상 존재하지 않는 항목들을 /var/lib/nfs/xtab에서 지워 커널 익스포트 테이블에서 쓸모없는 항목들을 제거한다.
-u clientA:/dir/to/miunt	호스트 clientA에 /dir/to/mount 디렉터리를 더이상 공유하지 않는다.
-o options	표 22-1의 클라이언트 퍼미션을 옵션으로 지정한다. 이들 옵션은 /etc/exports가 아닌 exportfs 커맨드라인에 지정된 파일 시스템에만 적용된다.
-r	메시지를 자세히 표시한다.

exportfs 명령의 사용 예제는 다음과 같다.

먼저 /etc/exports 파일 내의 모든 파일 시스템을 공유하려면 다음과 같이 입력한다.

```
[root@serverA ~]# exportfs -a
```

● **그림 22-1**. NFS 서버 설정 유틸리티

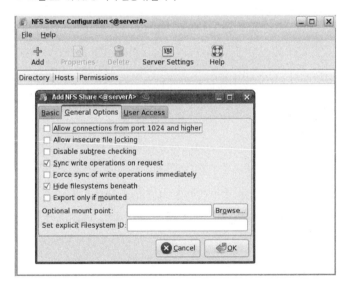

또한 /usr/local 디렉터리를 호스트 clientA에 읽기/쓰기 권한과 no_root_squash 권한을 주어 공유하려면 다음과 같이 입력한다.

```
[root@serverA ~]# exportfs -o rw,no_root_squash clientA:/usr/local
```

일반적으로는 단순히 exportfs -r을 사용한다.

페도라, CentOS, RHEL 배포판은 그림 22-1에 볼 수 있는 system-config-nfs라는 이름의 GUI 프로그램을 제공한다. 이 프로그램은 NFS 공유 항목을 생성 · 수정 · 삭제할 수 있다. 이 프로그램을 실행하기 위해서는 커맨드라인에서 다음을 입력하면 된다.

```
[root@fedora-server ~]# system-config-nfs
```

showmount 명령어

NFS를 설정할 때 showmount 명령을 사용하면 정상적으로 동작하는지 확인할 수 있다. 이 명령어는 NFS 서버의 마운트 정보를 보여준다.

showmount 명령을 사용하여 nfsd가 올바르게 설정되었는지 간단히 확인할 수 있다.

/etc/exports 파일을 설정하고 나서 exportfs를 사용하여 원하는 파일 시스템을 모두 익스포트한 후 showmount -e 명령을 실행하여 로컬 NFS 서버에 공유된 파일 시스템 목록을 확인할 수 있다. 여기서 -e 옵션은 showmount가 NFS 서버의 공유 목록을 보여주는 데 사용한다. 예를 들면 다음과 같다.

```
[root@serverA ~]# showmount -e localhost
Export list for localhost:
/home *
```

showmount 명령을 아무 옵션 없이 실행하면 NFS 서버에 연결된 클라이언트 목록을 보여준다.

```
[root@serverA ~]# showmount localhost
Hosts on localhost:
*
192.168.1.100
```

또한 클라이언트에서 이 명령의 마지막 인자에 서버의 호스트명을 전달하여 실행하면 NFS 클라이언트(clientA)에서 NFS 서버(serverA)의 공유된 파일 시스템 목록을 보여준다. clientA에 로그인하여 다음과 같이 실행하면 된다.

```
[root@clientA ~]# showmount -e serverA
Export list for serverA:
/home *
```

NFS 서버 측 문제 해결하기

NFS 서버에서 파일 시스템을 공유할 때 /etc/exports 파일에 등록된 클라이언트조차도 종종 파일 시스템에 접근할 수 없는 경우가 발생하기도 한다. 이 문제는 일반적으로 서버가 FQDN 방식의 호스트명에서 클라이언트의 IP 주소를 해석하는 데 /etc/exports 파일에는 FQDN 방식으로 기록되어 있지 않기 때문이다. 예를 들어 클라이언트의 호스트명이 clientA.example.com인데 /etc/exports 파일에는 그저 clientA로 저장되어 있는 경우에 서버는 이를 해석하지 못한다.

또 다른 경우는 서버가 알고 있는 호스트명과 IP 주소가 잘못 연결된 경우다. 이것은 /etc/hosts 파일이나 DNS 테이블에 오류가 있기 때문에 발생한다. 따라서 IP 주소와 호스트명이 올바르게 등록되어 있는지 확인해야 한다.

NFSv2와 NFSv3에서는 portmap 서비스처럼 필수 서비스가 실행되어 있지 않은 경우에 NFS 서비스가 시작되지 않을 수 있다.

클라이언트와 서버 측 모두 이상 없이 설정되어 있어도 서버 측 방화벽이 마운트 과정을 차단할 수도 있다. 이러한 경우에는 mount 명령을 실행해도 아무런 오류 없이 멈춰버리기 때문에 주의해야 한다.

NFS 클라이언트 설정

리눅스에서 NFS 클라이언트를 설정하는 것은 매우 쉽다. 어떤 추가적인 소프트웨어를 설치할 필요가 없기 때문이다. 단지 NFS 파일 시스템을 지원하도록 커널을 컴파일하기만 하면 된다. 실제로 모든 리눅스 배포판들이 커널에 이 기능을 기본적으로 활성화하여 배포하고 있다. 그리고 NFS 파일 시스템을 마운트할 때 커널 지원 외에 다른 것은 mount 명령의 옵션뿐이다.

▩ mount 명령어

mount 명령어에 대해서는 이미 7장에서 다루었었다. NFS 파일 시스템을 마운트할 때도 mount 명령을 사용한다. mount 명령에 -o 인자를 사용하여 마운트 옵션을 지정하고 NFS 서버의 이름, 마운트 포인트를 명시한다. 다음은 NFS 파일 시스템을 mount 명령으로 마운트하는 예다.

```
[root@clientA ~]# mount -o rw,bg,soft serverA:/home /mnt/home
```

여기서 serverA는 NFS 서버의 이름이다. 표 22-2는 -o 인자를 통해 사용할 수 있는 옵션을 설명해놓은 것이다.

● 표 22-2. NFS 마운트 옵션

mount -o 명령 옵션	설명
bg	백그라운드 모드로 마운트하기. 예를 들어 서버가 다운된 경우처럼 마운트가 실패하면 마운트 과정을 백그라운드로 전환하고 성공할 때까지 계속 시도한다. 이 옵션은 부팅 시에 파일 시스템을 마운트할 때 유용하다. 서버가 다운된 경우에도 mount 명령으로 시스템이 멈추지 않도록 해주기 때문이다.
intr	인터럽트 가능한 마운트로 지정한다. 이 옵션은 프로세스가 마운트한 파티션에서 입출력(I/O)을 기다리는 동안 인터럽트되어 I/O 호출을 대기하지 않도록 할 수 있다. 이 옵션에 관한 좀 더 자세한 정보는 "intr 옵션의 중요성" 절을 참조하길 바란다.
hard	이 값은 기본 옵션으로, NFS 파일 연산이 만료 시간을 초과하는 경우 "서버가 응답하지 않습니다"라는 메시지를 콘솔에 출력하고 클라이언트는 무한정 재시도하게 된다.
soft	파티션에 대한 소프트 마운트를 활성화한다. 클라이언트가 지정된 재접속 횟수(retrans=r 옵션을 통해)만큼만 연결을 시도하고 종료한다. 이 옵션의 자세한 내용은 "소프트 마운트 vs. 하드 마운트" 절을 참조하길 바란다.
retrans= n	n값은 소프트 마운트가 활성화된 시스템에서 최대 연결 시도 횟수를 나타낸다.
rsize= n	n값은 NFS 서버로부터 파일을 읽을 때 NFS가 한번에 처리하는 바이트 수를 나타낸다. 기본값은 커널에 따라 다르지만 NFSv4에서는 현재 4096바이트를 사용한다. 예를 들어 rsize=32768과 같이 더 큰 값을 사용하여 처리량을 늘릴 수 있다.
wsize= n	n값은 NFS 서버에 파일을 쓸 때 NFS가 한번에 처리하는 바이트 수를 나타낸다. 기본값은 커널에 따라 다르지만 NFSv4에서는 현재 4096바이트를 사용한다. 예를 들어 rsize=32768과 같이 더 큰 값을 사용하여 처리량을 늘릴 수 있다. 이 값은 서버의 상황에 따라 적당한 값을 설정하면 된다.
proto= n	n값은 NFS 파일 시스템을 마운트하는 데 사용할 네트워크 프로토콜을 나타낸다. NFSv2와 NFSv3에서는 기본값이 UDP다. NFSv4 서버는 일반적으로 TCP만을 사용한다. 즉 유효한 프로토콜은 UDP와 TCP뿐이다.
nfsvers= n	원격 호스트에서 NFS 데몬에 연결할 RPC 버전을 지정한다. 기본값은 커널에 따라 다르지만 버전 2와 3이 가능하다. 이 옵션은 NFSv4에서는 사용할 수 없고 대신에 -t nfs4와 같이 파일 시스템 유형을 지정해야 한다.
sec= value	마운트 명령에 대한 보안 모드를 **value**로 지정한다. • **sec=sys**: 로컬 시스템의 UID와 GID를 NFS 연산에 대해 인증하기 위해 사용한다(**AUTH_SYS**). 이 값은 기본 설정이다. • **sec=krb5**: 사용자를 인증하기 위해 로컬 시스템의 UID와 GID 대신 Kerberos V5를 사용한다. • **sec=krb5i**: 사용자 인증에 Kerberos V5를 사용하고 데이터 변조를 막기 위해 보안 체크섬을 사용하여 NFS 연산의 무결성을 확인한다. • **sec=krb5p**: 사용자 인증에 Kerberos V5를 사용하고 무결성 확인과 함께 트래픽 스니핑을 막기 위해 NFS 트래픽을 암호화한다.

또한 이 mount 옵션들은 /etc/fstab 파일에서 사용 가능하다. /etc/fstab 파일에서 다음과 같이 사용할 수 있다.

```
serverA:/home   /mnt/home  nfs  rw,bg,soft 0 0
```

이 항목에서 serverA는 NFS 서버의 이름이고, 마운트 옵션은 rw, bg, 표 22-2에서 설명한 soft다.

■ 소프트 마운트 vs. 하드 마운트

기본적으로 NFS 명령은 **hard** 옵션을 가진다. 즉 서버에 연결될 때까지 무한정 시도하게 된다. 이러한 방식이 항상 바람직한 것은 아니다. 실행 중인 모든 시스템이 갑자기 멈추는 문제가 발생할 수 있다. 클라이언트가 종료하기 전에 서버가 종료하게 된다면 클라이언트는 서버가 다시 동작할 때까지 마냥 기다리게 된다.

반면 **soft** 옵션을 사용하면 클라이언트는 retrans=r 옵션을 통해 지정한 횟수만큼만 연결을 재시도하고 종료하게 된다.

> **참고**
> retrans=r을 통한 값 지정을 통해 소프트 마운트를 사용하면 안 되는 예외 상황이 있다. 디스크에 반드시 쓰여져야 하는 데이터가 있거나 데이터가 쓰여지기 전까지는 응용프로그램으로 제어가 돌아오길 원치 않는 경우에는 이 방식을 사용하면 안 된다. NFS로 마운트된 메일 디렉터리를 사용하는 경우에는 소프트 마운트 대신 하드 마운트를 사용해야 한다.

■ NFS 파티션을 크로스 마운트하기

크로스 마운트는 serverA가 serverB의 디스크를 NFS 마운트하고 있고 serverB 또한 serverA의 디스크를 NFS 마운트하는 것을 말한다. 이 동작은 별 문제없이 보이지만 미묘한 위험이 도사리고 있다. 만약 두 서버 모두 크래시가 발생하면 각 서버는 정상적으로 부팅이 되야 서로의 디스크를 마운트할 수 있다. 마치 닭이 먼저냐 달걀이 먼저냐는 문제에 빠지게 된다. serverA는 serverB가 부팅이 완료될 때까지 부팅할 수 없고 serverB 역시 serverA가 부팅을 완료할 때까지 부팅할 수 없게 된다.

이러한 문제를 피하려면 이러한 상황에 빠지지 않도록 주의하는 수밖에 없다. 원칙적으로 자신의 모든 서버가 다른 디스크를 마운트할 필요 없이 부팅을 완전히 마쳐야 한다. 하지만 크로스 마운트를 전혀 하지 말라는 것은 아니다. 모든 서버에 홈 디렉터리가 생성돼야 하는 것처럼 크로스 마운트가 필요한 경우가 있다.

이러한 경우에는 /etc/fstab 파일 항목에 마운트 옵션 bg를 사용해야 한다. 이로써 각 서버는 마운트가 실패해도 백그라운드로 마운트 과정을 수행할 수 있다. 따라서 각 서버는 정상적으로 부팅을 성공하게 되고 NFS로 파일 시스템을 마운트할 수 있게 된다.

▣ intr 옵션의 중요성

프로세스가 커널에 시스템 콜을 요청하면 커널로 제어가 넘어가게 된다. 따라서 커널이 시스템 콜을 제어하는 동안 프로세스는 자신을 제어할 수 없게 된다. 커널에서 접근 오류가 발생하면 프로세스는 커널이 요청을 반환할 때까지 기다릴 수밖에 없다. 즉 프로세스는 요청을 포기하거나 프로세스를 종료할 수 없이 그대로 멈추게 된다. 일반적인 상황에서는 커널 요청은 매우 빠르게 처리되기 때문에 커널이 제어하는 데 아무런 문제가 없다. 하지만 오류가 발생하면 굉장히 성가시게 된다. 이러한 경우 NFS에서는 intr 옵션을 사용한다. intr 옵션을 활성화하고 NFS를 통해 파일 시스템을 마운트하게 되면 NFS 요청에 대해 중단하거나 건너뛸 수 있다.

일반적으로 intr 옵션을 사용하지 않을 특별한 이유가 없다면 항상 설정하는 것이 바람직하다.

▣ 성능 개선

NFS 버전 2와 3에서 사용되는 기본 블록 크기는 1KB(NFSv4에서는 4KB)다. 이는 패킷 하나에 들어갈 수 있는 알맞은 크기이기 때문에 패킷이 유실되더라도 재전송할 패킷이 적을 것이다. 하지만 현재 대다수 네트워크 스택은 매우 큰 블록이라도 알맞은 크기로 나눠 빠른 속도로 전송하고 패킷 손실도 거의 없기 때문에 이는 사실상 이점이 되지 못한다.

따라서 네트워크 속도나 신뢰성 면에서 상당한 수준에 도달했다는 것을 감안하면 블록 크기를 이에 알맞게 조절하는 것이 성능 향상에 큰 도움이 될 것이다. 가장 손쉬운 방법은 wsize(쓰기 블록 크기)와 rsize(읽기 블록 크기) 옵션을 사용하여 블록 크기를 늘리는 것이다. NFS 버전 2와 3에 적합한 크기는 8KB다. 특히 네트워크 카드에서 점보 프레임을 지원하는 경우 상당한 도움이 될 것이다.

> **역자주**
> 점보 프레임(jumbo frame)이란 데이터 전송 단위인 MTU의 크기를 7~12KB로 늘려 한번에 많은 데이터를 전송하는 기술이다.

NFS 클라이언트의 /etc/fstab 파일의 항목을 예로 살펴보면, wsize와 rsize 옵션은 다음과 같이 지정할 수 있다.

```
serverA:/home /mnt/home nfs nfsvers=3,rw,bg,wsize=8192,rsize=8192 0 0
```

NFS 클라이언트 측면의 문제 해결

NFS도 다른 서비스들과 마찬가지로 오류를 해결하는 데 도움을 주는 기능을 가지고 있다. 이 절에서는 NFS에서 발생할 수 있는 일반적인 오류와 이를 처리하는 방법을 살펴볼 것이다.

■ 유효하지 않은 파일 접근

한 프로세스에서 사용 중인 파일이나 디렉터리를 다른 프로세스에서 삭제한다면 그 파일을 사용 중인 프로세스는 서버로부터 오류 메시지를 받게 된다. 일반적으로 이러한 경우 NFS 서버에서는 "Stale NFS file handle."와 같은 메시지를 출력한다

유효하지 않은 파일 핸들 오류는 대부분 X 윈도우 시스템 환경에서 두 개의 터미널 윈도우를 열어 작업하는 경우 발생할 수 있다. 예를 들어 첫 번째 터미널 윈도우에서 /mnt/usr/local/mydir/ 디렉터리를 열어놓고 있는데 다른 터미널 윈도우에서 그 디렉터리를 삭제하는 경우에 첫 번째 터미널 윈도우에서 엔터를 입력하면 오류 메시지가 나타난다.

이 문제를 해결하기 위해서는 단순히 다른 디렉터리로 이동하는 것이다. 이때 상대 경로가 아닌 cd /tmp와 같이 절대 경로로 이동해야 한다.

■ 접근 권한 오류

클라이언트에서 root로 로그인하여 NFS로 마운트된 파일에 접근하려 하는 경우 "Permission denied"와 같은 메시지를 보게 될 것이다. 일반적으로 이것은 마운트된 파일 시스템의 서버에서 root 권한을 허용하지 않기 때문에 발생한다. /etc/exports 파일은 기본적으로 root_squash 옵션을 활성화한다는 것을 생각하지 못한 결과다. 그래서 사용자는 허가된 NFS 클라이언트에서 root 사용자로 시도하는 경우, NFS 공유가 정상적으로 이뤄졌는데도 왜 접근 오류가 발생하는지 궁금해할 것이다.

이 문제를 해결하기 위한 빠른 방법은 해당 파일의 소유자로 접근하는 것이다. 예를 들어 자신은 root 사용자이고 일반 사용자 yyang의 소유 파일을 접근하고자 하는 경우 su 명령을 사용하여 yyang으로 전환해야 한다.

```
[root@clientA ~]# su - yyang
```

해당 파일에 대한 작업이 끝나면 yyang의 쉘에서 빠져 나와 다시 root로 돌아갈 수 있다.

물론 이 해결책은 서버 시스템에 yyang 계정이 존재하고 클라이언트와 서버에 동일한 UID로 등록되어 있어야 한다.

하지만 클라이언트와 서버에 동일한 사용자 계정을 가지고 있음에도 여전히 접근 권한 오류가 발생할 수 있다. 이것은 사용자 계정의 실제 UID가 서버와 클라이언트가 다른 경우에 발생한다. 예를 들어 clientA에서는 사용자 mmellow의 UID가 1003이고, serverA에서는 동일한 사용자명인 mmellow의 UID가 6000인 경우다. 이 문제는 모든 시스템에서 동일한 UID와 GID를 가진 사용자 계정을 만드는 것으로 간단히 해결할 수 있다. 아니면 LDAP이나 NIS와 같이 중앙 사용자 데

이터베이스 시스템을 구축하는 것이다. 따라서 모든 사용자는 로컬 클라이언트 시스템과 별개로 동일한 UID와 GID를 가지게 된다.

> UID를 동기화해야 한다. NFS 서버에 대한 모든 클라이언트 요청은 요청한 사용자 UID를 가지게 된다. 이 UID는 사용자가 요청한 파일에 대한 접근 권한을 가지고 있는지 서버가 확인하는 데 사용된다. 하지만 NFS 접근 권한을 확인하기 위해서는 사용자의 UID가 클라이언트와 서버가 동일해야 한다(이는 /etc/exports 파일에 all_squash 옵션을 사용하여 우회할 수 있다). 물론 두 시스템에서 동일한 사용자 이름을 가지는 것만으로는 충분하지 않다. 사용자의 UID도 동일해야 한다. NIS(Network Information Service) 데이터베이스나 LDAP(Lightweight Directory Access Protocol) 데이터베이스는 이러한 상황에 유용하다. 이들 디렉터리 시스템은 중앙 데이터베이스에서 모든 정보를 유지하여 UID와 GID, 그 밖의 정보들을 동기화한다. NIS와 LDAP에 대해서는 이 책 25장과 26장에서 자세히 다루게 될 것이다.

NFS 클라이언트, 서버 예제 설정

이 절에서는 지금까지 배웠던 내용을 토대로 NFS 환경을 실제로 구성할 것이다. NFS 서버를 설정한 다음 NFS 클라이언트를 설정한다. 그리고 시스템 부팅 시에 NFS 디렉터리가 자동으로 마운트되는 것을 확인할 것이다.

여기에서는 serverA 호스트의 /usr/local 파일 시스템을 clientA 호스트에 공유한다. clientA는 공유 파티션에 대해 읽기와 쓰기 권한을 가지고 그 외 다른 호스트들은 읽기 권한만을 가지게 한다. 그리고 서버의 공유 디렉터리는 clientA의 /mnt/usr/local 디렉터리에 마운트된다. 이 과정은 다음과 같은 단계로 진행된다.

1. 먼저 서버 호스트인 serverA에서 /etc/exports 설정 파일을 편집한다. /usr/local 디렉터리를 공유하기 위해서 다음 내용을 /etc/exports 파일에 입력한다.

    /usr/local clientA(rw,root_squash) *(ro)

2. 편집을 완료하고 파일을 저장한 후 텍스트 편집기를 종료한다.

3. 페도라 서버에서는 먼저 rpcbind 서비스가 실행 중인지 확인한다.

    ```
    [root@serverA ~]# service rpcbind status
    ```

    만약 서비스가 실행 중이 아니면 서비스를 시작한다. 서비스를 시작하기 위해서는 다음 명령을 입력한다.

    ```
    [root@serverA ~]# service rpcbind start
    ```

4. 그 다음 NFS 서비스를 시작한다. 이때 NFS에 필요한 서비스들도 함께 시작된다.

```
root@serverA ~]# service nfs-server start
```

이 실행 결과를 통해 nfs 구동 스크립트가 성공했는지 실패했는지 알 수 있다.

그리고 페도라처럼 systemd를 사용하는 리눅스 배포판에서는 다음과 같이 systemctl 명령을 사용하여 nfs 서버 서비스를 시작할 수 있다.

```
[root@fedora-server ~]# systemctl start nfs-server.service
```

5. showmount 명령을 실행하여 파티션 공유 설정이 제대로 되었는지 확인한다.

```
[root@serverA ~]# showmount -e localhost
```

6. 만약 /etc/exports 파일에 추가한 파일 시스템을 볼 수 없다면 /var/log/messages 파일에 nfsd나 mountd가 출력한 내용이 기록되어 있는지 확인한다. 그리고 나서 /etc/exports 파일을 수정한 경우에는 service nfs reload 또는 exportfs -r을 실행하여 변경 내용을 적용한다. 그리고 마지막으로 다시 showmount -e 명령을 실행하여 제대로 설정되었는지 확인한다.

7. 이제 서버 설정이 완료되었으니 지금부터는 클라이언트를 설정할 차례다. 먼저, rpc 서비스가 클라이언트와 서버 사이에서 동작하는지 확인한다. 다시 showmount 명령어을 사용하여 클라이언트가 서버가 공유한 내용을 볼 수 있는지 확인한다. 클라이언트가 공유 내용을 볼 수 없다면 네트워크 문제나 서버에 권한 문제가 발생한 것이다. clientA에서 다음과 같이 확인 명령을 입력한다.

```
[root@clientA ~]# showmount -e serverA
Export list for serverA:
/usr/local (everyone)
```

8. 클라이언트에서 공유 내용을 볼 수 있다면 이제 파일 시스템을 마운트되는지 확인할 차례다. 먼저 로컬 시스템에 /mnt/usr/local/ 디렉터리를 만든다. 그리고 나서 다음과 같이 mount 명령을 실행한다.

```
[root@clientA ~]# mkdir -p /mnt/usr/local
[root@clientA ~]# mount -o rw,bg,intr,soft serverA:/usr/local /mnt/usr/local
```

9. mount 명령을 사용하여 clientA에 마운트된 NFS 파일 시스템만을 보려면 다음과 같이 입력한다.

```
[root@clientA ~]# mount -t nfs
```

또한 NFSv4 타입의 파일 시스템을 보려면 다음과 같이 입력한다.

```
[root@clientA ~]# mount -t nfs4
```

10. 앞의 명령이 성공하고 나면 시스템 부팅 시에 원격 파일 시스템이 자동으로 마운트되도록 /etc/fstab 파일에 다음과 같이 mount 명령과 옵션을 추가한다.

```
serverA:/usr/local /mnt/usr/local  nfs  rw,bg,intr,soft  0 0
```

NFS의 일반적인 활용법

다음에 나열된 내용들은 일반적인 활용 예일 뿐이다. NFS를 통해 파일 시스템을 공유하는 이유는 일반적으로 다음과 같을 것이다.

- **자주 사용하는 프로그램 저장 용도:** 윈도우 운영체제에 익숙한 사용자는 네트워크 공유 디렉터리에 응용프로그램을 설치하려다 실패한 경험이 있을 것이다. 이는 소프트웨어 라이선스 정책으로 인해 해당 시스템의 패키지만을 사용할 수 있기 때문이다. 반면 리눅스나 유닉스에서는 일반적으로 네트워크 디스크에 소프트웨어 설치를 금지하는 경우는 거의 드물다(물론 고성능 데이터베이스 같은 경우는 예외다). 따라서 리눅스에서는 많은 사이트들이 네트워크상의 모든 호스트에 공개된 특정 파티션에 자주 사용되는 소프트웨어를 설치해둔다.

- **홈 디렉터리 저장 용도:** NFS 파티션의 또 다른 용도로는 홈 디렉터리를 저장하는 경우다. 홈 디렉터리를 NFS 파티션에 위치함으로써, Automounter와 NIS나 LDAP를 설정하여 사용자들이 네트워크 내의 어떤 시스템에서든 로그인하여 자신의 홈 디렉터리를 사용할 수 있다. 일반적으로 이기종의 시스템을 가진 곳에서 이러한 설정을 사용한다. 따라서 사용자들은 별다른 데이터 이동 없이 다른 리눅스나 유닉스 시스템으로 전환할 수 있다.

- **공유 메일 스풀 저장 용도:** 메일 서버에 존재하는 디렉터리는 모든 사용자 메일함을 저장할 수 있고 NFS를 통해 네트워크상의 모든 호스트에 공유될 수 있다. 이렇게 설정해놓으면, 일반적으로 유닉스 메일 리더는 사용자의 메일을 NFS에 저장된 스풀 파일에서 직접 읽어 들일 수 있다. 또한 이메일 트래픽이 많아 POP3 메일함을 제공하기 위해 여러 서버들을 운영하는 대형 사이트들에서 각 메일함을 모든 서버에서 접근 가능한 공용 NFS 파티션에 둘 수 있다.

요약

이 장에서는 NFS 서버와 클라이언트를 설정하는 과정을 살펴보았다. 서버와 클라이언트는 동작하는 데 약간의 설정이 필요하다. 하지만 일반적으로 NFS를 구동하는 과정은 비교적 힘들지 않다.

다음은 NFS를 구동하는 데 중요한 몇 가지 내용들을 나열한 것이다.

- NFS 서비스는 지금까지 오랜 기간 사용되면서 여러 버전의 프로토콜을 거쳐왔다. 각 버전은 대부분 하위 호환성을 지원하기 때문에 하위 버전을 사용하는 클라이언트를 사용하는 데도 문제가 없었다.

- NFS 버전 4는 가장 최신 버전으로 이전 버전에는 없던 기능들과 많은 개선사항을 포함하고 있다. 현 시점에도 NFSv4는 여전히 가장 많이 사용되는 버전은 아니지만 주요 리눅스 배포판에 포함된 기본 버전이다. 그리고 이전의 NFSv3와 비교해서 훨씬 빠르게 표준으로 자리잡아가고 있다.

- 예전 NFS 프로토콜들(버전 2와 3)은 상태 정보가 없는 프로토콜로 구현되었다. 따라서 클라이언트는 서버가 중단된 건지 단순히 느려진 건지 알 수 없다. 그래서 서버가 다시 동작하게 되는 경우에 자동으로 복구된다. 반대로 클라이언트가 중단되면 서버가 대기하다가 클라이언트가 다시 동작하면 자동으로 복구된다.

- NFSv2와 NFSv3의 주요 서버 프로세스는 rpc.statd, rpc.quotad, rpc.mountd, rpc.nfsd다. 이러한 기능들은 대부분 NFSv4에서 하나의 프로세스로 통합되었다.

NFS는 네트워크 클라이언트들과 파일 시스템을 공유할 수 있는 강력한 도구다. 하지만 자신의 시스템에 자원 공유가 필요한 경우 NFS 서비스를 적용하기 전에 많은 테스트를 해보는 것이 바람직하다.

CHAPTER 23

삼바

삼바(Samba)는 리눅스처럼 유닉스 기반 시스템과 윈도우 시스템이나 다른 시스템 간에 상호 연동하는 데 유용한 강력한 응용프로그램이다. 이는 SMB와 CIFS(Server Message Block / Common Internet File System) 프로토콜의 오픈 소스 구현물이다.

삼바는 윈도우 클라이언트뿐만 아니라 네트워크를 통한 다른 운영체제의 클라이언트에도 파일 및 프린터 공유 서비스를 제공한다. 이것은 마이크로소프트의 네트워크 프로토콜인 SMB/CIFS를 기반으로 하고 있다. 이는 시스템 관리자 관점에서 보면 NFS 서비스나 리눅스/유닉스 호환 인증 서비스를 설치하지 않아도 리눅스/유닉스 기반 서버를 운영할 수 있음을 의미한다. 결국 별도의 프로그램 설치 없이 서버와 통신할 수 있게 되어 사용자들에게는 통합된 하나의 서비스로 보이게 된다.

이 장에서는 삼바의 다운로드, 컴파일, 설치 과정 등에 대해서 다룬다. 다행히도 삼바의 기본 설정은 최소한의 변경만을 필요로 한다. 따라서 여기서는 일반적으로 수행하는 작업과 흔히 발생하는 문제에 대해서 살펴볼 것이다. 또한 관리 측면에서 삼바의 웹 관리 도구(SWAT)와 smbclient 유틸리티에 대해서도 살펴본다.

삼바를 문제없이 다루길 바란다면 프로그램의 문서들을 읽어봐야 한다. 삼바 문서들은 꼼꼼히 잘 쓰여져서 큰 도움이 될 것이다. 이 문서들을 통해 실질적인 관리 지식을 얻게 될 것이다.

참고 삼바는 다양한 플랫폼에 포팅되었다. 거의 모든 유닉스 계열 시스템과 비유닉스 시스템에서도 사용할 수 있다. 이 장에서는 당연히 리눅스 플랫폼상에서 삼바를 다루지만 다른 유닉스 시스템에서도 사용할 수 있다는 것을 참고하길 바란다.

SMB 동작 원리

리눅스, 삼바, 윈도우 간의 관계를 완전히 이해하기 위해서는 먼저 두 운영체제의 파일, 프린터, 사용자, 네트워크 관리 방식에 대해 이해해야 한다. 이들 관계를 비교하기 위해 동일한 환경에서 리눅스 시스템과 윈도우 시스템의 공통적인 기본 요소들을 살펴보자.

▣ 사용자 이름과 비밀번호

리눅스/유닉스 시스템의 로그인/비밀번호 방식은 근본적으로 윈도우 PDC(Primary Domain Controller) 모델이나 윈도우 액티브 디렉터리 모델과는 다르다. 따라서 시스템 관리자는 두 플랫폼 간에 로그인 계정과 비밀번호 방식에 일관성을 유지해야 한다. 사용자들은 이기종 환경에서 작업하면서 다양한 이유로 다른 플랫폼에 접근할 수도 있다. 따라서 이러한 경우 다른 플랫폼으로 전환 시 재인증 절차 없이 작업할 수 있어야 하며 또한 캐시된 비밀번호로 인해 로그인이 안 되는 문제 등이 없어야 한다.

삼바는 이러한 상황에서 사용할 수 있는 다양한 옵션을 가지고 있다. 다음과 같이 이기종 환경에서 사용자 이름과 비밀번호를 관리하는 여러 방법이 있다.

- **PAM(Pluggable Authentication Modules):** 윈도우 PDC에 대응하는 사용자 인증 방식을 허용한다. 이 방식은 리눅스 시스템과 윈도우 PDC에 각각 사용자 목록을 가지게 된다. 하지만 사용자들은 윈도우 시스템에서만 비밀번호를 관리하면 된다.

- **삼바 서버를 PDC로 사용하기:** 윈도우 시스템으로부터 삼바로 인증된 리눅스 시스템에서 모든 사용자 계정을 유지한다. 이를 위해 삼바에 LDAP을 사용하면 좀 더 확장성이 뛰어나게 된다.

- **자동화 스크립트 사용하기:** 해당 시스템에서만 사용할 로그인 스크립트를 작성한다. 로그인 계정과 비밀번호 관리 시스템을 운영하는 서버에서는 로그인 스크립트를 작성하는 것이 합리적이다. PDC의 비밀번호 목록을 갱신하기 위해서는 SAM(Security Access Manager)을 변경해야 되고 이를 허용하는 WinPerl과 Perl 모듈을 사용해야 한다. 그리고 계정을 동기화하기 위해 리눅스 쪽의 Perl 스크립트에서 WinPerl 스크립트와 통신할 수 있다.

이러한 경우에 선택할 수 있는 가장 최악의 방법은 수동으로 여러 플랫폼에서 사용자명과 비밀번호 데이터베이스를 유지하는 것이다. 초창기 시스템 관리자들은 정말로 이런 방식을 사용했다. 하지만 이 방식은 오류가 발생할 수 있고 관리하기에 너무 힘이 든다.

▣ 비밀번호 암호화

윈도우 NT 4/서비스팩 3, 윈도우 98, 윈도우 95 OSR2를 시작으로 윈도우 시스템은 PDC와 통신할 때와 서버에서(리눅스와 삼바 포함) 인증을 요청할 때 비밀번호를 암호화하기 시작했다. 윈도우에서 사용하는 암호화 알고리즘은 유닉스와 다르기 때문에 서로 호환되지 않는다.

이러한 문제를 해결하기 위해서는 다음 중 하나를 택하면 된다.

- 윈도우의 레지스트리를 편집하여 비밀번호 암호화를 비활성화한다. 변경해야 할 레지스트리 항목은 삼바 패키지의 docs 디렉터리에 나열되어 있다. 삼바 버전 3부터는 이 옵션이 더 이상 필요치 않다.

- 윈도우 방식의 암호화 알고리즘을 사용하도록 삼바를 설정한다.

첫 번째 해결책은 복잡한 비밀번호 체계를 사용하지 않아도 되는 이점이 있다. 반면 모든 클라이언트의 레지스트리를 수정해야 하는 어려움이 있다. 두 번째 방법은 첫 번째 방법과 반대로 서버측이 좀 더 복잡해지지만 모든 클라이언트를 수정할 필요가 없어진다.

▧ 삼바 데몬

삼바 코드는 실제로 여러 컴포넌트와 데몬으로 이루어져 있다. 여기서는 삼바의 주요 데몬 **smbd**, **nmbd**, **winbindd** 세 가지를 살펴볼 것이다.

smbd 데몬은 파일 시스템과 프린터 서비스를 클라이언트에 실제로 공유하는 역할을 한다. 또한 사용자 인증과 자원 잠금 기능을 수행한다. 이 데몬은 139번이나 445번 포트를 통해 클라이언트의 요청을 대기한다. smbd 데몬은 클라이언트가 인증에 성공하면 자식 프로세스를 생성하여 자신은 기본 포트를 통해 새로운 요청을 대기하고 자식 프로세스는 클라이언트와의 요청을 처리한다. 또한 자식 프로세스는 자신의 유효 사용자 ID를 root에서 인증 받은 사용자로 변경한다. 예를 들어 smbd에 허가 받은 사용자가 yyang이라면 자식 프로세스는 root의 권한이 아니라 yyang의 권한으로 실행된다. 자식 프로세스는 클라이언트가 연결을 끊을 때까지 메모리에 상주하면서 클라이언트의 요청을 처리한다.

nmbd 데몬은 NetBIOS 네임 서비스 요청을 처리하는 역할을 한다. 또한 nmbd는 WINS(Windows Internet Name Server)의 기능을 한다. nmbd 데몬은 137번 포트에 바인딩되고 smbd와 달리 클라이언트의 각 요청에 따라 자식 프로세스를 생성하지 않는다. 그리고 nmbd는 네임 서비스 요청 이외에도 마스터 브라우저, 도메인 브라우저, WINS 서버 등의 요청을 처리한다. 그리고 nmbd를 사용하는 시스템은 윈도우 시스템의 내 네트워크 환경 항목에 표시된다. 따라서 smbd와 nmbd 데몬이 제공하는 서비스들은 서로 상호 보완적인 셈이다.

마지막으로 winbindd 데몬은 윈도우 서버로부터 사용자 정보와 그룹 정보를 요청하여 리눅스나 유닉스 플랫폼에서 사용할 수 있도록 해주는 서비스를 제공한다. 이 서비스는 C 라이브러리에서 사용 가능한 마이크로소프트 RPC 호출, PAM, NSS(Name Service Switch)를 통해 이루어진다. 또한 winbindd에 PAM 모듈(pam_winbind)을 연동하면 확장된 사용자 인증 기능을 사용할 수 있다. winbindd 서비스는 smb 서비스에서 분리되어 있어 독립적으로 실행할 수 있다.

참고
마이크로소프트는 윈도우 2000 출시 후부터 액티브 디렉터리를 지원하기 시작하면서 순수한 DNS 이름을 사용했다. 내 네트워크 환경 서비스의 이름과 DNS 호스트 이름을 일치하게 만들려고 시도한 것이다.

원칙적으로는 nmbd는 더 이상 필요 없지만 윈도우 2000이 아닌 호스트를 지원하기 위해서는 계속 사용해야 한다.

■ RPM으로 삼바 설치

대다수 리눅스 배포판들은 삼바의 바이너리 패키지를 가지고 있다. 이 절에서는 페도라 배포판에서 RPM을 통해 삼바를 설치하는 방법을 살펴볼 것이다. 페도라, CentOS, RHEL에서 삼바의 서버 서비스는 다음과 같은 세 가지 패키지가 필요하다.

- **samba*.rpm:** 이 패키지는 SMB/CIFS 클라이언트에 네트워크 서비스를 제공하는 SMB 서버를 포함하고 있다.

- **samba-common*.rpm:** 이 패키지는 삼바 서버와 클라이언트 패키지에 필요한 파일들을 포함하고 있다. 각종 설정 파일, 로그 파일, man 페이지 파일, PAM 모듈, 기타 라이브러리 등을 가지고 있다.

- **samba-client*.rpm:** 이 패키지는 리눅스와 비리눅스 시스템에서 SMB 파일 및 프린터 공유 서비스에 접근 가능한 클라이언트 유틸리티를 포함하고 있다. 페도라, OpenSUSE, 그 외 RHEL 계열 시스템에서 이 패키지를 사용하고 있다.

사용 중인 시스템이 인터넷에 연결되어 있다면 다음과 같이 간단한 명령만으로 삼바 패키지를 설치할 수 있다.

```
[root@fedora-server ~]# yum -y install samba
```

마찬가지로 samba-client 패키지는 다음과 같이 설치한다.

```
[root@fedora-server ~]# yum -y install samba-client
```

또한 일반적인 rpm 명령어를 사용하여 설치 매체의 /mount_point/Packages/ 디렉터리에 저장되어 있는 RPM 패키지를 설치할 수도 있다. 예를 들어 설치 매체가 /media/dvd 디렉터리에 마운트되어 있다면 다음과 같이 입력한다.

```
[root@fedora-server ~]# rpm -ivh /media/dvd/Packages/samba-*.rpm
```

■ APT로 삼바 설치

우분투와 같이 데비안 계열 배포판에서는 삼바 소프트웨어 패키지가 samba*.deb와 samba-common*.deb 패키지로 나눠져 있다. 우분투에서 삼바 클라이언트 프로그램과 서버 프로그램을 설치하기 위해서는 다음과 같이 간단히 apt-get 명령을 사용한다.

```
master@ubuntu-server:~$ sudo apt-get -y install samba
```

우분투의 다른 서비스들과 마찬가지로 패키지 설치 후에 삼바 데몬은 인스톨러에 의해 자동으로 실행된다.

▼ 소스 코드로 삼바 설치하기

대다수 리눅스 배포판에서는 바이너리 패키지 형태의 삼바를 제공한다. 하지만 이 책에서 다룬 다른 프로그램과 마찬가지로 최신 버전으로 패키지를 업그레이드하기 위해 소프트웨어를 컴파일할 수 있다. 삼바는 다양한 플랫폼에 호환되도록 설계되어 여러 유닉스/리눅스 플랫폼의 사용자를 가지고 있다. 하지만 드물게 컴파일 과정에서 문제가 발생할 수 있다.

여기서는 삼바 3.6.1 버전을 컴파일하고 설치할 것이다. 그러므로 3.6.1이 아닌 다른 버전을 사용한다면 자신이 사용하는 버전에 맞게끔 다음에 설명할 과정을 변경해야 한다.

먼저 삼바 소스 코드를 www.samba.org에서 내려 받아 컴파일할 디렉터리에 저장한다. 여기서는 /usr/local/src 디렉터리에 저장한다. 최신 버전 소스 코드는 www.samba.org/samba/ftp/samba-latest.tar.gz로 직접 내려 받을 수 있다.

1. tar 명령을 사용하여 삼바의 압축을 푼다.

   ```
   [root@server src]# tar xvzf samba-latest.tar.gz
   ```

2. 앞의 과정을 마치면 samba-3.6.1라는 하위 디렉터리가 생긴다. 해당 디렉터리로 이동한다.

   ```
   [root@server src]# cd samba-3.6.1/
   ```

   다음 과정을 계속 진행하기 전에 "Manifest"라는 이름의 파일을 먼저 읽어보는 것이 삼바를 빌드하는 데 도움이 될 것이다. 이 파일은 삼바 파일과 폴더들의 일반적인 구성에 대해 설명한다. 또한 삼바 문서의 위치에 대해서도 설명해놓다. 이 내용이 당장 필요한 것은 아니지만 나중에 큰 도움이 될 것이다.

3. samba-3.6.1 디렉터리에는 source3라는 하위 디렉터리가 존재한다. 다음과 같이 이 디렉터리로 이동한다.

   ```
   [root@server samba-3.6.1]# cd source3/
   ```

4. 그리고 별다른 옵션 없이 삼바의 설정 스크립트를 실행할 것이다. 표 23-1에 설정 시에 사용할 수 있는 옵션들을 설명해놓았다. 그리고 삼바 source 디렉터리에 설정 스크립트가 포함되지 않을 수도 있다. ls 명령으로 디렉터리에 스크립트가 들어있는지 확인할 수 있다. 만약 설정 스크립트가 없다면 삼바 소스 트리의 source 디렉터리에 있는 autogen.sh 스크립트를 사용하여 생성할 수 있다. 여기서는 기본 옵션만을 사용할 것이다.

   ```
   [root@server source]# ./configure
   ```

5. make 명령을 실행하여 삼바를 컴파일한다.

```
[root@server source]# make
```

6. 다음은 make install을 실행한다.

```
[root@server source]# make install
```

모든 삼바 실행 파일과 설정 파일들은 /usr/local/samba/ 디렉터리 아래에 설치된다. 이제 RPM 패키지로 삼바를 설치한 경우와 마찬가지로 이 파일들을 사용할 수 있다. 하지만 /usr/local/samba/bin 디렉터리는 일반적으로 대부분의 쉘에서 실행 파일 검색 경로로 사용되지 않는다. 따라서 /usr/local/samba/bin 디렉터리에서 실행 파일들을 /usr/sbin/ 또는 /usr/bin/와 같이 실행 가능한 경로로 복사한다. 그러면 좀 더 편하게 명령들을 실행할 수 있을 것이다.

● 표 23-1. 삼바 설정(./configure) 파일 옵션

삼바 설정(./configure) 옵션	설명
--prefix=PREFIX	아키텍처 독립적인 파일들을 기본 설치 폴더 대신에 PREFIX에 지정된 디렉터리에 설치한다.
--with-cifsmount	mount.cifs 명령어를 지원한다. 이 명령은 윈도우 서버나 삼바 서버의 공유 파티션을 NFS 파일 시스템을 마운트하는 것처럼 연결할 수 있도록 한다.
--with-pam	PAM 기능을 포함한다. 기본값은 no다.
--with-ads	액티브 디렉터리 기능을 포함한다. 기본값은 auto다.
--with-ldap	LDAP 기능을 포함한다. 기본값은 yes다.
--with-pam_smbpass	passdb의 인증 방식으로 사용하기 위해 PAM 모듈을 컴파일한다.
--with-krb5=base-dir	Kerberos 5의 기본 경로를 지정한다. 기본값은 /usr이다.
--enable-cups	CUPS(Common UNIX Printing System) 기능을 활성화한다. 기본값은 auto다.

삼바 관리

이 절에서는 삼바의 일반적인 관리 기능에 대해 설명한다. 삼바 서비스를 시작하고 종료하는 법과 SWAT를 사용한 일반 관리 작업과 smbclient를 사용하는 법을 배우게 될 것이다. 그리고 마지막으로 암호화된 비밀번호를 사용하는 과정을 확인할 것이다.

▨ 삼바 서비스의 실행과 종료

대다수 리눅스 배포판들은 기본적으로 삼바를 시작하고 종료하는 스크립트와 프로그램을 가지고 있다. 이 프로그램들은 시스템 부팅 시에 서비스를 구동하고 시스템 종료 시에 서비스를 종료하는 기능을 제공한다. 우리가 사용 중인 페도라 시스템에서는 service 명령과 chkconfig 유틸

리티를 사용하여 삼바 서비스의 구동과 종료를 제어할 수 있다. 예를 들어 smbd 데몬을 시작하려면 다음 명령을 실행하면 된다.

```
[root@server ~]# service smb start
```

그리고 반대로 서비스를 종료하려면 다음과 같이 실행한다.

```
[root@server ~]# service smb stop
```

삼바의 설정을 변경한 경우에는 다음과 같은 명령을 사용하여 변경사항을 적용시켜줘야 한다.

```
[root@server ~]# service smb restart
```

페도라처럼 systemd를 사용하는 리눅스 배포판에서는 service 명령 대신 systemctl 명령을 사용하여 smb 서비스를 재시작할 수 있다.

```
[root@fedora-server ~]# systemctl restart smb.service
```

하지만 smb 서비스는 다음 번 시스템 재부팅 시에 자동으로 시작하지 않을 것이다. 따라서 부팅 시에 서비스를 자동으로 실행하도록 설정하기 위해서 chkconfig 유틸리티를 사용해야 한다.

```
[root@server ~]# chkconfig smb on
```

또한 systemd를 사용하는 리눅스 배포판에서는 시스템 부팅 시에 자동으로 smb 서비스를 실행하기 위해 다음과 같이 systemctl 명령을 사용할 수 있다.

```
[root@fedora-server ~]# systemctl enable smb.service
```

물론 스크립트를 사용하지 않고 삼바 서비스를 멈출 수 있는 방법도 있다. ps 명령을 사용하여 삼바의 모든 프로세스를 확인한다. 그리고 root가 실행한 smbd 프로세스를 찾아 프로세스를 죽인다(kill). 그러면 나머지 삼바 연결도 모두 끊어지게 된다.

> **팁** 소스 코드로 삼바를 설치한 경우에는 다음 명령으로 삼바를 시작할 수 있다.
>
> ```
> # /usr/local/samba/sbin/smbd -D
> ```
>
> 여기서 -D 옵션은 삼바를 데몬으로 실행하도록 한다. nmbd 데몬 역시 동일한 방식으로 실행할 수 있다.
>
> ```
> # /usr/local/samba/sbin/nmbd -D
> ```

SWAT 사용

앞서 언급했듯이, SWAT은 Samba Web Administration Tool의 약자로 웹 브라우저 인터페이스를 통해 삼바를 관리할 수 있게 해준다. SWAT을 통해 smb.conf와 같은 삼바 설정 파일을 간편하게 편집할 수 있다.

삼바 2.0 이전 버전은 smb.conf 파일을 직접 편집하는 것이 공식적으로 서버를 설정하는 방법이었다. 이 설정 파일은 많은 옵션과 지시자 등 때문에 다루기 힘든 게 사실이다. 이렇게 삼바 설정을 위해 직접 텍스트 파일을 편집하는 것은 윈도우 시스템에서 공유 설정을 하는 것보다 훨씬 더 불편하다는 것을 의미한다. 그래서 설정 파일의 편집을 보다 편리하게 하기 위해 일부 개발자들이 그래픽 환경의 프로그램을 개발하였다. 이 프로그램들은 여전히 유지되고 있으며 삼바 웹 사이트인 www.samba.org에 방문하면 자세한 정보를 확인할 수 있다. 결국 이러한 GUI 프로그램 중 하나인 SWAT 삼바 버전 2.0부터 소스 코드에 포함되기 시작했다.

페도라와 RHEL 시스템에서는 SWAT 소프트웨어가 삼바와 별도로 새로운 패키지로 분리되었다. SWAT을 제공하는 바이너리 RPM 이름은 samba-swat이다. 이 절에서는 Yum 프로그램을 사용하여 SWAT RPM 패키지를 설치할 것이다.

■ SWAT 설치하기

SWAT이 다른 웹 브라우저 기반의 관리 도구와 조금 다른 점은 아파치처럼 별도의 웹 서버에 의존하지 않는다는 것이다. 대신 SWAT은 전체 웹 서버 기능 구현 없이 필요한 웹 서버 기능만을 제공한다.

SWAT을 설치하는 과정은 다음과 같이 꽤 직관적이다.

1. Yum을 사용하여 SWAT을 다운로드하고 설치한다.

    ```
    [root@fedora-server ~]# yum -y install samba-swat
    ```

> **팁** SWAT은 삼바의 메인 소스 트리에 포함되어 있어서 삼바 소스 코드를 컴파일할 때 함께 컴파일된다. 앞에서 컴파일한 삼바의 실행 디렉터리인 /usr/local/samba/sbin/에 SWAT 실행 파일이 설치된다.

2. 그리고 samba-swat 패키지가 제대로 설치되었는지 확인한다.

    ```
    [root@fedora-server ~]# rpm -q samba-swat
    samba-swat-*
    ```

3. SWAT을 슈퍼데몬 xinetd를 통해 실행한다. 기본적으로 비활성화되어 있기 때문에 다음을 입력하여 설정 상태를 확인한다.

```
[root@fedora-server ~]# chkconfig --list swat
swat            off
```

4. SWAT을 활성화하기 위해서는 다음과 같이 입력한다.

```
[root@fedora-server ~]# chkconfig swat on
```

5. xinetd를 재시작하여 설정 내용을 적용한다.

```
[root@fedora-server ~]# service xinetd restart
```

6. 마지막으로 SWAT이 설치된 시스템에서 웹 브라우저를 사용하여 SWAT 웹 인터페이스에 연결해본다. 웹 브라우저 SWAT의 URL인 http://127.0.0.1:901/를 입력한다. 이 URL에 접속하면 SWAT에 로그인하기 위한 사용자명/비밀번호를 물어볼 것이다. 사용자명에는 root를 입력하고, root의 비밀번호를 입력한다. 로그인에 성공하면 그림 23-1과 같은 웹 페이지가 나타날 것이다.

> **참고** SWAT의 기본 xinetd 설정은 삼바가 실행 중인 로컬 호스트에서만 SWAT에 연결할 수 있도록 되어 있다. 이 것은 아무나 원격으로 서버에 접속하여 서버에 설정하는 것을 막기 위한 보안 조치다.

이처럼 페도라 시스템에서 SWAT을 설치하고 활성하는 것은 매우 간단하다.

> **주의** SWAT에 root로 로그인하는 것은 root의 비밀번호를 웹 브라우저에서 삼바 서버로 전송한다는 것을 의미한다. 따라서 신뢰할 수 없는 네트워크에서는 관리 작업을 하는 것을 피해야 한다. 차라리 서버 자체에서만 접속하도록 허용하거나 클라이언트와 삼바 서버 사이의 SSH 터널을 설정하는 것이 나을 것이다. 그리고 또한 SSL 연결을 활성화하여 SWAT과의 통신 자체를 암호화할 수 있다.

● **그림 23-1**. 삼바 웹 관리 도구

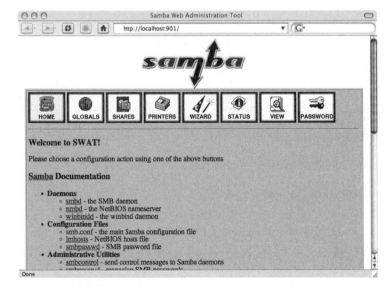

SWAT 메뉴

root로 SWAT에 로그인하면 그림 23-1과 같이 메뉴 페이지를 볼 수 있을 것이다. 여기서 삼바 구성에 필요한 설정 파일, 데몬, 기타 프로그램 등에 관한 모든 문서를 찾을 수 있을 것이다. 이 페이지는 외부 웹 사이트를 가리키는 링크가 없기 때문에 인터넷 연결 없이 편할 때 언제든지 읽어볼 수 있다.

SWAT의 홈 페이지 상단에는 다음과 같은 메뉴 버튼들이 존재한다.

Home	메뉴 페이지
Globals	삼바 실행에 영향을 주는 전역 옵션 설정 페이지
Printers	공유 프린터 설정
Wizard	삼바 서버를 단계별로 설정하는 삼바 설정 마법사를 초기화한다.
Status	smbd와 nmbd 프로세스의 상태를 보여준다. 이 상태 정보는 이들 프로세스에 연결된 모든 클라이언트 목록과 동작 상태를 나타낸다. (smbstatus 프로그램과 같은 정보를 보여준다).
View	최종 smb.conf 파일의 내용을 표시
Password	비밀번호 설정

▩ Globals

Globals 페이지는 삼바 동작에 영향을 주는 모든 설정값을 보여준다. 이 설정값들은 기본, 보안, 로그, 탐색, WINS의 다섯 그룹으로 나뉜다. 각 옵션의 왼편에는 해당 옵션의 설정값에 관한 문서를 연결해놓았다.

▩ Shares

윈도우 시스템에서 공유를 설정하는 방법은 해당 폴더를 선택하거나 만든 후 마우스 오른쪽을 클릭하여 공유를 허용하는 것으로 매우 간단하다. 게다가 공유 폴더를 오른쪽 클릭하여 속성을 선택하여 공유에 관한 내용을 제어할 수도 있다.

SWAT을 사용하면 이와 같은 방식으로 새로운 공유를 설정할 수 있다. 공유 대상을 선택한 후 [Choose Share] 버튼을 누르면 공유 대상에 대한 모든 설정 옵션을 구성할 수 있다.

▩ Printers

Printers 페이지는 현재 시스템에 사용 가능한 프린터에 대한 삼바 설정을 변경할 수 있다. 일련의 메뉴들을 통해 프린터 공유를 추가하거나 삭제하고 수정할 수 있다. 또한 그 외 프린터 작업을 수행할 수 있다. 여기서 한 가지 할 수 없는 동작은 현 시스템에 프린터를 추가하는 것이다.

이 동작에 대해서는 27장에서 다루게 된다.

▨ Status

Status 페이지는 smbd와 nmbd 데몬의 현재 상태를 보여준다. 이 상태 정보에는 데몬에 연결된 클라이언트 목록과 동작 상태를 포함한다. 기본적으로 이 페이지는 30초마다 자동으로 갱신된다. 물론 갱신 주기는 사용자가 원하는 대로 변경할 수 있다. 이 상태 정보를 통해 관리자는 삼바 서비스를 켜거나 끄는 작업을 하거나 설정 파일을 다시 읽어 들이도록 할 수 있다. 설정 파일을 수정한 경우에는 반드시 설정을 다시 읽어 들이도록 해야 한다.

▨ View

SWAT에서 삼바 설정을 변경하는 경우 SWAT은 그 변경 내역을 유지하고 있기 때문에 smb.conf 파일에 알아서 수정한 내용을 추가한다. View 페이지를 통해 변경된 smb.conf 파일을 볼 수 있다.

▨ Password

Password 페이지를 통해 암호화된 비밀번호를 사용할 수 있다. 그리고 사용자들이 리눅스 서버에 로그인할 필요 없이 자신의 비밀번호를 바꿀 수 있도록 허용하는 옵션을 이 페이지에서 제공한다.

> **참고**
> 대부분의 경우, 허용된 일부 사용자를 제외한 나머지 모든 사용자들은 서버에 접근할 수 없도록 하는 것이 바람직하다. 이는 사용자들로 인한 서버의 성능과 안정성에 영향을 미치는 경우를 줄일 수 있기 때문이다.

공유하기

우리는 이제 삼바 서버에서 /tmp 디렉터리 아래의 특정 대상을 공유하는 과정을 살펴볼 것이다. 먼저 공유할 디렉터리를 만들고 공유 항목을 만들기 위해 삼바 설정 파일(/etc/samba/smb.conf)을 편집할 것이다.

물론 이것은 앞에서 설치한 SWAT의 웹 인터페이스를 통해 간단히 할 수 있다. 하지만 여기서는 실습을 위해 SWAT을 사용하지 않는다. SWAT이 쉽고 직관적이지만 설정 파일을 직접 다루는 것이 삼바를 설정하는 법을 이해하기엔 더 유용하다. 그리고 또한 SWAT이 그 내부에서 무엇을 하는지 이해하기가 쉽다. 따라서 자신의 기호에 알맞게 변경할 수 있다. 게다가 이와 같은 GUI 설정 프로그램이 설치되지 않은 환경에서도 아무 문제없이 삼바를 설정할 수 있게 된다.

그럼 각 과정을 살펴보도록 하자.

1. /tmp/ 폴더 아래에 testshare라는 디렉터리를 만든다.

   ```
   [root@server ~]# mkdir /tmp/testshare
   ```

2. 1번 단계에서 만든 디렉터리에 빈 파일들(foo1, foo2, moo3)을 만든다.

   ```
   [root@server ~]# touch /tmp/testshare/{foo1,foo2,moo3}
   ```

3. 시스템의 다른 사용자들도 파일에 접근할 수 있도록 testshare 폴더에 접근 권한을 설정한다.

   ```
   [root@server ~]# chmod -R 755 /tmp/testshare/*
   ```

4. 텍스트 편집기에서 삼바 설정 파일을 연다. 그러고 나서 파일의 끝부분으로 이동하여 다음 항목들을 추가한다. (행 번호 1-5는 생략하길 바란다. 이는 가독성을 위해 추가한 것이다).

   ```
   1) [samba-share]
   2) comment=This folder contains shared documents
   3) path=/tmp/testshare
   4) public=yes
   5) writable=no
   ```

   - 1행은 공유(또는 서비스) 대상의 이름을 나타낸다. 이것은 SMB 클라이언트가 삼바 서버에 저장된 공유 내용을 탐색할 때 보여지는 이름이다.
   - 2행은 클라이언트가 탐색할 때 사용자에게 보여지는 공유 대상에 대한 설명이다.
   - 3행은 가장 중요한 요소로 공유할 대상이 실제로 파일 시스템에 위치한 경로다.
   - 4행은 공유 대상에 접근할 때(삼바에서는 서비스 접속이라고 부른다) 비밀번호 없이 접근할 수 있는지 여부를 설정한다. 이를 설정하면 공유 대상에 대해 게스트(guest) 계정의 접근이 허용된다. 이 값을 "no"로 설정하면 비밀번호를 통한 인증된 사용자 이외에는 공유 대상에 접근할 수 없게 된다.
   - 5행은 공유 대상에 대한 생성 및 수정 권한을 설정한다. 위와 같이 "no"로 설정한 경우 이 서비스의 사용자들은 공유 디렉터리에 파일을 저장하거나 수정할 수 없고 오직 읽기만 가능해진다.

   > **팁** 삼바 설정 파일은 너무 많은 옵션과 지시자들을 가지고 있기 때문에 여기서 모두 다룰 수 없다. 따라서 더 많은 옵션을 알고 싶다면 smb.conf 파일의 man 페이지를 찾아보도록 한다(man smb.conf).

5. /etc/samba/smb.conf 파일의 변경 내용을 저장하고 편집기를 종료한다. 여기서는 나머지 옵션들은 모두 기본값으로 두었다. 하지만 필요에 따라서 자신의 환경에 맞게 나머지 설정들을 변경할 수도 있다.
   일반적으로 많이 변경하는 항목은 작업 그룹을 정의하는 ("workgroup") 지시자다. 이 값은 윈도우의 "내 네트워크 환경"에서 보여지거나 클라이언트가 탐색할 때 나타나는 서버의 작업 그룹명을 지정한다.

또한 다른 공유 항목에 대한 정의도 포함되어 있을 수 있다. 해당 공유 항목이 필요 없거나 포함하고 싶지 않다면 항목을 주석 처리하거나 삭제하면 된다.

6. testparm 유틸리티를 사용하여 자신이 변경한 smb.conf 파일이 문법적으로 이상 없는지 확인할 수 있다.

```
[root@server ~]# testparm -s | less
...<이하 생략>...
[samba-share]
comment = This folder contains shared documents
path = /tmp/testshare
guest ok = Yes
```

만약 출력 결과에 심각한 오류가 나타나면 이를 분석하여 smb.conf 파일로 돌아가 잘못된 부분을 찾아 고쳐야 한다.

> **참고** 여기서는 testparm의 출력 결과를 파이프로 통해 less 명령으로 전달하였기 때문에 이 명령을 빠져 나오기 위해서는 Q 키를 눌러야 한다.

7. 이제 설정 파일의 변경 내용을 적용하기 위해 삼바 서비스를 재시작해야 한다.

```
[root@server ~]# service smb restart
```

페도라처럼 systemd를 사용하는 리눅스 배포판에서는 systemctl 명령을 통해 smb 서버를 재시작할 수 있다.

```
[root@fedora-server ~]# systemctl restart smb.service
```

이제 공유 작업은 모두 끝났다. 다음 절에서는 이 공유 대상에 접근하는 과정을 살펴볼 것이다.

> **팁** 우분투처럼 데비안 계열의 배포판에서는 다음과 같이 smb 데몬을 재시작할 수 있다.
>
> ```
> master@ubuntu-server:~$ sudo /etc/init.d/samba restart
> ```

▨ smbclient 사용

smbclient 프로그램은 리눅스 시스템을 윈도우 클라이언트처럼 동작하게 해주는 커맨드라인 도구다. 이 유틸리티를 사용하여 다른 삼바 서버나 실제 윈도우 서버에 접속할 수 있다. smbclient는 유연성이 뛰어난 프로그램이라서 다른 서버를 탐색하거나 파일을 전송할 수 있다. 또한 공유 프린터를 통해 인쇄할 수도 있다. 그리고 예상했듯이 디버깅 도구로도 사용할 수 있다. 삼바가 정상적으로 설치되었는지 확인하기 위해 윈도우 클라이언트를 사용할 필요 없이 이 프로그램을 사용하여 삼바 서버에 접속해볼 수 있다.

이 절에서는 smbclient를 사용하여 기본적인 탐색, 원격 파일 접근, 원격 프린터 접근 등의 방법을 살펴볼 것이다. smbclient는 기본적으로 유연하기 때문에 이 외에도 다양한 용도로 사용할 수 있다는 것을 기억하기 바란다.

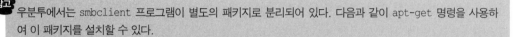

우분투에서는 smbclient 프로그램이 별도의 패키지로 분리되어 있다. 다음과 같이 apt-get 명령을 사용하여 이 패키지를 설치할 수 있다.

```
master@ubuntu-server:~$ sudo apt-get -y install smbclient
```

서버 탐색하기

지금까지 우리는 탐색하기란 GUI 프로그램을 통해 마우스 커서를 이동한 후 클릭하는 것으로 인식했다. 하지만 서버에선 탐색을 위해 GUI 프로그램을 제공하기란 적합하지 않다는 것을 깨달았을 것이다.

smbclient에 -L 옵션을 사용하면 GUI 프로그램 없이도 윈도우 파일 서버나 삼바 서버가 제공하는 내용을 볼 수 있게 해준다. 이 프로그램을 사용하는 법은 다음과 같다.

```
# smbclient -L hostname
```

여기서 hostname은 탐색할 서버의 이름이다. 예를 들어 삼바 서버가 구동 중인 로컬 호스트에서 제공하는 내용을 보고 싶다면 다음과 같이 입력한다.

```
# smbclient -L localhost
```

게스트 로그인이 허용된 상태라면 비밀번호를 물어볼 때 엔터 키를 누르면 된다.

만약 비밀번호 입력 프롬프트 없이 삼바 서버의 공유 내용을 보려면 -U% 옵션을 사용하면 된다. 이는 비밀번호가 없는 게스트 사용자로 인증을 원한다는 것을 의미한다. 다음을 입력한다.

```
[root@server ~]# smbclient -U% -L localhost
Domain=[MYGROUP] OS=[Unix] Server=[Samba *]
    Sharename           Type            Comment
    ----                ----            -------
    samba-share         Disk             This folder contains shared documents
    IPC$                IPC              IPC Service (Samba Server Version 3*)
    Domain=[MYGROUP]    OS=[Unix]       Server=[Samba *]
    ....<이하 생략>....
```

여기서 출력 결과의 4번째 줄의 samba-share가 우리가 앞서 만들었던 공유 항목이다.

원격 파일 접근하기

smbclient 유틸리티를 사용하면 DOS/FTP 클라이언트 인터페이스와 유사한 커맨드라인으로 윈도우 서버나 삼바 서버의 파일에 접근할 수 있다. 가장 일반적으로 사용하는 방법은 다음과 같다.

```
# smbclient    //server/share_name
```

여기서 *server*는 서버 이름(또는 IP 주소)을 나타내고 *share_name*은 연결하고자 하는 공유 항목 이름을 나타낸다. 삼바는 기본적으로 모든 사용자의 홈 디렉터리를 공유로 지정한다(예를 들어 사용자 yyang이 fedora-server 서버상의 홈 디렉터리를 //fedora-server/yyang라는 이름으로 접근할 수 있다).

smbclient를 사용하여 서버에 접속할 때 사용 가능한 주요 명령 인자들을 다음과 같다.

smbclient 명령 인자	설명
-I *destIP*	연결하고자 하는 목적지 IP 주소
-U *username*	접속 시 사용할 사용자 이름. 현재 로그인된 사용자가 아닌 다른 사용자로 접속하고자 할 때 사용한다.
-W *name*	작업 그룹 이름으로 *name*을 설정
-D *Directory*	탐색을 시작할 디렉터리

서버에 연결되고 나면 cd, dir, ls 명령을 사용하여 디렉터리를 탐색할 수 있다. 또한 get, put, mget, mput 명령들을 사용하여 파일 송수신할 수 있다. 사용 가능한 모든 명령을 살펴보려면 온라인 도움말을 이용한다. 간단히 help 명령을 입력하여 확인할 수 있다.

이제 실제로 앞에서 만든 공유 항목(samba-share)에 연결해보자. 이 예제를 위해 clientB라는 별도의 호스트에서 연결해보자.

smbclient 유틸리티에 -U% 옵션을 사용하여 게스트 사용자로 서버에 접속할 것이다. 서버에 접속이 성공하면 smb 쉘이 smb: \>라는 프롬프트를 표시할 것이다. 접속 후에는 ls 명령을 사용하여 공유 대상 파일의 목록을 확인할 것이다. 그리고 나서 FTP 명령과 유사한 get 명령어를 통해 공유 중인 파일들 중 하나를 다운로드할 것이다.

마지막으로 quit 명령을 입력하여 접속을 끊는다.

방금 설명한 clientB와 serverA의 예제 세션의 동작 과정은 다음과 같다.

```
[root@clientB ~]# smbclient -U% //serverA/samba-share
Domain=[MYGROUP] OS=[Unix] Server=[Samba *]
smb: \> ls
       .                   D        0  Sun Mar 15 15:27:42 2015
```

```
..                    D          0   Sun Mar 15 15:27:14 2015
 foo1                 A          0   Sun Mar 15 15:27:42 2015
 foo2                 A          0   Sun Mar 15 15:27:42 2015
 moo3                 A          0   Sun Mar 15 15:27:42 2015
59501 blocks of size 8192. 55109 blocks available
smb: \> get foo2
getting file \foo2 of size 0 as foo2 (0.0 KiloBytes/sec) (average 0.0 KiloBytes/sec)
smb: \> quit
```

serverA로부터 다운로드한 파일 foo2는 clientB의 현재 작업 디렉터리에 저장된다.

원격 삼바 공유 마운트하기

SMB 파일 시스템을 지원하도록 커널을 컴파일하도록 설정했으면(일반적인 리눅스 배포판의 커널은 대다수 이 기능을 포함), NFS 공유나 로컬 볼륨을 마운트하는 것과 동일한 방식으로 로컬 시스템에 윈도우 공유나 삼바 공유를 마운트할 수 있다. 특히 원격 서버의 대용량 디스크에 접근할 때 네트워크를 통한 각 파일들을 탐색할 필요가 없어 편리하다.

따라서 clientB 호스트에 로그인한 후, mount 명령에 적절한 옵션을 주어 serverA 서버에 있는 삼바 공유를 마운트할 수 있다.

1. 먼저 공유 대상을 마운트할 디렉터리를 만든다.

   ```
   [root@clientB ~]# mkdir -p /mnt/smb
   ```

2. 그리고 나서 실제 마운트 작업은 다음과 같이 실행한다.

   ```
   [root@clientB ~]# mount -t smbfs -o guest //serverA/samba-share /mnt/smb
   ```

   또한 다음과 같이 cifs 파일 시스템으로 마운트할 수 있다.

   ```
   [root@clientB ~]# mount -t cifs -o guest //serverA/samba-share /mnt/smb
   ```

   여기서 //serverA/samba-share는 마운트할 원격 공유 대상이고, /mnt/smb는 로컬 시스템의 마운트 포인트다.

   이 디렉터리를 언마운트할 때는 umount 명령을 사용한다.

   ```
   [root@clientB ~]# umount /mnt/smb
   ```

   SELinux가 활성화된 시스템(페도라, RHEL, CentOS 등)에서는 클라이언트가 삼바 공유를 원격으로 마운트할 수 있도록 SELinux를 일시적으로 비활성화(setenforce 0)해야 한다.

   그리고 우분투처럼 데비안 계열 배포판에서는 smbfs 패키지가 설치되어 있어야 mount.smbfs

명령어를 사용할 수 있다. 이 패키지가 설치되어 있지 않다면 다음과 같은 명령으로 설치할 수 있다.

```
master@ubuntu-server:~$ sudo apt-get -y install smbfs
```

삼바 사용자 계정

삼바는 클라이언트의 요청을 받을 때 별도의 데이터베이스에 저장된 사용자 정보를 사용하여 인증한다. 이 사용자 데이터베이스는 LDAP(ldapsam)이나 TDB(Trivial database, tdbsam)와 같은 다양한 형태를 사용할 수 있다. 또한 삼바 버전 3.0.23 이전에는 XML(xmlsam)이나 MySQL(mysqlsam) 등을 지원했었다.

이 절에서는 /etc/passwd 파일에 존재하는 예제 사용자를 삼바 사용자 데이터베이스에 추가하는 예제를 살펴볼 것이다. 그리고 삼바의 기본 사용자 데이터베이스인 tdbsam을 사용할 것이다. 그외 사용 가능한 데이터베이스는 이 장에서 다루지 않을 것이다.

▨ 삼바 사용자 생성

먼저, 사용자 yyang을 위한 삼바 계정을 만들어보자. 그리고 이 삼바 계정의 비밀번호도 함께 설정한다. 다음과 같이 smbpasswd 명령을 사용하여 yyang의 삼바 계정을 만들 수 있다. 이 계정의 새로운 비밀번호도 함께 입력한다.

```
# smbpasswd    -a yyang
New SMB password:
Retype new SMB password:
Added user yyang.
```

새로운 사용자가 삼바의 기본 사용자 데이터베이스인 tdbsam에 만들어질 것이다.

삼바 계정이 만들어지면, 이제 방금 만든 yyang 계정과 같이 인증된 사용자들만 접근 가능한 공유를 만들 수 있다.

yyang 계정만 접근할 수 있는 삼바 서버의 공유 자원을 만들기 위해서는 다음과 같이 smbclient 명령을 사용하면 된다.

```
[root@clientB ~]# smbclient    -U yyang    -L //serverA
```

또한 윈도우 시스템에서 이 삼바 공유에 접근할 수도 있다. 다만 윈도우 시스템에서 연결할 때 접근이 허용된 삼바 사용자 이름과 비밀번호를 입력해야 한다.

▨ 비밀번호 미지정 허용

비밀번호가 없는 사용자 계정을 사용할 수 있도록 허용하려면(이것은 그다지 좋은 방법은 아니지만 필요한 경우가 있을 수 있다), 다음과 같이 smbpasswd 프로그램에 -n 옵션을 사용하면 된다.

```
# smbpasswd -n username
```

여기서 *username*는 비밀번호를 사용하지 않을 사용자의 이름을 나타낸다. 예를 들어 사용자 yyang이 삼바 공유에 비밀번호 없이 접근하려면 다음과 같이 입력한다.

```
[root@server ~]# smbpasswd -n yyang
User yyang password set to none.
```

또한 SWAT 프로그램을 사용하여 동일하게 비밀번호 없는 계정을 설정할 수 있다.

▨ smbpasswd로 비밀번호 변경

SWAT과 같은 웹 인터페이스보다 커맨드라인을 선호하는 사용자라면 smbpasswd 명령을 사용하여 자신의 삼바 비밀번호를 변경할 수 있다. 이 프로그램은 기본적으로 /etc/passwd 파일을 갱신하지 않는다는 점을 제외하고는 일반적인 passwd 프로그램과 동일한 기능을 한다. 그 대신 삼바의 사용자/비밀번호 데이터베이스를 갱신한다.

smbpasswd는 비밀번호 변경을 위해 서버와 통신할 때 표준 윈도우 프로토콜을 사용한다. 따라서 리눅스 기반 호스트에서도 동일한 인자와 옵션을 사용하여 원격 윈도우 서버의 사용자 비밀번호를 변경할 수 있다.

예제로 yyang의 삼바 비밀번호를 변경하려면 다음과 같이 입력한다.

```
[root@server ~]# smbpasswd   yyang
New SMB password:
Retype new SMB password:
```

또한 삼바는 일반 사용자가 smbpasswd 명령을 실행하여 자신의 비밀번호를 변경할 수 있도록 허용한다. 다만 현재 비밀번호를 알고 있는 경우에만 바꿀 수 있다.

> 🖝 **팁** 여러 웹 기반 관리 프로그램들이 사용자들이 직접 비밀번호를 관리할 수 있도록 해준다. 예를 들어 Webmin은 이러한 기능을 하는 모듈을 포함하고 있다.

삼바로 윈도우 서버 로그인 인증

지금까지 우리는 리눅스상에서 삼바를 사용하는 법에 대해서 설명하였다. 또한 삼바를 해당 **도메인**의 마스터 서버로 사용했었다. 이는 삼바 서버가 리눅스 기반으로 모든 사용자 인증 및 권한 문제를 처리했다는 것을 의미한다.

이 장의 앞부분에서 만든 간단한 삼바 설정으로 리눅스/유닉스 시스템의 사용자를 삼바 사용자로 연결하는 자체 사용자 데이터베이스를 만들었다. 이는 삼바 사용자에 의해 만들어진 모든 파일과 디렉터리가 적당한 소유 권한을 가지도록 허용했다. 하지만 윈도우 서버가 해당 도메인의 사용자를 관리하던 환경에서 삼바 서버를 운영하는 경우에는 이를 활용할 수 없다. 또한 삼바와 독립적인 사용자 데이터베이스를 관리하기를 원하지 않는다면 어떻게 될까? 이러한 경우에는 winbindd 데몬을 사용해야 한다.

> **참고**
> 삼바4는 삼바의 최신 버전이다. 삼바4의 많은 개선사항 중에 기존 도메인 컨트롤러와 호환되는 액티브 디렉터리(AD) 기능이 포함되었다. 이는 기본적으로 AD 로그인과 관리 프로토콜(Kerberos, LDAP, RPC 등)을 지원한다. 이는 현재 모든 윈도우 클라이언트들이 리눅스/유닉스 기반의 삼바4 서버에서 구동 중인 삼바4 도메인에 등록할 수 있음을 의미한다. 그리고 그 클라이언트들은 정확히 윈도우 AD 도메인의 구성원처럼 동작할 것이다.

▦ winbindd 데몬

winbindd 데몬은 윈도우 서버로부터 사용자 계정(사용자와 그룹) 정보를 가져와 변환하는 역할을 한다. 또한 그 밖의 시스템 정보를 가져오는 데 사용한다. winbindd 데몬은 이를 위해 pam_winbind(윈도우 NTLM 인증 기능을 사용하여 사용자 인증을 돕기 위해 winbindd 데몬과 통신하는 PAM 모듈), ntlm_auth 프로그램(winbind의 NTLM 인증 기능을 외부에서 호출할 수 있도록 해주는 프로그램), libnss_winbind(winbind의 네임 서비스 스위치 라이브러리) 등을 사용한다.

리눅스 시스템에서 삼바 사용자 인증 시 윈도우 서버에 인증을 요청하기 위한 과정을 요약하면 다음과 같다.

1. winbind 소프트웨어를 설치한다.

2. 삼바 설정 파일(smb.conf)에 적절한 지시자를 추가한다.

3. winbind를 리눅스 시스템의 네임 서비스 스위치 설정 파일(/etc/nsswitch.conf)에 추가한다.

4. 리눅스/삼바 서버를 윈도우 도메인에 등록한다.

5. 테스트를 한다.

이 예제에서는 serverA라는 리눅스 서버가 사용자 인증이 필요할 때 윈도우 서버를 사용하는 것을 가정한다. 이 삼바 서버는 윈도우 도메인 멤버 서버로 동작하게 될 것이다. 그리고 윈도우 서버는 윈도우 200x 서버 운영체제를 사용하고 있고 WINS 서버뿐만 아니라 도메인 컨트롤러로 사용하고 있다고 가정한다. 이 윈도우 서버의 IP 주소는 192.168.1.100이고 도메인 컨트롤러는 혼합 모드로 운영된다(혼합 모드는 윈도우 NT 타입과 윈도우 200x 타입의 도메인과 하위 호환되는 방식을 말한다). 윈도우 도메인 이름은 WINDOWS—DOMAIN이다.

이 예제 삼바 설정에서는 간단히 하기 위해 모든 공유 정의를 주석 처리하고 새로운 항목을 만들 것이다. 각 단계를 살펴보도록 하자.

1. 먼저, winbind 패키지를 설치한다. 페도라, CentOS, OpenSUSE 등 RPM 기반 시스템에서는 다음과 같이 설치할 수 있다.

   ```
   [root@fedora-server ~]# yum -y install samba-winbind
   ```

   우분투와 같이 데비안 계열에서는 다음 명령으로 패키지를 설치할 수 있다.

   ```
   master@ubuntu-server:~$ sudo apt-get install winbind
   ```

2. 그 다음은 smb.conf 파일을 다음과 같이 만든다.

   ```
   #Sample smb.conf file
   [global]
   workgroup = WINDOWS-DOMAIN
   security = DOMAIN
   username map = /etc/samba/smbusers
   log file = /var/log/samba/%m
   smb ports = 139 445
   name resolve order = wins bcast hosts
   wins server = 192.168.1.100
   idmap uid = 10000-20000
   idmap gid = 10000-20000
   template shell = /bin/bash
   winbind separator = +
   # Share definitions
   #[homes]
   # comment = Home Directories
   # browseable = no
   # writable = yes
   ```

3. 리눅스 서버에서 /etc/nsswitch.conf 파일을 편집하여 다음 항목들을 추가한다.

   ```
   passwd: files winbind
   shadow: files winbind
   group: files winbind
   ```

4. 페도라, CentOS, RHEL 배포판에서는 service 명령을 사용하여 winbindd 데몬을 실행한다.

```
[root@fedora-server ~]# service winbind start
Starting Winbind services:                              [ OK ]
```

systemd를 사용하는 배포판에서는 systemctl 명령을 사용하여 winbind 데몬을 실행한다.

```
[root@fedora-server ~]# systemctl start winbind.service
```

또한 데비안 계열 배포판에서는 다음과 같은 명령을 사용하여 데몬을 실행한다.

```
ubuntu-server:~$ sudo /etc/init.d/winbind start
```

5. net 명령을 사용하여 삼바 서버를 윈도우 도메인에 등록한다. 이때 윈도우 관리자 계정 비밀번호는 *windows_administrator_password*라고 가정한다.

```
# net rpc join -U root% windows_administrator_password
Joined domain WINDOWS-DOMAIN
```

여기서 윈도우 도메인에 등록할 권한을 가진 윈도우 도메인의 계정 비밀번호는 windows_administrator_password다.

6. 도메인에 정상적으로 등록되었는지 확인하기 위해 윈도우 도메인의 모든 사용자 목록을 볼 수 있는 wbinfo 유틸리티를 사용한다.

```
# wbinfo -u
```

모든 과정이 끝났다. 이제 리눅스 서버는 사용자 인증이 필요할 때 윈도우 서버에 요청하여 인증 과정을 완료할 수 있다.

삼바 문제 해결

삼바 서비스를 운영하면서 발생할 수 있는 문제들을 해결하는 데는 일반적으로 다음과 같은 방법들이 있다.

- **삼바 서비스를 재시작한다.** 삼바가 오류로 인해 알 수 없는 상태에 빠지거나 삼바 설정을 변경하고 나서 서비스를 재시작하는 것을 잊은 경우에는 반드시 서비스를 재시작해야 한다.

- **설정 옵션들이 올바른지 확인한다.** smb.conf 파일에 흔히 발생할 수 있는 오류는 디렉터리명, 사용자명, 네트워크 번호, 호스트명 등을 잘못 저장한 경우이다. 또한 서버에 특수한 권한을 가진 그룹에 새로운 클라이언트를 추가하고 나서 흔히 하는 실수는 삼바에 이 클라이언트를 등록하지 않는 것이다. 따라서 반드시 testparm 유틸리티를 사용하여 설정 파일에 오류가 있는지 확인해야 한다.

- **암호화된 비밀번호 사용 설정을 확인한다.** 암호화된 비밀번호를 사용하는 데 있어 서버와 클라이언트의 설정이 다른 경우 문제가 발생할 수 있다. 예를 들어 서버는 암호화된 비밀번호를 사용하도록 설정되어 있고 클라이언트는 사용하지 않도록 설정되어 있는 경우, 혹은 그 반대의 경우가 있을 수 있다. 이런 경우 클라이언트의 동작을 제어하려면 삼바 소스 코드에 포함된 regedit 스크립트를 사용하여 클라이언트 측의 암호화 기능 사용을 비활성화할 수 있다. (소스 코드의 docs 디렉터리를 참조하길 바란다).

요약

이 장에서는 삼바를 컴파일하고, 설치 및 설정하는 과정을 통해 리눅스 기반 서버가 윈도우 기반 네트워크에 통합되는 것을 살펴보았다. 삼바는 잠재적으로 윈도우 서버의 파일과 프린터 공유 서비스를 대체할 수도 있는 강력한 도구다.

많은 시간을 내어 문서를 읽는 것을 좋아하는 관리자들은 없겠지만 삼바 문서는 이해하기 쉽게 쓰여졌고 많은 도움이 될 것이다. 적어도 무엇이 있는지 파일들을 훑어보기라도 하면 나중에 필요한 경우 정보를 얻는 데 도움이 될 것이다.

현재의 삼바 관련 문서들은 매우 복잡한 설정이라도 필요한 모든 내용을 포함하고 있다. 여기서는 삼바의 모든 것을 다룬 훌륭한 책 두 권을 소개하겠다. Prentice Hall 출판사에서 출간한 『Samba-3 by Example』(John Terpstra)과 『The Official Samba-3 HOWTO and Reference Guide』(John Terpstra, Jelmr Vernooij)다. 이 두 책은 모두 인쇄물과 전자책으로 출간되었다. 이 책들의 온라인 버전은 www.samba.org에서 찾을 수 있을 것이다.

CHAPTER 24

분산 파일 시스템

22장과 23장에서 각각 NFS와 삼바 파일 시스템에 대해서 설명하였다. 둘 다 리눅스/유닉스상에서 네트워크를 통해 파일 시스템과 자원을 공유하는 오래된 네트워크 파일 시스템이다. 이 장에서는 일반적인 NFS와 SMB 네트워크 파일 시스템이 처리하는 것과 함께 조금 다른 문제를 처리하는 또 다른 종류의 네트워크 파일 시스템을 다루게 될 것이다. 이 네트워크 파일 시스템은 **분산 파일 시스템**(Distributed File Systems, DFS)이라 부른다. DFS는 다른 서버에 위치한 파일 시스템 자원에 **하나로 통합된 접근 방식**을 제공하는 역할을 한다. 여기서 분산이란 단어는 파일 시스템 자원들이 네트워크를 통해 논리적이나 물리적 방식으로 나눠지고 공유되고 분산된다는 것을 의미한다.

예전의 단순 네트워크 파일 시스템은 LAN상의 다른 클라이언트에서 사용 가능한 단일 서버에 로컬 저장소를 만드는 작업을 수행한다. 하지만 단일 서버나 LAN을 벗어나 확장할 수 있는 고유 기능이 없다. 그리고 물리적이나 지역적으로 분리된 여러 서버에 존재하는 공유 파일 시스템 자원을 하나로 통합된 방식으로 접근할 수 있는 고유 기능을 제공하지 않는다.

> 참고
> 여기서 굳이 고유 기능이라고 언급한 것은 DFS 시스템의 동작을 흉내 낸 단순 네트워크 파일 시스템을 만드는 방법이 존재하기 때문이다.

DFS 개요

"천 마디 말보다 한 번 보는 것이 낫다"라는 속담이 있다. 이 절에서는 DFS에 대해 여러 장의 그림을 통해 이해해보도록 하자. 예를 들어 그림 24-1에서 묘사한 것처럼 한 네트워크 시스템이 있다고 가정하자. 그 네트워크를 구성하는 요소들은 다음과 같다.

- 대량의 데이터 집합(파일, 디렉터리 등). 예를 들어 데이터 집합 전체는 MASSIVE_DATA로 나타낸다.

- MASSIVE_DATA는 일반적인 NFS나 CIFS(Common Internet File System) 서버를 통해 호스팅된다. 이 서버 이름은 server-A다.

- MASSIVE_DATA를 필요로 하는 클라이언트와 사용자들은 server-A에 연결한다. 이 클라이언트 시스템들은 client-C, client-D, client-E, client-F다.

- server-A는 LAN처럼 고성능 네트워크에 연결된 각 클라이언트들에 MASSIVE_DATA를 동등하게 제공한다.

● **그림 24-1.** 일반적인 네트워크 파일 서버와 LAN 클라이언트

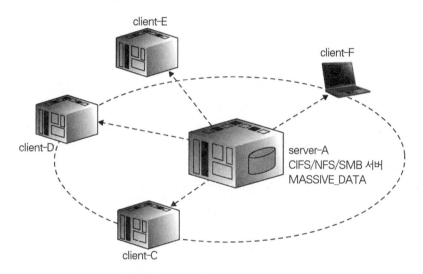

그림 24-2는 앞의 그림과는 약간 다르다. 더 많은 클라이언트 시스템들이 추가되었고 그림 24-1의 구성요소들과 상태 외에도 다음과 같은 조건을 가진다.

- server-A의 MASSIVE_DATA가 필요한 새로운 클라이언트 시스템들(client-G, client-H, client-I, client-J)이 추가되었다.

- 새로운 클라이언트들은 server-A와 같은 LAN에 직접적으로 연결되어 있지 않다. 그 대신 WAN(인터넷)을 통해 연결되어 있다.

- 새로운 클라이언트들은 물리적 · 지리적으로 다른 위치에 놓여있다.

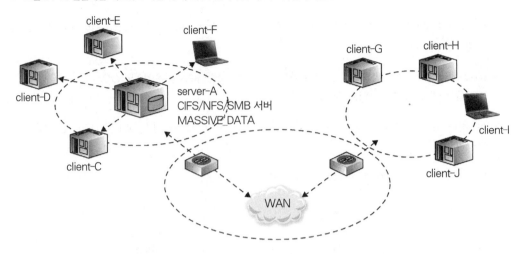

● 그림 24-2. 일반적인 네트워크 파일 서버, LAN 클라이언트, WAN 클라이언트

분명하게도 server-A와 관련된 것은 달라진 게 없다. 단지 새로운 클라이언트들이 MASSIVE_DATA를 필요로 한다는 것을 빼고는 말이다.

하지만 새로운 요구사항으로 문제가 생겼다. 서버와 새 클라이언트 사이의 WAN에는 별다른 작업이 필요 없지만 server-A는 새로 추가된 클라이언트가 이용 가능한 파일 시스템을 만드는 작업을 해야 할 것이다. 그리고 WAN은 매우 느리고 혼잡하며 예측하기 힘들다. 또한 server-A는 많은 새 클라이언트의 요청과 부하를 감당하기 힘들어질 것이다.

결국 이 문제의 해결책은 그림 24-3과 다음에 설명한 내용과 같이 DFS를 사용하는 것이다.

- MASSIVE_DATA가 필요한 새 클라이언트들과 물리적으로 인접한 곳에 파일 서버(server-B)를 추가한다.

- 서버의 위치와 상관없이 모든 파일 서버에 동일하게 MASSIVE_DATA 복제본을 만든다.

- 모든 클라이언트들은 빠르고 쉽고 일관되게 MASSIVE_DATA에 접근할 수 있도록 보장한다.

- **어느 클라이언트가 데이터를 접근하거나 수정하는지에 상관없이 MASSIVE_DATA를 구성하는 바이트들은 일관되고 정확해야 한다.**

- MASSIVE_DATA의 변경사항은 물리적 위치와 상관없이 즉시 모든 사본에 반영되어야 한다.

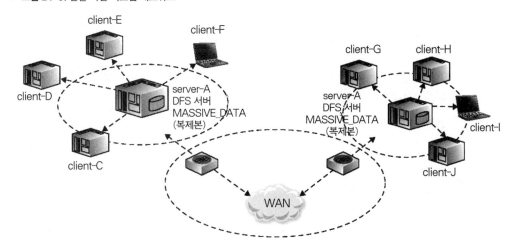

DFS 솔루션

지금까지 설명한 상황을 해결하기 위해 다양한 DFS 솔루션들이 존재한다. 이들 솔루션들은 복잡성, 관리성, 설정, 배포, 지원 플랫폼, 기능 등에 있어 굉장히 다양하다. 각 솔루션들은 특정한 응용 분야에 적합한 기능들을 가지고 있기 때문에 다른 것이다.

다음은 주로 사용되는 DFS 솔루션들이다.

■ GlusterFS(www.gluster.org)

인기 있는 오픈 소스 분산 파일 시스템으로 사용하기 쉬운 프로그램이다. 소스 코드는 계속 개발되고 있으며 바이너리 패키지는 대다수 리눅스 배포판에서 손쉽게 구할 수 있다. 고성능의 가상화 클라우드 컴퓨팅이 필요한 응용 분야에 적합하다.

■ Lustre(www.lustre.org)

고성능 DFS 솔루션으로 주로 LAN 환경에서 클러스터링을 위해 사용된다. 이 아키텍처는 다른 DFS 솔루션들과 비교해서 설치, 설정, 관리 작업이 더 복잡하다. 일반적인 Lustre 구성은 몇 가지 요소들로 이루어진다. 구성요소에는 메타데이터 서버(MDS), 메타데이터 대상(MDT), 객체 저장 서버(OSS), 객체 저장 대상(OST), Lustre 클라이언트가 있다. Lustre를 사용하려면 커널에 특수한 패치가 필요하다.

■ MooseFS(www.moosefs.org)

이는 사용하기 쉬운 결함 허용 네트워크 DFS로 다른 솔루션보다 생긴 지는 얼마 안됐지만 장래가 유망하다. 대다수 리눅스 배포판에서 설치와 설정이 쉽다. 생산 환경에서 일반적인 MooseFS의 구성요소는 마스터 서버, chunk 서버, metalogger 서버, 클라이언트다.

- Microsoft DFS(MS-DFS)

마이크로소프트의 오래된 제품으로 상대적으로 순수 윈도우 환경에서 설치가 쉽다. 오픈 소스 프로젝트인 삼바는 CIFS/SMB 프로토콜의 구현에 상업용 MS-DFS 기능 일부를 흉내 내었다.

- OpenAFS(www.openafs.org)

OpenAFS는 오래된 DFS 솔루션의 하나로 견고하고 MS 윈도우, 리눅스, 맥 등 다양한 플랫폼을 지원한다. 그러나 설치와 설정 과정은 그리 쉽지 않다. 그리고 Kerberos를 기반으로 동작한다.

- XtreemFS(www.xtreemfs.org)

이것은 새로 생긴 DFS 솔루션으로 설정과 관리가 쉽다. XtreemFS는 클라우드 컴퓨팅 환경에 최적화되었다. 또한 광역망 분산 설치를 지원한다.

다음 절에서 설명할 DFS 솔루션은 GlusterFS로 이를 구성하는 법에 대해 살펴볼 것이다.

▼ DFS 용어

DFS와 관련된 주요 개념과 용어는 다음과 같다.

- **brick:** DFS에서 물리적 서버/시스템의 저장 장치는 DFS 전체 저장소의 일부를 구성하기 때문에 흔히 "brick"이라 불린다. 서로 다른 brick을 둘 이상 조합하여 DFS 시스템이 만들어진다. 호스트나 클라이언트들은 필요한 데이터가 어느 brick에 있는지 알 필요 없이 통합적으로 저장된 파일 시스템 자원에 접근한다.

- **메타데이터:** 데이터나 파일의 실제 데이터를 제외한 나머지 모든 특성을 말한다. 여기에는 파일 크기, 파일 퍼미션, 타임스탬프, 파일명 등과 그 외 파일을 설명할 수 있는 다른 속성들을 포함된다. 분산 파일 시스템마다 일반적으로 호스팅하는 데이터의 메타데이터 정보를 구성하는 특별한 방법을 가지고 있다. 일부 DFS 솔루션들은 저장 장치의 메타데이터 정보를 관리를 전담하는 별도의 메타데이터 서버가 필요하다.

- **결함 허용성:** 이 특성은 DFS에 따라 제공하거나 그렇지 않을 수 있다. 이는 장애가 발생한 경우에도 DFS의 공유 자원에 투명하게 지속적인 접근을 허용한다. 결함 허용성은 RAID 시스템에서 복수의 저장 디스크를 유지하는 것과 유사하다고 생각하면 이해하기 쉬울 것이다. 일부 RAID 구성에서는 하나 이상의 디스크가 고장 나더라도 해당 시스템은 문제없이 계속 운영 가능하다. 마찬가지로 다중 시스템을 가진 결함 허용 DFS하에서는 일부 서버가 갑자기 고장나더라도 파일 시스템 자원을 계속 사용 가능하다. 이는 일부 DFS 설정에선 필수적인 기능이긴 하지만 전체적인 성능이 더 중요한 DFS에서는 필요하지 않을 것이다.

- **복제:** 다른 장소에 위치한 파일 시스템의 내용의 사본을 만드는 과정이다. 데이터의 접근성을 개선하기 위해서 일관성과 결함 허용성을 보장하는 데 사용된다. 복제는 **동기식**과 **비동기식** 두 가지 방식 중 하나를 선택할 수 있다. 동기 복제는 한 서버에서 수행한 파일 연산(읽기, 쓰기 등)이 다른 서버도

함께 완료돼야 성공하기 때문에 복제 과정은 늦어질 수 있다. 반면 비동기 복제는 연결이 느린 환경에 더 적합하다. 파일 시스템 연산이 다른 서버에서 완료되지 않아도 해당 서버에서 실행하여 성공할 수 있기 때문이다.

- **POSIX 호환:** POSIX는 Portable Operating System Interface for UNIX의 약자로 IEEE(Institute of Electrical and Electronics Engineers)에서 지정한 다양한 유닉스 운영체제에서 소프트웨어 호환을 위한 표준이다. DFS 솔루션에서 POSIX 파일 시스템 호환은 DFS 소프트웨어가 저장된 데이터에 대한 타임스탬프, 대소문자 구분 파일명, 퍼미션 등과 같은 유닉스 파일 시스템 정보를 유지하고 사용할 수 있음을 의미한다. DFS 솔루션에서 POSIX 호환은 기존 사용자들과 응용프로그램들이 DFS 볼륨에 저장된 데이터를 사용하는 데 있어 아무런 차이도 없음을 의미한다.

▧ GlusterFS

GlusterFS는 Gluster사에서 지원하는 유명한 DFS 솔루션이다. GlusterFS 소프트웨어는 여러 리눅스 배포판에서 바이너리 패키지를 제공한다. 물론 다른 프리/오픈 소스 소프트웨어(FOSS) 프로젝트처럼 소스 코드를 내려 받아 컴파일하여 실행 바이너리를 만들 수도 있다. 배포판에서는 아직 지원하지 않는 최신 버전의 소프트웨어를 컴파일하려면 소스 코드는 필수적이다.

이 장에서는 두 대의 서버와 하나의 클라이언트로 구성된 소규모의 DFS 환경을 구축하려고 한다. 두 서버는 분산 복제된 볼륨을 가질 것이다. 이는 두 서버에 있는 glusterfs 볼륨의 내용이 동일하게 될 것이라는 것을 의미한다. 즉 RAID 1 구성(미러링)에서 물리적 디스크를 사용할 때와 유사하게 중복성을 가진다. 또한 고가용성과 신뢰성을 보장하게 된다.

예제 glusterfs 환경은 세 대의 다른 시스템(server-A, server-B, client-C)으로 구성되기 때문에 gluster 네트워크를 만드는 과정을 각기 다른 절로 나누어 살펴본다. 따라서 각 절의 내용은 서버 전체에 해당하거나 아니면 그 절에서 지정한 한 대의 서버에만 적용된다. 동일하게 해당 절에서 지정한 클라이언트 시스템에만 적용된다. 각 과정을 살펴보도록 하자.

Gluster 설치

이제 페도라를 사용 중인 예제 서버와 클라이언트 시스템에 Gluster 소프트웨어와 관련 소프트웨어를 설치할 것이다. 각 과정과 실행할 명령어들은 RHEL, CentOS 등과 같은 다른 RPM 기반 배포판에서도 유사하다.

server-A와 server-B에 GlusterFS 설치: 관리자 권한을 가진 사용자로 해당 시스템에 로그인하여 콘솔에 다음과 같이 입력한다.

```
[root@server-* ~]# yum -y install glusterfs glusterfs-server
```

클라이언트 시스템(client-C)에 GlusterFS 설치: gluster 서버가 공유한 데이터에 접근이 필요한 클라이언트 시스템에서는 glusterfs 패키지와 glusterfs 클라이언트 패키지를 설치해야 한다. 다음과 같이 입력하여 설치한다.

```
[root@client-C ~]# yum install glusterfs glusterfs-fuse
```

Gluster 관리

이 책에서 언급한 다른 클라이언트/서버 기반 서비스들처럼 gluster 서비스도 시작, 종료, 설정 등의 관리 작업이 필요하다.

이름 해석: GlusterFS는 이름 해석에 있어 상당히 까다롭다. 이 소프트웨어는 신뢰하는 다른 시스템의 호스트명을 IP 주소로 변환하는 과정이 필요하다. 간단한 방식으로 관련된 모든 시스템에 대한 호스트 이름과 IP 주소 맵을 모든 시스템의 /etc/hosts 파일에 포함하거나 DNS를 통해 모든 호스트명 변환이 가능하도록 할 수 있다(16장 참조). 여기서는 간단한 방식으로 다음과 같이 세 시스템 모두의 /etc/hosts 파일에 항목을 추가할 것이다.

```
192.168.0.67          server-A
172.16.0.69           server-B
192.168.0.246         client-C
```

Server-A와 Server-B에서 Gluster의 구동과 종료: 먼저 glusterd 데몬의 상태를 다음과 같이 확인한다.

```
[root@server-A ~]# /etc/init.d/glusterd status
```

glusterd을 종료하기 위해서는 다음과 같이 입력한다.

```
[root@server-A ~]# /etc/init.d/glusterd stop
```

데몬을 확인하고 나서 현재 실행 중이 아니면 다음과 같이 glusterd 데몬을 시작할 수 있다.

```
[root@server-A ~]# /etc/init.d/glusterd start
```

신뢰 저장소 생성: gluster에서 신뢰 저장소(trusted storage pool)는 DFS의 일부로 신뢰하는 모든 서버나 brick으로 구성된다. 저장소란 개념은 gluster 환경의 다양한 측면을 관리하는 데 도움이 된다. 예를 들어 새 저장 장치 brick을 저장소에 추가함으로써 DFS의 총 용량을 늘릴 수 있다.

> **팁**
> gluster DFS에서 호스트들은 TCP 포트 24007번과 24008번을 통해 통신한다. glusterFS 서버와 클라이언트 사이의 이들 포트를 방해하는 방화벽 규칙(내·외부)이 없는 것을 확인해야 한다. 예제 페도라 서버와 클라이언트에서 이 문제를 해결하려면 임시적으로 기본 넷필터 방화벽 규칙을 비활성화해야 한다. 따라서 iptables 서비스를 비활성화한다(systemctl stop iptables.service).

server-A에서 server-B를 저장소에 추가한다.

```
[root@server-A ~]# gluster peer probe server-B
```

방금 생성한 피어(peer)의 상태를 저장소에서 확인한다.

```
[root@server-A ~]# gluster peer status
Number of Peers: 1
Hostname: server-B
Uuid: e83dc82f-7e52-4389-b505-59f0be87b1e1
State: Probe Sent to Peer (Connected)
```

> **팁** 해당 피어가 필요 없어지면(예를 들어 server-B) 다음과 같이 저장소에서 제거할 수 있다.
>
> ```
> [root@server-A ~]# gluster peer detach server-B
> ```

분산 복제 볼륨 생성: DFS 내의 신뢰 피어 사이에 분산되어 저장 공간으로 사용할 /data 디렉터리에 하위 디렉터리를 생성하고 사용할 것이다. 그리고 나서 MASSIVE_DATA라는 이름의 복제 볼륨을 만들 것이다.

server-A에서 /data와 /data/A라는 이름의 디렉터리를 만든다.

```
[root@server-A ~]# mkdir -p /data/A
```

server-B에서 /data와 /data/B라는 이름의 디렉터리를 만든다.

```
[root@server-B ~]# mkdir -p /data/B
```

server-A에서 MASSIVE_DATA 볼륨을 만든다.

```
[root@server-A ~]# gluster volume create MASSIVE_DATA replica 2
transport tcp server-A:/data/A server-B:/data/B
Creation of volume MASSIVE_DATA has been successful.
```

gluster 명령에 info 옵션을 사용하여 방금 만든 glusterfs 볼륨의 정보를 확인한다. 이 명령은 gluster 서버들 중 아무데서나 실행할 수 있다.

```
[root@server-* ~]# gluster volume info MASSIVE_DATA
Volume Name: MASSIVE_DATA
Type: Replicate
Status: Created
Number of Bricks: 2
Transport-type: tcp
Bricks:
```

```
Brick1: server-A:/data/A
Brick2: server-B:/data/B
```

서버에서 glusterfs 볼륨 실행: 논리 볼륨이 생성된 후에는 그 안에 저장된 데이터에 접근할 클라이언트들을 활성화하기 위해 볼륨을 시작해야 한다. 저장소의 신뢰 피어들 중에 아무 곳에서나 볼륨을 실행할 수 있다.

MASSIVE_DATA 볼륨을 시작하기 위해서는 다음과 같이 입력한다.

```
[root@server-* ~]# gluster volume start MASSIVE_DATA
```

클라이언트(Client—C)에서 glusterfs 볼륨 마운트: 클라이언트 시스템들은 glusterfs에 접근할 때 다양한 방법과 프로토콜을 사용할 수 있다. 그 중 추천하는 방법은 glusterfs 볼륨을 원격 마운트 하는 glusterfs 고유의 클라이언트를 사용하는 것이다. 이 방법은 소프트웨어에 내장된 최적화를 이용하기 때문에 최상의 성능을 보장한다. 하지만 gluster 고유의 클라이언트를 항상 사용할 수 있는 것은 아니다.

또한 서버 측의 프로토콜의 설정과 활성화로 glusterfs 마운트 포인트를 공유하여 glusterfs 볼륨에 접근할 수 있다.

예를 들어 CIFS/SMB 프로토콜이 사용 가능한 윈도우, 맥, 리눅스 클라이언트 등에서 다음과 유사하게 삼바 공유 정의를 만들어(23장 참조) server-B의 glusterfs 마운트 포인트의 내용을 정의할 수 있다.

```
[MASSIVE_DATA]
      path = /data/B
      comment = Samba share on gluster DFS
      browseable = yes
      writable = yes
```

동일하게, 리눅스나 유닉스 클라이언트에서 NFS를 사용하여(22장 참조) glusterfs 볼륨을 만들 수 있다. 예제 glusterfs server-A에서 NFS 설정 파일(/etc/exports)에 다음과 같은 항목을 생성하여 만들 수 있다.

```
# /etc/exports file for server-A
/data/B  192.168.0.0/24(ro)
```

이 절에서는 glusterfs 클라이언트를 사용하여 원격 glusterfs 볼륨에 접근할 것이다.

클라이언트의 /mnt/glusterfs/MASSIVE_DATA 디렉터리에 원격 glusterfs 볼륨을 생성하고 마운트할 것이다.

먼저 마운트 포인트를 만든다.

```
[root@client-C ~]# mkdir -p /mnt/glusterfs/MASSIVE_DATA
```

gluster 서버의 공유 볼륨을 마운트하기 위해 다음과 같이 입력한다.

```
[root@client-C ~]# mount -t glusterfs server-A:/MASSIVE_DATA
/mnt/glusterfs/MASSIVE_DATA/
```

df 명령어를 사용하여 원격 볼륨의 기본적인 상태를 점검한다.

```
[root@client-C ~]# df -h /mnt/glusterfs/MASSIVE_DATA/
Filesystem               Size Used Avail Use% Mounted on
server-A:/MASSIVE_DATA
         50G    746M   48G   2%   /mnt/glusterfs/MASSIVE_DATA
```

클라이언트에서 glusterfs 볼륨에 접근: 클라이언트에서 원격 gluster 볼륨을 마운트하는 데 성공하고 나면, 클라이언트 시스템 사용자들은 원격 저장 장치의 데이터를 읽고 쓸 수 있다. 물론 이는 클라이언트가 그 파일 시스템에 해당 접근권을 가지고 있어야 한다.

그럼 클라이언트 시스템에서 MASSIVE_DATA 볼륨에 간단한 샘플 파일을 만들어보자.

```
[root@client-C ~]# touch /mnt/glusterfs/MASSIVE_DATA/{1,2,3,4}
```

다음과 같이 디렉터리 목록을 확인하여 파일들이 제대로 만들어졌는지 살펴본다.

```
[root@client-C ~]# ls /mnt/glusterfs/MASSIVE_DATA/
1  2  3  4
```

> **팁**
> server-A의 /data/A와 server-B의 /data/B 디렉터리의 목록을 확인하면 두 서버 모두 클라이언트에서 생성한 파일들이 복제되어 동일한 파일들을 볼 수 있을 것이다. 이것이 바로 복제 DFS의 **소박한 아름다움**이다. 게다가 서버들 중 하나(server-A)가 어떤 이유로 갑자기 중단되더라도 남은 서버(server-B)는 아무 일 없는 것처럼 복제된 파일들을 계속 제공한다. 그리고 이 모든 과정은 클라이언트의 입장에서는 전혀 알 필요가 없다.

요약

이 장에서는 네트워크 분산 파일 시스템에 대해 소개하였다. DFS는 여러 물리적 서버에 걸쳐 데이터를 배포하는 방법과 클라이언트에 데이터를 하나의 파일 시스템 자원으로 보여지도록 만드는 방법을 제공한다.

현재는 오픈 소스와 상업용 형태의 다양한 DFS 솔루션이 존재한다. 이 장에서는 쉽게 사용 가능한 일부 유명 솔루션들을 간단히 살펴보았다.

그리고 마지막에는 GlusterFS 소프트웨어를 예로 들어 설치 및 설정 방법과 간단한 복제 DFS 환경을 구성하는 법을 배웠다. 이 예제 설정은 두 서버와 하나의 클라이언트로 이루어졌다.

CHAPTER 25

네트워크 정보 서비스

네트워크 정보 서비스(NIS)는 네트워크상의 시스템들 간에 일반 파일 내에 저장된 중요 데이터를 공유하는 서비스다. 일반적으로 /etc/passwd와 /etc/group 파일과 같이 모든 호스트에 유일하게 유지해야 할 필요가 있는 파일들을 NIS를 통해 공유할 수 있다. 이러한 NIS의 기능을 통해서 NIS 클라이언트 기능이 설정된 시스템들은 이 공유 파일들의 데이터에 접근이 허용되고 이 파일들의 네트워크 버전을 로컬 버전에 추가하여 사용한다.

물론 NIS가 단지 이 두 파일들만 공유할 수 있는 것은 아니다. 사실 각 칼럼이 유일한 값을 가진 테이블 형식의 파일이면 NIS를 통해 공유할 수 있다. 리눅스/유닉스 시스템에서는 이러한 파일들이 흔하다. Sendmail의 aliases 파일, Automounter 파일, /etc/services 파일 등이 이러한 경우다.

NIS를 사용할 때 주요 이점은 데이터의 원본을 중앙에서 관리할 수 있고 데이터가 갱신될 때 자동으로 네트워크상의 모든 사용자에게 전달될 수 있다는 것이다. 또한 NIS 기능은 사용자들에게 좀 더 일관된 시스템으로 보이도록 할 수 있다. 윈도우 환경에서 넘어온 사용자라면 NIS를 액티브 디렉터리에서 제공하던 서비스에 대한 리눅스/유닉스용 솔루션으로 생각할 것이다. 하지만 NIS가 훨씬 더 오래된 기술이고 액티브 디렉터리처럼 많은 기능을 가지고 있지도 않다.

이 장에서는 NIS가 어떻게 동작하는지 장점은 무엇인지 살펴본다. 그리고 NIS 구성의 일부로 클라이언트와 서버를 어떻게 설정하는지 설명할 것이다. 마지막으로 NIS 관련 도구들에 관해 배울 것이다.

NIS 내부 구조

네트워크 정보 서비스는 실제로 클라이언트가 질의할 수 있는 간단한 데이터베이스다. 각각 독립된 일련의 테이블들을 포함하고 있다. 각 테이블은 /etc/passwd 파일처럼 일반 텍스트 파일들로부터 만들어진다. 이러한 파일들은 적어도 하나 이상의 칼럼을 가진 테이블 형태로 이루어지고 각 칼럼이 유일한 값을 가져야 한다. 또한 NIS는 테이블에 이름을 부여하여 관리한다. 그리고 다음 두 가지 방식의 질의를 허용한다.

- 전체 테이블을 나열하기

- 주어진 키와 일치하는 특정 항목을 검색하여 가져오기

서버에 데이터베이스가 구축되고 나면 클라이언트들은 데이터베이스 항목에 대해 서버에 질의할 수 있다. 일반적으로 클라이언트가 로컬 데이터베이스에서 원하는 항목을 찾을 수 없을 때 NIS 맵을 검색하여 서버에 질의한다. 물론 단일 사용자 모드(네트워크 연결이 필요 없는)로 동작하는 시스템에서는 로컬 파일만을 가지고 있을 수 있다. /etc/passwd 파일을 예로 들 수 있다.

어떤 프로그램이 사용자 비밀번호 정보의 검색을 요청하면 클라이언트는 로컬 passwd 파일에 그 사용자가 존재하는지 확인한다. 그리고 존재하지 않다면 클라이언트는 NIS 서버에 passwd 테이블에서 해당 항목을 검색하도록 요청한다. 만약 NIS에 그 항목이 존재하면 클라이언트에 반환되고 맨 처음 정보를 요청한 프로그램에 전달된다. 이 때 그 프로그램은 자신이 NIS를 사용했다는 것을 알지 못한다. NIS 맵에 사용자 비밀번호 항목이 존재하지 않은 경우에도 마찬가지다. 즉 프로그램은 서버와 클라이언트 사이에 어떠한 일이 있었는지 알지 못한 채 정보를 전달하게 될 것이다.

물론 이것은 NIS가 공유하는 다른 모든 파일에도 마찬가지다. NIS에 주로 사용되는 또 다른 파일로는 /etc/group와 /etc/hosts가 있다.

다음은 NIS와 관련된 일부 데몬과 프로세스들에 대해 설명한 것이다.

- **ypserv:** 이 데몬은 NIS server서버에서 실행된다. 클라이언트로부터 요청을 대기하고 해당 요청에 대한 응답을 전송한다.

- **ypxfrd:** 이 데몬은 NIS 데이터베이스를 보조 서버에 전파하는 역할을 한다.

- **ypbind:** 이 프로세스는 NIS의 클라이언트 측 데몬이다. 정보를 요청할 서버를 찾는 역할을 한다. ypbind 데몬은 NIS 클라이언트를 NIS 도메인에 바인딩한다. 반드시 NIS 클라이언트 프로그램들을 실행 중인 시스템에서 실행돼야 한다.

> **참고**
> NIS 테이블이 기술적으로는 데이터베이스이지만 일반적으로는 맵으로 불린다. 여기서 맵은 키와 값을 매핑한다는 의미에서 사용한다. /etc/passwd 파일을 예로 들면 사용자의 로그인명을 비밀번호 항목에 매핑하게 된다.

NIS 서버

NIS는 원본 데이터 파일들을 유지하는 오직 하나의 공인 서버만을 가질 수 있다(이는 도메인 네임 시스템과 다소 비슷하다. 16장 참조). 이 공인 서버를 **마스터** NIS 서버라 부른다. 만약 자신의 조직이 굉장히 크다면 하나 이상의 **보조** NIS 서버 구성을 통해 부하를 적절히 분산시킬 필요가 있다. 보조 서버는 부하를 분산하는 것 외에도 서버 장애를 조절하는 데 유용하다. 즉 보조 NIS 서버는 마스터 서버나 다른 보조 서버가 고장 나더라도 계속해서 질의에 응답할 수 있다.

> **참고** 한 시스템이 동시에 NIS 서버와 클라이언트가 될 수 있다.

보조 NIS 서버들은 주 NIS 서버가 변경될 때마다 갱신된다. 따라서 모든 서버들은 계속 동기화가 이루어진다. 보조 서버들이 주 서버와 동기화하는 과정을 **서버 푸시**라고 부른다. 또한 이 업데이트 과정의 일부로 NIS 마스터는 맵 파일을 보조 서버로 복사한다. 보조 서버가 이 파일들을 받으면 데이터베이스를 갱신한다. NIS 마스터 서버는 보조 서버가 최신으로 업데이트될 때까지 기다리게 된다.

> **참고** NIS 서버에는 가져오기(pull) 방식도 존재한다. 하지만 이 방법은 일반적으로 수백 대의 보조 서버를 가진 환경처럼 좀 더 복잡한 설정이 필요한 경우에 사용된다. 따라서 소규모 네트워크에서는 사용되지 않는다.

▓ 도메인

마스터 NIS 서버는 윈도우에서 도메인 컨트롤러(DC)와 유사하게 **도메인**을 구성한다. 중요한 차이점은 NIS 도메인은 클라이언트를 등록하기 위해 NIS 서버 관리자를 별도로 지정할 필요가 없다는 것이다(NIS 모델에서는 모든 클라이언트들을 동일한 관리 도메인의 멤버로 여기고 따라서 같은 시스템 관리자에 의해 관리된다). 게다가 NIS 서버는 정보나 데이터를 중앙에서 관리만 하고 따로 인증 과정을 실행하지 않는다. 대신에 다른 시스템에 인증을 미룬다. 결국 사용자 인증 과정은 개별 호스트의 몫이 되고 NIS는 오직 사용자 목록을 중앙에서 관리하기만 한다.

> **팁** NIS 도메인들은 반드시 이름을 갖기 때문에 DNS 도메인명과 다른 이름을 사용하는 것이 바람직하다. 따라서 해당 관리자와 네트워크 도메인에 대해 논의할 상의할 필요가 있다.

마스터 NIS 서버 설정

일반적으로 리눅스 배포판들은 초기 시스템 설치 시에 NIS의 클라이언트 소프트웨어를 설치하였을 것이다. 이는 어떤 시스템에서든지 NIS 클라이언트 설정이 쉽도록 도와준다. 일부 배포판들은 운영체제 설치 중에 NIS를 사용하도록 설정하는 옵션을 제공한다.

모든 시스템이 NIS 서버로 동작할 필요는 없기 때문에 필요하다면 NIS 서버 프로그램들은 수동으로 설치해야 할 것이다. 수동 설치는 그리 어렵지 않다. 필요한 소프트웨어는 배포판의 소프트웨어 저장소(웹 사이트나 설치 매체 등)를 통해 쉽게 다운로드할 수 있다.

NIS 서버 소프트웨어를 설치하고 나면 그 서비스를 활성화하고 설정하는 과정이 남는다. NIS 서버(ypserv)가 시스템 부팅 시에 자동으로 시작하는지 확인하려면 chkconfig 프로그램을 사용하면 된다.

먼저, NIS 서버 소프트웨어를 설치할 것이다. 페도라 시스템과 다른 RPM 기반 리눅스 시스템에서는 NIS 서버 소프트웨어 패키지명이 ypserv*.rpm이다(*는 버전 번호를 나타낸다).

여기서는 Yum 프로그램을 사용하여 인터넷에서 해당 패키지를 내려 받고 설치할 것이다. 다음과 같이 yum 명령을 실행한다.

```
[root@server-A ~]# yum -y install ypserv
```

팁 OpenSUSE 시스템에서는 YaST 유틸리티를 사용하여 ypserv 패키지를 설치할 수 있다.

```
yast -i ypserv
```

우분투나 데비안 기반 배포판에서는 다음과 같이 NIS 패키지를 설치할 수 있다.

```
#sudo apt-get -y install nis
```

NIS를 설치하고 활성화한 후에는 다음 과정을 통해 설정할 수 있다.

1. 도메인 이름을 설정한다.
2. ypserv 데몬을 실행한다.
3. makefile을 편집한다.
4. 데이터베이스를 만들기 위해 ypinit를 실행한다.

이 과정에 관한 자세한 설명은 다음 절에서 계속된다.

▨ 도메인 이름 설정

domainname 명령을 사용하여 NIS 도메인 이름을 설정할 수 있다. 예를 들어 예제 서버 server-A의 NIS 도메인을 nis.example.org로 설정해보자.

먼저, domainname 명령을 사용하여 시스템의 현재 NIS 도메인을 확인해보자.

```
[root@server-A ~]# domainname
(none)
```

이제 NIS 도메인을 다음과 같이 설정할 것이다.

```
[root@server-A ~]# domainname nis.example.org
```

domainname 명령을 다시 실행하여 도메인명이 변경되었는지 확인한다.

```
[root@server-A ~]# domainname
nis.example.org
```

페도라 시스템과 다른 레드햇 계열 시스템에서 재부팅 후에도 NIS 도메인명을 고정하기 위해 /etc/sysconfig/network 파일에 NISDOMAIN이라는 변수를 만든다. 이 파일을 열고 파일의 끝에 다음 항목을 추가한다.

```
NISDOMAIN=nis.example.org
```

또한 echo 명령을 사용하여 /etc/sysconfig/network 파일에 내용을 추가할 수 있다.

```
[root@server-A ~]# echo "NISDOMAIN=nis.example.org" >>\
/etc/sysconfig/network
```

> 팁 다른 리눅스 배포판에서는 domainname 명령과 시스템 부팅 시에 실행되는 rc 스크립트에 적절한 값을 사용하여 동일한 결과를 얻을 수 있다. 예를 들어 /etc/init.d/ypserv 스크립트를 편집할 수 있다. domainname 명령이 포함된 행을 찾고 만약 없다면 첫 행을 제외한 어디든지 다음과 같은 내용을 추가한다.
>
> **domainname nis.example.org**
>
> 여기서 nis.example.org 대신에 자신의 NIS 도메인명을 입력해야 한다는 것을 명심해야 한다. 그리고 NIS 서버(ypserv)를 시작하기 전에 도메인명을 설정해야 한다.

▨ NIS 서비스 시작

ypserv 데몬은 NIS 요청을 제어하는 역할을 한다. 페도라, RHEL, CentOS 등에서 ypserv 데몬을 시작하기는 쉽다. 여기서는 service 명령을 사용할 것이다. 다른 리눅스 배포판들에서는 ypserv 구동 스크립트(/etc/ini.d/ypserv)를 직접 실행할 수 있다. OpenSUSE 시스템에서는 rcypserv 명령에 적절한 인자를 주고 실행할 수 있다.

NIS는 RPC 기반의 서비스이기 때문에 NIS 서비스를 실행하기 전에 portmapper 프로그램이 실행 중인지 확인해야 한다. 페도라에서 portmapper 서비스는 rpcbind하에서 실행되기 때문에 다음과 같이 portmapper를 실행한다.

```
[root@server-A ~]# service rpcbind start
```

NIS 서비스는 다음과 같이 실행한다.

```
[root@server-A ~]# service ypserv start
```

ypserv 서비스가 portmapper에 정상적으로 등록되었는지 확인하기 위해서 rpcinfo 명령을 사용한다.

```
[root@server-A ~]# rpcinfo  -p | grep ypserv
100004    2   udp   637  ypserv
100004    1   udp   637  ypserv
```

그리고 만약 NIS 서버를 종료하려면 다음과 같이 입력한다.

```
[root@server-A ~]# service ypserv stop
```

페도라처럼 systemd를 활성화한 배포판에서는 systemctl 명령을 사용하여 ypserv 서비스를 종료할 수 있다.

```
[root@fedora-server-A ~]# systemctl start rpcbind.service
```

▓ Makefile 편집

이 책을 읽다 보면 make 명령을 사용하는 것을 여러 번 본 적이 있을 것이다. make 프로그램은 컴파일을 수행하지는 않지만 어느 파일을 컴파일해야 하는지 확인하고 컴파일을 실제로 수행하는 데 필요한 프로그램들을 호출한다. 실제 컴파일할 명령을 포함한 파일은 **makefile** 파일이다.

make 프로그램은 어떤 프로그램이든 호출할 수 있어 효율적이다. 예를 들어 특정 리눅스 배포판에서 선호하는 컴파일러로 바꿀 수 있다. make는 파일의 수정 날짜와 시간을 보고 파일의 내용이 변경되었는지 확인한다. 만약 파일이 변경되었으면 make는 재컴파일이 필요하다고 알린다.

NIS에서도 make를 통해 이러한 기능을 적용할 수 있다. NIS는 일반 텍스트 파일들을 데이터베이스 형식으로 변환하는 작업이 필요하다. 이때 수정된 파일들만 다시 변환하는 작업을 위해 make 프로그램이 필요하다.

/var/yp 디렉터리로 이동하면, Makefile라는 파일을 볼 수 있다. 이 파일은 NIS를 통해 공유할 파일들을 나열하고 그 파일들이 어떻게 공유할 것인지 또 전체를 공유할지 일부만을 공유할지 등에 관한 인자들도 포함되어 있다. 편집기에서 Makefile 파일을 열면 모든 설정 옵션들을 볼 수 있을 것이다. 그럼 리눅스에 적용할 Makefile 파일의 옵션들을 하나씩 살펴보도록 하자.

그 전에 수정되지 않은 원본 Makefile 파일을 백업해두자. cp 명령을 사용하여 다음과 같이 복사한다.

```
[root@server-A ~]# cp /var/yp/Makefile  /var/yp/Makefile.original
```

다음 절에서는 Makefile 파일의 지시자들 중 이 장에서 필요한 몇몇 지시자들에 대해 설명할 것이다. 이해를 돕기 위해 예제 Makefile 파일의 주석도 함께 인용하였다.

보조 서버 설정하기: NOPUSH

NIS 보조 서버를 함께 운영할 계획이라면 마스터 서버가 보조 서버에 맵을 전달할 수 있도록 마스터 NIS 서버에 알려야 한다. 보조 서버를 사용하려면 NOPUSH 변수의 값을 false로 변경해야한다.

> **참고** 현재 보조 서버가 필요치 않더라도 나중에 필요할 수도 있다. 보조 서버를 추가하면 그때 이 옵션을 false로 설정하면 된다.

```
# If we have only one server, we don't have to push the maps to the slave
# servers (NOPUSH=true). If you have slave servers, change this
# to "NOPUSH=false" and put all hostnames of your slave servers in the file
# /var/yp/ypservers.
NOPUSH=true
```

보조 서버를 사용하려면 모든 보조 서버의 호스트명을 /var/yp/ypservers 파일에 등록해야 한다. 그리고 그 호스트명들은 /etc/ hosts 파일에도 동일하게 존재해야 한다.

최소 UID와 GID: MINUID와 MINGID

시스템에 계정을 추가할 때 /etc/passwd와 /etc/group 파일에 생성되는 최소 사용자 ID(UID)와 그룹 ID(GID)는 리눅스 배포판에 따라 다르다. 따라서 NIS를 통해 공유할 항목에 최소 UID와 GID값을 설정해야 한다. 물론 NIS를 통해 root 항목을 공유하려 하지는 않을 것이기 때문에 최솟값은 0보다 커야 한다.

```
# We do not put password entries with lower UIDs (the root and system
# entries) in the NIS password database for security. MINUID is the
# lowest UID that will be included in the password maps. If you
# create shadow maps, the UserID for a shadow entry is taken from
# the passwd file. If no entry is found, this shadow entry is
# ignored.
# MINGID is the lowest GID that will be included in the group maps.
MINUID=1000
MINGID=1000
```

쉐도우 패스워드와 실제 패스워드 합치기: MERGE_PASSWD

NIS를 사용하여 사용자 인증을 하기 위해서는 NIS를 통해 암호화된 비밀번호 항목을 공유해야 한다. 쉐도우 패스워드를 사용 중이라면 NIS는 자동으로 /etc/shadow 파일의 암호화된 필드를 가져와서 NIS에 공유된 /etc/passwd 파일에 이를 통합한다. 암호화된 비밀번호를 NIS에 공유하여 사용하지 않을 특별한 이유가 없다면 MERGE_PASSWD 설정은 활성화로 해 두어야 한다.

```
# Should we merge the passwd file with the shadow file?
# MERGE_PASSWD=true|false
MERGE_PASSWD=true
```

그룹 쉐도우 패스워드와 실제 그룹 합치기: MERGE_GROUP

/etc/group 파일은 그룹에 적용될 비밀번호를 설정한다. /etc/group 파일은 누구나 읽을 수 있기 때문에 일부 시스템에서는 쉐도우 패스워드 파일과 동일한 방식으로 쉐도우 그룹 파일을 사용한다. 쉐도우 그룹 파일을 사용하지 않는다면 MERGE_GROUP 변수를 false로 설정해야 한다.

```
# Should we merge the group file with the gshadow file ?
# MERGE_GROUP=true|false
MERGE_GROUP=false
```

파일명 설정하기

다음 Makefile 파일은 NIS를 통해 공유할 파일들이 미리 지정된 것을 보여준다. 하지만 여기서 나열된 파일들이 자동으로 공유되는 것은 아니다. 이 목록은 단순히 Makefile에서 나중에 사용하기 위해 변수들을 설정한 것이다.

```
YPPWDDIR = /etc
```

YPPWDDIR 변수는 패스워드 파일, 그룹 파일, 쉐도우 파일들의 저장 위치를 지정한다.

```
YPSRCDIR = /etc
```

YPSRCDIR 변수는 일반적으로 NIS가 사용하는 기타 소스 파일들이 저장된 디렉터리를 지정하는 데 사용한다. 대부분 호스트, 프로토콜, 서비스 파일 등 네트워크와 관련된 파일들에 사용한다. 또한 그 외 필요한 파일들의 위치를 지정한 다른 파일에서도 광범위하게 사용된다.

다음 목록은 Makefile에서 실제로 YPPWDDIR와 YPSRCDIR 변수가 사용되는 예를 보여준다.

```
# These are the files from which the NIS databases are built. You may edit
# these to taste in the event that you wish to keep your NIS source files
# separate from your NIS server's actual configuration files.
GROUP = $(YPPWDDIR)/group
PASSWD = $(YPPWDDIR)/passwd
```

```
SHADOW = $(YPPWDDIR)/shadow
GSHADOW = $(YPPWDDIR)/gshadow
….<이하 생략>….
ALIASES = /etc/aliases
HOSTS = $(YPSRCDIR)/hosts
SERVICES = $(YPSRCDIR)/services
AUTO_MASTER = $(YPSRCDIR)/auto.master
AUTO_HOME = $(YPSRCDIR)/auto.home
AUTO_LOCAL = $(YPSRCDIR)/auto.local
TIMEZONE = $(YPSRCDIR)/timezone
```

공유할 대상 지정: all 항목

다음 Makefile 항목에서 `all:` 항목 다음에 나열된 맵들은 NIS를 통해 공유한다.

```
all: passwd group hosts rpc services netid protocols mail \
        # netgrp shadow publickey networks ethers bootparams printcap \
        # amd.home auto.master auto.home auto.local passwd.adjunct \
        # timezone locale netmasks
```

여기서 백슬래시(\)는 make 프로그램에서 여러 줄로 나눠진 내용을 한 줄로 인식하여 하나의 항목으로 처리하게 만든다. 그리고 둘째, 셋째, 넷째 줄의 # 문자는 해당 줄을 주석 처리하게 한다.

위 내용을 보면 passwd, group, hosts, rpc, services, netid, protocols, mail이 공유하도록 설정한 맵들이라는 것을 알 수 있다. 이들 항목은 Makefile의 각 섹션에 파일명이 나열되어 있다. 물론 모든 곳에서 이 항목들을 공유하는 것은 아니다. 또 이 항목들 외에 추가적으로 Automounter 파일, auto.master, auto.home 등이 주로 사용된다. 공유할 맵은 주석 처리되지 않은 줄에 추가하고 공유하지 않을 맵은 #으로 주석 처리하면 된다.

예를 들어 NIS를 통해 passwd와 group 맵만을 공유하려면 `all:` 항목을 다음과 같이 변경해야 한다.

```
all: passwd group \
        # hosts rpc services protocols netgrp mail \
        # shadow publickey networks ethers bootparams amd.home \
        # passwd.adjunct
```

`all:` 항목에서 맵의 순서는 그다지 중요치 않다. 단순히 읽기 쉽도록 나열한 것뿐이다.

▨ ypinit 사용

Makefile의 설정이 완료되면 ypinit 명령을 사용하여 YP(NIS) 서버를 초기화한다. 예제 64비트 서버에서는 다음과 같이 실행한다.

```
[root@server-A ~]# /usr/lib64/yp/ypinit  -m
```

(32비트용 리눅스 배포판에서는 ypinit 명령어의 경로가 조금 다르다. 32비트용 페도라,
RHEL, CentOS 서버에서는 그 경로가 /usr/lib/yp/ypinit일 것이다.)

참고 ypinit 명령을 실행하기 전에 반드시 NIS 도메인명을 설정해야 한다. 도메인 이름은 앞서 "도메인 이름 설정"
절에서 설명한 것처럼 domainname 유틸리티를 사용하여 설정할 수 있다.

여기서 -m 옵션은 시스템을 마스터 NIS 서버로 설정한다는 것을 뜻한다. 우리가 사용 중인 예제
시스템 server-A에서 이 명령을 실행하면 다음과 같은 메시지를 출력할 것이다.

```
At this point, we have to construct a list of the hosts which will run
NIS servers. server-A.example.org is in the list of NIS server hosts.
Please continue to add the names for the other hosts, one per line.
When you are done with the list, type a <control D>.
next host to add:    server-A.example.org
next host to add:
```

계속해서 사용할 모든 보조 NIS 서버의 이름을 입력한다. 모든 서버를 입력하고 나면 CTRL+D
를 눌러 입력을 마친다. 여기서 입력한 항목들은 /var/yp/ypservers 파일에 저장된다. 만약 입력
한 내용을 변경하고 싶다면 이 파일을 직접 편집하면 된다.

그리고 입력된 값들이 올바른지 확인하는 메시지가 출력될 것이다.

```
The current list of NIS servers looks like this:
server-A.example.org
Is this correct? [y/n: y] y
We need a few minutes to build the databases…
Building /var/yp/nis.example.org/ypservers…
gethostbyname(): Success
Running /var/yp/Makefile…
gmake[1]: Entering directory '/var/yp/nis.example.org'
Updating passwd.byname…
failed to send 'clear' to local ypserv: RPC: Program not registeredUpdating
passwd.byuid…
failed to send 'clear' to local ypserv: RPC: Program not registeredUpdating
group.byname…
…<이하 생략>…
server-A.example.org has been set up as a NIS master server.
Now you can run ypinit -s server-A.example.org on all slave servers.
```

(지금은 이 명령에 오류가 발생하더라도 무시하도록 하자. Makefile에 발생할 수 있는 오류는 다
음 절에서 좀 더 자세히 다룰 것이다.)

이를 마치면 ypinit는 자동으로 make 프로그램을 실행하여 맵을 만들고 이 맵들을 보조 서버들에 푸시한다.

이제는 rpcbind와 NIS 서버 서비스가 실행 중인지 확인할 차례다. 만약 실행되어 있지 않다면 다음과 같이 각 서비스를 실행시켜준다.

```
[root@server-A ~]# service rpcbind restart
[root@server-A ~]# service ypserv restart
```

우분투처럼 데비안 기반 배포판에서는 portmap 서비스와 nis 서비스를 다음과 같이 실행할 수 있다.

```
master@ubuntu-server-A:~$ sudo /etc/init.d/portmap restart
master@ubuntu-server-A:~$ sudo /etc/init.d/nis restart
```

Makefile 관련 오류

이전 절에서 ypinit 명령을 실행했을 때 발생한 오류들을 대부분 심각한 오류는 아니었을 것이다.

자신이 작성한 Makefile에 오류가 있다면 ypinit 명령이 make 프로그램을 실행할 때 오류기 발생할 것이다. 만약 다음과 같은 오류 메시지를 본다면,

```
gmake[1]: *** No rule to make target '/etc/shadow', -
needed by 'passwd.byname'. Stop.
```

그리 걱정할 필요는 없다. 이것은 공유할 파일이 존재하지 않기 때문에 발생한 것이다(/etc/shadow 파일이 존재하지 않다는 것을 의미). 이런 경우 해당 파일을 만들거나 아니면 다시 Makefile을 편집하여 파일을 공유하지 않도록 하면 된다("공유할 대상 지정: all 항목" 절 참조).

다음은 흔히 발생하는 또 다른 오류 메시지다.

```
failed to send 'clear' to local ypserv: RPC: Program not registered
Updating passwd.byuid...
failed to send 'clear' to local ypserv: RPC: Program not registered
gmake[1]: *** No rule to make target '/etc/gshadow', needed by 'group.byname'.
Stop.
gmake[1]: Leaving directory '/var/yp/server-A.example.org'
```

여기서는 실제로 두 가지 오류가 발생했다. 첫 번째 오류는 NIS 서버가 아직 시작하지 않았다는 것을 나타내기 때문에 무시해도 된다. 두 번째 오류 메시지는 앞서 언급했던 것과 같은 오류다. 즉 존재하지 않은 파일에 대한 메시지다. 이를 수정하고 나면 다음 명령을 실행하여 맵을 다시 만든다. 이에 대해서는 다음 절에서 설명할 것이다.

```
[root@server-A ~]# cd /var/yp ; make
```

NIS 맵 갱신하기

NIS를 통해 공유하도록 설정된 파일들을 변경하는 경우 해당 맵 파일을 다시 만들어야 한다(예를 들어 /etc/passwd 파일에 사용자를 추가한 경우). 맵을 다시 만들려면 다음과 같이 make 명령을 사용한다.

```
[root@server-A ~]# cd /var/yp ; make
```

NIS 클라이언트 설정

다행히도 NIS 클라이언트는 설정 과정이 NIS 서버에 비해 훨씬 쉽다. NIS 클라이언트를 설정하려면 다음과 같은 과정을 거친다.

1. /etc/yp.conf 파일을 편집한다.

2. 구동 스크립트를 설정한다.

3. /etc/nsswitch.conf 파일을 편집한다.

▨ /etc/yp.conf 파일 편집

/etc/yp.conf 파일은 클라이언트 데몬 ypbind가 NIS 서버를 시작하거나 찾는 데 필요한 정보들을 가지고 있다. 클라이언트가 서버를 찾을 때 브로드캐스트를 사용할 것인지 서버의 호스트명을 지정할 것인지에 대한 정보를 설정해야 한다.

브로드캐스트 기법은 클라이언트가 여러 서브넷을 자주 이동하고 같은 서브넷 안에 NIS 서버가 존재하는 한 클라이언트를 다시 설정하길 원치 않는 경우에 적합하다. 물론 이 방식은 반드시 모든 서브넷에 NIS 서버가 있어야 한다는 것을 전제로 한다.

> **참고** 브로드캐스트 방식을 사용하려면 모든 서브넷에 하나 이상의 NIS 서버가 존재해야 한다. 왜냐하면 라우터는 일반적으로 브로드캐스트를 다른 라우터로 전송하지 못하기 때문에 브로드캐스트는 여러 서브넷을 거치지 못한다. 같은 서브넷의 NIS 서버인지 아닌지 확신할 수 없다면 브로드캐스트 주소로 핑(ping)을 날려보면 된다. 일부 시스템들은 스머프 공격(Smurf Attack)에 대한 보호로 브로드캐스트 핑이 차단되어 응답하지 않을 수 있다. 테스트를 위해 일시적으로 보호 기능을 비활성화하는 것이 좋을 것이다. 만약 응답을 한 호스트 중에 NIS 서버가 있다면 브로드캐스트 방식을 사용할 수 있을 것이다.

클라이언트와 서버의 연결을 위한 또 다른 방법은 특정 서버의 호스트명을 지정하는 것이다. 이 방식은 서브넷을 설정한 경우 유용하다. 하지만 브로드캐스트 방식처럼 모든 서브넷이 NIS 서버를 가질 필요는 없다. 클라이언트가 네트워크 내의 어느 서브넷이든 이동할 수 있고 이동한 경우에도 NIS 서버를 찾기 쉽다. 하지만 예를 들어 네트워크 부하를 분산시키기 위해 다른 NIS 서버로 변경하려면 클라이언트의 설정을 직접 변경해줘야 한다.

클라이언트가 서버를 찾기 위한 두 가지 방법의 사용법은 다음과 같다.

- **브로드캐스트 방식:** 브로드캐스트 방식을 사용하려면 클라이언트에서 /etc/yp.conf 파일을 다음과 같이 편집해야 한다.

  ```
  domain    nis.example.org    broadcast
  ```

  여기서 *nis.example.org*는 예제 NIS 도메인명이다. 장애에 대비해 대체 시스템이 필요한 경우에(failover), 보조 서버를 찾기 위해 브로드캐스트를 해야 하므로 각 서브넷에 최소한 두 대의 NIS 서버가 필요하다.

- **서버 호스트 지정 방식:** NIS 서버명을 직접 지정하는 방식을 사용하려면 /etc/yp.conf 파일을 다음과 같이 편집한다.

  ```
  domain    nis.example.org    server    server-A
  ```

  여기서 *nis.example.org*는 예제 NIS 도메인명이고, *server-A*는 이 클라이언트가 침조할 NIS 서버명이다.

> **참고**
> 이때 주의해야 할 것은 /etc/hosts 파일에 *server-A* 항목이 있어야 한다는 것이다. NIS 서비스가 시작하는 시점에는 아직 DNS에 접근할 수 없고 NIS 호스트 테이블에도 접근할 수 없을 것이다. 따라서 클라이언트는 이러한 서비스의 도움 없이 호스트명을 IP 주소로 변환할 수 있어야 한다.

▓ ypbind 활성화와 시작

NIS 클라이언트는 서버와 통신하기 위해 ypbind 데몬을 실행한다. 일반적으로 이 데몬은 /etc/init.d/ypbind 구동 스크립트를 통해 실행된다. chkconfig 프로그램으로 구동 스크립트가 ypbind 데몬을 원하는 실행 레벨에서 자동으로 시작하는지 확인한다.

다음은 ypbind를 제어하는 방법과 구동 스크립트를 관리하는 과정을 설명한 것이다.

1. 시스템 재부팅 없이 데몬을 시작하려면 다음 명령을 사용한다.

   ```
   [root@client-A ~]# service ypbind start
   ```

2. 데몬을 멈출 때는 다음 명령을 사용한다.

   ```
   [root@client-A ~]# service ypbind stop
   ```

3. chkconfig 유틸리티를 사용하여 ypbind 데몬이 실행 레벨 3과 5에서 자동으로 구동되도록 설정한다.

```
[root@client-A ~]# chkconfig --level 35 ypbind on
```

페도라와 같이 systemd가 활성화된 배포판에서는 systemctl 유틸리티를 사용하여 ypbind 서비스를 자동으로 시작하도록 할 수 있다.

```
[root@fedora-client-A ~]# systemctl enable ypbind.service
```

우분투처럼 데비안 기반 배포판에서는 nis 실행 제어 스크립트를 통해 ypbind 서비스를 제어한다. 따라서 nis를 시작하면 ypbind 서비스도 자동으로 시작된다.

예를 들어 ypbind 서비스를 시작하려면 다음과 같이 입력한다.

```
master@ubuntu-client-A:~$ sudo /etc/init.d/nis start
```

/etc/nsswitch.conf 파일 편집

/etc/nsswitch.conf 파일은 NIS 시스템에 정보의 검색 순서를 알리는 역할을 한다. 이 파일의 형식은 다음과 같다.

filename: *servicename*

여기서 *filename*은 검색하고자 하는 파일명이고, *servicename*은 파일을 검색하는 데 사용할 서비스명이다. 이때 스페이스로 구분하여 여러 서비스명을 지정할 수 있다.

다음은 사용 가능한 서비스의 예다.

files	호스트에 실제로 저장된 파일을 사용한다.
yp	NIS를 사용하여 정보를 검색한다.
nis	NIS를 사용하여 정보를 검색한다. (nis와 yp는 동일하다.)
dns	DNS를 사용하여 정보를 검색한다. (호스트명인 경우에만 적용된다.)
[NOTFOUND=return]	검색을 중단한다.
nis+	NIS+를 사용한다. (현재 리눅스에서는 NIS+ 구현이 개발 단계이므로 이 옵션의 사용은 추천하지 않는다.)
ldap	LDAP(Lightweight Directory Access Protocol)을 사용한다.

/etc/nsswitch.conf 파일의 예제 항목은 다음과 같다.

```
passwd:    files nis
```

이 내용은 패스워드 항목에 대한 검색 요청으로 먼저 시스템의 /etc/passwd 파일을 찾아보고 만약 존재하지 않으면 NIS를 통해 검색하라는 것을 의미한다.

이 경우에는 당연히 /etc/passwd 파일이 시스템에 있어야 하고 필요한 정보를 포함해야 한다. 이 파일의 servicenames에 나열한 서비스의 순서는 필요에 따라 변경 가능하다.

▼ NIS 관리용 GUI 프로그램

페도라, RHEL, CentOS는 NIS 클라이언트의 설정이 쉽도록 GUI 프로그램들을 제공한다. 이 중에서 먼저 설명할 것은 ncurses 기반의 커맨드라인 도구인 authconfig-tui다. 실행 화면은 다음과 같다.

● **그림**. authconfig-tui

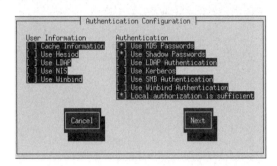

이 프로그램을 실행하려면 다음과 같이 입력한다.

```
[root@fedora-server-A ~]# authconfig-tui
```

두 번째 프로그램은 system-config-authentication이다. 실행 화면은 다음과 같다.

● **그림**. system-config-authentication

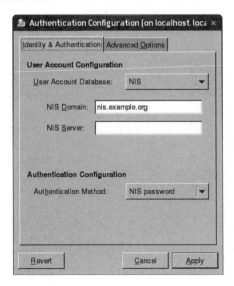

이 프로그램은 X 윈도우 시스템상에서만 실행 가능하다. 이를 실행하려면 다음과 같이 입력한다.

```
[root@fedora-server-A ~]# system-config-authentication
```

OpenSUSE 리눅스는 NIS 서버와 클라이언트 둘 다 설정 가능한 훌륭한 GUI 프로그램을 제공한다. 서버 설정 도구는 다음과 같다.

- **그림**. nis_server

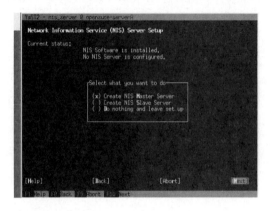

이 프로그램을 실행하려면 다음과 같이 입력한다.

```
opensuse-server-A:~ # yast nis_server
```

또는 다음과 같이 입력한다.

```
opensuse-server-A:~ # yast2 nis_server
```

이번엔 NIS 클라이언트 설정 도구를 실행하려면 다음과 같이 입력한다.

```
opensuse-server-A:~ # yast nis
```

NIS 동작 확인

그림 25-1는 NIS의 "사용 전과 후"로 나눠 NIS의 사용 예를 보여준 것이다. 첫 번째 장면은 NIS를 적용하기 전 사용자의 로그인 과정을 보여준다. 두 번째 장면은 NIS를 적용 후 동일한 사용자로 로그인하는 과정을 보여준다.

사용자 *testuser*는 자신의 로컬 시스템에 serverB 호스트의 /etc/passwd 파일에 존재하지 않는 사용자로 로그인을 시도할 것이다. 당연히 로그인은 실패할 것이다.

하지만 NIS를 적용하고 나서 동일하게 로그인을 시도하면 이번에는 성공할 것이다. 왜냐하면

serverB를 serverA에 대한 NIS 클라이언트로 설정하였기 때문이다. 클라이언트인 serverB는 먼저 로컬 /etc/passwd 파일에서 testuser에 대해 검색하지만 이 사용자를 발견하지 못하고 그 다음 서비스인 serverA의 NIS 서버에 확인 요청을 할 것이다. NIS 서버는 이 사용자에 대한 정보를 가지고 있기에 serverB에 이 정보를 전달하여 정상적인 인증 과정을 거쳐 로그인하게 될 것이다.

● **그림 25-1**. NIS를 사용하기 전과 후

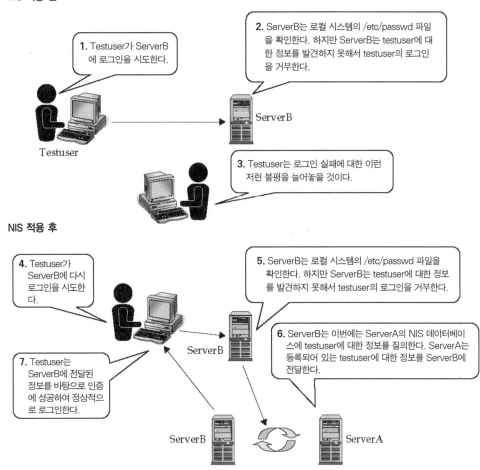

▓ NIS 클라이언트 설정 테스트

/etc/yp.conf와 /etc/nsswitch.conf 파일을 설정하고 ypbind 클라이언트 데몬을 설정하고 나면 ypcat 명령어를 사용하여 서버의 맵을 덤프하여 동작을 확인할 수 있다. 이 명령은 다음과 같이 사용한다.

```
[root@client-A ~]# ypcat passwd
yyang:$1$hqO...<생략>...piA210:1001:1001:Ying\ Yang:/home/
yyang:/bin/bash
```

이것은 NIS를 통해 공유하고 있는 passwd 맵을 화면에 덤프한 것이다. 만약 password 맵을 사용하지 않으면 공유 중인 다른 맵을 선택하여 ypcat 명령으로 덤프를 해본다.

맵을 덤프하였을 때 아무런 메시지를 볼 수 없다면 클라이언트와 서버 설정을 다시 확인하고 나서 덤프를 시도해본다.

보조 NIS 서버 설정

자신이 운영 중인 사이트가 점점 커지면 망설일 것 없이 NIS 서비스의 부하를 여러 호스트로 분산시켜야 한다. NIS는 서버 부하를 줄이기 위해 보조 NIS 서버의 사용을 지원한다. 이 보조 서버들은 한 번 설정한 후에는 추가적인 유지 보수가 필요 없다. 이는 마스터 NIS 서버가 맵을 다시 만들 때마다("Makefile 편집" 절을 통해 설명했던) 보조 서버로 업데이트 내용을 전송하기 때문이다.

보조 서버를 설정하는 과정은 다음과 같이 세 단계를 거친다.

1. NIS 도메인명을 설정한다.

2. 보조 서버에 맵을 푸시할 NIS 마스터 서버를 설정한다.

3. ypinit을 실행하여 보조 서버를 초기화한다.

▧ 도메인 이름 설정

마스터 NIS 서버를 설정할 때와 마찬가지로 보조 서버(server-B)의 초기화 작업을 하기 전에 NIS 도메인명을 설정해야 한다. 다음과 같이 도메인명을 설정한다.

```
[root@server-B ~]# domainname my_domain_name
```

여기서 *my_domain_name*은 해당 시스템의 NIS 도메인명이다.

보조 서버의 도메인명도 부팅 시에 자동적으로 설정되도록 설정해야 한다. 예제 시스템처럼 페도라 시스템을 사용하는 경우에는 /etc/sysconfig/network 파일의 NISDOMAIN 변수를 설정하면 된다. 아니면 /etc/init.d/ypserv 파일을 직접 편집하여 최초 주석문 뒤에 도메인명을 설정할 수도 있다.

> **참고** 반드시 ypinit를 실행하기 전에 도메인명을 설정해야 한다.

▨ NIS 마스터 서버 설정

보조 서버에 푸시해줄 마스터 NIS 서버를 아직 설정하지 않았다면 이를 먼저 완료해야 한다. 마스터 서버를 설정하는 작업은 두 단계로 나뉜다. 먼저, /var/yp/ypservers 파일을 편집하여 마스터 서버가 맵을 푸시할 모든 보조 서버들을 등록해야 한다. 예를 들어 마스터 서버가 server-B와 server-C에 맵을 푸시하려면 /var/yp/ypservers 파일에 다음과 같이 등록한다.

```
server-A
server-B
server-C
```

여기서 server-A는 마스터 NIS 서버의 호스트명을 의미한다.

그리고 두 번째 단계는 Makefile 파일에 NOPUSH=false가 설정되어 있는지 확인한다. 이에 대한 자세한 정보는 "보조 서버 설정하기: NOPUSH" 절을 참고하길 바란다.

▨ ypinit 실행

앞의 설정 과정이 모두 끝나면 보조 서버를 초기화할 준비를 마친 것이다. 이제 ypinit 명령을 다음과 같이 실행하여 보조 NIS 서버를 초기화한다.

```
[root@server-B ~]# /usr/lib64/yp/ypinit -s server-A
```

여기서 -s 옵션은 보조 서버로 시스템을 설정하도록 알리는 것이다. 그리고 server-A는 마스터 서버의 이름을 나타낸다.

앞의 명령을 실행하면 ypxfrd가 실행되지 않았다는 메시지를 출력할 것이다. 하지만 이 메시지는 무시해도 된다. 보조 서버가 마스터 서버로부터 맵을 받으려 할 때 이 ypxfrd 데몬을 사용한다. 현재 마스터 서버로부터 맵을 가져가도록 설정하지 않았기 때문에 이러한 메시지가 발생한다. 우리는 앞서 업데이트가 필요할 때 마스터 서버가 보조 서버로 푸시하도록 설정하였기 때문이다. 그러면 이제 서버 프로세스를 직접 실행시켜야 한다. 마스터 서버와 동일하게 서버 프로세스인 ypserv를 실행한다.

```
[root@server-B ~]# service ypserv start
```

참고 NIS 서버 프로세스는 부팅 중에 실행되도록 해야 한다. chkconfig 프로그램을 사용하여 ypserv 데몬을 실행 레벨 3과 5에서 수행되도록 설정한다.

보조 서버를 테스트하기 위해서는 마스터 서버로 돌아가서 서버에서 맵을 보조 서버로 푸시해본다. 마스터 서버에서 다음과 같이 make 프로그램을 다시 실행한다.

```
[root@server-A ~]# cd /var/yp ; make
Updating passwd.byname...
Updating passwd.byuid...
Updating group.byname...
...<이하 생략>...
Updating mail.aliases...
```

이 명령으로 모든 맵이 다시 만들어지고 이를 보조 서버로 푸시하게 된다.

NIS 관련 도구

NIS 서비스를 사용하는 데 도움을 주는 몇 가지 프로그램들이 있다. 이 프로그램들은 커맨드라인을 통해 데이터베이스에서 원하는 정보를 가져오는 데 사용된다.

- **ypcat**

- **ypwhich**

- **ypmatch**

- **yppasswd**

먼저, 첫 번째 프로그램 ypcat은 NIS 맵의 내용을 덤프하는 기능을 한다. NIS에서 원하는 정보를 가져오는 데 유용하다. ypcat은 NIS의 전체 맵들을 가져올 수 있고 여기에 grep을 사용하여 특정 항목을 검색할 수 있다. 또한 ypcat 명령어는 NIS 서비스를 간단하게 테스트하는 용도로 사용할 수도 있다. 예를 들어 ypcat과 grep을 사용하여 passwd 데이터베이스에 있는 사용자 yyang에 관한 항목을 덤프하여 검색할 수 있다. 이는 다음과 같이 사용한다.

```
[root@server ~]# ypcat passwd | grep yyang
yyang:$1$hH$i..<생략>..xA210:1001:1001:Ying Yang:/home/yyang:/bin/bash
```

ypwhich 명령어는 현재 클라이언트의 요청을 처리하는 NIS 서버의 이름을 반환한다. 이 또한 NIS가 정상적으로 동작하는지 확인할 수 있는 진단 도구로 사용 가능하다. 예를 들어 마스터 NIS 테이블을 변경하였는데 특정 클라이언트에서 변경 내용이 보이지 않는다고 가정해보자. 이때 ypwhich를 사용하여 클라이언트와 연결된 서버를 확인할 수 있다. 만약 보조 서버와 연결되어 있다면 이는 마스터 서버의 /var/yp/ypservers 파일에 보조 서버가 등록되어 있지 않다는 것을 의미한다.

다음은 ypwhich 명령의 사용 예제다.

```
[root@server ~]# ypwhich
```

ypmatch는 ypcat과 밀접한 관련이 있는 명령어다. ypmatch는 전체 맵을 가져오는 대신 지정한 키값에 해당되는 맵들만을 가져온다. passwd 맵을 예제로 사용하여 사용자 yyang의 passwd 항목을 가져온다.

```
[root@server ~]# ypmatch yyang passwd
```

yppasswd 명령어는 리눅스 표준 명령어인 passwd의 NIS 버전이다. yppasswd가 passwd와 다른 점은 NIS 서버용 비밀번호를 설정한다는 점이다. 그 외에는 passwd와 동일하다. 사실 많은 사이트에서 표준 passwd 명령어는 passwd.local과 같은 이름으로 변경하여 사용하고 passwd를 yppasswd의 심볼릭 링크로 사용한다.

■ 설정 파일에서 NIS 사용

NIS가 주로 사용되는 것 중 하나는 /etc/passwd 파일을 공유하는 것이다. 마스터 서버의 /etc/passwd 맵을 수정하는 것만으로 모든 사용자들이 네트워크상의 모든 호스트에 로그인할 수 있기 때문이다. 일부 리눅스 배포판에서는 NIS가 실행 중이면 자동으로 이 기능을 지원한다. 그 외 다른 배포판에서는 여전히 /etc/passwd 파일에 대한 설정이 필요하다. 따라서 로그인 프로그램이 기본 패스워드 파일뿐만 아니라 NIS도 함께 확인하도록 해야 한다.

NIS의 passwd 파일에 저장된 사용자들의 로그인을 허용하기 위해 /etc/passwd 파일에 특수한 기호를 추가해야 한다고 가정해보자.

NIS의 passwd 목록에 있는 모든 사용자들을 로그인 허용하려면 다음과 같은 내용을 로컬 시스템의 /etc/passwd 파일에 추가해야 한다.

```
+:*:::::
```

> **참고** 페도라나 RHEL과 같이 glibc 기반 시스템에서는 /etc/passwd 파일에 앞의 내용을 추가할 필요가 없다. 하지만 이를 추가한다고 문제될 것은 없다.

그리고 /etc/passwd 파일에 저장된 사용자들을 제외하곤 누구도 자신의 시스템에 로그인하지 못하게 막으려면 다음과 같이 설정한다.

```
+::::::/bin/false
```

이는 사용자의 쉘 설정을 무효화하는 것으로 로그인할 클라이언트에서 사용자 로그인 프로그램으로 /bin/false를 실행하게끔 한다. /bin/false는 쉘로 동작할 수 없기 때문에 사용자는 즉시 시스템에서 로그아웃된다.

그리고 /etc/passwd에 저장된 사용자들 중에서도 일부 사용자들만 시스템에 로그인할 수 있게 하려면 다음과 같이 설정해야 한다.

```
+username
+username2
+username3
+:::::::/bin/false
```

이 설정으로 지정된 사용자 username, username2, username3만 시스템에 로그인할 수 있다.

실제 네트워크 환경에서 NIS 구성

이 절에서는 실제 네트워크 환경에서 NIS 서비스를 구성하는 것에 대해 살펴볼 것이다. 이 절에서는 자세한 설명 대신에 몇 가지 사례만을 살펴볼 것이다. 이미 NIS 서버와 클라이언트를 설정하는 방법을 살펴보았기 때문에 이를 반복할 필요는 없을 것이다.

물론 여기에서 설명하는 상황들은 분명히 예외적인 경우가 존재할 것이다. 이를 감안하길 바란다. 일부 소규모 네트워크에서 유달리 NIS 서비스에 많은 트래픽이 발생할 수도 있고 대규모 네트워크에서 한 대의 마스터 서버만으로도 충분할 정도로 낮은 트래픽을 가지는 경우가 있을 것이다. 따라서 다음에 나오는 일반적인 상황에서만 적용하는 것이 좋을 것이다.

▨ 소규모 네트워크 환경

여기서 소규모 네트워크란 30대에서 40대 정도 규모의 리눅스/유닉스 시스템으로 구성된 서브넷을 의미한다.

이러한 경우는 NIS 마스터 서버 하나만으로도 충분하다. 특정 시스템이 비정상적으로 과도한 NIS 요청을 하지 않는 한, 클라이언트가 브로드캐스트나 직접 마스터 서버에 연결하는 경우에는 문제가 되지 않는다. 그리고 이러한 네트워크를 분리할 계획이 아니라면 브로드캐스트 방식을 사용하는 게 좋을 것이다. 브로드캐스트 방식이 네트워크에 호스트를 추가하는 과정이 단순하기 때문에 편리할 것이다.

또한 NIS 서버 자체는 하드웨어 측면에서 그리 고성능일 필요없다. 만약 고성능 하드웨어를 가지고 있다면 여분의 시스템 자원을 다른 경량 서비스에(DHCP와 같은) 할당하는 것도 좋은 방법이다.

▨ 분리된 네트워크 환경

여럿으로 분리된 네트워크에서는 ARP나 DHCP와 같이 브로드캐스트 방식의 서비스들을 관리하기가 복잡하다. 하지만 네트워크 규모가 커질수록 분리할 수밖에 없다. 네트워크를 여럿으로 분리하여 트래픽을 분산하면 전체적인 효율성이 높아질 수 있다. 게다가 이러한 배치는 시스템의 보안성을 높이는 데도 도움이 된다. 예를 들어 회계부서와 인사부서를 별도의 다른 서브넷으로 구성하면 다른 부서의 네트워크가 도청당하더라도 기업 비밀을 빼내오기가 어려워질 것이다. 사이처럼 분리된 네트워크 환경에서 NIS 서비스를 운영하는 방법은 두 가지가 있다. 첫 번째는 네트워크 규모는 크지만 NIS 트래픽이 많지 않은 경우에 적합하다. 이는 일반적으로 윈도우용 워크스테이션과 리눅스가 함께 구성된 이기종 네트워크 환경에서 사용된다. 이러한 경우에는 NIS 마스터 서버 한 대만으로도 충분할 것이다. 물론 이러한 네트워크의 클라이언트들은 브로드캐스트 방식 대신에 서버에 직접적으로 연결되어야 한다. 브로드캐스트 방식으로는 NIS 서버와 같은 서브넷상의 클라이언트들만이 연결이 가능하기 때문에 모든 클라이언트들을 일관되게 설정하기 위해서는 직접 연결 설정 방식을 사용해야 한다.

반면 NIS 트래픽이 많을 거라고 생각되는 환경에서는 서브넷별로 여러 서버에 나눠 부하를 분산시키는 게 좋은 방법이다. 이 경우 마스터 NIS 서버는 맵이 변경될 때마다 보조 서버를 갱신하도록 설정되어 있어야 한다. 그리고 클라이언트들은 브로드캐스트를 사용하여 단지 보조 NIS 서버를 찾도록 설정하면 된다. 이처럼 브로드캐스트를 사용하면 클라이언트들은 마스터 NIS 서버에 대해 다시 설정하지 않고도 다른 서브넷으로 이동하여 해당 서브넷의 보조 서버를 사용할 수 있다.

▦ 대규모 네트워크 환경

네트워크 환경이 처음 네트워크를 구성한 건물의 범위를 넘어서 더 큰 범위로 확대되는 일은 요즘은 그다지 드문 일이 아니다. 여러 건물의 사무실들이 다양한 방식으로 네트워크 연결된 상황은 관리에 상당한 어려움이 따른다. 이는 비단 NIS에 한정된 문제만이 아니다.

이런 대규모 환경에서 NIS를 사용하기 위해서는 각 WAN 링크마다 NIS 서버가 위치해야 한다. 예를 들어 T1 링크로 연결된 세 개의 대학 캠퍼스가 있다고 한다면 각 캠퍼스마다 한 대씩 최소한 세 대의 NIS 서버가 있어야 한다. 이러한 배치가 필요한 이유는 NIS 서비스가 RPC 프로토콜 기반이기 네트워크 속도가 느린 환경에서는 운영하기 어렵기 때문이다(간단하게 ls -1 명령을 사용하는 것도 수백 번의 검색을 수행하기 때문에 결과를 출력하는 데 많은 시간이 걸릴 수 있다). 게다가 WAN 링크 중 하나가 고장 난다면 해당 링크가 복원될 때까지 모든 사이트에 영향을 미칠 것이다.

회사의 조직이나 관리 방식에 따라 NIS 서버를 분리할지 말지 결정하여 NIS 도메인을 구성해야 한다. NIS 서버를 여러 대 사용하기로 결정했다면 각 캠퍼스를 하나의 사이트로 보고 얼만큼의 NIS 서버가 필요한지 결정해야 한다. 단일 NIS 공간으로 운영하려면 한 캠퍼스에만 마스터 NIS 서버를 두고 나머지 캠퍼스에는 보조 서버를 두어야 한다.

요약

이 장에서는 마스터 NIS 서버, 보조 NIS 서버, NIS 클라이언트를 설치하고 설정하는 과정을 살펴보았다. 또한 서버에서 사용 가능한 유용한 도구들의 사용법을 살펴보았다. 다음은 NIS 서비스에서 알아둬야 할 핵심 내용들을 나열한 것이다.

- NIS 서버는 태생적으로 윈도우 도메인 컨트롤러와 유사해 보이지만 동일하지는 않다. NIS 서버는 사용자 인증을 수행하지 않는다.

- 네트워크상의 어느 호스트나 NIS 도메인에 등록할 수 있기 때문에 네트워크 보안은 필수적이다. 하지만 대다수 사이트들이 NIS의 이점이 이러한 위험을 상쇄하기 때문에 사용한다.

- Makefile 파일을 설정하고 `ypinit`을 실행하고 나면 마스터 NIS 서버는 더 이상 따로 설정할 필요 없다. NIS에서 공유 중인 파일(/etc/passwd 등)을 변경하면 `cd /var/yp;make` 명령을 실행하여 이를 갱신하고 보조 서버로 전달해야 한다.

- NIS 보조 서버들은 마스터 서버의 /var/yp/ypservers 파일에 등록돼야 한다.

- NIS 보조 서버들은 마스터 서버의 푸시로 서버의 정보를 전달받는다.

- NIS 보조 서버는 `ypinit -s` 명령을 실행하여 설정한다.

- NIS 클라이언트는 /etc/yp.conf와 /etc/nsswitch.conf 파일의 설정이 필요하다.

- 일부 리눅스 배포판에서는 클라이언트의 패스워드 파일을 설정하여 로그인을 제어할 수 있다. 하지만 대부분 레드햇 계열 시스템에서는 이러한 설정이 필요치 않다.

CHAPTER 26

LDAP

LDAP은 Lightweight Directory Access Protocol(경량 디렉터리 접근 프로토콜)의 약자로 중앙 시스템에 저장된 정보들을 네트워크를 통해 접근하거나 수정하는 데 사용하는 오픈 프로토콜의 집합이다. LDAP은 X.500 표준(X.500는 ISO 표준으로 분산 디렉터리 서비스에 대한 모델을 정의한다)을 기반으로 하지만 표준보다 좀 더 경량화된 버전이다. RFC 2251에는 이에 대해 다음과 같이 설명한다. "LDAP은 X.500 모델 기반의 디렉터리에 대한 접근 방식을 제공하도록 설계되었다. 하지만 X.500 디렉터리 접근 프로토콜에서 요구하는 자원들은 필요로 하지 않는다. 일반적인 데이터베이스와 마찬가지로 LDAP 데이터베이스도 저장된 정보에 대해 요청할 수 있다."

LDAP은 DAP(Directory Access Protocol)의 경량화된 버전으로 미국 미시간 대학에서 1992년에 개발하였다. LDAP 자체는 디렉터리 서비스를 정의하지는 않는다. 대신에 디렉터리(X.500 디렉터리와 같은)의 데이터에 접근할 때 클라이언트가 사용할 메시지의 전송과 포맷에 대해 규정하였다.

LDAP은 확장 가능하며 구현이 쉽고 공개 표준 프로토콜을(즉, 비상업용의) 기반으로 하고 있다. 이 장에서는 OpenLDAP으로 구현된 디렉터리 서비스에 대해 소개한다. LDAP을 운영하는 데 필요한 개념과 LDAP의 사용법에 대해 간략히 다룰 것이다.

LDAP 동작 원리

LDAP은 디렉터리 서비스처럼 다양하게 사용되는 특수하게 짜인 데이터베이스에 접근하기 위한 프로토콜이다. 이 디렉터리는 모든 종류의 정보를 저장할 수 있다. 또한 일종의 데이터베이스로 간주될 수 있다. 하지만 일반적인 데이터베이스와 달리 LDAP 데이터베이스는 쓰기 연산 대신 읽기, 검색, 탐색 연산에 적합하게 되어 있다. LDAP은 특히 읽기 연산에 뛰어나다.

다음은 LDAP을 구현한 유명한 소프트웨어들이다.

- OpenLDAP, 오픈 소스용 LDAP 패키지

- 노벨사의 NetWare 디렉터리 서비스 (eDirectory)

- 마이크로소프트의 액티브 디렉터리

- iPlanet 디렉터리 서버 (썬과 넷스케이프 버전으로 분리되고 나서 레드햇이 넷스케이프 버전의 디렉터리 서버를 인수하였다. 그리고 이를 오픈 소스 소프트웨어로 배포하였다.)

- IBM의 SecureWay 디렉터리

참고 기술적으로 더 정확히 하자면 여기서 소개된 예제들을 순수한 LDAP 구현체는 아니다. 엄격하게 LDAP 표준을 준수하지 않았거나 LDAP의 일부를 제외하거나 커스터마이징을 했기 때문이다.

LDAP 디렉터리

도메인 네임 시스템(DNS)과 마찬가지로 LDAP의 디렉터리 항목은 계층적 트리 구조로 관리된다. 대다수 계층 구조처럼 트리를 따라 내려갈수록 더 정확한 정보를 얻을 수 있다. LDAP의 계층적 트리 구조의 정식 명칭은 **DIT(directory information tree: 디렉터리 정보 트리)**다. 디렉터리 계층의 최상위 항목은 root다. 트리 구조에서 어떤 노드를 가리키는 전체 경로가 유일하게 식별 가능하면 이를 그 노드의 **DN(distinguished name)**이라고 한다.

또한 DNS와 마찬가지로 LDAP 디렉터리 구조도 대개 지리적 혹은 조직적인 구분을 반영하기 마련이다. 지리적 구분은 국가별, 주나 도시별로 나뉠 수 있다. 조직적인 구분은 부서별이나 기능별 혹은 조직 단위로 분류될 수 있다.

예를 들어 Example이라는 회사가 있다고 가정하고 도메인 기반 네이밍 구조를 사용하여 그 회사의 디렉터리 트리 구조를 구성해보자. 이 회사는 기술 부서, 영업 부서, 연구 개발 부서 등의 여러 부서로 이루어져 있다. 이 회사의 LDAP 디렉터리 트리 구조는 그림 26-1과 같다.

이 그림의 디렉터리 트리에서 예제 객체의 DN은 다음과 같다.

```
dn: uid=yyang,ou=sales,dc=example,dc=org
```

● **그림 26.1** example.org의 LDAP 디렉터리 트리

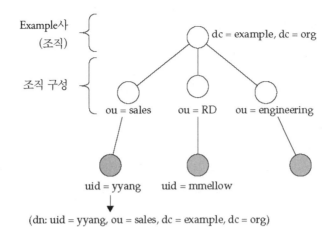

▨ 클라이언트/서버 모델

다른 네트워크 서비스처럼 LDAP도 일반적인 클라이언트/서버 구조를 이루고 있다. LDAP 클라이언트와 서버 간의 통신 과정은 다음과 같다.

1. LDAP 클라이언트 응용프로그램은 LDAP 서버에 연결한다. 이 과정을 "서버에 바인딩하기"라고 한다.

2. 서버에 설정되어 있는 접근 제한 방식에 따라 LDAP 서버는 클라이언트의 연결 요청을 수락할 것인지 거부할 것인지 결정한다.

3. 서버가 연결 요청을 수락하면, 클라이언트는 디렉터리 서버에 질의할 것인지 서버에 저장된 정보를 탐색할 것인지 아니면 저장된 정보를 수정할 것인지를 선택해야 한다.

4. 서버는 접근 제한 방식에 따라 클라이언트가 요청한 동작을 허용할 것인지 말 것인지를 결정할 수 있다. 서버가 해당 요청을 들어줄 수 없는 경우에는 보다 정확한 응답을 할 수 있는 상위 LDAP 서버에 이 요청을 전달하여 처리한다.

▨ LDAP의 활용

LDAP은 분산 디렉터리 서비스로 다양한 종류의 정보를 저장하는 데 사용한다. 단순 텍스트 형태의 정보, 이미지, 실행 파일, 공개 키 인증서 등 다양한 형태의 정보를 LDAP 디렉터리에 저장할 수 있다.

지금까지 LDAP 디렉터리에 다양한 형태의 데이터를 저장할 수 있도록 다양한 LDAP 스키마가 만들어졌다. 다음은 LDAP을 사용한 예의 일부다.

- LDAP은 회사나 조직에서 구성원의 신원을 확인할 수 있는 신원 관리 솔루션으로 사용할 수 있다. 사용자에 대한 인증과 권한 부여 서비스를 제공한다. 사실 이러한 서비스들은 NIS를 통해서도 가능하지만 LDAP 또한 이러한 기능을 제공한다.

- DNS 레코드에 저장하던 정보를 LDAP에도 저장할 수 있다.

- LDAP은 회사나 조직에서 사용자나 종업원의 연락처 정보(전화번호, 주소, 부서 등)를 제공하는 "옐로우 페이지" 서비스로 사용할 수 있다

- 메일 라우팅 정보를 LDAP에 저장할 수 있다.

- 삼바 서버는 사용자 인증 시 사용자 계정 정보를 LDAP에 저장하여 사용할 수 있다. 이것은 장애 발생시에 윈도우 도메인 컨트롤러 대신에 삼바를 통해 사용자 인증을 처리할 수 있게끔 한다.

▨ LDAP 용어

LDAP에 관한 전문가가 되고자 한다면 기본적인 LDAP의 기술 용어에 대해서 알고 있어야 한다. 이 절에서는 LDAP에 관련된 용어들과 개념에 대해 설명할 것이다.

- **항목(Entry) 또는 객체(Object):** LDAP 디렉터리를 구성하는 단위를 말한다. 각 항목은 DN으로 구분한다. 예를 들어 dn: uid=yyang,ou=sales,dc=example,dc=com과 같은 형태를 사용한다.

- **속성(Attributes):** 항목에 저장된 관련 정보들을 의미한다. 회사 주소, 종업원의 전화번호 등의 정보가 이에 해당한다.

- **객체 클래스(objectClass):** 이것은 특수한 형태의 속성이다. LDAP의 모든 객체들은 반드시 objectClass 속성을 가진다. objectClass는 각 LDAP 객체가 가지고 있어야 할 속성들에 대해 명시한다. 그리고 해당 엔트리의 객체 클래스들을 명시한다. 이 속성의 값들은 클라이언트가 수정할 수 있지만 objectClass 속성 자체를 삭제할 수 없다. objectClass 정의는 스키마 파일 안에 저장할 수 있다.

- **스키마(Schema):** 스키마는 디렉터리의 구조와 내용을 결정하는 규칙의 집합이다. 스키마는 속성 유형과 객체 클래스를 정의하고 그 밖의 정보들을 포함한다. 또한 각 객체 유형의 속성들의 목록을 가지며 각 속성이 필수인지 아닌지에 대한 정보도 가지고 있다. 스키마는 대개 일반적인 텍스트 파일로 저장된다. 다음은 스키마의 예제다.

  - **core.schema:** 기본 LDAPv3 속성과 객체에 대해 정의하고 있다. OpenLDAP을 구현하기 위해서는 반드시 필요한 핵심 스키마다.
  - **inetorgperson.schema:** inetOrgPerson 객체 클래스와 관련 속성을 정의하고 있다. 이 객체는 사람들의 연락처 정보를 저장할 때 주로 사용한다.

- **LDIF:** 이는 LDAP Data Interchange Format의 약자다. LDAP 항목에 관한 정보를 가진 일반 텍스트 파일이다. LDAP 서버에서 데이터를 가져오거나 내보낼 때 사용하는 파일은 반드시 LDIF 포맷을 사용해야 한다. 또한 LDAP 서버들 간의 데이터 복제 시에도 이 포맷을 사용해야 한다.

OpenLDAP

OpenLDAP은 리눅스/유닉스 시스템상에서 동작하는 LDAP의 오픈 소스 구현 소프트웨어다. OpenLDAP은 slapd, slurpd, libraries로 구성된 프로그램 패키지다. LDAP 프로토콜을 구현하였고 다양한 클라이언트와 서버 유틸리티를 제공한다.

▨ 서버 측 데몬

서버는 두 가지 주요 데몬으로 이루어졌다.

- **slapd:** 단독으로 실행 가능한 LDAP 데몬으로 클라이언트의 LDAP 연결을 대기한다. 클라이언트가 연결되면 해당 LDAP 요청에 대해 처리한다.

- **slurpd:** 단독으로 실행 가능한 LDAP 복제 데몬으로 slapd 데이터베이스에서 변경사항이 발생하면 이를 다른 slapd 데몬으로 전달한다. 즉 LDAP 서버의 변경사항을 다른 서버와 동기화하는 역할을 한다. 따라서 여러 LDAP 서버를 사용하는 환경에서 필요한 데몬이다.

▨ OpenLDAP 관련 유틸리티

OpenLDAP 유틸리티는 OpenLDAP 디렉터리에 저장된 데이터에 대해 질의, 읽기, 갱신, 변경 등의 작업을 할 때 사용하는 커맨드라인 도구의 모음이다. 페도라, RHEL, CentOS 배포판 등에서는 이러한 유틸리티로 openldap-clients*.rpm 패키지를 제공한다. 그리고 일부 프로그램들은 openldap-server*.rpm 패키지에 포함되어 있다. 표 26-1은 이 유틸리티들에 대한 설명이다.

● **표 26-1.** OpenLDAP 유틸리티 (미번역 표 그대로 넣어줘)

유틸리티	설명
ldapmodify	LDAP 항목을 수정하는 데 사용한다. 파일이나 커맨드라인을 통해서도 직접 입력 가능하다.
ldapadd	ldapmodify -a 명령의 하드링크다. LDAP 데이터베이스에 새 항목을 추가할 때 사용한다. (ldapmodify 명령에 -a 옵션을 사용해도 동일한 효과를 얻는다.)
ldapdelete	OpenLDAP 디렉터리에서 항목을 삭제하는 데 사용한다.
ldappasswd	LDAP 사용자의 비밀번호를 설정한다.
ldapsearch	LDAP 디렉터리를 검색/질의하는 데 사용한다.
slapadd	LDIF 파일을 입력받아 LDAP 디렉터리에 추가한다. 이 실행파일은 /usr/sbin/ 디렉터리에 위치한다.
slapcat	LDAP 디렉터리의 내용 전부를 LDIF 포맷 파일에 덤프한다. 이 실행파일은 /usr/sbin/ 디렉터리에 위치한다.
slapindex	LDAP 데이터베이스를 현재 데이터베이스 내용에 따라 다시 인덱싱할 때 사용한다. 이 실행 파일은 /usr/sbin/ 디렉터리에 위치한다.
slappasswd	각종 디렉터리 연산 수행시 사용되는 암호화된 비밀번호를 생성하기 위해 사용한다. 이 실행 파일은 /usr/sbin/ 디렉터리에 위치한다.

OpenLDAP 설치

페도라, RHEL, CentOS 시스템에서 OpenLDAP 서버와 클라이언트 컴포넌트를 구동하기 위해서는 다음 패키지들이 필요하다.

- **openldap-2*.rpm:** OpenLDAP의 설정 파일과 라이브러리를 제공한다.

- **openldap-clients*.rpm:** OpenLDAP 디렉터리에 접근하고 수정할 클라이언트 프로그램들을 제공한다.

- **openldap-servers*.rpm:** 서버 데몬들(slapd, slurpd)과 LDAP을 실행하고 설정하는 데 필요한 기타 유틸리티를 제공한다.

> **팁** 만약 클라이언트로만 사용한다면 openldap-servers*.rpm 패키지는 필요치 않다.

yum 프로그램을 사용하여 시스템에 자동으로 openldap-servers 패키지를 다운로드하고 설치할 것이다. 각 단계는 다음과 같다.

1. root로 로그인하여 먼저 해당 패키지가 시스템에 이미 설치되어 있는지 확인하기 위해 RPM 데이터베이스에 질의한다.

   ```
   [root@fedora-server ~]# rpm -qa| grep -i openldap
   openldap-2*
   ...<이하 생략>...
   ```

> **참고** 대다수 리눅스 배포판들의 운영체제 설치 과정에서 자동으로 OpenLDAP 클라이언트 소프트웨어를 설치할 것이다. 따라서 별다른 수고 없이 시스템을 LDAP 클라이언트로 설정할 수 있다.

2. 예제 시스템에는 이미 설치에 필요한 기본 openldap 라이브러리가 설치되어 있다. 따라서 OpenLDAP 클라이언트와 서버 패키지를 yum을 사용하여 바로 설치하면 된다.

   ```
   [root@fedora-server ~]# yum -y install openldap-servers openldap-clients
   ```

3. 성공적으로 설치를 마치고 나면, OpenLDAP 설정 부분으로 넘어갈 수 있다.

▼ 우분투에서 OpenLDAP 설치하기

우분투처럼 데비안 기반 리눅스에서는 APT를 사용하여 OpenLDAP 서버를 설치할 수 있다. 서버 소프트웨어를 설치하는 명령은 다음과 같다.

```
master@ubuntu-server:~$ sudo apt-get -y install slapd
```

레드햇과 다른 점은 설치 과정 중에 관리자 비밀번호 입력만으로 기본 LDAP 서버 설정을 수행한다는 것이다. 또한 OpenLDAP 서버(slapd) 프로세스는 설치 후 자동으로 실행된다.

데비안 계열 시스템에서 OpenLDAP 클라이언트 유틸리티는 ldap-utils*.deb 패키지에 포함되어 있다. 다음과 같이 설치할 수 있다.

```
master@ubuntu-server:~$ sudo apt-get install ldap-utils
```

OpenLDAP 설정

디렉터리 서비스로 무엇을 하고자 하느냐에 따라 디렉터리 서버의 설정 과정은 매우 간단하기도 하고 아니면 아주 복잡해질 수 있다. 보통 새롭게 디렉터리를 구성하는 것은 쉬운 편이다. 예전 버전의 문제나 기존 사용자 혹은 데이터에 대해 고려하지 않아도 되기 때문이다. 하지만 기존에 구축된 환경에서는 추가적인 대비책이 필요할 것이다.

주의

만약 하위 호환성 문제가 있는 환경에서 LDAP을 사용하려면, 예전 아키텍처, 기존 사용자 및 데이터에 대해서 OpenLDAP의 적용을 좀 더 신중하게 진행해야 할 것이다. 이는 수개월이 걸릴 수 있는 상황이다. 실제 환경과 동일하게 구축한 테스트 시스템에서 광범위하게 테스트가 이뤄져야 한다.

▼ pam_ldap과 nss_ldap 모듈

pam_ldap 모듈은 리눅스/유닉스 호스트에서 LDAP 디렉터리에 저장된 정보로 사용자 인증을 제공한다. 이 모듈은 PADL 소프트웨어 회사(www.padl.com)에서 개발된 것이다. PAM 지원 응용프로그램들이 LDAP 디렉터리에 저장된 정보를 사용하여 사용자 인증을 수행할 수 있게끔 한다. PAM 지원 응용프로그램의 예로 로그인 프로그램, 일부 메일 서버, 일부 FTP 서버, OpenSSH, 삼바가 있다.

nss_ldap 모듈은 C 라이브러리 모음으로 응용프로그램에서 LDAP 디렉터리에 질의를 하여 사용자, 그룹, 호스트 등의 정보를 검색할 수 있도록 지원한다. 그리고 NIS나 일반 파일의 정보뿐만 아니라 LDAP을 사용하여 정보를 검색할 수 있도록 한다. 이 모듈 또한 PADL 소프트웨어사에서 개발하였다.

페도라 시스템, RHEL, CentOS 시스템에서는 이들 모듈이 nss_ldap*.rpm 패키지에 포함되어 있다. 전통적인 인증 방식 대신 LDAP을 인증 서비스로 사용 중인 시스템이라면 이 모듈들은 필수적으로 설치되어야 한다.

먼저 해당 패키지가 설치되어 있는지 다음과 같이 확인한다.

```
[root@fedora-server ~]# rpm -q nss_ldap nss_ldap-*
```

만약 이 패키지가 설치되어 있지 않다면 다음과 같이 yum 명령을 사용하여 쉽게 설치할 수 있다.

```
[root@fedora-server ~]# yum -y install nss_ldap
```

LDAP 디렉터리 서비스를 설정할 때 또 다른 중요한 문제는 디렉터리의 구조를 어떻게 할 것인가다. 즉 디렉터리를 설정하기 전에 최소한 다음 질문에 답할 수 있어야 한다.

- 조직 내의 구성 부서에는 어떠한 것들이 있는가?

- 각 부서 간의 경계는 어떻게 나눠야 할 것인가?

- 디렉터리에 저장할 정보가 얼마나 민감한가?

- 한 대 이상의 LDAP 서버가 필요한가?

▣ slapd 설정

slapd.conf 파일은 slapd 데몬의 설정 파일이다. 페도라나 레드햇 계열 배포판에서 이 파일의 경로는 /etc/openldap/slapd.conf다. 이 절에서는 페도라 시스템의 기본 설정 파일을 분석하고 일부 흥미로운 부분에 대해 설명할 것이다. 그리고 나머지 부분은 대부분 페도라 배포판을 기준으로 설명할 것이다.

참고 데비안 계열 배포판에서 slapd의 설정 파일의 경로는 /etc/ldap/slapd.conf다.

다음은 slapd.conf 파일의 일부를 나열한 것이다. 여기서 언급할 필요 없는 설정 지시자 일부와 주석 대부분을 제거하였다는 것을 참고하길 바란다. 다음의 설정 파일은 이 절과 관련된 부분만을 나타낸 것이다. 그리고 각 행의 번호는 가독성을 위해 추가한 것이다.

```
1) # See slapd.conf(5) for details on configuration options.
2) # This file should NOT be world-readable.
3) #
4) include /etc/openldap/schema/core.schema
5) include /etc/openldap/schema/cosine.schema
6) include /etc/openldap/schema/inetorgperson.schema
7) include /etc/openldap/schema/nis.schema
8) #
9) pidfile /var/run/openldap/slapd.pid
10) argsfile /var/run/openldap/slapd.args
11) database bdb
12) suffix "dc=my-domain,dc=com"
13) rootdn "cn=Manager,dc=my-domain,dc=com"
14) # Cleartext passwords, especially for the rootdn, should
```

```
15) # be avoided. See slappasswd(8) and slapd.conf(5) for details.
16) #
17) rootpw          {crypt}ijFYNcSNctBYg
18) #
19) # The database directory MUST exist prior to running slapd AND
20) # should only be accessible by the slapd and slap tools.
21) # Mode 700 recommended.
22) directory       /var/lib/ldap
```

각 행의 의미는 다음과 같다.

- 1~3행은 주석 줄이다. # 기호 뒤에 오는 내용은 모두 주석 처리된다.

- 4~7행은 include문을 나타낸다. include문은 뒤에 지정된 파일을 slapd이 읽어 들이도록 지시한다. 여기서는 /etc/openldap/schema/ 디렉터리에 저장된 특정 OpenLDAP 스키마 파일을 포함하도록 했다. 최소한 core.schema 파일은 반드시 포함하도록 해야 한다.

- 9행의 pidfile 지시자는 slapd의 프로세스 ID(PID)가 기록된 파일의 경로를 가리킨다.

- 10행의 argsfile 지시자는 slapd을 시작할 때 사용하는 커맨드라인의 옵션을 기록한 파일의 경로를 지정한다.

- 11행의 database 옵션은 데이터베이스 인스턴스의 유형을 지정한다. 이 옵션의 값은 데이터베이스를 저장할 백엔드 프로그램에 따라 다르다. 예제 slapd.conf 파일에서는 bdb(버클리 DB)를 데이터베이스 유형으로 사용한다. 그 밖에 여기서 사용 가능한 데이터베이스 유형은 ldbm, sql, tcl, meta가 있다. 표 26-2에 사용 가능한 일부 데이터베이스 유형에 대해 나열하였다.

- 12행의 suffix 지시자는 특정 데이터베이스 백엔드에 전달할 질의문에 사용할 DN 접미사를 지정한다. 보통 정보를 제공하는 LDAP 서버의 정보를 도메인을 지정한다. 따라서 해당 조직의 도메인 구조에 따라 적절한 값을 지정하면 된다.

- 13행의 rootdn 지시자는 LDAP 디렉터리의 수퍼유저에 대한 DN을 지정한다. LDAP 디렉터리의 수퍼유저는 유닉스/리눅스 시스템의 root 사용자와 다르며 데이터베이스에 대한 접근 제어나 관리 작업 등과는 아무런 관련이 없다. 그리고 여기서 지정한 DN이 반드시 디렉터리에 존재할 필요는 없다.

- 17행의 rootpw 지시자는 rootdn 지시자에서 지정한 DN의 비밀번호를 지정한다. 여기서 사용할 비밀번호는 당연히 복잡하고 길어야 한다. 비밀번호는 평문으로 지정하거나(추천하지 않는다) 비밀번호의 해시값을 지정할 수 있다. slappasswd 프로그램으로 비밀번호의 해시값을 만들 수 있다.

- 마지막 22행의 directory 지시자는 데이터베이스와 관련 목록이 저장된 BDB 파일의 경로를 지정한다.

데이터베이스 유형	설명
bdb	Berkeley DB 인스턴스를 정의한다. 가장 선호하는 데이터베이스 유형이다. Sleepycat Berkeley DB를 사용하여 데이터를 저장한다.
ldbm	LDAP DBM 유형. 이 유형은 설정이 쉽지만 bdb 데이터베이스 유형보다 견고하지 못하다는 단점이 있다. 그리고 데이터를 저장할 때는 Berkeley DB, GNU DBM, MDBM 등을 사용한다.
sql	데이터 저장 시 SQL 데이터베이스를 사용한다.
ldap	LDAP 서버로 들어오는 요청을 다른 LDAP 서버로 전달하는 프록시 역할을 한다.
meta	Metadirectory 데이터베이스 유형이다. LDAP 유형의 개선된 버전이다. 원격 LDAP 서버의 집합에 대한 LDAP 프록시 역할을 한다.
monitor	slapd 데몬의 상태 정보를 저장한다.
null	이 데이터베이스 유형에서 사용하는 모든 연산은 성공을 반환한다. 이는 마치 리눅스/유닉스 상의 /dev/null에 데이터를 전송하는 것과 유사하다.
passwd	사용자 계정 정보를 제공하기 위해 로컬 시스템의 /etc/passwd 파일을 사용한다.
tcl	이는 실험 단계의 기능으로 slapd에 직접 내장된 Tcl 인터프리터를 사용한다.
perl	slapd에 내장된 Perl 인터프리터를 사용한다.

지금까지 slapd.conf 파일의 주요 지시자들에 대해 살펴보았다. 이제부터는 각자의 환경에 맞게 설정 파일을 수정할 것이다.

1. 시스템에 root로 로그인한 후 OpenLDAP의 작업 디렉터리로 이동한다.

   ```
   [root@fedora-server ~]# cd /etc/openldap/
   ```

2. 만약의 실수를 대비해서 복원 가능하도록 기존 slapd.conf 파일을 이름을 변경하여 백업한다.

   ```
   [root@fedora-server openldap]# mv slapd.conf slapd.conf.original
   ```

3. /etc/openldap/slapd.d/ 디렉터리에 있던 모든 파일과 하위 디렉터리를 삭제한다.

   ```
   [root@fedora-server openldap]# rm -rf slapd.d/*
   ```

4. 텍스트 편집기를 사용하여 새로운 /etc/openldap/slapd.conf 파일을 만든다. 다음 내용을 파일에 입력한다.

   ```
   include       /etc/openldap/schema/core.schema
   include       /etc/openldap/schema/cosine.schema
   include       /etc/openldap/schema/inetorgperson.schema
   include       /etc/openldap/schema/nis.schema
   pidfile       /var/run/openldap/slapd.pid
   argsfile      /var/run/openldap/slapd.args
   ```

```
database        bdb
suffix          "dc=example,dc=org"
rootdn          "cn=Manager,dc=example,dc=org"
#
# The hashed
# "slappasswd -s test". Run the command and paste the output here.
rootpw {SSHA}gJeD9BJdcx5L+bfgMpmvsFJVqdG5CjdP
directory       /var/lib/ldap
```

5. 위 설정 파일을 저장하고 편집기를 종료한다.

6. slaptest 명령을 사용하여 slapd.conf 파일을 openldap 설정 포맷으로 변환한다.

```
[root@fedora-server openldap]# slaptest -f /etc/openldap/slapd.conf \
-F /etc/openldap/slapd.d
```

7. slapd 데몬의 최종 설정 파일은 시스템 사용자 ldap으로 소유자를 변경한다. chown과 chmod 명령을 사용하여 설정 파일에 해당 소유자와 퍼미션을 지정한다.

```
[root@fedora-server openldap]# chown -R ldap:ldap /etc/openldap/slapd.d
[root@fedora-server openldap]# chown -R ldap:ldap /var/lib/ldap/*
[root@fedora-server openldap]# chmod -R 000 /etc/openldap/slapd.d
[root@fedora-server openldap]# chmod -R u+rwX /etc/openldap/slapd.d &&
chown -R ldap:ldap /etc/openldap/slapd.d
```

■ slapd 시작과 종료

slapd 설정 파일을 만들고 나면 다음 과정은 데몬을 시작하는 것이다. 페도라 시스템에서 이 데몬을 실행하는 것은 매우 쉽다. 하지만 그전에 service 명령으로 데몬의 실행 상태를 확인해보도록 하자.

```
[root@fedora-server ~]# service slapd status
slapd is stopped
```

이 결과는 데몬이 현재 실행되고 있지 않음을 나타낸다. 따라서 다음과 같은 명령으로 데몬을 실행한다.

```
[root@fedora-server ~]# service slapd start
```

systemd를 사용하는 리눅스 배포판에서는 systemctl 유틸리티를 사용하여 slapd 서비스를 시작할 수 있다.

```
[root@fedora-server ~]# systemctl start slapd.service
```

아니면 만약 LDAP 서비스가 실행 중이라고 나오면 service 명령에 restart 옵션을 사용하여 서비스를 재실행할 수 있다.

```
[root@fedora-server ~]# service slapd restart
```

그리고 시스템 부팅 시에 slapd 서비스가 자동으로 실행되길 원한다면 다음과 같이 입력한다.

```
[root@fedora-server ~]# chkconfig slapd on
```

팁 OpenLDAP 설정 파일의 퍼미션에 주의해야 한다. 예를 들어 페도라나 RHEL 시스템에서 ldap 계정이 설정 파일에 대한 읽기 권한이 없다면 slapd 데몬의 실행이 거부될 것이다. 또한 데이터베이스 디렉터리(/var/lib/ldap)의 파일들에 대한 소유자로 ldap 계정이 설정되어 있어야 이상한 오류가 발생하지 않을 것이다.

페도라처럼 systemd를 사용 중인 배포판에서는 systemctl 명령을 사용하여 자동으로 실행되도록 할 수 있다.

```
[root@fedora-server ~]# systemctl enable slapd.service
```

팁 LDAP 서비스를 시작할 때마다 /var/lib/ldap 디렉터리에 DB_CONFIG가 존재하지 않는다는 경고 메시지를 보게 될지도 모른다. 배포판에 포함된 예제 DB_CONFIG 파일을 사용하여 이 메시지를 없앨 수 있다. 이 예제 파일은 /etc/openldap/이나 /usr/share/openldap-servers/ 디렉터리에 저장되어 있고 다음과 같이 이름을 변경하여 복사하면 된다.

```
# cp /usr/share/openldap-servers/DB_CONFIG.example \
/var/lib/ldap/DB_CONFIG
```

OpenLDAP 클라이언트 설정

LDAP에서 클라이언트라는 개념은 꽤 익숙할 것이다. 거의 모든 시스템 자원과 프로세스들이 LDAP 클라이언트가 될 수 있다. 그리고 각 클라이언트 그룹들은 자신들만의 설정 파일을 가지고 있다. OpenLDAP 클라이언트의 설정 파일 이름은 일반적으로 ldap.conf이지만 각 클라이언트에 따라 각기 다른 디렉터리에 저장된다.

OpenLDAP 클라이언트용 설정 파일들은 주로 /etc/openldap/ 디렉터리와 /etc/ 디렉터리에 저장된다. ldapadd, ldapsearch, Sendmail, Evolution과 같이 OpenLDAP 라이브러리(openldap*.rpm 패키지에서 제공)를 사용하는 클라이언트 프로그램들은 /etc/openldap/ldap.conf 파일을 사용한다. 반면 nss_ldap 라이브러리는 /etc/ldap.conf 파일을 설정 파일로 사용한다.

이 절에서는 OpenLDAP 클라이언트 프로그램을 위한 설정 파일을 구성할 것이다. 이 설정 파일은 간단히 지시자 하나만을 수정할 것이다. /etc/openldap/ldap.conf 파일을 텍스트 편집기로 열고 다음 내용을 찾아간다.

```
# BASE dc=example,dc=com
```

이를 다음과 같이 수정한다.

```
BASE dc=example,dc=org
```

> **팁** /etc/openldap/ldap.conf 파일에서 수정이 필요한 또 다른 변수 하나는 HOST 지시자다. 만약 클라이언트가 서버와 다른 호스트라면 이 값을 LDAP 서버의 IP 주소로 설정해야 한다. 하지만 LDAP 서버와 클라이언트가 같은 호스트라면 이 값을 HOST 127.0.0.1로 설정한다. OpenLDAP의 최신 버전에서는 HOST 지시자 대신 URI 지시자를 사용한다.

▒ 디렉터리 항목 만들기

LDAP 데이터 교환 포맷(LDIF)은 텍스트 형태로 LDAP 디렉터리 항목을 나타내는 데 사용한다. 앞서 언급했듯이, LDAP의 데이터는 이 포맷으로 나타내고 또한 전달된다. LDIF 파일은 LDAP 디렉터리에 저장된 정보를 추가, 삭제, 수정의 작업을 하는 데 사용한다. LDIF 항목의 형식은 다음과 같다.

```
dn: <distinguished name>
<attribute_description>: <attribute_value>
<attribute_description>: <attribute_value>

dn: <yet another distinguished name>
<attribute_description>: <attribute_value>
<attribute_description>: <attribute_value>
...
```

LDIF 파일 형식은 조금 엄격하기 때문에 다음과 같은 내용에 주의해야 한다.

- 한 LDIF 파일 안에 여러 항목을 추가할 때는 각 항목 사이를 빈 줄로 구분해야 한다.

- # 기호로 시작하는 항목은 주석 처리되어 무시된다.

- 한 줄의 내용이 길어 다음 줄로 넘어가야 하는 경우 다음 줄은 공백 문자나 탭 문자로 시작해야 한다.

- 각 항목에서 콜론(:) 문자 다음에는 공백 문자가 와야 한다.

이 절에서는 예제 LDIF 파일을 사용하여 디렉터리 정보 트리(DIT)를 구성하는 기본 정보가 저장된 새로운 디렉터리를 만들 것이다. 그리고 bogus와 testuser 사용자에 대한 정보도 함께 저장할 것이다.

1. 다음은 예제 LDIF 파일의 내용이다. 텍스트 편집기를 사용하여 파일에 다음의 내용을 입력한다. 입력할 때 공백 문자나 탭 문자에 주의해야 한다. 그리고 각 DN 항목 다음에 빈 줄을 넣어야 한다는 것에 주의한다.

```
dn: dc=example,dc=org
objectclass: dcObject
objectclass: organization
o: Example inc.
dc : example

dn: cn=bogus,dc=example,dc=org
objectclass: organizationalRole
cn: bogus

dn: cn=testuser,dc=example,dc=org
objectclass: organizationalRole
cn: testuser
```

2. sample.ldif라는 이름으로 파일을 저장하고 텍스트 편집기를 종료한다.

3. ldapadd 유틸리티를 사용하여 sample.ldif 파일을 OpenLDAP 디렉터리로 가져온다.

```
[root@server ~]# ldapadd -x -D "cn=manager,dc=example,dc=org" -W -f sample.ldif
Enter LDAP Password:
adding new entry "dc=example,dc=org"
adding new entry "cn=bogus,dc=example,dc=org"
adding new entry "cn=testuser,dc=example,dc=org"
```

여기서 사용한 ldapadd 명령 인자의 의미는 다음과 같다.

- **x:** SASL(Simple Authentication and Security Layer) 대신에 단순 인증 방식을 사용한다.
- **D:** LDAP 디렉터리와 바인딩할 DN을 지정한다. 즉 slapd.conf 파일에 명시된 binddn 매개변수와 동일하다.
- **W:** 커맨드라인에서 평문으로 비밀번호를 입력하는 대신에 단순 인증 방식의 비밀번호를 입력 받는다.
- **f:** 읽어 들일 LDIF 파일을 지정한다.

4. 앞서 slappasswd 유틸리티를 사용하여 만든 비밀번호를 입력한다(slappasswd -s test). 즉 /etc/openldap/slapd.conf 파일의 rootpw 지시자에서 설정한 비밀번호다. 암호화된 비밀번호의 원 비밀번호는 "test"였으므로 여기서는 "test"를 입력한다.

그럼 이제 디렉터리 구성이 끝난 것이다.

디렉터리 제어하기

OpenLDAP 클라이언트 유틸리티들을 사용하여 디렉터리의 정보를 얻어보도록 하자.

1. 먼저 ldapsearch 유틸리티를 사용하여 데이터베이스 디렉터리에서 모든 항목을 검색한다.

    ```
    [root@server ~]# ldapsearch -x -b 'dc=example,dc=org' '(objectclass=*)'
    # extended LDIF
    ...<이하 생략>...

    # example.org
    dn: dc=example,dc=org
    objectClass: dcObject
    objectClass: organization
    o: Example inc.
    dc: example

    # bogus, example.org
    dn: cn=bogus,dc=example,dc=org
    objectClass: organizationalRole
    cn: bogus

    ...<이하 생략>...
    # numResponses: 4
    # numEntries: 3
    ```

2. 이번에는 -b 옵션을 제거하여 출력 내용을 좀 더 간략하게 하여 검색 명령을 실행한다.

    ```
    [root@server ~]# ldapsearch -x -LLL '(objectclass=*)'
    dn: dc=example,dc=org
    objectClass: dcObject
    objectClass: organization
    o: Example inc.
    dc: example

    dn: cn=bogus,dc=example,dc=org
    objectClass: organizationalRole
    cn: bogus

    dn: cn=testuser,dc=example,dc=org
    objectClass: organizationalRole
    cn: testuser
    ```

여기서 검색을 위해 basedn을 명시적으로 지정할 필요는 없다. basedn 정보는 이미 /etc/openldap/ldap.conf 파일에 저장되어 있기 때문이다.

3. 다음은 검색 범위를 줄여 cn(common name)이 bogus인 항목을 찾도록 한다. 다음과 같이 실행한다.

```
[root@server ~]# ldapsearch -x -LLL -b 'dc=example,dc=org' '(cn=bogus)'
dn: cn=bogus,dc=example,dc=org
objectClass: organizationalRole
cn: bogus
```

4. 이제는 ldapdelete 유틸리티를 사용하여 디렉터리 항목에 특권 명령을 실행해본다. DN의 값이 cn=bogus,dc=example,dc=org인 항목을 삭제해보자. 다음과 같이 실행한다.

```
[root@server ~]# ldapdelete -x -W -D \
'cn=Manager,dc=example,dc=org' \
'cn=bogus,dc=example,dc=org'
 Enter LDAP Password:
```

cn=Manager,dc=example,dc=org 항목에 해당하는 비밀번호를 입력하면 정상적으로 삭제된다.

5. 다시 ldapsearch 유틸리티를 사용하여 해당 항목이 정말로 삭제되었는지 확인한다.

```
[root@server ~]# ldapsearch -x -LLL -b 'dc=example,dc=org' '(cn=bogus)'
```

명령을 실행한 결과에 아무런 출력 내용이 없다면 정상적으로 삭제된 것이다.

OpenLDAP을 이용한 사용자 인증

지금부터는 앞서 설정한 OpenLDAP 서버와 클라이언트를 토대로 리눅스 시스템의 사용자 계정을 관리하기 위해 LDAP을 구성할 것이다. 이를 위해 /etc/passwd 파일에 존재하는 사용자들을 LDAP으로 옮겨주는 변환 스크립트 또한 사용할 것이다.

▩ 서버 설정

지금까지 기본적인 OpenLDAP 설정 과정을 모두 처리했다면 LDAP을 사용자 계정 정보를 위한 저장 서버로 설정하는 것은 매우 쉽다. 페도라, CentOS, RHEL 배포판 등에는 migrationtools[*]. rpm이라는 이름의 패키지에 관련 스크립트들이 포함되어 있다. 이 소프트웨어 패키지에는 기존 네임 서비스의 사용자, 그룹, 프로토콜, RPC, 서비스 등을 OpenLDAP 디렉터리로 옮겨주는 유용한 스크립트들이 존재한다. 이 스크립트들은 레드햇 계열 배포판인 경우에 /usr/share/migrationtools/ 디렉터리에 존재한다.

이제 우리의 설정에 맞게끔 migrate_common.ph 파일을 수정해야 한다. 하지만 그 전에 이 스크립트를 사용하기 위해 migrationtools 패키지를 설치한다.

1. 다음과 같이 변환 스크립트가 포함된 패키지를 설치한다.

```
[root@fedora-server ~]# yum -y install migrationtools
```

이 명령어는 /usr/share/migrationtools/에 migrate_common.ph 파일을 설치한다.

2. 이 스크립트 파일을 열고 다음과 같은 내용을 찾는다.

```
$DEFAULT_MAIL_DOMAIN = "padl.com";
$DEFAULT_BASE = "dc=padl,dc=com";
```

이 변수들을 다음과 같이 수정한다.

```
$DEFAULT_MAIL_DOMAIN = "example.org";
$DEFAULT_BASE = "dc=example,dc=org";
```

3. 이제부터는 migrate_base.pl 변환 스크립트를 사용하여 LDAP 디렉터리의 기본 구조를 생성할 것이다. 먼저 스크립트가 존재하는 디렉터리로 이동한다.

```
[root@fedora-server ~]# cd /usr/share/migrationtools/
```

4. 그리고 나서 다음 스크립트를 실행한다.

```
[root@fedora-server migrationtools]# ./migrate_base.pl > ~/base.ldif
```

이 명령은 base.ldif 파일을 홈 디렉터리에 생성한다.

5. slapd 데몬이 실행 중인지 확인하고, base.ldif 파일에 있는 항목을 LDAP 디렉터리에 추가한다.

```
[root@fedora-server migrationtools]# ldapadd -c -x -D \
"cn=manager,dc=example,dc=org" -W -f ~/base.ldif
```

6. /etc/passwd 파일에 있는 현 사용자들의 정보를 LDIF 형태의 파일로 내보내야 한다. 이를 위해 다음과 같이 /usr/share/migrationtools/migrate_passwd.pl 스크립트를 실행한다.

```
[root@fedora-server migrationtools]# ./migrate_passwd.pl /etc/passwd > \
~/ldap-users.ldif
```

7. 그 다음은 ldap-users.ldif 파일의 모든 사용자 항목들을 OpenLDAP 데이터베이스로 가져올 수 있다. 다음과 같이 ldapadd 명령을 실행한다.

```
[root@fedora-server migrationtools]# ldapadd -x -D \
"cn=manager,dc=example,dc=org" -W -f ~/ldap-users.ldif
```

이 명령을 실행했을 때 비밀번호를 물어보면 rootdn의 비밀번호를 입력하면 된다.

▨ 클라이언트 설정

페도라나 RHEL 시스템에서 클라이언트의 사용자 인증 시스템으로 LDAP 디렉터리를 사용하기 위한 설정 과정은 무척 간단하다. 페도라 시스템은 GUI 프로그램(system-config-authentication)을 사용하여 손쉽게 설정할 수 있다.

1. authconfig-gtk 패키지에 해당 GUI 프로그램이 포함되어 있다. 다음과 같이 이 패키지를 설치한다.

   ```
   [root@client ~]# yum -y install authconfig-gtk
   ```

2. 커맨드라인에서 다음과 같이 GUI 프로그램을 실행한다.

   ```
   [root@client ~]# system-config-authentication
   ```

   다음과 같은 윈도우 화면이 나타날 것이다.

3. 위 인증 설정 윈도우에서 사용자 계정 데이터베이스 드롭 다운 메뉴에서 LDAP 옵션을 선택한다.

4. 계속해서 다음의 정보를 사용하여 화면의 필드를 완성한다.

   ```
   LDAP Search Base DN: dc=example,dc=org
   LDAP Server: ldap://server/
   ```

   디렉터리의 기본 DN과 예제 LDAP 서버의 호스트명나 IP 주소를 지정한다.

5. 정보를 모두 입력한 후에 인증 설정 윈도우의 적용 버튼을 클릭하여 설정을 완료한다.

이제까지 페도라 시스템에서 사용자 인증을 처리하기 위해서 OpenLDAP 서버를 설정하는 법을 설명하였다. 기본적인 개념만을 익히기 위해서 설정에 관한 자세한 설명은 생략하였다. 여기서는 다루지 않았지만 실제 사용자 환경에서 고려해야 할 사항은 다음과 같다.

- **홈 디렉터리:** 사용자가 어떤 시스템에서 로그인하든 자신의 홈 디렉터리를 볼 수 있도록 해야 한다. 이를 위해서는 NFS를 통해 사용자 홈 디렉터리를 공유하여 모든 클라이언트 시스템에서 사용할 수 있도록 한다.

- **보안:** 우리가 설정한 예제 시스템은 보안에 관해서 별다른 고려를 하지 않았다. 하지만 보안은 실 서버 환경에서 가장 중요한 부분이다. 따라서 사용자 비밀번호를 네트워크를 통해 평문으로 전달하는 경우가 없도록 해야 한다.

그 외 고려사항들은 여기서 다루지 않았지만 직접 사용해가면서 배워나가길 바란다.

이 장에서 다루었던 다양한 개념들을 확장한 사용자 식별 관리 솔루션에 대해 FreeIPA 프로젝트(www.freeipa.org)에서 살펴보길 바란다. FreeIPA는 페도라, 페도라 디렉터리 서버, MIT Kerberos, NTP, DNS를 사용하는 통합 솔루션이다.

요약

이 장에서는 LDAP의 기본 지식을 다루었다. 또한 LDAP의 오픈 소스 구현 소프트웨어인 OpenLDAP에 대해서도 살펴보았다. OpenLDAP의 구성요소인 서버 데몬과 클라이언트 유틸리티들에 대해서 배웠다. 클라이언트 유틸리티는 LDAP 디렉터리에 저장된 정보를 질의하거나 수정할 수 있다. 그리고 간단한 디렉터리와 예제 항목을 만들어보았다. LDAP 서버에서 사용자 인증을 위해 사용자와 비밀번호 정보를 LDAP 디렉터리에 저장하는 법을 살펴보았다.

LDAP은 이 장에서 모든 내용을 다루기에는 매우 광범위하기 때문에 여기서는 일부 중요한 주제들만을 다루었다. 하지만 여기서 배운 내용을 바탕으로 좀 더 흥미를 가지고 LDAP를 활용하길 바란다.

CHAPTER 27

인쇄

일반적으로 리눅스와 유닉스에서 프린터를 설정하는 과정은 그리 쉽지 않다. 과거에는 리눅스에서 지원하는 프린터가 사실상 HP와 몇몇 제조사에서 나온 포스트스크립트 프린터로 국한되어 있었다.

하지만 리눅스가 점점 데스크톱이나 워크스테이션용으로 사용되면서 좀 더 나은 프린팅 솔루션이 필요해졌다. 그로 인해 Common UNIX Printing System(CUPS)가 생겨난 것이다. CUPS의 출현으로 리눅스의 인쇄 환경은 설정, 사용, 관리 측면에서 훨씬 다루기 쉬워졌다. 이 장에서는 CUPS 시스템의 설치 과정과 인쇄 환경을 관리하는 방법에 대해서 다룰 것이다.

인쇄 관련 용어

리눅스에서 사용 가능한 인쇄 시스템은 다양하다. 대부분 BSD 인쇄 시스템을 기본으로 하여 만들어졌고 따라서 인쇄 관련 용어들도 BSD 인쇄 시스템에서 사용하던 것들이 계속 사용되고 있다. 다음은 기본적으로 알아둬야 할 인쇄 관련 용어들이다.

- **프린터:** 컴퓨터 시스템에 직접 연결되어 있거나 네트워크를 통해 연결된 인쇄를 위한 주변장치다.

- **작업(Job):** 인쇄를 위해 인쇄 시스템에 등록된 파일이나 파일의 집합이다.

- **스풀러(Spooler):** 인쇄 작업을 관리하는 소프트웨어다. 이것은 인쇄 작업을 받아 저장하고 큐에 넣어 대기한 후 인쇄를 위해 프린터로 작업을 전송한다. 스풀러는 인쇄 요청을 처리하기 위해 항상 대기하는 데몬 프로세스로 실행되고 이 때문에 프린트 서버라고도 불린다. 다음은 주로 사용하는 스풀러의 예다.

- **LPD:** BSD 라인 프린터 데몬 프로그램으로 가장 오래된 인쇄 시스템이다.

- **LPRng:** Berkeley 인쇄 시스템과 System V 인쇄 시스템의 장점들을 모아서 만든 Berkeley LPR 스풀러의 구현 프로그램이다. LDP보다 기능성, 확장성, 이식성이 더 뛰어나다.

- **CUPS:** CUPS는 유닉스 기반 시스템을 위한 이식 가능한 인쇄 시스템으로 기본적으로 인터넷 인쇄 프로토콜(IPP)를 사용하여 인쇄 작업과 큐를 관리한다.

- **PDL:** 페이지 기술 언어(page description language)는 프린터가 인쇄할 때 이해하는 언어다. 포스트스크립트와 PCL이 PDL의 예다.

- **포스트스크립트(PostScript):** 포스트스크립트 파일은 일종의 스택 기반 프로그래밍 언어로 만들어진 프로그램이다. 대부분의 유닉스/리눅스 프로그램들이 인쇄를 위해 데이터를 포스트스크립트 포맷으로 변환하여 보낸다. 포스트스크립트 기반 프린터들은 이 파일들을 직접적으로 출력할 수 있다.

- **고스트스크립트(Ghostscript):** 포스트스크립트를 지원하지 않는 프린터들을 위해서 만들어진 소프트웨어 기반 포스트스크립트 인터프리터다. 고스트스크립트는 소프트웨어 기반 인쇄에 사용한다. 포스트스크립트로부터 PDL을 만들어낸다. Aladdin Ghostscript(상업용 버전), GNU Ghostscript(무료 버전), ESP Ghostscript(CUPS)가 고스트스크립트의 예다.

- **필터(Filter):** 필터는 프린터에 데이터를 전송하기 전에 데이터를 처리하는 특수한 프로그램이나 스크립트다. 스풀러는 작업을 필터로 보내고 필터는 이 작업을 다시 프린터로 전달한다. 필터 레이어는 주로 파일 포맷 변환과 계정 처리 기능 등을 담당한다.

CUPS 시스템

CUPS는 점점 많은 리눅스와 유닉스 시스템에서 사용하고 있다. 애플 OS X의 최신 버전에서도 CUPS를 지원한다. 요컨대 CUPS는 사용 중인 운영체제와 관계없이 언제 어디서나 인쇄 환경을 제공한다. CUPS는 LPR의 표준 유닉스 인쇄 프로토콜과 함께 삼바 인쇄 기능과 IPP(인터넷 인쇄 프로토콜)를 지원한다. CUPS 시스템은 프린트 클래스라는 개념을 사용하여 대용량 문서를 프린터 그룹에 나누어 출력할 수 있다. 따라서 중앙 프린트 스풀러 서비스를 제공하거나 로컬 프린터를 관리하는 역할을 할 수도 있다.

▨ CUPS 실행

CUPS 소프트웨어는 Easy Software Products사에서 개발한 것으로 www.cups.org 웹 페이지에서 구할 수 있다. CUPS를 설치하는 방법은 리눅스 배포판을 통하거나 소스 코드를 컴파일하는 방법이 있다. 배포판에서 제공하는 CUPS 패키지에는 일반적으로 사용자들이 많이 사용하는 유명 프린터들을 지원하도록 구성되어 있기 때문에 이 방법을 추천하는 바다. 반면, 직접 소스 코드를 컴파일하는 경우에는 자신의 프린터에 해당하는 장치 드라이버가 필요하다.

▨ CUPS 설치

지금까지 다룬 대부분의 소프트웨어와 마찬가지로 CUPS도 소스 코드 형태와 RPM이나 .deb 바이너리 패키지 형태를 제공한다.

CUPS를 소스 코드에서 컴파일하려면 소프트웨어 패키지에 포함된 문서에 따라 진행하면 된다. CUPS의 소스 코드는 www.cups.org 사이트에서 찾을 수 있다. 설치 과정에 대한 설명은 소스 코드에 함께 포함되어있다. 또한 www.linuxprinting.org에 위치한 Foomatic 패키지에서도 찾을 수 있다. 이 사이트는 CUPS를 포함해 다양한 프린팅 시스템에서 사용할 수많은 프린터 드라이버를 제공한다.

페도라, 레드햇, 우분투, 쿠분투 등의 리눅스 배포판을 사용 중이라면 CUPS의 RPM 패키지나 .deb 패키지를 제공할 것이다. 사실 이들 배포판은 CUPS를 기본 인쇄 시스템으로 사용하고 있다.

배포판에 포함된 CUPS 패키지 버전을 설치하는 걸 추천한다. 왜냐하면 각 배포판 제조사들은 자사의 배포판에서 CUPS가 정상적으로 동작하는 걸 확인하기 때문이다. 만약 자신의 배포판에 CUPS가 포함되어 있지 않다면 소스 코드를 컴파일하여 설치할 수 있다.

대부분의 배포판이 초기 운영체제 설치 시에 CUPS를 설치하기 때문에 먼저 시스템의 소프트웨어 데이터베이스를 통해 CUPS가 설치되어 있는지 확인해야 한다.

```
[root@fedora-server ~]# rpm -q cups cups-*
```

질의 결과에 아무런 내용이 없다면 레드햇 계열에서는 다음과 같이 패키지를 설치할 수 있다.

```
[root@fedora-server ~]# yum install
cups
```

데비안 계열에서는 dpkg 명령을 사용하여 패키지가 이미 설치되어 있는지 확인할 수 있다.

```
master@ubuntu-server:~$ dpkg -l cups
```

우분투 서버에 CUPS 소프트웨어가 설치되어 있지 않다면 APT를 사용하여 소프트웨어를 설치할 수 있다.

```
master@ubuntu-server:~$ sudo apt-get install cups
```

OpenSUSE 시스템에서는 다음과 같이 실행하여 CUPS를 설치할 수 있다.

```
[root@opensuse-server ~]# yast -i cups
```

CUPS 소프트웨어를 설치한 다음에는 CUPS 데몬을 시작해야 한다. 페도라 시스템에서는 다음과 같이 입력한다.

```
[root@server ~]# service cups restart
```

systemd를 사용하는 배포판에서는 다음과 같이 `systemctl` 명령을 사용하여 CUPS를 재시작할 수 있다.

```
[root@fedora-server ~]# systemctl restart cups.service
```

OpenSUSE에서 CUPS 서비스를 시작하려면 rccups 명령을 사용하면 된다.

```
opensuse-server:~ # rccups start
```

우분투처럼 레드햇 계열 배포판이 아닌 경우에는 CUPS의 구동 스크립트를 직접 실행하여 서비스를 시작해야 할 것이다.

```
master@ubuntu-server:~$ sudo /etc/init.d/cups start
```

CUPS 인쇄 시스템을 실행하고 나면 그때부터 웹 인터페이스에 연결해서 프린터를 추가할 수 있다.

■ CUPS 설정

CUPS 데몬의 주 설정 파일은 cupsd.conf 파일이다. 이 파일은 대개 /etc/cups/ 디렉터리에 위치하고 아파치 웹 서버의 설정 파일과 유사한 지시자들을 가진 일반 텍스트 파일이다. 지시자들은 서버 운영을 어떻게 할지 결정한다.

이 설정 파일에는 각 지시자에 대해서 설명이 잘 되어 있고, 불필요한 기능은 주석 처리하여 비활성화하거나 필요한 기능은 주석을 제거하여 활성화할 수 있다.

cupsd.conf 파일에서 사용하는 주요 지시자들은 다음과 같다.

- **Browsing:** 이 지시자는 네트워크 프린터 탐색 기능을 활성화할지 여부를 지정한다. 이 옵션의 값은 Yes나 No로 지정할 수 있다.

- **BrowseProtocols:** 네트워크에서 공유 프린터 정보를 수집하거나 외부에 전달하는 데 사용할 프로토콜을 지정한다. 이 옵션에 지정 가능한 값은 All, CUPS, DNSSD, LDAP, SLP다.

- **BrowseInterval:** 탐색 정보를 갱신할 주기를 지정한다.

- **BrowseAddress:** 탐색 정보를 보낼 네트워크 주소를 지정한다.

- **ServerName:** 이 지시자는 클라이언트가 보게 될 서버의 호스트명을 지정한다.

- **Listen:** CUPS 데몬이 요청을 대기할 주소와 포트번호를 정의한다.

CUPS 소프트웨어는 IPv6 지원한다. CUPS 데몬이 IPv4와 IPv6 소켓을 모두 대기하도록 하기 위해서는 `Listen *:631`과 같이 지시자를 설정해야 한다. 그리고 CUPS 서버가 특정 IPv6 주소를 대기하도록 명시적으로 설정하려면(예를 들어 2001:db8::1과 같은), 다음과 같이 대괄호를 사용하여 IPv6 주소를 감싸야 한다.

```
Listen [2001:db8::1]:631.
```

- **Location:** 지정한 HTTP 자원이나 경로에 대한 접근을 제어하거나 인증을 위한 옵션들을 지정한다.

여기서 가장 중요한 location은 /(root)다. 이 값은 기본적으로 cupsd.conf 파일에 이와 같이 정의되어 있다. (각 행 번호는 가독성을 위해 추가한 것이다.)

```
1) <Location />
2)          Order Allow, Deny
3)          Deny All
4)          Allow localhost
5) </Location>
```

- **1행:** Location 지시자의 시작 태그로 여기서는 최상위 location인 "/"의 옵션을 정의한다. 이는 웹 서버의 최상위 레벨을 나타내고 여기서 지정한 옵션은 모든 하위 레벨에 적용된다.

- **2행:** Order 지시자는 이 location의 기본 접근 제어 순서를 정의한다. Order 지시자에 가능한 값은 다음과 같다.

  - **Deny, Allow:** 기본적으로 모든 호스트의 요청을 허용한다. Deny 지시자를 확인하고 나서 Allow 지시자를 확인한다.
  - **Allow, Deny:** 기본적으로 모든 호스트의 요청을 거부한다. Allow 지시자를 확인하고 나서 Deny 지시자를 확인한다.

- **3행:** Deny 지시자는 지정한 호스트의 접근을 금지한다. 이 예에서 All 키워드는 모든 호스트를 의미한다. 하지만 여기서는 Allow 지시자를 먼저 확인하고 뒤이어 Deny 지시자를 확인한다.

- **4행:** Allow 지시자는 접근을 허용할 호스트를 지정한다. 이 예에서는 로컬호스트만 접근을 허용한다. 즉 127.0.0.1 루프백 주소만을 허용한다. Order 지시자에 의해 Deny 지시자에 지정된 값보다 Allow 지시자의 값이 우선순위가 높게 된다.

- **5행:** Location 지시자의 종료 태그다.

로컬호스트만 접근을 허용하는 CUPS의 기본 동작을 변경하려면 cupsd.conf 파일의 /admin location의 Allow 지시자를 Allow 127.0.0.1에서 Allow All로 변경하고 나서 Deny All 지시자를 주석 처리하거나 Deny None으로 변경해야 한다.

프린터 추가

CUPS 서비스의 설치 과정을 마치고 데몬을 실행한 후에는 631번 포트를 통해 웹 인터페이스에 로그인해야 한다. 웹 브라우저에서 http://localhost:631를 입력한다. 기본적으로 클라이언트와 같은 시스템의 서버에 로그인해야 한다. 여기서 흥미로운 점은 CUPS는 인쇄 작업을 받을 때도 631 포트를 사용한다는 것이다. 이제 웹 페이지에 접속하고 나면 그림 27-1과 같은 페이지를 보게 될 것이다.

> **참고** 자신이 현재 작업 중인 로컬 서버와 다른 위치에 있는 프린터를 관리하려면 cupsd.conf 파일에 연결할 다른 호스트를 허용하도록 수정해야 한다. 특히 /admin location의 접근 옵션을 적절하게 설정해야 한다.

● **그림 27-1**. CUPS 관리 웹 페이지

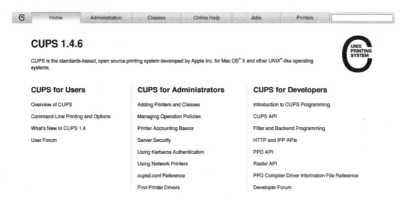

▨ 로컬 프린터와 원격 프린터

CUPS에서 프린터를 추가하는 것은 간단하다. 이때 가장 중요한 것은 프린터가 시스템에 어떠한 방식으로 연결되었는가다. 프린터는 크게 두 가지 방식으로 시스템에 연결될 수 있다. 즉 시스템에 직접 연결되어 있는 방식과 네트워크를 통해 원격으로 연결되어 있는 방식이 있다. 또한 각 방식에는 여러 모드가 존재한다. CUPS에서는 URI(Uniform Resource Information)를 사용하여 각 모드를 사용하는 프린터 자원의 경로를 지정한다. CUPS에서 설정 가능한 장치 URI는 다음과 같다.

- **직접 연결(로컬 프린터):** 가정용 시스템은 대부분 프린터 케이블(병렬 케이블)이나 USB 케이블을 사용하여 프린터를 직접 시스템에 연결하여 사용할 것이다. 이것이 바로 로컬 프린터의 예다. 로컬 프린터의 장치 URI는 다음과 같이 연결 방식에 따라 다르게 나타낸다.

  - **parallel:/dev/lp*:** 병렬 포트에 연결된 프린터
  - **serial:/dev/ttyS*:** 시리얼 포트에 연결된 프린터

- **usb:/dev/usb/lp*:** USB 포트에 연결된 프린터

- **IPP(네트워크):** 인터넷 인쇄 프로토콜은 네트워크를 통한 프린터 접근을 허용한다. 대다수 최신 운영 체제들은 이 프로토콜을 지원하고 따라서 사용하는 데 별 문제가 없다. CUPS에서 IPP 장치의 URI는 ipp://hostname/ipp/와 같이 표현한다.

- **LPD(네트워크):** CUPS는 LPD(Line Printer Daemon) 시스템에 연결된 프린터를 지원한다. 대다수 유닉스/리눅스 시스템들(심지어 일부 윈도우 서버도)이 이를 지원한다. 따라서 CUPS를 사용하면 LPD를 지원하는 호스트에 연결된 프린터인 경우 LPD를 지원하지 않는 다른 호스트에서도 네트워크를 통해 프린터를 사용할 수 있다. 네트워크 연결 기능이 있는 모든 HP 레이저 프린터들이 LDP를 지원한다. LPD 프린터를 나타내는 장치 URI lpd://hostname/queue와 같이 표현한다. 여기서 hostname은 LDP가 실행 중인 원격 시스템의 이름을 나타낸다.

- **SMB(네트워크):** SMB(Service Message Block)는 윈도우 네트워크에서 파일과 프린터 공유를 위한 서비스다. 리눅스/유닉스 또한 삼바 소프트웨어를 통해 SMB를 지원한다. 예를 들어 윈도우 시스템(또는 삼바 서버)에서 공유 프린터를 설정하였다면 클라이언트에서 CUPS를 사용하여 프린터에 접근할 수 있도록 설정할 수 있다. SMB 프린터 자원에 대한 예제 장치 URI는 smb://servername/sharename과 같다. 여기서 sharename은 윈도우 시스템이나 삼바 서버에서 공유 중인 프린터의 이름을 나타낸다.

- **네트워크 프린터:** 이것은 자체적으로 네트워크 기능을 가진 프린터 종류를 나타낸다. 이러한 프린터들은 시스템에 직접 연결할 필요가 없다. 주로 이더넷, 무선랜 등 네트워크 인터페이스를 통해 연결된다. HP JetDirect 시리즈가 대표적인 네트워크 프린터의 예다. 네트워크 프린터의 URI는 socket://ip_address:port와 같이 나타낸다. 여기서 ip_address는 프린터의 IP 주소를 나타내고, port는 프린터가 인쇄 요청을 대기 중인 포트 번호를 나타낸다. HP JetDirect 시리즈는 기본적으로 9100번 포트를 사용한다.

웹 인터페이스 사용하기

CUPS에서 프린터를 추가하고 설정할 수 있는 방법은 여러 가지가 있다. 웹 브라우저를 사용하여 웹 인터페이스에 연결하거나 커맨드라인을 통해 명령을 입력하거나 또는 배포판에서 제공하는 GUI 프로그램을 사용하는 것이다. OpenSUSE에서는 yast2 printer를 페도라에서는 system-config-printer GUI 프로그램을 사용할 수 있다. 그 중에서도 웹 인터페이스 방식이 가장 쉬운 방법이다. 전체 관리 과정을 한번에 관리할 수 있기 때문이다. 커맨드라인 방식은 아마도 가장 보편적인 방식이다. 리눅스 배포판과 관계없이 동일한 문법을 제공하기 때문이다. 그리고 GUI 방식은 딱 자신이 얻고자 하는 만큼만 얻을 수 있다.

이 절에서는 CUPS 웹 인터페이스를 통해 프린터를 설정하는 과정을 살펴볼 것이다. 그럼 다음과 같은 속성을 가진 프린터가 있다고 가정해보자.

이름:	Imagine-printer
위치:	Building 3
설명:	You only need to imagine to print here.
연결 방식:	로컬. USB 연결
제조사:	HP Officejet Pro L7700
모델:	Officejet 계열

각 과정을 진행해보자.

참고 만약 각 과정에서 사용자명과 비밀번호를 물어본다면 root와 해당 비밀번호를 입력한다

1. CUPS를 사용 중인 시스템에 로그인한 후, 웹 브라우저를 실행하고 http://localhost:631을 입력하여 CUPS 서비스에 접속한다.

2. 웹 페이지의 상단 내비게이션 영역에서 메뉴를 클릭하고 나서 확인 화면에서 [Add Printer] 버튼을 누른다. 그러면 아마도 인증 요청 창이 나타날 것이다. 사용자 이름에 root를 입력하고 root의 비밀번호를 입력한다. [OK] 버튼을 클릭하여 계속 진행한다.

3. 화면에는 다양한 프린터 연결 방식이 나열될 것이다. 네트워크 프린터도 자동으로 표시될 것이다. 프린터가 연결된 방식에 맞게 옵션을 선택한다(예를 들어 USB나 시리얼 연결). 그리고 나서 [Continue] 버튼을 클릭한다.

4. 다음 화면은 앞에서 선택한 프린터 연결 방식에 따라 다를 것이다. 기본 설정 그대로 다음으로 진행한다. [Continue] 버튼을 클릭한다.

5. Add Printer 페이지에서 프린터 이름, 위치 등의 정보를 입력한다. [Continue] 버튼을 클릭한다.

6. 다음 화면은 프린터 제조사와 모델에 따라 다를 것이다. 자신의 프린터와 가장 가까운 모델을 선택하고 설치한다. 예제 시스템에서는 HP Officejet Pro l7700 hpijs를 선택하였다(다음 그림 참조).

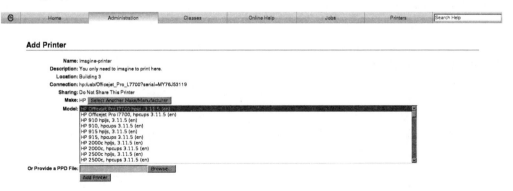

다음으로 진행하기 위해 [Add Printer] 버튼을 클릭한다.

7. 마지막 화면은 새 프린터를 기본 옵션으로 설정할 수 있도록 도와준다. 매체 크기, 출력 모드, 매체 소스, 배너 등 옵션을 원하는 대로 변경할 수 있다. 이제부터 기본 옵션을 허용한다. [Set Default Options] 버튼을 클릭한다.

> 모든 프린터를 다루지 못하기 때문에 프린터 목록에 자신의 프린터 제조사가 없는 경우가 있을 수 있다. 페도라나 RHEL 계열에서 더 많은 프린터 목록이 필요하다면 gutenprint-cups RPM 패키지를 설치하면 된다. 이 패키지는 CUPS 소프트웨어의 기본적인 드라이버 외에 보다 다양한 프린터 제조사의 프린터 드라이버를 추가적으로 제공한다. 마찬가지로 우분투나 데비안 계열 시스템에서는 cupsys-driver-gutenprint .deb 패키지에서 추가적인 드라이버를 제공한다.

8. 확인 페이지가 나타나면 프린터가 성공적으로 추가된 것이다.

9. 그러고 나면 다음 그림과 같은 페이지가 나타날 것이다. 이 페이지는 지금 막 추가한 프린터의 속성을 보여준다.

소프트웨어는 자동으로 프린터에 연결할 장치 URI(hp:/usb/Officejet_Pro_L7700?serial=MY76J53119)를 만든다.

이제 프린터 속성 페이지의 Maintenance 항목을 선택하여 [Print Test Page] 옵션을 클릭한다. 테스트 페이지가 출력되면 정상적으로 설치된 것이다.

커맨드라인 도구를 사용한 프린터 추가

CUPS에서는 커맨드라인을 통해서도 프린터를 추가할 수 있다. CUPS를 자유자재로 다룰 수 있는 관리자라면 커맨드라인 인터페이스를 통해 CUPS 시스템을 관리하는 것이 더 빠르게 처리할 수 있다는 것을 알아차렸을 것이다. 커맨드라인에서 프린터를 추가하기 위해서는 프린터 이름, 드라이버, URI 등의 관련 정보가 필요하다.

이 절에서는 CUPS 커맨드라인 도구를 사용하여 프린터를 설정하는 간단한 예제를 살펴볼 것이다. 앞서 예제와 마찬가지로, 동일한 속성을 가진 상상 속의 프린터를 설정할 것이다. 이전과 다른 점은 프린터의 이름을 Imagine-printer-number-2로 설정한다는 점이다. 또한 이전에 사용한 병렬 포트 대신에 네트워크를 사용하여 다른 장치 URI를 갖게 될 것이다. 이번에는 IP 주소 192.168.1.200와 9100번 포트를 사용하는 네트워크 프린터로 가정할 것이다. 따라서 이 장치의 URI는 socket://192.168.1.200:9100가 될 것이다.

1. 시스템에 수퍼유저로 로그인한 후, 터미널을 실행하여 이전에 설정한 프린터가 프린터 큐에 나타나는지 확인한다. 이를 위해 lpstat 유틸리티를 사용한다.

```
[root@server ~]# lpstat -a
Imagine-printer accepting requests since Sat 22....PST
```

2. CUPS 서버에서 지원하는 프린터 모델과 드라이버의 목록을 얻기 위해 lpinfo 명령을 사용한다. 예제 시스템에서는 HP Officejet 프린터를 선택하여 다음과 같이 grep 명령으로 프린터 정보를 확인한다.

```
[root@server ~]# lpinfo -m | grep -i officejet
gutenprint.5.2://hp-oj/expert HP OfficeJet - CUPS+Gutenprint v5.2.7
gutenprint.5.2://hp-oj/simple HP OfficeJet - CUPS+Gutenprint v5.2.7 Simplified
gutenprint.5.2://hp-oj_300/expert HP OfficeJet 300 - CUPS+Gutenprint v5.2.7
....<이하 생략>....
```

출력 결과의 첫 번째 행이 예제 프린터와 가장 가까운 모델이기 때문에 이를 선택한다.

CUPS의 lpadmin 명령은 프린터 모델과 드라이버의 완전한 이름이 아닌 축약형을 지정하더라도 정상적으로 인식하게끔 되어있다.

3. 지금부터 lpadmin 명령을 실행하여 프린터를 추가한다. 이 명령은 모든 옵션을 줘야 하기 때문에 상당히 길다. 따라서 예제에서는 여러 줄로 나누어 표시한다. 다음과 같이 입력해보자.

```
[root@server ~]# lpadmin -p "Imagine-printer-number-2" -E \
-v socket://192.168.1.200 \
-m "gutenprint.5.2://hp-oj/expert HP OfficeJet" \
-D "You only need to imagine to print here" \
-L "Building 3"
```

4. 추가한 프린터가 등록되었는지 다시 한번 lpstat 명령을 사용한다.

```
[root@server ~]# lpstat -a
Imagine-printer accepting requests since Sat 22.....8 AM PST
Imagine-printer-number-2 accepting requests .....9 AM PST
```

5. 또한 CUPS 웹 인터페이스에서 추가한 프린터를 볼 수 있다. 웹 브라우저에서 다음 URL을 입력한다.

http://localhost:631/printers

CUPS 관리

인쇄 환경에서 프린터 설정 과정은 절반은 차지한다. 다행히도 우리는 이전 절에서 프린터 설정에 관한 충분한 정보를 얻었다. 이 절에서는 프린터 삭제, 프린터 큐 관리, 프린트 작업 확인 등 일상적인 프린터 관리 작업에 대해 알아볼 것이다. 여기서는 커맨드라인 도구와 웹 인터페이스를 모두 사용하여 프린터 관리 작업을 수행할 것 이다.

▨ 기본 프린터 설정

프린터가 여러 대 설치된 시스템에서는 특정 프린터(큐)를 기본 프린터로 설정하는 것이 바람직하다. 기본 프린터로 설정한 프린터는 클라이언트에서 프린터 이름을 지정하지 않아도 자동으로 인쇄를 할 수 있도록 한다.

예를 들어 Imagine-printer-number-2라는 이름의 프린터를 시스템의 기본 프린터로 설정하려면 다음과 같이 입력한다.

```
[root@server ~]# lpadmin -d imagine-printer-number-2
```

▨ 프린터 활성화와 비활성화

프린터를 비활성화하는 것은 프린터를 일시적으로 전원을 끄는 것과 유사하다. 이 상태에서도 프린터 큐는 인쇄 작업을 받을 수 있지만 실제로 인쇄되지는 않는다. 이 인쇄 작업은 프린터가 활성 상태가 되거나 재시작할 때까지 큐에 쌓이게 된다. 이는 프린터가 고장 나서 정상적으로 작동하지 않을 때 시스템 관리자가 사용자의 인쇄 요청을 계속 받고자 할 때 유용하게 사용될 수 있다.

imagine-printer-number-2라는 이름의 프린터를 비활성화하려면 다음과 같이 입력한다.

```
[root@server ~]# cupsdisable imagine-printer-number-2
```

imagine-printer-number-2라는 이름의 프린터를 활성화하려면 다음과 같이 입력한다.

```
[root@server ~]# cupsenable imagine-printer-number-2
```

bad-printer라는 이름의 프린터를 삭제하려면 다음과 같이 입력한다.

```
[root@server ~]# lpadmin -x bad-printer
```

▣ 프린터 작업 관리

CUPS에서 관리하는 프린터는 인쇄 작업을 허용하거나 거부할 수 있다. 프린터의 비활성화와 마찬가지로 프린터가 인쇄 작업을 거부하는 것으로 간단히 인쇄 요청을 거절하게 할 수 있다. 예를 들어 프린터가 문제가 생겨 장기간 사용할 수 없다면 프린터를 삭제하는 대신 프린터가 인쇄 작업을 거부하도록 하는 편이 나을 것이다. 사용자는 프린터가 문제가 발생하여 사용할 수 없음을 인지하고 다른 프린터를 사용하게 될 것이다. 그리고 프린터가 정상적으로 동작하게 되면 그때 다시 인쇄 작업을 허용하도록 설정하면 된다.

프린터가 인쇄 작업을 거부하도록 설정하면 큐에 있던 작업을 완료하고 나서 이후에 새로 들어오는 모든 인쇄 요청을 거부하게 된다.

예제로 imagine-printer-number-2라는 이름의 프린터가 인쇄 요청을 거부하도록 설정하려면 다음과 같이 입력한다.

```
[root@server ~]# /usr/sbin/reject imagine-printer-number-2
```

이 프린터의 상태를 보려면 lpstat 명령을 입력한다.

```
[root@server ~]# lpstat -a imagine-printer-number-2
Imagine-printer-number-2 not accepting requests since Tue 26 Jul 2017
02:16:04 PM EDT -
        Rejecting Jobs
```

imagine-printer-number-2 프린터가 다시 인쇄 작업을 받아들이도록 하려면 다음과 같이 입력한다.

```
[root@server ~]# /usr/sbin/accept imagine-printer-number-2
```

다시 한번 프린터의 상태를 살펴보면 다음과 같다.

```
[root@server ~]# lpstat -a imagine-printer-number-2
Imagine-printer-number-2 accepting requests since Tue 26 Jul 2014
02:16:04 PM EDT
```

▣ 인쇄 권한 관리

사용자들은 기본적으로 CUPS에서 관리하는 모든 프린터에 인쇄 작업 요청할 수 있다. 하지만 다중 사용자 환경에서는 보안상의 이유나 정책에 따라 특정 사용자나 그룹만이 프린터에 접근할 수 있도록 제어가 필요할 것이다. CUPS는 lpadmin 유틸리티를 사용하여 권한을 제어하는 간단한 방법을 제공한다.

예를 들어 사용자 yyang과 mmellow만이 imagine-printer 프린터에 인쇄를 요청할 수 있도록 허락하려면 다음과 같이 입력한다.

```
[root@server ~]# lpadmin -p imagine-printer -u allow:yyang,mmellow
```

반대로 사용자 yyang과 mmellow를 이 프린터에 접근할 수 없도록 하기 위해서는 다음과 같이 입력한다.

```
[root@server ~]# lpadmin -p imagine-printer -u deny:yyang,mmellow
```

앞서 입력한 제한사항을 모두 제거하고 모든 사용자에게 프린터 사용을 허용하려면 다음과 같이 입력한다.

```
[root@server ~]# lpadmin -p imagine-printer -u allow:all
```

웹 인터페이스를 통한 인쇄 관리

앞서 설명한 대부분의 작업은 CUPS 웹 인터페이스로도 수행할 수 있다. 버튼과 링크를 사용하여 손쉽게 프린터를 삭제하고 인쇄 작업을 제어하고 프린터 속성을 변경하는 등 다양한 작업이 가능하다.

예를 들어 관리자라면 프린터가 정상적으로 동작하는지 확인하기 위해 프린터 큐를 주기적으로 점검할 필요가 있을 것이다. 웹 인터페이스의 [Jobs] 탭을 클릭하거나 http://localhost:631/jobs 페이지로 직접 이동하여 그림 27-2와 유사한 페이지를 볼 수 있다. 이 페이지에 보이는 것처럼, 큐에 있는 작업을 조작할 수 있는 옵션이 여럿 존재한다. 만약 큐에 작업이 없다면 이 웹 페이지에서는 아무런 작업이 표시되지 않을 것이다. 또한 [Show Completed Jobs]와 [Show All Jobs] 버튼으로 원하는 작업만을 볼 수 있다.

CUPS의 admin 페이지를 통해서 그 밖의 다른 관리 작업도 수행할 수 있다. 웹 브라우저에서 http://localhost:631/admin/를 입력하여 이 페이지로 직접 이동할 수 있다.

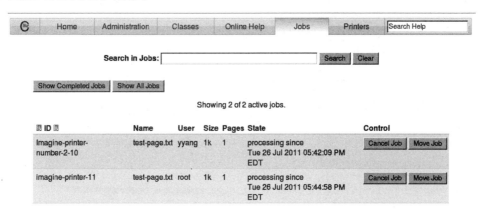

클라이언트용 인쇄 도구

클라이언트에서 인쇄 요청을 하면 인쇄 작업은 인쇄 서버에 전달되고 우선 스풀링된다. 스풀링은 인쇄 작업을 프린트 큐에 추가하는 것을 의미한다. 이 또한 인쇄 작업이라고도 한다. 인쇄 작업은 일반적으로 출력 중(in progress)과 일시 정지(paused)의 두 가지 상태를 가진다. 일시 정지상태란 관리자가 인쇄용지가 부족하다든지 해서 인쇄를 중단한 상태를 말한다. 또한 프린터에어떤 문제가 생겼을 때 인쇄 작업을 계속 큐에 추가하면 프린터가 다시 정상적으로 돌아왔을 때문제가 생길 수 있다. 따라서 이처럼 일시 정지 기능이 필요한 경우가 있다.

이 절에서는 인쇄를 위한 명령어와 인쇄 작업을 관리하는 명령어들을 살펴볼 것이다. 사용자의관점에서 인쇄 시스템을 다루는 법을 살펴볼 것이다.

▨ lpr

lpr 명령어는 문서를 인쇄할 때 사용한다. 대부분의 포스트스크립트와 텍스트 문서를 lpr 명령을 사용하여 직접 출력할 수 있다. AbiWord, KOffice, LibreOffice, OpenOffice 등의 오피스 프로그램을 사용하고 있다면, 해당 프로그램에서 적절한 프린터 설정을 해야 할 것이다.

일반 텍스트 파일을 하나 만들어서 인쇄를 해볼 것이다. 이 파일의 이름은 test-page.txt이고 단순히 "Hello Printer"라는 내용을 담을 것이다.

1. 일반 사용자로(예를 들어 사용자 yyang) 시스템에 로그인한 후 다음을 입력한다.

    ```
    [yyang@client ~]$ echo "Hello Printer" >> test-page.txt
    ```

2. 시스템에 기본으로 설정된 프린터 이름을 확인한다.

```
[yyang@client ~]$ lpstat -d
system default destination: Imagine-printer
```

3. test-page.txt 파일을 기본 프린터로 전송한다.

```
[yyang@client ~]$ lpr test-page.txt
```

이 명령은 기본 프린터로 하여금 test-page.txt 문서의 내용을 출력하도록 한다.

4. 이번에는 기본 프린터가 아닌 다른 예제 프린터로 동일한 내용을 전송할 것이다. 이 프린터의 이름은 Imagine-printer-number-2다.

```
[yyang@client ~]$ lpr -P Imagine-printer-number-2 test-page.txt
```

이 명령을 입력하고 나면 아주 큰 파일이 아니라면 바로 인쇄를 시작하게 될 것이다.

5. 인쇄 작업의 상태를 확인하려면 lpq 명령어를 사용한다.

▓ lpq

프린터에 인쇄 작업을 전송하고 나면 lpq 명령을 사용하여 프린트 스풀러의 내용을 살펴볼 수 있다. 인쇄 작업을 요청했는데 프린터에서 문서가 출력되지 않으면 lpq 명령으로 프린터에 스풀링된 현재 작업 목록을 확인해볼 수 있다. 일반적으로 프린터 큐에 많은 작업이 저장되어 있거나 출력 용지가 부족한 경우일 것이다. 또한 인쇄 작업을 프린터에서 제거하려면 다음 절에서 다루게 lprm 명령을 사용하면 된다.

예를 들어 기본 프린터로 전송된 인쇄 요청 상태를 확인하려면 다음과 같이 입력한다.

```
[yyang@client ~]$ lpq -av
```

두 번째 프린터로 전송된 인쇄 작업 상태를 확인하려면 다음과 같이 입력한다.

```
[yyang@client ~]$ lpq -av -P Imagine-printer-number-2
```

두 경우 모두 결과를 살펴보면, 우리가 요청한 작업이 프린터 큐에 그대로 남아있을 것이다. 이것은 가상의 프린터이기 때문에 문서가 실제로 출력되지 않기 때문이다. 따라서 다음 번에 인쇄 작업을 제거할 것이다.

▓ lprm

프린터에 출력을 요청하고 나서 잘못된 것을 깨달았을 때, 그 문서가 출력되기 전에 마지막으로 인쇄 작업을 취소할 수 있다. 이때 lprm 명령을 사용한다. 프린터에서 인쇄 작업을 제거하는 기능을 한다.

예를 들어 기본 프린터에서 ID가 2인 인쇄 작업을 삭제하려면 다음과 같이 입력한다.

```
[yyang@client ~]$ lprm 2
```

특정 프린터의 작업을 지우려면 간단히 -P를 추가한다. 예를 들어 Imagine-printer-number-2 프린터의 ID가 2인 인쇄 작업을 제거하려면 다음과 같이 입력한다.

```
[yyang@client ~]$ lprm 2 -P imagine-printer-number-2
```

root 사용자인 경우에는 lprm 명령으로 Imagine-printer 프린터의 모든 작업을 한 번에 삭제할 수 있다.

```
[root@server ~]# lprm -P imagine-printer -
```

이 명령의 마지막 대쉬 기호(-)는 모든 인쇄 작업을 의미한다.

> **팁** 일반 사용자들은 오직 자신의 인쇄 작업만을 관리한다. 즉 사용자 A는 사용자 B가 요청한 작업을 큐에서 함부로 삭제할 수 없다. 물론 수퍼유저인 경우에는 모든 사용자의 인쇄 작업을 제어할 수 있다. 또한 프린터에 인쇄 요청을 한 후 이 작업을 다시 삭제 가능한 시간은 매우 짧다는 사실에 주의해야 한다. 그러므로 너무 늦게 삭제 요청을 하여 lprm 명령이 실패하는 경우도 발생할 수 있다. 이러한 경우는 대개 "lprm: Unable to lprm job(s)!"와 같은 메시지를 출력한다. 물론 root 사용자라면 (-) 옵션을 사용하여 프린트 큐에 있는 모든 작업을 언제든지 삭제할 수 있다.

요약

이 장에서는 CUPS(Common UNIX Printing System)에 대한 내용과 간단한 프린터 관리 작업 등에 대해 살펴보았다. CUPS 웹 인터페이스나 커맨드라인 도구를 사용하여 프린터를 추가하는 등의 관리 작업과 인쇄 작업을 관리하는 법을 배웠다.

또한 리눅스에서 공용 클라이언트 도구를 사용하여 인쇄 작업을 관리하는 법을 예제를 통해 살펴보았다. 그리고 CUPS의 주 설정 파일인 cupsd.conf의 설정 지시자들에 대해서도 살펴보았다.

하지만 여기서 살펴본 내용은 CUPS가 제공하는 기능의 일부만을 다룬 것이기 때문에 CUPS를 좀 더 광범위하게 사용하려면 소프트웨어에 포함된 도움말을 참조해야 한다. CUPS 홈페이지, www.cups.org를 통해서도 온라인 도움말을 볼 수 있다.

리눅스 서버에 인쇄 시스템을 구축한 후에는 추가적인 관리 작업이 거의 필요 없다. 그리고 프린터 서비스를 사용하다 발생할 수 있는 문제들도 그리 많지 않다. 주로 종이가 프린터에 낀다거나 사용자가 과도한 출력을 요청한다거나 하는 등의 사소한 문제들이 있을 수 있다.

## CHAPTER 28

DHCP

작은 시스템에서 IP 주소를 직접 설정하는 것은 간단한 작업이다. 하지만 좀 더 큰 규모의 부서, 빌딩, 회사 시스템의 IP 주소를 직접 설정하기란 굉장히 어렵고 문제가 발생할 여지가 많다.

리눅스 DHCP(Dynamic Host Configuration Protocol: 동적 호스트 설정 프로토콜) 클라이언트와 서버는 이러한 상황에서 많은 도움을 준다. 클라이언트 시스템은 네트워크로부터 IP 주소를 가져오도록 설정된다. DHCP 클라이언트 소프트웨어가 시작되면 IP 주소에 대한 요청을 네트워크로 브로드캐스트한다. 그러면 네트워크상의 DHCP 서버는 IP 주소와 클라이언트의 네트워크 설정에 필요한 다른 정보들을 클라이언트에 전달한다.

이 같은 동적 주소 할당 방식은 모바일이나 일시적인 시스템을 설정하는 데도 유용하다. 이곳 저곳을 옮겨 다니는 사람들은 로컬 네트워크에 시스템을 연결하여 그 위치의 주소를 할당 받는 것이 바람직하다.

이 장에서는 DHCP 서버와 클라이언트를 설정하는 과정을 다룬다. DHCP 소프트웨어를 설치하는 과정과 설정 파일을 구성하는 방법에 대해서 살펴볼 것이다. 그리고 마지막 부분에서는 실제로 적용 가능한 설정에 대해서도 살펴볼 것이다.

> **참고** DHCP는 표준 프로토콜이기 때문에 통신 기능을 통해 어떤 운영체제든지 DHCP 서버와 클라이언트 간에 연결할 수 있다. 일반적인 방법 중 하나는 리눅스 기반 DHCP 서버와 다량의 윈도우 기반 클라이언트를 연결하여 사용하는 것이다. 윈도우 시스템은 DHCP를 사용하도록 설정되어 있고 리눅스 서버에 연결하여 IP 주소를 얻어온다. DHCP는 표준 프로토콜이고 표준에 충실하게 구현되어 있기 때문에 윈도우 클라이언트는 리눅스 서버가 제공하는 IP 설정 정보에 관해서는 알 필요가 없을 것이다.

DHCP 동작 원리

클라이언트가 IP 주소를 네트워크를 통해 설정하도록 되어 있다면 DHCP 요청 형식에 따라 IP 주소를 물어보게 된다. 서버가 IP 주소 요청을 받으면 자신의 로컬 데이터베이스를 검색하여 적절한 정보를 클라이언트에 전달한다. 서버가 전달하는 정보는 IP 주소와 네임 서버, 네트워크 마스크, 기본 게이트웨이 등을 포함한다. 클라이언트를 서버의 응답을 받아 자신의 설정에 따라 IP 주소를 구성한다.

DHCP 서버는 주소 목록을 관리한다. 각 주소는 **임대**(lease) 방식으로 할당한다. 즉 클라이언트는 해당 주소를 사용하는 기간이 한정되어 있다. 임대 기간이 만료되면 클라이언트는 더 이상 해당 주소를 사용할 수 없다. 따라서 만료 전에 서버에 연결하여 다시 주소를 할당 받아야 한다. 이처럼 DHCP 서버는 주소를 서버 주소 풀에 반납하거나 다시 사용하도록 할 수 있다.

리눅스 DHCP 서버는 다른 DHCP 서버 제품에서 제공하는 중요 기능들을 많이 포함하고 있다. 서버는 주소 풀에서 사용하지 않은 주소를 할당하거나 특정 주소를 특정 시스템에 할당하도록 설정할 수 있다. 또한 리눅스 DHCP 서버는 DHCP 요청을 처리하는 것 외에도 BOOTP(Bootstrap Protocol) 요청을 처리할 수 있다.

DHCP 서버

동적 호스트 설정 프로토콜 데몬(DHCPD)인 DHCP 서버는 클라이언트의 요청에 따라 IP 주소와 관련 정보를 제공하는 역할을 한다. DHCP는 브로드캐스트 기반이기 때문에 DHCP 서비스를 제공하는 각 서브넷마다 DHCP 서버가 있어야 한다.

▨ RPM으로 DHCP 소프트웨어 설치하기

ISC(Internet Systems Consortium) DHCP 서버는 사실상 리눅스 배포판의 표준이다. 이 버전은 대다수 리눅스 배포판에서 RPM처럼 바이너리 패키지 형태로 제공한다.

이 절에서는 ISC DHCP 소프트웨어를 RPM을 통해 설치하는 과정을 살펴본다. 페도라, RHEL, CentOS 시스템에서는 ISC DHCP 소프트웨어가 다음과 같이 두 패키지로 나눠져 있다.

- **dhclient*.rpm:** dhclient 패키지는 ISC DHCP 클라이언트 데몬을 제공한다.
- **dhcp*.rpm:** dhcp 패키지는 ISC DHCP 서버 서비스와 중계 에이전트를 제공한다.

대부분의 리눅스 배포판에서는 DHCP 클라이언트 소프트웨어가 이미 설치되어 있을 것이다. 예제 페도라 시스템에서 이 패키지가 설치되어 있는지 확인하려면 다음과 같이 입력한다.

```
[root@fedora-server ~]# rpm   -qa | grep  dhclient
dhclient-*
```

출력 결과를 통해 dhclient 패키지가 이미 설치되어 있는 것을 확인했다.

페도라 배포판에서 DHCP 서버를 구성하기 위해서는 필수 패키지를 설치할 필요가 있다. 다음과 같이 yum 명령을 사용하면 자동으로 소프트웨어를 다운로드하고 설치한다.

```
[root@fedora-server ~]# yum -y install dhcp
```

명령이 완료되면 필수 소프트웨어가 정상적으로 설치된 것이다.

■ APT로 DHCP 소프트웨어 설치하기

우분투 서버에서는 dpkg 명령을 사용하여 시스템에 DHCP 클라이언트 소프트웨어가 설치되어 있는지 소프트웨어 데이터베이스를 검색할 수 있다.

```
master@ubuntu-server:~$ dpkg -l | grep dhcp
ii isc-dhcp-client   *  ISC DHCP client
ii isc-dhcp-common   *  common files used by all the isc-dhcp* packages
```

이 출력 결과를 통해 DHCP 클라이언트 패키지가 설치되어 있는 것을 확인했다.

우분투에서 DHCP 서버 소프트웨어를 설치하려면 다음과 같이 입력한다.

```
master@ubuntu-server:~$ sudo apt-get install isc-dhcp-server
```

명령이 완료되면 DHCP 서버 소프트웨어가 정상적으로 설치된 것이다.

▼ 소스 코드로 ISC DHCP 소프트웨어 설치하기

만약 사용 중인 리눅스 배포판에서 ISC DHCP 소프트웨어를 패키지 형태로 제공하지 않는다면 www.isc.org 사이트를 통해 소스 코드를 내려 받아 소프트웨어를 설치할 수 있다. 또한 소스 코드에는 배포판에 포함된 패키지에는 적용되지 않은 최신 버그 패치 등이 포함되어 있을 수 있다.

현재 DHCP의 안정화 버전인 4.2.3을 http://ftp.isc.org/isc/dhcp/4.2.3/dhcp-4.2.3.tar.gz에서 직접 내려 받을 수 있다.

1. 소스 코드를 다운로드했으면 압축을 푼다. 예제에서는 소스 코드를 /usr/local/src/ 디렉터리에 다운로드했다고 가정한다. 다음과 같이 압축을 푼다.

```
[root@server src]# tar xvzf dhcp-4.2.3.tar.gz
```

2. 새로 만들어진 dhcp* 디렉터리로 이동한다. 그리고 나서 Readme 파일을 잠시 동안 읽어보도록 한다.

3. 다음은 configure 명령을 사용하여 컴파일 설정을 한다.

```
root@server dhcp-4.2.3 ]# ./configure --prefix=/usr/local/
```

4. make와 make install 명령을 입력하여 컴파일과 설치를 진행한다.

```
[root@server dhcp-4.2.3 ]# make ; make install
```

소스 코드로부터 DHCP를 설치했기 때문에 DHCP 서버 데몬(dhcpd)과 DHCP 클라이언트(dhclient)는 /usr/local/sbin/ 디렉터리에 저장된다.

■ DHCP 서버 설정

ISC DHCP 서버의 기본 설정 파일은 /etc/dhcpd.conf다(우분투에서는 /etc/dhcp3/dhcpd.conf에 위치한다). 설정 파일에는 두 가지 형태의 값을 지정할 수 있다.

- 시스템에 연결된 네트워크, 호스트, 그룹에 대한 선언과 각각의 항목에 할당 가능한 주소 범위를 설정할 수 있다. 여러 클라이언트 그룹을 정의하는 선언을 여러 개 사용할 수 있다. 클라이언트 그룹을 설명하는 데 여러 개념이 필요하다면 선언문을 중첩하여 사용할 수도 있다.

- 서버의 동작을 제어하는 매개변수를 정의할 수 있다. 매개변수는 전역 변수나 지역 변수로 선언할 수 있다.

참고 각 사이트는 유일한 주소와 네트워크를 가지기 때문에, 반드시 사이트별로 설정 파일을 구성해야 한다. DHCP 를 처음 구성하는 경우에는 이 장 끝에 있는 샘플 설정 파일을 가지고 시작하는 게 좋을 것이다. 이 파일을 자신의 네트워크 환경에 맞게끔 고치면 된다.

DHCP 설정 파일은 유닉스에서 사용하는 대다수 설정 파일과 마찬가지로 텍스트 형태의 파일로 편집기로 간단히 수정할 수 있다. 설정 파일의 일반적인 구조는 다음과 같다.

```
Global parameters;
Declaration1
     [parameters related to declaration1]
     [nested sub declaration]
Declaration2
     [parameters related to declaration2]
     [nested sub declaration]
```

선언 블록은 클라이언트들을 하나의 그룹으로 묶는다. 각 선언 블록에는 서로 다른 매개변수를 지정할 수 있다.

선언문

조직적인 요구사항, 네트워크 계층, 관리 도메인 등의 다양한 이유로 여러 클라이언트들을 그룹으로 나누길 원할 것이다. 이들 클라이언트를 하나의 그룹으로 지정하기 위해서는 다음과 같이 선언해야 한다.

■ group

각 호스트마다 매개변수와 선언을 각각 나열하면 관리하기가 어려워진다. 따라서 group 선언문을 사용하여 클라이언트, 공유 네트워크, 서브넷 등에 통합으로 매개변수를 선언할 수 있다. group 선언문의 문법은 다음과 같다.

> **group** *label*
> > *[parameters]*
> > *[subdeclarations]*

여기서 *label*은 그룹을 식별하기 위해서 사용자가 정의한 이름이다. *parameters* 블록은 그룹에 적용할 매개변수 목록이다. *subdeclarations*는 현재 그룹의 멤버로 사용할 클라이언트에 대한 부가적으로 정의한다.

parameters 필드는 일단 넘어가도록 한다. "매개변수" 절에서 자세히 다루게 될 것이다.

■ host

host 선언은 특정 호스트에 대해서 매개변수와 선언문을 지정하기 위해 사용한다. 일반적으로 고정 주소 부팅 클라이언트나 BOOTP 클라이언트에 사용된다. host 선언의 문법은 다음과 같다.

> **host** *label*
> > *[parameters]*
> > *[subdeclarations]*

여기서 *label*은 호스트 그룹의 사용자 정의 이름이다. *parameters*와 *subdeclarations*는 group 선언에서 설명한 것과 동일하다.

■ shared-network

shared-network 선언은 동일한 물리 네트워크상의 호스트들의 주소를 그룹화한다. 단지 관리적인 목적으로도 매개변수와 선언을 그룹으로 만든다. 문법은 다음과 같다.

> **shared-network** *label*
> > *[parameters]*
> > *[subdeclarations]*

여기서 *label*은 공유 네트워크의 사용자 정의 이름이다. *parameters*와 *subdeclarations*는 앞에서 설명한 것과 동일하다.

■ **subnet**

subnet 선언은 여기서 지정한 주소에 대한 매개변수와 선언을 적용하는 데 사용한다. 문법은 다음과 같다.

> **subnet** *subnet-number* **netmask** *netmask*
>   *[parameters]*
>   *[subdeclarations]*

여기서 *subnet-number*는 서브넷으로 정의하려는 네트워크 IP 주소다. *netmask*는 서브넷의 네트워크 마스크다(네트워크 마스크에 대한 자세한 내용은 12장을 참조한다). *parameters*와 *subdeclarations*는 앞에서 설명한 것과 동일하다.

■ **range**

range 선언은 동적 주소 부팅을 위해 클라이언트에 할당할 주소의 범위를 정의한다. 문법은 다음과 같다.

> **range [dynamic-bootp]** *starting-address[ending-address];*

dynamic-bootp 키워드는 서버에 BOOTP 프로토콜을 위한 주소 범위를 알리는 역할을 한다. *starting-address*와 *ending- address* 필드는 IP 주소 블록의 시작과 끝부분을 나타내는 주소다. 해당 범위 안의 주소는 연속된 것으로 간주하고 동일 서브넷상의 주소다.

매개변수

매개변수에 대해서는 앞서 간단하게 소개했었다. 매개변수를 설정하는 것으로 해당 클라이언트 그룹에 관한 서버의 동작이 달라진다. 이 절에서는 사용 가능한 매개변수에 대해 자세히 살펴볼 것이다.

■ **always-reply-rfc1048**

이 매개변수는 주로 BOOTP 클라이언트에 사용한다. 일부 BOOTP 클라이언트는 서버가 응답할 때 BOOTP RFC 1048을 완전히 준수하기를 바라는 경우가 있다. 이 변수를 설정하면 이 요구사항을 충실히 이행하게 된다. 문법은 다음과 같다.

> always-reply-rfc1048;

■ **authoritative**

DHCP 서버는 일반적으로 네트워크 세그먼트의 설정 정보는 인증되지 않은 것으로 가정한다. 따라서 사용자가 이 설정을 제대로 확인하지 않은 채 서버를 설정하면 네트워크상의 허가된

DHCP 서버로부터 주소를 받은 클라이언트에 DHCPNAK 메시지를 전달할 수 없게 된다. 이 매개변수의 문법은 다음과 같다.

```
authoritative;
not authoritative;
```

■ default-lease-time

이 변수의 문법은 다음과 같다.

```
default-lease-time seconds;
```

*seconds*의 값은 클라이언트가 특정 기간을 요청하지 않았다면 IP 주소의 대여 기간을 나타낸다.

■ dynamic-bootp-lease-cutoff

BOOTP 클라이언트는 **대여** 개념을 이해하지 못한다. 따라서 DHCP 서버는 기본적으로 BOOTP 클라이언트에는 영구적인 IP 주소를 할당한다. 이러한 경우 BOOTP 클라이언트에는 더 이상 주소를 할당하지 않도록 설정한다. 이 변수가 그 역할을 한다. 문법은 다음과 같다.

```
dynamic-bootp-lease-cutoff date;
```

*date*는 W YYYY/MM/DD HH:MM:SS 형식으로 지정한다. W는 cron 형식으로 요일을 의미한다(0=일요일, 6=토요일). YYYY는 년을, MM는 월(01=1월, 12=12월), DD는 두 자리의 형식의 날짜를 나타낸다. HH는 두 자리의 24시간 형식이고(0=자정, 23=오후 11시), MM은 두 자리의 분 단위를 SS는 두 자리의 초 단위를 나타낸다.

■ dynamic-bootp-lease-length

BOOTP 클라이언트는 자신이 받은 IP 주소에 대한 만료를 확인할 수 없다. 따라서 서버는 클라이언트가 주소를 언제까지 사용할 것이라고 가정하고 그 이후에는 주소를 사용할 수 없도록 한다. 이것은 BOOTP 응용프로그램이 주기가 짧다는 것을 알고 있는 경우 유용하다. 따라서 서버는 seconds의 값을 적절히 설정하여 그 기간이 지나면 만료 처리를 한다. 이 변수의 문법은 다음과 같다.

```
dynamic-bootp-lease-length seconds;
```

주의 이 옵션을 사용할 때는 한 가지 주의해야 한다. 해당 호스트가 주소의 사용을 완전히 멈추기 전에 다른 호스트에 할당하면 문제가 발생할 수 있다.

■ Filename

DHCP 클라이언트는 부팅에 사용할 파일의 이름을 알고 있어야 하는 경우가 있다. 이 변수는 설치 설정이나 디스크 없이 부팅을 위해 실행할 원격 파일의 이름을 지정하는 변수로 주로 next-server와 함께 사용한다. 이 매개변수의 문법은 다음과 같다.

filename *filename;*

■ fixed-address

이 매개변수는 host 선언문에서만 사용할 수 있다. 클라이언트에 할당할 주소 집합을 설정한다. 이 매개변수의 문법은 다음과 같다.

fixed-address address [, address.];

■ get-lease-hostnames

이 매개변수가 true이면 서버는 선언문 안의 모든 주소의 호스트명을 해석한다. 그리고 hostname 옵션을 위해 사용한다. 이 변수의 문법은 다음과 같다.

get-lease-hostnames [true | false];

■ hardware

BOOTP 클라이언트가 사용한다. 네트워크 하드웨어 주소(MAC 주소)는 host문에서 hardware 절을 사용하여 반드시 지정해야 한다. 이 매개변수의 문법은 다음과 같다.

hardware *hardware-type hardware-address;*

여기서 *hardware-type*은 반드시 물리적 하드웨어 인터페이스 종류를 입력해야 한다. 현재는 Ethernet과 Token Ring 형식만 사용 가능하다. *hardware-address*(MAC 주소)는 네트워크 인터페이스의 물리적 주소다. 일반적으로 16진수로 형태로 8비트씩 콜론으로 구분하여 기록한다. hardware문은 DHCP 클라이언트에서도 사용한다.

■ max-lease-time

클라이언트는 주소의 임대 기간을 요청하는 옵션을 가지고 있다. 이때 이 옵션에 지정한 시간을 초과하지 않는 한 클라이언트가 원하는 임대 기간을 허용한다. 반면 이 기간보다 길면 여기서 지정한 값만큼만 임대해준다. 이 변수의 문법은 다음과 같다.

max-lease-time *seconds;*

■ next-server

next-server문은 부팅 시 로드될 초기 부팅 파일로부터(filename문에서 지정한) 서버의 호스트 주소를 지정하는 데 사용한다. 이 변수의 문법은 다음과 같다.

next-server *server-name;*

여기서 *server-name*은 IP 주소나 도메인명을 사용할 수 있다.

■ **server-identifier**

서버의 주소는 DHCP 응답의 한 부분을 차지한다. 여러 시스템이 연결된 환경에서 DHCP 서버는 기본적으로 첫 번째 인터페이스의 주소를 클라이언트에 할당한다. 하지만 그 인터페이스는 서버의 모든 클라이언트에 도달할 수 없다. 이 매개변수는 IP 주소를 클라이언트와 서버가 통신할 인터페이스로 전송한다. 이 값은 반드시 모든 클라이언트와 연결 가능한 DHCP 서버의 IP 주소여야 한다. 이 매개변수의 문법은 다음과 같다.

    server-identifier *hostname;*

■ **server-name**

server-name문은 부팅 시에 서버의 이름을 클라이언트에 알리는 역할을 한다. 이 매개변수는 원격 클라이언트나 네트워크 설치 응용프로그램을 위해 사용된다. 매개변수의 문법은 다음과 같다.

    server-name *Name;*

*Name*은 반드시 클라이언트에 제공될 서버의 이름이어야 한다.

■ **use-lease-addr-for-default-route**

네트워크 설정에서 ProxyARP라는 기술을 사용하여 서브넷 외부의 다른 호스트를 추적할 수 있다. 만약 자신의 네트워크가 ProxyARP를 지원하도록 설정되어 있다면 자신의 클라이언트를 기본 라우터로 사용할 수 있다. 이는 모든 원격 주소를 찾을 때 ARP를 사용하도록 설정한다. 매개변수의 문법은 다음과 같다.

    use-lease-addr-for-default-route [true|false];

주의
use-lease-addr-for-default-route 변수는 사용하는 데 주의해야 한다. 모든 클라이언트가 자신의 인터페이스를 기본 라우터로 설정할 수 있는 것은 아니기 때문이다.

옵션

현재 DHCP 서버는 60가지 이상의 옵션을 가지고 있다. 옵션의 일반적인 문법은 다음과 같다.

    option *option-name [modifiers]*

표 28-1은 주로 사용하는 DHCP 옵션을 요약한 것이다.

● 표 28-1. dhcpd.conf 옵션

옵션	설명
broadcast-address	클라이언트의 서브넷의 브로드캐스트 주소
domain-name	클라이언트가 호스트 검색 시 로컬 도메인 이름으로 사용할 도메인 이름
domain-name-servers	클라이언트가 호스트명을 가져올 때 사용하는 DNS 서버 목록
host-name	클라이언트의 이름을 식별하기 위한 호스트 이름
nis-domain	클라이언트의 NIS 도메인 이름
nis-servers	클라이언트에서 사용 가능한 NIS 서버 목록
routers	클라이언트가 우선적으로 사용할 라우터의 IP 주소 목록
subnet-mask	클라이언트가 사용할 넷마스크

▓ dhcpd.conf 예제 파일

다음은 DHCP 설정 파일의 간단한 예제다.

```
subnet 192.168.1.0 netmask 255.255.255.0 {
    # Options
    option routers 192.168.1.1;
    option subnet-mask 255.255.255.0;
    option domain-name "example.org";
    option domain-name-servers ns1.example.org;
    # Parameters
    default-lease-time 21600;
    max-lease-time 43200;
    # Declarations
    range dynamic-bootp 192.168.1.25 192.168.1.49;
    # Nested declarations
    host clientA {
        hardware ethernet 00:80:c6:f6:72:00;
        fixed-address 192.168.1.50;
    }
}
```

이 예제의 주요 내용은 다음과 같다.

- 단일 서브넷을 정의한다. DHCP 클라이언트는 기본 라우터(게이트웨이 주소)로 192.168.1.1을 사용하고 서브넷 마스크로 255.255.255.0을 사용한다.

- DNS 정보는 클라이언트로 전달된다. 모든 클라이언트의 도메인 네임은 example.org이고 DNS 서버로 ns1.example.org를 사용한다.

- 기본 주소 만료 시간은 21,600초로 설정되어 있지만 클라이언트가 추가로 임대 기간을 요청하면 최대

43,200초까지 연장 가능하다.

- 할당 가능한 IP 주소의 범위는 192.168.1.25부터 192.168.1.49까지다. 그리고 MAC 주소가 00:80:c6:f6:72:00인 시스템은 항상 192.168.1.50의 고정 주소로 할당한다.

주의 여기서 가장 중요한 것은 DHCP 서버는 dhcpd.conf 파일의 subnet 선언문에 정의된 네트워크와 같은 네트워크에 속한 IP 주소가 설정된 네트워크 인터페이스를 적어도 하나 이상 가지고 있어야 한다는 점이다. 이것은 예를 들어 자신의 DHCP 서버가 IP 주소가 172.16.0.10인 단일 네트워크 인터페이스(eth0)를 가지고 있는 동안에는 `subnet 192.168.1.0 netmask 255.255.255.0`의 subnet 선언문을 가질 수 없다는 것을 의미한다. 또한 DHCP 서버의 IP 주소는 range 선언에 정의된 IP 주소의 네트워크 범위에서 제외되어야 한다. 예제 DHCP 서버는 192.168.1.1에서 192.168.1.24 사이에 있는 정적 IP 주소를 가진다. 만약 이러한 경고를 무시하면 DHCPd 서비스는 다음과 같은 오류 메시지를 출력하면 실패할 것이다.

```
No subnet declaration for eth0 (<current-ip-address>).
```

일반적인 동작 방식

DHCP 서버를 실행하고 나면 데몬은 클라이언트의 요청이 올 때까지 아무런 일을 하지 않고 기다린다. 클라이언트의 요청이 처리되고 주소가 할당되면 dhcpd.leases라는 파일에 해당 주소를 기록한다. 이 파일은 페도라 등의 레드햇 계열 시스템에서는 /var/lib/dhcpd/ 디렉터리에 저장되고 데비안 계열 배포판에서는 /var/lib/dhcp/ 디렉터리에 저장된다.

DHCP 클라이언트 데몬

ISC DHCP 클라이언트 데몬(dhclient)은 대부분의 리눅스 배포판에 포함되어 있고 DHCP 서버와 통신하는 클라이언트 소프트웨어다. 이 데몬이 실행되면, 가용한 DHCP 서버에 IP 주소를 요청하여 할당 받고 클라이언트의 네트워크 설정을 마친다.

▣ DHCP 클라이언트 설정

클라이언트는 일반적으로 시스템 구동 파일로부터 실행되거나 직접 실행될 수 있다. 일반적으로 DHCP 클라이언트는 다른 네트워크 서비스가 시작하기 전에 실행된다. 시스템의 네트워크 설정이 완료되지 않은 상태에서는 다른 서비스들이 정상적으로 실행될 수 없기 때문이다.

반면, 클라이언트는 커맨드라인을 통해 시스템 부팅 이후에도 직접 실행할 수 있다. 클라이언트 데몬은 별도의 옵션 없이 실행할 수 있지만 이때는 시스템의 모든 네트워크 인터페이스에 대해서 주소 할당을 시도한다.

다음은 가장 기본적인 방식으로 DHCP 클라이언트를 실행하는 모습이다.

```
[root@clientB ~]# dhclient
......〈이하 생략〉......
Sending on   LPF/eth0/00:0c:29:f8:b8:88
Sending on   Socket/fallback
DHCPDISCOVER on lo to 255.255.255.255 port 67 interval 7
DHCPREQUEST on eth0 to 255.255.255.255 port 67
DHCPACK from 192.168.1.1
SIOCADDRT: File exists
bound to 192.168.1.36 -- renewal in 188238 seconds.
```

> **참고**
>
> 페도라, RHEL, CentOS 시스템에서는 네트워크 설정 스크립트와 NetworkManager와 같은 시스템 재부팅 시에 자동으로 DHCP 클라이언트를 설정하는 프로그램이 있다. 따라서 IP 주소를 설정할 때 직접 dhclient 데 몬을 수행할 필요가 없다. 이를 위해서는 /etc/sysconfig/network-scripts/ifcfg-eth* 인터페이스와 관련된 설정 파일을 수정하면 된다. 다음과 같이 간단히 BOOTPROTO 변수를 dhcp로 지정하면 된다.
>
> ```
> DEVICE=eth0
> BOOTPROTO=dhcp
> ONBOOT=yes
> ```

클라이언트 데몬에는 추가적인 옵션을 사용하여 동작을 조금 변경할 수 있다. 예를 들어 eth0과 같이 특정 네트워크 인터페이스를 지정하여 주소 설정을 할 수 있다. dhclient 명령의 문법은 다음과 같다.

```
Usage: dhclient [-1dqr] [-nw] [-p <port>] [-s server]
        [-cf config-file] [-lf lease-file][-pf pid-file] [-e VAR=val]
        [-sf script-file] [interface]
```

표 28-2에는 dhclient의 주요 옵션에 대해 설명해두었다.

● **표 28-2**. dhclient 커맨드라인 옵션

옵션	설명
-p	DHCP 클라이언트의 기본 포트인 68번 대신 다른 UDP 포트 번호를 지정한다.
-d	DHCP 클라이언트의 기본 동작 방식인 백그라운드 프로세스 방식 대신 포어그라운드 프로세스 로 전환하도록 한다. 이는 디버깅 시에 유용하다.

요약

DHCP는 대규모 시스템이나 모바일 시스템에서 동적으로 주소를 설정할 수 있는 유용한 도구다. DHCP는 공개 프로토콜이기 때문에 서버와 클라이언트의 플랫폼이나 아키텍처와 상관없이 사용할 수 있다.

리눅스 시스템에서도 DHCP 서비스를 할 수 있으며 DHCP 서버는 강력한 설정 기능과 장애 대응 기능을 가지고 있다는 것을 배웠다.

또한 리눅스 시스템을 클라이언트로 DHCP 서버의 네트워크 설정을 받아 처리할 수 있다. DHCP 클라이언트 데몬은 수많은 옵션을 가지고 DHCP 서버의 동작을 제어할 수 있다.

CHAPTER 29

가상화

가상화(virtualization)는 간단히 말해서 무언가를 다른 무엇으로 보이게 하는 것을 의미한다. 기술적으로 얘기하자면 가상화는 컴퓨터 자원의 추상화를 의미한다. 추상화를 이루는 방법에는 소프트웨어, 하드웨어, 또는 이 둘이 함께 사용하는 방식이 있다.

가상화 기술은 오랜 기간 다양한 형태로 존재하고 있다. 특히 최근 몇 년 새 널리 퍼져 광범위하게 사용되고 있다. 이러한 확산으로 인해 비용 절감, 기술 혁신, 단순한 구현 등의 요소를 가질 수 있게 되었다.

이 장에서는 리눅스 플랫폼에 흔한 추상화 개념과 기술에 대해 설명한다.

가상화의 필요성

가상화의 확산으로 많은 기술적 요소와 비기술적 요소를 광범위하게 통합할 수 있게 되었다. 비기술적 요소에는 다음과 같은 것들이 있다.

- **기업과 개인이 좀 더 환경 친화적이 된다.** 10대의 가상머신이 동작하는 1대의 물리적 서버가 10대의 물리적 기계보다 이산화탄소 배출량이 더 적을 것이라는 것은 일반적인 상식이다.

- **기업은 비용 절감 효과를 누릴 수 있다.** 가상화는 하드웨어를 구입하고 유지하는 데 드는 비용을 줄일 수 있다. 10대의 가상머신이 10대의 물리적 시스템보다 비용이 덜 드는 것은 당연한 상식이다.

- **기업은 투자에 대한 수익성이 높아진다.** 기업은 서버 가동률의 증가로 인해 기존 하드웨어에 대한 투자 수익금이 늘어나게 된다.

기술적 요소에는 다음과 같은 것들이 있다.

- **가상화는 서버와 응용프로그램의 가용성을 증대시키고 서버의 정지 시간을 줄여준다.** 라이브 호스트 마

이그레이션과 같은 기술을 통해 서버의 정지 시간을 줄일 수 있다.

- **가상화는 오늘날 클라우드 컴퓨팅, 데이터 관리, 응용프로그램 개발 등에 있어 가장 중요한 도구 중에 하나다.**

- **가상화는 더 나은 크로스플랫폼을 제공한다.** 예를 들어 가상화는 리눅스에서 MS 윈도우 운영체제를 구동하거나 반대로 윈도우에서 리눅스 기반 운영체제를 구동할 수 있도록 한다.

- **가상화는 새로운 응용프로그램이나 운영체제를 테스트하고 디버깅하는 데 훌륭한 환경을 제공한다.** 가상머신은 시스템을 깨끗이 지우거나 원 상태로 복원할 수 있다. 또한 오래된 소프트웨어를 테스트하고 실행하는 데 사용할 수 있다.

- **가상화는 구현의 용이성을 제공한다.** 만약 다른 조건이 동일하다면 일반적인 리눅스 관리자는 가상화 환경을 구축하는 데 10분 이내의 시간이 걸릴 것이다.

▨ 가상화 개념

이 절에서는 일반적인 가상화 개념과 이 장에서 지속적으로 사용할 가상화 용어에 대해 설명한다. 이를 토대로 가상화에 대한 이해를 도울 것이다.

- **게스트 OS(Guest OS):** 가상머신(VM)으로도 불린다. 가상화될 운영체제 시스템을 뜻한다.

- **호스트 OS(Host OS):** 게스트 OS가 동작할 물리적 시스템이나 호스트를 뜻한다.

- **하이퍼바이저(VMM):** 가상머신 모니터(VMM)라고도 한다. 하이퍼바이저는 가상머신과 응용프로그램에 CPU와 같은 인터페이스를 제공한다. 이것은 가상화의 핵심 개념으로 하드웨어, 소프트웨어, 또는 하드웨어와 소프트웨어를 조합으로 바탕으로 구현할 수 있다

- **하드웨어 에뮬레이션:** 다른 CPU 아키텍처의 명령어 세트를 흉내 내는 소프트웨어다. 이러한 형태로 실행되는 VM은 일반적으로 느리게 동작한다. 에뮬레이션 처리 과정이 필요하기 때문이다. 하드웨어 에뮬레이션 방식을 사용하는 가상화 솔루션으로는 Bochs(http://bochs.sourceforge.net)가 있다.

- **전가상화(Full virtualization):** 베어 메탈(bare-metal) 혹은 네이티브 가상화(native virtualization)라고도 부른다. 호스트 CPU는 VM이 직접 실행할 수 있는 "확장 명령어"를 가지고 있다. 게스트 OS는 아무런 변경 없이 이러한 형태의 가상화를 사용할 수 있다. 사실상 VM은 자신이 가상머신인지 알지 못한 채 가상 플랫폼에서 동작한다. "하드웨어 가상머신"(HVM)은 전가상화를 지원하는 하이퍼바이저를 설명하는 벤더 독립적인 용어다. 전가상화에서 게스트 OS가 보게 되는 가상 하드웨어는 기능적으로 호스트 OS가 동작하는 물리적 하드웨어와 유사하다. 가상화를 위한 확장 명령어를 제공하는 CPU 플랫폼으로는 인텔 가상화 기술(Intel VT), AMD 보안 가상머신(SVM/AMD-V), IBM 시스템 z 시리즈가 있다. 그리고 전가상화를 지원하는 가상화 플랫폼으로는 KVM(kernel- based virtual machines), Xen, IBM z/VM, VMware, VirtualBox, 마이크로소프트의 Hyper-V 등이 있다.

- **반가상화(Paravirtualization):** 가상화의 또 다른 방식 중 하나다. 기본적으로 반가상화 방식은 소프트웨어에 의해 이뤄진다. 반가상화 방식에서는 게스트 운영체제의 변경이 필요하다. 정확하게 말하면 게스

트 OS의 커널을 이러한 환경에서 동작할 수 있도록 변경해야 한다. 이처럼 커널의 변경이 필요하다는 것이 반가상화의 가장 큰 단점이다. 반가상화는 현재 전가상화에 비해 상대적으로 빠르게 동작한다. 그리고 반가상화를 지원하는 가상화 플랫폼으로는 Xen과 UML(User-Mode Linux)이 있다.

가상화 솔루션

리눅스와 윈도우 시스템에서 동작하는 가상화 솔루션은 다양하다. 충분히 안정적으로 동작하는 솔루션도 있고 구성과 관리가 쉬운 솔루션도 있지만 여전히 가상화의 목적은 동일하다.

이 절에서는 주요 가상화 솔루션에 대해 간단히 살펴볼 것이다.

▓ Hyper-V

마이크로소프트의 가상화 솔루션이다. 현재는 전가상화를 지원하는 하드웨어에서만(Intel VT, AMD-V) 사용 가능하다. 이 솔루션은 훌륭한 관리 인터페이스를 가지고 있으며 최신 윈도우 서버 군에 통합되어 있다.

▓ KVM

리눅스 커널에 구현된 리눅스 최초의 공식적인 가상화 솔루션이다. 이것은 현재 전가상화 방식만을 지원한다. KVM에 대해서는 "커널 기반의 가상머신" 절에서 좀 더 자세히 다루기로 한다.

▓ QEMU

QEMU는 "하드웨어 에뮬레이터"라는 가상화 방식으로 분류한다. 자신이 동작하는 아키텍처에서 완전히 다른 아키텍처를 흉내 낼 수 있다(예를 들어 x86 플랫폼에서 ARM 아키텍처를 흉내 낼 수 있다). QEMU의 코드는 다른 가상화 플랫폼이나 프로젝트에서 사용되고 있어 충분히 안정적이고 검증되었다.

▓ UML

리눅스의 초기 가상화 구현 중 하나다. 이름에서 알 수 있듯이 사용자 영역에서 가상화 기능이 구현되었다. 따라서 일반 사용자의 컨텍스트에서 컴포넌트가 동작하기 때문에 보안성이 뛰어나다는 장점이 있다. 하지만 전부 사용자 영역에서 동작하기 때문에 속도가 빠르지 않다는 단점을 지니고 있다. UML에 관한 더 자세한 내용은 http://user-mode-linux.sourceforge.net에서 찾을 수 있다.

▓ VirtualBox

인기 있는 가상화 플랫폼으로 사용이 쉽고 멋진 사용자 인터페이스를 가지고 있다. 또한 다양한 운영체제를 지원한다. 그리고 전가상화와 반가상화 모두를 지원한다.

VirtualBox는 상업용과 개인과 교육용으로 무료로 제공하는 오픈 소스 형태의 두 가지 버전을 가지고 있다.

▓ VMWare

초창기에 가장 유명했던 상업용 가상화 솔루션의 하나로 크로스플랫폼을 지원하고 훌륭한 사용자 인터페이스와 우수한 성능을 제공한다. VMware는 목적에 따라 사용할 수 있는 다양한 제품 버전을 제공한다(데스크톱 버전부터 기업용 버전까지). VMware Server처럼 일부 버전은 무료이고 VMware ESX Server, VMware Workstationz 등은 유료의 상업용 버전이다.

▓ Xen

가장 큰 커뮤니티를 이끌고 있는 인기 있는 가상화 솔루션이다. Xen의 코드는 안정적이고 다양하게 검증되었다. Xen은 전가상화와 반가상화 방식을 모두 지원하며 고성능 가상화 플랫폼으로 설계되었다. Citrix 시스템의 후원을 받고 있으며 Xen 오픈 소스는 www.xen.org에서 관리하고 있다.

커널 기반의 가상머신

KVM은 공식적인 리눅스 솔루션으로 가상화 분야에 기여하고 있다. KVM으로 인해 리눅스 커널이 하이퍼바이저로 동작하게 된다. 현재 KVM의 안정화 버전은 CPU 가상화 기능을 지원하는 (Intel VT와 AMD-V) x86 플랫폼(32비트와 64비트)을 지원한다.

KVM은 리눅스 커널에 직접 구현되었기 때문에 다양한 리눅스 배포판을 지원한다. 아마 배포판들 간에 주된 차이점은 가상머신 관리와 사용자 도구가 해당 솔루션을 중심으로 만들어졌다는 것이다. 만약 기본 KVM 설정을 사용하길 원한다면 모든 리눅스 배포판에서 동일한 명령어 세트를 사용할 수도 있다.

이 경우 /proc/cpuinfo 가상 파일 시스템 파일을 이용하면 리눅스에서 사용중인 CPU에 관한 정보를 확인할 수 있다. 이 파일은 사용 중인 CPU가 지원하는 확장이나 특수 플래그를 보여준다.

전가상화를 지원하는 일부 시스템의 BIOS나 UEFI에서 가상화 기능을 활성화하거나 비활성화해야 할 경우가
있을 것이다. 이러한 역할을 하는 옵션의 정확한 이름은 제조사마다 다르고 또한 그 옵션의 사용 빈도도 매우
다양하다. 따라서 최상의 방법은 해당 하드웨어의 문서를 살펴보는 것이다. 이 옵션이 필수적인 시스템에서는
이를 활성화하기 전까지 리눅스 커널에서 CPU의 가상화 플래그를 이용할 수 없을 것이다.

인텔 플랫폼에서는 하드웨어 기반의 전가상화를 지원하는지 나타내는 플래그가 vmx 플래그다.
자신의 인텔 프로세서가 vmx를 제공하는지 확인하려면 다음과 같이 /proc/cpuinfo 파일에 grep
을 사용하여 실행해야 한다.

```
[root@intel-server ~]# grep -i "vmx" /proc/cpuinfo
flags   : fpu pae mce cx8 apic ...〈이하 생략〉... vmx
```

이 출력 결과에서 vmx의 존재는 인텔 프로세서의 가상화 기능에 필요한 CPU 확장들의 존재를
나타낸다.

AMD 플랫폼에서는 하드웨어 기반의 전가상화를 지원하는지 나타내는 플래그가 Secure Virtual
Machine(svm) 플래그다. 자신의 AMD 프로세서가 svm을 제공하는지 확인하려면 다음과 같이
/proc/cpuinfo 파일에 grep을 사용하여 실행해야 한다.

```
[root@amd-server ~]# grep -i "svm" /proc/cpuinfo
flags   : fpu vme de pse 3dnowext ...〈이하 생략〉...svm
```

이 출력 결과에서 svm의 존재는 AMD 프로세서의 가상화 기능에 필요한 CPU 확장들의 존재를
나타낸다.

▓ KVM 예제

앞서 언급했듯이, KVM은 다양한 플랫폼과 배포판을 지원한다. 이 절에서는 페도라 배포판에서
예제 KVM 구현에 대해 다룰 것이다.

여기서는 libvirt C 라이브러리를 기반으로 한 도구 모음을 사용할 것이다. 특히 GUI 프로그램과
커맨드라인 유틸리티 모두를 제공하는 데스크톱 사용자 인터페이스인 가상머신 관리자(virt-
manager) 애플리케이션 툴킷을 사용한다.

이 예제에서 가상머신 구축을 쉽게 해주는 커맨드라인 프로그램 virt-install을 사용할 것이
다. 또한 virt-manager 응용프로그램에 API를 제공하는 그래픽 환경의 VM 생성 마법사를 사
용할 것이다.

예제 호스트 시스템의 사양은 다음과 같다.

- 전가상화를 지원하는 하드웨어 (특히 AMD-V)

- 메모리 16GB

- 호스트 OS를 설치할 충분한 디스크 공간

- 페도라 배포판을 구동중인 호스트 OS

- 예제 가상화 환경의 요건은 다음과 같다.

- 내장된 KVM 가상화 플랫폼을 사용

- 페도라 배포판을 사용하는 게스트 OS(VM) 설치. 호스트 시스템의 DVD 드라이브(/dev/sr0)에 있는 설치 매체를 사용하여 페도라를 설치할 것이다.

- VM에 총 10GB 디스크 공간을 할당

- VM에 1GB 메모리 공간을 할당

다음과 같은 과정을 통해 위 요건들을 달성할 것이다.

1. yum을 사용하여 Virtualization 패키지 그룹을 설치한다. 이 패키지는 python-virtinst, qemu-kvm, virt-manager, virt-viewer 패키지로 구성되어 있다.

   ```
   [root@fedora-server ~]# yum groupinstall 'Virtualization'
   ```

2. libvirtd 서비스를 실행한다.

   ```
   [root@fedora-server ~]# service libvirtd start
   Starting libvirtd (via systemctl): [ OK ]
   ```

   페도라처럼 systemd가 활성화된 시스템에서는 다음과 같이 systemctl 명령을 사용하여 libvirtd 서비스를 실행할 수 있다.

   ```
   [root@fedora-server ~]# systemctl start libvirtd.service
   ```

3. chkconfig 유틸리티를 사용하여 libvirtd 서비스를 시스템 부팅 시에 자동으로 실행하도록 설정한다.

   ```
   [root@fedora-server ~]# chkconfig libvirtd on
   ```

   서비스 관리자로 systemd를 사용하는 배포판에서는 systemctl 유틸리티를 사용하여 libvirtd 서비스 유닛 파일을 활성화하여 자동으로 실행되도록 한다.

   ```
   [root@fedora-server ~]# systemctl enable libvirtd.service
   ```

4. virsh 유틸리티를 사용하여 시스템에 가상머신이 활성화되어 동작하는지 확인한다.

```
[root@fedora-server ~]# virsh list
 Id  Name                State
----------------------------------
```

이 출력 결과에 아무런 오류 메시지가 없다면 정상적인 것이다.

5. 각 VM에 관련된 모든 파일을 해당 가상머신 이름으로 된 폴더 아래에 저장할 것이다. 따라서 예제 가상머신의 이름인 fedora-VM 디렉터리를 생성하여 VM 파일을 저장한다. 이를 위해 다음과 같이 입력한다.

```
[root@fedora-server ~]# mkdir -p /home/vms/fedora-VM/
```

6. python-virtinst 패키지에 포함된 virt-install 유틸리티를 사용하여 가상머신을 설치한다. virt-install 유틸리티는 콘솔에서 몇 가지 질문에 답하는 방식의 설치 마법사로 실행된다. 다음과 같이 virt-install을 실행한다.

```
[root@fedora-server ~]# virt-install --hvm --video vga -prompt
```

7. 가상머신의 이름을 fedora-VM으로 설정한다.

```
What is the name of your virtual machine?
fedora-VM
```

8. VM에 1GB 또는 1000MB의 메모리 공간을 할당한다.

```
How much RAM should be allocated (in megabytes)?
1000
```

9. 가상 디스크 이미지를 fedora-VM-disk라는 이름으로 /home/vms/fedora-VM/ 디렉터리에 저장한다.

```
What would you like to use as the disk (file path)?
/home/vms/fedora-VM/fedora-VM-disk.img
```

10. 가상 디스크의 크기를 10GB로 지정한다.

```
How large would you like the disk (/home/vms/fedora-VM/fedora- VM-disk) to
be (in gigabytes)?
10
```

11. 예제 서버의 광학 드라이브 장치(CD-ROM)는 /dev/sr0이다. 가상 CD 장치로 이를 입력한다.

```
What is the install CD-ROM/ISO or URL?
/dev/sr0
```

대부분의 경우 제조사의 ISO 이미지 파일을 직접 사용하는 것이 게스트 OS를 설치하고 관리하는 데 여러모로 더 편리하다. 이러한 방식은 이미지 복사 관리자에서 다운로드한 이미지 파일의 전체 경로에 관해 걱정할 필요가 없어진다. 예를 들어 새로운 버전의 리눅스 배포판이 출시될 때마다 CD나 DVD 또는 플래시 드라이브용인지 물어보게 된다. ISO 이미지를 직접 사용하면 단지 커맨드라인이나 KVM GUI에서 "...install CD-ROM/ISO or URL" 항목을 지정하기만 하면 된다. 만약 64비트용 페도라 20 이미지를 다운로드하여 저장했다면 그 경로를 "/media/downloads/Fedora-20-x86_64-DVD.iso"와 같이 지정할 수 있다.

12. 새로 설정한 VM은 Virt Viewer 윈도우에서 즉시 실행하도록 한다. VM은 가상 CD 드라이브인 /dev/sr0의 설치 매체로부터 부팅을 시도한다. 다음 그림과 유사한 화면이 나타날 것이다.

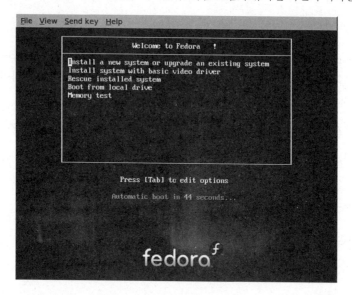

여기서부터는 일반적인 페도라 배포판과 동일하게 설치 과정을 계속 진행하면 된다(2장 참조).

virt-install 명령어는 많은 옵션들을 제공한다. 옵션들에 대한 정의는 매뉴얼을 참조하길 바란다(man 1 virt-install). 예를 들어 --os-variant와 같은 옵션은 다른 게스트 운영체제 시스템(윈도우, 유닉스, 리눅스 등)을 위한 설정을 최적화하도록 허용한다.

▨ KVM 가상머신 관리

우리는 이전 절에서 가상머신의 설치와 설정 과정을 살펴보았다. 이번 절에서는 게스트 가상머신에 관련된 일반적인 작업들에 대해 살펴볼 것이다.

대부분의 작업은 virsh라는 프로그램을 통해 이루어질 것이다. virsh는 가상 게스트 머신에 대한 관리 작업을 수행하는 데 사용한다. 게스트 머신의 종료, 재부팅, 시작 및 중단 등의 작업을 수행한다. virsh 또한 libvirt C 라이브러리 기반이다.

다른 프로그램과 마찬가지로 virsh는 커맨드라인에 옵션을 사용하여 직접 실행하거나 내장된 쉘을 작업을 수행할 수 있다. 여기서는 virsh에 내장된 쉘을 사용하는 방식을 이용할 것이다.

1. virsh의 쉘을 실행하기 위해 다음과 같이 입력한다.

    ```
    [root@fedora-server ~]# virsh
    virsh #
    ```

2. virsh는 옵션과 인자에 대한 내장 도움말 시스템을 제공한다. 다음과 같이 입력하여 모든 인자들에 대한 요약을 살펴볼 수 있다.

    ```
    virsh # help
    attach-device    attach device from an XML file
    attach-disk      attach disk device
    ...〈이하 생략〉...
    ```

3. 하이퍼바이저의 모든 가상 도메인을 나열하기 위해서 다음과 같이 입력한다.

    ```
    virsh # list --all
    Id Name              State
    -------------------------------
    - fedora-VM         shut off
    ```

    이 출력 결과는 게스트 도메인 fedora-VM이 현재 활성화되지 않은 상태라는 것을 보여준다.

4. fedora-VM 게스트 도메인에 대한 자세한 정보를 보려면 다음과 같이 입력한다.

    ```
    virsh # dominfo fedora-VM
    Id:             -
    Name:           fedora-VM
    UUID:           20310ffb-2b5a-634f-ffed-bc9bb97c05c9
    OS Type:        hvm
    State:          shut off
    CPU(s):         1
    Max memory:     1048576 kB
    Used memory:    1048576 kB
    Persistent:     yes
    Autostart:      disable
    Security model: selinux
    Security DOI:   0
    ```

5. 이제 비활성화된 fedora-VM 가상머신을 시작해보자.

    ```
    virsh # start fedora-VM
    ```

6. shutdown 인자를 사용하여 fedora-VM 도메인을 정상적으로 종료시켜보자.

```
virsh # shutdown fedora-VM
```

7. fedora-VM 도메인에 문제가 생겨 가상머신이 멈춰버린 경우에는 다음과 같이 입력하여 도메인을 종료할 수 있다.

```
virsh # destroy fedora-VM
```

8. fedora-VM을 하이퍼바이저 설정에서 제거하려면 다음과 같이 입력한다.

```
virsh # undefine fedora-VM
```

우분투/데비안에서 KVM 설치하기

다양한 리눅스 배포판의 가상화 솔루션들 간의 한 가지 차이점은 해당 가상화 솔루션을 중심으로 만들어진 관리 도구라고 언급했었다.

앞에서 설치한 KVM 가상화는 페도라, 레드햇, CentOS 플랫폼 등에서 동작하도록 설계된 관리 도구(virt- manager, virt-install 등)를 사용하였다. 여기서는 약간의 수정을 가해 다른 리눅스 배포판에서도 동작하는 KVM을 설치하는 법을 살펴볼 것이다.

특히 우분투에서 KVM을 설치하는 법을 살펴볼 것이다. 예제 우분투 서버의 프로세서는 가상화 CPU 확장을 지원한다. Intel VT를 지원하는 호스트 컴퓨터에서 설치할 것이다.

대상 가상머신은 데스크톱 버전의 우분투이고 http://releases.ubuntu.com/releases/12.04/ubuntu-12.04.4-desktop-amd64.iso에서 다운로드한 ISO 이미지 파일을 사용하여 설치할 것이다.

1. KVM과 QEMU 패키지를 설치한다. 우분투 서버에서 다음과 같이 입력한다.

```
master@ubuntu-server:~$ sudo apt-get -y install qemu-kvm
```

2. kvm-intel 모듈을 수동으로 불러들인다.

```
master@ubuntu-server:~$ sudo modprobe kvm-intel
```

> **참고**
> kvm-intel 모듈의 로딩은 또한 kvm 모듈을 자동으로 로드한다. AMD 기반 시스템에서는 kvm-amd 모듈이 대신 로드된다.

3. 우리는 KVM을 일반 사용자로 실행할 것이다. 따라서 kvm 시스템 그룹에 테스트용 사용자 yyang을 추가해야 한다.

```
master@ubuntu-server:~$ sudo adduser yyang kvm
```

4. 시스템을 로그아웃한 후에 다시 사용자 yyang으로 로그인하여 새로운 그룹의 멤버로 적용되도록 한다.

5. 사용자의 홈 디렉터리에 가상머신을 저장할 폴더를 만들고 그 디렉터리로 이동한다.

```
yyang@ubuntu-server:~$ mkdir -p /home/yyang/vms/ubuntu-VM
yyang@ubuntu-server:~$ cd /home/yyang/vms/ubuntu-VM
```

> **참고** libvirt와 virt-manager는 최신 버전의 우분투 배포판에서 사용 가능하도록 포팅되어 있다. virt-manager는 다음과 같이 쉽게 설치할 수 있다.
>
> ```
> master@ubuntu-serverA:~$ sudo apt-get install virt-manager
> ```

6. qemu-img 유틸리티를 사용하여 가상머신용 디스크 이미지를 만든다. 이미지의 크기는 10GB이고, 가상 디스크를 저장한 파일의 이름은 disk.img가 된다. 다음과 같이 입력한다.

```
yyang@ubuntu-server:~/vms/ubuntu-VM$ qemu-img create disk.img -f qcow2 10G
```

> **팁** qemu-img 명령어에 사용한 -f 옵션은 디스크 이미지 포맷을 지정하는 데 사용한다. 여기서는 -qcow2 포맷을 사용한다. 이 포맷은 디스크 공간 절약 기능을 제공한다. 미리 디스크 공간을 전부 할당하는 방식을 사용하지 않고 파일이 만들어지면 그 때 파일의 크기만큼 점차적으로 가상 디스크 이미지 공간을 늘려간다. 또 다른 흥미로운 가상 이미지 디스크 포맷 옵션은 -vmdk 옵션이다. 이것은 VMware 가상머신과 호환되는 가상 디스크 이미지를 생성하도록 한다.

7. 가상 디스크 이미지가 만들어지고 나면 kvm 명령에 직접 옵션을 전달하여 VM용 인스톨러를 실행할 수 있다. 다음과 같이 사용한다.

```
yyang@ubuntu-server:~/vms/ubuntu-VM$ kvm -m 1024
-cdrom ubuntu-12.04-desktop-amd64.iso
-boot d disk.img
```

kvm 명령에 사용할 수 있는 옵션은 다음과 같다.

- **-m**: VM에 할당한 메모리의 크기를 지정한다. 여기서는 1024MB, 즉 1GB를 지정하였다.

- **-cdrom**: 가상 CD-ROM을 지정한다. 이 예제에서는 앞에서 다운로드하여 현재 디렉터리에 저장한 ISO 이미지를 가리키도록 했다.

- **-boot d**: 부팅 장치를 지정한다. 예제의 d는 CD-ROM을 의미한다. 다른 옵션으로는 플로피 디스크(a), 하드 디스크(c), 네트워크(n)가 있다.

- **disk.img**: 원본 하드 디스크 이미지를 지정한다. 이것은 qemu-img를 사용하여 만든 가상 디스크다.

8. 새롭게 설정한 VM을 QEMU 윈도우에서 즉시 실행해본다. VM은 -cdrom 옵션에 지정한 ISO 이미지로부터 부팅을 시도한다. 다음과 유사한 화면이 나타날 것이다.

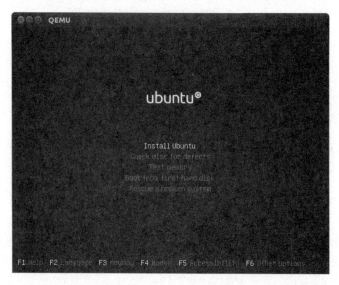

9. 여기서부터는 일반적인 배포판과 동일하게 설치 과정을 계속 진행하면 된다(2장 참조).

10. VM에 운영체제가 설치되고 나면 kvm 명령으로 가상머신을 부팅할 수 있다.

```
yyang@ubuntu-server:~/vms/ubuntu-VM$ kvm -m 1024 disk.img
```

이 명령에서는 부팅 매체로 ISO 이미지를 지정하지 않았다. 이미 설치 과정에서 완료하였기 때문에 더 이상 지정할 필요가 없다.

요약

오늘날에는 많은 가상화 기술과 솔루션들이 존재한다. 더 오래되었거나 최신의 솔루션도 있지만 기본적인 목적은 모두 동일하다. 가상화 기술은 클라우드 컴퓨팅 기술의 혁신과 적용의 한가운데에 위치한다. 가상화의 강력함, 규모 등은 분산 파일 시스템과 같은 다른 기술과 합쳐질 때보다 더 드러날 수 있다. 가상화는 분명히 모든 정보 기술 문제에 있어 만병통치약은 아니다. 하지만 가상화 기술을 단순히 무시하기에는 너무나도 매력적이다.

이 장에서는 기본적인 가상화 개념과 가상화 방법을 살펴보았다. 또한 리눅스에서 제공하는 가상화에 대해 살펴보았다. 특히 KVM 플랫폼은 리눅스 커널에 완전히 통합되었기 때문에 많은 시간을 할애하였다.

마지막으로 KVM을 설치하고 사용하는 실제 예제를 살펴보았다. 첫 번째 예제는 libvirt 라이브러리 기반의 가상머신 관리 도구를 사용하였다. 두 번째 예제는 가상화 관리 도구를 사용하지 않는 리눅스 배포판에서 KVM을 설치하고 사용하는 법을 살펴보았다.

CHAPTER 30

백업

서버를 백업하지 않고 방치해두는 것은 재난이 다가오길 기다리는 것과 마찬가지다. 백업을 수행하는 것은 시스템 관리자의 의무이자 서버 관리의 중요한 부분이다. 이는 서버가 어떤 운영체제에서 동작하는가와는 무관한 사실이다. 이 장에서는 리눅스 배포판에서 제공하는 백업 방법에 대해 설명한다. 많은 비용을 지불하고 좋은 상업용 백업 소프트웨어를 구입할 수도 있지만 최상의 솔루션은 자신의 사이트 규모와 필요에 따라 백업 솔루션을 선택하는 것이다.

백업 계획

백업 솔루션을 개발하는 건 그리 쉬운 일이 아니다. 네트워크 환경, 다른 서버의 자원을 백업할지 등의 다양한 요소들을 고려해야 한다. 게다가 어느 데이터부터 백업할지 등을 고려해야 한다. 예를 들어 여러 파티션을 동시에 백업하기로 결정했더라도 같은 SCSI 버스를 사용하고 있다면 경쟁이 발생하여 동시에 백업하는 이득이 사라져버릴 것이다. 그리고 백업을 얼만큼의 주기마다 할 것인지 결정해야 한다.

안타깝게도 네트워크 백업을 구성하는 데 마땅한 솔루션이 없다. 각 사이트마다 고유한 네트워크 환경이 있고 지속적으로 변하기 때문이다. 백업을 위한 적합한 솔루션을 결정하려면 다음과 같은 사항을 고려해야 한다.

- 백업할 데이터의 크기

- 백업 하드웨어와 백업 매체

- 백업에 필요한 네트워크 처리 속도

- 데이터 복구 속도와 편리함

- 데이터 중복 제거

- 테이프 관리

이러한 고려사항은 다음 절부터 살펴볼 것이다.

▧ 백업 데이터의 크기

백업할 데이터의 정확한 크기를 결정하는 것은 백업에 있어 중요한 요소다. 하지만 백업 크기를 예측하기란 쉽지 않다. 백업할 데이터의 크기가 계속 변하기 때문이다. 백업 비용을 줄이려면 항상 미리 계획하고 시도를 해본 다음에 백업 크기를 결정하는 것이 바람직하다.

또한 얼마나 자주 데이터가 변경되고 그 주기가 어떻게 되는지 확인하는 것도 중요하다. 데이터베이스처럼 자주 변경되는 데이터는 주기적으로 신속하게 백업해야 한다. 반면 /etc 디렉터리의 내용처럼 변경이 드문 파일들은 자주 백업할 필요가 없을 것이다.

백업 데이터의 요구사항을 확인할 때 압축할 수 있는 데이터인지 압축할 수 없는 데이터인지 주의 깊게 살펴봐야 한다. 로컬 디스크 용량이 상당히 크기 때문에 작업 시스템에 개인적인 음악, 사진, 동영상 파일 등이 많이 저장되어 있을 수 있다. 물론 이러한 개인적인 파일들은 기본적으로 업무상 중요치 않을 수 있지만 개인에게는 소중할 수 있다. 따라서 해당 조직의 정책에 따라 이러한 파일들을 함께 백업할지 신중히 결정해야 한다. 사용자들은 시스템의 모든 파일이 백업될 것이라고 생각하고 있는데 자신의 MP3 파일들이 백업되지 않는다는 사실을 알게 되면 당황해 할 것이다. 반면 관리자들은 사용자들이 회사에 P2P나 MP3 파일들을 가져와서 그들의 컴퓨터에 저장하여 백업 용량이 늘었다는 것을 알게 되면 역시 당황할 것이다.

▧ 백업 장치와 매체

백업할 데이터의 종류와 크기, 백업 주기 등에 따라 백업할 장치를 선택해야 한다. 흔히 사용할 수 있는 백업 매체로는 테이프, 자기 디스크, CD-R, DVD-R, SAN(Storage Area Network), NSA(Network Attached Storage), 그 밖의 네트워크 저장 장치들이 있다. 이 중 테이프가 가장 오랜 기간 널리 백업 장치로 사용되었다. 미디어 밀도가 높고 저장 방법이나 원리가 간단하기 때문이다.

테이프 중에서도 특히 사람들이 선호하는 타입은 고밀도 테이프로 테이프 하나에 더 많은 데이터를 저장할 수 있기 때문이다. 물론 고용량 테이프와 테이프 드라이브는 일반적으로 더 비싸다. 백업 데이터의 크기와 매체의 용량을 확인하고 최적의 비용으로 데이터를 백업할 수 있는 방법을 찾아보도록 한다.

참고 테이프 드라이브 제품 광고들을 보면 저마다 저장 용량을 자랑하고 있다. 하지만 광고에 나오는 숫자는 실제 데이터가 아닌 테이프에 데이터를 압축했을 때 가능한 용량이다. 압축되지 않은 데이터는 대개 압축된 데이터에 비해 절반 가량만 저장 가능하다. 그리고 압축 알고리즘은 데이터의 타입에 따라 압축률이 달라진다. 예를 들어, 텍스트 데이터는 압축률이 꽤 높지만 이미지나 음악 파일들은 압축률이 낮다. 따라서 백업을 할 때는 이렇게 다양한 종류의 파일들이 저장된다고 가정하고 백업 크기를 예측해야 한다.

디스크 기반의 백업은 최근에 많이 사용되는 방법 중 하나다. 원본 드라이브 A, B, C의 데이터를 백업 드라이브 X, Y, Z으로 백업하는 단순한 방식이다. 물론 백업 드라이브와 통신하는 프로토콜은 또 다른 문제로 여러 구현 방법이 있을 수 있다. 백업의 기본적인 목적은 파일의 삭제나 디스크 고장 등의 사고에 대비하는 것이기 때문에 디스크에 백업하는 것도 좋은 방법이다.

디스크 백업은 전송 속도가 빠르고 매체 가격이 싸며 저렴한 PC와 RAID 컨트롤러를 사용하여 RAID 시스템을 구축할 수 있다. 디스크를 추가하는 것도 상대적으로 저렴하다. 물론 고용량과 더 많은 부가 기능을 제공하는 NetApp과 같은 비싼 상업용 솔루션들도 있다.

디스크 기반 백업을 사용하면 테이프 교체 없이 예약 파일 복사를 자동으로 할 수 있고 용량 추가도 저렴하다. 하지만 단점은 저장 장치의 이동이 쉽지 않다는 것이다. 핫스왑 방식의 하드 디스크도 사용 가능하지만 이동하는 경우 테이프만큼 견고하지 못하다. 예를 들어 테이프는 아무리 떨어뜨려도 문제가 없지만 하드 디스크는 떨어뜨리면 고장 날 가능성이 높다.

CD-R과 DVD-R은 저비용 백업 매체로 현실적인 대안이 되고 있다. 이러한 광학 매체는 사용이 쉽고 값이 싸다는 장점이 있다. 하지만 테이프보다 저장 용량이 작고 수명도 짧다는 단점이 있다. 백업할 데이터의 크기가 너무 크지 않거나 데이터가 이미지 파일처럼 백업 후에 변경되지 않는 경우에 적합하다. 광학 매체의 수명은 제조사에 따라 다르지만 백업 목적으로는 수년 정도 된다고 예상하면 될 것이다.

디스크와 이동 매체를 적절히 혼합하여 사용하는 것이 적당할 것이다. 정기적인 백업은 디스크에 하고 주기적으로 백업 디스크의 내용을 테이프에 옮겨놓는 것이 좋을 것이다.

이러한 백업 옵션들 중 어느 것이든 매체 자체에 오류가 발생할 수 있다는 것을 인지해야 한다. 이러한 경우를 미연에 방지하려면 백업한 데이터를 수년에 한 번씩은 새로운 매체로 옮겨주어야 한다. 새로운 매체를 당장 사용하지 않지만 나중에 최신 장비에서 데이터를 읽고 쓸 수 있다. 일부의 경우에는 데이터 포맷도 고려해야 할 것이다. 데이터 자체는 읽을 수 있지만 데이터 포맷이 예전 방식이라 실제로 사용할 수 없게 되는 수가 있다. 이에 대한 좋은 예로, 15년 전의 3.5인치 플로피 디스크의 내용물의 사용하는 것을 여전히 신뢰할 수 있는지 말이다.

■ 네트워크 처리 속도

백업 작업을 계획할 때 간과하기 쉬운 것이 네트워크 처리 속도다. 정말로 빠른 백업 서버와 테이프 드라이브를 사용 중이더라도 데이터 전송 속도가 느리다면 아무 소용이 없을 것이다.

백업을 하기 전에 먼저 네트워크 환경을 확인해야 한다. 데이터가 어디서 와서 어디로 나갈 것인지를 살펴야 한다. MRTG(www.mrtg.org)와 같은 SNMP(Simple Network Management Protocol) 도구를 사용하여 스위치와 라우터에 대한 통계를 수집해야 한다. 그리고 허브로 연결된 시스템을 백업하는 경우 동시에 같은 도메인의 두 시스템을 백업하면 충돌이 발생할 수 있기 때문에 백업 순서를 고려해야 한다.

이러한 모든 정보들을 모으면 백업에 필요한 대역폭을 예측하는 데 도움이 될 것이다. 그리고 이러한 분석을 통해 백업에 드는 비용을 예측할 수 있을 것이다.

■ 백업 데이터 복원 성능

백업 테이프에서 데이터를 복원해달라는 요청이 들어오는 경우, 가능한 빨리 사용자들에게 데이터를 복원해줘야 할 것이다. 얼마나 빨리 데이터를 복원하느냐는 백업에 사용했던 도구의 성능에 달려있다. 이것은 백업 예산을 측정할 때 복구에 필요한 시간도 비용에 포함해야 한다는 것을 의미한다. 복원 시간을 얼만큼 소비할 것인지 따라 비용 산출이 달라질 것이다.

물론 디스크 기반 복원이 가장 빠르다. 또한 필요한 경우 사용자들이 백업 서버에 방문하여 직접 파일을 복사할 수 있다. CD-R과 DVD-R 또한 복원 속도가 빠르다. 디스크에서 파일을 복사하여 사용자에게 건네주기만 하면 되기 때문이다. 반면, 테이프는 다른 매체에 비해 상대적으로 많이 느리다. 테이프에서 복원할 파일을 순차적으로 검색하여 아카이브를 읽은 다음에 각 파일을 추출해야 한다. 테이프의 속도와 파일의 위치에 따라 복원에 시간이 필요할 것이다.

따라서 데이터 복원의 속도와 편이성도 백업 솔루션을 선택하는 요소 중 하나라는 것을 기억해야 한다.

■ 데이터 중복 제거

저장 시스템의 불필요한 여분의 데이터를 줄이기 위해서는 중복된 데이터를 없애야 한다. 달리 표현하면 "중복 데이터 복사하지 않기"라고 할 수 있다.

언제 어디서나 복사가 쉬운 디지털 세상인 오늘날에는 대다수 기업과 개인이 일상에서 다루는 데이터들은 그 다수가 동일한 파일의 사본인 경우가 많다. 이러한 불필요한 중복은 비효율적일 뿐만 아니라 백업 비용을 증가시킨다. 데이터의 중복 문제를 해결하기 위해 시스템을 어떻게 더 나은 방향으로 구축할 것인가에 대해 다음과 같은 상황을 사용하여 설명할 것이다.

Penguins 'R' US라는 이름의 기업이 존재한다고 가정해보자.

Penguins 'R' US는 사내의 모든 사용자 시스템을 평일 오전 1시에 자동으로 백업하는 기본 정책을 가지고 있다.

1. 그래픽 부서의 사용자 A가 회사의 중앙 파일 서버에서 5개의 이미지 파일을 내려 받아 자신의 작업 시스템(station-A)의 홈 폴더에 저장했다. 다섯 파일의 이름은 각각 A.jpg, B.jpg, C.jpg, D.jpg, E.gif다.

2. 사용자 시스템의 다음 백업 시간은 정확히 월요일 오전 1시다.

3. 백업 작업이 이뤄지는 동안 중복 제거 시스템은 최상의 상태를 유지하기 위해 A.jpg, B.jpg, C.jpg, D.jpg, E.gif 파일들에 대한 해시 정보를 만들어낸다.

4. 마케팅 부서의 사용자 B는 회사의 중앙 파일 서버에서 7개의 이미지 파일을 내려 받아 자신의 작업 시스템(station-B)의 폴더에 저장했다. 일곱 파일의 이름은 각각 A.jpg, B.jpg, C.jpg, D.jpg, E.gif, X.bmp, Y.gif다.

5. 다음 백업 주기인 화요일이 되면 데이터 중복 제거 시스템은 해시값을 검사하여 백업 데이터 중 A.jpg, B.jpg, C.jpg, D.jpg, E.gif 파일이 백업본에 이미 존재한다는 것을 알아차리게 된다. 그리고 station-B의 X.bmp와 Y.gif 파일은 새로운 파일로 인식한다. 따라서 이 두 파일에 대한 해시값을 생성한다.

6. 결국 중복 제거 시스템은 백업을 진행하는 과정 중에 X.bmp와 Y.gif, 이 두 파일만을 복사하도록 한다.

7. 그리고 station-B의 A.jpg, B.jpg, C.jpg, D.jpg, E.gif 파일들을 다시 복사하는 대신에 원본 파일과 백업본에 이미 저장된 변경되지 않은 파일을 가리키는 포인터 또는 마커를 사용한다.

8. 이로써 중복 제거 시스템은 백업 시간이 되면 저장 공간에 Penguins 'R' US를 성공적으로 저장한다.

▓ 테이프 관리

백업 데이터의 크기가 점점 커지는 만큼 백업 데이터를 어떻게 관리할 것인가가 중요해진다. 물론 백업 데이터를 관리해주는 상업용 프로그램을 고려하고 있다면 테이프를 어떻게 관리하고 인덱싱하는지 확인해봐야 한다. 50개의 백업 테이프에 데이터를 가지고 있는데 복구할 파일이 어디 있는지 찾을 수 없다면 아무 소용이 없다. 이러한 문제는 백업을 하면서 더 많은 수의 테이프가 사용되면 더욱 심각해진다.

테이프로 백업을 할 때는 테이프 드라이브가 어디 있는지와 어떤 시스템에 연결되는지를 고려해야 한다.

백업 테이프가 이미 많은 디스크를 가진 서버에 존재하는지, 전용 스풀링 디스크를 가진 전용 서버에서 유지되는지를 확인해야 한다. 또한 데이터를 전송하는 데 사용하는 버스에 경쟁 상황이 발생하는지 등을 살펴봐야 한다. 예를 들어 SCSI 테이프 드라이브에 데이터를 백업하는 경우 SCSI 체인에 연결된 다른 장치가 버스를 사용하고 있는지를 말이다.

마지막으로, 테이프 드라이브에 데이터를 지연 없이 전송할 수 있을 만큼 충분한 속도를 가지는지를 살펴봐야 한다. 데이터를 연속적으로 전송하기에 충분한 속도를 갖지 못한다면 더 많은 데이터를 가져올 때까지 쓰기를 멈추게 될 것이다. 느린 시스템에서는 이러한 중단 현상으로 드라이브가 테이프를 재구성하고 다음 데이터를 저장할 위치를 찾는 데 수초가 걸릴 수 있다. 백업 한 번에 이러한 중단 현상이 수천 번 발생한다면 백업 시간이 엄청나게 증가할 것이다.

테이프 장치 관리하기

리눅스에서 테이프 장치는 다른 장치와 마찬가지로 장치 파일로 인식된다. 테이프 장치의 파일명은 테이프 드라이브의 종류, 동작 모드(자동 되감기 또는 되감기 없음), 시스템에 연결된 테이프 장치의 개수에 따라 정해진다.

예를 들어 SCSI 테이프 드라이브는 다음과 같은 장치명 체계를 가진다.

장치 파일명	용도
/dev/stX	자동 되감기 기능이 있는 SCSI 테이프 장치로 X는 테이프 드라이브의 번호를 나타낸다. 테이프 드라이브의 번호는 SCSI 체인에 연결된 드라이브의 순서대로 매겨진다.
/dev/nstX	되감기 기능이 없는 SCSI 테이프 장치로 X는 테이프 드라이브의 번호를 나타낸다. 테이프 드라이브의 번호는 SCSI 체인에 연결된 드라이브의 순서대로 매겨진다.

예를 들어 하나의 SCSI 테이프 드라이브를 가지고 있다면 /dev/st0나 /dev/nst0라는 이름의 장치 파일을 사용하면 될 것이다. /dev/st0 장치를 사용하면 드라이브는 파일들을 테이프에 저장한 후 자동으로 테이프 되감기를 할 것이다. 반면 /dev/nst0 장치를 사용하는 경우에는 파일 하나를 테이프에 저장하고 파일의 끝을 표시하고 나서도 테이프는 처음으로 돌아가지 않고 현재 위치에 그대로 남아있게 된다. 따라서 여러 파일을 테이프 하나에 저장할 때 사용한다.

참고 SCSI 장치가 아닌 경우에는 다른 장치명 체계를 사용한다. 안타깝게도, SCSI 장치가 아닌 경우에는 백업 장치명에 대한 표준이 존재하질 않는다. 예를 들어 QIC-02 테이프 컨트롤러라면 /dev/tpqic*라는 파일명을 사용한다. 만약 SCSI 타입이 아닌 테이프를 사용하면 드라이브 매뉴얼에서 해당 장치의 이름을 확인해야 할 것이다.

되감기 모드를 지원하는 장치에는 /dev/tape를, 되감기 모드를 지원하지 않는 장치에는 /dev/nrtape와 같은 심볼릭 링크를 만들어 사용하는 것이 편리할 것이다. 즉 /dev/tape는 /dev/st0를 가리키고 /dev/nrtape는 /dev/nst0를 가리키도록 한다. 이것은 명령어를 실행할 때 테이프 장치의 이름을 입력하기 쉽게 만든다(ln 명령을 사용하여 심볼릭 링크를 만들 수 있다. 자세한 내용은 5장을 참조하길 바란다).

백업 장치 파일이 일반적인 디스크의 파일과 다른 점은 파일 시스템 구조를 갖지 않는다는 것이다. 이러한 파일들은 테이프가 가득 차거나 파일의 끝을 가리키는 표시를 만날 때까지 테이프에 연속적으로 쓰여진다. 테이프 장치가 되감기 모드를 사용하지 않는다면 쓰기 헤드는 파일을 끝까지 쓴 후에 제자리를 유지하고 다음 파일을 쓸 준비를 한다.

테이프 장치는 마치 여러 장으로 구성된 책과 유사하다고 할 수 있다. 책의 제본된 종이는 문장을 담고 있어 테이프가 파일을 담고 있는 것과 유사하다. 또한 출판사는 백업 소프트웨어에 해당하고 책의 각 장은 테이프의 위치에 해당한다. 그리고 독자가 책 한 장을 다 읽고 덮었다가 다음 번에 그 다음 장을 찾아 계속해서 읽는 것은 자동 되감기 방식에 해당하고 책을 읽던 페이지를 펼쳐놓고 나갔다가 다시 그 자리에서부터 읽는 것은 되감기 방식을 지원하는 않는 것과 유사하다.

mknod와 scsidev를 사용하여 장치 파일 만들기

/dev/st0나 /dev/nst0 파일이 없다면 mknod 명령어를 사용하여 파일을 만들 수 있다. SCSI 테이프 드라이브의 주 장치 번호는 9이고, 부 장치 번호는 자동 되감기를 지원하는지 여부에 따라 달라진다. 0번부터 15번까지는 자동 되감기 장치 0부터 15번을 나타낸다. 128번부터 143번까지는 되감기 없는 장치 0부터 15번을 나타낸다. 그리고 테이프 드라이브는 문자 장치다.

따라서 /dev/st0 파일을 만들려면 다음과 같이 mknod 명령을 사용해야 한다.

```
[root@server ~]# mknod /dev/st0 c 9 0
```

그리고 /dev/nst0 파일은 다음과 같이 만든다.

```
[root@server ~]# mknod /dev/nst0 c 9 128
```

장치 파일을 만드는 또 다른 방법은 scsidev 프로그램을 사용하는 것이다. 이 프로그램은 SCSI 하드웨어의 상태를 나타내는 /dev/scsi 디렉터리에 장치 파일을 만든다. 해당 장치의 종류(블록 또는 문자), 주 장치 번호, 부 장치 번호를 입력하여 만든다. 이 방법은 이름 체계가 복잡하다는 단점이 있다.

scsidev 프로그램을 사용하여 만든 테이프 장치의 이름은 다음과 같은 형태를 나타낸다.

```
/dev/scsi/sthA-0cBiTlL
```

여기서 *A*는 호스트 번호, *B*는 채널 번호, *T*는 대상 ID, *L*은 논리 항목 번호를 의미한다.

이러한 이름 체계는 혼란스럽고 이해하기 힘들 수도 있다. 하지만 여기서 중요한 점은 어떠한 방식으로 장치 파일에 이름을 붙여도 결국 해당 장치의 주 번호와 부 번호를 사용하게 된다는 것이다. 즉 다시 말해서 어떻게 이름을 붙이든 같은 장치 드라이버를 사용하게 된다.

mt 명령으로 테이프 장치 조작하기

mt 프로그램은 테이프 드라이브를 간단히 조작할 수 있는 프로그램이다. 테이프 되감기, 테이프 꺼내기, 특정 파일 탐색 등의 작업을 수행할 수 있다. 백업에 있어서 mt 프로그램의 되감기와 탐색 기능은 꽤 유용하게 사용된다. mt 프로그램은 mt-st 소프트웨어 패키지에 포함되어 있다. 페도라와 같이 RPM 기반의 배포판에서는 다음과 같이 설치할 수 있다.

```
[root@fedora-server ~]# yum -y install mt-st
```

커맨드라인에서 mt 명령의 옵션을 지정할 수 있다. 표 30-1은 mt 명령의 옵션을 설명한 것이다.

참고 자동 되감기 기능이 있는 테이프 장치에서 mt 명령을 사용하고 나면 자동으로 되감기를 하게 된다. 이러한 기능은 특정 파일을 찾고자 하는 경우 오히려 더 혼란스러울 수 있다.

/dev/nst0 장치에서 백업 테이프를 되감으려면 다음과 같이 입력한다.

```
[root@server ~]# mt -f /dev/nst0 rewind
```

헤드를 이동시켜 테이프의 세 번째 파일을 읽기 위해서는 다음과 같이 입력한다.

```
[root@server ~]# mt -f /dev/nst0 asf 2
```

● 표 30-1. mt 명령 인자

mt 명령 인자	설명
-f *tape_device*	테이프 장치를 지정한다. 되감기 모드가 없는 첫 번째 SCSI 테이프 장치는 /dev/nst0다.
fsf *count*	헤드의 현 위치에서부터 *count* 번째 파일을 향해 헤드를 앞으로 이동한다. 예를 들어 테이프가 첫 번째 파일 블록에 위치하고 있을 때 fsf 1를 입력하면 두 번째 파일을 읽기 위해 헤드가 앞으로 이동한다.
asf *count*	파일의 처음에서부터 *count*가 가리키는 만큼 이동한다. 따라서 테이프를 처음으로 되감고 나서 *count* 번째 파일로 이동한다.
rewind	테이프를 처음으로 되감는다.
erase	테이프의 내용을 지운다.
status	테이프의 상태 정보를 보여준다.
offline	테이프를 오프라인 상태로 만들고 가능하다면 테이프를 꺼낸다.

커맨드라인 백업 도구

리눅스는 데이터 백업 및 복구를 위해서 여러 커맨드라인 프로그램을 제공한다. 관리 프로그램으로서는 부족하지만 사용이 편리하고 간단한 백업 및 복구 작업에 사용하기에는 손색이 없다. 사실 많은 상업용 제품이나 정식 백업 소프트웨어들도 내부적으로는 이러한 백업 도구들을 사용하고 있다.

▨ dump와 restore

dump 프로그램은 파일 시스템 전체의 사본을 만드는 데 사용한다. 반대로 restore 프로그램은 이렇게 만들어진 사본을 통해 파일을 복구하는 데 사용한다.

dump에서 증분 백업을 지원하기 위해서는 **덤프 레벨**이라는 개념을 사용한다. 덤프 레벨 0은 전체 백업을 의미한다. 덤프 레벨이 0보다 큰 경우에는 이전에 수행했던 더 낮은 덤프 레벨과 비교하여 일부만을 백업하게 된다. 예를 들어 덤프 레벨 1은 덤프 레벨 0 이후에 변경된 내용들만을 백업하게 된다. 마찬가지로 덤프 레벨 2는 최근 덤프 레벨 1 이후로 변경된 파일들을 백업하게 된다. 이러한 방식으로 덤프 레벨 9까지 이어지게 된다.

세 번의 dump를 수행한다고 가정해보자. 첫 번째는 레벨 0, 두 번째와 세 번째는 레벨 1로 덤프를 수행한다. 첫 번째 덤프는 당연히 전체 백업이다. 두 번째 덤프(레벨 1)에서는 첫 번째 덤프 이후로 변경된 것들만 백업한다. 세 번째 덤프(레벨 1) 역시 레벨 0 이후의 변경 파일들만 백업한다. 만약 레벨 2의 네 번째 덤프가 있다면 레벨 1 이후로 변경된 파일들을 백업했을 것이다.

dump 유틸리티는 /etc/dumpdates 파일에 덤프에 관한 모든 정보를 저장한다. 이 파일은 어떤 백업 파일 시스템을 백업하고 언제 백업했는지, 덤프 레벨은 몇인지 등에 대해 기록하고 있다. 이러한 정보를 가지고 복원에 사용할 테이프가 어떤 것인지 파악할 수 있다. 예를 들어 월요일에 레벨 0으로 백업하고 화요일과 수요일에 레벨 1로 증분 백업을 하고 마지막으로 목요일과 금요일에 레벨 2의 증분 백업을 실행한다고 가정한다. 그리고 화요일에 마지막으로 변경된 파일이 금요일에 실수로 지워졌다고 하면 이 파일은 화요일 밤의 증분 백업으로부터 복원할 수 있다. 그리고 지난 주에 마지막으로 수정된 파일은 이번 주 월요일 레벨 0 테이프에서 복구할 수 있다.

> **참고** dump 프로그램은 대부분의 리눅스 배포판에 포함되어 있다. 만약 자신의 배포판에 기본적으로 포함되어 있지 않으면 패키지 관리자를 사용하여 쉽게 설치할 수 있다(예를 들어 페도라에서는 yum install dump 명령으로). 이 유틸리티는 파일 시스템 의존적이기 때문에 리눅스 기본 파일 시스템들에서만(ext2, ext3, ext4, Btrfs) 정상적으로 동작한다. ReiserFS, JFS, XFS와 같이 다른 파일 시스템을 사용하면 해당 파일 시스템을 위한 dump 프로그램을 찾아야 할 것이다.

dump 사용하기

dump 프로그램은 커맨드라인 유틸리티다. 따라서 많은 명령 인자를 가지고 있지만 표 30-2에서
는 중요한 몇 가지 인자들만을 설명한다.

● **표 30-2**. dump 명령 인자

dump 명령 인자	설명
-n	덤프 레벨을 지정한다. n은 0부터 9까지 지정할 수 있다.
-a	테이프의 크기를 자동적으로 설정한다. -b, -B, -d, -s 옵션을 지정하지 않는 한 dump의 기본 동작이다.
-j	bzip2 압축 방식을 사용한다. bzip2는 압축률이 높지만 CPU 소모량이 커서 일반적으로 많이 사용되지 않는다. 따라서 이 압축 방식을 사용하려면 시스템이 테이프에 데이터를 전달하는 데 지연 현상이 없을 정도로 빠른 속도를 지녀야 한다. 또한 이 옵션은 다른 유닉스 시스템과 호환되지 않는다.
-z	gzip 압축 방식을 사용한다. 이 옵션도 다른 유닉스 시스템과 호환되지 않는다.
-b blocksize	덤프 크기를 blocks로 설정한다. 단위는 'KB다.
-B count	테이프당 덤프할 레코드의 수를 지정한다. 만약 덤프할 테이프 공간이 부족하다면 dump는 새로운 테이프를 삽입하라고 알려준다.
-f filename	최종 덤프 파일의 이름을 지정한다. 덤프 파일을 다른 파일 시스템의 일반 파일로 만들거나 테이프 장치에 저장할 수 있다. /dev/st0과 같은 SCSI 테이프 장치에 저장할 수 있다.
-u	덤프가 성공하면 /etc/dumpdates 파일에 해당 정보를 저장한다.
-a density	테이프의 밀도(density)를 인치당 비트 수로 지정한다.
-s size	테이프의 크기(size)를 피트 단위로 지정한다.
-w	실제로 덤프를 수행하지 않고 어떤 파일 시스템이 덤프가 필요한지 표시한다. /etc/dumpdates 파일과 /etc/fstab 파일의 정보를 토대로 판단한다.
-L label	resfore 명령에서 읽을 수 있도록 덤프에 이름을 붙인다.
-s	실제로 덤프를 수행하지 않고 덤프의 크기를 측정한다.

예를 들어 /dev/sda1 파일 시스템을 레벨 0으로 /dev/st0 장치에 백업하려면 다음과 같이 실행한
다.

```
[root@server ~]# dump   -0   -f /dev/st0 /dev/sda1
```

테이프 크기 계산 막기

dump 프로그램은 덤프를 수행하기 위해서 반드시 테이프의 크기를 알고 있어야 한다. 다중 볼륨
백업 시에 이 정보를 사용하여 다음 테이프를 삽입하라고 명령하게 된다. 관리자가 테이프의 크
기도 모르고 -a 옵션을 사용하여 크기를 계산할 수도 없더라도, 관리자는 덤프가 테이프에 들어
갈 수 있을지 없을지 정도는 알고 있을 수 있다(예를 들어 관리자가 덤프할 파티션이 2GB라는

것을 알고 있고 테이프의 용량이 5GB인 경우). 이러한 경우 약간의 트릭을 사용하여 dump가 자동으로 테이프의 크기를 계산하지 않도록 하여 덤프가 잘못되는 것을 막을 수 있다. 백업 장치에 직접 데이터를 덤프하는 대신에 출력물을 표준 출력(stdout)으로 일단 보내는 것이다. 그리고 나서 cat 명령을 사용하여 덤프를 다시 테이프로 전달하는 것이다. 이러면 안전하게 데이터를 덤프할 수 있다. 이전 절에서 사용한 예제를 사용하여 다음과 같이 입력하면 된다.

```
[root@server ~]# dump -0 -f - /dev/sda1 | cat >> /dev/st0
```

백업한 데이터를 표준 출력으로 보냈기 때문에 하드웨어 압축이나 내장 압축 명령을 사용하는 대신에 직접 압축 프로그램을 사용할 수 있다. 예를 들어 덤프 내용을 압축하기 위해 다음과 같이 gzip을 사용할 수 있다.

```
[root@server ~]# dump -0 -f - /dev/sda1 | gzip --fast -c >> /dev/st0
```

> **주의**
>
> 현재 사용 중인 파일 시스템을 백업하는 것은 위험이 따른다. 가장 안전한 방법은 파일 시스템을 사용하지 못하도록 언마운트하는 것이다. 백업을 하기 위해서는 해당 시간 동안은 어쩔 수 없이 사용자들의 불편을 감수해야 한다. 그 다음으로 중요한 것은 주기적으로 백업을 검증하는 것이다.
>
> 백업을 검증하는 좋은 방법은 이후에 다루게 될 restore 프로그램을 사용하여 테이프를 전부 읽어 파일을 복원 테스트를 해보는 것이다. 물론 재미없고 지루한 일이긴 하지만 많은 시스템 관리자들이 백업을 잘못하여 해고되는 경우가 있기 때문에 이를 소홀히 해서는 안 된다.

dump로 시스템 전체 백업하기

dump 유틸리티는 파일 시스템 하나를 아카이브하는 방식으로 동작한다. 따라서 시스템이 여러 파일 시스템으로 구성되어 있으면 모든 파일 시스템에 대해 dump 명령을 실행해야 한다. dump는 결과물을 하나의 큰 파일로 만들기 때문에 되감기 없는 테이프 장치를 사용하여 여러 덤프 파일을 한 테이프에 저장할 수 있다.

SCSI 테이프 장치, /dev/nst0에 백업한다고 가정하면 먼저 어느 파일 시스템을 백업할 것인지 결정해야 한다. 백업 파일 시스템에 대한 정보는 /etc/fstab 파일에 저장되어 있다. 분명한 것은 /dev/cdrom과 같은 장치의 파일들은 백업하길 원치 않을 것이다. 따라서 이러한 장치는 백업을 건너뛰어야 한다. 또한 데이터에 따라 백업하거나 하지 않을 수 있다. swap과 /tmp와 같은 일부 파티션은 백업하길 원하지 않을 것이다. 그럼 실제로 /dev/sda1, /dev/sda3, /dev/sda5, /dev/sda6 파티션들을 백업해보자. 이 파티션들을 압축하여 /dev/nst0 장치에 백업하려면 다음과 같이 각 명령어들을 실행해야 한다.

```
[root@server ~]# mt -f /dev/nst0 rewind
[root@server ~]# dump -0uf - /dev/sda1 | gzip --fast -c >> /dev/nst0
[root@server ~]# dump -0uf - /dev/sda3 | gzip --fast -c >> /dev/nst0
```

```
[root@server ~]# dump -0uf - /dev/sda5 | gzip --fast -c >> /dev/nst0
[root@server ~]# dump -0uf - /dev/sda6 | gzip --fast -c >> /dev/nst0
[root@server ~]# mt -f /dev/nst0 rewind
[root@server ~]# mt -f /dev/nst0 eject
```

첫 번째 mt 명령은 데이터를 테이프의 앞부분부터 쓰기 위해 테이프를 되감는 과정이다. 그리고
이후의 모든 dump 명령들은 각 파티션의 덤프 파일을 gzip으로 압축한 후 테이프로 전송하는
과정이다. 좀 더 빨리 백업을 만들기 위해 gzip에 --fast 옵션을 사용하였다. 이 옵션은 보통
수준보다 낮은 압축률을 사용하여 빠르게 압축한다. gzip의 -c 옵션은 압축 결과물을 표준 출력
으로 보내게 한다. 그러고 나서 테이프를 되감은 후 꺼낸다.

restore 사용하기

restore 프로그램은 dump 프로그램으로 만든 덤프 파일을 읽어서 개별 파일과 디렉터리들을
복구한다. restore는 커맨드라인 프로그램이긴 하지만 테이프의 디렉터리 구조를 살펴볼 수 있
는 좀 더 직관적인 대화식 모드를 제공한다. 표 30-3은 restore 유틸리티의 커맨드라인 옵션을
설명한 것이다.

● **표 30-3**. restore 명령 옵션

restore 옵션	설명
-I	대화식 모드를 사용한다. 테이프에서 디렉터리 내용을 읽어 쉘과 유사한 인터페이스로 디렉터리를 이동하거나 복구할 파일을 선택할 수 있다. 복구할 파일들을 선택하면 restore는 덤프 파일을 확인하여 해당 파일들을 복구한다. 대화식 모드는 개별 파일들을 복구하기에 편리하고 특히 복구할 파일이 어느 디렉터리에 있는지 모를 경우 유용하다.
-r	파일 시스템을 다시 구성한다. 파일 시스템의 모든 파일을 날려버린 경우(디스크 고장 등) 이 옵션을 사용하면 새 파일 시스템을 만들어 해당 시스템의 덤프 파일로부터 모든 파일과 디렉터리를 복구할 수 있다.
-b blocksize	덤프 블록 크기를 blocksize KB(킬로바이트)로 설정한다. restore는 이 값을 지정하지 않으면 자동으로 계산한다.
-f filename	filename 파일로부터 덤프를 읽어 복구한다.
-T directory	복구에 사용할 임시 저장 디렉터리를 지정한다. 기본값은 /tmp다.
-v	자세한 정보를 출력한다. restore의 각 단계를 자세히 보여준다.
-y	파일 복구 중에 오류가 발생하면 사용자에게 재시도 여부를 묻지 않고 자동으로 재시도한다.

restore 프로그램의 일반적인 실행 방식은 다음과 같다.

```
[root@server ~]# restore -ivf /dev/st0
```

이 명령은 /dev/st0(첫 번째 SCSI 테이프 장치) 장치에서 덤프 파일을 가져온다. 그리고 각 과정

을 자세히 출력하고 복구할 파일을 선택할 수 있는 대화식 모드를 실행한다.

파일 시스템을 완전히 날려버린 경우에는, 해당 파일 시스템의 타입에 맞는 mkfs.* 명령을 사용하여 파일 시스템을 다시 만들고 나서 restore로 파일 시스템을 복구한다. 예를 들어 ext4 파일 시스템으로 포맷된 단일 파티션(/dev/sdb1)을 가진 외부 SATA(Serial Advanced Technology Attachment) 드라이브(/dev/sdb)가 고장이 났다고 가정해보자. 고장 난 드라이브를 새 드라이브로 교체하고 나면 새로운 파티션을 생성하고 파일 시스템을 만든다.

```
[root@server ~]# mkfs.ext4 /dev/sdb1
```

그 다음은 적당한 위치에 파일 시스템을 마운트한다. /home 디렉터리에 마운트한다면 다음과 같이 입력한다.

```
[root@server ~]# mount /dev/sdb1 /home
```

마지막으로, SCSI 테이프 드라이브(/dev/st0)에서 덤프 파일을 읽어 들여 파일을 복구한다.

```
[root@server ~]# cd /home; restore -rf /dev/st0
```

> 👉 **팁**
>
> gzip으로 압축하여 백업한 경우에는 restore 명령을 실행하기 전에 압축을 풀어야 한다. 간단히 말해 gzip으로 테이프 장치의 압축을 풀고 압축 푼 데이터를 표준 출력으로 보낸다. 표준 출력은 파이프를 통해 restore의 표준 입력으로 전달된다. restore에 -f 옵션을 사용하여 표준 입력으로부터 읽어 들이도록 설정한다. 이 명령은 다음과 같다.
>
> ```
> [root@server ~]# gzip -d -c /dev/st0 | restore -ivf -
> ```

tar

5장에서 파일을 묶는 데 사용하는 tar 명령에 대해 살펴보았다. 하지만 앞에서 언급하지 않은 사실은 tar의 본래 목적이 파일의 아카이브를 만들어 테이프에 저장한다는 것이다. 즉 tar는 tape archive의 약자다. 리눅스는 파일이나 장치를 동일하게 처리하기 때문에 tar는 일반 파일에 아카이브하는 명령으로 인식해왔다. 따라서 tar 명령은 테이프뿐만 아니라 일반 파일에도 데이터를 쓸 수 있는 것이다.

tar 명령은 dump 명령보다 훨씬 쉽게 파일을 아카이브할 수 있다. dump 유틸리티는 오로지 파일 시스템 전체에만 적용할 수 있는 반면 tar는 디렉터리 자체에도 사용할 수 있다. 하지만 이것이 tar가 dump보다 백업하는 데 좋다는 것을 의미하는 것은 아니다. 물론 간혹 그런 경우는 있다.

전반적으로 dump는 파일 시스템 전체를 백업하는 데 있어 tar보다 훨씬 효율적인 것으로 알려졌다. 게다가 dump는 파일에 대한 더 많은 정보를 저장하고 더 많은 테이프 공간을 차지한다. 하지만 그만큼 복구가 쉬워진다. 반면, tar는 여러 플랫폼을 지원한다는 장점이 있다. 리눅스에서 만든 tar 파일은 다른 유닉스 시스템에서도 tar 명령으로 읽을 수 있다. 또한 gzip으로 압축된 tar 파일들은 Winzip 프로그램에서도 읽을 수 있다. 결국은 자신의 환경과 필요성에 따라 tar 를 사용할지 dump를 사용할지 결정하면 된다.

rsync

오픈 소스 백업 솔루션에 대해 논의할 때 rsync 유틸리티를 빼놓을 수 없다. rsync는 파일이나 디렉터리, 파일 시스템 등을 한 곳에서 다른 곳으로 동기화하는 데 사용한다. 로컬 시스템에서 다른 네트워크 시스템으로나 로컬 파일 시스템 내에서 사용한다. rsync는 흔히 델타 인코딩(변경된 부분만을 처리)이라 부르는 방식을 사용하여 데이터 전송량을 최소화한다. rsync는 cron 작업이나 시스템에서 주기적으로 실행되는 예약 작업에 쉽게 등록하여 사용할 수 있다.

rsync를 기반으로 한 많은 GUI 프로그램들이 개발되었다.

기타 백업 도구

기업용 백업 솔루션을 제공하는 오픈 소스 프로젝트들이 여럿 존재한다. 주요 프로젝트로 AMANDA, Bacula, Dirvish, Mondo, BackupPC 등이 있다. 각기 장단점을 가지고 있지만 모두 견고한 백업 시스템을 제공한다. 또한 관리자들이 사용하기에 좋은 GUI 프로그램들을 가지고 있다.

AMANDA는 Advanced Maryland Automatic Network Disk Archiver의 약자로 네트워크를 통해 다중 호스트를 테이프나 디스크 등에 백업하는 마스터 백업 서버를 사용하는 시스템이다. AMANDA에 대한 자세한 정보는 www.amanda.org에서 확인할 수 있다.

Bacula는 네트워크 기반 백업 솔루션으로 이기종 네트워크 시스템에 걸쳐 데이터의 백업, 복구, 검증이 가능하다. Bacula의 공식 웹 사이트는 www.bacula.org다.

Dirvish는 디스크 기반의 네트워크 백업 시스템이다. Dirvish가 특히 흥미로운 것은 테이프보다 디스크에 백업하는 것이 특화되어 있기 때문이다. Dirvish에 대한 자세한 정보는 www.dirvish.org에서 확인할 수 있다.

Mondo Rescue는 엄밀히 말해서 전통적인 백업 솔루션은 아니지만 언급할만한 가치가 있다. 이것은 재난 복구 솔루션으로 LVM, RAID, 그 외 파일 시스템들을 지원한다. 보통은 시스템을 설치하고 난 직후 Mondo 아카이브를 생성하는 것이 가장 좋다. 생성된 Mondo 이미지는 쉽고 빠르게 시스템을 원래대로 복구하는 데 사용된다. Mondo rescue에 대한 정보는 www.mondorescue.org에서 확인할 수 있다.

BackupPC는 리눅스, 윈도우, Mac OS 등을 사용하는 PC나 노트북의 데이터를 서버 디스크에 백업하는 오픈 소스 백업 소프트웨어다. 이에 대한 자세한 정보는 http://backuppc.sourceforge.net에서 확인할 수 있다.

요약

백업은 시스템 관리의 측면에서 가장 중요한 부분 중 하나다. 시스템이 아무리 훌륭하게 설계되고 관리된다고 하더라도 백업을 하지 않으면 언제든지 데이터를 날릴 가능성이 존재한다. 백업은 마치 해당 사이트의 보험과도 같은 시스템이다.

이 장에서는 리눅스에서 테이프 드라이브를 다루는 기본적인 사용법과 데이터를 테이프에 백업하는 법을 다루었다. 이로써 시스템을 완벽히 백업할 수 있는 능력을 갖게 되었을 것이다. 리눅스에서 dump, restore, tar, rsync 프로그램들만이 백업을 위한 선택인 것은 아니다. 많은 상업용 패키지와 비상업용 백업 패키지들이 존재한다. Legato와 Veritas와 같은 고급 패키지들은 꽤 오랜 기간 리눅스를 지원했고 고급 기능들을 제공한다. 또한 bru와 Lonetar와 같은 프로그램들은 한 사람이 서버를 관리할 수 있을 정도로 간편한 기능을 제공한다. 오픈 소스 프로젝트로는 AMANDA, Dirvish, Mondo, BackupPC 등이 있다.

어떠한 솔루션을 사용하든 간에 데이터는 반드시 백업하길 바란다.

6부. 부록

플래시/USB 장치에 리눅스 설치 프로그램 만들기

2장에서 CD나 DVD를 이용해서 페도라 및 우분투 리눅스 설치하는 과정을 다뤘다. 이러한 광학 매체들은 꼭 필요할 때면 손상되었거나 찾을 수 없는 등 도움이 안 되는 경우들이 있다. 그래서 이번 부록에서는 플래시 기반의 장치를 활용해서 값이 싸면서 손쉬운 리눅스 인스톨러를 빠르게 만들 수 있는 방법을 소개할 것이다. 플래시 장치라고 하면 USB 스틱, SD 카드, 마이크로 SD 카드 등과 같은 것을 말한다.

리눅스 OS에서 리눅스 설치 프로그램 생성

다음은 설치를 위한 준비사항이다.

- 플래시 장치를 연결하여 부팅할 수 있는 시스템

- 설치 프로그램을 생성할 플래시 장치 (4GB 정도면 충분하다)

- 설치하고 싶은 리눅스 배포판의 ISO 또는 기타 이미지 파일

- 어떠한 리눅스 배포판이든 설치되어 있는 시스템

이제 설치를 시작해보자.

1. 관리자 권한으로(루트 권한) 리눅스 시스템의 터미널이나 쉘 프롬프트에 로그인하여 충분한 공간이 있는 파일 시스템으로 디렉터리를 변경한다(df -sh 명령으로 가용 공간을 확인할 수 있다). 우리는 /tmp 폴더를 예제에서 사용할 것이다.

   ```
   # cd /tmp
   ```

2. 충분한 설치 공간이 확보된 파일 시스템에 설치하고자 하는 리눅스 배포판의 ISO 파일을 다운 로드 받아 저장한다. 예를 들어 64비트의 최신 버전인 페도라는 페도라 프로젝트 공식 웹 사이 트인 www.fedoraproject.org에서 받을 수 있다.

```
# wget http://<URL>/Fedora-LATEST-x86_64-DVD.iso
```

<URL> 위치에는 실제 ISO 파일이 저장되어 있는 서버의 전체 경로를 입력하면 된다. (예에서는 download.fedoraproject.org/pub/fedora/다.) 또한 Fedora-LATESTx86_64-DVD.iso는 설치할 대 상 ISO 파일이다.

페도라 ISO 크기를 3.5GB라고 하면 저장할 플래시 드라이브는 적어도 이보다는 큰 용량이어야 한다. 그렇기 때문에 4GB 정도면 충분하겠다.

3. 그럼 플래시 장치를 호스트 시스템의 적절한 포트에 연결한다.

4. 이번에는 리눅스 커널이 장착된 플래시 장치를 식별할 수 있어야 한다. 혹시 실수로라도 다른 장치에 덮어쓰기가 되지 않도록 플래시 장치를 구분해두는 것은 아주 중요하다. 따라서 dmesg 명령을 실행하여 리눅스 커널의 링 버퍼를 검증하여 이 장치를 식별할 수 있도록 하자. 버퍼에 있는 가장 최근의 작업 내용이나 활동들을 버퍼 끝에서 확인할 수 있다. 마지막 10개의 콘텐츠 를 확인하려면 다음과 같이 실행한다.

```
# dmesg | tail
[98492.373438] sd 4:0:0:0: [sdb] Write Protect is off
...<이하 생략>...
[98492.381994] sdb: sdb1
[98492.391179] sd 4:0:0:0: [sdb] Assuming drive cache: write through
[98492.391192] sd 4:0:0:0: [sdb] Attached SCSI removable disk
```

출력 결과를 보면 커널은 새로운 장치를 감지하고 시스템에 추가하였다. 장치의 이름은 sdb(/dev/sdb)이다. 참고로 이 장치는 한 개의 파티션을 갖고 있다는 것도 알 수 있다 (/dev/sdb1).

> **참고**
> 대부분의 리눅스 배포판에서는 findfs 유틸리티를 사용하여 레이블이나 UUID로 시스템에 장착된 디스크들을 검색할 수 있다. 이 명령은 레이블이나 UUID와 일치하는 장치 이름 전체를 출력해준다. DATA라는 파일 시스 템 레이블이 붙은 플래시나 USB 드라이브로 다음과 같이 실습해보자.
>
> ```
> # findfs LABEL="DATA"
> ```
>
> 이와 유사하게 hwinfo라는 유틸리티가 있는데 이것은 장치 이름을 축약된 형태로 출력해준다.
>
> ```
> # grep -Ff <(hwinfo --disk --short) <(hwinfo --usb --short)
> ```

5. 다시 돌아와서 이제는 다운로드 받은 ISO 이미지 파일을 플래시 장치(/dev/sdb)에 복사할 준비 가 완료되었다. 이를 위해 준비된 명령어가 있다. 바로 dd다.

```
# dd if=/tmp/Fedora-LATEST-x86_64-DVD.iso of=/dev/sdb
```

6. dd 명령의 실행이 완료되면 쉘 프롬프트를 다시 돌아간다. 이제 플래시 장치를 빼서 리눅스를 설치할 시스템에 연결한다.

7. 필요하다면 설치할 시스템의 BIOS나 UEFI를 설정하여 플래시 장치로 부팅하도록 한다. 플래시 장치에 저장된 인스톨러로 부팅이 되면 2장에서 설명한대로나 아니면 해당 배포판이 지원하는 대로 설치 과정이 시작된다.

윈도우 OS에서 리눅스 설치 프로그램 생성

앞에서 이미 커맨드라인 명령어를 다룰 줄 알고 리눅스 시스템에 접근할 수 있는 상황에 있다는 것을 가정했었다. 이번에는 조금 다른 접근을 해보려고 한다. 윈도우 OS가 실행 중인 시스템에 접근하는 것을 가정한다.

윈도우 시스템에서 리눅스 인스톨러를 만드는 두 가지 유명한 방법을 소개한다. 하나는 배포판을 기준으로 하는 방법이고 나머지 하나는 보다 일반적인 방법이다. 접근 방식이야 어떻든, OS 플랫폼에 상관 없이 CD나 DVD를 굽지 않고 플래시/USB 리눅스 인스톨러를 만드는 것이 목표다.

배포판을 기준으로 하는 방식은 여러 유명한 리눅스 배포판에서 플래시/USB 장치에 쉽게 ISO 이미지를 구울 수 있도록 도와주는 간단한 GUI 도구들을 웹을 통해 제공해주는 것을 활용한다. 다음은 몇 개의 배포판들이 지원하는 인스톨러들이다.

리눅스 배포판	인스톨러 (윈도우 플랫폼에서 실행이 가능함)	URL
우분투	wubi	www.ubuntu.com/download/ubuntu/ windows-installer
페도라 / RHEL / CentOS	liveusb-creator	https://fedorahosted.org/liveusb-creator/
OpenSUSE	ImageWriter (SUSE Studio ImageWriter)	https://github.com/downloads/openSUSE/ kiwi/ImageWriter.exe

일반적인 방법이라 함은 제3자의 도움을 받아 GUI 도구를 생성하여 사용자들이 각기 다른 배포판들의 인스톨러 이미지 파일을 쉽게 복사하여 플래시나 USB 장치에서 부팅 가능하도록 전환하는 것이다. 잘 알려진 제3의 솔루션 중 하나는 UNetbootin이라고 하는 것이다 (http://unetbootin.sourceforge.net/). 또 다른 것으로는 Universal USB Installer도 있다(www.pendrivelinux.com/universal-usbinstaller-easy-as-1-2-3/).

■ 라이브 USB 생성기를 사용한 페도라 설치 프로그램

리눅스 배포판에서 제공해주는 솔루션(라이브 USB 생성기)을 사용해서 윈도우 기반의 시스템에 장착된 플래시/USB 장치에 페도라 인스톨러를 생성하려고 한다.

준비사항은 다음과 같다.

- 마이크로시스템의 운영체제가 실행 중인 시스템

- 페도라 ISO 파일을 저장할 만큼의 충분한 공간이 있는 플래시/USB 장치

- 설치하고 싶은 버전의 페도라 ISO 이미지 파일

- 플래시 장치로 설치를 진행할 시스템

자, 페도라 설치를 위한 과정을 시작해보자.

1. 윈도우가 실행되고 있는 시스템에 로그인을 하고, 다음 URL에서 라이브 USB 생성기 프로그램의 최신 버전을 다운 받도록 하자.

   https://fedorahosted.org/liveusb-creator/.

2. 다운 받는 동안, 앞에서 플래시/USB 장치에 저장한 페도라 배포판의 ISO 이미지 파일을 복사해서 가져오자. 다른 페도라 버전을 다운로드하고 싶은 경우엔 다음 주소에서 받으면 된다. http://get.fedoraproject.org. 하지만 다운로드하기 전에 저장할 공간, 파일 시스템/파티션/볼륨의 공간이 충분히 확보되어 있어야 한다.

3. 그러는 사이에 라이브 USB 생성기 다운로드가 완료될 것이다. 그러면 플래시/USB 장치를 윈도우 시스템 포트에 꽂는다.

4. 다운로드 받은 라이브 USB 생성기 설치 프로그램을 더블 클릭한다(liveusb-creator-〈version〉-setup.exe). 그런 다음 [설치하기] 버튼을 클릭하여 기본 위치(C:\Program Files (x86)\ 또는 C:\Program Files\)에 있는 서브 디렉터리에 설치를 진행한다.

   설치를 시작할 때, 관리자에 대한 증명을 하라고 할 경우, 필요한 정보를 전달하고 [OK]를 클릭하고 다음 단계로 진행한다.

5. 프로그램 설치가 완료되면 라이브 USB 생성기를 실행할지를 묻는 대화상자가 뜰 때, [예]를 클릭한다.

참고 혹시 나중에 윈도우 시작 메뉴나 프로그램 메뉴로 이 프로그램을 실행하려고 한다면, 관리자 계정으로 로그인되어 있어야 한다.

6. 라이브 USB 생성기를 실행하면 처음으로 만나는 것이 몇 가지 옵션을 설정하라는 대화상자다. 여기서 기존의 ISO 이미지 파일을 사용해도 되고(Use existing Live CD option), 원하는 페도라 버전을 다운로드 받았다면 그 파일을 사용해도 된다(Download Fedora option).

또한 [Target Device] 옵션이라는 항목을 보게 될 텐데, 이것은 페도라 인스톨러 이미지를 저장할 대상을 의미하는 것이고 우리는 플래시/USB를 선택하면 된다.

7. 기존의 페도라 이미지 파일을 사용할 것인데 [Use existing Live CD] 옵션 메뉴에서 [Browse] 버튼을 클릭하고 2단계에서 기존의 파일을 가져온 것을 선택하거나 연다.

8. [Target Device] 부분에서는 우리가 사용할 플래시/USB 장치를 목록에서 선택한다. 만약 목록에서 찾을 수 없다면 새로고침을 해보길 바란다. 그래도 나타나지 않으면 장착된 플래시/USB 장치를 빼서 다시 꽂으면 될 것이다.

9. 지금까지 작업이 완료된 대화상자는 아마도 다음과 같은 모습일 것이다. 다음의 예제를 보면 우리가 선택한 배포판은 Fedora-16-x86_64-DVD.iso이며, 이 파일은 윈도우 시스템의 G 드라이브에 장착된 KINGSTON이라고 하는 장치에 저장되었다.

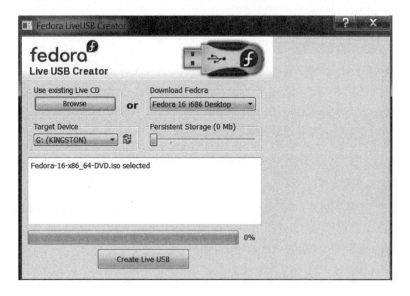

10. 확인했으면 [Create Live USB] 버튼을 클릭한다.

11. 실행이 완료되고 나면 라이브 USB 생성기 창을 닫는다. 그리고 플래시/USB 장치를 빼서 리눅스를 설치할 시스템에 꽂는다.

12. 필요하다면 플래시/USB 장치로 부팅이 되도록 사전에 BIOS나 UEFI를 설정해야 할 것이다. 플래시/USB 장치로 부팅이 되고 나면 2장에서 본 것같이(다른 배포판일 경우엔 형태나 과정이 조금씩 차이가 있을 수 있다). 리눅스 설치 프로세스가 시작될 것이다.

▧ UNetbootin을 사용한 우분투 설치 프로그램

UNetbootin은 플래시/USB 장치 생성기들 중에서 마치 스위스 군대용 칼과 같은 것이라 할 수 있겠다. 이것은 멀티 플랫폼을 지원한다(리눅스, 윈도우, MAC OS X). 그뿐만 아니라 인지도가 높은 리눅스 배포판들의 플래시나 USB 인스톨러를 만들 수 있는 기능을 가지고 있다(사실 덜 유명한 배포판도 많다). 또한 몇몇의 사람들만이 사용하는 여러 유틸리티(FreeDOS, Super Grub Disk, Parted Magic, BackTrack, NTPasswd, Ophcrack)를 지원하는데 이들을 시스템 관리 작업에 유용하게 쓰이는 경우가 있기도 한다. 또 하나의 좋은 점은 UNetbootin 자체가 독립적인 실행 프로그램이어서 별도 설치하기 않아도 바로 사용할 수 있다.

자 그럼, UNetbootin으로 우분투 설치를 시작해보자. 먼저 준비사항이다.

- 윈도우 OS가 실행 중인 시스템 (윈도우 2000/XP/Vista/7/8)

- ISO 파일을 저장하기에 충분한 크기의 플래시/USB 장치

- 우분투 ISO 이미지 파일

- 플래시/USB 인스톨러로 우분투를 설치할 시스템

다음 과정에 따라 우분투 리눅스를 설치한다.

1. 윈도우 시스템에 로그인한 후, 웹 브라우저를 열어서 다음 URL에서 Unetbootin 최신 버전을 다운로드 받는다. http://unetbootin.sourceforge.net/unetbootin-windows-latest.exe

2. UNetbootin을 다운로드 받는 동안, 플래시/USB 장치에 저장하려는 버전의 우분투 ISO 이미지 파일을 다운로드 받는다. 주소는 www.ubuntu.com/download/ubuntu/download다. 이 파일을 받기 위한 충분한 공간이 있는지도 확인하라.

3. 플래시/USB 장치를 꽂는다.

4. UNetbootin 실행 파일을 더블 클릭한다. 파일 이름은 다음과 같을 것이다. unetbootin-windows-⟨version⟩.exe.

   이 파일을 실행하려고 할 때 관리자 증명을 시스템에서 요청할 경우 원하는 정보를 주고 다음으로 진행한다.

5. 자, UNetbootin 프로그램을 실행하면 몇 가지 설정해야 할 옵션이 보일 것이다. 우선 설치하려고 하는 리눅스 배포판을 선택하거나(Distribution, Select Distribution, Select Version options), 가지고 있는 ISO 이미지를 선택한다(Diskimage option).

   또한 Type 옵션이 있는데, 인스톨러를 만들 대상 장치가 USB 드라이브인지 하드 디스크인지를 선택하는 옵션이다. 그 다음엔 현재 플래시/USB 장치가 장착된 드라이브가 어떤 것인지를 선택한다.

6. 우리는 2단계에서 다운받은 ISO 이미지 파일을 지정할 것이기 때문에 [Diskimage radio] 버튼을 클릭하여 다운받은 ISO 이미지 파일을 선택한다.

7. 드라이브 옵션에는 플래시나 USB 장치가 인식된 드라이브를 선택한다.

8. 모든 옵션을 설정하고 나면 대화상자는 다음과 같을 것이다. 다음 그림에서 G 드라이브에 인식된 대상 장치로 ubuntu-server-amd64.iso 이미지 파일이 저장되도록 설정이 되었음을 확인할 수 있다.

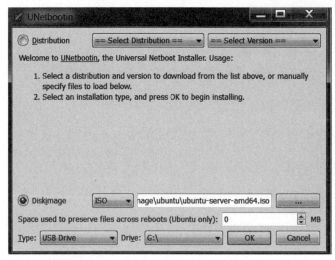

9. 확인을 했으면, [OK] 버튼을 클릭하여 다음 단계로 진행한다.

10. 자, 플래시/USB 인스톨러가 완성이 되었으면 UNetbootin 프로그램 창을 종료한다. 그리고 장치를 빼서 우분투를 설치할 시스템에 장착한다.

11. 필요하다면 플래시나 USB 장치로 부팅되도록 사전에 BIOS/UEFI에서 설정해야 할 것이다. 플래시나 USB 장치로 부팅이 시작되면 2장에서 소개한 바와 같이 또는 배포판마다 조금씩은 다른 설치 단계를 통해서 리눅스 설치가 진행될 것이다.

부록 B

OpenSUSE 설치

openSUSE는 인지도가 높은 리눅스 배포판 중 하나다. 하지만 다른 배포판들과는 달리 특별한 역사를 가지고 있다. openSUSE는 오픈 소스 커뮤니티에서 개발하였고 SUSE의 지원을 받았다. 이 배포판의 특징은 안정적이라는 점과 사용하기 쉽고 관리 도구들을 잘 통합해두었다는 점이다 (YaST). 페도라가 RHEL을 위하는 것처럼, openSUSE도 SLE를 위한 것이다. 즉 openSUSE 서버들은 일종의 테스트베드로 다양한 기술들을 사전에 검증하여 향후 상업용 배포판을 탄생시키고자 하는 것이다.

우리는 부록편에서 openSUSE 설치 과정을 보려고 한다. 이 역시 다른 플랫폼과 거의 비슷한 설치 과정과 개념을 가지고 있다(Apple Mac OS, Windows, Fedora, RHEL, Debian, Ubuntu 등). 이 말은 설치라는 기본 개념을 모두가 공유하고 있다는 것을 의미하기도 한다. 디스크를 나누는 것, 시간대 설정, 소프트웨어 사용자 정의 설치, 네트워크 환경 설정 등 동일한 작업이 이루어진다.

openSUSE를 설치하기에 앞서 준비해야 할 사항이다.

- 플래시/USB 장치로 부팅이 가능한 시스템(부록 A 참고). 예제에서 활용되는 시스템의 사양은 100GB 드라이브, 4GB RAM, 64비트 CPU다.

- openSUSE 인스톨러를 저장할 플래시/USB 장치

- 최신 버전의 openSUSE ISO 이미지 파일

- 마지막으로, 15분간의 여유가 필요하다.

이제 설치를 시작해보자.

1. openSUSE ISO 이미지 파일을 다운로드 받는다. 이번 예제에서는 64비트 시스템을 사용하고 openSUSE 12.1 버전을 설치할 것이기 때문에, 그에 적합한 파일을 다음 주소에서 다운로드 받으면 된다. http://download.opensuse.org/distribution/12.1/iso/openSUSE-12.1-DVD-x86_64.iso 커맨드라인에서 이 URL에서 파일을 다운로드 받아 바로 저장하기 위해서 다음과 같이 명령을 실행한다.

   ```
   # wget http://download.opensuse.org/distribution/12.1/iso/openSUSE-12.1-
          DVD-x86_64.iso
   ```

   그럼 다운로드가 진행되는 표시 바가 보일 것이고 다운로드가 완료되면 새로운 프롬프트가 보이게 된다.

2. 이번에는 5GB 이상의 USB에 부록 A를 참고하여 openSUSE 인스톨러를 만들도록 한다.

3. 2단계가 완료되면 openSUSE를 설치할 시스템에 USB를 꽂는다.

4. 인스톨러를 통해 부팅이 되면, 다음과 같은 이미지의 openSUSE 설치 시작 화면이 나타난다. 그럼 설치를 위해 목록에서 설치 옵션을 선택하고 엔터 키를 입력한다.

5. 그러면 라이선스 동의서가 나오는데 동의하면 [Next]를 클릭하여 설치를 계속 진행한다.

6. 그 다음으로 설치 화면에는 신규 설치인지 아니면 기존의 시스템을 업데이트하는 것인지가 나오는데 우리의 경우 신규 설치를 선택하면 된다. 또한 설치를 빠르게 끝내면서 인스톨러가 기본 값을 알아서 선택하도록 하려면 [Use Automatic Configuration] 체크박스를 선택한 후 [Next]를 클릭한다.

7. 시간대를 설정하는 단계다. 사용자가 위치한 지역과 시간대를 설정한 후 다음 단계로 진행한다.

8. 이번 단계에서는 데스크톱 환경을 설정한다. 2장에서 다뤘던 여러 가지 데스크톱 환경 (GNOME, KDE 등) 중에서 원하는 것을 택하면 된다. 또는 [Other] 옵션을 선택할 수도 있는데(이 경우 Minimal Server Selection [Text Mode]를 선택하면 된다), 이 옵션으로 설정할 경우 서버 환경으로 시스템이 구축되어 데스크톱 환경에서 필요한 여러 가지 그래픽 환경을 설치하지 않게 되기 때문에 서버 구축 시 아주 유용하다.

9. 이번 단계는 디스크 파티션을 설정하는 단계다. 일단 인스톨러는 파티션 구조나 레이아웃을 추천해주는데, 이것과 함께 다음의 설정값에서 [Use Btrfs as default Filesystem]과 [Propose Separate Home Partition] 체크박스를 선택하여 다음 그림과 같이 설정을 완료한다.

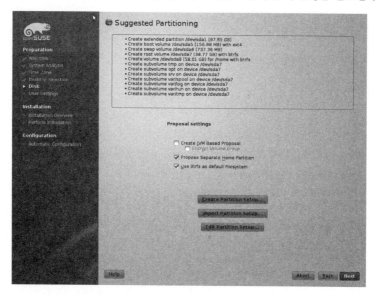

10. 이번에는 사용자 계정을 설정하는 단계다. 다음과 같이 필요한 정보를 모두 입력한다.

User's Full Name	Master Admin
Username	master
Password/Confirm Password	72erty7&8

그런 다음 [Use this password for system administrator] 옵션을 선택한다(앞의 비밀번호를 관리자 비밀번호로 설정함). [Automatic Login] 옵션을 해제하고 [Next]를 클릭한다.

11. 여기까지 완료되고 나면 마지막으로 설치 과정에서 설정한 부분들을 요약해서 보여주는 화면이 나온다. 사용자가 직접 설정한 옵션들이 모두 보일 것이다. 또한 6단계에서 자동 환경 설정을 선택한 만큼 자동으로 설정된 결과들 또한 보일 것이다. 요약된 내용들을 자세히 확인하길 바란다. 만약 수정하고 싶은 부분이 보이면 단순히 수정할 옵션의 제목을 클릭해서 바로 수정할 수 있다(Partitioning, Booting, Software, Time Zone 등). 설정사항을 모두 확인했으면 [Install] 버튼을 클릭하여 본격적인 설치를 시작하도록 한다. 그럼 설치 진행을 확인하는 팝업 창이 나타날

텐데 [확인]을 누르고 진행한다.

12. 설치가 완료되었다면 로그인 창이 가장 먼저 나타날 것이다. 만약 8단계에서 데스크톱 환경으로 설치하는 옵션을 선택했다면 그래픽 모드의 로그인 화면이 보일 것이지만 Minimal Server Selection [Text Mode]를 선택했다면 일반적인 리눅스/GNU 운영체제의 로그인 프롬프트 창이 나타날 것이다.

이제 설정한 사용자 계정으로 시스템에 로그인하여 마음껏 리눅스를 즐겨보길 바란다!

찾아보기

가장 쉬운 책 시리즈 003

가장 쉬운 리눅스 시스템 관리 책

: 쉽게 배우는 리눅스 관리의 필수 기술

초판 1쇄 발행 2014년 4월 25일

지은이 웨일 소잉카
옮긴이 이종우, 정영신

발행인 김범준
편집디자인 이가희
교정/교열 조유경

발행처 비제이퍼블릭
출판신고 2009년 05월 01일 제300-2009-38호
주소 서울시 종로구 내수동 73 경희궁의아침 4단지 오피스텔 #1004
주문/문의 전화 02-739-0739　　**팩 스** 02-6442-0739
홈페이지 http://bjpublic.co.kr **이메일** bjpublic@bjpublic.co.kr

가격 36,000원
ISBN 978-89-94774-65-7

한국어판 © 2014 비제이퍼블릭